D1688789

Rainer Kessler
Maleachi

Herders Theologischer Kommentar
zum Alten Testament

Herausgegeben von

Erich Zenger †

Herder   Freiburg · Basel · Wien

Maleachi

Übersetzt und ausgelegt von

Rainer Kessler

Herder · Freiburg · Basel · Wien

FSC
www.fsc.org
MIX
Papier aus verantwor-
tungsvollen Quellen
FSC® C106847

© Verlag Herder GmbH, Freiburg im Breisgau 2011
Alle Rechte vorbehalten
www.herder.de
Umschlaggestaltung: Finken & Bumiller, Stuttgart
Satz: SatzWeise, Föhren
Herstellung: fgb · freiburger graphische betriebe
www.fgb.de
Printed in Germany
ISBN 978-3-451-26854-0

Zum Gedenken an
Erich Zenger
(5.7.1939 – 4.4.2010)

Inhalt

Vorwort 9

Allgemeines Literaturverzeichnis 13

Allgemeines Abkürzungsverzeichnis für alle Bände
des Kommentarwerkes 22

Ergänzendes Abkürzungsverzeichnis für den vorliegenden Band . . . 38

Einleitung

Das Diskussionswort als Maleachi eigentümliche Gattung 41
   1. Die Elemente des Diskussionswortes 41
   2. Zur Vorgeschichte des Diskussionswortes 44
   3. Die Redeebenen innerhalb der Diskussionsworte 45
   4. Die Kommunikationsstruktur der Diskussionsworte 47
Die Maleachi-Schrift als Ganze 51
   1. Die Abfolge der Diskussionsworte 51
   2. Die Schriftlichkeit der Maleachi-Schrift 54
   3. Die Sprache der Maleachi-Schrift 55
   4. Die Maleachi-Schrift als dramatisches Gedicht 57
   5. Literarkritik 59
Maleachi im Kanon 61
   1. Beispiele intertextueller Bezüge in der Maleachi-Schrift . . . 63
   2. Maleachi und die Überschriften in Sach 9,1; 12,1 und Mal 1,1 . 66
   3. Maleachi und das Haggai-Sacharja-Maleachi-Korpus 68
   4. Maleachi im Zwölfprophetenbuch 70
   5. Die Einbindung von Maleachi in Tora und Prophetie 72
Zur Überlieferung des Maleachi-Textes 73

Maleachi: Schriftprophetie der späten Perserzeit 74
    1. Datierung 75
    2. Das Entstehungsmilieu der Maleachi-Schrift 77
    3. An wen ist die Maleachi-Schrift adressiert? 80
    4. Grundzüge der Theologie der Maleachi-Schrift 81

Maleachi heute lesen 87

Kommentierung

Maleachi 1,1 94

Maleachi 1,2–5 103

Maleachi 1,6–2,9 124

Maleachi 2,10–16 182

Maleachi 2,17–3,5 219

Maleachi 3,6–12 247

Maleachi 3,13–21 266

Maleachi 3,22–24 301

Register 317

Vorwort

»Sonne der Gerechtigkeit, gehe auf zu unsrer Zeit ...« – wer regelmäßig oder auch nur gelegentlich einen christlichen Gottesdienst in deutschsprachigen Gegenden besucht, wird dieses Kirchenlied schon einmal gesungen haben. Je nach Gesangbuchausgabe ist dabei ein Verweis auf Mal 3, 20 zu finden, von wo das Bild der »Sonne der Gerechtigkeit« genommen ist. Maleachi hat in der christlichen Rezeption, wenn überhaupt, seinen Platz als einer, der Zukunft vorhersagt. In dieser Zukunft wird ein »Bote des Bundes« kommen und den Weg frei räumen (3,1) – das Neue Testament sieht hier eine Ankündigung Johannes des Täufers. In dieser Zukunft wird die »Sonne der Gerechtigkeit« über den Gerechten aufgehen – das Kirchenlied wünscht, dass dies »zu unsrer Zeit« geschehen möge. Vor dem jüngsten Tag schließlich wird Elija kommen (3, 23), was wiederum im Neuen Testament in mannigfachen Spekulationen über den Täufer und Jesus aufgegriffen wird. Unterstrichen wird die Rolle Maleachis als Ankündiger der – dann christlich verstandenen – Zukunft in denjenigen Bibelausgaben wie etwa der Einheitsübersetzung oder den apokryphenlosen Ausgaben der Luther- und der Zürcher Bibel, in denen Maleachi als letzte Schrift des Alten direkt vor Matthäus als erstem Buch des Neuen Testaments zu stehen kommt.

Auch die jüdische Tradition kennt die Erwartung des kommenden Elija, sogar bis in das festtägliche Brauchtum hinein. Sie nimmt darüber hinaus aber auch *den* Maleachi ernst, der die alltäglichen Missstände in seinem Volk kritisiert und auf Änderung drängt. Das mag ein Grund sein, weshalb er seit Targum und Talmud immer wieder mit Esra, dem Reformer, identifiziert wurde. Wie die Kirchenväter kennt Luther diese Tradition und nimmt sie in der Vorrede zur Ausgabe von 1545 auf: »Diesen Maleachi halten die Ebrei / er sey der Esra gewesen / Das lassen wir so gut sein / Denn wir nichts gewisses von jm haben können ...«. Gleichwohl stimmt Luther dann sogleich in die gängige *interpretatio christiana* ein, indem er als Kern der Verkündigung Maleachis ausmacht, »Das Christus der HERR bald komen solle«.

Die in diesem Kommentar vorgelegte Auslegung der letzten Schrift des Prophetenkanons möchte zusammenhalten, was in der Auslegungsgeschichte zu Maleachi oft auseinander genommen wurde: Kritik der Gegenwart und Ankündigung der Zukunft, die Felder von Kult und Ethik, die Zusage der Liebe Gottes und die Drohung mit dem Vernichtungsgericht, das kleine Alltägliche und das große Erhabene. Sie geht von der Einheitlichkeit der Maleachi-Schrift (mit Ausnahme des Schlusses in 3, 22–24) aus und versucht diese zu begründen, durchaus nicht nur im Sinn einer diachronen Lesestrategie, sondern als These zur Entstehung der Schrift.

Nachdem 1999 als erster Band der Reihe Herders Theologischer Kommentar zum Alten Testament meine Auslegung von Micha erschien, die gleich im Jahr 2000 eine 2. Auflage erfuhr, fragte mich der Herausgeber der Reihe, Erich Zenger, 2001, ob ich nun nicht auch noch Maleachi kommentieren wolle. Nach einigem Zögern wegen zahlreicher anderer anstehender Projekte sagte ich zu, sodass 2002 der Vertrag unterzeichnet werden konnte. Dass es nun doch fast zehn Jahre gedauert hat, bis das Manuskript fertig gestellt werden konnte, hängt mit den besagten Projekten zusammen, die inzwischen allesamt in Buchform abgeschlossen vorliegen. Auch kamen mehrere Jahre als Studiendekan in den bewegten Zeiten des so genannten Bologna-Prozesses dazu. Erst der Eintritt in den Ruhestand im Jahr 2010 hat nun den zügigen Abschluss der Arbeit möglich gemacht.

Die lange Entstehungszeit hat den Vorteil mit sich gebracht, dass in sie das Erscheinen zweier wichtiger deutschsprachiger Kommentare zu Maleachi fällt, der Abschluss der Auslegung von Arndt Meinhold 2006 und der Kommentar von Ina Willi-Plein, der 2007 veröffentlicht wurde. Wie viel ich diesen beiden Auslegungen – aber auch den zahlreichen Forscherinnen und Forschern, die sich seit über hundert Jahren historisch-kritisch um Maleachi bemühen – zu verdanken habe, wird hoffentlich aus der Kommentierung selbst ersichtlich. Nach meinem Verständnis muss sich ein Kommentar nicht in erster Linie durch Originalität von allem früher Geschriebenen abheben, sondern sollte zusammenführen, was bisher erforscht wurde, und dies in ein einheitliches Bild einzeichnen. Dass dabei im Blick auf die Forschungsgeschichte keine Vollständigkeit erreicht werden kann, versteht sich für mich von selbst.

Die Zusammenarbeit mit Dr. Peter Suchla, dem Lektor des Herder-Verlags, dauert seit den ersten Planungen der Kommentar-Reihe nun fast zwanzig Jahre. Sie sind gekennzeichnet durch unaufgeregte Beständigkeit und freundliche Zuwendung, wofür ich danke. Die noch länger bestehende Zusammenarbeit mit Erich Zenger wurde durch seinen unzeitigen Tod zu Ostern 2010 jäh abgeschnitten. Was ich ihm – wie viele andere auch – zu verdanken habe, lässt sich nicht in Worte fassen. Seinem Andenken ist diese Maleachi-Auslegung gewidmet. Ich bin mir sicher, dass in dem vom Propheten erwähnten »Buch«, das »zum Gedächtnis derer, die JHWH Ehrfurcht erweisen und mit seinem Namen rechnen«, geführt wird (Mal 3, 16), Erich Zenger mit großen und schön verzierten Buchstaben verzeichnet ist. Seinen Nachfolgern in der Herausgabe der Reihe wünsche ich, dass sie – wie einst beim Übergang von Elija auf Elischa – eine große Portion von Erich Zengers Geist abbekommen.

Marburg, im Oktober 2011 *Rainer Kessler*

Allgemeines Literaturverzeichnis

Vorbemerkung: Alle Literaturangaben sowohl im allgemeinen Verzeichnis wie zu den einzelnen Abschnitten zielen nicht auf Vollständigkeit. Bei mehreren Autoren eines Kommentars zum Zwölfprophetenbuch ist in Klammern derjenige angefügt, der Maleachi bearbeitet hat und unter dessen Namen in der folgenden Auslegung zitiert wird.

Kommentare

Achtemeier, Elizabeth, Nahum – Malachi (Int.), Atlanta 1986.
Alonso Schökel, L. / Sicre Diaz, J. L., Profetas II. Ezequiel – Doce profetas menores – Daniel – Baruc – Carta de Jeremías (Nueva Biblia Española. Comentario), Madrid 1980.
Baldwin, Joyce G., Haggai, Zechariah, Malachi (Tyndale OT Commentaries 28), Nottingham / Downers Grove, IL 1972 (ND 2009).
von Bulmerincq, Alexander, Der Prophet Maleachi. Band I. Einleitung in das Buch des Propheten Maleachi, Tartu 1926.
–, II. Kommentar zum Buche des Propheten Maleachi, Tartu 1932.
Chary, Théophane, O.F.M., Aggée, Zacharie, Malachie (Sources bibliques), Paris 1969.
Clendenen s. Taylor.
Coggins, R. J., Haggai, Zechariah, Malachi (OTGu), Sheffield 1987.
Deden, D., S.C.J., De kleine profeten (BOT), Roermond / Masseik 1953.
Deissler, Alfons, Zwölf Propheten III. Zefanja, Haggai, Sacharja, Maleachi (NEB), Würzburg 1988.
Duhm, Bernhard, Die Zwölf Propheten. In den Versmaßen der Urschrift, Tübingen 1910.
Elliger, Karl, Das Buch der zwölf Kleinen Propheten II. Die Propheten Nahum, Habakuk, Zephanja, Haggai, Sacharja, Maleachi (ATD 25), Göttingen ^{8}1982.
Floyd, Michael H., Minor Prophets. Part 2 (FOTL XXII), Grand Rapids, Michigan / Cambridge, U.K. 2000.
Frey, Hellmuth, Das Buch der Kirche in der Weltwende. Die kleinen nachexilischen Propheten (BAT 24), Stuttgart ^{6}1977.
Goldingay, John / Scalise, Pamela J., Minor Prophets II (NIBC.OT), Peabody, Massachusetts 2009 [= P. J. Scalise].
Haller, Max, Maleachi, in: ders., Das Judentum. Geschichtsschreibung, Prophetie und Gesetzgebung nach dem Exil (SAT II/3), Göttingen ^{2}1925, 117–127.
Hill, Andrew E., Malachi. A New Translation with Introduction and Commentary (AB 25D), New York u. a. 1998.

Allgemeines Literaturverzeichnis

Hitzig, Ferdinand, Die zwölf kleinen Propheten (KEH I), Leipzig ⁴1881.
Van Hoonacker, A., Les Douze Petits Prophètes (EtB), Paris 1908.
Horst s. *Robinson.*
Jaramillo Rivas, Pedro, Profetas Menores (El mensaje del Antiguo Testamento 16), Madrid u. a. 1993.
Jepsen, Alfred, Das Zwölfprophetenbuch, Leipzig / Hamburg 1937.
Junker, Hubert, Die Zwölf kleinen Propheten. II. Hälfte: Nahum, Habakuk, Sophonias, Aggäus, Zacharias, Malachias (HSAT VIII/3/II), Bonn 1938.
Kaiser, Jr., Walter C., Micah – Malachi (The Communicator's Commentary 21), Dallas, Texas 1992.
Keil, Carl Friedrich, Biblischer Commentar über die zwölf kleinen Propheten (BC III,4), Leipzig ³1888.
Luciani s. *Rinaldi.*
Marti, Karl, Das Dodekapropheton (KHC XIII), Tübingen 1904.
Mason, Rex, The Books of Haggai, Zechariah and Malachi, Cambridge u. a. 1977.
Meinhold, Arndt, Maleachi (BK XIV/8), Neukirchen-Vluyn 2006.
Nötscher, Friedrich, Zwölfprophetenbuch oder Kleine Propheten (Echter Bibel), Würzburg ²1954.
Nowack, W., Die kleinen Propheten (HK III/4), Göttingen ³1922.
von Orelli, Conrad, Die zwölf kleinen Propheten (KKANT V/2), München ³1908.
Petersen, David L., Zechariah 9–14 and Malachi. A Commentary (OTL), Louisville, Kentucky 1995.
Redditt, Paul L., Haggai, Zechariah and Malachi (NCB), Grand Rapids 1995.
Rieger, Carl Heinrich, Kurze Betrachtungen über die zwölf kleinen Propheten, zur Beförderung des richtigen Verständnisses und der erbaulichen Anwendung des Bibelworts, Stuttgart ²1859.
Rinaldi, Giovanni, C.R.S. / Luciani, F., I profeti minori. Fasc. III. Michea – Nahum – Abacuc – Sofonia – Aggeo – Zaccaria – Malachia (SB[I]), Torino / Roma 1969 [= *F. Luciani*].
Robinson, Theodore H. / Horst, Friedrich, Die zwölf Kleinen Propheten (HAT 14), Tübingen ³1964 [= *F. Horst*].
Rudolph, Wilhelm, Haggai – Sacharja 1–8 – Sacharja 9–14 – Maleachi (KAT XIII/4), Gütersloh 1976.
Scalise s. *Goldingay.*
Schumpp, Meinrad, O.P., Das Buch der zwölf Propheten (Herders Bibelkommentar), Freiburg 1950.
Sellin, Ernst, Das Zwölfprophetenbuch. Zweite Hälfte. Nahum – Maleachi (KAT XII), Leipzig ²/³1930.
Smith, George Adam, The Book of the Twelve Prophets Commonly Called the Minor. Vol. II (ExpB), London 1898.
Smith, John Merlin Powis, A Critical and Exegetical Commentary on the Book of Malachi (ICC), Edinburgh ³1951.
Smith, Ralph L., Micah-Malachi (WBC 32), Waco, Texas 1984.
Sweeney, Marvin A., The Twelve Prophets, 2 Bde., Collegeville, Minnesota 2000.
Taylor, Richard A. / Clendenen, E. Ray, Haggai, Malachi (The New American Commentary 21A), Nashville, Tennessee 2004 [= *Clendenen*].
Verhoef, Pieter A., The Books of Haggai and Malachi (NICOT), Grand Rapids, Michigan 1987.
Wellhausen, J., Die Kleinen Propheten übersetzt und erklärt, Berlin ³1898 = ⁴1963.
Willi-Plein, Ina, Haggai, Sacharja, Maleachi (ZBK.AT 24.4), Zürich 2007.

van der Woude, A. S., Haggai. Maleachi (De prediking van het Oude Testament), Nijkerk 1982.

Grammatiken und Lexika

Bartelmus = Rüdiger Bartelmus, Einführung in das biblische Hebräisch, Zürich 1994.
Ges[18] = Wilhelm Gesenius, Hebräisches und Aramäisches Handwörterbuch über das Alte Testament, hg. v. R. Meyer / H. Donner, 5 Bde., Berlin u. a. [18]1987–2009.
GesK = Gesenius-Kautzsch-Bergsträsser, Hebräische Grammatik, Leipzig 1909, ND Darmstadt 1985.
KBL = Ludwig Köhler / Walter Baumgartner, Hebräisches und aramäisches Lexikon zum Alten Testament, Leiden u. a. [3]1967–1990.
WO'C = Bruce K. Waltke / M. O'Connor, An Introduction to Biblical Hebrew Syntax, Winona Lake, Indiana 1990.

Texteditionen

Augustinus, Conf. = PL 32, 659–867.
Beentjes = *Pancratius C. Beentjes*, The Book of Ben Sira in Hebrew. A Text Edition of all Extant Hebrew Manuscripts and a Synopsis of All Parallel Hebrew Ben Sira Texts (SVT 68), Leiden u. a. 1997.
bGit = Lazarus Goldschmidt, Der Babylonische Talmud, Bd. 5, 2, Haag 1933.
BHQ = Biblia Hebraica quinta editione 13. The Twelve Minor Prophets, prepared by A. Gelston, Stuttgart 2010.
BHS = Biblia Hebraica Stutgartensia, hg. v. K. Elliger und W. Rudolph, Stuttgart 1977.
BigS = Bibel in gerechter Sprache, hg. v. F. Crüsemann u. a., Gütersloh 2006.
Heinrich Denzinger, Kompendium der Glaubensbekenntnisse und kirchlichen Lehrentscheidungen, Freiburg im Breisgau u. a. [37]1991.
Didache. Zwölf-Apostel-Lehre, übers. v. G. Schöllgen, Fontes Christiani 1, Freiburg u. a. 1991.
Diodorus Siculus = The Loeb Classical Library, Diodorus of Sicily, Cambridge, Massachusetts / London, Bd. II 1961, Bd. X 1962.
DJD = Discoveries in the Judaean Desert, hg. v. E. Tov, hier Bd. XV, Oxford 1997, und XXII, Oxford 1996.
EA = *J. A. Knudtzon*, Die El-Amarna-Tafeln. Erster Teil. Die Texte, Leipzig 1915.
García Martínez, Florentino / Tigchelaar, Eibert J. C., The Dead Sea Scrolls Study Edition, Volume one 1Q1–4Q273, Leiden u. a. 1997.
Gilgamesch = Das Gilgamesch-Epos, neu übersetzt und kommentiert von Stefan M. Maul, München 2005.
HAE = Handbuch der althebräischen Epigraphik, hg. v. J. Renz / W. Röllig, 3 Bde., Darmstadt 1995–2003.
HTAT = *Manfred Weippert*, Historisches Textbuch zum Alten Testament (GAT 10), Göttingen 2010.

Allgemeines Literaturverzeichnis

P. Hünermann (Hg.), Die Dokumente des Zweiten Vatikanischen Konzils, Konstitutionen, Dekrete, Erklärungen, Herders Theologischer Kommentar zum Zweiten Vatikanischen Konzil 1, Freiburg u. a. 2009.
Irenäus von Lyon, Adversus Haereses = PG 7, 433–1224.
Jub = Klaus Berger, Das Buch der Jubiläen (JSHRZ II/3), Gütersloh 1981.
Justin, Dialog mit Trypho = Iustini Martyris Dialogus cum Tryphone, hg. v. Miroslav Marcovich (Patristische Texte und Studien 47), Berlin / New York 1997.
KAI = *H. Donner / W. Röllig*, Kanaanäische und aramäische Inschriften, Bd. 1, Wiesbaden ⁵2002.
KTU = Die keilalphabetischen Texte von Ugarit, v. M. Dietrich / O. Loretz / J. Sanmartín (AOAT 24), Kevelaer / Neukirchen-Vluyn 1976.
Luther 1545 = Biblia: Das ist: Die gantze Heilige Schrifft / Deudsch/Auffs new zugericht. D. Mart. Luth, Wittenberg 1545.
Luther 1984 = Die Bibel nach der Übersetzung Martin Luthers. Bibeltext in der revidierten Fassung von 1984.
mGit = Die Mischna. Gittin – Scheidebriefe, übers. v. D. Correns, Berlin / New York 1991.
Midrasch ExR = Midrash Rabba Exodus, trans. by S. M. Lehrman, London / Bournemouth 1951.
NRSV = The Holy Bible. New Revised Standard Version, Anglicized Edition, Oxford 1995.
Septuaginta Deutsch = Septuaginta Deutsch. Das griechische Alte Testament in deutscher Übersetzung, hg. v. W. Kraus / M. Karrer, Stuttgart 2009.
Spinoza, Baruch de, Tractatus Theologico-Politicus [1670], in: Opera – Werke. Lateinisch und deutsch, hg. v. G. Gawlick / F. Niewöhner, Erster Band, Darmstadt 2008.
TAD = Textbook of Armaic Documents from Ancient Egypt. 1. Letters, hg. v. B. Porten / A. Yardeni, Jerusalem 1980.
TeNaK Berlin 1927 = ספר תורה נביאים כתובים, Berlin 1927.
TeNaK Jerusalem 1979 = תורה נביאים כתובים, Jerusalem 1979.
Thomas von Aquin, De regimine principum, in: S. Thomae Aquinatis Opera Omnia 3, hg. v. R. Busa S.I., Stuttgart-Bad Canstatt 1980, 595–601.
TUAT = Texte aus der Umwelt des Alten Testaments, 3 Bände, hg. v. O. Kaiser, Gütersloh 1982–1997.
WSS = Corpus of West Semitic Stamp Seals, hg. v. N. Avigad / B. Sass, Jerusalem 1997.
Zürcher 2007 = Zürcher Bibel 2007, hg. vom Kirchenrat der Evangelisch-reformierten Landeskirche des Kanton Zürich.

Einzelstudien

Albertz, Rainer, Religionsgeschichte Israels in alttestamentlicher Zeit, 2 Bde. (GAT 8), Göttingen 1992.
Ausín Olmos, Santiago, Optimismo, desencanto y esperanza en los profetas de la época persa. Análisis de algunos textos de Ageo, Zacarías y Malaquías, in: EstBíbl 64 (2006) 393–417.
Barthélemy, Dominique, Critique textuelle de l'Ancien Testament. Tome 3: Ezéchiel, Daniel et les 12 Prophètes (OBO 50/3), Fribourg Suisse / Göttingen 1992.

Bauer, Lutz, Zeit des Zweiten Tempels – Zeit der Gerechtigkeit. Zur sozio-ökonomischen Konzeption im Haggai-Sacharja-Maleachi-Korpus (BEATAJ 31), Frankfurt am Main u. a. 1992.

Beck, Martin, Das Dodekapropheton als Anthologie, in: ZAW 118 (2006) 558–581.

–, Der »Tag YHWHs« im Dodekapropheton. Studien im Spannungsfeld von Traditions- und Redaktionsgeschichte (BZAW 356), Berlin / New York 2005.

Berges, Ulrich, Jesaja 40–48 (HThKAT), Freiburg u. a. 2008.

Berquist, Jon L., Judaism in Persia's Shadow. A Social and Historical Approach, Minneapolis 1995.

Berry, Donald K., Malachi's Dual Design: The Close of the Canon and What Comes Afterward, in: J. W. Watts / P. R. House (Hg.), Forming Prophetic Literature. Essays on Isaiah and the Twelve in Honor of John D. W. Watts (JSOT.S 235), Sheffield 1996, 269–302.

Blenkinsopp, Joseph, Geschichte der Prophetie in Israel. Von den Anfängen bis zum hellenistischen Zeitalter, Stuttgart u. a. 1998.

Boda, Mark J., Messengers of Hope in Haggai-Malachi, in: JSOT 32.1 (2007) 113–131.

Boecker, Hans Jochen, Bemerkungen zur formgeschichtlichen Terminologie des Buches Maleachi, in: ZAW 78 (1966) 78–80.

Bosshard, Erich / Kratz, Reinhard Gregor, Maleachi im Zwölfprophetenbuch, in: BN 52 (1990) 27–46.

Botha, P. J., Honour and shame as keys to the interpretation of Malachi, in: OTE 14 (2001) 392–403.

Brooke, George J., The Twelve Minor Prophets and the Dead Sea Scrolls, in: A. Lemaire (Hg.), Congress Volume Leiden 2004 (SVT 109), Leiden / Boston 2006, 19–43.

Bruno, Arvid, Das Buch der Zwölf. Eine rhythmische und textkritische Untersuchung, Stockholm 1957.

Childs, Brevard S., Introduction to the Old Testament as Scripture, London 1979.

Crüsemann, Frank, Das Alte Testament als Wahrheitsraum des Neuen. Die neue Sicht der christlichen Bibel, Gütersloh 2011.

Ego, Beate, u. a. (Hg.), Minor Prophets (Biblia Qumranica 3B), Leiden / Boston 2005.

Fischer, James A., C.M., Notes on the Literary Form and Message of Malachi, in: CBQ 34 (1972) 315–320.

Gärtner, Judith, Jesaja 66 und Sacharja 14 als Summe der Prophetie. Eine traditions- und redaktionsgeschichtliche Untersuchung zum Abschluss des Jesaja- und des Zwölfprophetenbuches (WMANT 114), Neukirchen-Vluyn 2006.

Glazier-McDonald, Beth, Malachi. The Divine Messenger (SBL.DS 98), Atlanta, Georgia 1987.

Graffy, Adrian, A Prophet Confronts His People. The Disputation Speech in the Prophets (AnBib 104), Rom 1984.

Gunkel, Hermann, Einleitungen, in: Hans Schmidt, Die großen Propheten (SAT II/2), Göttingen 1923, IX-LXX.

Hanson, Paul D., Das berufene Volk. Entstehen und Wachsen der Gemeinde in der Bibel, übers. v. M. Fischer, Neukirchen-Vluyn 1993.

Hardmeier, Christof, Textwelten der Bibel entdecken. Grundlagen und Verfahren einer textpragmatischen Literaturwissenschaft der Bibel. Band 1/1, Gütersloh 2003.

Hartenstein, Friedhelm, Das Angesicht JHWHs. Studien zu seinem höfischen und kultischen Bedeutungshintergrund in den Psalmen und in Exodus 32–34 (FAT 55), Tübingen 2008.

Hieke, Thomas, Kult und Ethos. Die Verschmelzung von rechtem Gottesdienst und gerechtem Handeln im Lesevorgang der Maleachischrift (SBS 208), Stuttgart 2006.

Hill, Andrew Elmer, III, The Book of Malachi: Its Place in Post-Exilic Chronology Linguistically Reconsidered (PhD Michigan), 1981.

–, Dating the Book of Malachi: A Linguistic Reexamination, in: C. L. Meyers / M. O'Connor (Hg.), The Word of the Lord Shall Go Forth, FS D. N. Freedman, Winona Lake, Indiana, 1983, 77–89.

Irsigler, Hubert, Zefanja (HThKAT), Freiburg u. a. 2002.

Kaiser, Jr., Walter C., Malachi. God's Unchanging Love, Grand Rapids, Michigan 1984.

Keel, Othmar, Die Welt der altorientalischen Bildsymbolik und das Alte Testament. Am Beispiel der Psalmen, Göttingen ^{5}1996.

Kessler, Rainer, Maleachi – ein dramatisches Gedicht, in: St. Gehrig / St. Seiler (Hg.), Gottes Wahrnehmungen, FS H. Utzschneider, Stuttgart 2009, 160–176.

–, Micha (HThKAT), Freiburg u. a. ^{2}2000.

–, Die Theologie der Gabe bei Maleachi, in: ders., Gotteserdung. Beiträge zur Hermeneutik und Exegese der Hebräischen Bibel (BWANT 170), Stuttgart 2006, 153–163.

Krieg, Matthias, Mutmaßungen über Maleachi. Eine Monographie (AThANT 80), Zürich 1993.

Lauber, Stephan, Das Buch Maleachi als literarische Fortschreibung von Sacharja? Eine Stichprobe, in: Bib. 88 (2007) 214–221.

–, Textpragmatische Strategien im »Disputationswort« als gattungsbildendes Kriterium, in: ZAW 120 (2008) 341–365.

Lescow, Theodor, Das Buch Maleachi. Texttheorie – Auslegung – Kanontheorie. Mit einem Exkurs über Jeremia 8, 8–9 (AzTh 75), Stuttgart 1993.

–, Dialogische Strukturen in den Streitreden des Buches Maleachi, in: ZAW 102 (1990) 194–212.

Leuenberger, Martin, Segen und Segenstheologien im alten Israel. Untersuchungen zu ihren religions- und theologiegeschichtlichen Konstellationen und Transformationen (AThANT 90), Zürich 2008.

McKenzie, Steven L., / Wallace, Howard N., Covenant Themes in Malachi, in: CBQ 45 (1983) 549–563.

Mason, Rex, Preaching the tradition. Homily and hermeneutics after the exile, Cambridge u. a. 1990.

Meier, Samuel E., Speaking of Speaking. Marking Direct Discourse in the Hebrew Bible (SVT 46), Leiden u. a. 1992.

Meinhold, Arndt, Art. Maleachi/Maleachibuch, in: TRE XXII, Berlin / New York 1992, 6–11.

–, Art. Maleachi / Maleachibuch, in: WiBiLex (www.wibilex.de), letzte Änderung Nov. 2007.

–, Zur Rolle des Tag-JHWHs-Gedichts Joel 2, 1–11 im XII-Propheten-Buch, in: A. Graupner u. a. (Hg.), Verbindungslinien, FS W. H. Schmidt, Neukirchen-Vluyn 2000, 207–223.

–, Die theologischen Vorsprüche in den Diskussionsworten des Maleachibuches, in: P. Mommer u. a. (Hg.), Gottes Recht als Lebensraum, FS H. J. Boecker, Neukirchen-Vluyn 1993, 197–209.

Murray, D. F., The Rhetoric of Disputation: Re-examination of a Prophetic Genre, in: JSOT 38 (1987) 95–121.

Nogalski, James D., Redactional Processes in the Book of the Twelve (BZAW 218), Berlin / New York 1993.

O'Brien, Julia M., Challenging Prophetic Metaphor. Theology and Idelogy in the Prophets, Louisville / London 2008.

–, Historical Inquiry As Liberator and Master: Malachi As A Post-Exilic Document, in: dies. / F. L. Horton, Jr. (Hg.), The Yahweh/Baal Confrontation and Other Studies in Biblical Literature and Archaeology, FS E. W. Hamrick, Lewiston, New York u. a. 1995, 57–79.

–, Malachi in Recent Research, in: CR:BS 3 (1995) 81–94.

–, Priest and Levite in Malachi (SBL.DS 121), Atlanta, Georgia 1990.

–, On Saying ›No‹ to a Prophet, in: A. Brenner (Hg.), Prophets and Daniel. A Feminist Companion to the Bible (Second Series), London / New York 2001, 206–217.

–, In Retrospect … Self-Response to ›On Saying »No« to a Prophet‹, in: A. Brenner (Hg.), Prophets and Daniel. A Feminist Companion to the Bible (Second Series), London / New York 2001, 218 f.

Oesch, Josef M., Die Bedeutung der Tora für Israel nach dem Buch Maleachi, in: E. Zenger (Hg.), Die Tora als Kanon für Juden und Christen (HBS 10), Freiburg u. a. 1996, 169–211.

Olyan, Saul M., Rites and Rank. Hierarchy in Biblical Representations of Cult, Princeton, New Jersey 2000.

Petersen, David L., Malachi: The Form-Critical Task, in: K.-D. Schunck / M. Augustin (Hg.), »Lasset uns Brücken bauen …«. Collected Communications to the XVth Congress of the International Organization for the Study of the Old Testament, Cambridge 1995 (BEATAJ 42), Frankfurt am Main u. a. 1998, 269–274.

Pfeiffer, Egon, Die Disputationsworte im Buche Maleachi (Ein Beitrag zur formgeschichtlichen Struktur), in: EvTh 19 (1959) 546–568.

Pierce, Ronald W., Literary Connectors and a Haggai/Zechariah/Malachi Corpus, in: JETS 27 (1984) 277–289.

von Rad, Gerhard, Die levitische Predigt in den Büchern der Chronik [1934], in: ders., Gesammelte Studien zum Alten Testament (ThB 8), München ⁴1971, 248–261.

Redditt, Paul L., The Book of Malachi in Its Social Setting, in: CBQ 56 (1994) 240–255.

–, Themes in Haggai-Zechariah-Malachi, in: Interpretation 61 (2007) 184–197.

–, Zechariah 9–14, Malachi, and the Redaction of the Book of the Twelve, in: J. W. Watts / P. R. House (Hg.), Forming Prophetic Literature. Essays on Isaiah and the Twelve in Honor of John D. W. Watts (JSOT.S 235), Sheffield 1996, 245–268.

Rendtorff, Rolf, Art. Maleachibuch, in: RGG³, Band 4, Tübingen 1960, 628 f.

Renker, Alwin, Die Tora bei Maleachi. Ein Beitrag zur Bedeutungsgeschichte von tôrā im Alten Testament (FThSt 111), Freiburg u. a. 1979.

Rogerson, J. W., The Social Background of the Book of Malachi, in: P. J. Harland / C. T. R. Hayward (Hg.), New Heaven and New Earth. Prophecy and the Millennium, FS A. Gelston (SVT 77), Leiden u. a. 1999, 171–179.

Schaper, Joachim, Priester und Leviten im achämenidischen Juda. Studien zur Kult- und Sozialgeschichte Israels in persischer Zeit (FAT 31), Tübingen 2000.

–, The Priests in the Book of Malachi and their Opponents, in: L. L. Grabbe / A. O. Bellis (Hg.), The Priests in the Prophets. The Portrayal of Priests, Prophets and Other Religious Specialists in the Latter Prophets (JSOT.S 408), London / New York 2004, 177–188.

Schart, Aaron, Art. Disputationswort, in: WiBiLex (www.wibilex.de), letzte Änderung Sept. 2010.

–, Die Entstehung des Zwölfprophetenbuchs. Neubearbeitungen von Amos im Rahmen schriftenübergreifender Redaktionsprozesse (BZAW 260), Berlin / New York 1998.

–, Putting the Eschatological Visions of Zechariah in their Place: Malachi as a Hermeneutical Guide for the Last Section of the Book of the Twelve, in: M. J. Boda / M. H. Floyd (Hg.), Bringing out the Treasure. Inner Biblical Allusion in Zechariah 9–14, London / New York 2004, 333–343.

–, Zur Redaktionsgeschichte des Zwölfprophetenbuches, in: VF 43 (1998) 13–33.

–, Das Zwölfprophetenbuch als redaktionelle Großeinheit, in: ThLZ 133 (2008) 227–246.

Schwesig, Paul-Gerhard, Die Rolle der Tag-JHWHs-Dichtungen im Dodekapropheton (BZAW 366), Berlin / New York 2006.

Seiler, Stefan, Intertextualität, in: H. Utzschneider / E. Blum (Hg.), Lesarten der Bibel. Untersuchungen zu einer Theorie der Exegese des Alten Testaments, Stuttgart 2006, 275–293.

Snyman, S. D., Eschatology in the book of Malachi, in: OTS 1/2 (1988) 63–77.

–, Rethinking the Demarcation of Malachi 2:17–3:5, in: Acta Theologica 31 (2011) 156–168.

Steck, Odil Hannes, Der Abschluß der Prophetie im Alten Testament. Ein Versuch zur Frage der Vorgeschichte des Kanons (BThSt 17), Neukirchen-Vluyn 1991.

–, Zur Abfolge Maleachi – Jona in 4Q76 (4QXII^a), in: ZAW 108 (1996) 249–253.

Tai, Nicholas Ho Fai, The End of the Book of the Twelve. Reading Zechariah 12–14 with Joel, in: F. Hartenstein u. a. (Hg.), Schriftprophetie, FS J. Jeremias, Neukirchen-Vluyn 2004, 341–350.

Tiemeyer, Lena-Sofia, Priestly Rites and Prophetic Rage. Post-Exilic Prophetic Critique of the Priesthood (FAT II/19), Tübingen 2006.

Torrey, C. C., The Prophecy of »Malachi«, in: JBL 17 (1898) 1–15.

Utzschneider, Helmut, Künder oder Schreiber. Eine These zum Problem der »Schriftprophetie« auf Grund von Maleachi 1, 6–2, 9 (BEATAJ 19), Frankfurt am Main u. a. 1989.

–, Art. Maleachi/Maleachibuch, in: RGG^4, Band 5, Tübingen 2002, 711–713.

–, Micha (ZBK.AT 24.1), Zürich 2005.

–, Die Schriftprophetie und die Frage nach dem Ende der Prophetie. Überlegungen anhand von Mal 1, 6–2, 16, in: ders., Gottes Vorstellung. Untersuchungen zur literarischen Ästhetik und ästhetischen Theologie des Alten Testaments (BWANT 175), Stuttgart 2007, 120–133.

Wacker, Marie-Theres, Das Buch Maleachi. Zur Ehre Gottes, des Vaters?, in: L. Schottroff / M.-Th. Wacker (Hg.), Kompendium Feministische Bibelauslegung, Gütersloh ^{2}1999, 376–383.

Wallis, Gerhard, Wesen und Struktur der Botschaft Maleachis, in: F. Maass (Hg.), Das ferne und nahe Wort, FS L. Rost (BZAW 105), Berlin 1967, 229–237.

Watts, John D. W., A Frame for the Book of the Twelve: Hosea 1–3 and Malachi, in: J. D. Nogalski / M. A. Sweeney (Hg.), Reading and Hearing the Book of the Twelve (SBL.SS 15), Atlanta 2000, 209–217.

–, Superscriptions and Incipits in the Book of the Twelve, in: J. D. Nogalski / M. A. Sweeney (Hg.), Reading and Hearing the Book of the Twelve (SBL.SS 15), Atlanta 2000, 110–124.

Wengst, Klaus, Vom Aufgehen der Sonne der Gerechtigkeit, in: JK 66/0 (2005) 21–31.

Weyde, Karl William, Prophecy and Teaching: Prophetic Authority, Form Problems, and the Use of Traditions in the Book of Malachi (BZAW 288), Berlin / New York 2000.

Wöhrle, Jakob, Der Abschluss des Zwölfprophetenbuches. Buchübergreifende Redaktionsprozesse in den späten Sammlungen (BZAW 389), Berlin / New York 2008.

Wolfe, Rolland Emerson, The Editing of the Book of the Twelve, in: ZAW 53 (1935) 90–129.

Wolff, Hans Walter, Das Zitat im Prophetenspruch. Eine Studie zur prophetischen Verkündigungsweise [1937], in: ders., Gesammelte Studien zum Alten Testamen (ThB 22), München ²1973, 36–129.

Allgemeines Abkürzungsverzeichnis für alle Bände des Kommentarwerkes

I. Biblische Bücher und außerkanonische Schriften

1. Biblische Bücher

a) Altes Testament

Gen	Genesis (1 Mose)
Ex	Exodus (2 Mose)
Lev	Leviticus (3 Mose)
Num	Numeri (4 Mose)
Dtn	Deuteronomium (5 Mose)
Jos	Das Buch Josua
Ri	Das Buch der Richter
Rut	Das Buch Rut
1 Sam	Das 1. Buch Samuel
2 Sam	Das 2. Buch Samuel
1 Kön	Das 1. Buch der Könige
2 Kön	Das 2. Buch der Könige
1 Chr	Das 1. Buch der Chronik (Paralipomenon)
2 Chr	Das 2. Buch der Chronik (Paralipomenon)
Esra	Das Buch Esra (1 Esra)
Neh	Das Buch Nehemia (2 Esra)
Tob	Das Buch Tobit (Tobias)
Jdt	Das Buch Judit
Est	Das Buch Ester (mit griech. Zusätzen)
1 Makk	Das 1. Buch der Makkabäer
2 Makk	Das 2. Buch der Makkabäer
Ijob	Das Buch Ijob (Hiob)
Ps	Die Psalmen
Spr	Das Buch der Sprichwörter (Die Sprüche Salomos)
Koh	Das Buch Kohelet (Der Prediger Salomo, Ecclesiastes)
Hld	Das Hohelied
Weish	Das Buch der Weisheit
Sir	Das Buch Jesus Sirach (Ecclesiasticus)
Jes	Das Buch Jesaja
Jer	Das Buch Jeremia
Klgl	Die Klagelieder des Jeremia
Bar	Das Buch Baruch (1 Bar)
Ez	Das Buch Ezechiel (Hesekiel)
Dan	Das Buch Daniel (mit griechischen Zusätzen)
Hos	Das Buch Hosea (Osee)
Joel	Das Buch Joel

Am	Das Buch Amos
Obd	Das Buch Obadja (Abdias)
Jona	Das Buch Jona
Mi	Das Buch Micha (Michäas)
Nah	Das Buch Nahum
Hab	Das Buch Habakuk
Zef	Das Buch Zefanja (Sophonias)
Hag	Das Buch Haggai (Aggäus)
Sach	Das Buch Sacharja (Zacharias)
Mal	Das Buch Maleachi (Malachias)

b) Neues Testament

Mt	Das Evangelium nach Matthäus
Mk	Das Evangelium nach Markus
Lk	Das Evangelium nach Lukas
Joh	Das Evangelium nach Johannes
Apg	Die Apostelgeschichte
Röm	Der Brief an die Römer
1 Kor	Der 1. Brief an die Korinther
2 Kor	Der 2. Brief an die Korinther
Gal	Der Brief an die Galater
Eph	Der Brief an die Epheser
Phil	Der Brief an die Philipper
Kol	Der Brief an die Kolosser
1 Thess	Der 1. Brief an die Thessalonicher
2 Thess	Der 2. Brief an die Thessalonicher
1 Tim	Der 1. Brief an Timotheus
2 Tim	Der 2. Brief an Timotheus
Tit	Der Brief an Titus
Phlm	Der Brief an Philemon
Hebr	Der Brief an die Hebräer
Jak	Der Brief des Jakobus
1 Petr	Der 1. Brief des Petrus
2 Petr	Der 2. Brief des Petrus
1 Joh	Der 1. Brief des Johannes
2 Joh	Der 2. Brief des Johannes
3 Joh	Der 3. Brief des Johannes
Jud	Der Brief des Judas
Offb	Die Offenbarung des Johannes

2. Außerkanonische Schriften

a) Neben dem Alten Testament

ApkAbr	Abraham-Apokalypse
ApkEl	Elija-Apokalypse
ApkMos	Mose-Apokalypse
ApkSedr	Sedrach-(Schadrach)Apokalypse
Arist	Aristeasbrief
AscJes	Ascensio Jesaiae
AssMos	Assumptio Mosis

Allgemeines Abkürzungsverzeichnis

grBar	griechische Baruch-Apokalypse (4 Bar)
syrBar	syrische Baruch-Apokalypse (2 Bar)
EpJer	Epistula Jeremiae
3 Esra	3. Esrabuch
4 Esra	4. Esrabuch
5 Esra	5. Esrabuch (4 Esra 1–2)
6 Esra	6. Esrabuch (4 Esra 15–16)
äthHen	äthiopisches Henochbuch (1 Hen)
grHen	griechisches Henochbuch (2 Hen)
hebrHen	hebräisches Henochbuch (3 Hen)
slHen	slawisches Henochbuch
JosAs	Josef und Asenat
Jub	Jubiläenbuch
LibAnt	Liber Antiquitatum Biblicarum (Ps.-Philo)
3 Makk	3. Makkabäerbuch
4 Makk	4. Makkabäerbuch
MartJes	Martyrium Jesaiae
OrMan	Oratio Manassis
PsSal	Psalmen Salomos
Sib	Sibyllinen
TestAbr	Testament Abrahams
TestHiob	Testament Hiobs (Ijobs)
TestXII	Testamente der Zwölf Patriarchen
TestRub	Testament des Ruben
TestSim	Testament des Simeon
TestLev	Testament des Levi
TestJud	Testament des Juda
TestIss	Testament des Issachar
TestSeb	Testament des Sebulon
TestDan	Testament des Dan
TestNaph	Testament des Naphthali (Naftali)
TestGad	Testament des Gad
TestAss	Testament des Asser (Ascher)
TestJos	Testament des Josef
TestBenj	Testament des Benjamin
VitAd	Vita Adae et Evae

b) Neben dem Neuen Testament

ActAndr	Andreas-Akten
ActJoh	Johannes-Akten
ActMt	Matthäus-Akten
ActPaul	Paulus-Akten
ActPetr	Petrus-Akten
ActPhil	Philippus-Akten
ActThom	Thomas-Akten
ApkPaul	Paulus-Apokalypse
ApkPetr	Petrus-Apokalypse
EpApost	Apostelbrief
EvÄg	Ägypter-Evangelium
EvEb	Ebioniten-Evangelium
EvHebr	Hebräer-Evangelium
EvPetr	Petrus-Evangelium
EvPhil	Philippus-Evangelium

Laod	Laodicenerbrief
OdSal	Oden Salomos
Protev	Protoevangelium des Jakobus

3. Rabbinische Literatur

a) Mischna, Tosefta, Talmudim

b	Talmud Bavli (Babylonischer Talmud)
m	Mishna
t	Tosefta
y	Talmud Yerushalmi (Palästinischer Talmud)

Die Traktate bleiben unabgekürzt, z. B.:

bSanhedrin 31a	Talmud Bavli, Traktat Sanhedrin, Blatt 31, Seite 1
mSanhedrin 1, 4	Mishna, Traktat Sanhedrin, Kapitel 1, Halakha 4
tSanhedrin 1, 4	Tosefta, Traktat Sanhedrin, Kapitel 1, Halakha 4
ySanhedrin 2, 21b	Talmud Yerushalmi, Traktat Sanhedrin, Kapitel 2, Blatt 21, Spalte 2

b) Andere Texte

ARN	Abot de Rabbi Natan, Text A oder B
DtnR	Deuteronomium Rabba
ExR	Exodus Rabba
GenR	Genesis Rabba
HldR	Hoheslied Rabba
KlglR	Klagelieder Rabba
KohR	Kohelet Rabba
LevR	Leviticus Rabba
Mek	Mekhilta de R. Jischmael
MHG	Midrasch ha-Gadol
MidrPss	Midrasch Psalmen
MidrSpr	Midrasch Sprichwörter
MidrTann	Midrasch Tannaim
MRS	Mekhilta de R. Simeon b. Jochai
NumR	Numeri Rabba
PesR	Pesiqta Rabbati
PRE	Pirqe de Rabbi Eliezer
PRK	Pesiqta de Rab Kahana
SER	Seder Elijahu Rabba
SOR	Seder Olam Rabba
SOZ	Seder Olam Zutta
SZ	Sifre Zutta
Tan	Tanchuma
TanB	Tanchuma Buber

4. Qumran-Schriften

Es hat sich eingebürgert, die Qumran-Texte mit Angabe des Fundortes (Nummer der Qumran-Höhle oder benachbarter Fundort) und der Katalognummer abzukürzen. Als vollständige Kataloge liegen derzeit vor: *F. García Martínez*, Lista Mss procedentes de Qumran: Henoch 11, 1989; *S. Reed*, Dead Sea Scrolls Inventory Project: Ancient Biblical Manuscript Center, Claremont 1989 ff. Daneben werden häufig folgende inhaltlichen Abkürzungen verwendet:

1QDtn^a(1Q 4)	erste Dtn-Handschrift
1QGenApocr	Genesisapokryphon
1QH	Loblieder
1QJes^a	erste Jesaja-Rolle
1QJes^b	zweite Jesaja-Rolle
1QJub(1Q 17.18)	Fragmente des Jubiläenbuchs
1QM	Kriegsregel
1QpHab	Habakuk-Pešer
1QpPs68 (1Q 16)	Pešer zu Ps 68
1QS	Gemeinderegel
1QSa (1Q 28a)	Gemeinschaftsregel
1QSb (1Q 28b)	Segenssprüche
1QtestLevi (1Q 21)	Fragmente des Testamentum Levi
4QD	Damaskusschrift aus Qumran
4QDan (4Q 112–116)	Daniel-Handschrift
4QEn	aramäische Henoch-Fragmente
4QFlor	Florilegium
4QM^a	Kriegsregel-Fragment
4QOrNab	Gebet des Nabonid
4QpHos^{a-b}	Pešarîm zu Hos
4QpJes^{a-d}	Pešarîm zu Jes
4QpNah	Nahum-Pešer
4QpPs37	Pešer zu Ps 37
4Qshirshab	Sabbatlieder
4QTest	Testimonia
4QTob hebr./aram.	hebräische und aramäische Fragmente des Tobitbuches
6QD	Damaskusschrift aus Qumran
6QDan (6Q 7)	Daniel-Handschrift
11QMelch	Melchisedek-Pešer
11QPs	Psalmenrolle
11 QtgHi	Hiob-Targum
CD	Damaskusschrift aus der Kairoer Geniza (Cairo-Document)
TR (11 QTR)	Tempelrolle

II. Abkürzungen der Zeitschriften, Serien, Lexika und Quellenwerke

AASF	Annales Academiae Scientiarum Fennicae
– Ser. B	– Serie B
AASOR	Annual of the American Schools of Oriental Research
AAWG	Abhandlungen der Akademie der Wissenschaften, Göttingen
AAWG.PH	– Philologisch-historische Klasse
AB	Assyriologische Bibliothek
ABD	The Anchor Bible Dictionary
AcOr	Acta orientalia, Havania, Leiden
ADAIK	Abhandlungen des Deutschen Archäologischen Instituts Kairo
ADAJ	Annual of the Department of Antiquities of Jordan
ADPV	Abhandlungen des deutschen Palästina-Vereins
ÄA	Ägyptologische Abhandlungen
ÄAT	Ägypten und Altes Testament
ÄF	Ägyptologische Forschungen
AET	Abhandlungen zur evangelischen Theologie
AfO	Archiv für Orientforschung
AGJU	Arbeiten zur Geschichte des Antiken Judentums und des Urchristentums
AHAW	Abhandlungen der Heidelberger Akademie der Wissenschaften
AHAW.PH	– Philosophisch-historische Klasse
AHW	W. v. Soden, Akkadisches Handwörterbuch, Wiesbaden 1965 ff.
AJA	American Journal of Archaeology (1. Serie: 1, 1885–11, 1896) and of the History of Fine Arts (2. Serie: 1, 1897 ff.)
AJBI	Annual of the Japanese Biblical Institute, Tokyo
AJSL	American Journal of Semitic Languages and Literatures
ALGHL	Arbeiten zur Literatur und Geschichte des hellenistischen Judentums
ALUOS	Annual of Leeds University Oriental Society
ALW	Archiv für Liturgiewissenschaft
AnBib	Analecta biblica
AncB	Anchor Bible
ANEP	J. B. Pritchard, The Ancient Near East in Pictures relating to the Old Testament, Princeton ²1969
ANES	vgl. JANES
ANET	J. B. Pritchard, Ancient Near Eastern Texts relating to the Old Testament, Princeton ²1969
Ang.	Angelicum, Roma
AnGr	Analecta Gregoriana, Roma
AnOr	Analecta Orientalia
AnSt	Anatolian Studies
AO	Der Alte Orient
AOAT	Alter Orient und Altes Testament
AOB	H. Greßmann, Altorientalische Bilder zum Alten Testament, Berlin/Leipzig ²1927
AOBPs	O. Keel, Die Welt der altorientalischen Bildsymbolik und das Alte Testament. Am Beispiel der Psalmen, Zürich ³1980
AOF/AOFor	Altorientalische Forschung
AOT	H. Greßmann (Hg.), Altorientalische Texte zum Alten Testament, Berlin/Leipzig ²1926
APAT	E. Kautzsch (Hg.), Apokryphen und Pseudepigraphen des Alten Testaments, Tübingen 1–2, 1900
APOT	R. H. Charles (Hg.), Apocrypha and Pseudepigrapha of the Old Testament in English, Oxford 1–2, 1913

Allgemeines Abkürzungsverzeichnis

Arch.	Archaeology. A magazine dealing with the Antiquity of the world
ARM	J. Bottero / A. Finet (Hg.), Archives royales de Mari. Textes cunéiformes
ArOr	Archiv orientální
ARW	Archiv für Religionswissenschaft
ASTI	Annual of the Swedish Theological Institute (in Jerusalem)
AtA	Alttestamentliche Abhandlungen
ATD	Das Alte Testament Deutsch
ATD.E	Das Alte Testament Deutsch. Ergänzungsreihe
AThANT	Abhandlungen zur Theologie des Alten und Neuen Testaments
AThD	Acta theologica Danica
'Atiqot(H)	'Atiqot. Journal of the Israel Department of Antiquities. Hebrew Series
ATS	Arbeiten zu Text und Sprache im Alten Testament
AuC	F. J. Dölger, Antike und Christentum, Münster 1–6, 1929–1940/50
AuS	G. Dalman, Arbeit und Sitte in Palästina, Gütersloh 1928–1942 (Nachdruck Hildesheim 1964)
AzTh	Arbeiten zur Theologie
BA	Biblical Archaeologist
BaghM	Baghdader Mitteilungen
BAR(ev)	Biblical Archaeology Review
BAR(IS)	Biblical Archaeology Reader, International Series
BASOR	Bulletin of the American Schools of Oriental Research
Bauer	W. Bauer, Griechisch-Deutsches Wörterbuch zu den Schriften des Neuen Testaments und der übrigen urchristlichen Literatur, Berlin ^{6}1988
BAW	Bibliothek der Alten Welt
BAW.AC	– Antike und Christentum
BB	Biblische Beiträge, Einsiedeln
BBB	Bonner Biblische Beiträge
BCNH.T	Bibliothèque Copte de Nag Hammadi, Textes
BDB	F. Brown / S. R. Driver / C. A. Briggs, Hebrew and English Lexicon, Oxford 1907 (1962)
BEATAJ	Beiträge zur Erforschung des Alten Testaments und des antiken Judentums
BeO	Bibbia e oriente
BET	Beiträge zur biblischen Exegese und Theologie
BEThL	Bibliotheca Ephemeridum Theologicarum Lovaniensis
BetM	Bet(h) Mikra
BEvTh	Beiträge zur evangelischen Theologie
BFChTh	Beiträge zur Förderung christlicher Theologie
BHH	B. Reicke / L. Rost (Hg.), Biblisch-historisches Handwörterbuch, Göttingen 1962–1979
BHS	Biblia Hebraica Stuttgartensia
BHTh	Beiträge zur historischen Theologie
Bib. / Bibl	Biblica, Roma
BiBe	Biblische Beiträge
BibOr	Biblica et orientalia
BIES	Bulletin of the Israel Exploration Society
Bijdr.	Bijdragen. Tijdschrift voor Philosophie en theologie
BiKi	Bibel und Kirche
BiLe	Bibel und Leben
BiLi	Bibel und Liturgie
BiOr	Bibliotheca orientalis, Leiden
BiTod	Bible today
BiTr	Bible translator
BJRL	Bulletin of the John Rylands Library, Manchester

BK	Biblischer Kommentar
BKAT	Biblischer Kommentar zum Alten Testament
Blass/Debrunner	F. Blass / A. Debrunner, Grammatik des neutestamentlichen Griechisch, bearbeitet von E. Rehkopf, Göttingen ¹⁴1976
BN	Biblische Notizen
BRL²	K. Galling (Hg.), Biblisches Reallexikon, Tübingen ²1977
BS	Bibliotheca sacra
BSt	Biblische Studien, Neukirchen
BTAVO	Beihefte zum Tübinger Atlas des Vorderen Orients
BTB	Biblical Theology Bulletin
BThSt	Biblisch-theologische Studien
BThZ	Berliner theologische Zeitschrift
BVSAW	Berichte über die Verhandlungen der sächsischen Akademie der Wissenschaften zu Leipzig
BVSAW.PH	– Philosophisch-historische Klasse
BWANT	Beiträge zur Wissenschaft vom Alten und Neuen Testament
BZ	Biblische Zeitschrift
BZAW	Beihefte zur Zeitschrift für die alttestamentliche Wissenschaft
BZfr	Biblische Zeitfragen
BZNW	Beihefte zur Zeitschrift für die neutestamentliche Wissenschaft
CAD	Chicago Assyrian Dictionary
CAH	Cambridge Ancient History
CAT	Commentaire de l'Ancien Testament
CB	Coniectanea biblica
CB.NT	Coniectanea biblica. New Testament Series
CB.OT	Coniectanea biblica. Old Testament Series
CBQ	Catholic Biblical Quarterly
CChr	Corpus Christianorum
CChr.CM	– Continuatio medievalis
CChr.SA	– Series apocryphorum
CChr.SG	– Series Graeca
CChr.SL	– Series latina
CEg	Chronique d'Egypte
Charlesworth	J. H. Charlesworth (Hg.), The Old Testament Pseudepigrapha, Garden City 1983/85
CH	Codex Hammurabi
CHB	Cambridge History of the Bible
CIJ	Corpus Inscriptionum Judaicarum
CIL	Corpus Inscriptionum Latinorum
Conc	Concilium
COT	Commentaar op het Oude Testament
CPG	Clavis patrum Graecorum
CPL	Clavis patrum Latinorum
CRAI	Comptes rendus des séances de l'académie des inscriptions et belles lettres
CRB	Cahiers de la Revue biblique
CRBS	Currents in Research. Biblical Studies
CRI	Compendia Rerum Judaicarum ad Novum Testamentum
CRRAI	Compte rendu de la recontre assyriologique internationale
CThM	Calwer theologische Monographien
CV	Communio Viatorum

DACL	Dictionnaire d'archéologie chrétienne et de liturgie
DB	Dictionnaire de la Bible
DBS	– supplément
DBAT	Dielheimer Blätter zum Alten Testament
DissAb	Dissertation abstracts
DJD	Discoveries in the Judean desert
EA	J. A. Knudtzon, Die El-Amarna-Tafeln, Leipzig 1915 (Neudruck Aalen 1964)
EAEHL	Encyclopedia of archeological excavations in the Holy Land, London 1975–1978
EB	Die Heilige Schrift in deutscher Übersetzung. »Echter Bibel«
EB(C)	T. K. Cheyne (Hg.), Encyclopedia Biblica, London
EdF	Erträge der Forschung, Darmstadt
EHAT	Exegetisches Handbuch zum Alten Testament
Ehrlich	A. B. Ehrlich, Randglossen zur hebräischen Bibel, Leipzig 1908–1914
EHS	Europäische Hochschulschriften
EHS.T	Europäische Hochschulschriften. Reihe 23: Theologie
EJ	Encyclopaedia Judaica 1–16, Jerusalem 1971
EJR	R. J. Z. Werblowsky u. a. (Hg.), The Encyclopedia of the Jewish Religion, London 1967
EKK	Evangelisch-katholischer Kommentar zum Neuen Testament
EKL	Evangelisches Kirchenlexikon
EPRO	Études préliminaires aux religions orientales dans l'empire romain
E(r)I(s)	Eretz-Israel
ESI	Excavations and Surveys in Israel
Est.B	Estudios biblicos
ET	Expository Times
EtB	Études bibliques
EThL	Ephemerides Theologicae Lovanienses
EThS(t)	Erfurter theologische Studien
ETR	Études théologiques et religieuses
EuA	Erbe und Auftrag
EvQ	Evangelical Quarterly
EvTh	Evangelische Theologie
EWNT	H. Balz / G. Schneider (Hg.), Exegetisches Wörterbuch zum Neuen Testament, Stuttgart 1980–1983
Exp.	Expositor
FAT	Forschungen zum Alten Testament
FChr	Fontes Christiani. Zweisprachige Neuausgabe christlicher Quellentexte aus Altertum und Mittelalter
FGNK	Forschungen zur Geschichte des neutestamentlichen Kanons und der altchristlichen Literatur
FJB	Frankfurter Judaistische Beiträge
Forbes	R. J. Forbes, Studies in ancient technology, Leiden ^{2}1964–1972
FOTL	The Forms of the Old Testament Literature
FRLANT	Forschungen zur Religion und Literatur des Alten und Neuen Testaments
FThSt	Freiburger theologische Studien
FzB	Forschung zur Bibel
fzb	Forschungen zur Bibel
FZPhTh	Freiburger Zeitschrift für Philosophie und Theologie
Gardiner	A. H. Gardiner, Egyptian Grammar, Oxford ^{3}1957

GAT	Grundrisse zum Alten Testament
GCS	Die griechischen christlichen Schriftsteller der ersten drei Jahrhunderte
Gesenius[17]	W. *Gesenius*, Hebräisches und Aramäisches Handwörterbuch über das Alte Testament, [17]1915 (Neudr. 1966)
Gesenius[18]	W. *Gesenius*, Hebräisches und Aramäisches Handwörterbuch über das Alte Testament, [18]1987–1995
Ges-K	W. *Gesenius* / E. *Kautzsch* / G. *Bergsträsser*, Hebräische Grammatik, Hildesheim u. a. 1985 (Neudr. Darmstadt 1985)
GGA	Göttingische gelehrte Anzeigen
GöMis(z)	Göttinger Miszellen
GOF	Göttinger Orientforschung
Goldschmidt	L. *Goldschmidt*, Der babylonische Talmud, Haag 1933–1935
GrThS	Grazer theologische Studien
GuL	Geist und Leben
HAB	Hildesheimer ägyptologische Beiträge
HAE	J. *Renz* / W. *Röllig* (Hg.), Handbuch der althebräischen Epigraphik, Darmstadt 1995
HALAT	L. *Köhler* / W. *Baumgartner*, Hebräisches und aramäisches Lexikon zum AT, Leiden [3]1967–1990
HAT	Handbuch zum Alten Testament
HAW	Handbuch der Altertumswissenschaft
HBS	Herders biblische Studien
Hen.	Henoch. Studi storicofilologici sull'ebraismo
Hermeneia	Hermeneia. A Critical and Historical Commentary on the Bible
HK	Handkommentar zum Alten Testament
HNT	Handbuch zum Neuen Testament
HO	Handbuch der Orientalistik, Leiden
HRWG	H. *Cancik* u. a. (Hg.), Handbuch religionswissenschaftlicher Grundbegriffe, Stuttgart 1988 ff.
HSM	Harvard Semitic Monographs
HSS	Harvard Semitic Studies
HthKAT	Herders theologischer Kommentar zum Alten Testament
HThKNT	Herders theologischer Kommentar zum Neuen Testament
HThR	Harvard Theological Review
HUCA	Hebrew Union College Annual
HUTh	Hermeneutische Untersuchungen zur Theologie
HZ	Historische Zeitschrift
ICC	International Critical Commentary of the Holy Scriptures
IDB	The Interpreter's Dictionary of the Bible
IDB(S)	– Supplementary Volume
IEJ	Israel Exploration Journal
Interp.	Interpretation
IOS	Israel Oriental Studies
Iraq	Iraq, London
IRM	International review of missions
ISBE	International Standard Bible Encyclopedia, Grand Rapids [3]1979/88
JA	Journal asiatique
JAC	Jahrbuch für Antike und Christentum
JANES	Journal of the ancient Near Eastern Society of Columbia University
JAOS	Journal of the American Oriental Society
JARG	Jahrbuch für Anthropologie und Religionsgeschichte

JBL	Journal of Biblical Literature
JBQ	The Jewish Bible Quarterly
JBR	Journal of Bible and Religion
JBTh	Jahrbuch für Biblische Theologie
JCS	Journal of Cuneiform Studies
JEA	Journal of Egyptian Archaeology
JJS	Journal of Jewish Studies
JNES	Journal of Near Eastern Studies
JNWSL	Journal of Northwest Semitic Languages
JPOS	Journal of the Palestine Oriental Society
JQR	Jewish Quarterly Review
JR	Journal of Religion
JSHRZ	Jüdische Schriften aus hellenistisch-römischer Zeit
JSJ	Journal of the Study of Judaism in the Persian, Hellenistic and Roman Period
JSNT	Journal for the Study of the New Testament
JSNT.S	Journal for the Study of the New Testament. Supplement
JSOT	Journal for the Study of the Old Testament
JSOT.S	Journal for the Study of the Old Testament. Supplement Series
JSP	Journal for the Study of the Pseudepigrapha
JSS(t)	Journal of Semitic Studies
JSSEA	The Journal of the Society for the Study of Egyptian Antiquities
JThS	Journal of Theological Studies
Jud.	Judaica
KAI	H. Donner / W. Röllig, Kanaanäische und aramäische Inschriften, Wiesbaden I ³1971, II ³1979, III ²1969
KAT	Kommentar zum Alten Testament
Kautzsch	E. Kautzsch, Die Apokryphen und Pseudepigraphen des Alten Testaments, Tübingen 1900 (Nachdruck 1921)
KBANT	Kommentare und Beiträge zum Alten und Neuen Testament
KBL	L. Köhler / W. Baumgartner, Lexicon in Veteris Testamenti Libros, Leiden 1953, 1958
KEK	Kritisch-exegetischer Kommentar über das Neue Testament, begr. v. H. A. W. Meyer
KHC	Kurzer Hand-Commentar zum Alten Testament
KP	Der Kleine Pauly. Lexikon der Antike
Krauß	S. Krauß, Talmudische Archäologie, Leipzig 1910/12 (Nachdruck Hildesheim 1966)
KT	Kaiser-Traktate
KTU	M. Dietrich / O. Loretz / J. Sanmartin, Die keilalphabetischen Texte aus Ugarit, Neukirchen-Vluyn 1976
KuD	Kerygma und Dogma
LA	Liber Annuus. Studii Biblici Franciscani
LÄ	Lexikon der Ägyptologie
LCI	E. Kirschbaum (Hg.), Lexikon der christlichen Ikonographie, Freiburg i. Br. u. a. 1968–1976 = 1990
L(e)D(iv)	Lectio divina
Lemaire	A. Lemaire, Inscriptions hebraïques I. Les ostraca, Paris 1977
LingBibl	Linguistica biblica
LJ	Liturgisches Jahrbuch
LThK²	Lexikon für Theologie und Kirche, 2. Auflage
LThK³	Lexikon für Theologie und Kirche, 3. Auflage
LV	Lumen vitae

MÄS	Mitteilungen aus der ägyptischen Sammlung. Staatliche Museen zu Berlin
MDAI	Mitteilungen des deutschen archäologischen Instituts
MDAI.K	Mitteilungen des deutschen archäologischen Instituts. Abteilung Kairo
MDOG	Mitteilungen der Deutschen Orientgesellschaft
Meyer	*Rudolf Meyer*, Hebräische Grammatik, 4 Bde., Berlin/New York 1966–1972
MGWJ	Monatsschrift für Geschichte und Wissenschaft des Judentums
MignePG	Patrologiae cursus completus. Accurante Jaques-Paul Migne, Series Graeca
MignePL	Patrologiae cursus completus. Accurante Jaques-Paul Migne, Series Latina
MIO(F)	Mitteilungen des Instituts für Orientforschung
MoB	Le Monde de la Bible
MSSNTS	Monograph Series. Society for New Testament Studies
MSSOTS	Monograph Series. Society for Old Testament Studies
MThSt	Marburger theologische Studien
MThZ	Münchener theologische Zeitschrift
MUSJ	Mélanges de l'université Saint-Joseph
MVÄG	Mitteilungen der Vorderasiatisch-Ägyptischen Gesellschaft
MVAG	Mitteilungen der Vorderasiatischen Gesellschaft
NAWG	Nachrichten (1941–1944: von) der Akademie der Wissenschaften in Göttingen
NBL	*M. Görg / B. Lang* (Hg.), Neues Bibel Lexikon, Zürich 1988 ff.
NCB	New Clarendon Bible
NCeB	New Century Bible
NEB	Neue Echter Bibel
NedThT	Nederlands theologisch tijdschrift
NGWG	Nachrichten (1884–1893: von) der Gesellschaft der Wissenschaften in (1884–1893: zu) Göttingen
NGWG.PH	– Philosophisch-historische Klasse
NHS	Nag Hammadi Studies
NIC.NT	New International Commentary on the New Testament
NIC.OT	The New International Commentary on the Old Testament
NRTh	Nouvelle revue théologique
NStB	Neukirchener Studienbücher
NT	Novum Testamentum
NR.S	Novum Testamentum. Supplementum
NSK.AT	Neuer Stuttgarter Kommentar. Altes Testament
NTA	Neutestamentliche Abhandlungen
NTD	Das Neue Testament Deutsch
NTF	Neutestamentliche Forschung
NTOA	Novum Testamentum et Orbis Antiquus
NTS	New Testament Studies, London
NZSTh	Neue Zeitschrift für systematische Theologie
OBL	Orientalia et Biblica Lovaniensia
OBO	Orbis Biblicus et Orientalis
OBO.SA	Orbis Biblicus et Orientalis. Series archaeologica
ÖAW	Österreichische Akademie der Wissenschaften
ÖBS	Österreichische Biblische Studien
OGIS	Orientis Graeci Inscriptiones Selectae
OIP	The University of Chicago Oriental Institute Publications
OL(o)P	Orientalia Lovaniensia Periodica
OLZ	Orientalistische Literaturzeitung
Or.	Orientalia, Roma
OrAnt	Oriens Antiquus

Allgemeines Abkürzungsverzeichnis

OrSuec	Orientalia Suecana
OTE	Old Testament essays
OTL	Old Testament Library
OTS	Oudtestamentische studien
PEFA	Palestine Exploration Fund Annual
PEFQS	Palestine Exploration Fund. Quarterly statement, London
PEQ	Palestine Exploration Quarterly
PJ	Palästinajahrbuch des deutschen evangelischen Instituts
PLS	Patrologiae Latinae supplementum
PO	Patrologia Orientalis
POS	Pretoria Oriental Series
PRE	Paulys Real-Encyclopädie der classischen Alterthumswissenschaft
PRU	Palais Royal d'Ugarit
PTS	Patristische Texte und Studien
PW	Pauly/Wissowa, Realencyclopädie der classischen Altertumswissenschaft
PW.S	Pauly/Wissowa, Realencyclopädie der classischen Altertumswissenschaft. Supplement
Qad.	Qadmoniyyot (=Qadmoniot). Quarterly for the antiquities of Eretz-Israel and biblical land
Qedem	Qedem. Monographs of the Institute of Archaeology, Jerusalem
QD	Quaestiones disputatae, Freiburg
QDAP	Quarterly of the Department of Antiquities in Palestine
QuSem	Quaderni di semitistica
RA	Revue d'assyrologie et d'archéologie orientale
RAC	Reallexikon für Antike und Christentum
RAC.S	– Supplement
RÄRG	H. Bonnet, Reallexikon der ägyptischen Religionsgeschichte, Berlin 1952
RB	Revue Biblique
RBen	Revue bénédictine de critique, d'histoire et de littérature religieuses
RBR	Ricerche bibliche e religiose
RCB	Revista de Cultura Biblica
RdQ	Revue de Qumrân
RechBib	Recherches Bibliques
REJ	Revue des Études Juives
RevBibl	Revista Biblica
RevEtSem	Revue des Études Sémiques
RevSR	Revue des Sciences Religieuses
RGG³	Die Religion in Geschichte und Gegenwart, 3. Auflage
RGG⁴	Religion in Geschichte und Gegenwart, 4. Auflage
RHPhR	Revue d'Histoire et de Philosophie Religieuses
RHR	Revue de l'Histoire des Religions
rhs	Religionsunterricht an höheren Schulen
RIBLA	Revista de interpretación biblica latino-americana
Rießler	P. Rießler, Altjüdisches Schrifttum außerhalb der Bibel, Augsburg 1928 (Nachdruck Darmstadt 1966)
RivBib	Rivista Biblica
RLA	Reallexikon der Assyriologie
RScR	Recherches de Science Religieuse
RSO	Rivista degli studi orientali
RSPhTh	Revue des Science philosophiques et théologiques
RSR	Recherches de Science Religieuse

RThPh	Revue de Théologie et de Philosophie
RTL	Revue Théologique de Louvain
Saec.	Saeculum, München
SAK	Studien zur Altägyptischen Kultur
SAO	Studia et Acta Orientalia
SBAB	Stuttgarter Biblische Aufsatzbände
SBB	Stuttgarter Biblische Beiträge
SBFLA	Studii Biblici Franciscani Liber Annuus
SBL	Society of Biblical Literature
SBL.Diss/DS	– Dissertation Series
SBL.MS	– Monograph Series
SBL SP	– Seminar Papers
SBM	Stuttgarter Biblische Monographien
SBS	Stuttgarter Bibelstudien
SBT	Studies in Biblical Theology
SC(hr)	Sources Chrétiennes
ScEc	Sciences Ecclésiastiques
Schneemelcher	W. *Schneemelcher*, Neutestamentliche Apokryphen in deutscher Übersetzung. Bd. I + II, Tübingen ^{6}1990/^{5}1989
ScrHie	Scripta Hierosolymitana
Scrip.	Scripture. Quarterly of the Catholic Biblical Association
SEÅ	Svensk exegetisk årsbok
SEL	Studi Epigrafici e Linguistici
Sem.	Semitica
Semeia	Semeia. An Experimental Journal for Biblical Criticism
SHR	Studies in the History of Religions
SIG	Sylloge inscriptionum Graecarum
SJ	Studia Judaica
SJK	Schriften zur Judentumskunde
SJLA	Studies in Judaism in Late Antiquity
SJOT	Scandinavian Journal for the Old Testament
SJTh	Scottish Journal of Theology
SMSR	Studi e Materiali di Storia delle religioni
SNTS.M	Society for New Testament Study, Monograph Series; vgl. MSSNTS
SNTU	Studien zum Neuen Testament und seiner Umwelt
SÖAW	Sitzungsberichte der Österreichischen Akademie der Wissenschaften
SP	Sacra Pagina
SR	Studies in Religion/ Sciences religieuses
SS	Studi Semitici
SSN	Studia Semitica Neerlandica
StANT	Studien zum Alten und Neuen Testament
SThU	Schweizerische Theologische Umschau
StNT	Studien zum Neuen Testament
StOR	Studia Orientalia
StP	Studia Pohl
StPB	Studia postbiblica
StPhilo	Studia Philonica
StTh	Studia theologica
StUNT	Studien zur Umwelt des Neuen Testaments
stw	Suhrkamp Taschenbuch Wissenschaft
StZ	Stimmen der Zeit
SVTP	Studia in Veteris Testamenti Pseudepigrapha
Syr.	Syria

Allgemeines Abkürzungsverzeichnis

TA	Tel Aviv
Tarb.	Tarbiz
TB	Theologische Bücherei
TBT	Theologische Bibliothek Töpelmann
TEH	Theologische Existenz Heute
TGA	Theologie der Gegenwart in Auswahl
TGI	K. *Galling*, Textbuch zur Geschichte Israels, Tübingen ³1979
ThA	Theologische Arbeiten
THAT	E. *Jenni* / C. *Westermann* (Hg.), Theologisches Handwörterbuch zum Alten Testament, München 1971–1976
ThB	Theologische Bücherei
ThBeitr	Theologische Beiträge
ThBer	Theologische Berichte
ThBl	Theologische Blätter
ThG	Theologie der Gegenwart
ThGl	Theologie und Glaube
ThHK	Theologischer Handkommentar zum Neuen Testament, Freiburg
ThLZ	Theologische Literaturzeitung
ThPh	Theologie und Philosophie
ThPQ	Theologisch-praktische Quartalschrift
ThPr	Theologia Practica
ThQ	(Tübinger) Theologische Quartalschrift
ThR	Theologische Rundschau
ThRv	Theologische Revue
ThSt	Theologische Studien
ThT	Theologisch tijdschrift
ThViat	Theologia viatorum
ThWAT	G. J. *Botterweck* / H. *Ringgren* (Hg.), Theologisches Wörterbuch zum Alten Testament
ThWNT	G. *Kittel* / G. *Friedrich* (Hg.), Theologisches Wörterbuch zum Neuen Testament
ThZ	Theologische Zeitschrift, Basel
TRE	Theologische Realenzyklopädie, Berlin
TrThZ	Trierer Theologische Zeitschrift
TS	Theological Studies. Theological Faculties of the Society of Jesus in the United States
TStAJ	Texte und Studien zum Antiken Judentum
TThSt	Trierer Theologische Studien
TU	Texte und Untersuchungen zur Geschichte der altchristlichen Literatur
TUAT	O. *Kaiser* (Hg.), Texte aus der Umwelt des Alten Testaments, 3 Bde., Gütersloh 1982–1994
TynB	Tyndale Bulletin
UBL	Ugaritisch-biblische Literatur
UF	Ugarit-Forschungen
UTB	Uni-Taschenbücher
VD	Verbum Domini
VF	Verkündigung und Forschung
VT	Vetus Testamentum
VT.S / VTS	– Supplements
Vulgata	R. *Weber* (Hg.), Biblia Sacra iuxta Vulgatam Versionem, 2 Bde., Stuttgart ³1983

Waltke/O'Connor	B. K. *Waltke / M. O'Connor*, An Introduction to Biblical Hebrew Syntax, Winona Lake 1990
WbÄS	Wörterbuch der Ägyptischen Sprache
WBC	Word Biblical Commentary
WdF	Wege der Forschung, Darmstadt
W(d)O	Die Welt des Orients
WHJP	World History of the Jewish People
WiWei	Wissenschaft und Weisheit
WM	Wörterbuch der Mythologie, Stuttgart
WMANT	Wissenschaftliche Monographien zum Alten und Neuen Testament
WuD	Wort und Dienst
WUNT	Wissenschaftliche Untersuchungen zum Neuen Testament
WUS	*J. Aisleitner*, Wörterbuch der ugaritischen Sprache, Berlin ³1967
WuW	Wort und Wahrheit
WVDOG	Wissenschaftliche Veröffentlichungen der Deutschen Orientgesellschaft
WZ(H)	Wissenschaftliche Zeitschrift der Martin-Luther-Universität Halle Wittenberg
WZKM	Wiener Zeitschrift für die Kunde des Morgenlandes
YJS	Yale Judaica Series
ZA	Zeitschrift für Assyriologie
ZÄS	Zeitschrift für Ägyptische Sprache und Altertumskunde
ZAH	Zeitschrift für Althebraistik
ZAM	Zeitschrift für Aszese und Mystik
ZAR	Zeitschrift für altorientalische und biblische Rechtsgeschichte
ZAW	Zeitschrift für die alttestamentliche Wissenschaft
ZBK	Zürcher Bibelkommentar
ZBK.AT	– Altes Testament
ZDMG	Zeitschrift der Deutschen Morgenländischen Gesellschaft
ZDMG.S	– Supplement
ZDPV	Zeitschrift des Deutschen Palästina-Vereins
ZE	Zeitschrift für Ethnologie
ZEE	Zeitschrift für Evangelische Ethik
Zet.	Zetemata
ZKTh	Zeitschrift für Katholische Theologie
ZNW	Zeitschrift für die neutestamentliche Wissenschaft
ZS	Zeitschrift für Semitistik
ZSTh	Zeitschrift für Systematische Theologie
ZThK	Zeitschrift für Theologie und Kirche
ZVRW	Zeitschrift für Vergleichende Rechtswissenschaft

Ergänzendes Abkürzungsverzeichnis für den vorliegenden Band

AB	The Anchor Bible
ABG	Arbeiten zur Bibel und ihrer Geschichte
ATSAT	Arbeiten zu Text und Sprache im Alten Testament
BAT	Die Botschaft des Alten Testaments
BC	Biblischer Commentar
BE	Biblische Enzyklopädie
BG	Biblische Gestalten
BI	Biblical Interpretation
BJSt	Brown Judaic Studies
BOT	De boeken van het Oude Testament
BZAR	Beihefte zur Zeitschrift für altorientalische und biblische Rechtsgeschichte
CB.OTS	Coniectanea Biblica. Old Testament Series
CHANE	Culture and History of the Ancient Near East
CR:BS	Currents in Research. Biblical Studies
DDD	Dictionary of Deities and Demons in the Bible
dtv	Deutscher Taschenbuchverlag
EJ(D)	Encyclopaedia Judaica. Berlin
es	Edition Suhrkamp
EstBíbl	Estudios Bíblicos
ExpB	The Expositor's Bible
exuz	Exegese in unserer Zeit
HSAT	Die Heilige Schrift des Alten Testamentes
HThKAT	Herders Theologischer Kommentar zum Alten Testament
Int.	Interpretation
JETS	Journal of the Evangelical Theological Society
JK	Junge Kirche
JNSL	Journal of Northwest Semitic Languages
KEH	Kurzgefasstes exegetisches Handbuch
KKANT	Kurzgefaßter Kommentar zu den heiligen Schriften Alten und Neuen Testamentes
KRiG	Krieg in der Geschichte
KT	Kaiser Taschenbücher
KUSATU	Kleine Untersuchungen zur Sprache des Alten Testaments und seiner Umwelt
NIBC.OT	New International Biblical Commentary. Old Testament Series
NICOT	The New International Commentary on the Old Testament
OTGu	Old Testament Guides
PG	Patrologia Graeca
PL	Patrologia Latina
SAT	Die Schriften des Alten Testaments
SB(I)	La Sacra Bibbia
SBL.SS	Society of Biblical Literature. Symposium Series
SJCA	University of Notre Dame Center for the Study of Judaism and Christianity in Antiquity

Ergänzendes Abkürzungsverzeichnis für den vorliegenden Band

SVT	Supplements to Vetus Testamentum
SWB	Sozialgeschichtliches Wörterbuch zur Bibel
TThZ	Trierer Theologische Zeitschrift
WiBiLex	Das wissenschaftliche Bibellexikon im Internet

Einleitung

Nach den Prophetenbüchern Jesaja, Jeremia und Ezechiel und den elf ersten Schriften des Zwölfprophetenbuchs hält das drei Kapitel umfassende Maleachi-Buch eine Überraschung bereit. Es ist nach allem, was man bisher in der prophetischen Literatur gelesen hat, in einer Form gehalten, die man noch nicht oder allenfalls in Vorformen kennt. Von der Überschrift in 1,1 und einem Anhang in 3,22–24 abgesehen beherrscht diese eigentümliche Form die letzte Schrift des Prophetenkanons vollständig. So empfiehlt es sich, mit ihrer Beschreibung den Einstieg in Maleachi zu beginnen.

Das Diskussionswort als Maleachi eigentümliche Gattung

Gleich der erste Vers nach der Überschrift lässt erkennen, worin die Maleachi eigentümliche Art zu schreiben besteht: »Ich liebe euch, sagt JHWH. Aber ihr sagt: Wodurch liebst du uns? Hat nicht Jakob einen Bruder Esau, Spruch JHWHs? ...« (1,2). Drei Redemarkierungen – »sagt JHWH«, »aber ihr sagt« und »Spruch JHWHs« – zeigen eine lebhafte Diskussion an. Aus diesem Grund liegt es nahe, die in der Maleachi-Schrift dominierende Gattung als Diskussionswort zu bezeichnen. Da diese Abfolge sechs Mal vorkommt, liegen in Maleachi sechs solcher Diskussionsworte vor: I = 1,2–5; II = 1,6–2,9; III = 2,10–16; IV = 2,17–3,5; V = 3,6–12; VI = 3,13–21. Die Überschrift in 1,1 und ein Anhang in 3,22–24 stehen außerhalb dieser Gattungsstruktur (zu dieser Gliederung vgl. schon *A. von Bulmerincq* I 73–75, der allerdings 3,22–24 nicht als Anhang, sondern als Fragment eines VII. Wortes ansieht).

1. Die Elemente des Diskussionswortes

Die meisten neueren Beschreibungen des Maleachischen Diskussionsworts beruhen auf der Studie von Egon Pfeiffer aus dem Jahr 1959. Er spricht von »Disputationsworten« und arbeitet deren grundlegende dreigliedrige Struktur heraus (*E. Pfeiffer*, Disputationsworte 1959; zum Disputationswort allgemein und bei Maleachi vgl. ausführlich *A. Schart*, Disputationswort 2010). Hans Jochen Boecker kritisiert die Bezeichnung als »Disputationswort«, denn: »Die Disputation ist im akademischen Bereich zu Hause«. Maleachi aber »will den Hörer provozieren, will ihn aus seiner Reserve herauslocken und seinen Widerstand erregen«. Er schlägt den Begriff »Diskussionswort« vor, der »nicht so eng gefaßt ist und jede mündlich geführte Auseinandersetzung bezeichnen kann« (*H. J. Boecker*, Bemerkungen 1966, 79). Diese Terminologie wird hier übernommen.

M. H. Floyd 565 hält die auf Pfeiffer zurückgehende Unterteilung in Diskussionsworte für ein Prokrustesbett, das den Texten Gewalt antut. Gleichwohl erscheinen in seiner Strukturierung der Gesamtschrift weitgehend dieselben (Unter-)Einheiten: Introduction 1:2–5; Questioning of the priests ... 1:6–2:9; Questioning of the people ... 2:10–16; Call to turn from speaking against Yahweh ... 2:17–3:12 (hier werden die obigen Einheiten IV und V zu einer zusammengezogen); Report of a positive response to Yahweh's call 3:13–24 (3:22–24 wird nicht als Anhang gewertet) (*M. H. Floyd* 561 f.).

Zur Benennung der Elemente des Diskussionswortes haben sich verschiedene Bezeichnungen eingebürgert. Das erste Element enthält eine oder mehrere Feststellungen. Die Feststellung kann entweder von JHWH (1, 2aα; 1, 6a.bα; 3, 6.7a; 3, 13a) oder vom Propheten (2, 10–13; 2, 17aα) vorgebracht werden. Beim I. Diskussionswort beruht die Feststellung in einer »Liebeserklärung« JHWHs gegenüber seinem Volk (*A. Meinhold* 38; *I. Willi-Plein* 234). In allen übrigen Diskussionsworten impliziert die Feststellung eine Kritik an den Angeredeten. Sie erhält dadurch einen »provokativen« Charakter (*H. Utzschneider*, Maleachi/Maleachibuch 2002, 711).

Auf die Feststellung folgt eine Einrede der Adressaten, die immer mit ואמרתם *(waʾᵃmartæm)* »Aber ihr sagt« und einer anschließenden Frage eingeleitet wird (1, 2aβ; 1, 6bβ; 2, 14a; 2, 17aβ; 3, 7b; 3, 13b), weshalb man statt von einer Einrede auch von einem »Nachfragezitat« sprechen kann (so *St. Lauber*, Strategien 2008, 353 u. ö.). Die Frage besteht durchgehend aus einem Fragewort (»wodurch?«, »womit?«, »weshalb?«, »worin?«, »was?«), dem meist ein ganz kurzer Satz folgt, der das in der Feststellung Behauptete im wahrsten Sinn des Wortes »in Frage stellt«. Im Grunde erfährt man nicht mehr als diese Infragestellung; eine inhaltliche Gegenposition wird in der Einrede praktisch nicht formuliert (das betont zu Recht *D. F. Murray*, Rhetoric 1987, 110 f.). Auch die Einrede kann wie die Feststellung verdoppelt werden (1, 7aβ nach 1, 6bβ und 3, 8aβ nach 3, 7b).

Als drittes Element des Diskussionswortes wird die Einrede der Adressaten widerlegt, indem die anfängliche Feststellung entfaltet wird (*A. Meinhold* XII: »Entfaltung der Feststellung[en]«). Dabei werden in den einzelnen Diskussionsworten unterschiedliche textpragmatische Strategien eingeschlagen. So wird in 1, 2–5; 2, 10–16 und 3, 6–12 auf die Einrede direkt die anfängliche Feststellung entfaltet, während 2,17–3,5 und 3,13–21 an die Einrede zunächst ein »neuerliches Zitat der Adressaten« anschließt, »das im Textverlauf jeweils themenauslösend wird« (*St. Lauber*, Strategien 2008, 362). Noch anders verhält es sich in 1,6–2,9, wo die erste Nachfrage von 1,6 in 1,7aα direkt beantwortet wird, wohingegen auf die zweite Nachfrage von 1,7aβ in 1,7b ein erneutes Zitat der Adressaten folgt, woraus sich dann die weitere Kritik an ihnen entwickelt. So richtig die Beobachtung dieser unterschiedlichen Strategien ist, so wenig kann es gelingen, daraus eine Differenzierung in verschiedene Gattungen abzuleiten (*St. Lauber*, Strategien 2008, 364 möchte in »Disputationsworte« und »Argumentationsworte« unterscheiden; zur Kritik vgl. *A. Schart*, Disputationswort 2010).

Unbeschadet der unterschiedlichen rhetorischen Strategien geht es im dritten Element des Diskussionswortes immer um den »jeweiligen thematischen Kern der Sache« (*H. Utzschneider*, Maleachi/Maleachibuch 2002, 711). Dieser Teil ist in der Regel der weitaus längste der ganzen Einheit. Er hat nicht nur in der Eröffnung, sondern auch danach keine durchgehenden formalen Gleichmäßigkeiten, sondern ist in jedem Diskussionswort anders und unterschiedlich lang gestaltet. Die Auslegung wird zeigen, dass auch inhaltlich in den einzelnen Diskussionsworten unterschiedliche Stoßrichtungen vorliegen. Die Spanne reicht von Worten, »die kritische Vorbehalte zum Ausdruck bringen«, bis zu »solchen, die der Heilsverkündigung gewidmet sind« (*A. Meinhold*, Vorsprüche 1993, 209).

Drei oder vier Elemente?

Die meisten Beschreibungen des Diskussionswortes bei Maleachi belassen es bei den drei Elementen Feststellung – Einrede – Entfaltung der Feststellung (*P. A. Verhoef* 164: »statement-question-motivation«). Es fällt aber auf, dass die Entfaltung der Feststellung nicht bei dem stehen bleibt, was in der Feststellung behauptet wurde. Deshalb schlägt Meinhold ein viertes Element »Folgerung(en)« vor (*A. Meinhold* XII; *Th. Hieke*, Kult 2006, 18 spricht bei seinem vierten Strukturelement D von »Überbietung und Entschränkung«). Da der Übergang zwischen der eigentlichen Widerlegung der Einrede und den weitergehenden Folgerungen fließend ist, da insbesondere die Angeredeten nicht erneut selbst zu Wort kommen, lässt sich vielleicht das dritte Element in a und b unterteilen, sodass sich folgendes Schema für das Diskussionswort ergibt:

Element I: Feststellung(en)
Element II: Einrede(n)
Element III: Entfaltung der Feststellung(en)
             IIIa: Widerlegung der Einrede
             IIIb: Folgerungen

Manchen Feststellungen ist zudem noch ein kurzer Satz vorangestellt. Es handelt sich um einen »Vorspruch«, aus dem heraus die Feststellung entwickelt ist (*A. Meinhold*, Vorsprüche 1993, 202). Solche Vorsprüche, die man als Element o bezeichnen kann, begegnen in 1,6 (»Ein Sohn achtet den Vater und ein Sklave seinen Herrn«); 2,10 (»Haben wir nicht alle einen einzigen Vater? Hat nicht ein einziger Gott uns geschaffen«) und 3,6 (»Ja, ich bin JHWH, ich habe mich nicht geändert, und ihr seid die Kinder Jakobs, ihr habt nicht aufgehört«). Wie die Vater-Sohn- und Herr-Sklave-Metaphorik zeigt und wie es der Vorspruch in 3,6 direkt benennt, geht es um das Verhältnis der Adressaten zu Gott. Genauer noch: »Über alle drei Vorsprüche hin zieht sich die Frage der Identität JHWHs« (*A. Meinhold*, Vorsprüche 1993, 209).

Zusammenfassend ist festzuhalten, dass die sechs Einheiten der Maleachi-Schrift also zwar von einem einheitlichen Formschema geprägt sind, dass sie aber deswegen keineswegs eintönig sind. Ein einleitender Vorspruch steht nur bei dreien, auf die Einrede wird unterschiedlich reagiert, die Entfaltung der Feststellung und die Folgerungen sind nicht nur sehr unterschiedlich lang, sondern haben auch unterschiedliche Stoßrichtungen. Beachtet man die Flexibilität in der Handhabung der Diskussionsworte, kann dieser formgeschichtliche Terminus aber durchaus sinnvoll beibehalten werden (gegen den Vorschlag etwa von *D. L. Petersen*, Malachi 1998, 272, den sehr offenen Terminus »diatribe or better ›diatribe-like‹« zu verwenden).

Bevor der Blick auf das durch die sechs Worte gebildete Ganze geworfen werden kann, muss nach einigen Sätzen über die Vorgeschichte des maleachischen Diskussionswortes noch die den Diskussionsworten eigentümliche Kommunikationsstruktur, die sich in den verschiedenen Redeebenen niederschlägt, behandelt werden.

2. Zur Vorgeschichte des Diskussionswortes

Maleachi ist nicht der erste Prophet, der die Adressaten zu Wort kommen lässt. Das, was ein Jeremia oder Ezechiel zu kritisieren haben, können sie denen, die sie kritisieren, in den Mund legen (vgl. Jer 8,8; Ez 11,3). Die Einleitung des Zitats kann dabei mit der 2. Person als Anrede stilisiert sein (Jer 8,8: »Wie könnt ihr sagen?«), sie kann aber auch in der 3. Person stehen (Ez 11,3: »die da sagen«). An das Zitat schließt sich in der Regel eine Erwiderung an. Die ist allerdings vielgestaltig. So zitiert (Deutero-)Jesaja in Jes 40,27 Worte Jakob/Israels, auf die der Prophet selbst in V 28–31 in direkter Anrede eingeht. In Jes 49,14.21 wird Zion zitiert. Die Antwort erfolgt hier aber als Gottesrede. Für Ezechiel typisch ist, dass vor der antwortenden Gottesrede ein ausdrücklicher Redeauftrag an den Propheten ergeht: »... sie sprechen – Deshalb sprich: So spricht der Herr JHWH ...« (Ez 11,15 f.; vgl. 12,22 f.27 f. u. ö.). Das Ganze ist zudem eingebettet in einen göttlichen Redeauftrag: »Das Wort JHWHs erging an mich« (Ez 11,14). Solche in einen Redeauftrag an den Propheten eingebetteten Diskussionen finden sich außer bei Ezechiel auch bei Jeremia (33,23–26) oder Haggai (1,2–11). Am nächsten kommt den Diskussionsworten Maleachis Jes 28,15 f. Hier wird das Zitat mit dem auch bei Maleachi gebrauchten »ihr sagt« eingeleitet, worauf die Antwort Gottes erfolgt, die mit der Gottesspruchformel eröffnet wird (»so spricht der Herr JHWH«). Allerdings sind auch hier sogleich Unterschiede zu notieren, denn Jes 28,15 hat nicht Maleachis ואמרתם (wa"amartæm) »Aber ihr sagt«, sondern כי אמרתם (kî "amartæm) »Weil ihr sagt«, und umgekehrt findet sich die Gottesspruchformel in der Gestalt »So spricht JHWH« bei Maleachi nur ein einziges Mal (1,4), während sonst andere Formulierungen gewählt werden.

Schon aus diesen knappen Bemerkungen geht hervor, dass Maleachi nicht einfach eine bekannte rhetorische Form übernimmt. Ja, man wird sagen können, dass es zwar so etwas wie »das prophetische Streitgespräch, die Disputation« gibt (*H. Gunkel*, Einleitungen 1923, LXVII), weil Propheten ihre Worte immer an ein konkretes Gegenüber richten, mit dem sie sich auseinandersetzen, und dies gelegentlich auch in ihre Worte direkt einfließen lassen. Aber für solche Diskussionen lässt sich kein einheitliches Gattungsformular ausmachen (*A. Meinhold*, Vorsprüche 1993, 197 f.; allerdings geht es zu weit, Maleachi aus einer Untersuchung der Disputationsworte bei den Propheten ganz herauszunehmen, wie es *A. Graffy*, Prophet 1984 tut).

Diese Beobachtung lässt die kreative Leistung, die der Autor der Maleachi-Schrift mit seiner Prophetie vollbringt, umso deutlicher hervortreten. Sie besteht zum einen darin, dass er seine gesamte Prophetie in der Form von Diskussionsworten darbietet. Zum andern gibt er – und das übernimmt er von nirgendwo – den Diskussionsworten eine Form, die sowohl Regelmäßigkeit zu erkennen gibt als auch Vielfalt in den Gestaltungsmöglichkeiten zulässt. Besonders deutlich zeigt sich die Eigenständigkeit Maleachis, wenn wir diejenigen Worte bei Jeremia, Ezechiel und Haggai betrachten, die insgesamt in einen Redeauftrag an den Propheten eingebettet sind (siehe oben den Verweis auf Jer 33,23–26; Ez 11,14 und Hagg 1,2–11) oder diesen sogar vor der göttlichen Antwort noch einmal ausdrücklich wiederholen (vgl. Ez 11,15 f.; 12,22 f.27 f. u.ö.). Eine solche Beauftragung des prophetischen Sprechers fehlt bei Maleachi völlig.

Diese Beobachtung führt uns unmittelbar zur Frage nach den Redeebenen und der Kommunikationsstruktur, die den Diskussionsworten zugrunde liegen.

3. Die Redeebenen innerhalb der Diskussionsworte

Maleachi ist erkennbar kein narrativer Text, sondern besteht aus Redeäußerungen, die verschiedenen Sprechern zugeordnet werden. Die Zuordnung erfolgt durch »Zitationsformeln« (*H. W. Wolff*, Zitat 1973, 38). Schon eine erste Lektüre Maleachis zeigt, dass vor allem Gott zu Wort kommt. Sechsundzwanzig Mal steht eine Zitationsformel: Zwanzig Mal »sagt JHWH der Heere« (1, 6.8.9.10.11.13.14; 2, 1.4.8.16; 3, 1.5.7.10.11.12.17.19.21), drei Mal »sagt JHWH« (1, 2.13; 3, 13), ein Mal »Spruch JHWHs« (1, 2), ein Mal »so sagt JHWH der Heere« (1, 4), ein Mal »sagt JHWH, der Gott Israels« (2, 16). Mit der Formulierung der Formel kommt der Sprecher des Textes selbst zu Wort. Man kann dies als die Sprecher-Origo bezeichnen (*Ch. Hardmeier*, Textwelten 2003, 62 f.). Ordnet man den Text nach Redeebenen, bekommt die Ebene der Sprecher-Origo die Bezeichnung E_0. Auf dieser Ebene kommuniziert der Sprecher direkt mit den Hörenden bzw. der Autor direkt mit den Leserinnen und Lesern.

Was Gott an den durch die Zitationsformel markierten Stellen sagt, liegt bereits auf einer nächsten Ebene, die dann die Bezeichnung E_1 bekommt. Zwar hatte Hans Walter Wolff 1937 in seiner grundlegenden Studie über »Das Zitat im Prophetenspruch« auf dem Hintergrund eines von der Wort-Gottes-Theologie geprägten Prophetenbildes gemeint, das »Jahwewort« vom Zitationscharakter ausnehmen zu können: »... Zitat ist ein Eingeschaltetes. Jahwewort ist jedoch nicht zwischeneingekommen in die prophetische Verkündigung ... Das Ich Gottes ist im Stil des Botenspruchs das rechtmäßige Subjekt der Rede. Die Begnügtheit des Propheten mit dem offenbarten Wort läßt ihn daher besser den ›Mundboten‹ Jahwes als den Zitierenden heißen« (*H. W. Wolff*, Zitat 1973, 38 f.). Ob dies für die übrige Prophetie zutrifft, mag dahingestellt bleiben. Bei Maleachi jedenfalls ist deutlich, dass Gott zitiert wird. Dies geht nicht nur aus dem sechsundzwanzigfachen Vorkommen der Formel hervor, sondern auch daraus, dass diese nicht weiter in einen expliziten Redeauftrag an den Propheten eingebettet ist. Dieser spricht die Zitationsformel und erteilt mit ihr Gott das Wort.

Gelegentlich zitiert Gott innerhalb seiner Reden die von ihm Adressierten. Dies ist etwa der Fall in 1, 7.12, wo das Zitat in der Gottesrede mit »indem ihr sagt« eingeleitet wird. Ein solches Zitat im Zitat erhält bei der Zuteilung der Redeebenen die Bezeichnung E_2.

Nun geht schon aus der Beschreibung des Diskussionswortes hervor, dass außer JHWH auch die mit »ihr« angeredete Größe zu Wort kommt, indem jeweils ihre Einrede mit »Aber ihr sagt« zitiert wird. Dabei ist es im III. und IV. Diskussionswort eindeutig, dass das Zitat der Ebene E_1 zuzuordnen ist. Denn da redet zunächst nur der Prophet als Sprecher-Origo (E_0) (2, 10–13 und 2, 17aα) und erteilt dann den Angeredeten das Wort (2, 14a und 2, 17aβ). Dagegen scheint es in den Diskussionsworten I und II sowie V und VI zunächst uneindeutig, ob der Prophet oder JHWH innerhalb seiner Rede das Wort zur Einrede erteilt. Am Beispiel von 1, 2–5 werde ich diese beiden Möglichkeiten demonstrieren. Da jedoch in diesen Worten die Adressaten in ihrer Einrede JHWH immer direkt anreden (siehe das Folgende zur Kommunikationsstruktur), ist es wahrscheinlich, dass auch die Einleitung der Einrede von JHWH stammt. Wir hätten also einen JHWH-Monolog auf der Ebene E$_1$, innerhalb dessen JHWH die Adressaten zitiert, deren Einrede selbst dann also auf der Ebene E$_2$ zu stehen kommt (»Die Diskussionsworte selbst sind an sich als Monolog gehalten«, *Th. Hieke*, Kult 2006, 20, gilt also wohl für das I., II., V. und VI. Wort, nicht aber für die beiden mittleren, in denen eben nicht JHWH, sondern der Prophet selbst den Adressaten das Wort erteilt).

Auf jeder höheren Ebene, ob E$_1$ oder E$_2$, kommuniziert der Sprecher nur mehr indirekt mit seinem Auditorium. Er teilt ihm mit, was andere sagen, ohne sich notwendigerweise damit zu identifizieren. So liegt die Vermutung nahe, dass die prophetische Sprecher-Origo sich zwar mit den Worten JHWHs, die sie zitiert, auch identifiziert, nicht aber mit den gleichfalls zitierten Einreden der Adressaten. Der Blick auf das Kommunikationsgeschehen wird dies weiter vertiefen.

Soviel ist jedenfalls schon jetzt klar: Die Maleachi-Schrift inszeniert Reden. Die Tatsache, dass dies überwiegend Gottesreden sind, hebt den Inszenierungscharakter nicht auf, denn es ist immer die prophetische Sprecher-Origo, die Gott das Wort erteilt. In der Überschrift zu Maleachi wird dieser Inszenierungscharakter dadurch zum Ausdruck gebracht, dass »der Ausspruch des Wortes JHWHs ... durch Maleachi«, wörtlich: »in seiner Hand«, übertragen: »durch seine Vermittlung« an Israel ergeht. Ein Gotteswort außerhalb des Maleachi-Wortes gibt es in dieser Schrift nicht.

Inszenierte Reden

Der fast ausschließliche Redecharakter der Maleachi-Schrift und das häufige Vorkommen von Zitationsformeln zu deren Einleitung erinnern an das für die Aufführung bestimmte Drama, das aus Reden besteht, die durch nicht mit zu zitierende Paratexte den jeweiligen Redenden zugeordnet werden. Dennoch ist Maleachi keine Aufführungsvorlage, wie ein Blick auf die Kommunikationsstruktur des Textes zeigt.

4. Die Kommunikationsstruktur der Diskussionsworte

Die auffälligste Tatsache ist, dass zwar die JHWH-Worte durchgehend in 3. Person, die kurzen Einreden der Adressaten dagegen immer in 2. Person eingeführt werden. In einem Dramentext wäre das undenkbar; da stehen die Angaben zu den Sprechenden immer in der 3. Person. Der Anredecharakter findet sich sowohl bei den eigentlichen Einreden mit ihrer Zitationsformel »Aber ihr sagt« als auch bei den gelegentlichen weiteren Zitierungen, die ebenfalls in 2. Person Plural eingeleitet werden (1,5: »ihr werdet selbst sagen«; 1,7.12; 2,17: »indem ihr sagt«, 1,13: »aber ihr sagt«; 3,14; »ihr habt gesagt«). Auch in den Feststellungen und deren Entfaltung nach erfolgter Einrede werden die Adressaten fast durchgängig in der 2. Person angeredet. Dieser dominante Anredecharakter unterscheidet Maleachi trotz seiner

Einleitung

Redeinszenierungen von einem Drama. Maleachi stellt nicht wie das Drama Dialoge vor Augen, sondern spricht direkt an. Das macht Maleachi zur prophetischen Schrift.

Der Anredecharakter der Einleitungen zu Zitaten der Angeredeten ist unabhängig davon, wer sie spricht. Zweimal ist das eindeutig die prophetische Sprecher-Origo (2, 14.17). An den übrigen Stellen ist es entweder eindeutig der vom Propheten zitierte JHWH (so in 1, 12.13), oder, wo es nicht ganz eindeutig ist, ist es doch wahrscheinlich, dass an der betreffenden Stelle JHWH redet (so in 1, 2.5.6.7; 3, 7.8.13.14). Auch die Anrede in den Feststellungen, dem I. Element des Diskussionswortes, kann entweder von JHWH oder vom Propheten erfolgen. Man vergleiche etwa den Beginn der Schrift mit den Worten »Ich liebe euch, sagt JHWH« (1, 2) mit prophetischen Anreden wie »Und dies tut ihr zum Zweiten: mit Tränen bedecken den Altar JHWHs« (2, 13) oder »Ihr ermüdet JHWH mit euren Worten« (2, 17). Geht man schließlich von Feststellung und Einrede zur Entfaltung der Feststellung über, dann ändert sich auch hier nichts. Die Entfaltung ist zwar in der Regel als Gottesrede formuliert. Aber im III. Diskussionswort (2, 10–16) ist dies anders. Hier spricht nicht nur der Prophet die Feststellung (2, 10–13), sondern nach der kurzen Einrede (V 14a) auch die Entfaltung (2, 14b.15). Nur ganz zum Schluss der Einheit kommt JHWH zu Wort (2, 16).

JHWH und Prophet – eine Stimme

Sowohl die Einleitungsformeln als auch die Reden selbst erwecken insgesamt den Eindruck, dass JHWH und Prophet mit einer Stimme sprechen. Oft »ist es schwierig, Gott selbst und den Propheten genau auseinanderzuhalten« (*I. Willi-Plein* 246). Man könnte auch sagen, JHWH und Prophet seien austauschbar. Es ist »gleich gültig« – im wahrsten Sinn des Wortes –, ob JHWH oder der Prophet selbst das Wort ergreifen.

Trotzdem ist natürlich das Reden Gottes dem des Propheten vorgeordnet, denn es ist ja »das Wort JHWHs«, das nach 1, 1 in der Hand Maleachis ist, und nicht umgekehrt. Dies zeigt sich deutlich an den Stellen, wo die Adressaten der göttlichen oder prophetischen Reden selbst zu Wort kommen. Da, wo der Prophet sie anredet, kommunizieren sie ihrerseits nicht mit ihm. Auf das vom Propheten gesprochene »Ihr aber sagt« (2, 14.17) antworten sie nur »Weshalb?« (2, 14) bzw. »Womit ermüden wir?« (2, 17). Wo dagegen JHWH die Adressaten anredet, kommunizieren sie auch mit ihm in ihrer Antwort. Da heißen ihre Einreden: »Wodurch liebst du uns?« (1, 2); »Womit haben wir deinen Namen verachtet?« (1, 6); »Womit haben wir dich besudelt?« (1, 7); »Womit haben wir dich beraubt?« (3, 8); »Was sollen wir denn gegen dich geredet haben?« (3, 13). Auffällig ist das durchgehende Du in der Anrede JHWHs.

Während also JHWH und der Prophet mit den Adressaten direkt kommunizieren, findet im Gegensatz zu anderen Prophetenschriften in Maleachi keine Kommunikation zwischen Gott und dem Propheten statt. Weder gibt es eine Berufungserzählung noch finden sich Formeln wie »Das Wort

JHWHs erging an mich« (Jer 1,4.11; 2,1 u.ö.; Ez 6,1; 7,1; 11,14 u.ö.) oder in 3. Person »Das Wort, das an Jeremia von JHWH erging« (Jer 18,1; 21,1; 30,1 u.ö.). Auch wendet sich umgekehrt Maleachi in der ganzen Schrift nie an Gott. Diese Kommunikationslosigkeit hat nichts damit zu tun, dass JHWH und Maleachi sich nichts zu sagen hätten. Im Gegenteil, sie kommt daher, dass Maleachi und JHWH wie aus einem Mund reden, dass Maleachi »als reines ›Sprachrohr JHWHs‹ gezeichnet« wird (*J. M. Oesch*, Bedeutung 1996, 172).

Diesen für die Maleachi-Schrift eigentümlichen Kommunikationscharakter bringt die Überschrift (1,1) in Worte. Ihr zufolge handelt es sich bei der Schrift um den »Ausspruch des Wortes JHWHs an Israel durch Maleachi«. »Durch« heißt wörtlich »mit der Hand«. JHWH hat sein Wort »in die Hand Maleachis« gegeben. Übertragen könnte man auch sagen, Gott hat sein Wort »in die Gewalt« Maleachis gegeben. Die enge Verbindung, nahezu Ineinssetzung von JHWH und Prophet kommt in 1,6, darin zum Ausdruck, dass Prophet und JHWH beinahe ineinander fließen. Zunächst nämlich gibt der Prophet JHWH das Wort, doch das geht dann nahtlos in die 1. Person des göttlichen Ich über: »... sagt JHWH der Heere zu euch, ihr Priester, die ihr meinen Namen verachtet ...«.

Der Überschrift zufolge steht dem Wort JHWHs in der Hand Maleachis als Adressat Israel gegenüber. Dies ist die Grundstruktur der Schrift, dass JHWH und Maleachi als gemeinsames oder austauschbares Subjekt den Adressaten, die unter dem Sammelbegriff »Israel« gefasst werden können, gegenüber stehen. Auf diesem Hintergrund sind die Ausnahmen umso beachtenswerter. Sie bewegen sich auf verschiedenen Ebenen.

Die erste Abweichung von der Generallinie besteht darin, dass der Prophet nicht nur mit JHWH geradezu verschmelzen, sondern sich auch zugleich im »Wir« mit den Adressaten zusammenschließen kann. Zum ersten Mal geschieht das in 1,9a. Dass hier der Prophet spricht, zeigt nicht nur die Rede über Gott in 3. Person an – das allein genügt nicht, denn es kann durchaus auch in Gottesrede vorkommen –, sondern die 1. Person Plural im Suffix des Verbs »gnädig sein«: »Und nun, besänftigt doch Gottes Angesicht, dass er uns gnädig sei!«. Dieselbe 1. Person Plural taucht dann noch einmal im Vorspruch zum III. Diskussionswort auf: »Haben wir nicht alle einen einzigen Vater? / Hat nicht ein einziger Gott uns geschaffen? / Warum betrügen wir einander, / den Bund unserer Vorfahren zu entweihen?« (2,10). So eng der prophetische Sprecher an die Seite Gottes treten kann – er erteilt ihm das Wort, er redet die Adressaten wie Gott, manchmal nicht von ihm unterscheidbar, an –, so sehr weiß er doch, dass er auch auf die Seite der Adressaten gehört. Er braucht die Besänftigung des göttlichen Angesichts (1,9), weil er auch in den Schuldzusammenhang seines Volkes verstrickt ist (2,10).

Der Prophet tritt also nicht nur oft kaum unterscheidbar auf die Seite

Der Prophet auf der Seite des Volkes

Sprechen »zur Seite«

Einleitung

Gottes – das ist die dominante Linie in Maleachi –, er gehört auch auf die Seite des Volkes. Diese Zwischenstellung zwischen Gott und Israel – Gott hat sein Wort »in die Hand« Maleachis gegeben, aber Maleachi ist auch ein Teil Israels – drückt sich nun auch darin aus, dass Maleachi sowohl über die Adressaten als auch über Gott in der 3. Person reden kann. Ersteres liegt in 2,10–16 vor. Gerade hat sich der Prophet mit seinem Volk zusammengeschlossen (»Warum betrügen wir einander?«, V 10), da fährt er fort: »Betrug hat Juda begangen ...« (V 11). Bis V 12 wird die 3. Person durchgehalten, erst V 13 geht in die Anrede in 2. Person Plural über. Liest man die Maleachi-Schrift als ein dichtes Kommunikationsgeschehen zwischen JHWH und Maleachi auf der einen und Israel bzw. Juda auf der andern Seite, dann tritt der Prophet hier gewissermaßen aus der Kommunikation heraus und wirft einen betrachtenden Blick auf Juda, zu dem er sich nach dem Vorspruch in 2,10 selbst zugehörig weiß. Bleibt man im Bild des Dramas, muss man sagen, er spricht »zur Seite«.

Noch einmal spricht der Prophet »zur Seite«. Das letzte Diskussionswort beginnt als bewegtes Kommunikationsgeschehen zwischen JHWH und den angeredeten »Ihr«. In wenigen Versen wechseln Feststellung, Einrede und Widerlegung der Einrede (3,13–15). Auch die anschließenden Folgerungen sind ab V 17 wieder als JHWH-Rede stilisiert. Dazwischen aber blickt der Prophet von außen auf das Geschehen. Er fasst zusammen, dass »so unter sich redeten, die JHWH Ehrfurcht erweisen«, und teilt mit, dass JHWH darauf hörte und »vor ihm« ein »Buch zum Gedächtnis« der JHWH-Fürchtigen geschrieben wurde (V 16).

Zweimal also tätigt der Prophet Äußerungen, die nicht im Kommunikationszusammenhang des Diskussionswortes stehen, in dem sie sich befinden. Im Drama ist das Sprechen »zur Seite« eine Mitteilung an das Publikum, die die Akteure nicht mitbekommen sollen. Sie ist direkt ans Publikum gerichtet, wobei dieses dabei nicht in der 2. Person angeredet zu werden braucht. Auch im Lesetext wird auf der Ebene E_0 direkt mit den Leserinnen und Lesern kommuniziert, während auf den höheren Ebenen die Kommunikation indirekt erfolgt. Was die Akteure der Kommunikation in Maleachi (scheinbar) nicht erfahren, weil es zur Seite gesprochen ist, erfährt gleichwohl die Leserschaft: Juda, mit dem sich der Prophet im Wir zusammenschließt, handelt betrügerisch (2,10–12), aber für die JHWH-Fürchtigen ist ein Buch zum Gedächtnis geschrieben (3,16). Gerade durch die direkte Kommunikation im Zur-Seite-Sprechen wird die Leserschaft in das Geschehen mit hineingenommen.

Nicht-Kommunikation

Eine dritte Abweichung vom dominanten Kommunikationsgeschehen zwischen JHWH/Maleachi und Israel nach dem »Wir«, in dem der Prophet sich mit den Angeredeten zusammenschließt, und der 3. Person, in der er über Juda wie über JHWH spricht, besteht darin, dass es bestimmte Größen gibt, die ganz aus der Kommunikation herausgenommen werden. Diese

Größen sind Edom (1,2–5), die Völker (1,11–14) und die Frevler (3,13–21). Zwischen dem Edom des ersten und den Gewalttätern des letzten Diskussionswortes besteht dabei ein innerer Zusammenhang. Beides sind verworfene Größen. JHWH spricht nicht mit ihnen, sondern nur über sie. Aber auch die Völker, die in 1,11–14 durchaus positiv gesehen werden, gehören nicht in den Kommunikationszusammenhang der Maleachi-Schrift. Maleachi ist kein Prophet, der sich an die Völker wendet, sondern einer, der sich, wie die Überschrift sagt, ausschließlich »an Israel« richtet.

Die Maleachi-Schrift als Ganze

1. Die Abfolge der Diskussionsworte

Obwohl die Diskussionsworte der Maleachi-Schrift aufgrund ihrer Grundstruktur gut erkennbar und klar voneinander abgrenzbar sind, bilden sie doch eine bunte Mischung; keines ist wie das andere. In der Länge variieren sie zwischen vier und achtzehn Versen. Bei einigen dominiert die Gottesrede, bei andern ergreift verstärkt der Prophet das Wort. Angesprochen sind Kultpersonen und Laien. Die Themen behandeln kultische und ethische Fragen, wobei Beides sowohl Kultpersonen als auch Laien tangiert. Die Worte enthalten Kritik, verbunden mit Drohungen, aber auch die Aufforderung zur Verhaltensänderung sowie Trost und Zusagen.

Trotz dieses vielfältigen Charakters ist die Abfolge der Worte in der Maleachi-Schrift nicht beliebig (gegen *Th. Chary* 225; *A. Deissler* 316). Deutlich ist, dass das I. Diskussionswort nur am Anfang stehen kann. Die »programmatische Einleitung der Schrift« bildet »sowohl in inhaltlicher als auch in formaler Hinsicht die Grundlegung für alles Folgende« (*A. Meinhold* 24). Die unverbrüchliche Liebe JHWHs ist die Basis, auf der sowohl die Kritik als auch die Zukunftsperspektiven der folgenden Worte aufruhen. Ebenso deutlich kann das VI. Diskussionswort nur am Schluss stehen. Es handelt in konzentrierter Form von dem kommenden »Tag«, an dem die Gewalttäter, die sich jeder Läuterung und Umkehr verweigert haben, ausgeschieden werden. Auch in diesem Wort geht es um Israel. Es wird nur klargestellt, dass bestimmte Menschen nicht zu Israel gehören – so wie nach dem I. Wort Edom nicht in JHWHs Liebesbeziehung zu Israel hineingehört.

Innerhalb dieses Rahmens bilden das II.–V. Wort das Korpus der Schrift. Auch hier ist die Abfolge nicht beliebig. Als erstes fällt eine Zweiteilung auf. Im II. und III. Diskussionswort steht die Kritik an bestimmten Personengruppen und ihrem Verhalten im Vordergrund. Auf die Zukunft bezogene Aspekte finden sich nur ganz am Rand. So wird in 2,2 in einem Konditionalsatz ein mögliches anderes Verhalten in den Blick genommen (»Wenn ihr

Einleitung

nicht hört und es nicht zu Herzen nehmt ..., dann schicke ich unter euch ...«) und in 2,14.15 die Mahnung ausgesprochen, nicht »zu betrügen«. Dagegen stehen im IV. und V. Diskussionswort die Zukunftsperspektiven im Zentrum, indem in 2,17–3,5 das Kommen JHWHs und seines Boten sowie die Reinigung der Kinder Levi angekündigt werden und in 3,6–12 zur Umkehr aufgefordert und kommender Segen in Aussicht gestellt wird (*S. Ausín Olmos*, Optimismo 2006 sieht die Bewegung von der Kritik zu neuer Hoffnung als Teil der Entwicklung der nachexilischen Prophetie überhaupt).

Lineare und konzentrische Struktur

Die beiden bisher gemachten Beobachtungen verweisen auf eine zielgerichtete Struktur, von der Basis im ersten zum Ziel im letzten Wort, von der Kritik im II. und III. zur Zukunftsperspektive im IV. und V. Diskussionswort (diese Beobachtung liegt der Zweiteilung der Maleachi-Schrift bei *A. Van Hoonacker* 693–695 zugrunde, wonach in 1,2–2,16 »der Prophet die Rolle des Anklägers einnimmt«, während 2,17–3,24 »der Beschreibung der Erneuerung gewidmet ist«[1]).

Neben dieser linearen lässt sich auch eine konzentrische Struktur erkennen (zur Verknüpfung von linearer und konzentrischer Lesart vgl. auch *Th. Lescow*, Maleachi 1993, 26, wenn auch mit anderer inhaltlicher Ausdeutung). Zum einen bilden I. und VI. Wort Eckpfeiler der Komposition. Zum zweiten verhält es sich so, dass die außen stehenden Worte I und II sowie V und VI jeweils die direkte Kommunikation zwischen JHWH und den Adressaten kennen. In den beiden mittleren Worten III und IV dagegen spricht der Prophet selbst die Feststellung, und in der Einrede der Adressaten erfolgt keine Anrede, weder an den Propheten noch an JHWH. Zwei weitere Beobachtungen führen auf die semantisch-inhaltliche Ebene. So ist als drittes festzustellen, dass die beiden mittleren Worte sich in der Bezeichnung der Adressaten von den äußeren unterscheiden. In den äußeren Worten werden diese als »Jakob« (1,2f.), »Israel« (1,5) und »Kinder Jakobs« (3,6) apostrophiert, also mit Termini, die keine politischen Einheiten bezeichnen. In den beiden mittleren Einheiten kommen dagegen die politischen Größen »Juda« und »Jerusalem« vor (2,11; 3,4 – das »Israel«, das in 2,11 zusätzlich steht, ist möglicherweise sekundär eingefügt worden, siehe die Auslegung). Schließlich ist viertens zu beobachten, dass das II. und das vorletzte Wort darin symmetrisch angeordnet sind, dass es in ihnen schwerpunktmäßig um den Tempelkult geht, wobei im II. Wort Priester und Opfer und im V. Laien und Abgaben das Thema bestimmen (vgl. dazu *Th. Hieke*, Kult 2006, 72f.; *L.-S. Tiemeyer*, Rites 2006, 26f.). Im Übrigen sind dies die zwei Worte der Maleachi-Schrift, die je zwei Einreden der Adressaten kennen (*E. R. Clendenen* 228).

---

[1] *Dans la première partie le prophète remplit le rôle d'accusateur ... La seconde partie du livre ... est consacrée à la description de la rénovation ...*

Die Maleachi-Schrift als Ganze

Nimmt man die lineare und die konzentrische Struktur zusammen, ergibt sich in etwa das folgende Bild:

Basis	Kritik			Zukunft	Ziel
I. 1, 2–5	II. 1, 6–2, 9			V. 3, 6–12	VI. 3, 13–21
JHWH spricht zu Adressaten – diese sprechen zu JHWH	JHWH spricht zu Adressaten – diese sprechen zu JHWH	III. 2, 10–16	IV. 2, 17–3, 5	JHWH spricht zu Adressaten – diese sprechen zu JHWH	JHWH spricht zu Adressaten – diese sprechen zu JHWH
	Zwei Einreden			Zwei Einreden	
	Schwerpunkt Tempelkult	Prophet spricht zu Adressaten – keine Anrede in deren Antwort	Prophet spricht zu Adressaten – keine Anrede in deren Antwort	Schwerpunkt Tempelkult	
		Juda und Jerusalem (2, 11)	Juda und Jerusalem (3, 4)		

Zu den im Schaubild dargestellten linearen und konzentrischen Strukturelementen kommt ein weiteres Element hinzu, das sich graphisch schlecht wiedergeben lässt. Es lässt sich als Verkettung der Einheiten beschreiben. Diese findet zum einen auf der semantischen Ebene statt. In der Auslegung der einzelnen Diskussionsworte will ich jeweils darauf hinweisen, wie sich eine Einheit auf die voranstehende oder voranstehenden Einheiten bezieht, indem sie Stichworte aufnimmt, dabei aber regelmäßig einen neuen und eigenen Schwerpunkt setzt. Daneben findet sich zum zweiten eine Verkettung, die sich auf der inhaltlichen Ebene bewegt. Sie betrifft zwei inhaltlich eng verknüpfte Bereiche, nämlich Kultpersonen und Laien sowie kultisches und ethisches Verhalten. So hat das II. Wort den Schwerpunkt bei den Priestern und ihrem kultischen Fehlverhalten, bezieht in 1, 14 aber die Laien ein. Das III. Wort dürfte überwiegend an Laien gerichtet sein, verbindet aber kultisches und ethisches Verhalten in der Frage von Eheschließung und -scheidung aufs Engste. Im IV. Wort stehen die Reinigung der Kultpersonen und das Gericht gegen das Fehlverhalten von Laien beisammen. Und im V. Wort geht es um Laien, aber diesmal bezüglich ihres Verhaltens gegenüber dem Kultzentrum, dem Tempel. Die Maleachi-Schrift enthält eine »combination of cultic and moral issues« (*M. A. Sweeney* 713), sie ist geprägt durch eine »enge Verzahnung von rechtem Gottesdienst und gerechtem Handeln, von Kult und Ethos« (*Th. Hieke*, Kult 2006, 78).

Einleitung

2. Die Schriftlichkeit der Maleachi-Schrift

Schon die bisher zusammengetragenen Beobachtungen zur regelmäßigen Grundstruktur der Diskussionsworte und zum kunstvollen Aufbau der Gesamtschrift, bei dem sich lineare, konzentrische und verknüpfend-abwechselnde Strukturprinzipien verbinden, machen es wenig wahrscheinlich »that these are stenographer-type records of actual debates between Malachi and his hearers …« (*R. Mason*, Preaching 1990, 236; vgl. *B. Glazier-McDonald*, Malachi 1987, 23). Vielmehr dürfte es sich um ein von voneherein schriftlich konzipiertes Werk handeln.

Für die Forschung des 19. Jhs. legte sich der schriftliche Charakter Maleachis nahe. Nach Ferdinand Hitzig »ist es sehr fraglich …, ob Maleachi überhaupt öffentlich, vor allem Volk aufgetreten sei; er scheint nur vor einem engeren Kreise von Schülern seine Lehrthätigkeit entfaltet zu haben.« Mit dieser Einschätzung einher geht eine vollständig negative, antijüdische Wertung: »Die Redeweise Maleachi's hat ein einförmiges, doctrinäres Gepräge; seine Manier, die eigenen Worte durch eingeworfene Frage zu unterbrechen und auf letztere dann eingehend zu antworten …, erinnert schon ganz an die Lehrweise der jüdischen Schule … An die Stelle der Volksrede ist in ausgesprochenster Weise nunmehr der Schulvortrag getreten, und damit das Absterben des kraftvollen Geistes der alten Prophetie documentirt« (*F. Hitzig* 414). Bei Julius Wellhausen schrumpft die negative Beurteilung der Schriftlichkeit in das Wörtchen »nur«: »… die Discussion ist natürlich nur schriftstellerische Form …« (*J. Wellhausen* 203 f.).

Das antijüdische Paradigma von Volksrede und kraftvollem Geist auf der einen und Schulvortrag oder nur schriftstellerische Form auf der andern Seite wird auch im 20. Jh. beibehalten, nur dass jetzt Maleachi verteidigt wird. Für Karl Marti macht Maleachis Darstellung »doch keineswegs den Eindruck eines trockenen Schulvortrags oder blossen rabbinischen Schulstreits, sondern vielmehr des lebendigen Kontakts und des lebhaften Verkehrs mit Freunden und Gegnern« (*K. Marti* 459). Am Ende dieser Interpretationslinie stehen Kommentare der 70er Jahre des 20. Jhs., die konstatieren: »Without any doubt these dialogues were originally delivered in an oral form« (*P. A. Verhoef* 156), oder: »… es kann keinem Zweifel unterliegen, daß hier die Niederschrift von tatsächlichen Gesprächen vorliegt« (*W. Rudolph* 250).

Der nächste deutsche Kommentator muss sich 1993 dann schon gegen eine neu aufgekommene Deutung abgrenzen: »Die Deutung des Buches als rein schriftstellerisches Erzeugnis … ist nicht möglich« (*H. Graf Reventlow* 131). In Klammern fügt Graf Reventlow drei Namen ein: Utzschneider, Bosshard und Kratz. In der Tat sind es diese drei Autoren, die vehement gegen Ende des 20. Jhs. den schriftlichen Charakter Maleachis herausstellen (*H. Utzschneider*, Künder 1989; *E. Bosshard / R. G. Kratz*, Maleachi 1990). Zeitgleich und parallel wird auch in der englischsprachigen Literatur der schriftliche Charakter der Maleachi-Prophetie wieder entdeckt (vgl. die Verweise zu Eingang dieses Abschnitts auf *B. Glazier-McDonald*, Malachi 1987, 23 und *R. Mason*, Preaching 1990, 236). Das Maleachi-Buch kann jetzt geradezu »zu einem Muster der ›Schriftprophetie‹« werden (*H. Utzschneider*, Maleachi/Maleachibuch 2002, 711).

Nach heutigem Forschungsstand handelt es sich bei der Maleachi-Schrift um »ein einzigartiges Stück Literatur« (*A. Meinhold* XI) im wahrsten Sinn des Wortes. Die das Buch prägende »Gattung Diskussionswort ... gibt keine echten Gespräche wieder, geht auch kaum auf solche zurück ...« (ebd.). »Es darf mittlerweile fast als Konsens gelten, dass aus entstehungsgeschichtlicher Sicht die Diskussionsworte ›von vornherein schriftlich fixierte Redeeinheiten‹ waren und nicht ›nachträglich festgehaltene Auftrittsskizzen‹« (*Th. Hieke*, Kult 2006, 20).

Der wesentliche Unterschied zu den zitierten Positionen des 19. Jhs. ist, dass nun die Schriftlichkeit nicht negativ bewertet wird. Maleachi ist ein »Schreiber«, dessen »Tätigkeit genuin als prophetisch angesehen werden kann und muß« (*H. Utzschneider*, Künder 1989, 17). Auch Schriftprophetie ist Prophetie. Was »die Überlieferung des Maleachibuches ... zu einer prophetischen Überlieferung, was den literarischen Prozess zu einem schriftprophetischen« macht, »ist die Funktion von gezielter, kritischer Gegenwartsdiagnose und Zukunftsdeutung« (*H. Utzschneider*, Schriftprophetie 2007, 132).

Die Auffassung, dass die Maleachi-Schrift von vorneherein schriftlich konzipiert ist, lässt sich nach meinem Dafürhalten bereits aus der Analyse der Hauptgattung und des Gesamtaufbaus herleiten. Ausgelöst wurde die neue Betrachtungsweise allerdings vor allem durch die Beobachtung, dass es in Maleachi zahllose intertextuelle Bezüge zu anderen Schriften der Hebräischen Bibel gibt. In der Tat bestätigt dies in hohem Maß die These der Schriftlichkeit der Maleachi-Schrift. Bevor wir uns diesem Gegenstand zuwenden, sind jedoch noch weitere Aspekte der Maleachi-Schrift als Ganzer zu untersuchen.

3. Die Sprache der Maleachi-Schrift

»Is the book of Malachi poetry or prose? For many years most English speaking scholars have considered it to be prose. ... But German scholars often consider it to be a type of poetry« (*R. L. Smith* 301; vgl. *A. E. Hill* 23 mit derselben Einschätzung). Das Interessante an dieser Frage ist – neben der nicht unzutreffenden Zuweisung der Antwort auf die zwei Wissenschaftssprachen Englisch und Deutsch –, dass sie überhaupt gestellt wird. Bei den Erzählungen des Pentateuchs und der Vorderen Propheten käme man nicht auf den Gedanken – sie sind Prosa –, ebenso wenig bei Deuterojesaja, den Hiob-Dialogen oder den Psalmen – sie sind Poesie. Darauf verweisen der durchgängige *parallelismus membrorum* bei ungefähr gleicher Länge der Stichen, dazu Elemente wie die Gliederung in Strophen (mit gelegentlichen Kehrversen), der Bilderreichtum der Sprache und poetische Besonderheiten der hebräischen Grammatik wie der Verzicht auf die *nota accusativi* oder die

Verwendung asyndetischer Relativsätze (dies und das Folgende im Anschluss an *R. Kessler*, Maleachi 2009, 163 f.).

In der Maleachi-Schrift aber liegen die Dinge nicht so einfach. Der Text enthält poetische Elemente. Er beginnt mit einem vollendeten Chiasmus (»Ich aber gewann Jakob lieb, / und Esau begann ich zu hassen«, 1, 2bβ.3a), der von einem Parallelismus gefolgt wird (»Ich machte seine Berge zur Einöde / und seinen Besitz den Schakalweibchen zur Steppe«, 1, 3b). Parallelismen finden sich in allen Einheiten des Textes: »Ein Sohn achtet den Vater / und ein Sklave seinen Herrn« (1, 6); »Haben wir nicht alle einen einzigen Vater? / Hat nicht ein einziger Gott uns geschaffen?« (2, 10); »Doch wer hält den Tag aus, wenn er kommt, / und wer bleibt bestehen, wenn er erscheint?« (3, 2); »ob ich euch nicht die Fenster des Himmels öffne / und über euch Segen ausschütte – mehr als genug« (3, 10); »gerade die Gewalttätigen haben Bestand, / die Gott herausfordern, kommen davon« (3, 15). Man kann Alliterationen entdecken (von den ersten fünfzehn Worten von 1, 6 beginnen zehn mit Alef) und poetische Vergleiche (wie die vom schmelzenden Feuer und der ätzenden Lauge für den kommenden Tag, 3, 2, oder vom Umherhüpfen der Kälber auf der Mastweide für die Freude der Gerechten, 3, 20). Nicht im strengen Sinn poetisch sind Inklusionen (1, 11 mit 1, 14; 2, 15b mit 2, 16b; 2, 17b mit 3, 5; 3, 17a mit 3, 21b); dennoch verraten sie einen gehobenen Sprachstil.

Allerdings enthält die Maleachi-Schrift auch, und zwar über weite Strecken, Prosa. Schon ein Blick in die Druckausgaben der Biblia Hebraica Kittel (BHK), Stuttgartensia (BHS) und Quinta (BHQ) zeigt, wie unbefriedigend der Versuch ist, den gesamten Text in Poesie zu bringen, weshalb die verschiedenen Herausgeber auch zu unterschiedlichen Lösungen greifen (vgl. auch den gezwungenen Versuch von *A. Bruno*, Buch der Zwölf 1957, Maleachi durchgängig als poetischen Text aufzufassen). Bezeichnend ist der Gebrauch der *nota accusativi*. Sie nicht zu gebrauchen, ist typisch für poetische Texte. So fehlt sie in dem stark poetisch geprägten Vers 1, 6a.bα. Dieser endet mit den Worten: »… die ihr meinen Namen verachtet« (בוזי שמי, *bôzê š^emî*), ohne *nota accusativi*. Die in 1, 6bβ direkt anschließende Einrede nimmt diese Worte auf, diesmal aber mit *nota accusativi*: »Aber ihr sagt: Womit haben wir deinen Namen verachtet?« (בזינו את־שמך, *bazînû 'æt-š^emæka*). Noch im selben Diskussionswort lässt sich das Phänomen weiter beobachten, wenn die dargebrachten Gaben in 1, 8 ohne und in 1, 13 mit der Akkusativkennzeichnung stehen.

»Gehobene Prosa«

Maleachi gehört zu den nicht seltenen Texten in der Hebräischen Bibel, die zwischen Poesie und Prosa angesiedelt sind. Zwar hat man immer wieder Eindeutigkeit gesucht. *M. Krieg*, Mutmaßungen 1993, 26 sieht es geradezu als »Regel« an, »daß ein Ineinander von poetischen und prosaischen Textpartien … nicht originär sondern nur sekundär sein kann«. Eindeutigkeit hat man entweder im prosaischen Charakter des Textes gefunden (*C. C. Tor-*

rey, Prophecy 1898, 14: »The diction of Malachi is pure; the style vigorous, though often prosaic and sometimes awkward«; *C. von Orelli* 223: »Die Schreibweise ist prosaisch ...«) oder in seiner Poesie (*K. Marti* 456: »... sind die Gedanken in metrischer Form ausgesprochen«). Doch zeigt schon die Gegensätzlichkeit dieser Eindeutigkeiten, dass sie offenbar so eindeutig nicht sind. Deshalb empfiehlt es sich, sowohl den grundsätzlich prosaischen Charakter als auch die poetischen Elemente anzuerkennen. Das muss nicht mit Wertungen verbunden sein, indem man Schriftsteller wie Maleachi grundsätzlich als »Prosaiker« bezeichnet, denen man allenfalls zugesteht, dass »auch ab und an ein poetischer Flug versucht wird« (*B. Duhm* XVII) oder bei denen man »an occasional flash of poetic insight and imagination, or a few lines which move to a poetic rhythm«, ausmacht (*J. M. P. Smith* 5). Es genügt die sachliche Feststellung: »The book of Malachi ... is written in prose, with a few traces of a rhythmical pattern ...« (*P. A. Verhoef* 166). Es handelt sich um »oracular prose«, »a combination of prosaic and rhetorical features approaching poetic discourse« (*A. E. Hill* 26). Man kann das dann als »Malachi's elevated literary style« (*A. E. Hill* 25), den »kunstvollen Redestil« des Buches (*H. Utzschneider*, Maleachi/Maleachibuch 2002, 711) oder als »gehobene Prosa« bezeichnen (so *A. von Bulmerincq* I 422; vgl. auch *Th. Lescow*, Strukturen 1990, 211, allerdings nur für die Sprache eines von ihm angenommenen Ergänzers).

4. Die Maleachi-Schrift als dramatisches Gedicht

Fragt man danach, wie man die Maleachi-Schrift als Ganze literarisch einordnen soll, dann lässt sich als erstes negativ festhalten, dass sie keine Erzählung ist, wie etwa die Bücher Ezechiel, Haggai und Sacharja (von dem Ausnahmefall Jona einmal ganz abgesehen), die als große Narration stilisiert sind. Auch enthält Maleachi keine einzelnen Erzählungen über den Propheten, wie wir sie etwa in Jesaja und Jeremia, Hosea oder Amos finden. Die Gestalt Maleachis ist kein »Charakter« des Textes. Sie wird nur in der Überschrift als Verfasser genannt und kommt im weiteren Text nicht mehr vor. Weder spricht »Maleachi« in 1. Person Singular, noch wird er in 2. Person von Gott oder den Israeliten angeredet, noch wird in 3. Person etwas über ihn mitgeteilt. »The presence and personality of God's prophetic messenger is almost invisible« (*J. P. Scalise* 319).

Aus unseren bisherigen Beobachtungen geht hervor, dass die Maleachi-Schrift als Ganze »als dramatischer Text« angesehen werden kann (so *H. Utzschneider*, Micha 2005, 11 über die Micha-Schrift und *U. Berges*, Jesaja 40–48 2008, 64 über Jes 40–55). Wie ein Drama besteht der Text fast nur aus Reden unterschiedlicher Redender. Diese werden in einer Art Nebentext, den Zitationsformeln, den jeweils Redenden zugewiesen. »Die Dialogszene impliziert jedoch nicht, wie in neuerer Forschung teilweise angenommen, eine Theateraufführung« (*I. Willi-Plein* 227). Dagegen spricht vor allem die Tatsache, dass Sprecher der Einreden immer in der 2. Person eingeführt werden. Ihre Zitationsformel ist also nicht im strengen Sinn Nebentext, sondern Teil der Anrede. Deshalb steht sie in vier von sechs Diskussionsworten wahrscheinlich auch nicht auf der Ebene E_0 – wie für einen Nebentext zu erwarten –, sondern auf der Ebene E_1, ist also bereits Teil des Kommunikationsgeschehens.

Dennoch bleiben die Beobachtungen zum dramatischen Charakter von Maleachi richtig. Man kann Maleachi also zwar nicht als »Drama«, wohl aber als »dramatisches Gedicht« bezeichnen. Denn über den durchgehend dramatischen Charakter hinaus ist Maleachi mehr als die Zusammenstellung von sechs Diskussionsworten. Der Text ist als Ganzes *ein* Gedicht. Dies geht aus der oben aufgezeigten sinnvollen Abfolge der Diskussionsworte hervor, die von der Grundlegung im I. Wort über Gegenwartskritik im II. und III. Wort und über die Eröffnung von Zukunftsperspektiven im IV. und V. Wort zum Ziel im VI. Wort voranschreitet. Auch das oben schon angedeutete Phänomen der Verkettung der einzelnen Einheiten in ihrer Leseabfolge, das bei der Behandlung der einzelnen Worte näher betrachtet werden soll (vgl. auch zusammenfassend *R. Kessler*, Maleachi 2009, 164–170), weist darauf hin, dass in der Maleachi-Dichtung eine bewusste Abfolge vorliegt. Dass man neben der eben skizzierten linearen auch eine konzentrische Struktur erkennen kann und es daneben Elemente der wiederholenden Abwechslung gibt, spricht im Übrigen nicht gegen die Auffassung der Maleachi-Schrift als einem einheitlichen Gedicht, sondern ist nur ein Beleg für seine Qualität. Denn gute literarische Texte erschöpfen sich selten in einer einzigen Dimension, sondern fordern die Lesenden dazu heraus, verschiedene Sinnebenen ausfindig zu machen.

Wenn man Maleachi als dramatisches Gedicht betrachtet, lassen sich die einzelnen Diskussionsworte als Strophen dieses Gedichts auffassen. Sie sind offensichtlich unterschiedlich lang. Aber Maleachi ist nicht das einzige Gedicht der Literaturgeschichte mit unterschiedlich langen Strophen. Und sie sind nicht in rein poetischer Sprache, sondern in gehobener Prosa mit starken poetischen Zügen gehalten. Aber auch das ändert nichts am Charakter des ganzen Werks als dramatisches Gedicht.

Dieses sechsstrophige Gedicht hat in 1,1 eine Überschrift. Es ist beliebt, diese als »sekundär« zu bezeichnen (nach *E. Bosshard / R. G. Kratz*, Maleachi 1990, 35 sogar »zweifellos« sekundär, womit das Beibringen von Argumenten eingespart wird; vgl. auch *W. Nowack* 410; *I. Willi-Plein* 225 f. u. a.). Nun ist eine Überschrift kein Incipit, der narrative Anfang eines Textes, der dann titelgebend wird (Bereschit = »Im Anfang« für die Genesis oder Enuma Elisch = »Als droben« für das babylonische Schöpfungsepos). Es liegt im Wesen von Überschriften, dass sie »not part of the poems themselves« sind (*J. D. W. Watts*, Superscriptions 2000, 112). Insofern ist die Aussage zutreffend: »Mal 1:1 presents a simple title affixed to the head of the writing« (*J. Nogalski*, Processses 1993, 188). Dies aber sagt nichts darüber, ob dieser Titel der Dichtung bei ihrer Abfassung gegeben oder erst später hinzugefügt wurde. Bei Prophetenbüchern, die auf die Sammlung ursprünglich mündlich vorgetragener Sprüche zurückgehen, liegt es nahe, dass ihnen die Überschrift erst beim Akt der Sammlung gegeben wurde. Versteht man aber Maleachi als von vornherein schriftlich verfasstes Werk, dann gibt es keinen Grund zu der Annahme, diesem Werk sei die Überschrift erst nachträglich hinzugefügt worden.

5. Literarkritik

Zwar mehren sich die Stimmen, die »auch bei diachroner Vorgehensweise« davon ausgehen, »dass die Maleachischrift weitgehend als einheitlich angesehen werden kann«. Dass dies allerdings, wie das Zitat von Thomas Hieke behauptet, schon als »Trend« zu bezeichnen ist (*Th. Hieke*, Kult 2006, 12), wird man vor allem in der deutschsprachigen Forschung kaum behaupten können. Auch heute ist hier die Interpretation der Maleachi-Schrift als einer Einheit – einmal abgesehen vom Sondercharakter der Überschrift und den letzten Versen (3, 22–24) als Anhang – keineswegs unumstritten.

Für die Identifizierung sekundärer Partien werden dabei inhaltliche und formale Argumente vorgebracht. Auch wenn im Einzelnen die Unterscheidung in originalen Bestand und Zusätze sehr unterschiedlich vorgenommen wird, lassen sich doch zwei Grundtypen erkennen. Nach dem ersten liegen nur vereinzelte Ergänzungen vor, nach dem zweiten ist hingegen mit umfangreichen Fortschreibungen eines knapperen Grundbestands zu rechnen.

Für das erste Modell können zwei ältere Werke zitiert werden, die zugleich die Kriterien ihrer Literarkritik benennen. Karl Marti referiert den Inhalt von Maleachi und fährt dann fort: »Wie diese Inhaltsübersicht zeigt, ist das Buch im Grossen und Ganzen aus einem Gusse. So wie es aber vorliegt, ist es nicht auf einmal entstanden. Es liegen nämlich in dem Buche auch einige fremde Bestandteile vor, die eine andre Auffassung als das übrige Buch aufweisen« (*K. Marti* 457). Wird hier auf das inhaltliche Kriterium rekurriert (»eine andre Auffassung«), so bei Karl Elliger auf die Sprache: »Es dürfte am Text ziemlich herumgeschrieben sein, vor allem erscheint durch Prosaisierung die metrische Form der Reden stark entstellt« (*K. Elliger* 189; vgl. *M. Krieg*, Mutmaßungen 1993, 61, für den »70 % der Sprecheinheiten« »mit Kennzeichen von Poesie« »[z]ur Grundschicht gehören«, während »zur Bearbeitungsschicht ... mit Prosakennzeichen ... etwas 30 % der Sprecheinheiten« zu zählen seien). Elliger findet Zusätze im II. (1, 11–14; 2, 2.7), III. (2, 11b–13aα.15abα.16b) und IV. Diskussionswort (3, 1bγδ.3 f.). Damit sind in der Tat die Hauptverdächtigen für sekundäre Stellen genannt, die sich im Bereich von 1, 11–14 und 2, 1–9, in 2, 11–16 und in 3, 1b–4 finden, wohingegen das I. und V. Diskussionswort in der Regel als

Einleitung

einheitlich angesehen werden (vgl. die Zusammenfassung bei *A. Meinhold* XII–XVI).

Mit Arndt Meinhold ist bereits der Übergang zum zweiten literarkritischen Modell gegeben, denn nach ihm handelt es sich beim gesamten VI. Diskussionswort »um eine spätere Fortschreibung« (*A. Meinhold* XV). Noch weiter gehen Erich Bosshard und Reinhard Gregor Kratz. Sie rekonstruieren eine Grundschicht, die in »Mal 1, 2–5; 1, 6–2, 4 (ohne 1, 14a); 2, 4–9; 3, 6–12« zu finden sei, also aus dem I., Teilen des II. und dem V. Diskussionswort bestehe (*E. Bosshard / R. G. Kratz*, Maleachi 1990, 31). An sie schließe eine Überarbeitungsschicht an, die das IV. (2, 17–3, 5) und VI. Diskussionswort umfasst (3, 13–21) (ebd. 37). Eine »Schlußschicht« bestehe aus einem Halbvers im II. Wort (1, 14a), dem Anfang des III. Wortes (2, 10–12 – der Rest, also 2, 13–16 könne »nicht ohne weiteres zugeordnet werden«, ebd. 29) sowie dem Anhang 3, 22–24 (ebd. 45; die Analysen von Bosshard und Kratz übernimmt *O. H. Steck*, Abschluß 1991, 33–35). Während für Erich Bosshard und Reinhard Gregor Kratz die Grundschicht durch den »parallele[n] Aufbau von Priester- und Volksteil« – nämlich im II. und V. Diskussionswort – geprägt ist (ebd. 29), setzt Jakob Wöhrle das literarkritische Messer umgekehrt zwischen Priestern und Laien an. Er rekonstruiert eine Grundschicht, die ausschließlich »an Vergehen des Volkes orientiert ist«, während die »auf die Priester bezogenen Passagen … allesamt erst im Rahmen einer Überarbeitung des Buches eingebracht« wurden (*J. Wöhrle*, Abschluss 2008, 256 f.).

Die Gegenüberstellung der beiden Modelle von Bosshard / Kratz und Wöhrle zeigt, wie problematisch die Argumentation mit inhaltlichen Kriterien ist. Bosshard und Kratz beginnen mit zwei Versen aus dem II. und V. Wort (1, 6 und 3, 6 f.) und stellen fest, »daß Mal[eachi] in seiner Anlage zweigeteilt ist: Zuerst die Priester, dann das Volk«. Daraufhin rekonstruieren sie ihre Grundschicht und finden dann bestätigt, wovon sie ausgegangen sind: »Eine positive Bestätigung findet die vorgeschlagene Abgrenzung in der geschlossenen Anlage der Grundschicht. … Als erstes fällt der parallele Aufbau von Priester- und Volksteil auf …« (*E. Bosshard / R. G. Kratz*, Maleachi 1990, 28 f.). Nicht weniger zirkulär ist die Argumentation bei Wöhrle. Er hält es für fraglich, ob ein Text »angesichts des … Nebeneinanders zweier verschiedener Themen noch als literarische Einheit verstanden werden kann oder ob dieser Textbereich erst durch sekundäre Erweiterungen seine vorliegende Gestalt erhalten hat« (*J. Wöhrle*, Abschluss 2008, 222 f.), entfernt dann eines der beiden Themen und kommt so zu einer Grundschicht, die »als durchdacht gestaltete Komposition beschrieben werden« kann (ebd. 256). Obgleich Meinhold für die Abtrennung des VI. Diskussionswortes »[f]ormale *und* inhaltliche Besonderheiten« anführt (*A. Meinhold* 357, Hervorhebung R. K.), unterliegt auch seine Argumentation auf der inhaltlichen Ebene dem Vorwurf des Zirkulären. Denn das Argument, durch Anfügung des VI. Wortes sei »eine grundsätzlichere Lösung des Problems der Gerechtigkeit Gottes … veranlaßt« worden, als sie in der »Grundschrift mit den fünf ursprünglichen Diskussionsworten« vorliegt (*A. Meinhold* XVI), setzt voraus, dass zuvor das VI. Wort abgetrennt wurde. Andernfalls nämlich kann man ebenso gut argumentieren, die Maleachi-Schrift als Ganze laufe eben auf diese »grundsätzlichere Lösung des Problems der Gerechtigkeit Gottes« hinaus.

Ebenso wenig wie die inhaltlichen überzeugen die formalen Argumente für literarkritische Operationen. Meinhold führt an, dass im VI. Wort, »[o]bgleich alle vier Strukturelemente [sc. des Diskussionswortes] vorkommen«, dennoch ein »Unterschied zu allen sonstigen Ausprägungen der Gattung« vorliege, indem »am Anfang der Folgerungen« ein »Zwischenbericht (V. 16 f.)« eingefügt sei (*A. Meinhold* XVf). Das setzt voraus, dass die Gattungselemente des Diskussionswortes in durchgehender Schematik verwendet würden. Doch sind bei aller Strukturgleichheit auch sonst die Variationsmöglichkeiten groß – Vorspruch oder nicht, einfache oder doppelte Feststellung und Einrede, Feststellung und Einrede im Mund Gottes oder des Propheten und nicht zuletzt die Vielfalt der Elemente in der Entfaltung der Feststellungen –, dass nicht einzusehen ist, warum ausgerechnet beim VI. Wort ein auffälliges Element sekundär sein soll.

Nicht besser steht es um das im obigen Zitat von Karl Elliger anklingende Argument, original seien nur die poetischen Stücke, die »durch Prosaisierung ... stark entstellt« worden seien (*K. Elliger* 189). Nicht nur ist es genauso zirkulär wie die vorgebrachten inhaltlichen Argumente, weil es eine rein poetische Grundform voraussetzt, die dann durch Ausscheidung nicht poetischer Teile »bewiesen« wird. Es geht auch nicht auf, weil etwa ausgerechnet das in allen vorgestellten Rekonstruktionen der Grundschicht zugewiesene V. Wort (3,6–12) die wenigsten poetischen Züge aufweist. Desgleichen sind in 2,17–3,5 die in der Regel für original gehaltenen Verse 2,17 und 3,5 rein prosaisch, während sich in den als sekundär angesehenen Bereichen von 3,1b–4 zahlreiche Parallelismen als Hinweis auf gehobene Sprache finden.

Die Maleachi-Schrift enthält durchaus inhaltliche Perspektiv- und Themenwechsel. Sie hat formale Brüche und changiert in der Sprache zwischen Prosa und Poesie. Aber diese Phänomene lassen sich nicht durch literarisches Wachstum erklären, zumal harte Kriterien wie ein »offensichtlicher *sachlicher* Anachronismus« (*I. Willi-Plein* 249, Hervorhebung im Original) fehlen, sodass jede Argumentation in der Gefahr der Zirkularität steht. Pamela Scalise bringt die Problematik literarkritischer Lösungsvorschläge auf den Punkt: »The form and the content of the speeches are not sufficiently fixed or uniform to support confident identification of additions ... The six speeches are complex compositions even with the proposed additions taken out« (*P. J. Scalise* 321). Auf die literarkritischen Vorschläge wird bei der Behandlung der einzelnen Strophen der Dichtung noch näher einzugehen sein.

Doch schon jetzt kann gesagt werden, dass der durchaus mit Spannungen versehene einheitliche Charakter der Maleachi-Schrift auch daher rührt, dass in Maleachi eine Fülle von intertextuellen Verweisen vorliegt.

Maleachi im Kanon

Um Maleachi zu verstehen, sollte man die Formelemente des Diskussionswortes, seine Redeebenen und Kommunikationsstruktur kennen. Man sollte Einblick in den zielgerichteten Charakter, die grundsätzliche Schriftlichkeit und eigentümliche Sprache des »dramatischen Gedichtes« in sechs Strophen haben. Um eine weitere Verstehensvoraussetzung geht es nun im Folgen-

Einleitung

den: Maleachi ist charakterisiert durch eine Fülle intertextueller Bezüge. Erkennt man sie nicht, bleibt eine Sinndimension des Textes verschlossen.

»Intertextualität« ist dabei ein schillernd und vielfältig gebrauchter Begriff (vgl. ausführlich und mit hilfreicher Fokussierung auf das Alte Testament *St. Seiler*, Intertexualität 2006). Er kann eher rezeptionsorientiert von der Leserin aus gedacht sein – sie stellt im Akt des Lesens intertextuelle Bezüge zu anderen Texten her –; oder er wird eher produktionsorientiert verwendet – der Autor bezieht sich auf andere Texte und erwartet von seinen potenziellen Leserinnen und Lesern, dass sie diese erkennen. Der Begriff der Intertextualität kann mit einem sehr weiten Textverständnis arbeiten, wonach praktisch alles zum »Text« wird; er kann aber auch nach benennbaren Prätexten suchen, auf die Bezug genommen wird. Intertextualität kann von der bloßen Evozierung eines Bezugs durch Nennung eines Stichworts bis zum wörtlichen Zitat gehen.

Zur Illustration der nur knapp skizzierten Problemlage seien drei Beispiele aus Maleachi vorweggenommen. (1) Mal 1,2 f. erwähnt das Brüderpaar Esau und Jakob und Gottes unterschiedliche Haltung zu den beiden (»hassen« versus »lieben«). Der Autor kennt diese Tradition und setzt die Kenntnis bei seinen Lesern voraus. Ob er sie in Gestalt des Textes von Gen 25–36, in der uns diese Tradition vorliegt, voraussetzt, lässt sich aus den zwei Versen allerdings nicht sagen. (2) In Mal 3,7 erscheint wörtlich derselbe Text wie in Sach 1,3 (»Kehrt um zu mir, dann will ich zu euch umkehren«). Wir müssen annehmen, dass der Autor von Mal 3,7 den Sacharja-Text kennt. Allerdings markiert er dies nicht, sodass die Leserin den Bezug im Akt des Lesens selbst herstellen muss. (3) In Mal 3,22, im Anhang zur Maleachi-Schrift, heißt es: »Gedenkt der Tora des Mose …«. Hier wird explizit Bezug genommen auf einen anderen, schriftlich fixierten Text, den Autor sowie Leserinnen und Leser kennen.

Schon die zwei erstgenannten Beispiele aus dem Maleachi-Gedicht zeigen, wie unterschiedlich Intertextualität bei Maleachi aussehen kann. Wir werden noch viele andere Formen kennen lernen. Nicht immer lässt sich mit Sicherheit sagen, dass ein Bezug bewusst gesetzt ist. Nicht immer lässt sich sagen, ob der Bezug die Kenntnis eines identifizierbaren, auch uns schriftlich vorliegenden Prätextes voraussetzt, oder ob es sich bei dem Prätext um ein allgemeines kulturelles Wissen handelt. Die Fülle der Bezüge und gerade auch ihr unterschiedlicher Charakter legen aber nahe, dass der Autor der Maleachi-Schrift den Pentateuch und erhebliche Teile des Prophetenkanons in schriftlicher Form vor sich hatte. Es ist anzunehmen, dass er bei seiner Leserschaft die Kenntnis der entsprechenden Texte voraussetzte.

1. Beispiele intertextueller Bezüge in der Maleachi-Schrift

Selbst wenn man die Maleachi-Schrift als Niederschlag ursprünglich mündlich verkündigter Worte ansieht, erkennt man, dass traditionelle Themen und Wendungen aufgegriffen werden. Karl William Weyde hat im Jahr 2000 dem Gebrauch von Traditionen im Maleachi-Buch eine 450 Seiten starke Untersuchung gewidmet (*K. W. Weyde*, Prophecy 2000). Zuvor schon hatte Donald Berry in einem Aufsatz eine über zwei Seiten laufende Tabelle mit »Allusions to Canonical Traditions in Malachi« präsentiert (*D. K. Berry*, Design 1996, 270–272; vgl. auch schon das Kapitel »Traditionsbezüge« bei *M. Krieg*, Mutmaßungen 1993, 137–191). Mit dem Verweis auf »kanonische Traditionen« wird nahegelegt, dass wir diese Traditionen tatsächlich im Kanon aufspüren können. Damit kommen wir dem nahe, was Helmut Utzschneider »äußere Kontextualität (Intertextualität)« genannt hat (*H. Utzschneider*, Künder 1989, 42; vgl. *ders.*, Schriftprophetie 2007, 122). Er findet eine Fülle von Bezügen zu Texten, die wir unsrerseits im überlieferten Schriftenbestand identifizieren können, und sieht darin »Indizien ›aktiver Lektüre‹« (*H. Utzschneider*, Schriftprophetie 2007, 125).

Die folgende Aufzählung intertextueller Bezüge setzt die Ergebnisse der Einzelauslegung voraus. Sie beschränkt sich auf diejenigen Stellen, bei denen mit einer gewissen Wahrscheinlichkeit angenommen werden kann, dass ihr Verfasser die Bezugstexte in schriftlicher Form kannte.

Die Überschrift in Mal 1,1 nimmt mit den Stichworten »Ausspruch« (vgl. Jes 13,1; 15,1; 17,1 u.ö.) und »Wort JHWHs« (vgl. Hos 1,1; Joel 1,1; Mi 1,1; Zef 1,1) Elemente aus anderen Prophetenüberschriften auf, kombiniert sie aber in einzigartiger Weise. Formal am nächsten steht sie Sach 9,1 und 12,1, die ebenfalls mit »Der Ausspruch des Wortes JHWHs« beginnen. Wie diese Nähe entstehungsgeschichtlich zu bewerten ist, wird unten zu behandeln sein.

Das I. Diskussionswort kennt, wie schon erwähnt, die Jakob-Esau-Tradition, die im Pentateuch in Gen 25–36 niedergelegt ist, aber wohl auch zum kulturellen Gemeingut des nachexilischen Israel gehört, ohne dass man den Genesistext vor sich liegen haben müsste, um auf sie anzuspielen. Wie in der Genesis werden Esau mit Edom und Jakob mit Israel gleichgesetzt. Fragt man, wie es von der Versöhnung, mit der die Genesis-Erzählung endet, zu dem unversöhnlichen Hass, der Mal 1,2–5 prägt, kommt, kann man annehmen, dass der Verfasser die Erzählung von Num 20,14–21 kennt, in der Edom trotz der in der Genesis erreichten Versöhnung Israel schroff feindlich gegenüber tritt. Im Übrigen bedient sich die I. Maleachi-Strophe für den sprachlichen Ausdruck ihrer Edom-Feindschaft bei anderen edomfeindlichen Texten verschiedener Prophetenschriften (Jes 34; Jer 49,13–22; Ez 25; 35; Joel 4,19 und Obadja). Darüber hinaus finden sich deutliche Anklänge an Ez 36.

In der umfangreichen II. Strophe lassen sich Hintergrundtexte ausmachen, die für die Gesamtaussage des Diskussionswortes bestimmend sind. Zu denken ist dabei an Lev 21–22 und besonders an den Abschnitt 22,17–25, wo es um den Ausschluss nicht opferfähiger Tiere geht. Hier liegen nicht nur teilweise exklusive semantische Bezüge vor. Auch der für die Struktur von Mal 1,6–14 auffällige nachklappende

Einbezug der Laien nach den Priestern ist in diesem Text vorgeprägt. Dass Mal 1,8 zugleich den Wortlaut von Dtn 15,21 kennt, zeigt, dass dem Autor bereits der Pentateuch als Ganzer vorliegt. Als Hintergrundtext für die Aussagen zu Segen und Fluch in Mal 2,1–4a legt sich Dtn 28 nahe, aber auch der aaronitische Segen von Num 6,23–27, der in Mal 1,6–2,9 etliche Widerklänge hat. Für die Vorstellung eines Bundes mit Levi in Mal 2,4–8 ist schließlich Num 25,10–13 als Hintergrundtext wahrscheinlich. Daneben finden sich in einzelnen Formulierungen Anspielungen, die die Kenntnis der Prätexte erwarten lassen. Bereits der Vorspruch »zitiert« das Elterngebot des Dekalogs (»den Vater ehren«). 1,9 spielt an die so genannte Gnadenformel von Ex 34,6 an (»ein gnädiger Gott«). Und 2,7 bringt wie Hos 4,6 den Priester mit »Erkenntnis« und »Tora« zusammen.

Im Vorspruch zum III. Diskussionswort finden sich Anklänge an Deuterojesaja (Gott als Schöpfer Israels und die Israelitinnen und Israeliten als seine Kinder, vgl. Jes 43,1–7.15). Das Leitwort der Strophe, »betrügen«, verweist in seinem doppelten Bezug auf den Ehebruch und das Gottesverhältnis deutlich auf Jer 3. Vor allem aber hat das III. Diskussionswort mit seinen Ausführungen über die Ehe mit der »Tochter eines fremden Gottes« in Dtn 7,1–11 »einen maßgeblichen Hintergrundtext« (*A. Meinhold* 207). Doch wie beim II. Wort ist auch hier der Bezug zum Deuteronomium nicht exklusiv, denn der Satz »er hat entweiht, was JHWH heilig ist« (Mal 2,11) begegnet wörtlich gleich auch in Lev 19,8a, woran sich in V 8b wie in Mal 2,12 ein Ausrottungswunsch anschließt. Schließlich kennt der Schlussvers der Strophe, der die Worte »hassen« und »(sc. die Ehefrau) entlassen« zusammenstellt, den Text über die Ehescheidung aus Dtn 24,1–4.

Wie die III. hat auch die IV. Strophe Bezüge zu Deuterojesaja. Sie bestehen zum einen in der Vorstellung, JHWH zu »ermüden« (Mal 2,17 und Jes 43,24), zum andern in dem Gedanken, für JHWH »den Weg zu ebnen« (Mal 3,1 und Jes 40,3). Die Zusammenstellung des Oppositionspaares gut und böse mit der Vokabel »Recht« (Mal 2,17) begegnet auch in Am 5,14f. und Mi 3,1f., was auf Kenntnis dieser Textstellen zurückgeführt werden kann. In Mal 3,1 ist von der Sendung eines Boten die Rede – mit wörtlichen Anklängen an Ex 23,20. Die Schilderung des kommenden Tages in Mal 3,2 hat enge intertextuelle Bezüge sowohl zu Nah 1,6 als auch zu Joel 1–2. Speziell das Bild vom Waschen und Reinigen, das an diesem Tag erfolgen soll, nimmt Gedanken und Vokabeln aus Jes 1 (und möglicherweise auch Jer 2–6) auf. Liest man den Schlussvers Mal 3,5 zusammen mit 3,1, zeigt sich schließlich, dass das Diskussionswort auch Mi 1,2 kennen muss, wo ebenfalls vom Kommen des »Herrn« (Adon), vom Tempel und von JHWH als »Zeuge« die Rede ist.

Im V. Diskussionswort findet sich in Mal 3,7 die schon erwähnte wörtliche Aufnahme von Sach 1,3 (»Kehrt um zu mir, dann will ich zu euch umkehren«). Aber die Bezüge gehen noch weiter und umfassen Sach 1,2–6 insgesamt. Denn mit den Stichworten »meine Bestimmungen« und »eure Vorfahren« enthält Mal 3,7 auch eine Verbindung zu Sach 1,6. Das im weiteren Verlauf des Diskussionswortes zentrale Thema ist der Segen für die landwirtschaftlichen Erträge, der in Aussicht gestellt wird, wenn denn die religiösen Abgaben getätigt werden. Das lehnt sich in seiner Logik eng an Hagg 1,2–11 an. In Mal 3,10f. liegt zudem mit dem Stichwort »Segen«, dem Gedanken des Niederschlags vom »Himmel« und der Rede vom »Weinstock« und vom »Ertrag« (wörtlich: der Frucht) ein literarischer Bezug zu Sach 8,12f. vor.

Den konzeptionellen Hintergrund für das VI. und letzte Diskussionswort bilden die Texte über den Tag-JHWHs im Zwölfprophetenbuch und wahrscheinlich auch in

Jes 2,6–22 und Jes 13. Daneben gibt es einzelne Bezüge, die eine Kenntnis der Bezugstexte in schriftlicher Form wahrscheinlich machen, so in 3,17 die Vorstellung vom »Eigentum« (Ex 19,6; Dtn 7,6 u.ö.) und in 3,20 die Wurzel »heilen«, die in Hosea eine prominente Rolle spielt.

Obwohl er nicht Teil der ursprünglichen Maleachi-Dichtung ist, sei der Vollständigkeit halber auch der Anhang in 3,22–24 in die Betrachtung einbezogen. In seinem ersten Vers bezieht er sich mit der Erwähnung der »Tora des Mose«, die diesem »am Horeb« geboten wurde, klar auf deuteronomisch-deuteronomistische Sprache. Das heißt aber nicht, dass dem Verfasser (bzw. den Verfassern) des Anhangs nur das Deuteronomium vorgelegen hätte. Denn der Vers insgesamt erinnert auch stark an die Mahnung an Josua in Jos 1. Vor allem aber geht der zweite Teil des Anhangs in Mal 3,23 f. über den Bezug zum Deuteronomium hinaus, indem er Elija mit ins Spiel bringt. Da Elija der einzige Mensch ist, der nach Mose den Horeb betritt, ist verständlich, dass auch im Zusammenhang von Mose nicht vom Sinai, sondern eben vom Horeb gesprochen wird.

Selbst wenn es an der einen oder anderen Stelle nicht als zwingend erscheinen mag, dass dem Verfasser der Maleachi-Schrift sein Prätext in schriftlicher Form vorgelegen haben muss, bleibt die Fülle der intertextuellen Bezüge eindrucksvoll. Hinzu kommen weitere Anspielungen, bei denen eine bewusste intertextuelle Bezugnahme möglich, aber nicht mit dem nötigen Grad an Gewissheit nachzuweisen ist. Auf diese sowie auf Bezüge, die andere Kommentatoren sehen, die mir selbst aber weniger einleuchten, wird in der Einzelauslegung hingewiesen.

Zwei Folgerungen legen sich aus den oben zusammengefassten Beobachtungen nahe. Zum einen bestätigt die Bezugnahme auf schriftliche Texte die Vermutung, dass der Verfasser der Maleachi-Dichtung schriftlich arbeitet. Er verfasst einen schriftlichen Text, in den er eine Fülle intertextueller Referenzen einbaut. Vermutlich zählt er darauf, dass seine Leserinnen und Leser in der Lage sind, diese zu identifizieren. Aber auch wenn dies nicht der Fall sein sollte, lässt sich sein Text aus sich heraus verstehen, wenn dann auch vieles an Tiefendimension und Anspielungsreichtum verloren geht.

Zum andern zeigt sich, dass die Bezugstexte den gesamten Pentateuch und eine umfangreiche Sammlung von Schriftpropheten umfassen. Zwar lässt sich eine »Abhängigkeit Maleachis von deuteronomischer Sprache und Vorstellungswelt« feststellen, aber sie ist nicht exklusiv (gegen *J. Blenkinsopp*, Geschichte 1998, 214f., Zitat 213). Auch die Bücher Genesis bis Numeri gehören zu Maleachis Hintergrundtexten. Bezüge zu den vorderen Propheten fehlen (bis auf den Anhang). Das heißt nicht, dass Maleachi diese Texte nicht kennt; er benutzt sie nicht so, dass sich eine Anspielung aufzeigen ließe. Dagegen sind alle der drei großen und die Mehrzahl der so genannten kleinen Propheten unter seinen Bezugstexten vertreten (vgl. *J. M. O'Brien*, Priest 1990, 110: »… Malachi draws upon much of the Pentateuch – including P – and also is fully cognizant of prophetic traditions.« »… quite

Bezug auf Pentateuch und Schriftprophetie

possible and reasonable is the suggestion that this author possessed a literary canon including the Pentateuch, Deuteronomic History and a preliminary corpus of the Prophets«).

Damit stellt sich die Frage, wie die Maleachi-Schrift in ihrem jetzigen kanonischen Kontext zu stehen kommt.

2. Maleachi und die Überschriften in Sach 9,1; 12,1 und Mal 1,1

Dass die drei letzten Schriften des Zwölfprophetenbuches sich von den vorherigen neun als eigenständige Größe abheben, ist offensichtlich. Mit Zefanja enden die ersten neun in der Zeit Joschijas, also direkt vor dem großen Exil. Haggai setzt danach in der Perserzeit ein, und diese ist auch für Sacharja und Maleachi der Hintergrund. In allen drei Schriften geht es wenn auch nicht ausschließlich, so doch über weite Strecken um den zweiten Tempel.

Allerdings ist der Haggai-Sacharja-Maleachi-Komplex in sich zweigeteilt. Haggai und Sach 1–8 sind durch ein Datierungssystem (von Hagg 1,1 bis Sach 7,1) und die Wortereignisformel (»das Wort JHWHs erging ...« von Hagg 1,1 bis Sach 8,18) zusammengehalten. Mit Sach 9,1 beginnt dagegen ein System von drei Überschriften, die alle mit »Ausspruch des Wortes JHWHs« beginnen (Sach 9,1; 12,1; Mal 1,1). Wenden wir uns zunächst letzterem zu.

Der Vergleich der drei Überschriften in Sach 9,1; 12,1 und Mal 1,1 zeigt, dass sie zwar in ihren ersten Worten übereinstimmen, dann aber unterschiedlich weitergehen:

משא דבר־יהוה בארץ חדרך	Sach 9,1
משא דבר־יהוה על־ישראל	Sach 12,1
משא דבר־יהוה אל־ישראל ביד מלאכי	Mal 1,1

Sach 9,1   *maśśā' d^{e}bar-JHWH b$^{e'}$æræṣ ḥadrak*
Sach 12,1 *maśśā' d^{e}bar-JHWH 'al-jiśra'el*
Mal 1,1   *maśśā' d^{e}bar-JHWH 'æl-jiśra'el b^{e}jad mal'akî*

Die Ähnlichkeit der Überschriften könnte zu dem Schluss führen, dass »die Überschriften an diesen drei Stellen von derselben Hand [stammen], durch die drei Anhänge an das Dodekapropheton angefügt sind« (*W. Nowack* 410). Das wirft freilich zwei Fragen auf. 1.) Woher lassen sich die Varianten in den Überschriften erklären, vor allem der auffällige Wechsel in der Präposition zwischen *'al-jiśra'el* (Sach 12,1) und *'æl-jiśra'el* (Mal 1,1) (zu den Varianten in den Überschriften vgl. *B. S. Childs*, Introduction 1979, 491 f.; *R. L. Smith* 296 f.)? 2.) Warum sind die drei Anhänge so angefügt worden, dass die ersten beiden als Anhänge an Sacharja, der dritte dagegen als eigenständiges Buch erscheinen?

Dies führt zum Vorschlag einer alternativen Deutung, die darin besteht, dass die Überschriften nicht gleichzeitig entstanden sind, sondern dass eine am Anfang stand und die übrigen ihr nachgebildet wurden. Die Frage, welche der Überschriften am Anfang stand, lässt sich aus deren Betrachtung allein allerdings nicht beantworten. Denn denkbar ist sowohl eine Entwicklung von der kürzesten zu den längeren als auch von der längsten zu den kürzeren Überschriften.

Mal 1,1 als älteste der drei Überschriften

Mein Plädoyer, die Überschrift in Mal 1,1 für die älteste zu halten, geht davon aus, dass es keinen Zwang gibt, die Überschrift über die Maleachi-Dichtung in dem Sinn für »sekundär« zu halten, dass sie erst nachträglich dem Text hinzugefügt wurde. Sie spiegelt den Charakter und die Kommunikationsstruktur der Diskussionsworte treffend wider. Sie kann – wie oben erläutert – durchaus ursprünglicher Bestandteil der Dichtung sein. Diese selbst nun zeigt zwar enge intertextuelle (und konzeptionelle) Bezüge zu Haggai und Sach 1–8, jedoch keine zu Sach 9–14.

Gelegentlich wird darauf verwiesen, dass zwischen Sach 13,8f. und Mal 3,2f. ein intertextueller Bezug bestehe (vgl. *E. Bosshard / R. G. Kratz*, Maleachi 1990, 41). Nun ist dieser keineswegs so exklusiv, wie es auf den ersten Blick scheinen mag. Zwar haben beide Stellen die Semantik vom Schmelzen (Wurzel צרף, *srf*), vom Feuer und von Gold und Silber gemeinsam. Aber diese ist einfach sachlich mit der Bildwelt des Läuterns verbunden, und innerhalb dieses Bildgebrauchs sind die Bezüge von Mal 3,2f. zu Jes 1; Jer 2,22 und Jer 6,27–30 eher enger als die zu Sach 13,8f. Desweiteren ist es keineswegs ausgemacht, dass die Beziehung zwischen Sach 13,8f. und Mal 3,2f. als Abhängigkeit Maleachis von Sacharja zu deuten sein müsste, sondern doch wohl eher umgekehrt so, »dass Mal 3,2–4 im Ganzen Sach 13,9 vorgelegen hat und Sach 13,9 in Bezug auf Mal 3,2–4 gestaltet ist« (so das vorsichtig abwägend begründete Urteil bei *J. Gärtner*, Jesaja 66 2006, 382). Entsprechendes gilt für Bezüge, die man zwischen Mal 3,13–21 und Sach 9–14 hat sehen wollen (vgl. *O. H. Steck*, Abschluß 1991, 43–58). Auch hier genügt der Verweis darauf, »daß Mal[eachi] (wie Sach 9–14) an den Ausdruckskonventionen der prophetischen Literatur partizipiert«, woraus »sich selbstverständlich thematische und lexikalische Bezüge zu anderen, derselben Sprachkonvention zugehörenden Texten« ergeben, die jedoch zu allgemein sind, »um daraus einen intertextuellen Bezug zum Textkomplex Sach 9–14 abzuleiten« (*St. Lauber*, Buch 2007, 220). Und auch hier sprechen, wenn man schon eine Abhängigkeit zwischen Sach 14 und Mal 3,13–21 annehmen will, viele Gründe dafür, Sach 14 für den jüngeren, von Maleachi abhängigen Text zu halten (anders *P.-G. Schwesig*, Rolle 2006, 263–266, dessen Beobachtung aaO 268, dass in Mal 3,17–21 gegenüber Sach 14 »jegliche Züge endzeitlicher Auseinandersetzung« fehlen, m. E. allerdings eher für das Gegenteil spricht).

Die Beobachtungen zu Inhalt und Semantik werden ergänzt und unterstützt, wenn man die Verteilung des formelhaften Gebrauchs von »JHWH der Heere« einbezieht. Meist im Zusammenhang mit Redeein- oder -ausleitungen wird »JHWH der Heere« in Haggai dreizehn Mal, in Sach 1–8 siebenundzwanzig Mal und in Maleachi einundzwanzig Mal verwendet. In Sach 9–14 kommt die Formel dagegen nur zwei Mal (Sach 13, 2.7) vor.

Der enge Bezug zu Haggai sowie Sach 1–8 und die fehlenden Bezüge zu Sach 9–14 legen es nahe zu vermuten, dass Maleachi zunächst mitsamt seiner Überschrift an das Korpus Haggai-Sach 1–8 angefügt wurde, sodass ein Dreierkorpus aus Haggai-Sach 1–8-Maleachi entstand. Durch den Anhang in Mal 3, 22–24 kam dieses in eine Schlussstellung, hinter der nichts mehr angefügt werden konnte. Die Fortschreibungen in Sach 9–11 und 12–14 konnten deshalb nur mehr vor Maleachi eingefügt werden. Dazu griffen die Fortschreiber auf die Überschrift in Mal 1, 1 zurück und setzten sie in verkürzter und veränderter Form über ihre Fortschreibungen (vgl. zu dieser Auffassung *W. Rudolph* 253; *J. Nogalski*, Processes 1993, 187–189.201–204; *P. L. Redditt*, Zechariah 9–14 1996).

Mir ist klar, dass obige Argumentation um eine ausführliche Diskussion von Sach 9–14 selbst ergänzt werden müsste. Diese müsste zum einen zeigen, dass Sach 9–14 jünger sind als das Korpus Hagg-Sach 1–8-Mal. Sie könnte zum andern aufweisen, welche sachlichen Bezüge zwischen Sach 9–14 und Sach 1–8 bestehen, sodass eine Anfügung an Sach 1–8 nicht nur durch den formalen Zwang begründet wäre, dass hinter Mal 3, 22–24 nichts mehr anzufügen war. Im Rahmen eines Maleachi-Kommentars kann diese Diskussion allerdings nicht geführt werden, sodass es bei den aus Maleachi selbst zu erhebenden Argumenten bleiben muss, die freilich bereits deutlich in die hier dargelegte Richtung weisen (anders etwa *A. Schart*, Entstehung 1998, 297–299; *ders.*, Putting 2004; *ders.*, Zwölfprophetenbuch 2008, 241 f.; *J. Wöhrle*, Abschluss 2008, 275, die annehmen, dass Maleachi an das komplette Korpus aus Haggai und Sach 1–14 angefügt wurde). Indirekt bestätigt die hier vertretene Auffassung *L. Bauer*, Zeit 1992. Er liest in literaturwissenschaftlicher Perspektive bewusst Hagg-Sach-Mal als Einheit. Was er aber an inhaltlichen Kohärenzsignalen über Zeit, Land und soziale Gruppen ausmacht (aaO 25–57), ist so allgemein, dass es nichts aussagt. Wo er dagegen präziser wird, zeigt sich, dass die Gemeinsamkeit sich auf das Interesse am Tempel in Haggai, Sach 1–8 und Maleachi beschränkt (vgl. die Graphik aaO 138).

Ausgehend von der Auffassung, dass Maleachi an das Korpus Haggai-Sach 1–8 angefügt wurde, stellt sich die Frage, welcher Art diese Anfügung war.

3. Maleachi und das Haggai-Sacharja-Maleachi-Korpus

Dass es zwischen Maleachi und dem Zweiprophetenbuch Hagg-Sach 1–8 enge intertextuelle Bezüge gibt, ist oben vorgeführt worden. Dabei geht es nicht nur um sprachliche Anklänge, sondern um tiefe konzeptionelle Übereinstimmungen. Die Texte interessieren sich für den Tempel und seinen Kult. Sie stellen das Funktionieren des Kults in einem nicht bloß äußerlichen Sinn in Zusammenhang mit dem Segen, den Juda von seiner Gottheit erwartet. Und sie sind ihren Zeitgenossen gegenüber in hohem Maß kritisch, was die erhoffte Umsetzung dieser Ansprüche angeht (vgl. die Zusammenstellung von Bezügen innerhalb von Haggai-Sacharja-Maleachi bei *P. Redditt*, Themes 2007).

Über diese inhaltlichen Aspekte hinaus fällt schon beim ersten Lesen auf, wie eng diese Texte sprachlich dadurch verbunden sind, dass sie Gottesrede in einer Weise explizit markieren, wie das in den früheren Prophetenschriften nicht zu finden ist. »Malachi ... aligns itself with Haggai and Zechariah ... in abundantly marking divine speech« (*S. E. Meier*, Speaking 1992, 229). Dass dabei die Gottesbezeichnung »JHWH der Heere« signifikant auf das Korpus aus Haggai-Sach 1–8-Mal konzentriert ist, ist oben bereits notiert worden.

Dennoch fallen nun auch Unterschiede ins Auge. Um mit den Redeeinleitungen fortzufahren, ist anzumerken, dass sie zwar in den drei Teilschriften gehäuft vorkommen, aber eben nicht in der gleichen Form. »... where Haggai and Zechariah employed נאם יהוה for this purpose, Malachi has normalized the phrase אמר יהוה in the same position and with the same function« (*S. E. Meier*, Speaking 1992, 229). Indem Maleachi die Formel נאם יהוה *(nᵉ'um JHWH)*, »Spruch JHWHs«, nur ein einziges Mal gebraucht (1, 2), unterscheidet er sich deutlich von Haggai und Sach 1–8. Im Übrigen ist Maleachi von Hagg-Sach 1–8 davon unterschieden, dass die Schrift nicht in das Hagg 1 bis Sach 8 übergreifende chronologische System eingebunden ist und sich mit der ihr eigentümlichen Form der durchgehenden Diskussionsworte klar von den beiden voranstehenden Prophetenschriften abhebt (weshalb man in einem strengen Sinn gerade nicht von dem »narrative genre of the H[aggai/]Z[echariah/]M[alachi] corpus« – so *R. W. Pierce*, Connectors 1984, 285 – als einheitsstiftendem Verbindungselement für das Haggai-Sacharja-Maleachi-Korpus sprechen kann).

Es ist also abwegig zu meinen, Maleachi sei als bloße Fortschreibung von Hagg-Sach 1–8 entstanden, wie *E. Bosshard / R. G. Kratz*, Maleachi 1990 in ihrem zu Recht als »hypothesenfreudig« gekennzeichneten Beitrag (*A. Meinhold*, Maleachi/Maleachibuch 1992, 7) vorschlagen. Bei Maleachi »handelt es sich von Anfang an um eine eigenständige Prophetenschrift mit singulärer literarischer Gestaltung und eigenem theologischen Profil« (*A. Meinhold*, Maleachi / Maleachibuch 2007; vgl. auch *M. A. Sweeney* 714, der auf »the relatively self-contained nature of Malachi« als Indikator seiner Eigenständigkeit hinweist). Sie ist in Kenntnis und unter Aufnahme von Gedanken aus Haggai und Sach 1–8 geschrieben, geht aber formal und inhaltlich eigene Wege.

Nichts spricht gegen die Annahme, dass die fertige Maleachi-Dichtung samt ihrer Überschrift (und noch ohne den Anhang 3, 22–24) einfach als Ganze an das Zweiprophetenbuch Hagg-Sach 1–8 angefügt wurde. Mark

Boda hält es sogar für »very likely«, dass der oder die Autoren der Maleachi-Schrift (ausdrücklich einschließlich der Überschrift in 1,1) zugleich Maleachi mit Haggai, Sach 1–8 und Sach 9–14 mit Hilfe des Leitmotivs des Boten zum Haggai-Sacharja-Maleachi-Korpus verbunden haben (*M. J. Boda*, Messengers 2007, Zitat 127). Naturgemäß lässt sich dies von Maleachi aus allein nicht beurteilen, ebenso wenig wie die Frage, ob die Anfügung von Maleachi an Haggai und Sacharja geschah, als Hagg-Sach 1–8 (oder, weniger wahrscheinlich: Hagg + Sach 1–14) noch für sich bestanden, oder erst, als diese bereits Teil eines Vorläufers des Zwölfprophetenbuches waren.

Allerdings war bei der Auflistung der wichtigsten intertextuellen Bezüge schon erkenntlich, dass diese sich nicht auf Haggai und Sach 1–8 beschränken, sondern zahlreiche andere Schriften des Dodekapropheton umfassen

4. Maleachi im Zwölfprophetenbuch

Fasst man die oben aufgeführten intertextuellen Bezüge zusammen, dann setzt die Maleachi-Schrift das Überschriften-System des Vierprophetenbuches (Hos, Am, Mi, Zef) voraus. Inhaltliche Bezüge lassen sich zudem zu Abschnitten aus Hosea, Joel, Obadja, Micha und Nahum wahrscheinlich machen. Ohne in die seit zwanzig Jahren heftig geführte und immer noch im Fluss befindliche Debatte um die Entstehung des Zwölfprophetenbuches eintreten zu wollen, wird man doch sagen können, dass der Verfasser der Maleachi-Dichtung zehn der zwölf (mit Ausnahme also von Jona und natürlich seiner eigenen Schrift) vor sich hatte (zum Stand der Debatte zu Vorstufen des Zwölfprophetenbuchs vgl. *J. Wöhrle*, Abschluss 2008, 2–14).

Dass Maleachi sich auf Texte aus nahezu allen Schriften des Dodekapropheton bezieht, kann nicht strittig sein. Dagegen ist die Frage, ob Maleachi bewusst für die Position am Ende des Mehrprophetenbuches geschrieben oder durch bloße Anfügung an diese Stelle geraten ist, kaum noch zu beantworten.

Für die Vorstellung, Maleachi sei bewusst für die Endposition im Zwölfprophetenbuch geschrieben, spricht, dass sich in der Tat das Zwölferbuch als sinnvolle Gesamtkomposition lesen lässt. Zwei Dinge seien hervorgehoben. Das eine ist die auffallende Rahmung des Dodekapropheton durch Hosea und Maleachi, die zu einem Aufsatztitel wie »A Frame for the Book of the Twelve: Hosea 1–3 and Malachi« geführt hat (*J. D. W. Watts*, Frame 2000; vgl. *N. H. F. Tai*, End 2004). In der Tat rahmt das Thema von JHWHs unverbrüchlicher Liebe zu seinem Volk die Sammlung der Zwölf. Aber dies ergibt sich im Akt der Lektüre und setzt nicht notwendig voraus, dass der Verfasser der Maleachi-Schrift dies im Auge hatte. Denn gerade das Thema der Liebe JHWHs zu seinem Volk ist kein exklusives Hosea-Thema. Es nimmt auch im Deuteronomium einen breiten Raum ein. Und gerade die spezifisch hoseanische Ausprägung in der Ehemetaphorik nimmt Maleachi nicht auf, sondern zieht die Eltern-Kind-Metaphorik vor (die sich freilich in Hos 11 auch findet).

Dasselbe gilt für die andere signifikante Beobachtung, dass in Maleachi das im Zwölfprophetenbuch so prominente Thema des »Tages JHWHs« aufgegriffen wird (vgl. die beiden Monographien von *M. Beck*, »Tag YHWHs« 2005 und *P.-G. Schwesig*, Rolle 2006). Auch dies könnte so verstanden werden, dass der Maleachi-Autor seine Aussagen zum »kommenden Tag« im Blick auf die Endstellung im Mehrprophetenbuch geschrieben hat. Doch auch hier gilt es zu sehen, dass das Thema des Tages JHWHs nicht nur in den Schriften der Zwölf, sondern auch in Jes 2 und 13 vorkommt, einmal abgesehen davon, dass in der ursprünglichen Maleachi-Schrift (ohne 3, 22–24) nirgends ausdrücklich vom »Tag JHWHs« die Rede ist.

Maleachi setzt also zwar die Kenntnis der vor ihm stehenden Schriften des Zwölfprophetenbuches voraus – doch eben nicht nur dieser, sondern auch die der großen Propheten und des Pentateuchs. Maleachi zielt gewiss auf schriftkundige Leserinnen und Leser, die diese Bezüge erkennen. Daraus lässt sich aber nicht zwingend schließen, die Maleachi-Schrift sei bewusst als Abschluss eines Mehrprophetenbuches geschrieben worden. Das Buch ist aus sich heraus verständlich. Sein Verständnis erfordert nicht zwingend die Stellung am Ende des Zwölfprophetenbuches.

Geht man also davon aus, dass Maleachi nicht nur nicht als bloße Fortschreibung vorangehender Texte, sondern auch nicht bewusst für die Stellung am Ende eines Mehrprophetenbuches verfasst wurde, dann stellt sich die Frage, ob die irgend wann vorgenommene Anfügung an das Mehrprophetenbuch mittels redaktioneller Eingriffe in den Maleachi-Text erfolgt ist. Meine Auffassung der Maleachi-Schrift als einer einheitlichen Dichtung gibt hierzu bereits die Antwort. Ich sehe keinen Anhalt, dass man redaktionell in den Maleachi-Text eingegriffen hat, um ihn an das Ende des Zwölfprophetenbuches zu stellen. Er wurde den vorangehenden Büchern einfach angefügt. Dabei ergab sich die Endstellung zwingend aus den Bezügen zu Haggai und Sach 1–8 und der inneren Chronologie, die in die Zeit nach Vollendung des zweiten Tempels, also nach Haggai und Sacharja, führt.

Anfügung ohne redaktionelle Eingriffe

Im Rahmen eines Kommentars zu Maleachi kann die die Entstehung des gesamten Zwölfprophetenbuches betreffende Auffassung, »die zwölf Prophetenschriften« seien »lange Zeit für sich tradiert und redigiert« worden, »bevor sie im 3. Jh. ... zusammengestellt wurden« (*M. Beck*, Dodekapropheton 2006, 576), nicht überprüft werden. Es ist aber darauf hinzuweisen, dass schon der Pionier der redaktionskritischen Arbeit am Zwölfprophetenbuch, Rolland Emerson Wolfe, der in den ersten neun Schriften des Dodekapropheton weitreichende redaktionelle Eingriffe erkennt, im Blick auf Haggai, Sach 1–8 und Maleachi von einer auffälligen »absence of redaction« spricht (*R. E. Wolfe*, Editing 1935, 117). Erwähnt sei auch, dass eine durchaus literarkritisch und redaktionsgeschichtlich arbeitende Studie wie die von Jakob

Wöhrle, die im Zwölfprophetenbuch mit expliziten Redaktionsvorgängen rechnet, zu der Auffassung kommt, Maleachi sei bereits weitgehend fertig gewesen, als er durch die Überschrift und die Verse in 1, 4–5 sowie 1, 9a in das Zwölfprophetenbuch eingefügt wurde (*J. Wöhrle*, Abschluss 2008, 255–263). Nun vermag ich den redaktionellen Charakter dieser Verse selbst nicht zu erkennen (vgl. dazu den Kommentar unten). Gleichwohl zeigt die Auffassung von Wöhrle, dass man Maleachi durchaus aus sich heraus verstehen kann. Intertextuelle Bezüge und redaktionelle Eingriffe in einen vorhandenen Text müssen methodisch sauber getrennt werden.

Mit der hier vertretenen Auffassung zur Stellung von Maleachi im Zwölfprophetenbuch ist bereits alles Nötige zu seiner Stellung am Ende des Prophetenkanons sowie am Ende der beiden ersten Kanonteile aus Tora und Prophetie gesagt.

5. Die Einbindung von Maleachi in Tora und Prophetie

Die Maleachi-Schrift bildet in der Hebräischen Bibel den Abschluss der beiden ersten Kanonteile aus Tora und Prophetie. Dies ergibt sich aus ihrer Stellung am Ende des Zwölfprophetenbuches und aus dessen Stellung nach den Schriften von Jesaja, Jeremia und Ezechiel. Diese Abfolge setzt wahrscheinlich schon Jesus Sirach im 2. Jh. v. Chr. voraus, wenn er in chronologischer Reihenfolge Jesaja (Sir 48, 22), Jeremia (49, 6) und Ezechiel (49, 8) erwähnt und dann den Verweis auf »die zwölf Propheten« (49, 10) anfügt.

Die Zusammenfassung der intertextuellen Bezüge der Maleachi-Schrift hat gezeigt, dass Maleachi sowohl den Pentateuch als auch die Schriften von Jesaja, Jeremia und Ezechiel kennt – ob es sich dabei um die uns vorliegende Endfassung oder um Vorstufen handelt, kann dahingestellt bleiben. Die Verweise auf diese Schriften sind integraler Bestandteil der Maleachi-Dichtung und nicht etwa erst redaktionell in diese eingefügt worden.

Anders verhält es sich nun aber mit dem Maleachi-Schluss in 3, 22–24. Er ist, wie in der Auslegung zu zeigen sein wird, nachträglich an die Maleachi-Dichtung angefügt worden, und zwar wohl in zwei Schritten, zunächst V 23 f. und dann V 22. V 23 f. nehmen dabei explizit Bezug auf die Elija-Tradition, ohne dass man aufzeigen könnte, in welcher Form der Verfasser der beiden Verse diese kannte. V 22 dagegen nennt seinen Bezugstext, die »Tora des Mose«. Durch die Anspielungen an Jos 1 setzt der Vers zudem die Zusammenstellung von Tora und vorderen Propheten voraus, zusammen mit den Bezügen der Maleachi-Schrift auf die großen Propheten also wohl bereits einen Kanon aus Tora und Prophetie. In der masoretischen Tradition der Hebräischen Bibel entsteht so eine geschlossene Komposition aus Tora und Prophetie, deren Ende in Mal 3, 22–24 deutlich markiert ist.

So eindrucksvoll diese Komposition mit ihrem Abschluss in Mal 3,22–24 ist, darf sie doch nicht überbewertet werden. Denn sie stellt nur *eine*, wenn auch die für die Entstehung der jüdischen Bibel entscheidende Tradition dar. Daneben gibt es eine hebräische Handschrift, die Jona nach Maleachi anordnet (siehe unten zur Textüberlieferung). In der griechischen Tradition entsteht erst in der christlichen Ära durch Aufkommen der Kodex-Form eine feste Abfolge. Die ist länger umstritten, endet aber in einer Anordnung, bei der das Zwölfprophetenbuch vor die großen Propheten zu stehen kommt (vgl. den Überblick in Septuaginta Deutsch X.1165). Auf den Maleachi-Schluss folgt hier also Jesaja. In der Vulgata steht das Zwölfprophetenbuch zwar nach den vier großen Propheten – Daniel zählt zu diesen. Aber wie schon in der Septuaginta gibt es nicht die Dreiteilung in Tora – Prophetie – Schriften, sondern eine Einstellung der »Schriften« an verschiedenen Stellen. So folgen hier auf Maleachi die Makkabäer-Bücher. Luther wiederum setzt Maleachi an das Ende seiner Übertragung der Hebräischen Bibel, stellt zwischen diese und das Neue Testament aber die Apokryphen. Erst die seit dem 19. Jh. populär werdenden apokryphenlosen Bibelübersetzungen führen dazu, dass auf Maleachi direkt Matthäus folgt. Jetzt erhält die Schlussstellung von Maleachi einen gegenüber dem hebräischen Kanon völlig neuen Aussagegehalt: Aus der Ankündigung des kommenden Elija lassen sich direkt Bezüge zu Johannes dem Täufer und Jesus herstellen.

Es lässt sich festhalten: Die Maleachi-Dichtung setzt die Kenntnis des Pentateuchs und des größten Teils des prophetischen Schrifttums voraus, der Anhang in 3,22–24 dann auch den Kanon(teil) aus Tora und Prophetie.

Bevor wir uns der Frage zuwenden, welche Folgerungen aus den bisher gemachten Beobachtungen für den Entstehungskontext des Maleachi-Buches gezogen werden können, ist es sinnvoll, einen kurzen Blick auf die Überlieferung des Maleachi-Textes zu werfen. Denn das interessanteste Phänomen des Überlieferungsprozesses sind gar nicht Abweichungen in der Textgestalt, sondern die eben schon erwähnte Tatsache, dass in einer Handschrift auf Maleachi noch das Büchlein Jona folgt.

Zur Überlieferung des Maleachi-Textes

Der Auslegung in diesem Kommentar liegt der Text zugrunde, den die Biblia Hebraica Quinta bietet (BHQ), der wiederum auf die Handschrift des Codex Leningradensis aus dem Jahr 1008 n. Chr. zurückgeht. Ältere Textzeugen, vor allem in den Handschriften aus Qumran, sind für Maleachi wenig ergiebig. Denn auf den verschiedenen, als 4QXII gezählten Fragmenten von Handschriften des Zwölfprophetenbuches aus Qumran, ist Maleachi nur auf 4QXII[a] überhaupt vertreten, u.zw. mit Mal 2,10–3,24 (DJD XV, 221–232). Ob auf einem Fragment, das 4QXIIc zuzuordnen ist, der Text von Mal 3,6–7 vorkommt, ist dagegen bereits sehr unsicher (DJD XV, 251). Auch das Fragment eines Kommentars gibt nur äußerst bruchstückhaft den

Text von Mal 3,16–18 wieder (4Q253a; Text in DJD XXII, 213–215 und bei *F. García Martínez* / *E. J. C. Tigchelaar*, Study Edition 1997). Immerhin zeigt die Existenz eines Kommentars, dass der Text in einer Handschrift aus spät-hasmonäischer oder früh-herodianischer Zeit (DJD XXII, 213) bereits als kanonisch gilt und nicht mehr fortgeschrieben, sondern nur noch kommentiert werden kann.

Auch die griechische Übersetzung führt nicht vom masoretischen Text weg. Abweichungen sind auf das Verlesen einzelner Buchstaben, unterschiedliche Vokalisierung des Konsonantentextes, Verwechslung ähnlicher oder homonymer Wurzeln und übersetzerische Anpassung und stilistische Modifikation zurückzuführen (vgl. die Zusammenfassung in der Einleitung von Anthony Gelston zu BHQ, 7*). Die Synopse von masoretischem Text, Qumranfragmenten und Septuaginta (in *B. Ego u. a.*, Minor Prophets 2005, 189–195) zeigt die große Einheitlichkeit der Textüberlieferung, soweit sie uns vorliegt.

Die aufregendste Abweichung findet sich in 4QXII^a. Sie betrifft aber nicht den Textbestand selbst, sondern die Abfolge der Schriften innerhalb des Zwölfprophetenbuches. In diesem Fragment folgt nämlich auf Maleachi der Text von Jona. 4QXII^a wird in die Mitte des 2. Jh.s v. Chr. datiert (DJD XV, 221). Es handelt sich um die einzige uns bekannte Handschrift, die Jona an dieser Stelle positioniert (»die Abfolge … ist singulär«, *O. H. Steck*, Abfolge 1996, 250). Wenn es sich bei der nur fragmentarisch erhaltenen Rolle tatsächlich um eine Handschrift des gesamten Zwölfprophetenbuches handelt – was keineswegs sicher ist (vgl. die Anfragen von *G. J. Brooke*, Minor Prophets 2006, 21 f.), stünde hier also Jona nach Maleachi am Schluss. In diesem Fall wird man von einer Ausnahme in der Textüberlieferung ausgehen müssen, die aber gerade deshalb bedeutsam ist, weil es sich »ausgerechnet um eines der beiden ältesten Manuskripte« handelt (*A. Schart*, Redaktionsgeschichte 1998, 18). Die abweichende Anordnung zeigt, dass zu dieser Zeit die Abfolge der zwölf Schriften noch nicht fest ist, was eine gewisse Zurückhaltung gegenüber allzu weitgehenden Spekulationen bezüglich der kanonischen Bedeutung der Schriftenfolge empfiehlt.

Maleachi: Schriftprophetie der späten Perserzeit

Das Verständnis eines literarischen Textes wie der Maleachi-Dichtung hängt nicht nur an Einsichten in die Strukturen des Textes selbst sowie seiner intertextuellen Bezüge. Kenntnisse über die Zeit seiner Entstehung, das Milieu, dem er entstammt, und relevante Diskussionslagen und Positionen, auf die er sich eventuell beziehen könnte, vertiefen sein Verständnis. Nun haben wir bezüglich der Maleachi-Schrift keinerlei externe Zeugnisse. Weder der

Autor noch die Schrift werden in vorchristlicher Zeit erwähnt. Selbst im Neuen Testament wird Maleachi entweder anonym zitiert (Mt 11,10; 17,10f.; Mk 9,11; Lk 7,27; Röm 9,13), oder die zitierte Stelle wird dem Propheten Jesaja zugeschrieben (Mk 1,2). Alles, was wir über den Hintergrund der Maleachi-Schrift sagen können, müssen wir aus ihr selbst erschließen. Es liegt auf der Hand, dass die Gefahr von Zirkelschlüssen in einem solchen Fall besonders groß ist.

1. Datierung

Auf recht sicherem Boden steht man mit der Datierung der Schrift in die persische Periode (der Vorschlag einer früheren Ansetzung »any time between 605 and 500 B.C.E.«, *J. M. O'Brien*, Priest 1990, 147, vgl. 113–133, hat keine Nachfolge gefunden; vgl. auch die Überlegungen zu den Kriterien für die Datierung bei *J. M. O'Brien*, Historical Inquiry 1995). Aus der Stellung Maleachis hinter Haggai und Sacharja geht hervor, dass der Tempel, um den es in 1,6–2,9 und 3,6–12 geht, nicht der erste, königszeitliche, sondern der zweite zu Beginn der Perserzeit errichtete sein muss. Fragen der landwirtschaftlichen Prosperität (3,6–12) und Diskussionen um interkulturelle Ehen (2,10–16) sind aus Haggai, Esra und Nehemia als drängende Probleme der Epoche bekannt. Für die fast schon gruppenhaft verfestigte Entgegenstellung von »Gerechten« und »Gewalttätigen« in 3,13–21 gibt es in vorexilischer Zeit keine Anhaltspunkte. Und der Titel des פחה *(pæḥa)* (1,8) lässt sich am ungezwungensten auf den persischen Statthalter deuten. Vor allem letzteres ist auch das stärkste Argument gegen eine noch spätere Datierung in die hellenistische Epoche, die ganz gelegentlich vorgeschlagen wurde (z.B. von *M. Krieg*, Mutmaßungen 221 mit der Entstehung seines Grundtextes etwa 210–200 und des Redaktionstextes 190–180 v. Chr.).

Strittig ist hingegen, ob man innerhalb der 200jährigen Zeit der persischen Oberherrschaft zu einer weiteren Differenzierung kommen kann. Die große Mehrzahl der Autorschaft plädiert für eine Ansetzung nach Fertigstellung des zweiten Tempels (515 v. Chr. nach der üblichen Datierung) und vor oder spätestens zu der Zeit des Statthalters Nehemia (445–432 v. Chr.). Dass man zur Begründung einer solchen Ansetzung mit linguistischen Kriterien nicht weiterkommt, zeigt der Versuch von *A. E. Hill*, Book 1981; *ders.*, Dating 1983. Das Problem sind die Vergleichstexte, deren Datierung ihrerseits alles andere als sicher ist, so dass man sich in einem unentrinnbaren Zirkel bewegt. So stützt sich die Datierung in die erste Hälfte der Perserzeit fast ausschließlich auf inhaltliche Argumente, die *R. Rendtorff*, Maleachibuch 1960, 628 klassisch zusammenfasst: »Andererseits sind die kultischen und sozialen Mißstände, von denen im M[aleachibuch] die Rede ist, nach den Reformen Nehemias und Esras kaum denkbar« (ganz ähnlich auch *B. Glazier-McDonald*, Malachi 1987, 14–18; *R. L. Smith* 298 f.; *A. Meinhold* XXIIf u. v. m.).

Nun ist die Vorstellung, die genannten »Missstände« seien nach Nehemia und Esra »kaum denkbar«, seien vielleicht sogar »under the impetus of Malachi« (*R. L. Smith* 298) abgestellt worden, in vielfacher Hinsicht naiv. Selbst wenn man die Historizität der so genannten Nehemia-Denkschrift, auf die man sich bei dieser Einschätzung in erster Linie stützen muss, unterstellt, ist doch klar, dass diese eine Selbstrechtfertigung des Statthalters darstellt. Was also wirklich umgesetzt wurde, steht auf einem anderen Blatt. Doch selbst wenn wir die Umsetzung aller kultischen und sozialen Reformen so, wie sie im Esra-Nehemia-Buch geschildert werden, als gegeben nehmen, lehrt jede geschichtliche – auch die eigene zeitgeschichtliche – Erfahrung, dass es zwanzig Jahre später schon wieder völlig anders aussehen kann. »… it would be surprising indeed if even after a reform had been carried out there had not still been some malpractice remaining which could legitimately be identified and condemned« (*R. J. Coggins* 75). Die Frage interkultureller Ehen (Mal 2,10–16) war nicht nur in den Tagen Nehemias und Esras relevant, geschweige denn wurde sie damals ein für allemal gelöst (das behaupten nicht einmal Esr 9f.; Neh 13,23–29). Die in Mal 3,5 vorausgesetzten sozialen Spannungen begleiten die Geschichte Judas von der Königszeit bis in die römische Epoche, eignen sich also ebenso wenig für eine Datierung. Und dasselbe trifft für Missstände im Tempelbetrieb (Mal 1,6–2,9) und bei der Versorgung des Tempels (3,6–12) zu, die sich nicht auf eine bestimmte Epoche eingrenzen lassen.

Späte Perserzeit

Damit stellt sich die Frage, ob nicht auch die zweite Hälfte der Perserzeit, die Zeit nach Nehemia und Esra, genauer die ersten beiden Drittel des 4. Jhs. als Entstehungszeit der Maleachi-Schrift in Frage kommt. Ich sehe zwei Argumente, »that … point distinctly to a late rather than an early date« (*C. C. Torrey*, Prophecy 1898, 13). Das erste hängt mit meiner Auffassung zusammen, dass wir in der Maleachi-Schrift eine einheitliche Dichtung vor uns haben. Arndt Meinhold, der für den Grundtext in die 1. Hälfte des 5. Jhs. geht, hält fest, dass »für die Einschübe, Erweiterungen, Ergänzungen bzw. Fortschreibungen … viel spätere Einordnungen wahrscheinlich« sind (*A. Meinhold* XXIII). Versteht man all diese Elemente als integralen Bestandteil des (einheitlichen) Textes, muss man für diesen insgesamt in eine spätere Zeit gehen. Insofern dabei mit »der sachlichen und begrifflichen Präzisierung und Individualisierung der Problematik Gerechter – Frevler« in 3,13–21 (*A. Meinhold* XXIII) ein Gesichtspunkt eingebracht wird, der aus inhaltlichen Gründen in eine spätere Zeit weist, bleibt natürlich dieselbe Unsicherheit und Gefahr der zirkulären Argumentation wie bei einer frühen Datierung.

Gewichtiger scheint mir demgegenüber das zweite Argument, die Beobachtung der Fülle intertextueller Beziehungen zum Pentateuch sowie zu allen Büchern der Schriftpropheten. Nach Esr 7,7 kommt Esra im Jahr 398 – wenn es sich bei dem genannten Artaxerxes um den II. und nicht den I. handelt, was die Angelegenheit 60 Jahre früher legen würde – nach Jerusalem, um die Tora zu implementieren, von der es nach V 25 heißt, dass sie noch nicht allgemein bekannt ist. Doch auch wenn wir Esr 7 in Fragen historischer Zuverlässigkeit nichts zutrauen wollen, sprechen entstehungsgeschichtliche Gründe des Pentateuchs und der Prophetenbücher eher für das 4. als das 5. Jh. v. Chr. Wenn es zutrifft, dass der Verfasser der Maleachi-Dichtung diese Bücher in schriftlicher Form vor sich hat – wenn auch vielleicht noch nicht in der uns bekannten Endfassung –, spricht dies eher für eine Entstehung im 4. als im 5. Jh.

Anders als das Maleachi-Korpus kennt der Schluss (3,22–24) nicht nur den Pentateuch und einzelne prophetische Schriften, sondern setzt bereits den Kanon aus Tora und (vorderer und hinterer) Prophetie voraus. Damit kommen wir dann sicher erst in die hellenistische Zeit, genauer ins 3. Jh. v. Chr.

2. Das Entstehungsmilieu der Maleachi-Schrift

Die Maleachi-Schrift wird als Gotteswort, das durch einen Menschen namens Maleachi an Israel ergangen ist, präsentiert (1,1). Ob damit gemeint ist, dass dieser Maleachi auch die nach ihm benannte Schrift verfasst hat, oder ob die Vorstellung die ist, dass ein Anonymus oder eine Anonyma die von diesem Maleachi mündlich vorgetragenen Worte aufgezeichnet hat – ob man also zwischen dem »Verfasser des Maleachi-Buches« und »Maleachi« als »Mittlergestalt der Offenbarug« unterscheiden muss (so *G. Wallis*, Wesen 1967, 230; vgl. auch *J. M. Oesch*, Bedeutung 1996, 172.186f.) –, bleibt im Dunkeln. Der Einfachheit halber spreche ich immer wieder von »Maleachi«, wohl wissend, dass wir ernsthaft nicht hinter die Schrift zu der Person »Maleachi« oder dem Verfasser bzw. der Verfasserin der Schrift zurückgelangen können.

Der Name Maleachi ist wohl als Eigenname gemeint. Aber schon, ob dies als der echte, ihm von den Eltern gegebene oder eher als ein im Blick auf seine Rolle und Botschaft gewählter Name gemeint ist, entzieht sich unserer Kenntnis. Weitere Nachrichten über diesen Maleachi fehlen.

Jedoch gibt es zwei Indizien, die auf ein bestimmtes Milieu der Entstehung der Schrift verweisen. Zwischen ihnen lässt sich sogar eine gewisse Konvergenz beobachten, so dass man zu einem einigermaßen klaren Bild gelangt. Doch empfiehlt es sich, die Indizien zunächst für sich zu betrachten.

Das erste Indiz ist das offenkundige Interesse der Maleachi-Schrift am Tempel und seiner Priesterschaft. Maleachi setzt sich in 1,6–2,9 kritisch mit der Opferpraxis am Jerusalemer Tempel auseinander. Angeredet sind

Interesse an Tempel und Priesterschaft

die כהנים *(kohanîm)*, die den Opferkult ausführenden Priester (1,6; 2,1). Ihrem Fehlverhalten wird in 2,4–8 »mein Bund mit Levi« entgegengehalten. Im Idealbild des Priesters, das in diesem Zusammenhang gezeichnet wird, spielt vor allem die Tora-Erteilung eine gewichtige Rolle (2,6f.). In 2,17–3,5 wird sodann für die nahe bevorstehende Zukunft die Reinigung der »Kinder Levis« erwartet, sodass sie wieder in der Lage sind, »JHWH Gabe in Gerechtigkeit dar[zu]bringen« (3,3f.). Ohne Erwähnung der Priesterschaft handelt 3,6–12 schließlich von den Abgaben an den Tempel, deren Minderung durch die abgabenpflichtige Bevölkerung kritisiert wird.

Drei der sechs Strophen der Dichtung handeln also vom Tempel und seinem Personal. Das verweist den Autor in eben dieses Milieu. Denn bei aller Kritik lehnt er den Tempel und seinen Kult ja nicht ab. Im Gegenteil, die Kritik beruht gerade auf dem positiven Interesse am Tempel. Die Erwartungen bevorstehender Reinigung des Kultpersonals (3,2–4) und der Ruf zur Umkehr an die Laien im Blick auf ihre Abgabenpraxis (3,7) unterstreichen dies nur. So kann man zu Recht sagen, in Maleachi vernehme man »den Protest einer Gruppe, die dem Tempelkult sehr nahe stand, denn das Buch ist durchdrungen von ›priesterlichen‹ Interessen« (*P. D. Hanson*, Volk 1993, 281).

Innerhalb des Tempelpersonals werden speziell die Priester kritisiert. Zur Zeit des zweiten Tempels ist es das Geschlecht der Zadokiden, das die Aufgabe, »die Gabe Judas und Jerusalems« vor JHWH zu bringen (3,4), also die genuin priesterliche Aufgabe des Opferdienstes, an sich gezogen hat. Sie sind das dominante und den Hohenpriester stellende Geschlecht der Tempelhierarchie. Neben den Zadokiden gibt es mit ihnen konkurrierende nichtzadokidische Priestergeschlechter (vgl. die Darstellung bei *J. Schaper*, Priester 2000). Gleichwohl lässt sich nirgends erkennen, dass die Kritik Maleachis an der Priesterschaft aus der Perspektive einer mit den Zadokiden konkurrierenden Priesterschaft vorgetragen wäre. Spannungen innerhalb der Priesterschaft, wie sie hinter der Gründung des Heiligtums auf dem Garizim oder der Gemeinschaft von Qumran zu vermuten sind, finden sich bei Maleachi nicht (*E. Sellin* 587 zur Person Maleachis: »Zu den Priestern hat er sicher nicht gehört«; anders *J. Schaper*, Priests 2004, 186 zur Verfasserschaft der Schrift: »a group of dissident priests«).

Neben den Priestern gibt es am zweiten Tempel die »Leviten« als Gruppe der »untergeordneten Kultbeamten« (*J. Schaper*, Priester 2000, 37). Damit stellt sich die Frage, ob Maleachi etwa aus der Perspektive der Leviten die herrschenden Zadokiden kritisiert. So vermutet Helmut Utzschneider zu Mal 1,6–2,9, der Text lasse »sich … auf … den latenten oder offenen Gegensatz zwischen zadokidischen Altar- und levitischen Hauspriestern, zwischen clerus maior und clerus minor am Heiligtum [beziehen]« (*H. Utzschneider*, Schriftprophetie 2007, 130).

Nun apostrophiert Maleachi in der Tat die Priester als »Kinder Levis« und hält ihnen ihren Stammvater Levi als Vorbild entgegen. Er rechnet also die Priester zu den »Kindern Levis«, zu denen natürlich auch die »Leviten« gehören. Doch lässt sich daraus nichts schließen, weil die Herkunft von Levi für die Priesterschaft des zweiten Tempels als selbstverständlich gilt. Besonders die Zadokiden als das herrschende Geschlecht führen sich durch die Genealogie von 1 Chr 5, 27–41 über Zadoks Nachfahren bis zur Zerstörung des ersten Tempels, über Zadok selbst und dann über Aaron direkt auf Levi zurück. Von »Leviten« im Sinne des *clerus minor* ist dagegen in der Maleachi-Schrift explizit nicht die Rede. Denn sowohl 1,6–2,9 als auch 2,17–3,5 handeln von denjenigen Nachfahren Levis, die das Recht zum Opferdienst haben. Das aber sind gerade nicht die Leviten. Und auch die Identifizierung über den Stammvater Levi (2,4.8) bzw. als »Kinder Levis« (3,3) vermeidet eine Bezeichnung wie »Leviten« oder »levitische Priester«, wie sie im Deuteronomium üblich ist (Dtn 18,1 u.ö.). Man muss also trotz der Kritik an der Priesterschaft anerkennen, »daß Maleachi keine Rückschlüsse auf Gruppenkonflikte in der Kultushierarchie zulässt« (*J. Schaper*, Priester 2000, 9 unter Berufung auf *J. M. O'Brien*, Priest 1990). Er nimmt keine pro-levitische und anti-zadokidische Position ein. Aber natürlich hat er ebenso wenig eine anti-levitische Haltung.

Wenn man trotz dieses negativen oder zumindest neutralen Befundes für die Entstehung der Maleachi-Schrift levitisches Milieu annehmen kann, dann stützt sich dies nicht auf die expliziten Aussagen des Textes, sondern auf seine Art des Schriftgebrauchs. Maleachi hat offenbar Zugang zu den Schriften des Pentateuchs und der Propheten, auf die er sich reichlich bezieht. Auch wenn die Gruppe der Leviten in sich keineswegs einheitlich ist und zudem während der achämenidischen Epoche eine bewegte Geschichte durchläuft (vgl. dazu *J. Schaper*, Priester 2000), lässt sich doch generell annehmen, dass ein Großteil der Arbeit der Sammlung und Redigierung der Schriftüberlieferung im levitischen Milieu am Tempel erfolgt ist.

Leviten als Pfleger der Schriftüberlieferung

In einem Aufsatz von 1934 hat Gerhard von Rad »Die levitische Predigt in den Büchern der Chronik« behandelt (*G. von Rad*, Predigt ⁴1971; vgl. dazu die Diskussion bei *J. Schaper*, Priester 2000, 258–265). Es sind vor allem zwei Stellen, die von einer »Predigttätigkeit« der Leviten am zweiten Tempel ausgehen. Nach Neh 8,7f. ist es eine Gruppe von Leviten, die die eben von Esra vorgetragene Tora dem Volk erläutert, indem sie abschnittsweise (»nach Perikopen«) vorgeht, und nach 2 Chr 35,3 sind es »die Leviten, die ganz Israel unterweisen«. Darüber hinaus weist von Rad zahlreiche Schriftbezüge in den Chronikbüchern auf, die »der levitische Verfasser« der Chronik (*G. von Rad*, Predigt ⁴1971, 249) in den nach dem Modell der levitischen Predigttätigkeit eingeschobenen Predigten anbringt. Nach von Rad »liegen« den predigenden Leviten »die vorexilischen und ersten nachexilischen Schriften als Literatur vor« (ebd. 261).

Was den von von Rad unterstellten umfangreichen Bestand an vorliegender Literatur angeht, wird man heute zurückhaltender sein. Umso gewichtiger wird dadurch die Rolle der Leviten. Sie sind wohl nicht nur die »Prediger« schon vorliegender Texte, sondern zugleich Sammler, Redaktoren und damit Verfasser dieser Texte. Während die Priesterschaft den Opferkult betreibt, betätigen sich die Leviten – neben anderen, etwa polizeilichen oder musikalischen Aufgaben, die dieser facettenreichen Gruppe oblagen – »besonders auf dem Felde der Schriftauslegung und der religiösen Lehre überhaupt«, »[o]hne daß die kultische Vormachtstellung der Priester jemals ausdrücklich in Frage gestellt worden wäre« (*J. Schaper*, Priester 2000, 305). Die Leviten sind nicht nur Ausleger schon vorliegender Tradition, sondern auch Tradenten, die dieser Tradition erst ihre Gestalt geben. »By ›preachers‹ we must think of those who preserved, developed and taught the traditions which must have been becoming increasingly enshrined in Israel's ›Scriptures‹. The activity of such tradents must have been both literary and rhetorical and have taken place in the study and the classroom as well as in more formally ›liturgical‹ settings. We lack the precise and detailed information to be more exact. But the written material itself may be found to indicate by its very nature an origin in the activity of those who were consciously interpreting and teaching the ›traditions‹. As it became more fixed in form it must itself have acted both as a guide for the development of that tradition and as a basis for continuing interpretative and exegetical practices« (*R. Mason*, Preaching 1990, 2).

In dieses Milieu schriftkundiger Auslegung passt die Maleachi-Dichtung ausgezeichnet hinein. »... the manner and themes of his [Maleachis] message suggest that he stands firmly in the circles of the second temple ›rhetors‹, circles which have left their mark so clearly on the records of the preaching of the second temple period« (*R. Mason*, Preaching 1990, 256; vgl. auch *R. Mason* 137; *P. L. Redditt*, Book 1994). Der Verfasser der Maleachi-Schrift als ein solcher »Rhetor« lässt zwar nirgends einen Gegensatz zwischen Leviten und Priestern erkennen. Anders als die Priesterschrift und Ezechiel spricht er aber auch nicht von der Unterordnung der Leviten unter die Priester (vgl. Num 3,32; 8,5–26; Ez 44,9–31). Ohne den priesterlichen Vorrang der Zadokiden als »Kinder Levis« anzutasten, ist er doch Teil jener »bedeutendsten religiösen und intellektuellen ›Revolution‹ im perserzeitlichen Juda« (*J. Schaper*, Priester 2000, 305), die letztlich dazu führt, dass nach dem Untergang des zweiten Tempels allein die Schrift als identitätsstiftendes Symbol des Judentums übrig bleibt.

3. An wen ist die Maleachi-Schrift adressiert?

Dass der Verfasser der Maleachi-Dichtung in das Umfeld des Jerusalemer Tempels gehört, liegt nahe. Viel schwieriger ist die Frage zu beantworten, wer der implizite Adressat der Schrift ist. Dabei sind drei Phänomene zu beachten. 1.) Nach der Überschrift ist das Buch an »Israel« gerichtet. Das I. Diskussionswort spricht von »Jakob« (1,2) und setzt diesen mit »Israel« gleich, ja spricht sogar von einem »Gebiet Israels« (1,5). Auch in 2,11 wird »Israel« erwähnt, ist dort aber textlich unsicher. Das V. Diskussionswort schließlich spricht die Adressaten als »Kinder Jakobs« an (3,6). Damit könnte eine Perspektive gemeint sein, die über die persische Provinz Juda hinausgeht und auch die JHWH-Gläubigen in Samaria umfasst. Denn »Kinder Jakobs« sind eben nicht nur Juda und Benjamin, sondern alle zwölf Stämme. Allerdings erklärt sich der Gebrauch des Namens »Jakob« in 1,2–5 durch den Gegensatz zu Esau/Edom und in 3,6–12 aus dem Wortspiel mit der Wurzel קבע (qbʿ), die sowohl im Namen »Jakob« als auch im Wort »berauben« (dreimal in 3,8f.) vorkommt. Eine explizite, über Juda hinausweisenden Perspektive ist also in Maleachi nicht angelegt. Allerdings findet sich auch keine antisamarische Polemik.

2.) Das II.-V. Diskussionswort zeigen deutlich, dass Fragen des Jerusalemer Tempels im Mittelpunkt des Interesses stehen. Ausdrücklich werden in 2,11 zweimal »Juda« und einmal »Jerusalem« angeklagt (mit dem unsicheren »in Israel und« davor). In 3,4 wird für die nahe Zukunft erwartet, dass die gereinigten »Kinder Levis« »die Gabe Judas und Jerusalems« im Tempel darbringen werden. Diese Stellen bestätigen, was der Gebrauch von »Israel« und »Jakob« nahe legt und was auch der Inhalt zeigt: Es geht um Probleme in der persischen Provinz Jehud. Das »Israel«, das es zu der Zeit in der Diaspora und in Samaria gibt, ist nicht im Blick.

3.) Allerdings wird diese judäische Perspektive durch ein drittes Phänomen relativiert. Das ist die im VI. Diskussionswort aufscheinende Differenzierung in Gerechte und Gewalttäter. Sie gibt der in der nachexilischen Zeit so schwer zu beantwortenden Frage, wer zu »Israel« gehört, eine neue Perspektive. Wer zu Israel gehört, entscheidet sich nicht daran, ob man in Juda oder Samaria, in Babylonien oder in Ägypten lebt, sondern daran, ob man »JHWH Ehrfurcht erweist und mit seinem Namen rechnet« (3,16). In dieser Perspektive bleiben Juda und Jerusalem mit seinem Tempel das Zentrum, aber eben das Zentrum eines »Israel«, das nicht notwendig auf die Bewohnerschaft der Provinz Jehud eingeschränkt ist.

Indem der Anhang an die Maleachi-Dichtung in 3,22 von der »Tora des Mose« spricht, die Gott ihm »am Horeb für ganz Israel« geboten hat, greift er diese weite Perspektive sachgemäß auf.

4. Grundzüge der Theologie der Maleachi-Schrift

Die Maleachi-Schrift ist ein ausgesprochen dichter Text. In jedem der sechs Diskussionsworte wird ein neues Thema angesprochen. Deshalb kann nur die Auslegung des ganzen Textes die Theologie dieser Dichtung erschließen.

Einleitung

Gleichwohl lassen sich die vielfältigen theologischen Themen der Schrift zu drei Clustern zusammenfügen, denen ich die Label Segen, Gabe und Gerechtigkeit geben möchte.

Segen   Unter das Label Segen sind die Aspekte der Theologie Maleachis zu fassen, die Gottes Zuwendung zu Israel herausstellen (zur Segenstheologie im Alten Testament vgl. *M. Leuenberger*, Segen 2008; angesichts der Maleachi-Schrift ist das Urteil einzuschränken, dass im Zwölfprophetenbuch »bereits auf den ersten Blick die nebensächliche Bedeutung der Thematik unübersehbar« sei, a.a.O. 449). Im I. Diskussionswort wird für JHWHs Zuwendung das Stichwort »*lieben*« gebraucht. Es steht nicht nur äußerlich am Anfang der ganzen Dichtung, sondern bildet auch inhaltlich die Basis alles Weiteren: »Ich liebe euch, sagt JHWH ...« (1,2). Das Stichwort »*Segen*« taucht erstmalig im II. Diskussionswort auf. Allerdings ist der Segen wegen des Fehlverhaltens der Priester gefährdet: »... dann schicke ich unter euch die Verfluchung und verfluche euren Segen. Und ich habe ihn schon verflucht ...«, droht JHWH (2,2). Hier zeigt sich, dass JHWHs Zuwendung zu Israel auf Reziprozität angelegt ist und deshalb immer auch in Frage gestellt werden kann. Als drittes Stichwort unter dem Label Segen erscheint im selben Diskussionswort *Bund* (zum Stichwort »Bund« bei Maleachi vgl. *Th. Lescow*, Maleachi 1993, 31–42). Es ist hier konkret der »Bund mit Levi« gemeint, der darin bestand, dass JHWH ihm »das Leben und den Frieden« gab (2,5). Auch hier ist das Moment der Gegenseitigkeit bestimmend, auch wenn es sich um eine asymmetrische Gegenseitigkeit handelt, weil es natürlich zunächst einmal JHWH war, der den Bund gab, und erst dann die Aufforderung an Levi ergehen konnte, sich entsprechend zu verhalten.

Das Stichwort »Bund« nimmt auch die III. Strophe der Dichtung auf, wenn sie fragt: »Warum betrügen wir einander, den Bund unserer Vorfahren zu entweihen?« (2,10). Hier geht es nicht mehr um den besonderen »Bund mit Levi«, sondern wohl um den Bund vom Sinai. Das Stichwort »entweihen« zeigt, dass auch bei diesem Bund Gegenseitigkeit erwartet wird. Zugleich unterstreicht der Vorspruch des Wortes erneut die Asymmetrie der Beziehung zwischen JHWH und Israel: »Haben wir nicht alle einen einzigen Vater? Hat nicht ein einziger Gott uns geschaffen?« (2,10). Auch das nächste Diskussionswort greift das Bundesmotiv auf, indem es das Kommen des »Boten des Bundes« ankündigt (3,1). Auch hier liegt es nahe, beim Bund an den Bundesschluss vom Sinai zu denken.

Nach der gewichtigen Stellung des Bundesmotivs in Strophe II–IV kehrt das V. Diskussionswort zum Stichwort Segen zurück. Für die Zukunft, nach erfolgter Umkehr, werden die »Kinder Jakobs« aufgefordert, JHWH zu prüfen, »ob ich euch nicht die Fenster des Himmels öffne und über euch Segen ausschütte – mehr als genug« (3,10). Wie bei der ersten Verwendung des Stichworts in 2,1–3 wird deutlich, dass Gottes Segen in der Fülle landwirtschaftlicher Erträge besteht (vgl. *L. Bauer*, Zeit 1992, 213.219; zum Zusammenhang von Tempel und Ökonomie vgl. auch *J. L. Berquist*, Judaism 1995, 94–102).

Nur die letzte Strophe verwendet keines der Hauptstichwörter des Clusters »Segen«, »lieben«, »Segen« oder »Bund«. Das liegt daran, dass in ihr alles Gewicht auf dem Cluster »Gerechtigkeit« liegt. Gerade aber in Verbindung damit führt sie zum Schluss ein Bild ein, das den Aspekt der Zuwendung JHWHs in seiner Asymmetrie, in der Vorgängigkeit der Zuwendung von Seiten JHWHs unterstreicht, indem sie vom Aufgehen der »Sonne der Gerechtigkeit« spricht (3, 20), die Heilung bringen wird. Wie im I. Wort mit dem Motiv der Liebe JHWHs zu Israel der Grund für alles Weitere gelegt wird, so bildet die »Sonne der Gerechtigkeit« im letzten Wort die Bekrönung des gesamten Bauwerks.

Wenn ich von Clustern spreche, meine ich, dass die entsprechenden Stichworte und Motive in wechselseitiger Durchdringung aufeinander bezogen sind, ohne dass eines davon eine hierarchische Spitzenstellung einnähme (wie dies etwa *St. L. McKenzie / H. N. Wallace*, Covenant Themes 1983 oder *J. G. Baldwin* 231 für das Thema Bund vorschlagen). Weitere Stichworte ließen sich unschwer dem Cluster einfügen: dass JHWH »sich groß erweist über dem Gebiet Israels« (1, 5), das Motiv von Gottes »Gefallen« und »Wohlwollen« (1, 10.13; 2, 13; 3, 12), die Vorstellung von der Größe seines Namens (1, 11.14) und von seiner Beständigkeit (3, 6). Auch hier geht es nicht um Unter- oder Überordnung, sondern um Zuordnung.

Zugleich hat sich schon bei der Behandlung des ersten Clusters »Segen« gezeigt, dass sich die einzelnen Cluster gegenseitig durchdringen. Dies bestätigt sich, wenn wir nun das zweite Cluster in den Blick nehmen.

Als Hauptstichwort für das Cluster, das von der Reaktion Israels auf JHWHs vorgängige Zuwendung gebildet wird, habe ich dasjenige gewählt, das diese Reaktion am sichtbarsten zum Ausdruck bringt: die von der Priesterschaft auf dem Altar dargebrachte *Gabe* (vgl. *R. Kessler*, Theologie der Gabe 2006 sowie unten die Ausführungen bei 1, 10). Mit sieben Erwähnungen im II.-IV. Diskussionswort spielt die Gabe auch äußerlich eine zentrale Rolle in der Maleachi-Schrift (1, 10.11.13; 2, 12.13; 3, 3.4). Dabei zeigt die Grundstruktur der Gabe – sie wird vom Geber freiwillig gegeben, sie wird vom Empfänger angenommen, sie wird mit einer Gegengabe des Empfängers erwidert –, dass es bei der Gabe nicht um eine verkappte Form des Warentausches, sondern um die Kommunikation zwischen Geber und Empfänger geht. Die Idee der Gabe zielt auf »ein intaktes Beziehungs- und Kommunikationsgefüge wechselseitiger Gaben- und Geschenkkultur zwischen der göttlichen und der menschlichen Seite« (*A. Meinhold*, Maleachi / Maleachibuch 2007). Ist die Gabe defekt, dann wird sie vom Empfänger nicht angenommen und nicht erwidert; die Kommunikation ist unterbrochen.

Mit diesem Phänomen setzt die II. Strophe der Maleachi-Dichtung ein.

Gabe

Weil die Gabe »besudelt« ist, nimmt JHWH »keine Gabe wohlwollend aus eurer Hand« (1,10, vgl. 1,13). Entsprechend bleibt die Gegengabe, der Segen, aus bzw. wird in Fluch verwandelt (2,2). Die III. Strophe handelt immer noch von dem Problem, dass JHWH »die Gabe nicht mehr ansieht, sie wohlgefällig aus eurer Hand anzunehmen« (2,13). Jetzt liegt der Defekt allerdings nicht in der Gabe selbst, sondern im Verhalten derer, die die Gabe darbringen. »Entweihen« und »betrügen« sind dafür die zentralen Stichworte (2,10f.). Erst die IV. Strophe bringt die Wende. Sie geht von JHWH aus, der eine Reinigung der Kinder Levis in Gang setzt. »Dann ist JHWH die Gabe Judas und Jerusalems angenehm wie in den einstigen Tagen, in den frühen Jahren« (3,4). Zwar verwendet das V. Diskussionswort das Stichwort Gabe nicht. Aber indem an die Aufforderung, »den Zehnten ganz ins Schatzhaus« zu bringen, die (indirekte) Zusage geknüpft wird, »ob ich euch nicht die Fenster des Himmels öffne und über euch Segen ausschütte – mehr als genug« (3,10), wird die Grundstruktur der Gabe-Theologie aufgegriffen. Insgesamt also lässt sich eine zielgerichtete Dynamik von der wegen ihres Zustands oder dem Verhalten der Geber verfehlten Gabe, die zur Verfluchung des Segens führt, über die Reinigung der Gaben-Darbringer bis zum erneuerten Segen feststellen.

Dem Stichwort Gabe sind eng verschiedene Ableitungen der Wurzel ירא *(jr')* zugeordnet, die am besten mit »*Ehrfurcht*« oder »*Respekt erweisen*« wiedergegeben wird (1,6; 2,5; 3,5.16.20). Die Wurzel כבד *(kbd)*, für die man im Deutschen die Übersetzung »Achtung« verwenden kann, steht in enger Parallele dazu (1,6) (dass man aber gleich »Honour and shame as keys to the interpretation of Malachi« auffassen soll – so *P. J. Botha*, Honour 2001 –, geht weniger aus dem Maleachi-Text hervor, sondern ist eher einer kulturwissenschaftlichen Mode zu verdanken). Den Vokabeln für »Ehrfurcht, Achtung, Respekt« entsprechen solche für das gegenteilige Verhalten: verachten (1,6f.), besudeln (1,7.12), entweihen (1,12; 2,10f.) und ähnliches. Gegenstand der Ehrfurcht bzw. ihres Gegenteils ist nicht nur JHWH selbst (1,6; 3,5.16), sondern auch sein Name (1,6.12.14; 2,1.5; 3,16.20), der Altar (1,7) oder »das, was JHWH heilig ist« (2,11).

Der Gedanke der Reziprozität zwischen JHWH und Israel, der die beiden Cluster »Segen« und »Gabe« miteinander verknüpft, wird in anderer Sprachform – es handelt sich um eine wörtliche Übernahme aus Sach 1,3 – geradezu auf den Begriff gebracht: »Kehrt um zu mir, dann will ich zu euch umkehren, sagt JHWH der Heere« (3,7). Enger kann man das Tun Gottes und das seiner Verehrer nicht verknüpfen, als dass man für beide dieselbe Vokabel verwendet. Indem die Dichtung insgesamt aber in der I. Strophe ausschließlich das Cluster »Segen« verwendet (mit dem Stichwort »lieben«) und das Cluster »Gabe« erst mit der II. Strophe einsetzt, bleibt die Grundstruktur gewahrt, dass Gottes Handeln der Reaktion Israels vorangeht. Israels Antwort ist nie die Ursache für den Segen, die ist allein Gottes Liebe.

»The loving relationship of Israel to Yahweh was a condition, not a cause. The cause was only God« (*J. A. Fischer*, Notes 1972, 319).

Mit der III. Strophe setzt ein drittes Cluster ein, dem ich das Label »Gerechtigkeit« gebe. Es beginnt zunächst, um eine musikalische Metapher zu gebrauchen, ganz leise, um dann im Finale der VI. Strophe dominant den Ton anzugeben. In diesem Cluster geht es sowohl um die Gerechtigkeit Gottes als auch um die der Menschen untereinander. Wo die Gerechtigkeit der Menschen untereinander gefährdet ist, steht auch die Beziehung zu Gott in Frage. Wo der Eindruck entsteht, Gott sei die Gerechtigkeit unter den Menschen gleichgültig, steht seine eigene Gerechtigkeit auf dem Spiel. Alles ist aufs engste miteinander verknüpft und darf nicht getrennt werden.

Gerechtigkeit

Schon der Einsatz des III. Diskussionswortes stellt die merkwürdige Frage: »Warum betrügen wir einander, den Bund unserer Vorfahren zu entweihen?« (2,10). Wenn mit dem »Bund unserer Vorfahren« der Sinaibund gemeint ist, geht es dabei um die Beziehung zwischen Israel und JHWH. Trotzdem ist seine »Entweihung« ein Betrug an einander. »Betrügen«, das Leitwort der Strophe, wird auch weiter von der Beziehung zu JHWH gebraucht (2,11). Dann aber, in V 14–16, wird es nur noch für das Betrügen der »Frau deiner Jugend« verwendet. Ihre Entlassung aus dem Bund der Ehe wird als ein Akt der blanken Gewalt denunziert (V 16). Der Bruch der zwischenmenschlichen Solidarität und der Bruch der Gottesbeziehung gehen Hand in Hand.

Das IV. Diskussionswort bringt dann erstmalig das Stichwort »*Gerechtigkeit*«. Doch zunächst erscheint eine andere Vokabel, die dem Cluster zugehört, »*Recht*«. Wieder wird ein Konfliktfall zwischen Menschen aufs engste mit Gott in Beziehung gesetzt. Die Adressaten des Wortes beklagen sich über andere Menschen, »die Böses tun«, und fragen angesichts ihrer, wo »der Gott des Rechts« sei (2,17). Die Antwort weist in die Zukunft – wir hatten ja gesehen, dass mit dem IV. Wort die Zukunftsperspektive der Maleachi-Schrift einsetzt. Der kommende Bote wird eine Reinigung der Kinder Levis vornehmen, sodass sie »JHWH Gabe in Gerechtigkeit darbringen« und »die Gabe Judas und Jerusalems angenehm wie in den einstigen Tagen, in den frühen Jahren« (3,3f.) sein wird. Damit wird zunächst ein Motiv des II. Diskussionswortes aufgegriffen, denn die Notwendigkeit einer Läuterung der Kinder Levis ergibt sich klar aus 1,6–2,9. Erst der Schlussvers der IV. Strophe kehrt direkt zur Ausgangsfrage zurück, indem er ankündigt, JHWH werde sich »euch zum Recht« nahen und »ein schneller Zeuge sein gegen die, die Zauberei treiben, Ehen zerstören, Meineide schwören, den Lohn des Tagelöhners sowie Witwen und Waisen unterdrücken und Fremde wegdrängen« (3,5). Hatte schon 2,16 das Entlassen der Ehefrauen als Gewalt gebrandmarkt, so werden jetzt einschlägige Fälle sozialer Gewalttätigkeit aufgezählt (auch die Zauberei, sofern sie Schadenszauber betreibt, gehört dazu). Wenn Gott sich dagegen »zum Recht« naht, dann werden diese

Zustände abgestellt. Ob das durch Verurteilung und Vernichtung der Täter oder durch deren Sinneswandel geschieht, lässt der Vers offen.

Hier setzt nun das VI. Diskussionswort ein, nachdem im V. Wort zwar die Zukunftsperspektive mit dem Umkehrruf (3,7) und die Reziprozität von Segen und Gabe (ohne das Stichwort »Gabe«) vorkommen, nicht aber das Cluster »Gerechtigkeit«. Dieses dominiert seinerseits das Schlusswort. Die Grundopposition des Wortes ist die »zwischen Gerechten und Gewalttätigen« (3,18). Während »der Gerechte« nur in diesem Vers so genannt wird, erscheint sein Gegenpart, der Gewalttätige, in verschiedenen Ableitungen der Wurzel רשע *(rš')* viermal (3,15.18.19.21). Bei der Opposition von Gerechtem und Gewalttäter geht es offensichtlich um einen zwischenmenschlichen sozialen Konflikt, wie zahlreiche Belege aus Prophetie, Psalmen und Weisheit zeigen. Zugleich ist dieser zwischenmenschliche Gerechtigkeitskonflikt eng mit der Gottesbeziehung verbunden, woraus Luthers Übersetzung mit »Gottloser« ihre Berechtigung zieht: »Und ir solt dagegen widerumb sehen / was fur ein vnterschied sey / zwischen dem *Gerechten*/Vnd *Gottlosen*« (Luther 1545, Hervorhebung R. K.). Dies zeigen besonders die Parallelformulierungen für die »Gerechten«: »die JHWH Ehrfurcht erweisen« (3,16.20), die »mit seinem Namen rechnen« (3,16), »die Gott dienen« (3,18). Am Ende geht über denen, »die ihr meinem Namen Ehrfurcht erweist«, »die Sonne der Gerechtigkeit« auf (3,20). Während ihnen Heilung wird, gehen die »Gewalttäter« oder »Gottlosen« unter. Die Frage der Gerechtigkeit zwischen den Menschen und die Frage der Gerechtigkeit Gottes sind einer Lösung (in der bevorstehenden Zukunft) zugeführt.

Das Zusammenspiel der drei Cluster

Im Zusammenspiel der drei Cluster »Segen, »Gabe« und »Gerechtigkeit« erhält die Maleachi-Schrift so etwas wie eine eschatologische Perspektive, wenn man denn eine weite und offene Definition von »Eschatologie« zugrunde legt (etwa im Anschluss an *S. D. Snyman*, Eschatology 1988, 64: »something which is to happen in future and implies a complete new state of events, brought about by Yahweh«). Zwar steht JHWHs Segen am Anfang und ist vorgegeben. Aber weil die Gabe gegenwärtig verdorben ist, muss der kommende Tag erst die Reinigung bringen, welche reine Gabe und erneuten Segen möglich macht. Und weil die Gerechtigkeit gegenwärtig nicht sichtbar ist, scheinbar sogar die Gewalttäter die Oberhand haben, muss durch JHWHs Kommen zum Recht (3,5) und durch den kommenden Tag die Scheidung der Gerechten von den Gottlosen vorgenommen werden. Konzeptionell konzentriert Maleachi sich bei seinen Zukunftserwartungen auf den Gedankenkomplex vom »kommenden Tag«. Motive, die in anderen Prophetenschriften eine Rolle spielen, wie die Erhöhung des Zions oder das Kommen eines messianischen Königs, fehlen völlig.

Zeitperspektive und inhaltliche Schwerpunkte der Maleachi-Schrift stehen in perfekter Übereinstimmung. Für die zeitliche Abfolge der Strophen hatten wir bereits gesehen, dass auf die grundlegende »Liebeserklärung« in der I. Strophe zwei Diskussionsworte folgen, die nur die Kritik gegenwärtiger Missstände enthalten, worauf ab der IV. Strophe bis zum Schluss eine Zukunftsperspektive eingenommen wird, die mit der Scheidung von Gerechten und Gewalttätern zu ihrem Ziel kommt. Bilden wir auf diesen dynamischen Ablauf die inhaltlichen Schwerpunkte ab, dann zeigt sich, dass das Cluster »Segen« Anfang (eben die »Liebeserklärung« der I. Strophe) und Schluss (das Aufgehen der Sonne der Gerechtigkeit in 3,20) bildet und die gesamte Dichtung umklammert. Von der II. bis zur V. Strophe steht das Cluster »Gabe« im Vordergrund, das mit der Möglichkeit erneuter »Gabe in Gerechtigkeit« (3,3) und der Verheißung erneuten Segens – »mehr als genug« (3,10) – abgeschlossen wird. Versetzt dazu beginnt in der III. Strophe das Cluster »Gerechtigkeit«, das bis zum letzten Diskussionswort durchgehalten wird und sich dort aufs engste mit dem Cluster »Segen« verbindet.

Maleachi heute lesen

Maleachi steht nicht nur äußerlich am Rand. Man kann sich dem Urteil kaum verschließen: »… the book of Malachi is not the most fascinating in the canon. It is short; it mentions few if any specific events; and it offers no ›prophetic personality‹ …« (J. M. O'Brien, Saying ›No‹ 2001, 206). In der Tat ist Maleachi kein »Charakter« innerhalb seines Buches wie etwa Jesaja, Jeremia oder andere Propheten, über die es Ich- oder Er-Erzählungen gibt. Er hat infolgedessen kein leicht erkennbares Symbol wie Jona den Fisch. In der Ikonographie sieht er aus wie jeder andere Prophet. Ohne eine identifizierende Beischrift ist er nicht zu erkennen (zwei Beispiele finden sich bei A. Meinhold, Maleachi / Maleachibuch 2007 und F. Crüsemann, Das Alte Testament 2011, Abb. 5 nach S. 16).

Zwar haben einzelne Dicta aus der Maleachi-Schrift durchaus ihre Wirkung entfaltet, wie in der Auslegung zu zeigen sein wird. Ich nenne nur die Aussage über die »reine Gabe«, die JHWH unter den Völkern dargebracht wird, was man auf das Messopfer gedeutet hat (1,11), oder das Wort über die Aufgaben des idealen Priesters in 2,6f., das auf katholische Kleriker, evangelische Prediger sowie jüdische Rabbiner angewendet wurde. Vor allem die Vorstellung vom kommenden Elija im 3. Kapitel des Buches hat in Judentum wie Christentum breite Wirkung entfaltet. Aber all das sind einzelne Elemente aus der Maleachi-Schrift. Die Schrift als Ganze spielt keine große Rolle. Deshalb wundert es auch nicht, dass sie in die Predigttexte der Evangelischen Kirche in Deutschland keinen Eingang gefunden hat. Entsprechendes gilt für den katholischen Bereich, wenn Thomas Hieke feststellt, dass »›Maleachi‹ als letzter Eintrag im Zwölfprophetenbuch eher ein

Schattendasein [fristet], was das allgemeine Bewusstsein heutiger durchschnittlicher Bibelleserinnen und -leser betrifft, das wohl auch maßgeblich durch die Häufigkeit (oder das Fehlen) bestimmter Texte in der Liturgie geprägt ist« (*Th. Hieke*, Kult 2006, 9).

Probleme mit der Maleachi-Lektüre

Gelegentlich ist aber auch offene Kritik an Maleachi geäußert worden. Am deutlichsten wird Julia O'Brien. Ihre Vorbehalte gegen das Buch lassen sich auf zwei gewichtige Punkte konzentrieren. Der eine ist die gewalttätige Rhetorik des Buches (»abusive rhetoric«). Als Beispiele erwähnt sie den Hass und die Vernichtungsdrohungen gegen Esau (1,3–4), die Androhung, den Priestern den Unrat ihrer Feste ins Gesicht zu streuen (2,3), und den Ausblick auf den drohenden Vernichtungsbann als letztes Wort des Buches (3,24). Dazu kommt der Einsatz geschlechterhierarchischer Vorstellungen, wobei die Vater-Sohn-Metaphorik dominiert und mit der Herr-Knecht-Metaphorik parallelisiert wird, sodass das Idealbild das eines Sohnes ist, der seinem Vater bedingungslos gehorsam ist (1,6; 2,10; 3,17) (*J. M. O'Brien*, Saying ›No‹ 2001, 207 f.; vgl. auch die umfassende Kritik an der Metapher von Gott als autoritärem Vater in *dies.*, Challenging 2008, 77–100). Ein stark hierarchisiertes Denken erkennt auch Saul Olyan, wobei er nicht an das Geschlechterverhältnis, sondern an den Kult denkt: So wie Gott die Spitze der Hierarchie ist, die von den Priestern Ehre erwartet, indem sie angemessene Opfer bringen (1,6–2,9), erwarten die Angehörigen der Tempelhierarchie, dass die Laien sie ehren, indem sie die Abgaben ungekürzt an den Tempel bringen (3,6–12) (*S. M. Olyan*, Rites 2000, 33 f.). Marie-Theres Wacker verbindet den geschlechterhierarchischen und den kulthierarchischen Aspekt und unterstreicht, dass »[i]nnerhalb dieses strikt patriarchalischen/kyriarchalischen Systems« Frauen nur als Bedrohung oder zu Beschützende vorkommen (*M.-Th. Wacker*, Maleachi 1999, 382).

In ihrer hermeneutisch reflektierten Einlassung hebt Julia O'Brien zunächst hervor, dass die Frage, in welchem Ausmaß die gewalttätige Sprache des Buches irritiert, auch stark von der Erfahrungswelt der Leserin abhängt. Sie selbst teilt mit, dass ihr schon innerhalb eines halben Jahres das Buch »weniger harsch« vorkam als zuvor, weil sich ihre Lebensumstände geändert hatten (Zitat *J. M. O'Brien*, Saying ›No‹ 2001, 210). Und nachdem ihr erster Beitrag noch mit »On Saying ›No‹ to a Prophet« überschrieben ist, geht sie in einem Nachtrag einen großen Schritt weiter: »These days, I do not pretend that I can say ›No‹ to texts or to the dynamics of my personal history. I tend to wrestle with them instead, hoping for – though not necessarily expecting – a blessing« (*J. M. O'Brien*, Retrospect 2001, 219).

Gleichwohl ist festzuhalten, dass die Wirkung eines Textes rezipientenabhängig ist. Um es konkret auf die Vater-Sohn-Metaphorik in Maleachi anzuwenden: Ein Mensch, der als Junge oder Mädchen unter einem autoritären, Gehorsam erzwingenden Vater zu leiden hatte, wird von diesen Texten anders betroffen als der- oder diejenige, die in einer partnerschaftlich orientierten Familie aufgewachsen ist und deshalb die Vorstellungswelt Maleachis in nicht persönlich betroffener historischer Distanz wahrnehmen kann.

Die gewichtigen Vorbehalte, die gegen die Maleachi-Schrift geäußert wurden – die aber natürlich auch zum Teil auf andere biblische Texte zutreffen –, machen es nötig, sich über die »Ethik des Lesens« Rechenschaft abzulegen (der Beitrag von Julia O'Brien wurde ursprünglich im Rahmen einer Veranstaltung über »the ›Ethics of Reading‹« vorgetragen, *J. M. O'Brien*, Saying ›No‹ 2001, 206). Zunächst ist eine beliebte Strategie zurückzuweisen, die den Text verteidigt, indem sie behauptet, die kritisierten Verhältnisse seien eben so gewesen, dass die gewalttätige Sprache der Drohung notwendig war (Beispiele bei *J. M. O'Brien*, Saying ›No‹ 2001, 209 f.). Demgegenüber ist festzuhalten, dass die prophetische Kritik nicht deskriptiv, sondern engagiert-parteilich ist. Wie die in der Maleachi-Schrift kritisierten und bedrohten Menschen die Dinge sahen, entzieht sich vollständig unserer Kenntnis. Wir lesen »Maleachi«, ein dramatisches Gedicht, und keine sozialwissenschaftliche Studie über innerjüdische Probleme in der Perserzeit. Deshalb müssen wir uns mit Maleachis Vorstellungen und Wertungen auseinandersetzen.

Lesestrategien

Das kann natürlich nur so geschehen, dass wir uns über unsere eigenen Vorstellungen und Wertungen Rechenschaft ablegen. Wer autoritäre Vater-Sohn-Beziehungen und hierarchisierte gesellschaftliche Verhältnisse, in denen Frauen nur als Verführerinnen oder zu beschützende Wesen vorkommen, in Ordnung findet, wird in dieser Hinsicht an Maleachi keinen Anstoß nehmen. Im Gegenteil, er wird gerne dessen Bildsprache (konkret Mal 1,6) aufnehmen und sehnsuchtsvoll in die Vergangenheit blicken: »Damals war der Vater noch zugleich Herr, die Knechte verhandelten noch nicht gleichberechtigt mit ihrem Herrn, die Söhne fürchteten und ehrten den Vater. Von den Knechten gefürchtet, von den Söhnen geehrt, bildete der Vater das Haupt der Familiengemeinschaft« (*H. Frey* 145 f.). Anders ist es, wenn man solche patriarchalischen Verhältnisse ablehnt und sich »bestimmten Bewegungen der vergangenen Jahrzehnte« verpflichtet fühlt – »der Befreiungstheologie, der feministischen Theologie und dem christlich-jüdischen Dialog« – und deshalb »um soziale Gerechtigkeit«, »um eine geschlechtergerechte Sprache« und »um Gerechtigkeit im Hinblick auf den christlich-jüdischen Dialog« bemüht ist (Zitate aus der Einleitung in die Bibel in gerechter Sprache, BigS 9–11). Je nach Ausgangspunkt wird man Maleachi anders lesen.

Der Autor eines wissenschaftlichen Kommentars kann die Wertungen und Vorstellungen der Leserinnen und Leser von Maleachi nicht vorwegnehmen. Er muss auch seine eigenen Wertungen in der Kommentierung nicht ständig vor sich her tragen. Es ist aber redlich, sie wenigstens in der Einleitung offen zu legen und Möglichkeiten des Umgangs anzugeben.

Als methodischen Weg für den Umgang mit denjenigen Aussagen Maleachis, die aus einer antihierarchischen und um Geschlechtergerechtigkeit bemühten Einstellung heraus als anstößig empfunden werden können, schlägt

Einleitung

Julia O'Brien die Dekonstruktion vor (*J. M. O'Brien*, Saying ›No‹ 2001, 208). Dieses philosophische und literaturwissenschaftliche Konzept kann nicht auf die Kürze entfaltet werden. Es kann aber am Beispiel des Maleachi-Textes selbst gezeigt werden, wie es in drei Dimensionen angewendet werden kann. Die erste ist der Text selbst. Er ist insgesamt von einer klaren Zuweisung der Geschlechterrollen geprägt. In 2,11 aber wird diese Klarheit aufgelöst (dekonstruiert), indem das Subjekt »Juda« einmal feminin und einmal maskulin konstruiert wird. Diese textimmanente Dekonstruktion weicht die starre Eindeutigkeit der Zuweisung von Geschlechterrollen auf (auch wenn ich nicht alle Folgerungen teile, die Julia O'Brien daraus zieht, wozu die Auslegung zu vergleichen ist).

Eine zweite Dimension der Dekonstruktion geht vom Kanon aus. So lautet der Vorspruch zum II. Diskussionswort: »Ein Sohn achtet den Vater« (1,6). Das ist ein wörtlicher Anklang an das Dekaloggebot: »Du sollst deinen Vater achten« (Ex 20,12; Dtn 5,16) – nur dass es da bekanntlich heißt: »deinen Vater und deine Mutter«. Vom Kanon her eröffnet sich so die Möglichkeit, die männliche Engführung bei Maleachi aufzulösen und statt von Vätern und Söhnen von Eltern und Kindern zu sprechen. Als dritte Dimension dekonstruktivistischer Lektüre mit dem »Anspruch einer ... christlich-feministischen Auslegung« – neben den »textimmanenten« und den »intertextuell ... profilierten« Bedeutungen – nennt Marie-Theres Wacker die Strategie, »Bezüge auf (judäische) Frauenwirklichkeit der Zeit des Buches dort in die Texte ein[zu]schreiben, wo dies möglich erscheint« (*M.-Th. Wacker*, Maleachi 1999, 376). Diese Strategie kann freilich bei der Kommentierung allenfalls im Hintergrund stehen.

Übersetzung Eine besondere Rolle kommt unter den Lesestrategien der Übersetzung zu. Im Kommentar bin ich gelegentlich eng am Hebräischen geblieben, ohne mögliche Implikationen zu entfalten. 1,6 übersetze ich also mit: »Ein Sohn achtet den Vater und ein Sklave seinen Herrn. Wenn ich nun Vater bin – wo ist die Achtung vor mir? Wenn ich Herr bin – wo ist die Ehrfurcht vor mir?« In der Bibel in gerechter Sprache, bei der ich für Maleachi verantwortlich bin, heißt der Vers dagegen: »Kinder achten Vater und Mutter und Sklavinnen und Sklaven ihre Herrschaft. Wenn ich nun Vater und Mutter bin – wo ist die Achtung vor mir? Wenn ich Herrschaft bin – wo ist die Ehrfurcht vor mir?« Was im Kommentar nur zur Stelle erwähnt wird, dass nämlich durch den Anklang an den Dekalog an die Achtung gegenüber den Eltern gedacht ist, wird in der Übersetzung für die Bibel in gerechter Sprache explizit gemacht. Zugleich wird der Abstraktplural אדונים *('adônîm)* mit »Herrschaft« wiedergegeben, worüber neben dem männlichen Sklaven auch die Sklavin eingefügt werden kann, weil natürlich auch bei ihr Achtung vor der Herrschaft erwartet wird. Zugleich wird der Kollektivsingular des Hebräischen als Plural eingedeutscht. Da bei einer bloßen Übersetzung anders als im Kommentar Alternativmöglichkeiten nicht vorgestellt und diskutiert werden können, war hier eine Entscheidung nötig.

Anders verhält es sich bei dem Plural אבות *('abôt)*, den ich sowohl in der Bibel in gerechter Sprache als auch im Kommentar mit »Vorfahren« oder »Eltern« übersetze.

Denn sowohl beim »Bund unserer Vorfahren« (2,10) als auch bei den »Tagen eurer Vorfahren« (3,7) ist nicht nur an die Männer, sondern das gesamte Volk gedacht. Und im engeren Generationenverhältnis steht der Plural von »Vater« im Hebräischen schlicht für »Eltern« (3,24), weil es kein anderes Wort dafür gibt – wie im Übrigen im Spanischen, wo *los padres* in aller Regel »die Eltern« heißt.

Neben der Lesestrategie der Dekonstruktion scheint mir das Wichtigste, die Seiten herauszustellen, auf die es der Maleachi-Schrift ankommt. Die habe ich mit den drei Clustern Segen, Gabe und Gerechtigkeit zu beschreiben versucht. Hier liegt der Kern der Botschaft, während die hierarchischen und auf Ehre und Autorität fixierten Beziehungen dafür den Hintergrund abgeben; interessanterweise stehen zwei der in dieser Hinsicht massivsten Stellen in den Vorsprüchen, die an (vermeintlich) von allen geteilte Vorstellungen appellieren (1,6; 2,10). Das Wichtige, was Maleachi zu Segen, Gabe und Gerechtigkeit und deren Beziehung untereinander zu sagen hat, wird nicht aufgegeben, wenn man die autoritären und hierarchischen Hintergrundvorstellungen als zeitbedingt relativiert.

Die Maleachi-Dichtung versteht es, ihre theologischen Grundaussagen zu Segen, Gabe und Gerechtigkeit unter intensiver Aufnahme vorgegebener Traditionen in den Alltagsproblemen ihrer Zeit zur Geltung zu bringen. Zwar hat gerade dies dem Büchlein schlechte Zensuren eingetragen: »Wenn wir dieses Werk lesen, bekommen wir den Eindruck, dass das Wort Gottes klein geworden ist, angepasst an die elenden Verhältnisse seines Volkes. Wie wenn es nichts Neues und Wichtiges zu sagen gäbe, beschränkt es sich darauf, die Predigt des Deuteronomiums oder der früheren Propheten in Erinnerung zu rufen« (*L. Alonso Schökel / J. L. Sicre* 1207).[2] Daneben wird auch »wegen ihrer kultischen Orientierung« »die Botschaft Maleachis oft ... geringgeschätzt oder wenig beachtet« (*H. Graf Reventlow* 132, der dieses negative Urteil selbst nicht teilt) (weitere negative Wertungen der Maleachi-Schrift von der Reformation bis zur deutschen Forschung des 19. Jhs. bei *J. M. O'Brien*, Malachi 1995, 81).

Aber sind die vermeintlichen Schwächen nicht in Wahrheit gerade die Stärken dieser Prophetenschrift? Geht es denn um die Gottesbeziehung nur in Zeiten weltgeschichtlicher Umwälzungen und nationaler Katastrophen und nicht auch bei der Frage von Eheschließungen und -scheidungen (Mal 2,10–16)? Sind die nagenden Zweifel an Gottes Gerechtigkeit und Wirksamkeit angesichts der Ungerechtigkeit der Welt und des Wohlergehens derer, die sich um Gott und Mitmensch nicht kümmern (2,17–3,5 und 3,13–21), nicht hoch aktuell? Und wäre es wirklich wünschenswert, wenn »Kult und Ethos« getrennt würden, oder kommt es nicht gerade auf

---

[2] *Leyendo esta obra tenemos la impresión de que la Palabra de Dios se hace pequeña, se acomoda a las míseras circunstancias de su pueblo. Como si no tuviese nada nuevo e importante que decir, limitándose a recordar la predicación del Deuteronomio o de los antiguos profetas.*

die »Verschmelzung von rechtem Gottesdienst und gerechtem Handeln« an (in Anlehnung an Titel und Untertitel von *Th. Hieke*, Kult 2006)? All das bietet Maleachi.

Natürlich sind der Alltag, die Zweifel und die Gestalt des Kultus heute andere als zur Zeit Maleachis. Insofern muss Maleachi in die heutige Zeit übersetzt werden. Aber das gilt für jede andere der biblischen Schriften gleichermaßen.

Kommentierung

Maleachi 1,1

Literatur *Frank L. Benz*, Personal Names in the Phoenician and Punic Inscriptions. A Catalog, Grammatical Study and Glossary of Elements (StP 8), Rom 1972. – *Mark J. Boda*, Freeing the Burden of Prophecy: Maśśā' and the Legitimacy of Prophecy in Zech 9–14, in: Bib. 87 (2006) 338–357. – *Naomi G. Cohen*, From *Nabi* to *Mal'ak* to »Ancient Figure«, in: JJS 36 (1985) 12–24. – *Michael H. Floyd*, The משא *(maśśā')* as a Type of Prophetic Book, in: JBL 121 (2002) 401–422. – *H. M. I. Gevaryahu*, Biblical colophons: a source for the »biography« of authors, texts and books, in: Congress Volume Edinburgh 1974 (SVT 28), Leiden 1975, 42–59. – *John T. Greene*, The Role of the Messenger and Message in the Ancient Near East. Oral and Written Communication in the Ancient Near East and in the Hebrew Scriptures: Communicators and Communiques in Context (BJSt 169), Atlanta, Georgia 1989. – *Johannes Renz*, »Jahwe ist der Gott der ganzen Erde«. Der Beitrag der außerkanonischen althebräischen Texte zur Rekonstruktion der vorexilischen Religions- und Theologiegeschichte Palästinas, in: M. Pietsch / F. Hartenstein (Hg.), Israel zwischen den Mächten, FS St. Timm (AOAT 364), Münster 2009, 289–377. – *Karin Schöpflin*, Theologie als Biographie im Ezechielbuch. Ein Beitrag zur Konzeption alttestamentlicher Prophetie (FAT 36), Tübingen 2002. – *Gene M. Tucker*, Prophetic Superscriptions and the Growth of a Canon, in: G. W. Coats / B. O. Long (Hg.), Canon and Authority. Essays in Old Testament Religion and Theology, Philadelphia 1977, 56–70. – *Ina Willi-Plein*, Wort, Last oder Auftrag? Zur Bedeutung von מַשָּׂא in Überschriften prophetischer Texteinheiten, in: R. Lux / J.-E. Waschke (Hg.), Die unwiderstehliche Wahrheit. Studien zur alttestamentlichen Prophetie, FS A. Meinhold (ABG 23), Leipzig 2006, 431–438.

Text

Übersetzung *Der Ausspruch des Wortes JHWHs an Israel durch Maleachi.*

Zu Text und Übersetzung Der hebräische Text ist klar verständlich und wird in den hebräischen Handschriften einheitlich überliefert. Dagegen bietet die griechische Tradition mehrere interessante Abweichungen, die allesamt auf inhaltliche Probleme der kurzen Überschrift hinweisen. 1.) Die Hauptüberlieferung der Septuaginta folgt in der Zuordnung der ersten drei Worte der masoretischen Auffassung. Diese versteht die beiden ersten Worte als Constructus-Verbindungen zu dem Eigennamen Gottes. Entsprechend gibt die Septuaginta mit Genitiven wieder: Λῆμμα λόγου κυρίου. Vom Konsonantenbestand her könnte das erste Wort aber auch ein Status absolutus sein: »Ausspruch. Das Wort JHWHs ...«. So gibt es eine griechische Handschrift aus dem 12. Jh. wieder: λῆμμα λόγος κυρίου. 2.) Die Septuaginta übernimmt nicht den Eigennamen »Maleachi«, sondern übersetzt ihn mit »durch seinen Boten«. Allerdings ist dies keine wörtliche Übersetzung, denn an מלאך *(mal'ak*, »Bote«) hängt nicht das Suffix der 3., sondern der 1. ps. (unbeschadet der Tatsache, dass das Jod am Ende des

Namens wohl überhaupt kein Suffix darstellt). Die Septuaginta interpretiert also den Eigennamen und passt diese Interpretation sogleich an den Kontext an, der ein Suffix der 3. ps. verlangt. Sie kann sich diese Interpretation erlauben, weil die Handschriften in der Regel über dem Text eine Inscriptio tragen, in der der Name Maleachi (bisweilen mit Zusätzen wie »der Prophet« oder »der Prophet und Bote«) steht. 3.) Schließlich fügt die Septuaginta noch einen Halbsatz an: »nehmt es euch doch ja zu Herzen«. Das ist fast wörtliches Zitat des griechischen Textes von Hagg 2, 15.18. Die Septuaginta unterstreicht damit den redaktionellen Zusammenhang der Schriften Haggai bis Maleachi.

Im Gegensatz zur Septuaginta folgt die Vulgata dem hebräischen Text wörtlich: *Onus verbi Domini ad Israhel in manu Malachi.*

Analyse

Mal 1,1 ist nicht als Satz, sondern als Überschrift formuliert. Diese umfasst drei Elemente: die Angabe dessen, worum es sich im Folgenden handelt (»Der Ausspruch des Wortes JHWHs«), den Adressaten (»an Israel«) und den Vermittler (»durch Maleachi«). In dieser Gestalt ist sie einmalig in der prophetischen Literatur, obwohl sich ihre Elemente auch anderswo finden.

1.) משא *(maśśā'* = »Ausspruch«) kommt als Element von Überschriften entweder absolut mit oder ohne Artikel und folgendem Relativsatz (»[der] Ausspruch, den ...«; Hab 1,1; Spr 31,1) oder als Constructus mit einem folgenden Namen im Sinn von »der Ausspruch über Babel« (so Jes 13,1; mit anderen Namen Jes 15,1; 17,1; 19,1; 21,1.11.13; 22,1; 23,1; 30,6; Nah 1,1) vor. Beides trifft auf Mal 1,1 nicht zu. *maśśā'* ist hier nach Auffassung der Masoreten ein Constructus; doch folgt ihm nicht der Name des Volkes, über das der Spruch erhoben wird, sondern eine weitere inhaltliche Bestimmung desselben.

Wenn *G. M. Tucker*, Superscriptions 1977, 62 die Frage, ob *maśśā'* im Absolutus oder Constructus steht, für nicht entscheidbar hält, gilt dies nur für den Konsonantenbestand. Die masoretische Auffassung lässt sich aus dem Akzent ablesen, der unter dem Wort steht. Es ist ein *Mêrᵉkā*, der zu den verbindenden Akzenten gehört. Er zeigt damit an, dass *maśśā'* nicht als status absolutus – was nach Konsonanten und Vokalen möglich wäre –, sondern als status constructus zu verstehen ist. Septuaginta und Vulgata übernehmen diese Auffassung und schreiben, dem indoeuropäischen Sprachsystem folgend, Genitive (vgl. die Bemerkungen zum Text).

Auf den Status constructus *maśśā'* folgt eine weitere Constructus-Verbindung: דבר־יהוה (*dᵉbar JHWH* = »das Wort JHWHs«). Auch dies ist ein bekanntes Element von Prophetenüberschriften. Allerdings steht es dann immer am Anfang und wird ergänzt durch einen Relativsatz mit dem Namen des Propheten, an den das Wort JHWHs erging (Hos 1,1; Joel 1,1; Mi

1,1; Zef 1,1). In beidem weicht Mal 1,1 ab. Der Constructus-Verbindung »das Wort JHWHs« geht ein weiterer Constructus voraus. Und der Prophet, der als Übermittler des Gotteswortes genannt wird, wird nicht im Relativsatz, sondern mit Hilfe der Wendung »durch Maleachi« (s. dazu unten) angefügt.

Die so entstandene spezifische Form »Der Ausspruch des Wortes JHWHs« findet sich neben Mal 1,1 nur noch in Sach 9,1 und 12,1. Diese drei Überschriften müssen infolgedessen als Teil eines Systems verstanden werden. Mit ihnen erhält das Dodekapropheton drei Abschlusseinheiten: Sach 9–11; Sach 12–14 und Maleachi. Die ersten beiden verbleiben unter dem Namen des Propheten Sacharja, die letzte wird einem eigenständigen Propheten Maleachi zugewiesen. In der Einleitung habe ich als Erklärung des Befunds vorgeschlagen, dass am Anfang die Überschrift über Mal 1,1 stand und diese dann nach der Einfügung von Sach 9–11 und Sach 12–14 als Überschrift über diese Einheiten nachgeahmt wurde.

2.) Das zweite Element der Überschrift gibt den Adressaten an: »an Israel«. Prophetenüberschriften nennen gelegentlich den Adressaten. Allerdings wählen sie dafür statt dem schwächeren אל (A. Meinhold 2 übersetzt es mit »zu Israel«) das stärkere על (»über«, wenn nicht gar »gegen«). Auch schließen sie den Adressaten nicht direkt an die Textartbezeichnung, also das erste Element, an. Vielmehr folgt er erst später in einem Relativsatz mit eigenem Verb. Beides findet sich so in Jes 1,1; Am 1,1 und Mi 1,1.

Wieder steht Mal 1,1 am nächsten eine der Überschriften in den Sacharja-Anhängen, nämlich 12,1. Allerdings benutzt Sach 12,1 in Angleichung an Jes 1,1; Am 1,1 und Mi 1,1 die Präposition על (»Der Ausspruch des Wortes JHWHs über Israel«). Dagegen bleibt die Überschrift in Sach 9,1 ganz ohne Adressatenangabe.

3.) Das dritte Element der Überschrift nennt den Namen des Propheten. Der Sache nach ist das ein Element, das alle Überschriften über Prophetenbücher enthalten. Mit Ausnahme von Jer 50,1 – dazu gleich mehr – erscheint es jedoch nie in der Form »durch NN«. In den sonstigen Überschriften ist entweder der Prophet Subjekt der folgenden Worte (»Die Vision Jesajas«, Jes 1,1; »Die Worte Jeremias«, Jer 1,1; »Die Worte des Amos«, Am 1,1 u.ä.), oder er ist deren erster Empfänger (»Das Wort JHWHs, das an Hosea / Joel / Micha / Zefanja ... erging«, Hos 1,1; Joel 1,1; Mi 1,1, Zef 1,1). Die Form »durch Maleachi« betont dagegen die Mittlerschaft des Propheten; er ist zugleich erster Empfänger und Subjekt der folgenden Worte.

Allerdings ist der Gedanke, dass JHWH »durch Propheten« spricht, keineswegs eine Erfindung von Mal 1,1. In pauschalen Formulierungen erscheint er innerhalb der Bücher der Schriftpropheten in Ez 38,17 und Sach 7,7.12. Namentlich als Mittler genannt werden Jesaja (Jes 20,2) und Jeremia (Jer 37,2). Allerdings ist an diesen Stellen die Formulierung immer verbal (»die Worte JHWHs, die er durch Jeremia geredet hatte«, Jer 37,2). Das gilt auch noch für die Überschrift in Jer 50,1: »Das Wort, das JHWH ... durch den Propheten Jeremia geredet hatte«. Auffällig gehäuft ist die Formel in den Einleitungen zu den Haggai-Sprüchen. Viermal in den zwei Kapiteln lautet es, dass »das Wort JHWHs durch Haggai« erging (Hagg 1,1.3; 2,1.10).

Die Überschrift »Der Ausspruch des Wortes JHWHs an Israel durch Maleachi« nimmt also auch in ihrem letzten Glied ein bekanntes Element auf. Sie bezieht sich offenbar besonders auf Haggai. Sie formuliert aber, was sonst nirgends vorkommt, rein nominal und unterstreicht damit den einzigartigen Charakter der Überschrift über die Maleachi-Schrift.

Auslegung

Sinnvollerweise geht die Einzelauslegung den drei Elementen der Überschrift entlang.

aα[1] »Der Ausspruch des Wortes JHWHs«. Das erste Wort der Überschrift heißt auf hebräisch משא *(maśśā')*. Darin enthalten ist die Wurzel נשא *(nś')*. Sie heißt »heben, erheben, aufheben«. Eines der Objekte des Allerweltwortes kann »die Stimme« sein, die »erhoben« wird (Gen 27,38; Ri 9,7; Jes 24,14). Als Nomen kann *maśśā'* also die davon abgeleitete Bedeutung »Ausspruch« haben, wie ich es auch übersetzt habe. Als Figura etymologica נשא משא *(nś' maśśā')* = »einen Ausspruch erheben« erscheint der Ausdruck denn auch in 2 Kön 9,25. Da das Verb *nś'* zudem die Bedeutung »tragen« hat, kann die Ableitung *maśśā'* die Bedeutung von »Last« annehmen. Jer 23,33–40 nutzt diese Doppeldeutigkeit von »Ausspruch« und »Last« zu geistreichen Wortspielen, die im Deutschen kaum wiedergegeben werden können. Doch bedeutet das nicht, dass das Nomen *maśśā'*, wie es in Mal 1,1 verwendet wird, deshalb *per se* den Zug des Lastvollen an sich trüge (wie es die Übersetzung von *I. Willi-Plein* 233 mit »Lastwort« nahelegt; vgl. *M. J. Boda*, Freeing 2006, 340: »should not be translated as a ›burden‹ or ›threat‹«).

Besonders häufig wird *maśśā'* in Überschriften verwendet (s.o. unter Analyse). Dass es dabei strukturell Sach 9,1 und 12,1 am nächsten steht, ist unbestreitbar. In der Einleitung habe ich allerdings auch schon auf die relevanten Unterschiede zwischen den drei ähnlichen Überschriften hingewiesen.

Michael Floyd sieht in seiner Studie zu *maśśā'* diese Nähe zu Sach 9,1 und 12,1 durchaus, hält sie aber für »relatively superficial« (415). Viel signifikanter ist für ihn die Nähe zu Nah 1,1 und Hab 1,1. Denn dort wie in Mal 1,1 wird der Mittler namentlich genannt, durch den das prophetische Wort offenbart wird. Freilich blendet er, wenn er daraus eine spezifische Gattung ableiten will, die zahlreichen *maśśā'*-Überschriften, die keinen

Mittler, sondern den Gegenstand des Spruches nennen (vom Typ »Ausspruch über Babel«, Jes 13,1 u. ö.), ganz aus (zur Kritik an *Floyd* vgl. *M. J. Boda*, Freeing 2006, 350–352). *I. Willi-Plein*, Last 2006, 347 bezieht alle prophetischen Belege ein und vermutet, dass »mit מַשָּׂא geradezu ein Terminus technicus für eine besondere prophetische Textsorte ›Übermittlung‹ oder ›Überlieferung‹ vorliegen könnte«.

Die besondere Nähe zu Sach 9,1 und 12,1 ergibt sich besonders daraus, dass *maśśā'* in einer Constructus-Verbindung mit dem »Wort JHWHs« verbunden ist, was nur an diesen drei Stellen vorkommt (*I. Willi-Plein*, Last 2006, 436 bestreitet dies für Sach 9,1, doch legt der masoretische Akzent die Lesung als Constructus nahe; vgl. auch *M. J. Boda*, Freeing 2006, 338). Damit wird zunächst festgehalten, dass es sich nicht um »Sprüche von Trug und Verführung« handelt, wie Klgl 2,14 sie von früheren Propheten kennt. Darüber hinaus verbindet es die Überschriften in Sach 9,1; 12,1 und Mal 1,1 mit der spezifischen Wort-JHWHs-Theologie, die sich in den Überschriften zu Hos 1,1; Joel 1,1; Mi 1,1; Zef 1,1 zeigt. Was die einzelnen Propheten mit ihrem je eigenen Profil in ihrer je eigenen Zeit sagen, ist Ausfluss des einen Wortes des Gottes Israels (vgl. meine Bemerkungen zu Mi 1,1, *R. Kessler*, Micha ²2000, 74). *M. J. Boda*, Freeing 2006, 356 sieht in der Verbindung von *maśśā'* und »Wort JHWHs« geradezu »a renewal of prophecy along the lines of earlier prophecy«.

»... an Israel«. Als Adressat des »Ausspruches des Wortes JHWHs« wird   V 1
Israel angegeben. Das ist weniger selbstverständlich, als es auf den ersten Blick scheinen mag. Das besondere Profil der Angabe wird von zwei Seiten beleuchtet. Die erste ist die Maleachi-Schrift selbst. Denn diese kennt keineswegs nur Anreden an Israel. So erscheint im I. Diskussionswort neben »Israel« (1,5) auch »Jakob« (1,2), was angesichts des Gegenübers zu Esau = Edom und der üblichen Gleichsetzung von Israel und Jakob nicht verwundert. Das II. Wort ist dagegen gar nicht an Israel, sondern nur an »die Priester« gerichtet (1,6; 2,1). Das III. Diskussionswort hat dann neben »Israel« noch die Bezeichnung der Angeredeten mit »Juda« (zweimal in 2,11) und »Jerusalem« (ebenfalls in 2,11) sowie indirekt mit »Jakob« (2,12). Das IV. Wort hat überhaupt nur den Doppelausdruck »Juda und Jerusalem« (3,4). Im V. Diskusionwort erscheint als einzige Anrede »Jakobskinder« (3,6). Und im letzten Wort fehlt jede generelle Anrede; weil es von der Scheidung zwischen Gerechten und Übeltätern im Volk handelt (vgl. 3,18), sind direkt angeredet eigentlich nur noch die »JHWH-Fürchtigen« (zweimal in 3,16). Wenn also die Überschrift das alles mit »an Israel« zusammenfasst, macht sie eine Reihe signifikanter Aussagen: Die im II. Wort allein angeredeten Priester stehen für Israel; auch Juda und Jerusalem lassen sich unter dem Begriff »Israel« (und »Jakob«) fassen; und die Übeltäter, von deren Entfernung das letzte Wort spricht, gehören nicht eigentlich mehr zu Israel, auch wenn es sich nach wie vor um »Israeliten« handelt.

Das führt zur zweiten Seite, die das Profil der Überschrift beleuchtet. Es ist die staatsrechtliche. In Hos 1,1; Am 1,1 werden nebeneinander zur Datierung der Propheten Könige von Juda und Könige von Israel genannt. In Jes 1,1; Mi 1,1; Zef 1,1 beschränkt sich die Überschrift auf Könige von Juda. In allen Fällen sind Juda und Israel staatsrechtliche Größen, die für das Südreich und das Nordreich stehen. Diese Konstellation endet spätestens mit dem Untergang Judas 586 v. Chr. und seiner Eingliederung in das babylonische Provinzsystem. In persischer Zeit leben »Israeliten« in den Provinzen Juda und Samaria, in Nachbarprovinzen, aber auch in Babylonien und zunehmend in Ägypten. Keine dieser Größen aber trägt den Namen Israel im staatsrechtlichen Sinn.

Wenn die Maleachi-Schrift nach 1,1 »an Israel« gerichtet ist, dann lässt sich das zunächst auf zwei Weisen deuten. Es könnte heißen, dass für den Verfasser faktisch Juda mit Israel identisch ist. In judäozentrischer Engführung würden die Israeliten in Samaria und anderswo ausgeblendet. So deutet es *W. Rudolph* 253: »... es handelt sich um den religiösen Würdenamen, den Juda nach dem Ausscheiden des Nordreichs als das ›echte‹ Israel übernahm«. Es könnte aber auch umgekehrt bedeuten, dass der Verfasser die Schrift eben nicht nur an Juda gerichtet sieht, sondern darüber hinaus an ein Israel, das als genealogisch konstituierte Größe der Nachfahren Israels = Jakobs mehr umfasst als nur die Bewohner der persischen Provinz Juda. In der Einleitung habe ich dazu im Blick auf die ganze Maleachi-Schrift die Auffassung vertreten, dass sie zwar auf Fragen der Provinz Juda und des Tempels in Jerusalem fokussiert ist, dies aber nicht mit antisamarischer Polemik verbindet. Deshalb ist es durchaus angemessen, wenn im Anhang von der Tora des Mose gesagt wird, sie sei ihm »für ganz Israel« von Gott geboten worden (3,22), ein »Israel«, das nicht auf die Bewohnerschaft der Provinz Jehud beschränkt ist.

1aβ Den Abschluss der Überschrift bildet die Angabe des Mittlers: »durch Maleachi«. Was im Deutschen nur durch die Präposition »durch« wiedergegeben wird, ist im Hebräischen eine Verbindung von Präposition und Nomen und hieße wörtlich »in der Hand« oder »mit der Hand«. Dieser wörtliche Sinn klingt noch an, wenn ein Freier der (vermeintlichen) Hure den Lohn »mit der Hand« eines Freundes zukommen lässt (Gen 38,20), wenn ein Vater dem König Gaben »mit der Hand« seines Sohnes schickt (1 Sam 16,20), wenn ein Brief durch einen Boten übermittelt wird (2 Sam 11,14; Jer 29,3) oder ein Prophet symbolische Gegenstände durch Boten an diplomatische Vertreter sendet (Jer 27,3). Haben die Boten vor allem den Auftrag, eine mündliche Botschaft auszurichten (vgl. die Fortsetzung in 1 Sam 11,7 mit »um zu sagen«), dann verblasst die wörtliche Bedeutung. Es bleibt aber, wie in allen angeführten Beispielen, der Gedanke einer Mittlerschaft.

In diesem Sinn wird die Phrase »durch die Hand von« immer wieder für die Mittler göttlicher Botschaften an die Menschen gebraucht. JHWH redet

Maleachi 1,1

oder gebietet »durch Mose« (Ex 9,35; 35,29; Lev 8,36 u.ö.). Er redet – so durchzieht es die Darstellung der Königszeit – immer wieder »durch« namentlich genannte Propheten (1 Kön 12,15; 14,18; 15,29 u.ö.), was in den Schlusskapiteln der Königebücher in der Redewendung, JHWH habe »durch seine Knechte, die Propheten« geredet (2 Kön 17,13.23; 21,10; 24,2 mit leichten Variationen), zusammengefasst wird. Dass die Formel »durch« (ביד) auch bei den Schriftpropheten und da besonders bei Haggai verwendet wird, habe ich oben im Analyseteil schon ausgeführt.

Mittlerschaft hat dabei einen doppelten Sinn. Einerseits bedient sich Gott des Mittlers. Der Mittler ist Werkzeug seines Auftraggebers. Zugleich aber gibt der Auftraggeber, also Gott, sein Wort »in die Hand« des Übermittlers (*A. E. Hill* 142: »The use of *běyad* may also say something about the prophetic responsibility as well, stressing the prophet's role of spokesman and watchman to Israel ...«). Literarisch schlägt sich dieser doppelte Sinn in Maleachi darin nieder, dass zum einen der Prophet häufig nicht selbst spricht, sondern JHWH »zitiert« und dies durch Zitationsformeln unterstreicht (»sagt JHWH«, 1,2.13; 3,13; »Spruch JHWHs«, 1,2; »so spricht JHWH der Heere«, 1,4; »sagt JHWH, der Gott Israels«, 2,16; und weitaus am häufigsten »sagt JHWH der Heere«, 1,6.8f. u.ö.). Zum andern sind es eben diese Zitationsformeln, durch die JHWH sich literarisch gesprochen »in die Hand« des Propheten gibt, der ihm das Wort erteilt. Würde der Prophet ihn nicht zitieren, käme er nicht zu Wort.

Wird schon durch die Präposition »durch« (ביד) der Gedanke der Mittlerschaft angekündigt, so wiederholt er sich im Namen des Mittlers. Denn in ihm ist das Element מלאך *(mal'ak)* = »Bote« enthalten. Saul sendet ביד המלאכים *(bᵉjad hammal'akîm)* (= »durch die Boten«) (1 Sam 11,7), Jeremia soll ביד מלאכים *(bᵉjad mal'akîm)* (= »durch Boten«) senden (Jer 27,3), und »der Ausspruch des Wortes JHWHs« erfolgt ביד מלאכי *(bᵉjad mal'akî)* (= »durch Maleachi«) (Mal 1,1). Die Septuaginta zieht daraus die Konsequenz, gar keinen Namen wiederzugeben, sondern mit »durch seinen Boten« zu übersetzen (s.o. die Bemerkung zum Text).

Nun zeigt schon die Tatsache, dass die Septuaginta ein Suffix der 3. Person annehmen muss, dass es so glatt nicht aufgeht. »Maleachi« ist im 7. Jh. v.Chr. als Eigenname inschriftlich auf dem Henkel eines Vorratskrugs belegt, wo es nach dem Brand von ungeübter Laienhand wohl als Besitzervermerk eingeritzt wurde (näheres in HAE 1, 305, Arad(7):97). Das Jod am Ende ist dabei kein Possessivsuffix der 1. Person (»mein Bote«), sondern eher Abkürzung für den Gottesnamen. Der Name entspricht damit dem phönizischen *b'lml'k*, »Baal ist (mein) Engel« (*F. L. Benz*, Personal Names 1972, 96.344; vgl. den Hinweis bei *J. Renz*, »Jahwe« 2009, 335). Er bedeutet also »mein Engel ist JHWH« (Ges[18]). Diesen Eigennamen *meint* die Überschrift in Mal 1,1 (*C. C. Torrey*, Prophecy 1898, 1f.; *A. Meinhold* 15) – was unabhängig von der Frage ist, ob hinter der Schrift tatsächlich die historische Gestalt eines Propheten dieses Namens steht.

Damit lässt sich an Maleachi ein Phänomen beobachten, das auch andere Prophetenbücher kennen: die Aufnahme des Namens des Propheten im Text des Prophetenbuches. Besonders deutlich ist das Phänomen bei Jesaja, Ezechiel und Micha greifbar.

Jesaja bedeutet »Geholfen hat JHWH« und enthält die Wurzel ישע *(jš')* = »helfen«. Diese Wurzel erscheint in den verschiedensten verbalen und nominalen Ableitungen im Jesaja-Buch insgesamt 52 Mal. Die Belege in der gesamten übrigen schriftprophetischen Literatur, also bei Jeremia, Ezechiel und den zwölf Propheten, ergeben dagegen gerade einmal 23 Stellen. Offenkundig wird also im Buch mit dem Namen des Propheten gespielt.

Im Namen Ezechiel steckt die Wurzel חזק *(ḥzq)*, die je nach Wortstamm »stark sein«, »stark machen« oder »ergreifen, packen« heißt. Sie wird im Ezechielbuch zweiundzwanzig Mal verwendet. Besonders interessant ist in Kap. 34 der Vorwurf an die Hirten Israels, das Schwache nicht »gestärkt« zu haben (V 4), weshalb Gott selbst dies tun werde (V 16). Noch wichtiger aber ist in der Berufungsvision in 3,7–9 das Spiel mit der Wurzel. Weil das Haus Israel eine »starke« Stirn hat (im Sinn der Verhärtung), gibt Gott Ezechiel ein »starkes« Gesicht und macht seine Stirn »stark« wie Diamant. Vielleicht muss man sogar »die Möglichkeit in Betracht ziehen, daß ›Ezechiel‹ ein programmatischer Personenname ist …, der die theologische Kernaussage des Buches umreißen will« (*K. Schöpflin*, Theologie 2002, 345).

Bei Micha wird nur einmal an den Namen des Propheten angespielt (Mi 7,18). Da aber geschieht das so deutlich – *mî 'el kamôka* (»wer ist ein Gott wie du«) als Spiel mit dem Namen *mîka['el]* (»wer ist wie Gott«) –, dass *Helmut Utzschneider* geradezu von einem »Micha-Monogramm« spricht (*H. Utzschneider*, Micha 2005, 77).

Das bei Jesaja, Ezechiel und Micha zu beobachtende Spiel mit dem Prophetennamen findet sich nun in verstärkter Form auch in der Maleachi-Schrift – verstärkt deshalb, weil nicht nur die Wortwurzel aufgenommen wird, sondern mit dem Namen immer zugleich eine Gestalt verbunden ist. »The book of Malachi … is pregnant with references to messengers, prophet and priest are named so« (*J. T. Greene*, Role 1989, 148). Die erste Aufnahme findet sich in 2,7. Hier heißt es vom Priester, er sei Bote JHWHs. Doch beschränkt sich die Anspielung dabei auf das Wort »Bote« *(mal'ak)*, ohne dass man deshalb Priester und Prophet verwechseln würde. Das ist anders in 3,1. Hier kündigt Gott an: »Seht her, ich schicke meinen Boten«. Das heißt sogar der Namensform nach: »ich schicke Maleachi«. Das Konzept des Propheten als (irdischen) Boten JHWHs (vgl. Jes 42,19; 44,26; 63,9; Hagg 1,13; 2 Chr 36,16) und das des himmlischen Boten (des Engels) fließen ineinander (vgl. dazu *N. G. Cohen*, Nabi 1985).

Maleachi 1,1

Bedeutung

Die Überschrift über Maleachi enthält im Gegensatz zu den meisten Prophetenüberschriften keine Datierung. Das macht die Maleachi-Schrift aber nicht zu einer zeitlosen Offenbarung. Dem steht die Nachordnung nach Haggai und Sacharja (ursprünglich: Sach 1–8) ebenso entgegen wie der deutliche Verweis auf den »Statthalter« in 1,8. Beides führt in die persische Zeit.

Darauf, dass diese Überschrift erst sekundär eingesetzt wurde, um Maleachi künstlich von Hagg – Sach 1–8 abzutrennen, wie Erich Bosshard und Reinhard Gregor Kratz behaupten (*E. Bosshard / R. G. Kratz*, Maleachi 1990, 35), gibt es keine Hinweise. Eher ist anzunehmen, dass die Überschriften in Sach 9,1 und 12,1 der Maleachi-Überschrift nachgebildet wurden, als Sach 9–11 und 12–14 als neuer Schluss an die Sacharja-Schrift angefügt wurden.

Mal 1,1 gibt auf knappstem Raum eine Leseanleitung für das Folgende. Es handelt sich insgesamt um das Wort JHWHs, auch wenn Andere dazwischen das Wort ergreifen. Dieses Wort ist an Israel gerichtet. Das schließt engere Adressatenkreise (die Priester in 1,8–2,9 oder Juda und Jerusalem in 2,11; 3,4) ein und die Völker sowie die Übeltäter, deren Ausscheidung am Ende ins Auge gefasst wird, aus. Und es ergeht »durch Maleachi« und ist zugleich »in die Hand Maleachis« gelegt. Maleachi hat *JHWHs* Wort auszurichten, und er ist es zugleich, der dieses Wort in Szene setzt.

Maleachi 1, 2–5

Literatur

Elie Assis, Why Edom? On the Hostility Towards Jacob's Brother in Prophetic Sources, in: VT 56 (2006) 1–20. – *John R. Bartlett*, Edom and the Edomites (JSOT.S 77), Sheffield 1989. – *Ehud Ben Zvi*, A Historical-Critical Study of the Book of Obadiah (BZAW 242), Berlin / New York 1996. – *G. Johannes Botterweck*, Jakob habe ich lieb – Esau hasse ich. Auslegung von Malachias 1, 2–5, in: BiLe 1 (1960) 28–38. – *Bert Dicou*, Edom, Israel's Brother and Antagonist. The Role of Edom in Biblical Prophecy and Story (JSOT.S 169), Sheffield 1994. – *Johanna Erzberger*, Brüderpaare, in: G. Langer (Hg.), Esau – Bruder und Feind, Göttingen 2009, 115–121. – *dies.*, Kain, Abel und Israel. Die Rezeption von Gen 4,1–16 in rabbinischen Midraschim (BWANT 192), Stuttgart 2011. – *Erich Fromm*, Haben oder Sein. Die seelischen Grundlagen einer neuen Gesellschaft, übers. v. Brigitte Stein (dtv 30048), München ^{21}1992. – *Beth Glazier-McDonald*, Edom in the Prophetical Corpus, in: D. V. Edelman (Hg.), You Shall Not Abhor an Edomite For He is Your Brother. Edom and Seir in History and Tradition (Archaeology and Biblical Studies 3), Atlanta, Georgia 1995, 23–32. – *Ulrich Kellermann*, Israel und Edom. Studien zum Edomhaß Israels im 6.–4. Jahrhundert v. Chr., Habilitationsschrift Münster 1975. – *Rainer Kessler*, Jakob und Esau als Brüderpaar in Mal 1, 2–5, in: Th. Naumann / R. Hunziker-Rodewald (Hg.), Diasynchron. Beiträge zur Exegese, Theologie und Rezeption der Hebräischen Bibel, FS W. Dietrich, Stuttgart 2009, 209–229. – *Ernst Axel Knauf*, Supplementa Ismaelitica, in: BN 45 (1988) 62–81. – *Joachim J. Krause*, Tradition, History, and Our Story: Some Observations on Jacob and Esau in the Books of Obadiah and Malachi, in: JSOT 32.4 (2008) 475–486. – *J. M. Myers*, Edom and Judah in the Sixth-Fifth Centuries B.C., in: H. Goedicke (Hg.), Near Eastern Studies in Honor of William Foxwell Albright, Baltimore / London 1971, 377–392. – *Thomas Naumann*, »Jakob habe ich geliebt, Esau habe ich gehaßt.« (Röm 9,13). Alttestamentliche Erwägungen zu den paulinischen Belegstellen in Röm 9,6–13 und zur Erwählungsproblematik in den Erzelternerzählungen, in: M. Beintker (Hg.), Gottes freie Gnade. Studien zur Lehre von der Erwählung, Wuppertal 2004, 9–40. – *S. D. Snyman*, Antitheses in Malachi 1, 2–5, in: ZAW 98 (1986) 436–438. – *Daniel Vorpahl*, »Es war zwar unrecht, aber Tradition ist es«. Der Erstgeburts- und Betrugsfall der Brüder Jakob und Esau (Pri ha-Pardes 4), Potsdam 2008. – *Andreas Wagner*, Gefühl, Emotion und Affekt in der Sprachanalyse des Hebräischen, in: ders., Emotionen, Gefühle und Sprache im Alten Testament. Vier Studien (KUSATU 7), Waltrop 2006, 7–47. – *Manfred Weippert*, Art. Edom und Israel, in: TRE IX, Berlin / New York 1982, 291–299. – *Claus Westermann*, Genesis. 1. Teilband. Genesis 1–11 (BK I/1), Neukirchen-Vluyn ^{3}1983.

Maleachi 1,2–5

Text

Übersetzung
2 Ich liebe euch, sagt JHWH.
Aber ihr sagt: Wodurch liebst du uns?
Hat nicht Jakob einen Bruder Esau, Spruch JHWHs?
Ich aber gewann Jakob lieb,
3 und Esau begann ich zu hassen.
Ich machte seine Berge zur Einöde
und seinen Besitz den Schakalweibchen zur Steppe.
4 Gewiss, Edom sagt: Wir sind zwar zerschlagen, aber wir wollen die Trümmer wieder aufbauen.
So sagt JHWH der Heere: Sie mögen aufbauen, ich aber reiße nieder.
Und man nennt sie: »Gebiet des Frevels«
und »das Volk, dem JHWH für immer zürnt«.
5 Eure Augen werden es sehen, und ihr werdet selbst sagen: Groß erweist sich JHWH über dem Gebiet Israels.

Zu Text und Übersetzung

2bα Das Hebräische hat keine Vokabel für »haben«, sondern drückt das Besitzverhältnis durch »sein« mit indirektem Objekt (wörtlich: »sein für«) aus (vgl. den Hinweis von E. *Fromm*, Haben ²¹1992, 34, dass außer im Hebräischen auch in vielen anderen Sprachen kein Wort für »haben« existiert). In Wort-für-Wort-Wiedergabe heißt der Versteil: »Ist nicht ein Bruder Esau für Jakob?« (vgl. A. *Meinhold* 21 f.).

3b Die »Schakalweibchen« des masoretischen Texts, an denen textkritisch zu zweifeln kein Anlass besteht (D. *Barthélemy*, Critique textuelle 1992, 1016 f.), haben schon den antiken Übersetzungen Probleme bereitet. Die LXX ist selbst schwer zu deuten. Wörtlich übersetzt sie »und seinen Besitz zu Wüstengaben« (τὴν κληρονομίαν αὐτοῦ εἰς δόματα ἐρήμου). Sie würde dann hinter den hebräischen Buchstaben *tannôt* die Wurzel *natan* »geben« vermuten. Da der Text so aber wenig Sinn macht, könnte δόματα im Sinn von δώματα »Wohnungen« stehen (vgl. W. *Rudolph* 254; A. *Meinhold* 22, die selbst aber M beibehalten). Zu lesen wäre dann »und seinen Besitz zu Steppenwohnungen«; dem könnte sogar das hebräische נאות מדבר (vgl. Jer 9,9 u.ö.) zugrunde liegen (so W. *Nowack* 411). Die Vulgata erkennt in *tannôt* dagegen Tiere; allerdings leitet sie nicht von *tan** »Schakal«, sondern von *tannîn* »Schlange, Drache« ab und übersetzt »und seinen Besitz zu Wüstendrachen« *(hereditatem eius in dracones deserti)*. Richtig erkennen diese Übersetzungen, dass die Objekte beider Vershälften von dem Verb ואשים *(wa'aśîm)* am Anfang abhängen. Dieses wird mit doppeltem direkten Objekt konstruiert, wobei das erste die nota accusativi bei sich trägt, das zweite dagegen nicht. Letzteres gibt man im Deutschen mit »zu« wieder: »Ich machte seine Berge (mit nota accusativi) zur Einöde (ohne nota accusativi)« parallel »(Ich machte) seinen Besitz (mit nota accusativi) zur Steppe (ohne nota accusativi)«. Es verbleibt in der zweiten Vershälfte das indirekte Objekt mit ל *(lᵉ)*, das man im Deutschen mit »für oder Dativ wiedergibt: »seinen Besitz (für die) / den Schakalweibchen zur Steppe« (so richtig A. E. *Hill* 145: »So I made his mountains a wasteland and his ancestral homeland a desert [haunt] for jackals«).

4a Das Verb am Satzanfang kann der Form nach 3. Feminin Singular oder 2. Maskulin Singular sein (»Edom sagt« oder »Du sagst, Edom«). Da »Edom« im Folgenden im Plural aufgenommen wird, lässt sich von der Wiederaufnahme im Text keine Entscheidung fällen. »Edom« kann feminin konstruiert werden (so an der auch semantisch nahen Parallele in Jer 49,17; vgl. auch Ez 32,29). Die Kommunikationsstruktur des Textes legt es dann nahe, hier die 3. Person zu lesen.

Analyse

Die erste Einheit der Maleachischrift enthält die Elemente des Diskussionswortes in aller Klarheit, auch – anders als spätere Worte – ohne Doppelungen und umfangreiche Ausweitungen. Die Feststellung steht ganz am Anfang und eröffnet damit nicht nur das erste Worte, sondern auch die ganze Schrift (»Ich liebe euch«). Sie besteht im Hebräischen aus zwei Worten. Genauso kurz ist die Einrede (»Wodurch liebst du uns?«). Darauf folgt als drittes Element die Entfaltung der Feststellung. Teil IIIa umfasst V 2b–4. Hier wird das Stichwort »lieben« durch seine Opposition »hassen« und beider Anwendung auf Jakob und Esau/Edom erläutert. In einem Teil IIIb wird angekündigt, dass Israel die Größe JHWHs sehen und anerkennen wird (V 5).

Die Elemente des Diskussionswortes

Der kurze Text besteht fast nur aus wörtlichen Reden JHWHs, der adressierten Israeliten und Edoms. Diese Zitate sind fiktiv, also nicht Protokoll eines realen Zwiegesprächs. Sie werden durch zahlreiche explizite Redeeinleitungen markiert. In V 2 wird der Wechsel von der Feststellung zur Einrede und zur Entfaltung der Feststellung durch »sagt JHWH – aber ihr sagt – Spruch JHWHs« angezeigt. Innerhalb der Entfaltung der Feststellung wird in V 4 Edom zitiert und die Rückkehr zur Rede JHWHs danach wieder ausdrücklich gekennzeichnet: »Edom sagt – so sagt JHWH der Heere«. Einzig der Schlussvers lässt offen, ob er noch Teil der JHWH-Rede ist oder vom prophetischen Sprecher artikuliert wird. Im Übrigen enthält auch dieser Vers noch einmal direkte Rede, die mit »und ihr werdet selbst sagen« eingeleitet wird.

Redeebenen

Die spannende Frage ist, wer diese zahlreichen Redeeinleitungen artikuliert. Eindeutig ist es nur bei der ersten. In der Eröffnung der Einheit mit »Ich liebe euch, sagt JHWH« muss das »sagt JHWH« auf der Ebene des Propheten (der Sprecher-Origo) zu stehen kommen, die ich mit E_0 bezeichne. Die Weichenstellung erfolgt gleich mit den folgenden Worten: »Aber ihr sagt« kann vom Propheten gesagt sein. Dann bleibt es auf der Ebene E_0, und die Einrede selbst gehört wie die eröffnende Feststellung zur Ebene E_1. Diese Möglichkeit nenne ich Dialog-Modell. »Aber ihr sagt« kann aber auch Fortsetzung der JHWH-Rede sein. Dann steht der Inhalt der Einrede bereits auf der Ebene E_2. Dieselbe alternative Möglichkeit eröffnet sich bei der Aus-

Maleachi 1,2–5

sage Edoms in V 4 und der erneuten Redeeinleitung in V 5. In diesem Fall spreche ich vom Monolog-Modell.

Schematisch lässt sich die Alternative so darstellen, wobei ich mit dem Dialog-Modell beginne:

Vers	Ebenen	
	E_0 (Sprecher-Origo)	E_1
2aα		[Gott] Ich liebe euch,
	sagt JHWH.	
2aβ	Ihr aber sagt:	[Israel] Wodurch liebst du uns?
2bα		[Gott] Hat nicht Jakob einen Bruder Esau?
	Spruch JHWHs.	
2b.3		[Gott] Ich aber gewann Jakob lieb und Esau begann ich zu hassen. Ich machte seine Berge zur Einöde und seinen Besitz den Schakalweibchen zur Steppe.
4aα	Gewiss, Edom sagt:	[Edom] Wir sind zwar zerschlagen, aber wir wollen die Trümmer wieder aufbauen.
4aβ.γ.b	So sagt JHWH der Heere:	[Gott] Sie mögen aufbauen, ich aber reiße nieder. Und man nennt sie: »Gebiet des Frevels« und »das Volk, dem JHWH für immer zürnt«[1].
5	Eure Augen werden es sehen, und ihr werdet selbst sagen:	[Israel] Groß erweist sich JHWH über das Gebiet Israels.

In diesem Dialog-Modell werden alle Redeeinleitungen der prophetischen Sprecher-Origo zugewiesen. Sie inszeniert wie ein Dramatiker eine Abfolge von Wechselreden. Die Alternative besteht darin, alles, was auf die einleitende Erteilung des Wortes an JHWH folgt, diesem in den Mund zu legen. Trotz der Stilisierung als Wechselrede handelt es sich dann eigentlich um einen großen Monolog JHWHs.

---

[1] In V 4b wird eine weitere Ebene E_2 eröffnet, indem JHWH in seiner Rede eine weitere Rede zitiert. Ich vernachlässige diese Ebene, um die Grundstruktur klarer kenntlich zu machen.

Vers	Ebenen		
	E_0 (Sprecher-Origo)	E_1 (Gott)	E_2 (Israel und Edom)
2aα		Ich liebe euch,	
	sagt JHWH.		
2aβ		Ihr aber sagt:	[Israel] Wodurch liebst du uns?
2bα		Hat nicht Jakob einen Bruder Esau?	
	Spruch JHWHs.		
2b.3		Ich aber gewann Jakob lieb und Esau begann ich zu hassen. Ich machte seine Berge zur Einöde und seinen Besitz den Schakalweibchen zur Steppe.	
4aα		Gewiss, Edom sagt:	[Edom] Wir sind zwar zerschlagen, aber wir wollen die Trümmer wieder aufbauen.
4aβ.γ.b	So sagt JHWH der Heere:	Sie mögen aufbauen, ich aber reiße nieder. Und man nennt sie: »Gebiet des Frevels« und »das Volk, dem JHWH für immer zürnt«[2].	
5		Eure Augen werden es sehen, und ihr werdet selbst sagen:	[Israel] Groß erweist sich JHWH über das Gebiet Israels.

Die Erfindung der Anführungszeichen zur Markierung direkter Rede in den modernen europäischen Sprachen eröffnet die Möglichkeit, das, was im Hebräischen uneindeutig bleibt, eindeutig zu machen. Es ist interessant zu beobachten, wie die Kommentare davon Gebrauch machen, meist ohne Rechenschaft darüber zu geben, warum sie sich für eine bestimmte Vereindeutlichung entscheiden. Das Dialog-Modell vertritt *H. Graf Reventlow* 133 f., indem er in der Übersetzung alles, was in der ersten Tabelle unter E_0 steht, ohne und alles auf E_1 mit Anführungszeichen wiedergibt. Die Übersetzung von *A. E. Hill* 145 verfährt genauso; nur V 5 versteht er wie im Monolog-Modell als Teil der mit V 4aβ beginnenden JHWH-Rede. Dagegen setzt *W. Rudolph* 253 f. genau das, was in der zweiten Tabelle E_2 bildet, in Anführungszeichen und markiert damit indirekt alles Übrige als Monolog JHWHs. *A. Meinhold* 21 verzichtet zwar in der Übersetzung auf Anführungszeichen, entscheidet sich aber bis auf V 5 für das Monolog-Modell. Allein in den drei Formeln, die auf der Ebene E_0 Gottesrede anzeigen, erkennt er Text des Propheten, der damit die »Ich-Rede JHWHs

---

[2] Wieder verzichte ich darauf, die Zitate einer Ebene zuzuweisen. Es wäre die Ebene 2 mit einem unpersönlichen »man« als Sprecher.

(V 2a–4a)« kennzeichnet. Bei der JHWH-Rede selbst handle es sich dagegen »eigentlich um zwei ›zitierte‹ Zitierungen« (29). Diese Auffassung im Sinn des Monolog-Modells verallgemeinert Thomas Hieke: »Die Diskussionsworte selbst sind an sich als Monolog gehalten: Es handelt sich um eine vom Propheten vermittelte Gottesrede, die fast immer ohne Unterbrechung durchgeht. Innerhalb dieser Gottesrede(n) werden mit ›Ihr aber sagt‹ die Einwände der Adressaten (des Volkes, der Priester) geschildert und damit gleichsam ›zitiert‹. Das ›Dialogische‹ findet also genau genommen im Modus des Zitats statt, so dass es nur einen Sprecher gibt« (*Th. Hieke*, Kult 2006, 20, Hervorhebung im Original).

Das erste Diskussionswort gehört zu denjenigen Texten, bei denen die Frage, ob ein echter Dialog oder ein JHWH-Monolog vorliegen, zumindest auf den ersten Blick uneindeutig bleibt. Diese Doppeldeutigkeit zeigt, dass der Prophet, der die JHWH-Rede inszeniert, so sehr Bote JHWHs ist, dass zwischen beider Rede nicht unterschieden werden kann. Deshalb ist es gleichgültig – weil in gleicher Weise gültig –, wer in V 2 und 5 den »ihr« (Jakob/Israel) und in V 4 Edom das Wort erteilt.

Figurenkonstellation und Kommunikationsstruktur

Während es also für das Verständnis der Einheit letztlich gleichgültig ist, wer jeweils das Wort erteilt, ist die Frage der Kommunikationsstruktur entscheidend. Drei Aktanten treten in dem Text auf. Es sind dies JHWH, dem in beiden Modellen in V 2a, V 2b und V 4 ausdrücklich vom Propheten das Wort erteilt wird; ein »ihr«, das in V 2 indirekt als Jakob und in V 5 direkt als Israel identifiziert wird; und schließlich Esau (V 2 f.), der nach V 4 mit Edom identisch ist.

Ordnet man die drei Figuren als Dreieck an, wird die eigenartige Kommunikationsstruktur des Textes deutlich.

JHWH

Jakob/Israel   Esau/Edom

Jakob/Israel und Esau/Edom verhalten sich nicht direkt zueinander. JHWH verhält sich sowohl gegenüber Jakob/Israel als auch gegenüber Esau/Edom. Er tut dies der Sache nach in oppositioneller Weise (»lieben vs. hassen«). Dieser sachliche Gegensatz, und das ist für die Interpretation ausschlaggebend, schlägt sich in unterschiedlicher Kommunikation nieder. Mit Jakob/Israel kommuniziert JHWH in direkter Anrede; dies gilt auf jeden Fall für den Beginn (»ich liebe euch«), im Monolog-Modell dann auch für die weiteren Rede-Einleitungen (»ihr aber sagt«, V 2aβ; »Eure Augen werden es sehen, und ihr werdet selbst sagen«, V 5). Desgleichen kommuniziert Jakob/Israel direkt mit JHWH (»wodurch liebst du uns?«, V 2a). Mit Esau/Edom dagegen kommuniziert JHWH nicht, und umgekehrt. Dies wird am deutlichsten in V 4. Edom wendet sich nicht an JHWH, sondern spricht nur von sich selbst. Und JHWH in seiner Antwort wendet sich nicht an Edom, sondern redet über es.

Zur Beschreibung der Kommunikationsstruktur des Textes ist es nötig, Jakob/Israel und Esau/Edom jeweils als eine einzige Größe aufzufassen. Dennoch ist es ernst zu nehmen, dass für beide Größen je zwei Begriffe verwendet werden. Dies ist umso auffälliger, als der Wechsel der Bezeichnungen mit einem Wechsel der Verbalkonstruktion einhergeht.

Der Text beginnt in V 2a, der Feststellung und der Einrede, mit AK-Formen, die ebenso wie der Nominalsatz V 2bα, mit dem die Entfaltung der Feststellung beginnt, präsentisch zu übersetzen sind (»Ich liebe euch«, »Wodurch liebst du uns?«, »Hat nicht Jakob einen Bruder Esau«). In der weiteren Entfaltung der Feststellung folgen darauf zwei Narrative; der erste Narrativ ist gefolgt von einer AK-Form, die gleich wie der voran stehende Narrativ zu verstehen ist. Alle diese Sätze blicken in die Vergangenheit zurück, auch wenn die ersten beiden Aussagen inchoativ zu verstehen sind (»Ich aber gewann Jakob lieb, und Esau begann ich zu hassen«), die zweite dagegen punktuell (»Ich machte seine Berge zur Einöde ...«). Bis hierhin spricht der Text nur von Jakob und Esau.

Verbale Struktur

Mit dem Übergang zu V 4 und 5 erfolgt ein Wechsel in der verbalen Struktur. Jetzt dominieren PK-Formen, sowohl in den Redeeinleitungen als auch in den Reden selbst. Sie haben allesamt eine futurische Bedeutung, unbeschadet der Nuancierung in eher kohortative (»wir wollen die Trümmer wieder aufbauen«), konzessive (»sie mögen aufbauen«) oder konstatierende Aspekte (»ich aber reiße nieder«, »eure Augen werden es sehen, und ihr werdet selbst sagen«). Der Wechsel zu den futurischen Formen geht einher mit dem Wechsel der Benennung zu Edom und Israel.

Damit ergibt sich aufgrund der Verbformen und der Bezeichnung der Größen Jakob/Israel und Esau/Edom ein Einschnitt zwischen V 2 f. einer- und V 4 f. andererseits (der freilich inhaltlich und nicht literarkritisch zu erklären ist; gegen J. Wöhrle, Abschluss 2008, 219–222). Ihn markiert im Übrigen die Septuaginta dadurch, dass sie in V 2 f. Aorist und in V 4 f. Futur verwendet.

Nun heißt der Wechsel von V 2 f. zu V 4 f. nicht, dass es in den ersten beiden Versen ausschließlich um die Vergangenheit und danach nur noch um die Zukunft geht. Vielmehr sprechen V 2 f. von einer Vergangenheit, die bis in die Gegenwart reicht. Inhaltlich heißt das: JHWHs Liebe zu Jakob und sein Hass gegenüber Esau haben ihre Wurzel in der Vergangenheit und gelten auch noch gegenwärtig. Umgekehrt sprechen V 4 f. von einer Zukunft, die bereits in der Gegenwart beginnt. Denn Edoms Wiederaufbaupläne können durchaus bereits in der Umsetzung begriffen sein. Der Schnittpunkt ist also die Gegenwart. Doch wo von ihr der Blick in die Vergangenheit geht, werden die Aktanten des Textes mit dem Brüderpaar Jakob und Esau identifiziert, während da, wo der Blick in die Zukunft geht, die eher politisch-soziologisch konnotierten Bezeichnungen Edom und Israel verwendet werden.

Die Zeitstruktur von V 3 ist nicht unumstritten. *H. Graf Reventlow* 136 schreibt in der Kommentierung, die Verben seien »präsentisch zu übersetzen«. Tatsächlich übersetzt er futurisch: »Und ich will seine Berge zur Öde machen / und sein Erbland den Schakalen der Wüste (geben)« (133). Für ihn ist also »V. 3b kein Rückblick auf vergangenes Geschehen, sondern eine in die Zukunft blickende Gerichtsankündigung ... gegen Edom ...« (136). Bei allen Unsicherheiten in der Deutung des hebräischen Verbalsystems ist eine solche Auffassung des Narrativs ואשים *(wa'aśîm)* wohl nicht haltbar. Die Septuaginta jedenfalls bleibt in V 3 beim Aorist.

Sprache In Mal 1, 2–5 stoßen wir zum ersten Mal auf das in der Einleitung beschriebene Phänomen einer gehobenen, mit poetischen Elementen durchsetzten Prosasprache. Der Text setzt mit einem Chiasmus ein (»Ich aber gewann Jakob lieb, / und Esau begann ich zu hassen«, V 2bβ.3a), auf den ein Parallelismus folgt (»Ich machte seine Berge zur Einöde / und seinen Besitz den Schakalweibchen zur Steppe«, V 3b). V 4a enthält noch eine Antithese (*S. D. Snyman*, Antitheses 1986, 438): »Edom sagt: Wir sind zwar *zerschlagen*, aber wir wollen die Trümmer wieder *aufbauen*. / So sagt JHWH der Heere: Sie mögen *aufbauen*, ich aber *reiße nieder*.« Danach verlieren sich die poetischen Elemente immer mehr, bis zum Schlusssatz in V 5, der in reiner Prosa gehalten ist.

Auslegung

Die Diskussionsworte der Maleachischrift beginnen mit der Feststellung JHWHs: »Ich liebe euch.« אהב *('hb)* »lieben« ist das erste Wort des Buches. Gleich dreimal erscheint es in diesem ersten Vers, dann nur noch einmal in 2, 11. Maleachi stellt sich damit in die Tradition des Deuteronomiums, das immer wieder das besondere Verhältnis JHWHs zu seinem Volk als Liebe bezeichnet (4, 37; 7, 8.13 u. ö.). Vor allem aber greift Maleachi damit eine spezifische Redeweise Hoseas auf (die seinerseits das Deuteronomium beeinflusst haben dürfte). Insgesamt achtzehn Mal verwendet Hosea die Wurzel אהב *('hb)* »lieben«. Für Hosea ist die Liebe JHWHs zu Israel – metaphorisiert als Liebe des Mannes zu einer Frau (Hos 3, 1) oder der Eltern zu ihrem Kind (11, 1) – die Basis der Gottesbeziehung, auch wenn Israel im Gegenzug immer wieder das Falsche liebt (Traubenkuchen als Symbol anderer Gottheiten, 3, 1; »gib her« als Symbol der hurerischen Raffgier, 4, 18; Hurenlohn, 9, 1 usw.). Von der Liebe JHWHs zu Israel ist dann innerhalb des Zwölfprophetenbuches nur noch einmal in Zef 3, 17 die Rede. Nach *H. Irsigler*, Zefanja 2002, 422 »erinnert der Text an den ›Tag‹ der ersten Liebe von

V 2

Mann und Frau, von JHWH und Israel«, wozu er auf Hos 2,17 verweist. Durch die betonte Aufnahme des Liebesmotivs in Mal 1,2–5 ergibt sich ein Bogen, der das Zwölferbuch überspannt und, mit einer Zwischenstütze in Zef 3,17, seine Eckpfeiler in der ersten und der letzten Schrift hat.

JHWHs Aussage »Ich liebe euch« ist grammatikalisch als AK-Form gehalten. Sie ähnelt damit deklarativen oder performativen Aussagen, die ebenfalls in 1. Person und AK formuliert sind (Gen 1,29 »Hiermit gebe ich euch alles Grünzeug«). In Fällen wie von Mal 1,2 mit seinem »Emotionsverb« »lieben« liegen allerdings mehr als »einfache AUSSAGEN, REPRÄSENTATIVE ohne emotionale Beteiligung der Sprecher vor« (*A. Wagner*, Gefühl 2006, 38 f.). Die Aussage ist emotional, EXPRESSIV, wie man in Terminologie und Schreibweise der Sprechakttheorie sagt. Sie hat aber zugleich die Bestimmtheit einer Deklaration: Wer eine Liebeserklärung abgibt, bindet sich damit selbst.

Wer einem Menschen – ob einem geliebten Erwachsenen oder den geliebten Kindern – erklärt: »Ich liebe dich« oder »Ich liebe euch«, erwartet nur eine einzige Antwort: »Ich dich auch«. Alles andere kommt einer Zurückweisung gleich. Das gilt nicht nur für das offene: »Aber ich dich nicht«. Es gilt auch bereits für die Frage nach Belegen oder Beweisen für die Liebe. Genau das aber tut das hier als pluralisches Kollektiv angeredete Israel, wenn es fragt: »Wodurch liebst du uns?« Zwar ist es richtig, dass im ersten Diskussionswort der Maleachischrift anders als bei den weiteren Worten keine Kritik an Israel oder bestimmten Gruppen in Israel geübt, sondern das Fundament dafür gelegt wird, dass die folgenden kritischen Worte nicht als Aufkündigung der Liebe JHWHs verstanden werden sollen. Aber selbst dieses Fundament ist nicht selbstverständlich. Israel stellt JHWHs Liebe in Frage – im wahrsten Sinne des Wortes. במה *(bammah)* »mit was« oder »wodurch« fragt nach Beweisen für Gottes Liebe.

V.3a Obwohl allein die Infragestellung bei einer menschlichen Liebesbeziehung deren Aufkündigung nahe kommt, lässt Gott sich darauf ein. Er antwortet. Er verweist darauf, dass Jakob einen Bruder Esau hat. Damit greift Maleachi ein Motiv auf, das in den Erzählungen in Gen 25–36 breit entfaltet und danach immer wieder aufgegriffen wird (Num 20,14; Dtn 2,4; 23,8 u. ö.). Auch innerhalb des Zwölfprophetenbuchs erscheint das Motiv des geschwisterlichen Verhältnisses zwischen Jakob und Esau in Am 1,11 und Ob 10.12. Durch seine Erwähnung wird zum einen die Reihe der Brüderpaare aufgerufen, die in der Genesis eine herausragende Rolle spielen (Kain und Abel, Ismael und Isaak, Esau und Jakob, dazu Josef und seine Brüder; vgl. *J. Erzberger*, Brüderpaare 2009). Zum andern wird Edom, das in V 4 genannt und mit Esau gleichgesetzt wird, aus der Reihe der Völker herausgehoben. Mit keinem ist Israel, das mit Jakob identisch ist, so eng verwandt. Beides ist für die Deutung von Mal 1,2–5 grundlegend.

Obwohl Esau und Jakob Brüder sind, hat JHWH zu ihnen ein gegensätzliches Verhältnis: »Ich aber gewann Jakob lieb, und Esau begann ich zu hassen.« Die Aussage setzt mit einem Narrativ ein – ואהב *(wa'ohab)* –, der mit einer AK-Form fortgesetzt wird – שנאתי *(śane'tî)*. Damit wird der Beginn der gegensätzlichen Beziehung JHWHs zu den Brüdern in die Vergangenheit gelegt. Dies soll durch die hier gewählte inchoative Übersetzung, die den Beginn des Verhältnisses herausstellt, betont werden. Freilich bedeutet das nicht, dass Liebe und Hass danach aufgehört hätten, im Gegenteil. Deshalb ist durchaus auch eine präsentische Übersetzung möglich: »Ich liebe Jakob, Esau aber hasse ich« (so *H. Graf Reventlow* 133).

Fragt man, wann in der Vergangenheit die unterschiedliche Haltung JHWHs zu den beiden Brüdern einsetzte, kommt man zu der Feststellung, dass dies bereits vor deren Geburt war. Nach Gen 25,23 kündigt JHWH der Mutter der Beiden, Rebekka, bereits während der Schwangerschaft an, dass der Ältere – Esau – dem Jüngeren – Jakob – in Zukunft dienen werde. Paulus zitiert in Röm 9,11f. diese Genesisstelle, verbindet sie mit Mal 1,2f. und stellt heraus, dass »der mit Auswahl verfahrende Entschluss Gottes« unabhängig vom Verhalten der Beiden erfolgt: »Die waren nämlich noch nicht geboren und hatten noch nichts Gutes oder Böses getan«. Dabei muss man sehen, dass die Maleachi-Stelle sich auf die Erzählung der Genesis nicht nur bezieht – wie Paulus zu Recht herausstellt –, sondern diese auch zuspitzend deutet. Denn zwar ist auch in der Genesis klar, dass Gott die unterschiedliche Zukunft der beiden Kinder nicht nur vorhersagt, sondern dieses Geschehen auch selbst heraufführt. Aber von Gottes »Hass« gegenüber Esau lesen wir nichts, nur, dass Gott Jakob in seinen Nöten zur Seite steht (Gen 28,13–15; 31,3; 35,9–12).

Mal 1,2f. interpretiert Gottes Haltung gegenüber den Brüdern mit dem Wortpaar »lieben« und »hassen«. Dieses hat eine seiner Verwendungen in familiären Konstellationen. Es hat hier relative Bedeutung. Dies gilt sowohl für den Fall, dass ein Mann eine Frau zunächst liebt, sie dann nach der Heirat aber »hasst« (Dtn 22,13.16), wie auch für den andern Fall, dass ein Mann zwei Frauen hat, wovon eine »die Geliebte« und die andere »die Gehasste« ist (Dtn 21,15–17). Im Übrigen hat Jakob selbst zwei Frauen, von denen Lea zweimal als »die Gehasste« bezeichnet wird (Gen 29,31.33). Davor aber heißt es von Jakob: »Er liebte Rahel mehr als Lea« (Gen 29,30). Es handelt sich also nicht um den absoluten Gegensatz von Hass und Liebe, sondern um die relative Beziehung von mehr oder weniger Liebe.

Auch im Verhältnis von Eltern zu ihren Kindern kommen solche Bevorzugungen und Zurücksetzungen vor. Gerade die Brüdererzählungen der Genesis liefern die Beispiele. So wie Jakob Rahel mehr liebt als Lea, so »liebte er Josef mehr als alle seine Brüder« (Gen 37,3f.). Auch hier geht es um ein relatives Verhältnis. Eine vergleichbare Erfahrung ist die, dass das Elternpaar die Liebe zu seinen Kindern ungleich verteilt. Eben dies wird vom Brüderpaar Esau und Jakob berichtet: »Isaak liebte Esau …, und Rebekka liebte

Jakob« (Gen 25, 28). Damit sind wir ganz nahe an Mal 1, 2 f. Gott verhält sich hier wie ein Vater, der seine Söhne ungleich liebt (zur relativen Bedeutung von »hassen« in den biblischen Texten vgl. auch *W. C. Kaiser* 441).

Die Kommentare sehen in der Regel durchaus die Möglichkeit, dass in familiären Kontexten Hass und Liebe relative Bedeutung haben, beeilen sich aber festzustellen, dass das auf unseren Text nicht zutreffe. *A. E. Hill* 167: »Like Yahweh's love, Yahweh's ›hate‹ is absolute and unconditional. It is not a question of degrees of love, ›but of love or no love‹ …«. Ähnlich kommentiert *P. A. Verhoef* 200: »The ›love‹ that is spoken of in our text is sovereign and unconditioned.« Während diese Autoren die relative Deutung ablehnen, weil Gott das Subjekt des Liebens und Hassens ist, setzt *A. Meinhold* 43 einen anderen Akzent. Er verweist darauf, dass das Objekt des Liebens und Hassens Völker sind: »… anders als die Gegenüberstellung von … ›lieben‹ … und … ›hassen‹ … im Sinne von ›bevorzugen‹ – ›hintansetzen‹ im familiären Bereich … ist hier eine konträre und keine nur relativiert distanzierende Behandlung im Blick. Sie orientiert sich … nicht an zwei Einzelpersonen …, sondern an Repräsentanten von Völkern und damit Völkerverhältnissen«. Man muss ihm und den anderen zitierten Kommentatoren insofern Recht geben, als sie die Einheit von V 2–5 als Ganze im Blick haben. Für sie gilt in der Tat, dass JHWH Israel nicht »mehr liebt« als Edom, sondern dass er Jakob/Israel unbedingt liebt und Esau/Edom genauso unbedingt hasst. Doch in V 2 f., wo ausdrücklich vom Lieben und Hassen die Rede ist, geht es zunächst nur um das Brüderpaar Jakob und Esau. Dieser Sachverhalt ist ernst zu nehmen. Im Übrigen zeigt *D. Vorpahl*, Jakob und Esau 2008, dass auch die Erzählung der Genesis zwar »letzten Endes … auf der volksgeschichtlichen Ebene« anlangt, aber »eben im Zuge einer Entwicklung, die mit den Familien der Stammväter beginnt …« (81). »… die Erzählung von Jakob und Esau sowie ihren Eltern Rebekka und Isaak bildet … die *Vorgeschichte* und noch nicht die Geschichte zweier rivalisierender Völker ab« (80).

Das Motiv von Bevorzugung und Zurücksetzung reiht Esau und Jakob in die Brüderkonstellationen der Genesis ein (zur Brüderkonstellation als Deutungshintergrund des Textes vgl. *R. Kessler*, Jakob und Esau 2009). Gemeinsames Motiv der Brüderpaarerzählungen sind Bevorzugung und Zurücksetzung, Konkurrenz und Eifersucht. In allen Fällen ist der Erstgeborene der Zurückgesetzte (Kain, Ismael, Esau). In allen Fällen gibt es keinen Grund für die Zurücksetzung, der in der Person des Zurückgesetzten läge. Der Konflikt zwischen Kain und Abel wird ausgelöst durch ein gegensätzliches Verhalten JHWHs, das nicht begründet wird. Bei Ismael und Isaak spielt zwar die Herkunft des Ersteren von der Sklavin Hagar und des Zweiten von Abrahams Frau Sara die ausschlaggebende Rolle (vgl. Gen 17, 15–22; 21, 12 f.); aber auch das hat mit der Person der Brüder und ihrem Verhalten selbst nichts zu tun. Und zu dem Brüderpaar Esau und Jakob genügt es, auf Paulus zu verweisen, der zu Recht feststellt, dass die beiden »noch nicht geboren« waren und »noch nichts Gutes oder Böses getan« hatten (Röm 9, 11 f.).

Besonders sticht die enge Parallele zwischen den Brüderpaaren Esau-Jakob und Kain-Abel ins Auge. So unvermittelt Mal 1,2b.3a JHWH sagen lässt: »Ich aber gewann Jakob lieb, und Esau begann ich zu hassen«, so unvermittelt erzählt Gen 4,4b.5a: »JHWH blickte auf Abel und seine Gabe, auf Kain und seine Gabe aber blickte er nicht«. In solchen knappen Sätzen schlägt sich unendliche Lebenserfahrung nieder. Menschen, die unter nahezu gleichen Bedingungen antreten – dies wird mit dem Motiv der Brüder ausgedrückt –, erleben es, dass der eine Erfolg hat und der andere scheitert. C. *Westermann*, Genesis ³1983, 403 drückt es im Blick auf die Gaben von Abel und Kain so aus: »Daß Gott das Opfer Kains nicht ansah, ist also weder auf seine Gesinnung noch auf ein falsches Opfer noch auf eine falsche Art des Opferns zurückzuführen. Es ist vielmehr das Unabänderliche damit ausgedrückt, daß so etwas geschieht«.

Das »Unabänderliche ..., daß so etwas geschieht«, ist der Ausgangspunkt der Erzählung von Kain und Abel. Doch damit ist die Geschichte nicht zu Ende. Das Entscheidende passiert erst danach. Kain wird zornig, was durchaus verständlich ist (Gen 4,5b). Jetzt wendet sich JHWH an ihn und warnt ihn vor der Sünde. Kain soll sie beherrschen (V 6f.). Kain aber hört nicht, er antwortet Gott nicht einmal, sondern schreitet zur Tat und erschlägt seinen Bruder (V 8). Die Zurücksetzung determiniert Kain nicht. Sie macht ihn zwar anfällig für die Sünde, deren »Verlangen« nun nach ihm steht (V 7). Aber ihm wird zugetraut, sie zu beherrschen.

Die rabbinische Auslegungstradition befasst sich an vielen Stellen mit dem Motiv der Brüderpaare in der Genesis (J. *Erzberger*, Brüderpaare 2009). In Aggadat Bereschit wird die Frage reflektiert, inwiefern die ungerechte Ungleichbehandlung der zurückgesetzten Brüder deren späteres Verhalten rechtfertigt. Unter Aufnahme von Gen 28,9, wonach »Esau zu Ismael ging«, und von Gen 27,41, wonach Esau nach dem Tod des Vaters den Bruder umbringen will, konstruiert der Text ein Gespräch der beiden Zurückgesetzten Esau und Ismael, in dem Esau aus dem ihm widerfahrenen Unrecht das Recht ableitet, seinen Bruder zu töten: »Was tat Esau, der Frevler? Er selbst ging zu Ismael und sagte zu ihm: Wir wollen uns beraten, ich und du, und über die ganze Welt herrschen. Er sagte zu ihm: Wie? Esau sagte zu ihm: Du weißt, dass dein Vater dich wie seine Seele liebte ... (Gen 17,18). Und nun, als Isaak, dein Bruder, geboren wurde, kam dein Vater und schickte dich fort ... Und es ist nicht genug, was er dir antat, sondern auch mich schickte er weg. Und nun weißt du, dass es für einen Sohn nicht Recht ist, seinen Vater zu erschlagen. Aber der Bruder kann seinen Bruder um des Erbes willen erschlagen, denn so finden wir es bei Kain, der den Abel, seinen Bruder, erschlug ... (Gen 4,8). Und nun gibt es dir das Recht, deinen Bruder zu töten, denn er schickte dich weg ... von allem, was dir gehört. Und so werde ich meinen Bruder töten, und danach nehmen wir die ganze Welt in Besitz. ... In dieser Stunde wog Ismael in sich selbst leicht und schwer und sagte: Wenn ich Isaak, meinen Bruder, erschlage, wird der Heilige, gepriesen sei er, mich schuldig sprechen und einen Fluch über mich und meinen Samen bringen, wie er es gegenüber Kain tat, den er von dieser Welt abschnitt. Es ist besser für mich, alles zu lassen, was mir gehört, und den Fluch Gottes nicht entgegenzunehmen« (Übersetzung J. *Erzberger*, Kain 2011, 191). Während also Esau aus dem erfahrenen Unrecht das

Recht zum Brudermord ableitet, verzichtet Ismael darauf. Die Aussage ist eindeutig: »Auch erfahrenes Unrecht rechtfertigt den Brudermord nicht« (*J. Erzberger*, Brüderpaare 2009, 118).

Das für unsere Auslegung von Mal 1,2–5 Ausschlaggebende ist, dass Esau zum »Frevler« erst durch die Art wird, wie er auf seine Zurücksetzung reagiert. Nun wird man für Maleachi nicht annehmen können, dass er die rabbinische Erzählung kennt. Dennoch zeigt der Fortgang von Mal 1,2–5, dass auch dieser Text davon ausgeht, dass der Grund für den bis in die Gegenwart fortwährenden und dann auch absoluten Hass gegen Edom in dessen weiterem Verhalten nach seiner in der Genesis erzählten Zurücksetzung hinter Jakob liegt. Dazu ist den weiteren intertextuellen Beziehungen des Maleachitextes nachzuspüren.

3b Nach der Erinnerung an die Brüderkonstellation zwischen Jakob und Esau bleibt der Text in der Vergangenheit. Zum Beleg für seinen Hass gegen Esau/Edom erinnert JHWH Jakob/Israel daran, was er Edom angetan hat: »Ich machte seine Berge zur Einöde und seinen Besitz den Schakalweibchen zur Steppe.« Das ist kein Verweis auf die »Landvergabe an die Väter«, bei der »Esau deutlich schlechter weggekommen [ist] als Jakob« (*I. Willi-Plein* 235). Dagegen spricht zum einen schon die sprachliche Gestalt. »Machen zu« (שִׂים, *śîm* mit Akkusativ) bezeichnet nicht die Gabe von schlechtem Land, sondern die Verwandlung guten Landes in »Einöde« und »Steppe« (vgl. Ez 35,4). Wichtiger aber ist, dass der Vers inhaltlich zahlreiche prophetische Ankündigungen aufruft, die eben diesen Vorgang der Verwüstung Edoms für die Zukunft ankündigen.

Sprachliche Anklänge finden sich an Jes 34; Jer 49,13–22; Ez 25 und 35; Joel 4,19 und Obadja. Häufig sind die Ableitungen von der Wurzel שׁמם (*šmm*) »verödet sein«, die in Mal 1,3b in dem Wort שְׁמָמָה (*š^emamah*) »Einöde« steckt. Jer 49,13.17 kündigen an, dass die Hauptstadt Bozra bzw. ganz Edom »zur Wüste« würden (שַׁמָּה, *šammah*). V 13 ergänzt dies durch die Aussage, dass die Städte Edoms zu »ewigen Trümmern« würden, was – vorausgreifend – in Mal 1,4 mit der Aussage aufgenommen wird, dass jeder Versuch des Wiederaufbaus der Trümmer von JHWH verhindert wird. Wie Jer 49,13 bedroht Ez 25,13 Edom damit, zum Trümmerhaufen (hier Singular) zu werden. Dieses Motiv kehrt in Ez 35 wieder. V 3b.4a bedroht das Gebirge Seir: »… ich mache dich zur Einöde und Verwüstung. Deine Städte lege ich in Trümmer. Und du wirst zur Einöde werden …«. Zusätzlich erscheint drei Mal die Wurzel שׁמם (*šmm*). Auch das weitere Kapitel Ez 35, das insgesamt Drohungen gegen das Gebirge Seir als Wohngebiet Edoms enthält, verwendet noch vielfach Ableitungen von der Wurzel שׁמם (*šmm*) (V 7.9.14 f.). Auffällig ist eine weitere sprachliche Parallele zwischen Ez 35,4 und Mal 1,3b: Dieselbe Form אָשִׂים (*'aśîm*), die in Ez 35,4 als PK ankündigend gebraucht ist (»ich mache, lege«), wird in Mal 1,3b als Narrativ וָאָשִׂים (*wa'aśîm*) (»ich machte«) aufgegriffen. Den Belegen aus Jer 49 und Ez 25; 35 lässt sich Joel 4,19 hinzufügen, wo Edom angedroht wird, es werde »zur öden Steppe«, mit den im Constructus verbundenen Worten מִדְבַּר שְׁמָמָה (*midbar š^emamah*), die in

Mal 1,3b auf die beiden Hälften des Parallelismus verteilt werden. Nach Jes 34,13 sollen die zerstörten Städte Edoms zur Wohnstatt für Schakale werden, was Mal 1,3b mit dem Motiv der Steppe für die Schakalweibchen aufnimmt. In der Obadja-Schrift schließlich, die ganz von Drohungen gegen Edom geprägt ist, wird Jakob wie in Mal 1,2 als »Bruder« bezeichnet (V 10.12).

Zwar ist für sich genommen nicht jeder einzelne Beleg signifikant. Die meisten Anklänge enthalten zudem Motive, die sich auch in anderen Androhungen von oder Klagen über Verwüstungen finden. Aber in ihrer Gesamtheit zeigen die Parallelen, dass Mal 1,2–5 frühere prophetische Edom-Orakel kennt (*A. Deissler* 320). *A. Meinhold* 49 nimmt dies für Jer 49,7–22; Ez 35 und Ob an. Wichtiger als der bloße Bezug ist aber die neue Sicht in Mal 1,2–5. Was die früheren Texte androhen, gilt dem Maleachi-Wort als erfüllt, weshalb V 3b mit dem Narrativ ואשים *(waʾaśîm)* (»ich machte«) einsetzt.

Indem Mal 1,2–5 die Drohungen früherer Propheten gegen Edom anklingen lässt, bezieht sich der Text insgesamt auf den Edom-Diskurs dieser Ankündigungen (*U. Kellermann*, Israel 1975, 174 spricht von einem »Rückgriff auf die Edom-Unheilserwartung«). Der enthält neben den Drohungen gegen Edom auch Begründungen. Ez 25,12 erwähnt, Edom habe am Haus Juda Rache genommen. Ez 35,5 wirft ihm vor, Israeliten ans Schwert geliefert zu haben. Aus Ez 35,10 lassen sich Gebietsansprüche herauslesen. Deutlich situiert Ob 10–14 die Vorwürfe gegen Edom in die Zeit um die babylonische Eroberung Jerusalems. Zwar wird es kaum gelingen, ein geschlossenes Bild aus diesen einzelnen Anspielungen zu gewinnen. Doch ist dies auch nicht nötig. Es genügt zu sehen, dass sich die – man möchte sagen: üblichen – nachbarschaftlichen Spannungen zu Edom aufgrund der historischen Erfahrungen aus der Zeit der Eroberung Jerusalems sowie der »Besetzung des Südens des judäischen Staatsgebietes durch Edomiter« (*M. Weippert*, Edom 1982, 295; vgl. auch *B. Dicou*, Edom 1994, 182–188) zu einem kaum mehr umkehrbaren Hass verfestigt haben.

Mal 1,2–5 sieht nun die aus den negativen politischen Erfahrungen gespeisten Drohungen als erfüllt an. Wodurch erfüllt? Es gelingt kaum, den historischen Hintergrund für die im Text angesprochene Zerstörung Edoms aufzuhellen. Arndt Meinhold ist sich des Hypothetischen seiner Annahme bewusst, wenn er den vorsichtigen Schluss zieht: »Die einschneidende militärische Niederlage, die Edom entscheidend schwächte, dürfte – bei aller bestehenden Unsicherheit ... – während der Arabien-Unternehmung des letzten babylonischen Königs Nabonid (556–539) geschehen sein« (*A. Meinhold* 36). Die Option für die Babylonier als Verursacher der Zerstörung Edoms ist allerdings mit motiviert durch die Fixierung auf eine Datierung Maleachis in die frühe Perserzeit (vgl. den mehrfach ähnlich vorgetragenen Einwand gegen die Datierung auf Ereignisse vom späten 5. oder frühen 4. Jh. bei *U. Kellermann*, Israel 1975, 427 Anm. 49: »Dagegen spricht schon die Datierung des Maleachitextes«, sc. in die »1. Hälfte des 5. Jahrhunderts v. Chr.«, ebd. 165). Macht man sich davon frei, kommt auch das Vordringen der Nabatäer als Hintergrund von Mal 1, 2–5 in Frage (so *R. L. Smith* 298). Nach dem antiken Historiker Diodorus Siculus (II, 48; XIX 94–100) beherrschen die arabischen Nabatäer vollständig den Raum des früheren Edom, müssen die Edomiter also bereits verdrängt haben. Dass dies nicht in einem Zug geschehen ist, liegt nahe. »It appears that Edom's disintegration was not due to outright conquest but rather to the convergence of Arab conglomerations which attacked local centers and infiltrated others in the course of trade expansion …« (*J. M. Myers*, Edom 1971 387). So kann der Autor von Mal 1, 2–5 sich auf irgend ein Ereignis im 5. oder 4. Jh. v. Chr. beziehen, das er als Erfüllung früherer Zerstörungsandrohungen gegen Edom deutet, das uns aber nicht bekannt ist.

Ohnehin kommt es dem Text weniger auf »ein historisch faßbares Ereignis« (*A. Meinhold* 34) an. Die geprägte Sprache der Zerstörung und die engen Bezüge auf die Ankündigungen in anderen Prophetenschriften lassen es fraglich erscheinen, ob Maleachi wirklich an »an event within his hearers' memory« (*B. Glazier-McDonald*, Edom 1995, 29) denkt. Auch die Bezeichnung der Nachfahren Jakobs als »Israel« (V 5), der in der Perserzeit keine staatliche Größe entspricht, hebt den Text ins Grundsätzliche. Gewiss steht im Hintergrund die zeitgeschichtliche Erfahrung des Niedergangs Edoms. Entscheidend aber ist das Anliegen, den Lesern des Textes die – von ihnen hinterfragte – Unerschütterlichkeit der Liebe JHWHs herauszustellen.

V 4 War V 3 schon in die jüngere Vergangenheit gekommen, so geht V 4 in die Gegenwart und von hier in die Zukunft. Jetzt wird aus Jakobs Bruder Esau von V 3a das Volk Edom. Zum ersten Mal in der Gesprächsstruktur des Textes kommt Edom selbst zu Wort (V 4a). Auffälligerweise wendet es sich nicht an JHWH – genau so wie Kain auf JHWHs Vorhaltungen nicht antwortet, sondern hingeht und seinen Bruder erschlägt (Gen 4, 6–8). Mit der nur noch in Jer 5, 17 belegten Vokabel רשש *(ršš)* »zerschlagen« räumt Edom seinen desolaten Zustand ein. Aber es will sich damit nicht abfinden, sondern plant den Wiederaufbau der Trümmer.

Mit feierlicher Einleitung (»So sagt JHWH der Heere«) – zu ihr vergleiche die Erklärung bei 1, 6 – wechselt der Dialog sogleich wieder zu JHWH (V 4aβ). Er nimmt die Aussage Edoms aus V 4aα (»wir wollen die Trümmer wieder aufbauen«) auf und negiert sie: »Sie mögen aufbauen, ich aber reiße nieder.« Auch hier finden sich Anklänge an prophetische Ankündigungen, u. zw. speziell an Ez 36. Da wird Israel eine heilvolle Zukunft angekündigt: »Die Trümmer werden wieder aufgebaut« (V 10.33). In V 33–36 erscheint bezogen auf Israel das gesamte Vokabular, das in Mal 1, 3 f. die Zerstörung Edoms beschreibt: Zwei Mal die »Trümmer« (Ez 36, 33.35); fünf Mal die Wurzel שמם *(šmm)* »verödet sein«, darunter ein Mal wie in Mal 1, 3b das

Wort שממה (šᵉmamah) »Einöde« (Ez 36,34); zwei Mal das »Niedergerissene« mit der Wurzel הרס (hrs) wie in Mal 1,4. Der Schlussvers Ez 36,36 hält fest, was die Völker erkennen werden: »dass ich, JHWH, aufgebaut habe, was niedergerissen war«. Was JHWH in Ez 36 selbst für Israel tun will, verweigert er nach Mal 1,2–5 Edom.

In V 4b folgt ein bemerkenswerter Nachsatz. Wie in Ez 36,36 gibt es eine Reaktion der Umwelt. In Ez 36,36 ist es eine Erkenntnis der Völker. In Mal 1,4b bleibt das Subjekt unklar; es ist die 3. Person Plural, die im Deutschen am besten mit dem unpersönlichen »man« wiedergegeben wird. »Man« wird Edom »Gebiet des Frevels« und »das Volk, dem JHWH für immer zürnt« nennen. Jetzt ist es heraus, was in V 2 und 3 noch nicht gesagt war: Esau ist nicht nur der zurückgesetzte Bruder, der »Gehasste«; er ist »Esau der Frevler«, wie es in dem oben zu V 2b.3a wiedergegebenen Zitat aus Aggadat Bereschit heißt. Mit andern Worten, Esau hat Schuld auf sich geladen.

Nun hatten wir in V 3b und 4a bereits Anklänge an prophetische Texte erkannt, die auf edomitische Feindseligkeiten zur Zeit der Eroberung Jerusalems durch die Babylonier hinweisen. Doch erklärt der Verweis auf die historischen Verhältnisse noch nicht den exklusiven »Hass« gerade gegen Edom, denn Anlass zum Hass hatte Juda auch gegen viele andere, allen voran die Babylonier. Deshalb geht V 4b viel weiter in die Vergangenheit zurück und begründet den Hass JHWHs auf Edom nicht bloß mit der jüngeren Zeitgeschichte, sondern mit der Gründungsgeschichte Israels, auf die in V 2b.3a mit dem Brüder-Motiv bereits angespielt worden war (zur Relativierung der geschichtlichen Gründe und zum Gewicht des Bruder-Motivs für den Edom-Hass biblischer Texte vgl. *E. Ben Zvi*, Study 1996, 230–246 sowie *E. Assis*, Edom 2006). Denn V 4b enthält eine Anspielung auf Num 20,14–21.

Nach der Jakob-Esau-Erzählung ist Esau zwar der Zurückgesetzte, aber nach Gen 33–35 ist es mit ihm zur Aussöhnung gekommen. Doch die Geschichte geht weiter. Zum ersten Mal nach der Aussöhnung zwischen Jakob und Esau trifft Israel auf Edom nach dem Auszug aus Ägypten (Num 20,14–21). Mose bittet um die Erlaubnis für die Israelitinnen und Israeliten, auf ihrem Weg aus Ägypten durch das Gebiet von Edom durchziehen zu dürfen (Num 20,14–17). Doch Edom verhält sich schroff abweisend. Der König von Edom – so in V 14, in V 18.20 f. ist nur noch von Edom als Kollektiv die Rede – weist das Ansinnen ab und droht mit militärischer Gewalt (V 18). Mose bittet erneut und bietet Bezahlung für alles an, was das durchziehende Volk verzehren könnte (V 19). Aber Edom bleibt hart und rückt mit Truppen an, sodass Israel ausweicht (V 20 f.).

Dass Mal 1,2–5 diese Erzählung kennt, belegen zwei Indizien. Das erste ist, dass Mose seine Anfrage mit den Worten beginnt: »So spricht dein Bruder Israel« (V 14). Dies entspricht dem Einsatz in Mal 1,2 f. mit dem Brudermotiv. Allein wäre das freilich noch nicht signifikant. Doch zusammen mit der in Mal 1,4b etwas überraschend kommenden Benennung Edoms als »Gebiet des Frevels« wird der Bezug deutlich (dazu ist in V 5 noch das »Gebiet Israels« in positivem Kontrast zu nehmen). Das Stichwort גבול *(gᵉbûl)* »Gebiet« ist nämlich in Num 20,14–21 das entscheidende Thema, weil Israel eben den Durchzug durch das Gebiet Edoms erbittet. Dreimal wird das Stichwort genannt (V 16f.21).

Indem der Bruder Esau/Edom den »Kindern Israels« (so Num 20,19) den Durchzug durch sein Gebiet verwehrt, wird dieses – so liest Mal 1,2–5 die Genesis-Erzählung mit Num 20,14–21 zusammen – zum »Gebiet des Frevels«. Es ist sicher richtig, dass der tiefsitzende Edom-Hass unseres wie anderer vergleichbarer Texte auch auf historischen Erfahrungen mit dem Nachbarvolk beruht. Doch für Mal 1,2–5 genügt für den Übergang vom zurückgesetzten Bruder Esau zu Edom als »Gebiet des Frevels« die Lektüre der Tora. Sie zeigt, dass Edom trotz der zwischen den Stammvätern Esau und Jakob erreichten Versöhnung Israel gegenüber grundlos feindselig eingestellt ist.

Weil JHWHs Hass nicht willkürlich ist, nimmt er endgültigen Charakter an. In V 5bβ heißt es, dass JHWH über Edom »zürnt«. Mit dem wurzelgleichen Nomen זעם *(zᶜm)* »Zorn« kann JHWHs Aggression sowohl gegen Juda (Ez 22,24.31; Klgl 2,6) als auch gegen andere Völker (Jes 30,27; Jer 50,25; Ez 21,36 u.ö.) bezeichnet werden. Die Rede vom »Tag des Zorns« (Ez 22,24) und der Kontext der Theophanie (Nah 1,6; Hab 3,12) unterstreichen die Unerbittlichkeit dieses Zorns. Das Mal 1,4 abschließende »für immer« zeigt, dass JHWHs Hass und Zorn gegen Edom in der Tat nicht relativ – wie anfangs bei der Zurücksetzung Esaus –, sondern nun absolut zu verstehen sind.

V 5   Mit dem Schlussvers wendet sich der Prophet oder JHWH – je nach Deutung der Dialogstruktur – zum ersten Mal nach V 2 wieder direkt an die 2. Person Plural (»eure Augen«, »ihr werdet selbst sagen«). Die direkte Anrede rahmt also das Wort. Sie unterstreicht somit, dass Jakob/Israel der Angeredete ist, während JHWH mit Esau/Edom nicht direkt kommuniziert. Auch wird Edom nach V 4 nicht selbst zur Einsicht gelangen, sondern »man« wird ihm bestimmte Bezeichnungen beilegen. Israel dagegen wird es mit eigenen Augen sehen und selbst aussprechen: »Groß erweist sich JHWH über dem Gebiet Israels«.

In älteren Auslegungen hat man die Pronominalbildung מעל ל *(meʿal lᵉ)* gelegentlich komparativisch verstanden als »JHWH ist größer als das Gebiet Israels« (»seine Macht ist nicht auf den Boden Israels beschränkt«, F. Hitzig 417; vgl. K. Marti 462; W. Nowack 411). Damit würde in den Text eine Perspektive auf die Völkerwelt eingetragen, die er nicht hat. Es geht ihm nicht darum, ob JHWHs Größe auf Israel beschränkt ist oder sie überschreitet, sondern um JHWHs Liebe zu Israel und seinen Hass gegen Edom. Vor allem aber hat das Dreifachpronomen an allen anderen Stellen, die wohl durchweg einer späten Sprachstufe des biblischen Hebräisch zugehören (Gen 1,7; 1 Sam 17,59; Ez 1,25 f.; Jona 4,6; Neh 12,31[bis].37.38[bis]; 2 Chr 13,4; 24,20; 26,19), die Bedeutung von »über, oberhalb von« (zur Diskussion vgl. *A. von Bulmerincq* II 40–42).

Wie der Esau von V 2 f. in V 4 mit Edom gleichgesetzt wird, so jetzt der Jakob von V 2 mit Israel. Man möchte sagen: Wir sind in der Gegenwart Maleachis angekommen, in der es nicht mehr um die Brüder Esau und Jakob, sondern die Völker Edom und Israel geht. Doch was wäre in der Perserzeit »das Gebiet Israels«? Als »Gebiet« gibt es die Provinzen Juda und Samaria; »Juden« leben auch außerhalb dieser Provinzen in der persischen Satrapie Transeufrat sowie in Babylonien und Ägypten. Aber »Israel« sind sie alle nur in einem geistlichen Sinn. Und dieses geistliche Israel hat kein gegenwärtiges »Gebiet« (anders *I. Willi-Plein* 236, die von »dem eindeutig definierten Gebiet Israels« spricht). Der Text von Mal 1,2–5 endet durch die bloße Anrede als »Israel« mit einem Ausblick, der die realen Verhältnisse der Perserzeit transzendiert, ohne darauf allerdings besonderes Gewicht zu legen. Alles Gewicht liegt vielmehr auf dem letzten Wort, dem Namen »Israel«. Die erste Einheit, die mit der Betonung von JHWHs unverbrüchlicher Liebe zu Israel das Fundament für alle folgenden Einheiten legt, endet mit diesem Namen.

Bedeutung

a) Die I. Strophe und ihre Stellung im Buch. Mal 1,2–5 als erstes Diskussionswort der Schrift hebt sich deutlich von den folgenden Worten ab. Als einziges Wort enthält es eine bedingungslose »Liebeserklärung« an Israel (zur Wortwahl übereinstimmend *A. Meinhold* 38 und *I. Willi-Plein* 234). Sie bildet den Grund für alle weiteren Maleachi-Worte. Am Verhalten Israels wird in keiner Hinsicht Kritik geübt, weder am Volk als Ganzem noch an Teilen. Im Unterschied zu 1,2–5 enthalten die folgenden Worte neben Kritik an Israel am Ende der Gesamtkomposition auch den Gedanken der Ausscheidung der Gewalttätigen aus dem Gottesvolk (3,13–21). Für die Auslegung der gesamten Schrift wie des ersten Wortes selbst ist wichtig zu sehen, dass im letzten Diskussionswort deutliche Anklänge an den Anfang zu erkennen sind. Das gilt für רשעה *(riš'ah)* »Frevel« in 3,15.19 und 1,4 (dazu רשע [*raša'*] in 3,18 und רשעים [*reša'îm*] »Gewalttätige« in 3,20f.), vor allem aber für die eigentümliche Ausdrucksweise in 3,15, dass »die, die Frevel tun, aufgebaut« würden, mit derselben Wurzel בנה [*bnh*] »bauen«, die in 1,4 zweimal für den Aufbau Edoms verwendet wird (vgl. *J. Nogalski*, Processes 1993, 193). Im Nebeneinander der I. und VI. Strophe der Dichtung werden die Gewalttätigen und Gottlosen innerhalb des Gottesvolkes mit Edom parallelisiert. Mit ihnen ist Kommunikation nicht mehr möglich und sie haben – wie Edom – keine Zukunft. Die bedingungslose Liebe JHWHs zu Israel, die im ersten Wort grundlegend erklärt wird, bedeutet keinen Freischein für das Verhalten Israels, sondern hat Kritik bis hin zum Gedanken der Ausscheidung der Gewalttätigen aus dem Gottesvolk zur Konsequenz. Mal 1,2–5 handelt von mehr als nur von der Abgrenzung Israels von einem feindlichen Nachbarn. Das Wort vom Hass gegen ein fremdes Volk wird zum Spiegel für Israel.

b) Der Edom-Hass des Diskussionswortes. Als einziges Wort urteilt Mal 1,2–5 über ein namentlich genanntes anderes Volk, und zwar vernichtend. Man hat sogar gelegentlich den Verdacht geäußert, diese Aussage sei nationalistisch motiviert (*W. Rudolph* 256: »ein nationales Ressentiment«; *R. Mason* 141: »a harsh-sounding note of narrow nationalism«; noch schlimmer *M. Haller* 118: »jüdisch beschränkt«). Ziel meiner Auslegung war es zu zeigen, dass Mal 1,2–5 nicht nationalistisch motiviert ist und nicht einfach von einem Willkürakt Gottes handelt. Dazu ist der Text in seiner inneren Dynamik und zusammen mit seinen zahlreichen intertextuellen Anklängen zu lesen. Er setzt ein mit dem Motiv, wie Menschen mit der Erfahrung ihrer Zurücksetzung umgehen. Esau reiht sich hier in die Nachfolge von Kain (und Ismael) ein. Damit werden die Erzählungen der Genesis aufgerufen. Sie zeigen, dass eine friedliche Konfliktlösung möglich gewesen wäre. Doch weitere Anspielungen an die Erzählung von Num 20,14–21 sowie an prophetische Ankündigungen des Untergangs Edoms verweisen auf eine lange geschichtliche Erfahrung, die von der Zeit der Landnahme bis in die jüngste Vergangenheit der Adressaten der Maleachi-Schrift reicht. In ihr hat Esau/Edom sich zum »Gebiet des Frevels« entwickelt. Deshalb fällt es aus der Kommunikation mit JHWH heraus und zieht seinen immerwährenden Zorn auf sich. So wenig die anfängliche Zurücksetzung Esaus in seinen Taten begründet sein konnte – sie geschieht ja schon vor seiner Geburt –, so sehr rechtfertigt sich der immerwährende Hass aufgrund der geschichtlichen Erfahrung. Die Vorstellung von der göttlichen Verwerfung Edoms »is the result not of an arbitrary belief in God's bare fiat, but of historical experience« (*G. A. Smith* 351). Oder in den Worten von Arndt Meinhold: »Gleichzeitig erfolgt *im Nachhinein* die theologische Begründung dafür, daß der Haß JHWHs auf Esau (V. 3a) nicht willkürlich ist« (*A. Meinhold* 52, Hervorhebung RK).

Im Übrigen ist Esau/Edom nicht ein beliebiges Volk, sondern durch die Zwillingsbruderschaft der Ahnväter ein Brudervolk. Andere Völker, wie die Assyrer oder die Babylonier, haben historisch gesehen ungleich größeres Leid über die Menschen aus Israel und Juda gebracht, als es das kleine Edom je vermocht hätte. Doch nur bei Edom als dem Bruder Jakobs stellt sich die Frage, ob damit die Erwählung Israels aufgehoben ist. »Since Edom was seen as an alternative to Israel, being identified with Esau, Jacob's brother, it was thought possible that God had now chosen Edom as his people in place of Israel« (*E. Assis*, Edom 2006, 19; vgl. auch *E. Ben Zvi*, Obadiah 1996, 230–246). Dass dies nicht der Fall ist, dass Gottes Liebe zu Israel unverrückbar gilt, betont das I. Diskussionswort der Maleachi-Schrift als Grundlage für alle weiteren Auseinandersetzungen.

So sehr die Liebe Gottes zu Jakob/Israel die Basis alles Weiteren ist, so sehr zeigt doch der Fortgang der Maleachi-Schrift auch, dass diese Liebe zu Jakob diesen nicht von schärfster Kritik ausnimmt. »Daß es sich (sc. bei der Liebe zu Jakob und dem Hass gegen Esau) nicht um eine Bewertung nach zweierlei Maß handelt, zeigt Mal 3, 6 f. selbst; hier wird den ›Söhnen Jakobs‹ ihre Untreue und Sündhaftigkeit vorgehalten« (*G. J. Botterweck*, Jakob 1960, 35).

c) Die Aufnahme in Röm 9, 11–14. Wie erwähnt, zitiert Paulus Mal 1, 2–5 im Zusammenhang seiner Ausführungen über die Verlässlichkeit der göttlichen Verheißungen für Israel (Röm 9–11). Als Beispiel verweist er auf die Kinder Rebekkas, eben Esau und Jakob (Röm 9, 11–14):

[11] Die waren nämlich noch nicht geboren und hatten noch nichts Gutes oder Böses getan, da wurde ihr – damit der mit Auswahl verfahrende Entschluss Gottes gültig bliebe, [12] nicht aufgrund von Taten, sondern aufgrund dessen, der beruft – gesagt: *Der Ältere wird dem Jüngeren dienen* [Gen 25, 23], [13] wie geschrieben steht: *Jakob habe ich geliebt, Esau aber gehasst* [Mal 1, 2 f.]. [14] Was folgt nun daraus? Geht es bei Gott etwa ungerecht zu? Gewiss nicht!

Es geht nach Paulus also um eine bei Gott beschlossene »Auswahl«, um *electio*, wie die Vulgata das griechische ἐκλογή *(ekloge)* übersetzt. Da diese Auswahl unabhängig von den Taten der Betroffenen ist, fügen die meisten neueren deutschen Übersetzungen das Adjektiv »frei« hinzu: »damit der Ratschluß Gottes bestehen bliebe und seine freie Wahl« (Luther 1984); »damit aber Gottes freie Wahl und Vorherbestimmung gültig bleibe« (Einheitsübersetzung); »damit gültig bliebe, was Gott in freier Wahl … bestimmt hatte« (Zürcher 2007).

Geht es bei Mal 1, 2–5 um Gottes unverbrüchliche Liebe zu Israel trotz dessen Zweifels, so in Röm 9 um Gottes unverbrüchliche Treue zu Israel auch über das Christusgeschehen hinaus. Esau/Edom bildet dafür nur den Hintergrund. Beide Texte müssen missverstanden werden, wenn ihre rhetorische Absicht verkannt und eine theologische Lehre aus ihnen konstruiert wird (*J. J. Krause*, Tradition 2008, 482: »Here [sc. in Maleachi], the motif of Jacob and Esau serves to reinforce an actual pastoral purpose«). Weder dem Text von Mal 1, 2–5 noch seiner Aufnahme in Röm 9 kann eine Lehre von der doppelten Prädestination entnommen werden, wie Jean Calvin sie unter Berufung auf unter anderem diese Textstellen formuliert hat (Inst. III

21,6 f., vgl. 22,8) (zur Kritik an Calvins Berufung auf unseren Text vgl. *P. A. Verhoef* 201; *A. E. Hill* 165 f.; *A. Meinhold* 57).

»Es bleibt schmerzlich zu lesen« (*Th. Naumann*, »Jakob« 2004, 23), dass eine Prophetenschrift mit der Aussage einsetzt, Gott liebe einen von zwei Brüdern und hasse den andern. Gewiss lässt sich der Hass des Textes auf Esau/Edom als im Nachhinein begründet verstehen, gewiss ist er rhetorisch der Liebe JHWHs zu Jakob/Israel untergeordnet: »Das Prophetenwort lenkt die Aufmerksamkeit nicht auf den ›Hass‹ …, der Edom zuteil wird, sondern auf die ›Liebe‹, die Gott Jakob zuwendet« (*I. Willi-Plein* 237, vgl. *P. A. Verhoef* 195; *A. E. Hill* 163). Gleichwohl haben wir keinen Anlass, solchen Hass zu übernehmen. Woran wir aber mit Mal 1,2–5 und Paulus festhalten müssen, ist die Versicherung der unerschütterlichen Liebe Gottes zu Jakob/Israel.

Maleachi 1,6–2,9

Literatur   *Jan Assmann*, Moses der Ägypter. Entzifferung einer Gedächtnisspur, München / Wien 1998. – *Nahman Avigad*, Bullae and Seals from a Post-Exilic Judean Archive, in: Qedem 4, Jerusalem 1976, 5–7. – *Ulrich Berges*, Jesaja 40–48 (HThKAT), Freiburg u. a. 2008. – *Annette Böckler*, Gott als Vater im Alten Testament. Traditionsgeschichtliche Untersuchungen zu Entstehung und Entwicklung eines Gottesbildes, Gütersloh 2000. – *G. Johannes Botterweck*, Ideal und Wirklichkeit der Jerusalemer Priester. Auslegung von Mal 1,6–10; 2,1–9, in: BiLe 1 (1960) 100–109. – *Jacques Briend*, Malachie 1,11 et l'universalisme, in: R. Kuntzmann (Hg.), Ce Dieu qui vient. Études sur l'Ancien et le Nouveau Testament, FS B. Renaud (LeDiv 159), Paris 1995, 191–204. – *Micha Brumlik*, Zur Begründung der Menschenrechte im Buch Amos, in: H. Brauhkorst u. a. (Hg.), Recht auf Menschenrechte. Menschenrechte, Demokratie und internationale Politik (stw 1441), Frankfurt am Main 1999, 11–19. – *Bruno Bushart*, Hans Holbein der Ältere, Augsburg 1987. – *Frank Crüsemann / Marlene Crüsemann*, Art. Bund, in: SWB 2009, 76–79. – *Jan Dušek*, Les manuscrits araméens du Wadi Daliyeh et la Samarie vers 450–332 av. J.-C. (CHANE 30), Leiden / Boston 2007. – *Christian Eberhart*, Studien zur Bedeutung der Opfer im Alten Testament. Die Signifikanz von Blut- und Verbrennungsriten im kultischen Rahmen (WMANT 94), Neukirchen-Vluyn 2002. – *Otto Eißfeldt*, Einleitung in das Alte Testament unter Einschluß der Apokryphen und Pseudepigraphen sowie der apokryphen- und pseudepigraphenartigen Qumrān-Schriften. Entstehungsgeschichte des Alten Testaments, Tübingen ³1964. – ders., Jahwe Zebaoth, in: ders., Kleine Schriften, 3. Bd., Tübingen 1966, 103–123. – *Dorothea Erbele-Küster / Elke Tönges*, Art. Reinheit/Unreinheit, in: SWB 2009, 471–475. – *Irmtraud Fischer*, Levibund versus Prophetie in der Nachfolge des Mose. Die Mittlerkonzepte der Tora bei Maleachi, in: Ch. Dohmen / Ch. Frevel (Hg.), Für immer verbündet. Studien zur Bundestheologie der Bibel (SBS 211), Stuttgart 2007, 61–68. – *Michael Fishbane*, Biblical Interpretation in Ancient Israel, Oxford 1985. – ders., Form and Reformulation of the Biblical Priestly Blessing, in: JAOS 103 (1983) 115–121. – *Karl Suso Frank*, Maleachi 1,10 ff. in der frühen Väterdeutung. Ein Beitrag zu Opferterminologie und Opferverständnis in der alten Kirche, in: ThPh 53 (1978) 70–78. – *Magdalene L. Frettlöh*, Der Charme der gerechten Gabe. Motive einer Theologie und Ethik der Gabe am Beispiel der paulinischen Kollekte für Jerusalem, in: J. Ebach u. a. (Hg.), »Leget Anmut in das Geben«. Zum Verhältnis von Ökonomie und Theologie (Jabboq 1), Gütersloh 2001, 105–161. – *Christian Frevel*, »Mein Bund mit ihm war das Leben und der Friede«. Priesterbund und Mischehenfrage, in: Ch. Dohmen / Ch. Frevel (Hg.), Für immer verbündet. Studien zur Bundestheologie der Bibel (SBS 211), Stuttgart 2007, 85–93. – *Russell Fuller*, The Blessing of Levi in Dtn 33, Mal 2, and Qumran, in: R. Bartelmus u. a. (Hg.), Konsequente Traditionsgeschichte, FS K. Baltzer (OBO 126), Freiburg Schweiz / Göttingen 1993, 31–44. – *Maurice Godelier*, Das Rätsel der Gabe. Geld, Geschenke, heilige Objekte, übers. v. M. Pfeiffer, München 1999. – *Manfred Görg*, ṣb'wt – ein Gottestitel, in: ders., Aegyptiaca – Biblica. Notizen und Beiträge zu den Beziehungen zwischen Ägypten und Israel (ÄAT 11), Wiesbaden 1991, 207–210. – *Ernst Haag*, Gottes Bund mit Levi nach Maleachi 2. Historische und theologische Aspekte des Priestertums im Alten Testament, in: TThZ 107 (1998) 25–44. – *Volker Haarmann*, JHWH-Verehrer der Völker. Die Hinwendung von Nichtisraeliten zum Gott Israels in alttestamentlichen Überlieferungen (AThANT 91), Zürich 2008. – *Goswin Habets,* Vorbild und Zerrbild. Eine Exegese von Maleachi 1,6–2,9, in: Teresianum 41 (1990) 5–58. – *Menahem Herman,* Tithe as Gift. The Institution in the Pentateuch and in Light of Mauss' Prestation Theory, San Francisco 1991. – *Claudia Janssen / Rainer Kessler,* Art. Ehre / Schande, in: SWB 2009, 97–100. – *Klaus Koch,* »Vom Aufgang der Sonne bis zu ihrem Untergang ist mein Name groß unter den Völkern«. Maleachis Beitrag zum Verhältnis von Monotheismus und Polytheismus, in: R. Lux / E.-J. Waschke (Hg.), Die unwiderstehliche Wahrheit. Studien zur alttestamentlichen Prophetie, FS A. Meinhold (ABG 23), Leipzig 2006, 401–413. – *Siegfried Kreuzer,* Zebaoth – der Thronende, in: VT 56 (2006) 347–362. – *Robert A. Kugler,* A Note on the Hebrew and Greek Texts of Mal 2,3aα, in: ZAW 108 (1996) 426–429. – *Carmel McCarthy,* The Tiqqune Sopherim and Other Theological Corrections in the Masoretic Text of the Old Testament (OBO 36), Freiburg Schweiz / Göttingen 1981. – *A. A. Macintosh,* A Consideration of Hebrew נער, in: VT 19 (1969) 471–479. – *Marcel Mauss,* Die Gabe. Form und Funktion des Austauschs in archaischen Gesellschaften, übers. v. E. Moldenhauer (stw 743), Frankfurt am Main 1990. – *Tryggve N. D. Mettinger,* The Dethronement of Sabaoth. Studies in the Shem and Kabod Theologies (CB.OTS 18), Lund 1982. – *ders.,* In Search of God. The Meaning and Message of the Everlasting Names, übers. v. F. H. Cryer, Philadelphia 1988. – *ders.,* YHWH SABAOTH – The Heavenly King on the Cherubim Throne, in: Tomoo Ishida (Hg.), Studies in the Period of David and Solomon and Other Essays, Tokio 1982, 109–138. – *ders.,* Art. Yahweh Zebaoth יהוה צבאות, in: DDD², 920–924. – *Rudolf Otto,* Das Heilige. Über das Irrationale in der Idee des Göttlichen und sein Verhältnis zum Rationalen [1917], München 2004. – *Peter Porzig,* Die Lade Jahwes im Alten Testament und in den Texten vom Toten Meer (BZAW 397), Berlin / New York 2009. – *S. C. Reif,* A Note on נער, in: VT 21 (1971) 241–244. – *Martin Rehm,* Das Opfer der Völker nach Mal 1,11, in: H. Groß / F. Mußner (Hg.), Lex tua veritas, FS H. Junker, Trier 1961, 193–208. – *Rolf Rendtorff,* Leviticus. 1. Teilband. Leviticus 1,1–10,20 (BK III/1), Neukirchen-Vluyn 2004. – *Sandra L. Richter,* The Deuteronomistic History and the Name Theology. *lᵉšakkēn šᵉmô šām* in the Bible and the Ancient Near East (BZAW 318), Berlin / New York 2002. – *Martin Rösel,* Adonaj – warum Gott ›Herr‹ genannt wird (FAT 29), Tübingen 2000. – *Joachim Schaper,* The Priests in the Book of Malachi and their Opponents, in: L. L. Grabbe / A. Ogden Bellis (Hg.), The Priests in the Prophets. The Portrayal of Priests, Prophets and Other Religious Specialists in the Latter Prophets (JSOT.S 408), London / New York 2006, 177–188. – *William M. Schniedewind,* The Evolution of Name Theology, in: M. P. Graham u.a. (Hg.), The Chronicler as Theologian, FS R. W. Klein (JSOT.S 371), London / New York 2003, 228–239. – *Ruth Scoralick,* Priester als »Boten« Gottes (Mal 2,7)? Zum Priester- und Prophetenbild des Zwölfprophetenbuches, in: R. Lux / E.-J. Waschke (Hg.), Die unwiderstehliche Wahrheit. Studien zur alttestamentlichen Prophetie, FS A. Meinhold (ABG 23), Leipzig 2006, 415–430. – *Filippo Serafini,* L'alleanza levitica. Studio della berît di Dio con i sacerdoti leviti nell'Antico Testamento (Studi e ricerche), Assisi 2006. – *Klaus Seybold,* Reverenz und Gebet. Erwägungen zur Wendung *ḥillā panîm,* in: ZAW 88 (1976) 2–16. – *Gary Stansell,* The Gift in Ancient Israel, in: Semeia 87 (1999) 65–90. – *Thomas Staubli,* Geheiligt werde Dein Name. Der göttliche Name als Bild in Kanaan und Israel mit Ausblicken ins Judentum, Christentum und den Islam, in: BiKi 65 (2010) 77–86. – *ders.,* »Den Namen setzen«. Namens- und Göttinnenstandarten in der Südlevante während der 18. ägyptischen Dynastie, in: I. J. de Hulster / R. Schmitt (Hg.), Iconography and

Biblical Studies. Proceedings of the Iconography Sessions at the Joint EABS/SBL Conference, 22–26 July 2007, Vienna, Austria (AOAT 361), Münster 2009, 93–112. – *Hartmut Stegemann*, Die Essener, Qumran, Johannes der Täufer und Jesus (Herder Spektrum 4128), Freiburg u. a. ³1994. – *James Swetnam, S.J.*, Malachi 1, 11: An Interpretation, in: CBQ 31 (1969) 200–209. – *Michael Tilly*, Leben nach den Geboten Gottes. Betrachtungen zur griechischen Übersetzung von Mal 2, 1–9.10–16, in: W. Kraus / O. Munnich (Hg.), La Septante en Allemagne et en France. Textes de la Septante à traduction double ou à traduction très littérale – Septuaginta Deutsch und Bible d'Alexandrie. Texte der Septuaginta in Doppelüberlieferung oder in wörtlicher Übersetzung (OBO 238), Fribourg / Göttingen 2009, 267–280. – *P. A. Verhoef*, Some Notes on Malachi 1:11, in: Biblical Essays, Stellenbosch 1966, 163–172. – *Laurence Vianès*, Lévites fautifs et prêtre parfait dans la LXX de *Malachie* 2, 3–9, in: W. Kraus / O. Munnich (Hg.), La Septante en Allemagne et en France. Textes de la Septante à traduction double ou à traduction très littérale – Septuaginta Deutsch und Bible d'Alexandrie. Texte der Septuaginta in Doppelüberlieferung oder in wörtlicher Übersetzung (OBO 238), Fribourg / Göttingen 2009, 252–266. – *Michael Walzer*, Zwei Arten des Universalismus, in: Babylon 7 (1990) 7–25. – *Thomas Willi*, Leviten, Priester und Kult in vorhellenistischer Zeit. Die chronistische Optik in ihrem geschichtlichen Kontext, in: B. Ego u. a. (Hg.), Gemeinde ohne Tempel – Community without Temple. Zur Substituierung und Transformation des Jerusalemer Tempels und seines Kults im Alten Testament, antiken Judentum und frühen Christentum (WUNT 118), Tübingen 1999, 75–98. – *Ina Willi-Plein*, Warum mußte der Zweite Tempel gebaut werden?, in: B. Ego u. a. (Hg.), Gemeinde ohne Tempel – Community without Temple. Zur Substituierung und Transformation des Jesualemer Tempels und seines Kults im Alten Testament, antiken Judentum und frühen Christentum (WUNT 118), Tübingen 1999, 57–73. – *A. S. van der Woude*, Art. צבא *ṣābā'* Heer, in: THAT II, München / Zürich 1984, 498–507. – *Wolfgang Zwickel*, Räucherkult und Räuchergeräte. Exegetische und archäologische Studien zum Räucheropfer im Alten Testament (OBO 97), Freiburg Schweiz / Göttingen 1990.

Text

Übersetzung 1, 6 *Ein Sohn achtet den Vater*
und ein Sklave seinen Herrn.
Wenn ich nun Vater bin – wo ist die Achtung vor mir?
Wenn ich Herr bin – wo ist die Ehrfurcht vor mir?,
sagt JHWH der Heere zu euch, ihr Priester, die ihr meinen Namen verachtet.
Aber ihr sagt: Womit haben wir deinen Namen verachtet?
7 *Indem ihr auf meinen Altar besudelte Speise bringt!*
Aber ihr sagt: Womit haben wir dich besudelt?
Indem ihr sagt: Der Tisch JHWHs: Zu verachten ist er!
8 *Wenn ihr ein Blindes zum Schlachten bringt – das ist nicht schlimm!*
Wenn ihr ein Hinkendes und Krankes bringt – das ist nicht schlimm!

Bring so etwas doch vor deinen Statthalter! Wird er dir da wohlwollen? Oder wird er dein Angesicht erheben?, sagt JHWH der Heere.

9 Und nun, besänftigt doch Gottes Angesicht, dass er uns gnädig sei! Durch eure Hand ist dies geschehen. Wird er dann euretwegen euer Angesicht erheben?, sagt JHWH der Heere.

10 Wäre doch unter euch einer, der die Türflügel verschließt! Dann erleuchtet ihr meinen Altar nicht umsonst. Ich habe kein Gefallen an euch, sagt JHWH der Heere, und nehme keine Gabe wohlwollend aus eurer Hand.

11 Ja, vom Aufgang der Sonne bis zu ihrem Untergang ist mein Name groß unter den Völkern, und an jedem Ort wird meinem Namen zu Rauch Gewordenes dargebracht – als reine Gabe. Ja, groß ist mein Name unter den Völkern, sagt JHWH der Heere. 12 Ihr selbst aber entweiht ihn, indem ihr sagt: Der Tisch Adonajs, besudelt ist er, und sein Ertrag verachtet – seine Speise. 13 Ihr sagt: Was für eine Mühsal! Und ihr blast darauf verächtlich, sagt JHWH der Heere, und bringt ein Geraubtes – nämlich das Hinkende und das Kranke. Das bringt ihr als Gabe. Soll ich sie wohlwollend aus eurer Hand annehmen?, sagt JHWH.

14 Verflucht ist, wer täuscht und ein männliches Tier, das es in seiner Herde gibt, gelobt und dann ein Verdorbenes für Adonaj schlachtet. Ja, ein großer König bin ich, sagt JHWH der Heere, und mein Name ist Ehrfurcht gebietend unter den Völkern.

2,1 Und nun über euch dieser Befehl, ihr Priester!

2 Wenn ihr nicht hört und es euch nicht zu Herzen nehmt, meinem Namen Achtung zu erweisen, sagt JHWH der Heere, dann schicke ich unter euch die Verfluchung und verfluche euren Segen. Und ich habe ihn schon verflucht, denn ihr habt es euch nicht zu Herzen genommen. 3 Siehe, ich bedrohe euretwegen die Saat und streue Unrat in euer Gesicht, den Unrat eurer Feste, und man trägt euch zu ihm.

4 Ihr sollt erkennen, dass ich diesen Befehl zu euch geschickt habe, weil es meinen Bund mit Levi gibt, sagt JHWH der Heere.

5 Mein Bund bestand mit ihm:
Das Leben und den Frieden, die gab ich ihm.
Ehrfurcht – die erwies er mir,
und vor meinem Namen fürchtete er sich.

6 Zuverlässige Weisung war in seinem Mund,
und Unrecht wurde auf seinen Lippen nicht gefunden.
In Frieden und Aufrichtigkeit wandelte er mit mir,
und viele brachte er ab von Schuld.

7 Ja, die Lippen des Priesters beachten Erkenntnis,
und Weisung sucht man von seinem Mund,
denn der Bote JHWHs der Heere ist er.

Maleachi 1,6–2,9

8   Ihr aber seid von dem Weg abgewichen,
    habt viele durch die Weisung straucheln lassen.
    Ihr habt den Leviten-Bund verdorben,
    sagt JHWH der Heere.
9   So mache ich meinerseits euch zu Verachteten und zu Gering-Geschätzten vor dem ganzen Volk, dafür dass ihr meine Wege nicht beachtet, sondern parteilich bei der Weisung seid.

Zu Text und Übersetzung

1,7a Die Septuaginta bezieht das Suffix beim Verb »besudeln, anekeln« in der zweiten Vershälfte auf die besudelte Speise der ersten Vershälfte (»ihr bringt auf meinen Altar befleckte Brote und sagt: Womit haben wir *sie* besudelt?«). Der hebräische Text bezieht die Besudelung dagegen auf Gott selbst. Da dies ein anstößiger Gedanke ist (»Denn wie sollte Gott essentiell verunreinigt werden können?«, *A. Meinhold* 67), liegt in der griechischen Wiedergabe eine dogmatische Korrektur vor. Der masoretische Text ist beizubehalten (mit *G. Habets*, Vorbild 1990, 19; *D. Barthélemy*, Critique textuelle 1992, 1018 f.; *A. Meinhold* 67).

1,8b Auch hier bezieht die Septuaginta wie in V 7b das Suffix auf die Sache und nicht die Person (»wird er *es* wohlwollend annehmen« statt »wird er *dich* wohlwollend annehmen«). Wegen der Fortsetzung, die ebenfalls die 2. Person bringt (»wird er *dein* Angesicht erheben«), ist der masoretische Text beizubehalten (*P. A. Verhoef* 209; *D. Barthélemy*, Critique textuelle 1992, 1019 f.; *A. Meinhold* 68).

1,12bβ Der Versteil ist zwar verständlich, aber kaum in Ordnung: »und sein Ertrag – verachtet – seine Speise«. Eines der beiden Nomina scheint eine Glossierung des andern darzustellen. Auch wenn die Entscheidung unsicher bleibt, tendiere ich dazu, »und sein Ertrag (ist) verachtet« für ursprünglich zu halten. Dafür spricht zum einen, dass das Wort »Ertrag« (ניב, *nîb*), auch wenn es eindeutig und verständlich ist, da die Wurzel נוב (*nûb*) (»wachsen, gedeihen«) und die Nominalableitung תנובה (*t*ᵉ*nûbah*) (»Ertrag«) häufiger belegt sind, in dieser Form äußerst selten ist (so nur noch Jes 57,19 im Qere). Es ist aber wahrscheinlicher, dass ein seltenes Wort durch ein geläufigeres (אכל, *'okæl*, »Speise« kommt über vierzig Mal in der Hebräischen Bibel vor) erläutert wird als umgekehrt (so auch *H. Graf Reventlow* 142 Anm. 38; *M. A. Sweeney* 727). Zum zweiten stellt »und sein Ertrag (ist) verachtet« im Hebräischen ein schönes Wortspiel dar: וניבו נבזה (*w*ᵉ*nîbô nibzæh*, mit Alliteration der Buchstabenfolge *nb* am Anfang). Allerdings wird gerade diese identische Buchstabenfolge als Argument dafür genommen, in וניבו eine Dittographie zu נבזה zu sehen und »seine Speise« für ursprünglich zu halten (so BHS; *G. Habets*, Vorbild 1990, 32; *A. Meinhold* 70). Allerdings sollte man zur Stützung dieser Argumentation nicht darauf verweisen, dass auch in V 7 von »Tisch« und »Speise« die Rede sei, wenn auch »umgekehrt und damit chiastisch« (*A. Meinhold* 69). Denn für »Speise« steht in V 7 nicht אכל (*'okæl*), sondern לחם (*læhæm*).

1,13aα Der masoretische Text hat als Beginn der Erwiderung JHWHs והפחתם אותו (*w*ᵉ*hippahtæm 'ôtô*). Zwar erscheint der Vers in den Listen, die die masoretischen »Verbesserungen der Schreiber« (Tiqqune Soferim) enthalten (vgl. *O. Eißfeldt*, Einleitung ³1964, 930 f.), wonach hier ursprünglich »mich« statt »ihn« gestanden hätte (»ihr blast auf mich« statt »ihr blast darauf«). Doch ist das wohl kaum textkritisch auswertbar (so *C. McCarthy*, Tiqqune Sopherim 1981, 111–115; anders *A. Meinhold* 65.70). Nun kann das Qal der hier verwendeten Wurzel נפח (*nph*) (»blasen, hauchen, anfachen«) für das Anfachen von Feuer verwendet werden (Jes 54,16; Ez 22,20 f.; Hi

20, 26). Dann könnte die Stelle »und facht ihn an« heißen und bezöge sich auf den Altar, von dem JHWH selbst gerade gewünscht hat, er möchte am liebsten außer Betrieb bleiben (1, 10) (*H. Graf Reventlow* 138). Allerdings ist die Bedeutung »etw. anfachen« für das Hifil von נפח *(npḥ)*, das nur hier und in Hi 31, 39 vorkommt, nicht sicher, und auch der Bezug von »ihn« auf den »Tisch Adonajs« stünde in V 12 doch weit weg und wäre nur gewaltsam herzustellen. Deshalb liegt es näher, das »ihn« im sächlichen Sinn mit »es« wiederzugeben und das Hifil von נפח *(npḥ)* mit den alten Übersetzungen übertragen aufzufassen: »and you sniff at it« (*A. E. Hill* 171), »und blast (darauf)« (*I. Willi-Plein* 238).

2, 2 Bei »euren Segen« steht im Hebräischen der Plural. Gedacht ist an die einzelnen Segenshandlungen, die aber zusammen als der *eine* Segen verstanden werden (*A. Meinhold* 71 spricht von einem Plural »mit Singularbedeutung«). Entsprechend wird das Wort anschließend im Singular wieder aufgenommen (»ich habe *ihn* schon verflucht«). Zu einer Textänderung besteht kein Anlass (so auch *A. Meinhold* 71).

2, 3a »*Siehe, ich bedrohe euretwegen die Saat*«: Da die Septuaginta eine völlig andere Wiedergabe hat (»ich trenne euch die Schulter ab«) und auch die Vulgata statt »Saat, Same« das Wort *brachium* »Arm« bietet, hat man Vorschläge zur Änderung beim Verb wie bei seinem Objekt gemacht (vgl. *J. Wellhausen* 206; *W. Rudolph* 260; *R. A. Kugler*, Note 1996; BHS). Beim Objekt ist es ausschließlich eine Frage der Vokalisierung der hebräischen Buchstaben זרע: zæra‛ gelesen heißt es »Same«, z^{e}ro^{ae} gelesen »Arm«. Beim Verb נער *(g‛r)* helfen die alten Übersetzungen überhaupt nicht weiter. Offenbar waren sie, da sie das Objekt anders gelesen haben, beim Verb aufs Raten angewiesen (sofern man nicht überhaupt mit *A. A. Macintosh*, נער 1969, 477; *L. Vianès*, Lévites 2009, 253 das griechische ἀφορίζω als angemessene Übersetzung des hebräischen נער ansieht). Da der masoretische Text von sich aus verständlich und schlüssig interpretierbar ist, besteht kein Anlass zu seiner Veränderung (so auch *P. A. Verhoef* 240–242; *H. Graf Reventlow* 143; anders *A. Meinhold* 71f).

2, 3 Der Schlusssatz des Verses ist unverständlich. »Und man trägt euch zu ihm« ist die wörtliche Wiedergabe, ohne dass man wüsste, wer das Subjekt des Tragens ist noch, zu wem oder was getragen wird.

2, 9a Etliche hebräische Manuskripte, Septuaginta und Vulgata lesen am Ende des Halbverses Plural, also »so mache ich meinerseits euch zu Verachteten ... vor allen Völkern« statt »vor dem ganzen Volk«. Doch geht es hier um die Stellung der Priester gegenüber den Laien (vgl. die Opposition »Priester – Volk« in Jes 24, 2) und nicht um da Ansehen der Priester in der Völkerwelt.

Maleachi 1,6–2,9

Analyse

Die Elemente des Diskussionswortes

Die II. Strophe des Maleachi-Gedichts ist nicht nur die bei Weitem umfangreichste (achtzehn Verse). Sie ist auch dadurch gekennzeichnet, dass die Strukturelemente des Diskussionswortes in verdoppelter und erweiterter Form vorkommen. Es beginnt mit einer Erweiterung, indem vor die Feststellung eine Art Vorspruch gestellt ist (»Der Sohn achtet den Vater und der Sklave seinen Herrn«). Die anschließende Feststellung mit Einrede ist gedoppelt, und zwar so, dass sie »jeweils allgemein/konkret gestaffelt« ist (*A. Meinhold* XIII). Als erstes wird fehlende Achtung und Ehrfurcht beziehungsweise Verachtung des göttlichen Namens durch die Priester festgestellt mit deren Einrede »Womit?« (1,6). Darauf folgt als Konkretisierung der Verweis auf die »eklige Speise« auf dem Altar mit einem erneuten »Womit?« als Einrede (1,7a).

Auf diese anderthalb Verse folgt nur noch das Element III. 1,7b–14 stellt dabei Element IIIa dar, die Entfaltung der Feststellung. Was das Bringen »besudelter Speise« bedeutet, wird in die verschiedensten Richtungen ausgeführt: durch Präzisierung des Vergehens (1,8a.14), im Vergleich mit einer Gabe an den Statthalter (1,8b), durch Hineinstellen des Vergehens in den Horizont der Völkerwelt (1,11–14). Element IIIb, die Folgerungen aus der Feststellung und ihrer Entfaltung, wird hier – was sonst nicht der Fall ist – ausdrücklich durch einen Nominalsatz eingeleitet: »Und nun über euch dieser Befehl, ihr Priester!« (2,1). Es folgen Drohungen gegen die Priester (2,2 f.), die durch die Erinnerung an deren eigentliche Aufgaben, wie sie im »Levibund« festgelegt sind, kontrastiert werden (2,4–8). Eine erneute Bedrohung der Priester (2,9) beschließt den Teil IIIb und damit das ganze Diskussionswort. Durch Aufnahme des zentralen Stichworts בזה *(bzh)* »verachten« aus 1,6 f. (Verachten des göttlichen Namens bzw. des Tisches JHWHs als Vorwurf an die Priester) in der Ankündigung an die Priester: »So mache ich meinerseits euch zu Verachteten ...« (2,9) entsteht dabei eine Inklusion, die den gesamten Text zusammenhält (*G. Habets*, Vorbild 1990, 9 f.).

Redeebenen

Wie andere Diskussionsworte auch enthält Mal 1,6–2,9 zahlreiche explizite Redeeinleitungen. Feststellung und Einrede sind durch »sagt JHWH der Heere« (1,6bα) und »aber ihr sagt« (1,6bβ.7aβ) markiert. Die zwischen erster und zweiter Einrede platzierte konkretisierte Feststellung in 1,7aα ist dagegen nur durch die 1. Person (»auf meinen Altar«) als JHWH-Rede erkennbar. Wie auch bei der ersten Strophe bleibt es in der Schwebe, ob die Markierung der Einrede durch das zweimalige »aber ihr sagt« vom Propheten formuliert wird oder Teil eines JHWH-Monologs ist. Es ist »gleich gültig«, ob der Prophet oder JHWH den beschuldigten Priestern das Wort zur Einrede erteilt.

Eine Auffälligkeit unterstreicht diese Doppeldeutigkeit auf signifikante Weise. Die Redeeinleitungen werden nicht von den Redenden selbst gesprochen, sondern vom Propheten als »Nebentexte« zur Inszenierung des Dialogs. Sie gehören auf die Ebene E$_o$, die der Sprecher-Origo. In 1,6bα heißt nun die Redeeinleitung in voller Länge: »sagt JHWH der Heere zu euch, ihr Priester, die ihr meinen Namen verachtet«. Unmerklich geht der Nebentext – im Mund des Propheten – in den Haupttext – im Mund JHWHs – über (vgl. *K. W. Weyde*, Prophecy 2000, 10). Denn »mein Name« ist natürlich nicht der des Propheten, sondern der JHWHs. JHWH und Prophet verschmelzen miteinander, ohne damit identisch zu werden. Der Prophet erweist sich als »mein Bote« (= Maleachi), der selbst das Ich JHWHs in den Mund nehmen kann.

Die Entfaltung der Feststellung (1,7b–14) hält vielfach fest, dass es sich im Ganzen um JHWH-Rede handelt. Sechsmal steht »sagt JHWH der Heere« (1,8b.9b.10bα.11b.13aα.14bα), einmal einfaches »sagt JHWH« (1,13b). In die JHWH-Rede eingefügt sind Zitierungen der beschuldigten Priester (»indem ihr sagt«, 1,7b.12a; »ihr sagt«, 1,13a). Sie sind fest in die JHWH-Rede eingebettet. Es ist also nicht der Prophet, der hier zitiert, sondern JHWH selbst. In 1,7b.12a wird dies durch die suffigierte Partizipialform unterstrichen (»bei eurem Sagen«), in 1,13a dadurch, dass der Satz das vorstehende Partizip ohne Redewechsel einfach fortsetzt. Soweit handelt es sich also bei dem Element IIIa um einen großen JHWH-Monolog mit Zitierungen der Beschuldigten.

Zweimal allerdings wird der Monolog durch einen Einwurf des Propheten unterbrochen. Er ist daran erkenntlich, dass in ihm von Gott in 3. Person die Rede ist. Dabei ist der zweite Fall in 1,14a nicht einmal sicher. Zwar heißt es in ihm »wer ein Verdorbenes für Adonaj schlachtet«. Aber eingebettet ist dies in die Formeln »sagt JHWH« in 1,13b und »sagt JHWH der Heere« in 1,14b, sodass vielleicht auch die Vorstellung die ist, dass JHWH in 1,14a von sich selbst in 3. Person spricht. Die nur hier vorkommende ausgeschriebene Form »Adonaj« statt des Tetragramms »JHWH« könnte ein weiterer Hinweis darauf sein.

Anders liegt es in 1,9, einem Vers von doppelter Auffälligkeit. Dass der Prophet redet, lässt sich daraus erschließen, dass Gott in 3. Person vorkommt. Allerdings steht in 1,9a »El«, in 1,9b verbirgt sich die 3. Person im Verb (»wird er erheben?«). Das wäre wie in 1,14a auch im Mund Gottes vorstellbar. Das aber ist undenkbar für das Schlusswort von 1,9a: »dass er uns gnädig sei!« Das kann nur der Prophet selbst sagen. Zugleich schließt er sich mit der 1. Person Plural mit den Angeredeten zusammen. Und dennoch steht am Ende des Verses »sagt JHWH der Heere«.

Nirgends wird deutlicher als hier, wie sehr der Prophet Bote und Mittler zwischen Gott und Mensch ist. In 1,6 noch lässt er fast unbemerkt seine Worte in JHWH-Rede übergehen, indem er sagt »ihr Priester, die ihr meinen Namen verachtet«. In 1,9 schließt er sich umgekehrt mit den Angeredeten in einem gemeinsamen »Wir« zusammen. Und doch ist das alles nach Ausweis der Schlussformel von 1,9 JHWH-Rede. Was der Prophet sagt, sind Worte JHWHs, was JHWH sagen will, sagt er durch den Propheten. Und doch ist der Prophet zugleich Teil derer, an die er die Botschaft richtet.

Im Unterschied zur Entfaltung der Feststellungen hat Element IIIb (Folgerungen) nur dreimal die Formel »sagt JHWH der Heere«. Die Sparsamkeit ist damit zu begründen, dass im ganzen Text JHWH ohne Unterbrechung spricht. Dass überhaupt dreimal die Formel gesetzt wird, hängt mit einem Wechsel in der Kommunikationsform zusammen. In 2,1–3 werden die Priester direkt angeredet, deshalb die Formel in 2,2aα. In 2,4–7 redet JHWH über Levi und den Bund mit ihm; den Wechsel markiert die Formel in 2,4bβ. Die dritte Verwendung der Formel in 2,8bβ bezeichnet wiederum die Rückkehr zur Anrede an die Priester in 2,8 f. Insgesamt wird durch den dreimaligen Gebrauch der Formel festgehalten, dass alles, ob direkte Anrede oder Rede in 3. Person, aus JHWHs Mund kommt.

Figurenkonstellation und Kommunikationsstruktur

Die Grundkonstellation des II. Diskussionswortes ist ein Zwiegespräch zwischen JHWH und den in 1,6 und 2,1 direkt genannten Priestern. Entsprechend dominieren die 1. Person Singular für JHWH und die 2. Person Plural für die angeredeten Priester. Dem entspricht, dass in ihren kurzen Einreden (1,6bβ.7aβ) die Priester in 1. Person Plural JHWH in 2. Person Singular anreden.

Diese einfache Kommunikationsstruktur wird nur in 1,8 f. verwirrt. Wir hatten schon gesehen, wie sich in 1,9 der Prophet einschaltet und sich im »Wir« mit den Angeredeten zusammenschließt. Zuvor in 1,8b geht JHWH – die Schlussformel benennt ihn ausdrücklich als Redenden – in die 2. Person Singular über (»Bring so etwas doch vor deinen Statthalter …«). Man hat den Eindruck eines gewissen Durcheinanders: JHWH fokussiert seine kollektive Anrede an die Priester auf den Einzelnen. Der Prophet schaltet sich selbst ein, überlässt nicht nur JHWH das Wort. So sieht eine dramatische Diskussion aus. Erst nach diesem heftigen Anfang geht sie in die ruhigeren Bahnen einer Anrede der Priester durch JHWH über.

In diese lange Rede JHWHs sind zwei Abschnitte eingebettet, in denen JHWH von der direkten Anrede abgeht. Zum einen sind das die Aussagen über die Stellung JHWHs unter den Völkern in 1,11 und 1,14b. So positiv die Völker hier gesehen werden, sie werden nicht angeredet. Wir erinnern uns, dass auch in der I. Strophe mit Edom nicht direkt kommuniziert wurde. Egal ob Edom in seiner negativen oder die Völker in ihrer positiven Rolle, beide werden nicht angeredet. Maleachi ist »an Israel« gesandt (1,1).

Die zweite Größe, die nicht angeredet wird, ist Levi (2,4b–7). Dies hängt damit zusammen, dass die aktuell angeredeten Priester zwar in der Levi-Tradition stehen, aber die Erinnerung an den Levi-Bund ein Ereignis der Vergangenheit meint. Erst der Schlussvers des Levi-Abschnitts (2,7) leitet über zur Identifizierung der gegenwärtigen Priester mit Levi. Das aber wird nicht durch die Anredestruktur, sondern über das Verbalsystem hergestellt.

Der heftige Disput zwischen JHWH und den Priestern enthält alles, was das hebräische Verbalsystem zu bieten hat (Nominalsätze und Partizipien, PK- und AK-Formen einschließlich der AK-Konsekutiv-Formen für die Drohungen gegen die Priester, 2,2f.). Das wird zur Stelle zu behandeln sein. Auffällig aber sind die zwei Elemente, die aus der dialogischen Kommunikationsstruktur herausfallen. Die Aussagen über die Völker in 1,11.14b bestehen ausschließlich aus Nominalsätzen. Das erweckt den feierlichen Eindruck des Immerwährenden und Unumstößlichen. Der Passus über Levi wird dagegen von AK-Formen und Narrativen geprägt. Damit wird unterstrichen, dass es um die Vergangenheit geht. Erst 2,7a wechselt in die einfache PK und 2,7b in den Nominalsatz. Damit sind wir in der Gegenwart der kritisierten Priester angekommen. Tatsächlich spricht 2,7 auch wieder von dem Priester und nicht mehr von Levi. Verbale Struktur

Mal 1,6–2,9 ist ein typisches Beispiel für den gehobenen Prosa-Stil der Maleachi-Schrift. 1,6a.bα ist bis zur Redeformel (»sagt JHWH der Heere«) ein hochpoetischer Text. Er ist in strengen Parallelismen formuliert. 1,6a hat beim Akkusativ keine nota accusativi, was typisch für poetische Texte ist. Zehn der fünfzehn Worte fangen mit dem Buchstaben Alef an – mehr Alliteration ist kaum möglich. Einen weiteren vollendeten Parallelismus bilden 1,8aα und 1,8aβ. Auch der Levi-Abschnitt ist in 2,5–7a eindeutig in Parallelismen gehalten wie auch die abschließende Drohung gegen die Priester in 2,8f. Sprache

Der übrige Text aber ist weitgehend prosaisch. Zwar sind poetische Elemente eingefügt, so die Wiederholung von »groß ist mein Name unter den Völkern« in 1,11aα und 1,11b und die leicht variierte Wiederaufnahme in 1,14bβ (»mein Name ist Ehrfurcht gebietend unter den Völkern«) oder der Parallelismus im Zitat der Kritisierten (»Der Tisch JHWHs, eklig ist er und sein Ertrag verachtet …«, 1,12). Aber der Text verwendet die nota accusativi (1,13; 2,2 f.9) und hat außer den genannten keine Anzeichen von Poesie. So wird man im Blick auf die gesamte Strophe eben von gehobener Prosa sprechen müssen.

Die genannten Phänomene wie der Wechsel vom Plural in den Singular (1,8b), das Vorkommen von Rede über Gott anstelle von Gottesrede (1,9.14a), das Vorkommen direkt angeredeter Personen (Priester) neben solchen, über die in 3. Person geredet wird (die Völker in 1,11–14 und Levi in 2,4–8), das Changieren zwischen Poesie und Prosa sowie einige inhaltliche Beobachtungen, die in der Auslegung zu behandeln sind, haben in der Geschichte der Auslegung immer wieder zu literarkritischen Folgerungen geführt. Dabei lassen sich zwei Grundtypen unterscheiden. Nach dem einen sei ein relativ knapper Grundtext durch umfangreiche, in sich noch einmal zeitlich geschichtete Einfügungen ergänzt worden. So reduziert sich nach *A. Meinhold* 75 der rekonstruierte Grundtext auf 1,6–8a; 2,1.9a, alles Übrige ist nachträglich angefügt (ähnlich *Th. Lescow*, Maleachi 1993, 70f.; *H. Utzschneider*, Künder 1989, 31f.40f.). Der andere literarkritische Typus geht von einem weitgehend ein- Literarkritik heitlichen Text aus, der aber durch Hinzufügung einzelner Sätze nachträglich erweitert worden ist. Erwartungsgemäß schwanken bei den einzelnen Auslegern Umfang und Identifizierung der vermuteten Erweiterungen (z. B. K. Marti 462–468: 1, 9bα; 2, 2b.3b.7 sowie einzelne Worte in 1, 11–14 als Zusatz; F. Horst 265: 1, 11–14; 2, 2.7 seien »nachträglicher Erweiterung zuzuschreiben«).

Sofern den literarkritischen Operationen inhaltliche Überlegungen zugrunde liegen, ist dem strengen methodischen Kriterium von *I. Willi-Plein* 249 unbedingt zuzustimmen: »Kein heutiger Exeget kann inhaltlich entscheiden, welche Aussagen einem angenommenen Verfasser zuzutrauen oder abzusprechen sind, solange kein offensichtlicher *sachlicher* Anachronismus vorliegt.« Dem Verdacht des inhaltlichen Zirkelschlusses unterliegt vor allem der Vorschlag von Jakob Wöhrle, der in 1, 6–2, 9 ein früheres Textstadium finden will, das noch gar nicht von den Priestern handelte (*J. Wöhrle*, Abschluss 2008, 222–233). Er geht von den Beobachtungen aus, dass die II. Strophe die längste der Dichtung ist, dass es in ihr sowohl um Missstände beim Opferdienst (1, 6–14) als auch bei der Toraerteilung (2, 1–9) geht, und dass die ersten Formelemente, Ausgangsthese und Nachfragen, verdoppelt vorkommen. All das sind zutreffende Beobachtungen, und das »Diskussionswort Mal 1, 6–2, 9 fällt … dadurch auf« (*J. Wöhrle*, Abschluss 2008, 222). Aber weshalb muss diese Auffälligkeit mit einer hoch spekulativen Textschichtung erklärt werden. Warum darf ein Verfasser einem Thema, das ihm besonders wichtig ist, nicht einen besonders langen Abschnitt seines Textes widmen? Warum darf er, wenn er bei den Priestern Fehlentwicklungen sowohl bei der Opferpraxis als auch bei der Toraerteilung sieht, nicht beides kritisieren? Und zur Doppelung der anfänglichen Formelemente stellt Wöhrle selbst fest, dass sie »so nur noch in Mal 3, 7–8 belegt ist« (*J. Wöhrle*, Abschluss 2008, 223). Aber statt zu konstatieren, dass der Verfasser sich offenbar die Freiheit der Variation nimmt, streicht er in 3, 7–8 die Verdoppelung auch heraus (*J. Wöhrle*, Abschluss 2008, 244–246).

Nicht besser steht es um literarkritische Operationen, die sich auf die genannten sprachlichen Phänomene stützen. Welchem »angenommenen Verfasser« – zumal wenn wir ihn uns als schriftlich arbeitend vorstellen, keine Diskussionen führend, sondern sie inszenierend – kann es verboten sein, sich mit der eigenen Stimme einzumischen oder seinen Hauptredner JHWH sein Gegenüber unterschiedlich oder auch gar nicht direkt anreden zu lassen? Von daher scheint es mir auch nicht nötig, einzelne Elemente als »Übernahme vorgeformten Traditionsgutes« (*H. Graf Reventlow* 139) oder als »Gottesworte«, die »vielleicht zunächst auch mündlich überliefert gewesen sein könnten« (*I. Willi-Plein* 255), auszusondern. Wirklich harte Kriterien für literarkritische Operationen lassen sich nicht angeben.

Literarkritik und Epigraphik

In diesem Zusammenhang sei darauf hingewiesen, dass in nachweislich einheitlichen Texten solche rhetorischen Wechsel, wie sie immer wieder für literarkritische Scheidungen geltend gemacht werden, durchaus üblich sind. Ich nehme als Beispiel die auf einem Ostrakon aufgezeichnete Petition eines Erntearbeiters an einen Festungskommandanten vom Ende des 7. Jhs., die wahrscheinlich von einem professionellen Schreiber formuliert wurde. Zunächst spricht der Petent von sich in der 3. Person: »Mein Herr … möge anhören die Angelegenheit seines Knechtes. Dein Knecht ist Erntearbeiter …«. Mitten im Text wechselt er in die 1. Person: »Als ich abgemessen hatte meine Ernte« – um im selben Satz noch in die 3. Person zurückzufallen: »… nahm er vor einigen Tagen das Gewand deines Knechtes«. Bis zum Schluss des Textes wechselt es dann zwischen 3. und 1. Person. Desgleichen schwankt die Anrede an den Kommandanten zwischen 3. und 2. Person, also: »Mein

Herr Kommandant möge anhören ...« neben »Gib doch zurück mein Gewand« (Text zitiert nach TUAT I 250, übersetzt von D. Conrad). Würde man hier das literarkritische Messer ansetzen, könnten nur absurde Ergebnisse herauskommen.

An seinem Anfang ist das zweite Diskussionswort doppelt mit der vorangehenden I. Strophe verkettet. Da ist zum einen das Vater-Bild, mit dem die II. Strophe einsetzt (»Der Sohn achtet den Vater ...; wenn ich nun Vater bin ...«, 1,6). Zwar kommt das Wort »Vater« in 1,2–5 nicht vor. Aber indem Jakob und Esau als Brüderpaar genannt sind und JHWH sich ihnen gegenüber wie ein Vater verhält, der den einen vorzieht und den andern zurücksetzt, ist die Vater-Metapher durchaus präsent. Indem der Midrasch ExR 46,4 das Ehren des Vaters in Mal 1,6 mit dem Beispiel Esaus illustriert, stellt auch er in gewisser Weise eine Verbindung zwischen dem II. und I. Diskussionswort her (Midrasch ExR 46,4, 531, vgl. *A. Böckler*, Gott als Vater 2000, 322).

Die zweite Verkettung besteht in einer Stichwortverbindung. In 1,5 werden Israel die (künftig zu sprechenden) Worte in den Mund gelegt: »Groß erweist sich JHWH über dem Gebiet Israels«. Die dabei gebrauchte Wurzel גדל *(gdl)* »groß (sein)« wird in 1,11 aufgegriffen: »Ja, vom Aufgang der Sonne bis zu ihrem Untergang ist mein Name groß unter den Völkern ... Ja, groß ist mein Name unter den Völkern, sagt JHWH der Heere«. Da die Wurzel nur an diesen Stellen in Maleachi vorkommt, dürfte der Bezug signifikant sein (vgl. *A. E. Hill* 187: »the word ›great‹ connects 1:6–14 with 1:5«).

Die Signifikanz der Verkettungen zeigt sich besonders, wenn man den inhaltlichen Bezug zwischen I. und II. Strophe hinzunimmt. Im I. Diskussionswort geht es um die Beziehung JHWHs zu Israel als Ganzem. Im II. Wort verengt sich der Adressatenkreis auf die Priester (ausdrücklich in 1,6; 2,1). Entsprechend findet beim Vater-Bild eine Verengung statt: Es umfasst nicht mehr Jakob und Esau, sondern nur noch Israel. Umgekehrt ist es beim »Großsein«. Im I. Wort ist es auf das »Gebiet Israels« beschränkt. Jetzt geht es um JHWHs Größe »unter den Völkern«. Die Zuspitzung der Botschaft Maleachis »an Israel« (1,1), die in der I. Strophe durch den Kontrast zu Edom scharf profiliert wird, bedeutet gleichwohl keine partikularistische Verengung.

Verkettung mit dem Vorangehenden

Auslegung

,6a Der kritischen Feststellung des II. Maleachi-Wortes ist ein Vorspruch vorangestellt, der festhält, wie es ist, wenn es in Ordnung ist. Dann nämlich achtet ein Sohn den Vater und ein Sklave seinen Herrn (*Th. Lescow*, Maleachi 1993, 71 erwähnt als »nächste Parallele« Jes 1,3a, wo es um Haustiere und ihre Besitzer geht, die diese selbstverständlich »kennen«). Das Verb »achten« mit der Wurzel כבד *(kbd)* bedeutet eigentlich »jem. schwer machen, ihm oder ihr Gewicht beilegen«. Im Deutschen wird es auch mit »ehren« wiedergegeben. Der Anklang an den Dekalog ist wörtlich: »Ehre deinen Vater und deine Mutter ...« (Ex 20,12; Dtn 5,16). Auch weisheitliche Sentenzen unterstreichen den geforderten Respekt vor den Eltern (Spr 10,1; 15,20; vgl. *Th. Hieke,* Kult 2006, 33 f.). Die Nennung der Mutter in den Dekalogformulierungen und Weisheitssprüchen weist darauf hin, dass auch in Mal 1,6 die Formulierung nicht exklusiv gemeint ist; man könnte auch »Kinder ehren Vater und Mutter« oder »Kinder ehren die Eltern« übersetzen. Wegen der Gebotform des Dekalogs und weil die Fortsetzung von Mal 1,6 feststellt, dass die Ehrung JHWHs nicht stattfindet, hat man vorgeschlagen, den Vorspruch nicht als Aussage, sondern jussivisch zu übersetzen (»Ein Sohn soll den Vater ehren ...«) (*A. Böckler,* Gott als Vater 2000, 319.323). Doch der Vorspruch will kein Gebot aufstellen, sondern das festhalten, was eigentlich selbstverständlich sein sollte. Umso härter ist der Kontrast, wenn die Fortsetzung des Verses sogleich feststellen wird, dass JHWH nicht geehrt wird.

Mit der Fortsetzung des Vorspruchs sind wir bei dem ersten Element des Diskussionswortes, der Feststellung. Sie wird, wie beim I. Wort, in der 1. Person JHWHs vorgebracht (»sagt JHWH der Heere«). Ihr Inhalt ist der Vorwurf, dass JHWH nicht die Achtung und Ehrfurcht entgegengebracht werden, wie sie von Kindern den Eltern und von Sklavinnen und Sklaven ihrer Herrschaft entgegengebracht werden, wenn die Dinge in Ordnung sind. Die Logik der kritischen Feststellung beruht darauf, dass JHWH mit dem Vater und Herrn des Vorspruchs in eins gesetzt wird. Der Prophet, der das Gespräch inszeniert, nimmt die Ineinssetzung auch ausdrücklich vor: »Wenn ich nun Vater bin ...«, »Wenn ich Herr bin ...«.

1,6

Gott als Vater

Schon die Wahl *zweier* Relationsverhältnisse zeigt, dass »Vater« und »Herr« Metaphern sind. In ihrer umfangreichen Studie »Gott als Vater im Alten Testament« zeigt Annette Böckler, dass man bei der Vater-Metapher unterscheiden muss zwischen der Vorstellung, dass JHWH der Vater des davidischen Königs ist (2 Sam 7,14; Ps 89,27 f.; 1 Chr 17,13; 22,10; 28,6), und der, dass Israel der Sohn Gottes (Ex 4,22 f.; Hos 11,1) und JHWH Israels Vater ist (Dtn 32,6; Jer 3,4.19; 31,9). In der Maleachi-Schrift, wo die Vater-Metapher außer hier noch in 2,10 verwendet wird, nimmt sie darüber hinaus schon individuelle Züge an: JHWH ist nicht nur »Vater« des Kollektivs Israel, sondern jedes einzelnen und jeder einzelnen Angehörigen des Volkes. Diese Vorstellung lässt sich auch schon in Jes 43,6 finden, wo JHWH die Exilierten als »meine Söhne« und »meine Töchter« bezeichnet (vgl. auch 63,16; 64,7). Im Neuen Testament wird dieses individuelle Verständnis in der Anrede Gottes als »unser Vater« (Mt 6,9) weitergeführt. Wenn in Mal 1,6 direkt nach der Anwendung der Vater-Metapher auf JHWH die Priester angegriffen werden, heißt das jedoch nicht, dass JHWH hier speziell als Vater der Priester angesehen würde (so z. B. *J. Wellhausen* 204: »Die Priester sind also die Söhne und die Diener Jahves«). Nicht in einer exklusiven Beziehung, sondern insofern sie »Teil des Volkes Israels« sind, haben auch die Priester JHWH zum »Vater« (*A. Böckler*, Gott als Vater 2000, 321).

In Parallele zur Vater-Sohn- wird die Herr-Sklave-Metapher gebraucht. Auf beide trifft zu, was Martin Rösel in seiner Studie über die Herr-Metapher, die im alten Orient verbreitet für Gottheiten verwendet wird, festhält: »Damit wird eine Kategorie der sozialen Interaktion auf das Gottesverhältnis übertragen, denn in allen angeführten Kulturen wird das jeweilige Lexem für ›Herr‹ sowohl für menschliche Beziehungen zwischen Partnern ungleichen Ranges wie für die Gottheit verwendet« (*M. Rösel*, Adonaj 2000, 227). Ihr Gemeinsames liegt darin, dass sowohl der Vater vom Sohn wie der Herr vom Sklaven »Achtung« und »Ehrfurcht« zu erwarten haben und Beides entsprechend für Gott gilt. Statt »Achtung« – wie das Verb im Vorspruch von der Wurzel כבד *(kbd)* abgeleitet – ließe sich wieder »Ehre« übersetzen (*A. Jepsen* 188 stellt – sicher übertrieben – seine ganze Maleachi-Auslegung unter die Überschrift »Um Gottes Ehre«). Bei der »Ehrfurcht« wird die Wurzel ירא *(jr')* verwendet, die auch Luthers Erklärung der Gebote im Kleinen Katechismus zugrunde liegt (»Wir sollen Gott fürchten und lieben …«). Beide hebräischen Wurzeln drücken nicht Furcht im Sinne der Angst, sondern Respekt aus (*A. Böckler*, Gott als Vater 2000, 322 f.). Solcher Respekt steht Gott zu.

Zur Bezeichnung des metaphorischen Herr-Sein Gottes wird ein Abstraktplural, ein so genannter Hoheits- oder Herrschaftsplural (Ges-K §124g) verwendet. Das bedeutet, dass das hebräische Wort grammatisch im Plural steht, auch wenn es eine einzelne Person meint. Das bekannteste Beispiel im Hebräischen ist אלהים *('ælohîm)* für »Gott«. Für »Herr« wird an unserer Stelle der Plural אדונים *('adônîm)* geschrieben. Beide Formen können auch im Deutschen als Abstrakta übersetzt werden (»Gottheit«, »Herrschaft«). In Mal 1,6 könnte es also auch heißen: »… ein Sklave achtet seine Herrschaft … Wenn ich nun die Herrschaft bin …«. Martin Rösel arbeitet heraus, dass der Hoheitsplural vor allem dann verwendet wird, wenn es um die Beziehung zwischen Herr und Knecht geht (Gen 24,9; Ex 21,4.6.8; Dtn 23,16 u. ö.) (*M. Rösel*, Adonaj 2000, 171). Umso auffälliger ist in Mal 1,6 die absolute und in der Hebräischen Bibel in dieser Form singuläre Ausdrucksweise אדונים אני *('adônîm 'anî)* »Herr bin ich«. Vielleicht wird der Abstraktplural an unserer Stelle deshalb gebraucht, weil auf ihn die Gott vorbehaltene Anrede »Adonaj«, die im Judentum häufig als Ersatzlesung für den nicht auszusprechenden Gottesnamen JHWH verwendet wird, zurückgeht. Der Gebrauch der Form könnte ein Beleg dafür sein, dass zur Zeit der Abfassung der Maleachi-Dichtung die Ersatzlesung »Adonaj« bereits Verwendung fand. Die Tatsache, dass im Folgenden den Priestern die Ver-

Gott als Herr

achtung des Gottesnamens vorgeworfen wird, kann eventuell als Hinweis darauf verstanden werden (vgl. die zurückhaltenden Bemerkungen bei M. *Rösel*, Adonaj 2000, 171 f.).

Bis jetzt hat der sich metaphorisch als »Vater« und »Herr« bezeichnende Gott selbst gesprochen. Jetzt ergreift wieder der Prophet das Wort, indem er den Redenden markiert: »... sagt JHWH der Heere«. Wie schon in 1, 4 wird zu dem Gottesnamen das rätselhafte »Zebaoth« hinzugefügt, wie Luther die Form unübersetzt wiedergibt. Dieses dem Namen JHWH hinzugefügte »Zebaoth« hat einen völlig anderen Charakter als die gerade eben gebrauchten Bilder von JHWH als Vater und Herr, weshalb ich es an dieser Stelle und nicht schon beim ersten Vorkommen in 1, 4 besprechen möchte.

»JHWH der Heere«
Bei der Erweiterung des Gottesnamens um das Wort »Zebaoth« muss man zwischen der etymologischen Herkunft des Wortes, seiner Ausdeutung, der Herkunft der Formel »JHWH Zebaoth« und ihrem Gebrauch unterscheiden. Sprachlich handelt es sich bei »Zebaoth« um einen Plural von צבא *(ṣaba')* »Heer«. Das schließt nicht aus, dass, wie es M. Görg, ṣb'wt 1991 vorgeschlagen und S. *Kreuzer*, Zebaoth 2006 aufgenommen hat, dahinter eigentlich das ägyptische Gottesepitheton *db3.tj* steht, das phonetisch dem Hebräischen ṣb'wt entspricht und etwa mit »der Thronende« wiederzugeben ist. Dass mit dem Prädikat »Zebaoth« sachlich die Thronvorstellung eng verbunden ist, zeigt die Formel »JHWH Zebaoth thronend über den Keruben (inwiefern die Vorstellung des Kerubenthroners wiederum mit dem Gottesschrein – der Lade – von Schilo zusammenhängt, vgl. 1 Sam 4, 4, oder doch von Anfang an in den Jerusalemer Kult gehört, diskutiert P. *Porzig*, Lade 2009, 213–221, braucht hier aber nicht entschieden zu werden). Die Formel vom Kerubenthroner bezeichnet die unsichtbare, aber menschengestaltig gedachte Präsenz JHWHs auf seinem Kerubenthron, dem die Lade als Fußschemel dient. Da im Hebräischen – unbeschadet einer möglichen ägyptischen Herkunft des Wortes – »Zebaoth« den Plural »Heere« bezeichnet, legen die alttestamentlichen Texte selbst verschiedene Deutungen mit Hilfe des Lexems »Heer« nahe. Im Anschluss an 1 Sam 17, 45 wäre an die Heerscharen Israels zu denken. Doch auch himmlische Heerscharen – sei es eher personifiziert als Himmelswesen, sei es eher als die Gestirne – kommen in Frage (vgl. Ps 103, 21; 148, 2). »Zebaoth« kann aber auch als Abstraktplural aufgefasst werden (»Mächtigkeit«) (zu den drei Deutungen auf die Heerscharen Israels, auf kosmische Scharen oder als Abstraktplural vgl. A. S. *van der Woude*, ṣābā' 1984, 504–506). JHWH Zebaoth hieße im letzteren Fall »JHWH der Mächtigkeit«, und so hat es die griechische Übersetzung in weiten Teilen aufgefasst, wenn sie mit »Kyrios Pantokrator« (Allherrscher) oder »Kyrios der Mächte« übersetzt (vgl. dazu O. *Eißfeldt*, Jahwe Zebaoth 1966). Man wird diese Ausdeutungen nicht gegeneinander ausspielen dürfen. Sie sind bereits innerhalb des Alten Testaments der Versuch, dem rätselhaften »der Heere« einen nachvollziehbaren Sinn zu unterlegen.

Möglicherweise ist das Prädikat »JHWH der Heere« ursprünglich im Kult von Schilo beheimatet, wo der Gottesschrein aufbewahrt wurde (1 Sam 1, 3.11; 4, 4). Mit dessen Überführung nach Jerusalem (2 Sam 6) gelangt auch die Gottesbezeichnung JHWH Zebaoth dorthin und wird für die Präsenztheologie des Jerusalemer Tempels der Königszeit bestimmend (vgl. Jesajas Thronvision mit dem Gesang der Serafen: »Heilig, heilig, heilig ist JHWH Zebaoth«, Jes 6, 3) (zur Jerusalemer »Zion-

Zebaoth-Theologie« vgl. *T. N. D. Mettinger*, Dethronement 1982, 19–37; *ders.*, YHWH SABAOTH 1982; *ders.*, Search of God 1988, 123–157). Mit der Zerstörung des Tempels 586 v. Chr. gerät diese Präsenztheologie in eine schwere Krise. Tryggve Mettinger spricht regelrecht von der »Entthronung Zebaoths« (*T. N. D. Mettinger*, Dethronement 1982). An die Stelle der Vorstellung der Präsenz »JHWHs der Heere« treten Konzepte von seiner Gegenwart im »Namen« oder in seiner »Herrlichkeit«, wobei die Namenstheologie ihrerseits wieder auf eine lange altorientalische Vorgeschichte (*Th. Staubli*, »Namen« 2009, 93 f.) und speziell im 7. Jh. auf zeitgenössischen assyrischen Hintergrund zurückgeht (*S. I. Richter*, Name Theology 2002). Allerdings erlebt mit der Wiedererrichtung des Tempels nach dem Exil die Prädikation »JHWH der Heere« eine regelrechte Renaissance. »The ›dethronement of Sabaoth‹ was, however, only temporary. After the Exile the circle closes in full with the advent of the prophet Zechariah and his vigorous proclamation that the Lord is on the verge of returning to Zion. And so – as a matter of course – the classical Sabaoth designation again becomes the paramount term for the *Deus praesens*« (*T. N. D. Mettinger*, Dethronement 1982, 134).

Die Renaissance der Prädikation »JHWH der Heere« schlägt sich in einem konzentrierten Gebrauch in den perserzeitlichen Prophetenschriften Haggai, Sacharja und Maleachi nieder. Allerdings ist er weitgehend beschränkt auf formelhafte Redeeinleitungen, so wie an unserer Stelle (»… sagt JHWH der Heere«). Von den einundzwanzig Vorkommen in Maleachi sind achtzehn formelhaft. Und auch da, wo »freier Gebrauch« (*T. N. D. Mettinger*, Dethronement 1982, 12) vorliegt, wie in Mal 2,7 (der Priester als »der Bote JHWHs der Heere«), stellt die Prädikation doch nicht mehr als eine Erweiterung des Gottesnamens dar. So versteht es auch ein Teil der griechischen Tradition, wenn sie die Formel unübersetzt lässt (κύριος Σαβαωτ). Dieser namenhafte Gebrauch der Formel führt zur Fortsetzung unseres Textes.

In einer kühnen Wendung setzt der Prophet die Redeeinleitung fort, indem er die Adressaten anredet (»ihr Priester«) und in deren näherer Kennzeichnung seine eigene Rede (»sagt JHWH der Heere«) unmittelbar in Gottesrede übergehen lässt (»ihr Priester, die ihr meinen Namen verachtet« statt »… die ihr *seinen* Namen verachtet«, wie es heißen müsste, wenn zwischen Redeinszenierung durch den Propheten und Gottesrede streng getrennt würde). Gerade hier kann man beobachten, was *I. Willi-Plein* 246 in die Worte fasst, es sei »schwierig, Gott selbst und den Propheten genau auseinanderzuhalten« – mit dem Nachsatz: »Vielleicht wäre dies allerdings auch nicht ganz sachgemäß«. Dass das Phänomen nicht auf den Propheten Maleachi beschränkt ist, zeigt Am 3,1. Auch hier geht Rede über JHWH in 3. Person (»Hört dieses Wort, das JHWH gegen euch geredet hat, ihr Kinder Israel«) unvermittelt in Gottesrede in 1. Person über (»gegen die ganze Sippe, die ich aus dem Land Ägypten heraufgeführt habe«).

Die Priester werden beschuldigt, »den Namen JHWHs« zu »verachten«. Hier zeigt sich, wie in der Epoche des zweiten Tempels verschiedene theologische Strömungen zusammenfließen. An dieser Stelle sind das die Präsenz-Theologie des ersten Tempels, die sich im Namen »JHWH der Heere« niederschlägt, und die deuteronomisch inspirierte Namens-Theologie, für

Maleachi 1,6–2,9

die die Gegenwart JHWHs sich in seinem Namen manifestiert (Dtn 12,5.11.21 u.ö.). Beides kommt nun zusammen: Der Name, den die Priester verachten, ist der Name »JHWH der Heere«.

Für »verachten« wird hier die Wurzel בזה *(bzh)* gebraucht. Sie steht in Parallelismen synonym mit den Wurzeln חלל *(ḥll* pi) (»entweihen, profanieren«) (Ez 22,8) und שקץ *(šqṣ* pi) (»verabscheuen, verschmähen«). Diese Wurzeln bilden ein Wortfeld, zu dem Termini für »ehren, respektieren« in Opposition stehen. So verwendet Spr 14,2 בזה *(bzh)* (»verachten«) und ירא *(jr')* (»ehren, respektieren«) im antithetischen Parallelismus. Diese Wurzel wird zusammen mit כבד *(kbd)* (»achten, ehren«) auch an unserer Stelle im Vorspruch zur beschuldigenden Feststellung für das eigentlich zu erwartende Verhalten gebraucht. Dahinter steht das in den antiken Kulturen – aber keineswegs nur in ihnen – verbreitete Ehre-Schande-Paradigma, wonach sich die Beziehungen zwischen Menschen, aber auch zwischen Menschen und Gottheiten, in den Kategorien des Ehrens bzw. Verachtens niederschlagen (vgl. dazu *C. Janssen / R. Kessler*, Art. Ehre/Schande 2009). In beiden Fällen handelt es sich nicht um bloß innere Einstellungen gegenüber den Geehrten bzw. Verachteten, sondern um Einstellungen, die sich in konkreten Handlungen ausdrücken (*G. Habets*, Vorbild 1990, 16).

Die von JHWH zitierte oder vom Propheten inszenierte Einrede der Beschuldigten – die Zuordnung bleibt auch hier wie im I. Diskussionswort in der Schwebe – nimmt die Worte der Feststellung auf: »Womit haben wir deinen Namen verachtet?« Ginge es nur um die innere Einstellung der Priester, könnten sie die Beschuldigung einfach abstreiten. Weil es aber darum geht, wie sich ihre Einstellung zeigt, fragen sie völlig richtig: »womit?« Sie wollen wissen, »in was« (so die wörtliche Wiedergabe des Fragepronomens) sich die ihnen vorgeworfene Verachtung des göttlichen Namens ausdrückt.

1,6

Die Antwort erfolgt prompt und in der gewünschten Konkretion. JHWH sagt, ohne erneut als Redender eingeführt zu werden: »Indem ihr auf meinen Altar besudelte Speise bringt!« Dass die Priester auf den Altar JHWHs Speise bringen, gehört zu ihren zentralen Aufgaben. Im Hintergrund steht die Vorstellung, durch das Opfer werde die Gottheit ernährt. So erzählt die 11. Tafel des Gilgamesch-Epos, durch den Wegfall der Opfer aufgrund der Sintflut verweilten die Götter »in Weinen, verdorrt ihre Lippen, beraubt der gekochten Opferspeisen« (Z. 126f.). Als dann nach der Flut der gerettete Held Uta-napischti wieder ein Opfer darbringt, kommen die ausgehungerten Götter »wie die Fliegen über dem Opferspender zusammen« (Z. 163) (Gilgamesch 144.146).

1,7

Natürlich weiß man in Israel – und nicht nur da, auch die polytheistischen Kulturen in Israels Umwelt dürfen wir uns nicht zu schlicht vorstellen –, dass Gott nicht auf Ernährung durch Menschen angewiesen ist. Ps 50,12 fasst es in die eindeutigen Worte: »Hätte ich Hunger, ich müsste es dir nicht sagen. Denn mein sind die Erde und ihre Fülle.« Deshalb ist die Bezeichnung der Opfer als »Speise« (לחם, læḥæm, wörtlich »Brot, Lebensmittel, Nahrung«) im Alten Testament auch vergleichsweise selten (Lev 3,11; 22,25; Num 28,2; Ez 44,7). Schaut man genau hin, dann ist die Sprache von Mal 1,7aα sogar auffällig profan. לחם *(læḥæm)* »Speise« bezeichnet jede Art von Nahrung und gerade nicht speziell Opfer. Auch die Vokabel für das Herbeibringen der Speise, נגש *(ngš)* hif, ist zumindest im Pentateuch »kein geläufiger Terminus der Ritualsprache« (R. Rendtorff, Leviticus 2004, 106). Bleibt als kultischer Terminus nur »mein Altar« – und auch dies wird in der Wiederaufnahme in V 7b mit dem profanen Terminus »Tisch JHWHs« in eins gesetzt. Diese sprachlichen Beobachtungen führen denn auch zum Kern, um den es geht: nicht um die Speisung der Gottheit, sondern um das symbolische Mahl selbst, bei dem man mit dem, dem man Speise vorsetzt, Gemeinschaft hat und ihn zugleich ehrt.

Es sind Ehrung und Gemeinschaft durch das Mahl, die die Priester verletzen, indem sie »besudelte Speise« auftragen. Wer so etwas bei einem Gastmahl täte, würde die Gäste schwer beleidigen. Auch das hier mit »besudeln« wiedergegebene Verb גאל$_2$ *(g'l)* heißt (entgegen Ges[18]) zunächst nicht »kultisch unrein machen«. Dafür steht eine andere Wurzel (טמא, *ṭm'*), die ihrerseits ursprünglich nichts mit »beschmutzen« oder »besudeln« zu tun hat, sondern eine Ordnungskategorie »zur Bewertung der Kultfähigkeit« ist (D. Erbele-Küster / E. Tönges, Art. Reinheit/Unreinheit 2009, 472). Das hier verwendete גאל$_2$ *(g'l)* aber meint zunächst einmal wirklich das Besudeln, vor allem mit Blut (Jes 59,3; 63,3; Zef 3,1; Klgl 4,14). Erst davon abgeleitet kann es dann auch auf kultische Unreinheit verengt gebraucht werden (Klgl 4,14–15; Dan 1,8; Esr 2,62 = Neh 7,64; Neh 13,29; mit Bezug auf diese Stellen kann S. M. Olyan, Rites 2000, 105 davon sprechen, dass *g'l* und *ṭm'* »synonym« sind). Natürlich ist auch in Mal 1,7 der kultische Kontext präsent, wenn es um Priester und den Altar geht. Aber der Text bleibt nicht bei der Frage der technischen Definition von Rein und Unrein stehen – einer zentralen Aufgabe priesterlicher Tora-Erteilung –, sondern sieht im Verhalten der kritisierten Priester eine Beleidigung JHWHs und die Aufkündigung der Gemeinschaft mit ihm.

aβ In der für das II. Diskussionswort charakteristischen Weise wird auch die Einrede der beschuldigten Priester verdoppelt. Wieder werden die Worte der Feststellung (»Indem ihr auf meinen Altar besudelte Speise bringt!«) aufgegriffen: »Aber ihr sagt: Womit haben wir dich besudelt?« Allerdings wechselt das Suffix an »besudeln« in die 2. Person. Nicht mehr der Altar, sondern JHWH selbst wird besudelt (zum masoretischen Text s. die obigen Bemerkungen). Damit kommt eine große Schärfe in die Worte der Priester. Aber sie trifft genau die Sache: Indem die Speise auf dem Altar besudelt ist, wird der, dem diese Speise gebracht wird, selbst besudelt. Dass die realen Priester des Jerusalemer Tempels so etwas kaum sagen würden, steht auf einem anderen Blatt. Es handelt sich ja nicht um die Aufzeichnung eines wirklich gehaltenen Zwiegesprächs, sondern um ein vom prophetischen Dichter inszeniertes Gespräch, in dem er die Dinge auf den Punkt bringt.

Dies gilt uneingeschränkt auch für die Fortsetzung, mit der die Entfaltung der Feststellung beginnt. Noch einmal werden die Priester zitiert: »Indem ihr sagt: Der Tisch JHWHs: Zu verachten ist er!« Natürlich würden Priester nie sagen, dass der Altar ihres Gottes »zu verachten« sei. Aber sie verhalten sich so, als ob sie das sagten oder dächten. Im Übrigen wird hier bereits zum dritten Mal das Wort »verachten« verwendet (בזה, bzh). Beim ersten Vorwurf samt Einrede hieß es, die Priester verachteten JHWHs »Namen« (V 6). Jetzt gilt der Altar als verachtenswert. Wie beim Besudeln, das sowohl den Altar als auch JHWH zum Objekt haben kann, stehen hier JHWHs Name und der Altar füreinander. Das kultisch inkorrekte Verhalten stellt ein Besudeln und Verachten der Gottheit selbst dar. Die weitere Ausführung wird das begründen.

Zuvor ist aber noch der Blick darauf zu richten, dass das Wort »mein Altar« aus V 7a hier mit »der Tisch JHWHs« aufgenommen wird. Das hebräische Wort für »Altar« (מזבח, mizbe^{a}ḥ) ist von der Wurzel זבח (zbḥ) abgeleitet, womit das kultische Schlachten, also im technischen Sinn das Opfern bezeichnet wird. Der Altar ist die Stätte des Opferns. »Tisch« dagegen ist ein profanes Wort. Es bezeichnet den häuslichen Tisch (1 Kön 13, 20; 2 Kön 4, 10; Ps 128, 3 u. ö.) ebenso wie die königliche Tafel (1 Sam 20, 29.34; 2 Sam 9, 7 u. ö.). Auch im Tempel gibt es Tische, für die »Schaubrote« einerseits (Ex 25, 23–30; 37, 10–16 u. ö.) und für die Vorbereitung der Opfertiere andrerseits (Ez 40, 39–43 u. ö.). Aber dass der Altar selber als »Tisch« der Gottheit bezeichnet würde, findet sich neben unsrer Stelle (zusammen mit V 12) nur noch in Ez 41, 22; 44, 16. Durch die Wahl des profanen Ausdrucks »Tisch« unterstreicht Maleachi, dass es ihm bei der Kritik an den Priestern nicht darum geht, dass die Gottheit mit verdorbener Nahrung versorgt werden soll, sondern darum, dass dadurch die Kommunikation mit Gott, wie sie sich im gemeinsamen Mahl um den Tisch symbolisiert, abgebrochen wird.

So recht ist die zweite Einrede der Priester aus V 7aβ (»Aber ihr sagt: Womit haben wir dich besudelt?«) noch gar nicht beantwortet. Jetzt aber wird es konkret: Die Priester »besudeln« den Altar, sie erklären den Tisch JHWHs für verachtenswert, indem sie blinde, hinkende und kranke Tiere als Opfer schlachten. Dass Opfertiere »makellos« sein müssen, gehört zur selbstverständlichen Forderung jeden Opferkultes (Ex 12, 5; 29, 1; Lev 1, 3 u. ö.). Der Respekt vor der Gottheit gebietet dies. In der konkreten Formulierung allerdings lehnt Mal 1, 8 sich direkt an Dtn 15, 21 an. Hier nämlich wird an möglichen Makeln eines Tieres, die seine Opferfähigkeit ausschließen, genannt, dass es »hinkend« oder »blind« ist. Auch die zusammenfassende Bemerkung von Dtn 15, 21, dass nicht »irgend ein schlimmer Mangel« (כל מום רע, kol mûm ra') an dem Opfertier sein dürfe, die in Dtn 17, 1 in ähnlicher Formulierung wiederholt wird (*A. von Bulmerincq* II 74), nimmt Mal 1,8 auf. Zweimal nämlich heißt es im Nachsatz: אין רע *('ên ra')*. Es ist nicht völlig eindeutig, ob dies als Frage (ohne Fragepartikel) oder Aussage (im Mund der Priester ohne Redeeinleitung) zu verstehen ist. Im ersten Fall wäre es eine rhetorische Frage im Mund JHWHs, der die Priester anspricht (»ist das nicht schlimm?«), im zweiten eine Aussage der Priester bei der pflichtgemäßen Bewertung der Opferfähigkeit eines Tieres (»das ist nicht schlimm!«). So oder so ist eindeutig, dass die Priester gegen ihre ureigenste Aufgabe verstoßen und eben damit den Altar und Gott selbst besudeln und verachten.

8b V 8b unterstreicht und erläutert den Vorwurf durch einen Vergleich aus dem profanen Leben. Im Imperativ Singular wird der einzelne Priester rhetorisch aufgefordert: »Bring so etwas doch vor deinen Statthalter!« Durch den Wechsel vom bisher gebrauchten kollektiven Plural in den Singular wird die Verantwortlichkeit jedes einzelnen Priesters herausgestellt. Einen vergleichbaren Wechsel zwischen Plural und Singular werden wir noch einmal in 2,14–16 antreffen, wo es um die Ehescheidungen geht. Auch dort soll die Verantwortlichkeit jedes Einzelnen unterstrichen werden.

Mit dem פחה *(pæḥah)*, dem der einzelne Priester eine Gabe bringen soll, ist der persische Statthalter gemeint (*K.-D. Schunck*, Amt 1999). Zwar ist פחה *(pæḥah)* ein Lehnwort aus dem Akkadischen und kann entsprechend auch hohe assyrische und babylonische Beamte bezeichnen (2 Kön 18,24 = Jes 36,9; Jer 51,23.28.57; Ez 23,6.12.23). Aber in der Regel wird es für persische Satrapen und Statthalter verwendet (Est 3,12; 8,9; 9,3; Esr 8,36; Neh 2,7.9; 3,7). An Statthaltern von Juda nennen die biblischen Texte mit der Bezeichnung פחה *(pæḥah)* Serubbabel (Hagg 1,1.14; 2,2.21) und Nehemia (Neh 5,14.18; 12,26) sowie ohne Namen pauschal die Statthalter vor Nehemia (Neh 5,15). Besonders wichtig für die Verwendung des Titels in persischer Zeit sind die inschriftlichen Belege. Aus Juda ist auf den Siegelabdruck des »Statthalters Elnatan« (in der Schreibweise פחוא, *phw')* zu verweisen (veröffentlicht in *N. Avigad*, Bullae 1976) sowie auf ein Schreiben aus Elephantine, das an »Bagawahya, den Statthalter von Jəhūd« (פחת יהוד, *pḥt jhwd*) gerichtet ist (TAD A4.7, Z. 1, dt. HTAT Nr. 285). Auch für den Statthalter von Samaria ist die Bezeichnung geläufig, so auf dem Siegelabdruck eines »[San]ballat, Statthalter von Samaria« (פחת שמרן, *pḥt smrn*) (WSS Nr. 419) sowie in dem genannten Schreiben aus Elephantine, wo zwei »Söhne Sanballats, des Statthalters von Samaria« (פחת שמרין, *pḥt smrjn*) (TAD A4.7, Z. 29) Erwähnung finden. Regelmäßig erscheint die Bezeichnung auch als notarielle Signatur des »Statthalters von Samaria« (פחת שמרין, *pḥt smrjn*) unter den Verträgen zwischen verschiedenen Sklavenhaltern, die im Wadi Daliyeh gefunden wurden (*J. Dušek*, Manuscrits 2007, 201 [WDSP 7,17].215 f. [WDSP 8,10].321 [WD 22]).

Die Aufforderung, eine Gabe »vor deinen Statthalter« zu bringen, ist

Maleachi 1,6–2,9

Abb. 1: Elamitische Vornehme vollziehen die Proskynese vor einem siegreichen assyrischen General. Relief aus Ninive, 7. Jh. v. Chr.
Quelle: *O. Keel*, Welt ⁵1996, 246.

zwar rhetorisch gemeint. Aber sie bezieht sich auf eine durchaus reale Möglichkeit. Denn die in Mal 1,6–2,9 angegriffenen Priester stehen über dem gewöhnlichen Kultpersonal des Tempels. Sie bilden die quasi aristokratische Spitze der religiösen Hierarchie. Als solche gehören sie zur judäischen Oberschicht. Dies geht deutlich aus dem erwähnten Elephantine-Brief hervor. Denn der erinnert an ein früheres Schreiben, das adressiert war an den Statthalter »und an Yəhōḥānān, den Hohepriester, und seine Kollegen, die Priester, die in Jerusalem sind, und an ʼAwastāna … und die Vornehmen der Judäer« (TAD A4.7, Z. 18 f.). Hier wird deutlich, dass die Jerusalemer Priesterschaft zur engsten Führungsschicht um den Statthalter gehört, sodass es immer wieder zur Situation einer Audienz eines Priesters vor dem Statthalter gekommen sein muss.

Eben eine solche Audienzsituation spricht Mal 1,8b an. Der Audienz Suchende bringt »etwas«, er rechnet mit dem »Wohlwollen« des Höhergestellten, vor dem er erscheint, und dieses Wohlwollen zeigt sich darin, dass dieser »sein (= des Bittstellers) Angesicht erhebt«. Letzteres ist ursprünglich der Situation der Proskynese entnommen, bei der der Audienz Suchende tatsächlich auf dem Boden liegt.

Die Vorstellung vom Erheben des Angesichts kann aber auch übertragen gebraucht sein, sodass der Bittsteller zwar steht, aber erst durch ein Zeichen des Höhergestellten »die weitere Kommunikation … durch Etablierung des ›Blickkontakts‹ eröffnet« wird (*F. Hartenstein*, Angesicht 2008, 196).

Es ist klar, dass im Fall, dass der Bittsteller »so etwas« – nämlich etwas

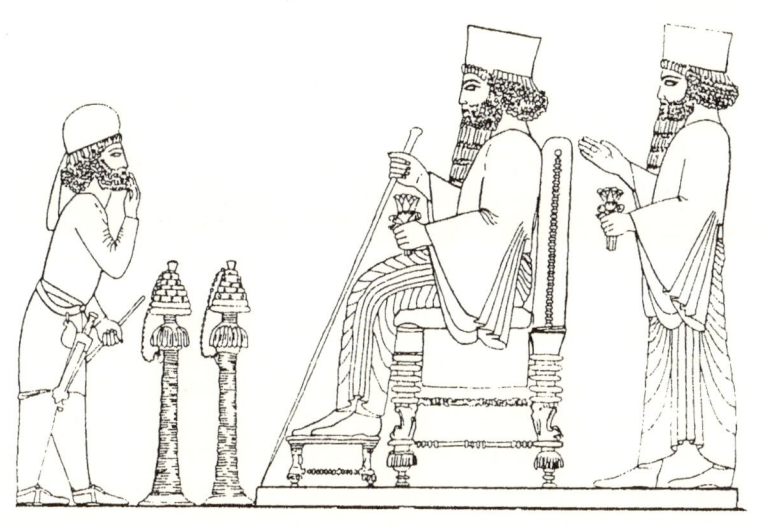

Abb. 2: Audienz vor dem persischen König. Relief aus Persepolis, 5. Jh. v. Chr.
Quelle: *F. Hartenstein*, Angesicht 2008, 334.

Unbrauchbares – als Gabe bringt, die Kommunikation rasch beendet sein wird.

Das rhetorisch Geschickte der Aufforderung besteht darin, dass jeder Priester sowie jede Leserin und jeder Leser des Maleachi-Textes weiß, dass sich niemand dem Statthalter gegenüber so verhalten würde. Und nun geht der stillschweigende Schluss vom Leichteren zum Schwereren *(de minore ad maius)*: Wenn man schon einem weltlichen Statthalter gegenüber so etwas nicht tut, wie viel unmöglicher ist es dann, sich Gott gegenüber so zu verhalten. Um den Vergleich möglichst eng zu fassen, werden die Audienz vor dem Statthalter und die Darbringung der Opfer auch sprachlich bis ins Einzelne parallelisiert. Man muss dazu nur die einschlägigen Opferbestimmungen des Buches Levitikus lesen, z. B. gleich die erste (1,3; vgl. aber auch 22,18–25, wo es um den Ausschluss minderwertiger Tiere geht): »Handelt es sich um ein Brandopfer, und zwar ein Rind, soll man ein männliches fehlerloses Tier *bringen*; an den Eingang des Begegnungszeltes soll man es *bringen*, um *Wohlwollen* zu finden vor JHWH.« Die zentralen Termini sind identisch mit denen in Mal 1,8. Für das »Bringen, Darbringen, Opfern« steht קרב hif *(qrb)*, für das wohlwollende Annehmen des Dargebrachten, wodurch die angestrebte Kommunikation erst hergestellt ist, wird die Wurzel רצה *(rṣh)* verwendet. Und selbstverständlich muss das Dargebrachte fehlerlos sein.

Es ist also klar, dass die Priester durch ihr Verhalten, das sie dem Statthalter gegenüber nie wagen würden, die Kommunikation mit JHWH von ihrer Seite aus abbrechen. Sie machen es unmöglich, dass Gott sich ihnen und damit den Anliegen der Männer und Frauen, ja des ganzen Volkes, zuwendet, für die die Priester die Opfer darbringen. V 9b wird das ausdrücklich festhalten. Zuvor wird durch die Gottesspruchformel am Ende von V 8 (»sagt JHWH der Heere«) ein Redeabschnitt markiert.

Bevor JHWH in V 10 sich wieder selbst an die Priester wendet, unterbricht der prophetische Dichter den inszenierten Dialog und spricht selbst die Priester an (anders *D. L. Petersen* 181, der 1, 9a als ironische Rede im Mund der Priester versteht). Dabei redet er in 3. Person über JHWH (»wird er … euer Angesicht erheben?«) und schließt sich durch die 1. Person Plural (»dass er uns gnädig sei«) mit dem Volk zusammen. Der Prophet ist selbst kein Priester. Er ist zwar JHWHs Bote, wie sein Name sagt, er inszeniert JHWHs Reden in seiner Schrift und kann sich dabei fast mit JHWH identifizieren (1, 6). Aber der Opferkult, der für die Kommunikation zwischen den Einzelnen sowie dem Volk und JHWH unabdingbar ist, ist Privileg und damit zugleich verantwortungsvolle Aufgabe der Priester. Dies stellt auch der Prophet nicht in Frage.

1,9

Wozu er die Priester auffordert, ist freilich nicht im engeren Sinn priesterliche Aufgabe. Die Redewendung »jemandes Angesicht besänftigen« (חלה$_2$ pi + פנים, *ḥillah panîm*) kann nämlich nicht nur Menschen gegenüber gebraucht werden – in den konkreten Fällen (Ps 45, 13; Hi 11, 19; Spr 19, 6) sind es immer Höhergestellte. Auch wenn die Wendung, wie meist, auf »das Angesicht JHWHs« bezogen ist, wird die Handlung des Besänftigens von Gestalten wie Mose (Ex 32, 11), einem Gottesmann (1 Kön 13, 6), einem König (2 Kön 13, 4; Jer 26, 19; 2 Chr 33, 12) oder einem unspezifischen Subjekt (Sach 7, 2; 8, 21 f.; Ps 119, 58; Dan 9, 13) ausgeführt. Dabei ist daran zu denken, dass das Besänftigen durch Gebet erfolgt, wie 1 Kön 13, 6 und 2 Chr 33, 12 ausdrücklich festhalten. Nur im Fall von Saul findet das Besänftigen durch ein Opfer statt (das im Übrigen Saul als Nicht-Priester gar nicht hätte ausführen dürfen, 1 Sam 13, 12). Hintergrund ist immer eine Notlage. Ziel ist es, Gott zu einer Verhaltensänderung zu bewegen, die in Ex 32, 14 und Jer 26, 19 ausdrücklich als »Reue Gottes« über das geplante Unheil bezeichnet wird. Allgemeiner drückt es Ps 119, 58 aus: »Ich *besänftigte* dein *Angesicht* von ganzem Herzen, *sei mir gnädig* nach deinem Wort!«. Damit sind wir beim Wortlaut von Mal 1, 9: Die Priester sollen »Gottes Angesicht besänftigen«, »dass er uns gnädig sei«. Ob dabei an die Opfer der Priester oder an deren Gebete zu denken ist, bleibt offen. Wichtig wäre, dass die Priester tun, was sie nach der vorangehenden Kritik offensichtlich nicht tun.

Mal 1, 9 ist die einzige Stelle, wo nicht vom »Angesicht JHWHs«, sondern vom »Angesicht Gottes« die Rede ist. Hebräisch heißt das פני־אל *(p^{e}nej-'el)*. Genauso wird in Gen 32, 31 der Name der Stadt »Pnuel« geschrieben (פניאל, *p^{e}nî'el*). Da im Kontext der Begegnung zwischen Jakob und Esau, um die es in Gen 32–33 geht, viele der Stichworte auftauchen, die auch in Mal 1, 8b–11 vorkommen (Gabe, Gen 32, 14.21 f.;

33,10; das Angesicht erheben, Gen 32,21, Gnade, Gen 33,10f.; Wohlgefallen, Gen 33,10), sieht *H. Utzschneider*, Künder 1989, 50–53 zwischen Mal 1,8b–11 und Gen 32f. einen intertextuellen Bezug. Doch geht es bei allen Stichworten um das typische Vokabular einer ritualisierten Begegnung mit einem Höhergestellten oder Mächtigeren, so dass ein Text-zu-Text-Bezug keineswegs ausgemacht ist. Da Maleachi auch sonst den Gott Israels als »El« bezeichnen kann (2,10), ist auch die Form *p*ᵉ*nej-'el* kein zwingender Hinweis auf das Pniel von Gen 32,31. Dennoch ist es durchaus möglich, hinter Mal 1,9 einen Tora-Bezug zu erkennen. Er geht allerdings nicht auf die Erzählung von der Begegnung Jakobs mit Gott und Esau in Gen 32–33, sondern auf die so genannte Gnadenformel, mit der JHWH sich Mose auf dem Sinai vorstellt: »JHWH, JHWH, ein barmherziger und gnädiger Gott« (Ex 34,6). Hier stehen die Wurzel חנן *(hnn)*, »gnädig (sein)«, die auch Mal 1,9 gebraucht, und die Gottesbezeichnung El unmittelbar beisammen (vgl. *A. Meinhold* 120).

Einen »scharf ironischen Ton« (*G. Habets*, Vorbild 1990, 23) wird man aus der Aufforderung an die Priester kaum heraushören können (so zu Recht *A. Meinhold* 118f.). Dem Propheten und dem Volk, für das er spricht (»dass er uns gnädig sei«), ist es ja durchaus Ernst mit der Gottesbeziehung. Aber der Prophet weiß, dass seine Aufforderung nicht fruchten wird. Denn: »Durch eure Hand ist dies geschehen.« Geschehen ist das Unvorstellbare, dass die Priester sich Gott gegenüber etwas herausgenommen haben, was sie dem Statthalter gegenüber nie wagen würden: Ihre »Hand« hat unwürdige Opfer dargebracht. Deshalb ist die Schlussfrage nur mehr rhetorisch zu verstehen. Gott wird »euer Angesicht« nicht »erheben«.

Die merkwürdige Ausdrucksweise – man müsste wörtlich übersetzen »wird er von euch ein/das Angesicht erheben?« – ist (»womöglich absichtlich?«, *A. Meinhold* 120) doppeldeutig. Sie kann partitiv verstanden werden: »wird er einem von euch das Angesicht erheben?«. Sie kann aber auch kausal gemeint sein und damit die hohe Verantwortung der Priester unterstreichen: »wird er euretwegen das Angesicht erheben?« Mit der Übersetzung »Wird er dann euretwegen euer Angesicht erheben?« versuche ich beide Aspekte zu verbinden.

Der Satz schließt überraschenderweise mit der Gottesspruchformel »sagt JHWH der Heere«. Da zuvor der Prophet, der sich mit dem Volk zusammenschließt, spricht, entsteht der Eindruck, dass »die Abschlussformel ›hat Jahweh Zebaoth gesprochen‹ überflüssig« ist (*G. Habets*, Vorbild 1990, 23). Ob überflüssig oder nicht, sie steht nun einmal da. Soll in einem höheren oder tieferen Sinn auch die Prophetenrede letztlich als Gottesrede gekennzeichnet werden? Oder soll, da die Formel auch den vorangehenden V 8 abschließt, eine Klammer um V 9a.bα.β gelegt und ausgesagt werden, dass hier zwar Prophetenrede vorliegt, dass das, was davor und danach gesagt wird, aber Gottesrede ist? Man wird die Frage kaum entscheiden können.

10 Es ist jedenfalls sicher, dass mit V 10 wieder Gottesrede einsetzt. Dies geht nicht nur aus der mehrfach verwendeten 1. Person, sondern auch aus

der in der Mitte des Verses wiederholten Gottesspruchformel hervor. Die Gottesrede setzt mit einem Wunschsatz ein, wozu im Hebräischen oft die Form eines Fragesatzes, der mit »wer?« beginnt, gewählt wird (Ges-K §151a) (wörtlich: »Wer ist unter euch, dass er ... schlösse ...«). Gott wünscht, dass es unter den Priestern einen gäbe, der »die Türflügel verschließt«. Damit ist nicht das allabendliche Verschließen (und allmorgendliche Öffnen) der Tempeltore gemeint (vgl. 1 Sam 3,15; 1 Chr 9,27), das zur Routine des Tempelbetriebs gehört, sondern die Einstellung des Kultes überhaupt. In diesem Sinn gebraucht die Chronik den Ausdruck »er verschloss die Türen des Hauses JHWHs« von König Ahas, dem die Einstellung des Tempelkults und die Einführung der Fremdgötterverehrung vorgeworfen wird (2 Chr 28,24; vgl. 29,7). Entsprechend wird die Wiederherstellung des Kults durch Ahas' Nachfolger Hiskija als »Öffnen der Türen« bezeichnet (2 Chr 29,3).

Wenn die (äußeren) Tore – der verwendete Dual meint genauer die Türflügel – des Tempels geschlossen sind, gibt es keinen Zugang mehr zum Brandopferaltar, der im Vorhof steht. Der kann dann nicht mehr »erleuchtet« werden. Das heißt, auf ihm kann kein Feuer mehr entzündet werden, was mit dem ganz konkret verwendeten Hifil von אור *('wr)* ausgedrückt wird (so konkret auch noch Jes 27,11, wo vom Anzünden einer Stadt die Rede ist). Wo kein Feuer mehr auf dem Altar brennt, kann folglich auch kein Opfer mehr dargebracht werden, denn dieses Opfer ist doch nur »umsonst«. Es erfüllt seinen Zweck nicht mehr, die Kommunikation mit JHWH herzustellen.

Dass die Kommunikation unterbrochen ist, stellt JHWH im folgenden Halbvers selbst fest, was die zwischen die zwei Glieder des *parallelismus membrorum* gestellte Gottesspruchformel unterstreicht. Im ersten Glied des Parallelismus sagt JHWH: »Ich habe kein Gefallen an euch«. Die Wurzel חפץ *(ḥpṣ)* wird zur Bezeichnung jeglicher Art von Gefallen, Wünschen und Begehren gebraucht, ob zwischen Menschen oder zwischen Gott und den Menschen. Sie ist kein kultischer Fachausdruck. In 1 Sam 15,22 kann es sogar heißen, JHWH habe kein »Gefallen an Ganz- und Schlachtopfern«. Damit ist nicht die kultische Annahme des einzelnen Opfers gemeint, sondern es wird der gesamte Opferkult dem »Hören« und »Gehorchen« gegenübergestellt. Entsprechend geht es hier im ersten Glied des Parallelismus nicht um die Annahme der einzelnen Opfer, sondern um JHWHs Missfallen an der Priesterschaft insgesamt (»an euch«).

Allerdings findet es seinen Ausdruck darin, dass Gott das einzelne Opfer nicht »wohlwollend aus eurer Hand nehmen« kann, wie es im zweiten Glied des Parallelismus heißt. Hier wird nun wieder, wie in V 8, die Wurzel רצה *(rṣh)* gebraucht, die auch im engeren Sinn die kultische Annahme bezeichnet. Objekt ist deshalb auch nicht, wie im ersten Glied, die Priesterschaft, sondern das Opfer selbst. Es wird hier als Gabe bezeichnet.

Mit dem Wort מנחה *(minḥah)* erscheint zum ersten Mal ein Terminus, der für die Theologie der Maleachischrift von zentraler Bedeutung ist (vgl. *R. Kessler*, Theologie der Gabe 2006 sowie die Einleitung). Die Bedeutung von מנחה *(minḥah)* lässt sich sehr genau mit dem aus der Ethnologie bekannten Begriff der »Gabe« wiedergeben, deren Wesen Gegenstand umfänglicher ethnologischer Studien ist (grundlegend *M. Mauss*, Gabe 1990, das französische Original von 1925; vgl. jetzt *M. Godelier*, Rätsel 1999). In jüngerer Zeit hat auch die Theologie (*M. L. Frettlöh*, Charme 2001) und speziell die alttestamentliche Exegese (*M. Herman*, Tithe 1991; *G. Stansell*, Gift 1999; *Ch. Eberhart*, Studien 2002) die Kategorie entdeckt. Bei der Gabe geht es im Kern um die Kommunikation, die durch den Gabentausch hergestellt wird. Ein Alltagsbeispiel ist die bürgerliche Abendeinladung, zu der man Blumen oder eine Flasche Wein mitbringt. Diese Gabe ist freiwillig, aber sie muss doch sein, und zwar in angemessener Form. Die Gabe muss angenommen werden; eine Verweigerung des Blumenstraußes wäre eine Beleidigung, der Abend wäre zu Ende, bevor er begonnen hat. Und schließlich muss die Gabe erwidert werden, und zwar zur gegebenen Zeit, also beim Gegenbesuch. Daran sieht man auch gleich, dass es nur um die Kommunikation und nicht etwa um den Tausch von Waren geht; denn dann könnte jedes Ehepaar seine Flasche Wein gleich für sich behalten.

Das Opfer als Gabe

Von einer solchen Gabe also lässt Maleachi Gott sprechen. Konkret sind die Opfer gemeint. Ihr defekter Zustand ist so, wie wenn man zur Einladung einen billigen Fusel mitbrächte. Hier liegt die Beleidigung. Deshalb kann JHWH eine solche Gabe nicht annehmen. Damit ist aber auch der Weg zur Gegengabe versperrt, was das Folgende ausführen wird. Um diesen über den Gabentausch vermittelten Kreislauf von Gabe und Gegengabe geht es Maleachi. Deshalb kann er das Opfer mit dem Vorsprechen vor dem Statthalter parallelisieren (V 8). Dem bringt man die Gabe, weil man etwas von ihm will. Wenn er sie annimmt, ist die Kommunikation hergestellt, und der Bittsteller kann mit der erwünschten Gegengabe rechnen. Dieser zu erwartende Normalfall aber ist in der Kommunikation zwischen der Priesterschaft und JHWH nicht mehr gegeben. JHWH nimmt »keine Gabe wohlwollend aus eurer Hand«.

Und das betrifft nicht mehr nur dieses oder jenes einzelne Opfer. Vielmehr ist es schon so weit gekommen, dass es besser wäre, der Kult würde ganz eingestellt. Das ist rhetorisch gemeint. Maleachi fordert nicht wirklich die Einstellung des Opferkults in Jerusalem.

Anders ist das dann in der Damaskus-Schrift der Qumrangemeinschaft, die »um 100 v. Chr. fertiggestellt worden sein dürfte« (*H. Stegemann*, Essener ³1994, 166). In ihr wird Mal 1,10 ausdrücklich zitiert, um die Forderung zu begründen, dass die Angehörigen der Gemeinschaft nicht am Jerusalemer Tempelkult teilnehmen sollen. »Aber alle, die in den Bund gebracht worden sind, sollen nicht in das Heiligtum eintreten, auf seinem Altar vergeblich Feuer zu entzünden. Sie sollen die sein, die die Türe verschließen, von denen Gott gesagt hat: ›Wäre doch unter euch einer, der seine Tür verschließt! Dann erleuchtet ihr meinen Altar nicht umsonst‹« (*García Martínez / Tigchelaar* 558 f., CD-A VI 11–14).

Aber auch wenn Maleachi nicht die Einstellung des Kults oder die Verweigerung der Teilnahme an ihm fordert, so ist es ihm doch ernst. Es ist ihm so ernst, dass er, bevor er auf die Konsequenzen aus dem Fehlverhalten der Priesterschaft zu sprechen kommt (2, 1–9), den Blick auf die Völkerwelt richtet (1, 11–14). Wenn es bei ihr »reine Gabe« gibt, ist das zwar noch nicht das Ende des Jerusalemer Kults. Aber es wird eine Alternative aufgezeigt, an der die Jerusalemer Priesterschaft sich messen lassen muss.

Der Blick in die Völkerwelt

Die Verse 1, 11–14 werden insgesamt eingefasst durch die Aussage: »mein Name ist groß unter den Völkern« (V 11) bzw. »mein Name ist Ehrfurcht gebietend unter den Völkern« (V 14). Diese große Inklusion wird innerhalb des ersten Verses wiederholt oder besser gesagt vorweggenommen, denn schon der endet auf die Worte: »Ja, groß ist mein Name unter den Völkern, sagt JHWH der Heere«. Dies lässt erwarten, dass V 11 grundlegende Bedeutung für den ganzen Abschnitt hat.

Bei allen drei Erwähnungen der Völker in V 11 und 14 geht es um den Namen JHWHs. Das greift natürlich den Anfang des Diskussionswortes auf, wo JHWH den Priestern vorwirft, dass sie »meinen Namen verachten«, was diese bestreiten (1, 6). Der Verachtung durch die eigene Jerusalemer Priesterschaft korrespondiert jetzt die Größe, die JHWHs Name »unter den Völkern« hat. Die Völkerperspektive wird sogar kosmisch ausgeweitet, wenn der Bereich, für den die Größe des JHWH-Namens festgestellt wird, »vom Aufgang der Sonne bis zu ihrem Untergang« reicht.

Die Aussage von der kosmischen Größe des göttlichen Namens ist keine ad-hoc-Aussage, die gebildet worden wäre, um die Schändlichkeit der Verachtung des Namens durch die Jerusalemer Priester zu unterstreichen. Vielmehr verhält es sich umgekehrt. Die Aussage von der universalen Größe des JHWH-Namens greift auf uralte Traditionen zurück, in deren Licht sich die Verachtung durch die eigene Priesterschaft umso schlimmer ausnimmt.

Die universale Größe des JHWH-Namens

Zwar wird die Namenstheologie der Hebräischen Bibel erst in der deuteronomisch-deuteronomistischen Literatur ausgebildet (vgl. oben zu 1, 6) (zu einem Überblick über die Entwicklung der biblischen Namenstheologie vgl. *W. M. Schniedewind*, Evolution 2003). Sie kann aber, speziell was den Aspekt der universalen Größe des Namens angeht, auf alte Tradition zurückgreifen. Zu denken ist dabei an eine Vorstellung, bei der es um die universale Geltung des Namens des Pharaos geht. So schreibt schon im 14. Jh. v. Chr. der Jerusalemer Stadtfürst Abdi-Chepa an den Pharao: »Siehe, der König, mein Herr, hat gesetzt seinen Namen am Aufgang der Sonne und Untergang der Sonne« (EA 288, 5–7; vgl. auch KAI 26 II, 2 f.; 215, 13). *Thomas Staubli* (»Namen« 2009; Geheiligt 2010) kann zeigen, dass es sich dabei nicht nur um eine literarische Vorstellung handelt. In der Gestalt der Namenskartusche des

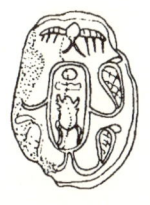

Abb. 3: Namenskartuschen auf einem Ständer, flankiert von Uräen, unter einer geflügelten Sonnenscheibe. Ägyptisch, 16. bzw. 15. Jh. v. Chr.
Quelle: *Th. Staubli*, »Namen« 2009, 109.

Pharaos wird vielmehr seine Präsenz auch visuell sichtbar. Besonders aussagekräftig sind zwei Darstellungen aus dem 16. bzw. 15. Jh. v. Chr., die die Namenskartusche auf einem Ständer unter einer geflügelten Sonnenscheibe zeigen.

Aus dem 12. Jh. stammt eine Darstellung aus dem kanaanäischen Raum, die die Verehrung der Namenskartusche des Pharaos durch einen Beamten wiedergibt.

Im Jerusalemer Kult wird die Vorstellung dann auf JHWH übertragen. So heißt es in Ps 113,3: »vom Aufgang der Sonne bis zu ihrem Untergang sei gelobt der Name JHWHs« (vgl. Jes 45,6; 59,19; Ps 50,1). An die Stelle des Pharaos ist JHWH selbst getreten. Auf diese Tradition greift Maleachi zurück.

Wenn schon die Namen der Pharaonen des Neuen Reichs weltweite Geltung beanspruchen konnten, wenn schon im Jerusalemer Kult selbst das universale Gotteslob angestimmt wurde, dann ist die Verachtung des JHWH-Namens durch die Jerusalemer Priesterschaft umso unverständlicher. Aber damit sind wir noch nicht bei der eigentlichen Pointe von 1,11. Die Verachtung des JHWH-Namens zeigt sich ja, so erläutern es die Verse 7–10, in der

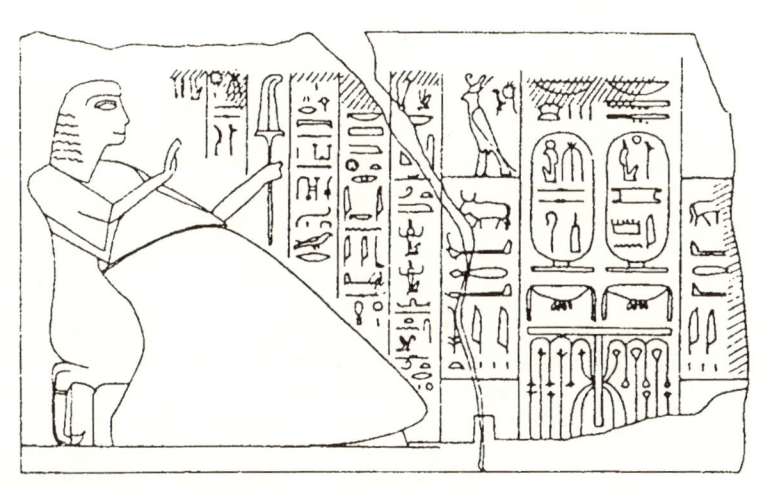

Abb. 4: Verehrung des königlichen Namens durch einen hohen ägyptischen Beamten. Beth Shean, 12. Jh.
Quelle: *Th. Staubli*, Geheiligt 2010, 81.

Darbringung minderwertiger Opfer. Sind dann im Umkehrschluss die außerhalb Jerusalems gebrachten Opfer JHWH angenehm? In der Tat behauptet 1,11 gerade dies, eingeschlossen in die doppelte Aussage von der Größe des JHWH-Namens: »an jedem Ort wird meinem Namen zu Rauch Gewordenes dargebracht – als reine Gabe«. Was »vom Aufgang der Sonne bis zu ihrem Untergang« dargebracht wird, ist, anders als die Jerusalemer Opfer, »reine Gabe«.

Dieser Vers gehört zu den umstrittensten der ganzen Maleachi-Schrift.

Dabei lassen sich in der Auslegung zwei Tendenzen beobachten, die oft, aber nicht immer, eine Verbindung miteinander eingehen. Die eine besteht darin, dem Text *eindeutige und konkrete Aussagen* entnehmen zu wollen. So kann man versuchen, unter dem »Ort« speziell eine Kultstätte zu verstehen und das dann zusätzlich auf JHWH-Heiligtümer außerhalb Jerusalems einzuschränken (Elephantine, Garizim, Leontopolis) (vgl. *J. M. P. Smith* 31 f., *A. von Bulmerincq* II 126–128. – *J. Swetnam*, Malachi 1,11 1969 denkt an frühe Synagogen). Man kann das im Text nicht genannte Subjekt der Darbringung – der Text selbst ist passivisch formuliert – eintragen und dabei an die jüdische Diaspora (so *W. Zwickel*, Räucherkult 1990, 311) und/oder an Proselyten denken (vgl. *C. von Orelli* 225 f.). Auch die Opfergabe selbst kann vereindeutlicht werden, sei es, dass dabei ausschließlich an das Verbrennen von Tieropfern gedacht wird (so *W. Zwickel*, Räucherkult 1990, 311 f.), sei es, dass die Opfergabe »vorab das Weihrauchopfer« meinen soll (so *A. Deissler* 323).

Allen Versuchen gegenüber, den Text eindeutig machen zu wollen, muss festgehalten werden, dass im Text »vieles undeutlich und damit – absichtlich? – mehrdeutig« bleibt. »Wo genau der wohl mit Rauch verbundene Opfervollzug ›unter den Völkern‹ stattfindet, in welchem Umfang, auf welche Weise, wann, unter welchen Umständen und von wem veranlaßt – alles das bleibt ungesagt« (*A. Meinhold* 126.128).

Bei einem Teil der oben angeführten Konkretisierungen ist schon ersichtlich, dass sie mit der zweiten Auslegungstendenz – neben der Vereindeutlichung – Hand in Hand gehen. Sie ist als *Entschärfung des Textes* zu beschreiben. Die Konkretisierung auf JHWH-Heiligtümer, auf Diaspora-Angehörige und Proselyten, die Vergeistigung des Opfergedankens gehören alle zu dieser Strategie. Wichtigstes Mittel der Entschärfung des Textes ist es aber, seine Aussage in die Zukunft zu verlegen (vgl. *M. Schumpp* 389: »daß eine Zeit kommen muß ...«; *M. Rehm*, Opfer 1961, 207: »in der messianischen Zeit«; *P. A. Verhoef* 230–232: »the messianic age«, vgl. *ders.*, Notes 1966 – doch wo spräche Maleachi vom Messias?). Argumentiert wird dabei ausschließlich inhaltlich. Denn der Text selbst ist als Nominalsatz bzw. partizipial formuliert. Dafür gilt: »Die Zeitsphäre ... ergibt sich jeweilen aus dem Zusammenhang der Rede« (GesK §116d, vgl. §116m; 140e). An anderen Stellen werden dazu ausdrückliche Zeitbestimmungen eingefügt (Gen 7,4; 2 Kön 4,16; Hagg 2,6), oder aus dem Kontext geht eindeutig der futurische Charakter des Partizips hervor. Beides ist in Mal 1,11 nicht der Fall, weshalb die Verfechter einer futurischen Lesart zugeben: »The future setting of vv. 11 and 14b is indicated more by the situation than by the grammar« (*E. R. Clendenen* 276f.). Goswin Habets bringt dazu eine eindrückliche Liste von Belegen bei, die er mit den Worten einführt: »Wenn im AT von der Anerkennung Jahwehs seitens der Völker oder von der Bekehrung der Völker zu Jahwe die Rede ist, so wird dies immer für die Zukunft erwartet« (*G. Habets*, Vorbild 1990, 30). Allerdings sind alle Beispiele dadurch gekennzeichnet, dass sie ihren futurischen Charakter unzweideutig markieren, durch Zeitangaben (»am Ende der Tage«, Jes 2,2; »an jenem Tag«, Jes 11,10) oder durch den Gebrauch des Imperfekts (Jes 45,14; 51,4–8), des Perfektum consecutivum, das zum Ausdruck des Futurs dient (GesK §49h) (Jes 49,6; 66,18–23; Ez 29,6.9.16; 30,8.19.25 f.; Sach 8,20–23), oder des Imperativs, der seinem Wesen nach auf etwas abzielt, das erst (durch Befolgen des Befehls) entstehen soll (Jes 45,22).

All das liegt in Mal 1,11 nicht vor. Man wird also mit Baruch de Spinoza sagen müssen, dass die Worte von der Größe des JHWH-Namens unter den Völkern nur dann futurisch aufgefasst werden können, wenn wir ihnen Gewalt antun wollen; sie beziehen sich ausschließlich auf die Gegenwart (*nullum aliud tempus quam praesens, nisi iis vim inferri velimus, pati possunt;* Tractatus 112). Der kultische Hintergrund des Verses setzt voraus, dass der Gottesname jetzt schon »vom Aufgang der Sonne bis zu ihrem Untergang« gelobt werden soll (Ps 113,3), weil er eben jetzt schon »groß ist« und nicht erst künftig groß werden soll. Ebenso bezieht sich die Kritik an den Jerusalemer Opfern auf die zeitgenössische und keine künftige Opferpraxis (*J. Swetnam*, Malachi 1,11 1969, 203). Dann aber muss auch die Aussage über die »reine Gabe«, die »an jedem Ort« dem Namen JHWHs dargebracht wird, vom Kontext her präsentisch aufgefasst werden.

Es versteht sich fast von selbst, dass die futurische Deutung in der christlichen Exegese ab dem Zeitpunkt, da der Vers als Vorhersage des Messopfers verstanden wurde, absolute Präferenz genießt. Das ist zwar noch nicht im Neuen Testament, aber bereits in Didache 14 (um 100 n.Chr.), bei Justin im Dialog mit Trypho 41,2 f. (zwischen 155 und 160 n.Chr.) sowie im Hauptwerk des Irenäus von Lyon, Adversus Haereses IV,17,5 (um 180) der Fall (zur altkirchlichen Verwendung von Mal 1,10ff. vgl. *K. S. Frank*, Maleachi 1,10ff. 1978). In den römischen Konzilien vom Tridentinum (sess. XXII vom 17.9.1572, *H. Denzinger*, Kompendium ³⁷1991, 1562, Nr. 1742) bis zum Zweiten Vaticanum wird diese Linie bestätigt; so heißt es in Lumen gentium 17, im eucharistischen Opfer erfülle der Priester die Worte Gottes durch den Propheten *(adimplendo verba Dei per prophetam)*, worauf Mal 1,11 zitiert wird (*P. Hünermann*, Dokumente 2009) (zur exegetischen Verteidigung der römisch-katholischen Position vgl. etwa *F. Luciani* 231–233).

Doch was besagt der Satz, wenn er präsentisch gemeint ist? Hier verbietet sich jede Spekulation über das hinaus, was im Text steht. Da heißt es: »an jedem Ort«. Auch wenn מקום *(maqôm)* im engeren Sinn einen Kultort bezeichnen kann (Ex 20,24; Dtn 12,3.5; 1 Sam 5,11 u.ö.), trägt die Vokabel selbst an diesen Stellen die kultische Bedeutung nicht bereits in sich, sondern erhält sie erst durch den Kontext. Nun geht es auch in Mal 1,11 um

Kult, und insofern ist jeder Ort, an dem »zu Rauch Gewordenes dargebracht« wird, damit ein Kultort. Dennoch spricht der Text nicht ausdrücklich von den Tempeln und anderen Kultstätten »unter den Völkern«. Mehr als ein »allerorten« (J. Wellhausen 205) lässt sich dem Text nicht entnehmen.

Ein Subjekt der Darbringung wird nicht genannt. מֻגָּשׁ (muggaš) ist Partizip Hofal von נגשׁ (ngš). Im Aktivstamm Hifil kam es in V 7 f. bereits dreimal vor, jeweils mit den Jerusalemer Priestern als Subjekt (in Maleachi dann auch noch in 2, 12; 3, 3). Das Hifil wird unzählige Male in der Hebräischen Bibel für das Herbeibringen oder Darbringen verwendet, sei es im profanen (Gen 27, 25; 48, 10.13 u. ö.), sei es im kultischen Kontext (Ex 32, 6; Lev 2, 8; 1 Sam 13, 9 u. ö.). Da ist jeweils eindeutig, wer das Subjekt des Bringens ist. Das Hofal dagegen kommt nur zweimal vor. In 2 Sam 3, 34 ist der Kontext profan, es geht um Füße, die in Fesseln gebracht werden. Nur in Mal 1, 11 ist der Kontext kultisch. An beiden Hofal-Stellen bleibt das Subjekt des Bringens unbestimmt. Dieser Tatbestand ist bei der Deutung von Mal 1, 11 ernst zu nehmen: Es bleibt unbestimmt, wer die Gabe darbringt.

Unbestimmt bleibt auch, worin sie besteht. Zwar besagt das Partizip Hofal מֻקְטָר (muqṭar) (von der Wurzel קטר, qṭr) eindeutig, dass die Opfergabe in Rauch aufgeht. Aber ob das, was in Rauch aufgeht, von Pflanzen (Lev 2, 2.9.11 u. ö.) oder Tieren (Ex 29, 13.18; Lev 1, 9 u. ö.) genommen ist, ist der Vokabel nicht zu entnehmen. Da im Kontext von Mal 1, 11 in V 8.13 f. die tierischen Opfer des Jerusalemer Kults kritisiert werden, wird man auch für das unter den Völkern Dargebrachte tierische Opfer nicht ausschließen dürfen.

Scheinbar wird die bis hierher herrschende Unbestimmtheit – »allerorten«, aber wo genau?, »Dargebrachtes«, aber von wem?, »zu Rauch Gewordenes«, aber was eigentlich? – verlassen, wenn es von all dem heißt, es sei »meinem Namen« dargebracht. Doch ist auch das weniger eindeutig, als es zunächst scheint. Natürlich ist der Name eindeutig der Name JHWHs. Aber zum einen ist zu bedenken, dass V 11 im Kontrast zu den Vorwürfen gegen die Jerusalemer Priesterschaft formuliert ist, der vorgeworfen wird, den Namen JHWHs zu verachten (1, 6, vgl. 2, 2.5). Wenn die Verachtung des Namens JHWHs sich im Darbringen defekter Opfer manifestiert, dann – so der nicht zu pressende Umkehrschluss – sind ordentliche Opfer – wo, von wem und in welcher Form auch immer dargebracht – eben Opfer »für meinen Namen«, die angemessen sind. »In diesem Sinne ... handelt Mal 1, 11 primär von der *Bedeutung des Tempels* und nur sehr indirekt ist dabei, wenn überhaupt, eine JHWH-Verehrung durch die Völker mit im Blick« (V. Haarmann, JHWH-Verehrer 2008, 240; Hervorhebung im Original).

Damit hängt engstens das Zweite zusammen: Es wird nicht gesagt, ob die Opfernden unter den Völkern ein subjektives Bewusstsein davon haben, dass sie dem Namen JHWHs opfern, oder ob dies nur die Interpretation des

Propheten ist. Nun ist ersteres empirisch gesehen praktisch ausgeschlossen. Ein Schriftsteller der Perserzeit weiß, dass man außerhalb Israels nicht dem Namen JHWHs opfert oder ihn anruft.

Dagegen spricht auch nicht das Opfer der Seeleute in Jona 1,16, das vielmehr gerade den polytheistischen Kontext voraussetzt, in dem Menschen einem fremden Gott, mit dem sie unfreiwillig in Kontakt gekommen sind, durchaus opfern können. Gleiches gilt für die Umkehr der Niniviten (Jona 3,4–10), wo der Text ohnehin den JHWH-Namen vermeidet und konsequent von »Gott« spricht. Anders ist es zwar in Zef 2,11 und Jes 19,18–25, wo ausdrücklich von JHWH-Verehrung außerhalb Israels die Rede ist. Aber beide Texte denken dabei an die Zukunft. In Zef 2,11 steht das Imperfekt (»so dass sich vor ihm niederwerfen werden ... alle Inseln der Völker«, Übersetzung von *H. Irsigler*, Zefanja 2002, 190), und Jes 19,18–25 sichert durch sechsfaches »an jenem Tag« den zukünftigen Charakter der Aussage (zur Diskussion dieser Stellen vgl. *A. Meinhold* 129f.).

Wenn also davon auszugehen ist, dass es eine bewusste JHWH-Verehrung unter den Völkern gegenwärtig nicht gibt, schließt das doch nicht aus, dass in den Augen des Propheten die Opfer, die »allerorten« dargebracht werden, als Opfer für den Namen JHWHs aufgefasst werden können. »... all sincere worship of God under whatever name, in whatever way, and by whomsoever offered, is accepted by Yahwè as offered to him« (*C. C. Torrey*, Prophecy 1898, 8). Das muss gar nicht heißen, »dass der Vf den Monotheismus in den heidnischen Religionen anerkennt«, weil es die Zeit sei, »wo die Bezeichnung ›der höchste Gott‹ aufkam« (*J. Wellhausen* 205). Der Prophet ist kein Beobachter religionsgeschichtlicher Entwicklungen hin zu einem (latenten) Monotheismus in verschiedenen Religionen. Er ist vielmehr der Überzeugung, dass JHWH der einzige Gott ist, dessen »Name groß ist unter den Völkern«. Welchem anderen Gott sollten die Völker eigentlich ihre Opfer darbringen? (*K. Elliger* 198, der diese Auffassung ablehnt, nennt das »die Idee des ›absorptiven Monotheismus‹ ..., daß aller heidnische Kult im Grunde, wenn auch unbewußt, nur dem einen Gotte dienen kann, neben dem es keinen anderen gibt«).

Der Glaube an den einen Gott, neben dem es keine anderen Götter geben und dem deshalb allein wahre Anbetung zukommen kann, und die Tatsache, dass die Menschen damals und heute viele andere Götter anbeten, erzeugt eine Spannung. In einfacher Weise lässt sie sich so auflösen, wie Jan Assmann es mit dem Ausdruck »Mosaische Unterscheidung«, der »Unterscheidung zwischen wahr und unwahr in der Religion«, auf den Begriff gebracht hat. »Solche kulturellen, religiösen oder intellektuellen Unterscheidungen konstruieren nicht nur eine Welt, die voller Bedeutung, Identität und Orientierung, sondern auch voller Konflikt, Intoleranz und Gewalt ist« (*J. Assmann*, Moses 1998, 17). In der Tat finden sich auch in der biblischen Literatur Spuren davon, dass Identität und Intoleranz Hand in Hand gehen. Mal

1,11 aber wird man nicht dazu zählen dürfen. Identität, die sich am Bekenntnis zu dem einen und einzigen Gott festmacht, und Universalität, die das Fremde gerade nicht als unwahr abstößt, verbinden sich hier. Drei Ausblicke – auf ein antikes außerbiblisches Beispiel, auf einen biblischen Befund und auf einen modernen philosophischen Beitrag – zeigen verschiedene Weisen des Umgangs mit der Spannung zwischen Identität und Universalität.

(1) Auf einer Statue, die den persischen König Darius I. (522–486) darstellt und die in Ägypten aufgestellt wurde, steht in Keilschrift in altpersischer, elamischer und akkadischer Sprache: »Ein großer Gott ist Ahura Mazda, der diese Erde geschaffen hat, der jenen Himmel geschaffen hat, der den Menschen geschaffen hat, der das Glück für den Menschen geschaffen hat, der Darius zum König gemacht hat.« Direkt daneben steht in ägyptischen Hieroglyphen: »Der gute Gott …, König …, der auf Gottes Befehl handelt …, den Atum gezeugt hat, lebendes Abbild des Re … Der gute Gott …, den Atum, der Herr von Heliopolis, zum Herrn von allem, was die Sonnenscheibe umkreist, auserwählt hat; denn er (Atum) weiß: Das ist sein Sohn, der ihn beschützt … Der gute Gott, Herr der Beiden Länder, der König von Ober- und Unterägypten Darius – er lebe ewig!« (zitiert nach TUAT I, 610f.613). Ist Darius nun vom persischen Gott Ahura Mazda eingesetzter König, oder ist er Gott, von den ägyptischen Göttern gezeugt und berufen? Für eine Logik des Entweder-Oder ist das nicht auflösbar. Der persische König aber stellt es auf einer Statue nebeneinander. Obwohl die Religion Ahura Mazdas, wie der Text selbst zeigt, stark monotheistische Züge trägt, kann der König sich auch in der ägyptischen Pharaonentheologie wieder finden.

(2) Als Begründer des alttestamentlichen »Monotheismus« – der Begriff selber entsteht erst in der Neuzeit – gilt Deuterojesaja (dabei geht es nicht um die nicht greifbare Person eines Propheten, sondern um den Text von Jes 40–55). Zwei Textstellen zeigen, wie spannungsvoll das Verhältnis zwischen dem Glauben an den einen Gott JHWH, der die Geschichte lenkt, und der politischen Realität, in der der Perserkönig Kyros II. (559–530) die Welt erobert, ist. Von diesem Kyros, der nach Überzeugung des Textes ein Werkzeug in der Hand JHWHs ist, heißt es in Jes 41,25a: »Ich habe [ihn] erweckt aus dem Norden und er ist gekommen, vom Aufgang der Sonne ruft er meinen Namen an« (Übersetzung von *U. Berges*, Jesaja 40–48 2008, 208). Zu demselben Kyros sagt das so genannte Kyros-Orakel in 45,4: »Um meines Knechts Jakob und Israel, meines Erwählten, willen rief ich dich bei deinem Namen, gebe dir einen Ehrennamen, obwohl du mich nicht kanntest« (Übersetzung von *U. Berges*, Jesaja 40–48 2008, 365). Ruft Kyros nun den Namen JHWHs an, oder kennt er ihn nicht einmal? Der Text hält diese Spannung aus, er löst sie nach keiner Seite auf.

(3) Schließlich ist darauf zu verweisen, dass auch in der modernen kulturwissenschaftlichen Debatte die Assmannsche »Mosaische Unterscheidung« ein zwar griffiges, aber eben doch auch ungebührlich vereinfachendes Modell darstellt. Ausgehend von biblischen Prophetenstellen schlägt Michael Walzer vor, »zwei Arten des Universalismus« (so der Titel des Aufsatzes von 1990) zu unterscheiden. Die eine kommt mit einem absoluten Wahrheitsanspruch daher. Die andere dagegen gesteht zu, dass jedes Volk, jede Gemeinschaft ihre je eigenen Erfahrungen macht, ihre eigene Befreiungsgeschichte und ihre eigene Ordnung hat – die gleichwohl »von Sei-

ten eines einzigen Gottes« kommt. Walzer nennt das »reiterativen Universalismus«, wegen der wiederkehrenden, aber eigenständigen Erfahrung. Auch wenn Walzer Mal 1,11 nicht zitiert, gehört der Text in diese »pluralisierende«, nicht triumphalistische Linie (*M. Walzer*, Arten 1990, 10; kritisch *M. Brumlik*, Begründung 1999, der gleichwohl mit Walzer konstatiert, die [frühen] Propheten »beließen« anderen Völkern »im historischen Kräftespiel durchaus ihren eigenen Glauben« [17]).

Man kann in Mal 1,11 eine »erstaunliche Offenheit … für die je eigene Religiosität der anderen Völker« erkennen (*I. Willi-Plein*, Warum? 1999, 70). Es handelt sich dabei nicht um die Art von Offenheit, die auf Kosten der eigenen Identität geht. Deshalb fügt Ina Willi-Plein zu Recht an: »allerdings nur solange sie nicht im Innern der jerusalemzentrierten Gemeinschaft übernommen zu werden drohte«. Deshalb ist auch jede exegetische Argumentation, die sich darauf beruft, dass Maleachi doch sonst gegen Edom (1,2–5) und die Verehrung eines »fremden Gottes« (2,11) Stellung nehme, verfehlt (so z. B. *J. Swetnam*, Malachi 1,11 1969, 204; dagegen verweist *J. Briend*, Malachie 1,11 1995, 197 f. zu Recht auf 3,12 hin, wonach die Völker Israel glücklich preisen). Es handelt sich hier um einen Universalismus, der seine Gewissheit aus dem Glauben bezieht, dass der Name des eigenen Gottes, auch wenn er von der eigenen Priesterschaft verachtet wird, dennoch unter den Völkern groß ist, einen Universalismus, der gerade nicht auf dem Ausschluss des Fremden und Anderen beruht (*K. Koch*, »Aufgang« 2006, 402 nennt das einen »inklusiven Monotheismus«). Folglich wird das religiöse Leben der Völker nicht als Bedrohung empfunden, sondern so gedeutet, dass es auch dort – oder gerade dort, weil es in Jerusalem ja anders ist! – »reine Gabe« für JHWH gibt.

12 Wie eng der Zusammenhang zwischen der Aussage über die »reine Gabe« bei den Völkern und der Kritik an der Jerusalemer Priesterschaft ist, zeigt die Fortsetzung in V 12 f., in der diese Kritik erneut aufgegriffen wird. Sachlich und sprachlich lehnt sich die Wiederaufnahme der Priesterkritik an den ersten Durchgang in V 6–8 an. Das Neue besteht weniger in den Vorwürfen als darin, dass durch die Aussage über die Darbringung reiner Gabe für JHWHs Namen unter den Völkern das Ungeheuerliche des Verhaltens in Jerusalem noch einmal gesteigert erscheint.

Wiederaufnahme der Priesterkritik

Gleich die Wahl der ersten Vokabel nach dem adversativen »ihr aber« unterstreicht die Ungeheuerlichkeit. Lautete in V 6 der Vorwurf, die Priester würden JHWHs Namen »verachten« (בזה, *bzh*), so steht dafür jetzt »entweihen« (חלל₁ pi, *ḥll*). Das stellt eine erhebliche Verschärfung dar. Denn nach Lev 10,10 besteht die Grundaufgabe der Priester darin, »zu unterscheiden zwischen heilig und unheilig (profan, entweiht, hebr. חל, *ḥôl*, von der Wurzel חלל₁), zwischen unrein und rein«. Wenn Mal 1,11–12 direkt hintereinander sagt, unter den Völkern würde »reine Gabe« dargebracht, während die Jerusalemer Priester JHWHs Namen »entweihen«, dann ist zu vermuten, dass der Verfasser Lev 10,10 vor Augen hat. Des Weiteren dürfte er sich direkt auf das Heiligkeitsgesetz beziehen. Das spricht nicht nur generell dreimal von der Entweihung des JHWH-Namens (Lev 18,21; 19,1; 20,3), sondern besonders konzentriert da, wo es um die Pflichten der Priesterschaft geht: »Sie sollen den Namen ihres Gottes nicht entweihen« (21,6, vgl. 22,2.32). Insgesamt ist sogar neunmal vom Entweihen in den Priesterkapiteln Lev 21–22 die Rede, womit jeweils die Verletzung der Grundtätigkeit der Priester gegeißelt wird.

Im weiteren Ablauf von Mal 1,12 wird dann zunächst das Vokabular von V 7 aufgegriffen, wenn auch neu kombiniert. Der ganze Satz »indem ihr sagt: Der Tisch Adonajs, besudelt ist er, und sein Ertrag verachtet« ist fast wörtlich aus V 7b entnommen. Die Veränderung besteht nur darin, dass statt des Tetragramms »JHWH« dessen Aussprache »Adonaj« geschrieben und der Tisch als »besudelt« bezeichnet wird, was wiederum auf V 7a zurückgreift. Aber auch die Vokabel »verachtet« aus V 7b wird aufgegriffen, nun aber auf »seinen Ertrag« bezogen.

Bei dem überfüllten Schluss des Verses (»und sein Ertrag verachtet – seine Speise«) ist wahrscheinlich »seine Speise« eine Glossierung des ursprünglichen »und sein Ertrag (ist) verachtet« (s.o. zum Text). Doch wie immer man sich in der Frage der Ursprünglichkeit der beiden Nomina entscheidet, in beiden Fällen ist das Possessivsuffix »sein« (»sein Ertrag«, »seine Speise«) auf den Altar zu beziehen. Gemeint ist damit der auf dem Altar dargebrachte »Ertrag« (das Wurzelverwandte תנבוה, t^{e}nûbah, bezeichnet oft ausdrücklich den »Ertrag des Feldes«, Dtn 32,13; Ez 36,13; Klgl 4,9) bzw. die auf dem Altar dargebrachte »Speise« – und nicht etwa Ertrag oder Speise, die der Altar selbst hervorbrächte.

Noch einmal werden die Priester – fiktiv – zitiert: »Was für eine Mühsal!« Das Wort »Mühsal« (תלאה, t^{e}la'ah) bezeichnet bei den übrigen vier Vorkommen (Ex 18,8; Num 20,14; Klgl 3,5; Neh 9,32) nie die subjektive Anstrengung, die etwas kostet, sondern die objektive Beschwernis, die einen trifft. Die Priester würden also nicht darüber klagen, wie anstrengend ihre Tätigkeit ist, sondern welch hartes Schicksal sie trifft, dass sie die Bestimmungen des rechten kultischen Vollzugs so genau beachten müssen. Gewiss würde kein Jerusalemer Priester so etwas von sich geben. Aber der prophetische Dichter legt es ihnen in den Mund, weil ihr Verhalten zeigt, dass sie im Innersten so denken. JHWH, der hier immer noch spricht, wie die folgende Gottesspruchformel unterstreicht, weiß das. Deshalb kommentiert er das Verhalten der Priester mit der – unsicheren, siehe oben die Bemerkungen zum Text – Bemerkung, dass sie auf ihre Pflichten »verächtlich blasen«.

Die folgende Aufzählung minderwertiger Tiere, die die Priester zum Opfer bringen, beginnt mit »ein Geraubtes«. Das Wort steht ohne Artikel und nota accusativi, wie auch die Objekte des Darbringens in V 8 (»ein Blindes«, »ein Hinkendes und Krankes«). Zwar wird das Geraubte sonst nicht unter den nicht opferbaren Tieren genannt. Aber da Rauben an sich verwerflich ist (mit der Wurzel גזל, *gzl*, wie hier vgl. Lev 5, 21.23; 19, 13 u. ö.), ist natürlich auch das Opfern derart erworbener Tiere ein Frevel.

In der Fortsetzung wird das »Hinkende und Kranke« aus V 8aβ wörtlich aufgenommen. Anders als in V 8 und anders als das den Versteil einleitende גזול (*gazûl*, »ein Geraubtes«) ist es allerdings mit nota accusativi und bestimmtem Artikel versehen. Das wird man im Sinne eines »Zitates« von V 8 verstehen müssen. Das einleitende Waw ist dann nicht kopulativ (im Sinn einer Aufzählung: »Geraubtes, das Hinkende und das Kranke«) gemeint. Dann wäre der Satz sprachlich äußert holperig, und man müsste wohl zu Glättungen greifen, wie sie der Apparat der BHS diskutiert. Versteht man das Waw dagegen explikativ im Sinn von »nämlich, und zwar«, dann will es durch Verweis auf V 8 festhalten, dass die Erwähnung des Geraubten der Sache nach nichts anderes bedeutet als die Aufzählung der körperlich defekten Tiere aus V 8.

Und zwar bedeutet es, dass Derartiges, ob geraubt oder körperlich defekt, nicht »als Gabe« dargebracht werden darf. Zum dritten Mal nach V 10 und 11 erscheint das Stichwort. Ja V 10bβ wird nahezu wörtlich aufgenommen, nur dass aus dem Aussagesatz (»ich nehme keine Gabe wohlwollend aus eurer Hand«) eine Abfolge von Aussage- und Fragesatz wird (»Das bringt ihr als Gabe. Soll ich sie wohlwollend aus eurer Hand annehmen?«). Eingeschlossen zwischen die Erwähnung der »Gabe«, die JHWH »nicht wohlwollend aus eurer Hand annehmen« kann, steht in V 11 die »reine Gabe«, die unter den Völkern dargebracht wird, was den Kontrast zwischen dem rechten Verhalten »unter den Völkern« und dem Fehlverhalten in Jerusalem unterstreicht.

Die Wiederaufnahme der Priesterkritik aus V 6–8 in V 12 f. ist damit abgeschlossen.

4a V 14a aber fügt noch einen Gedanken an, der für den Dichter offenkundig sachlich dazu gehört. Aus der Kritik an der Jerusalemer Priesterschaft könnte ja der Schluss gezogen werden, dass die übrigen Bewohner Jerusalems – die Laien im Gegensatz zu den Priestern – unschuldig seien. Nun wäre das allein deshalb abwegig, weil beim Opferkult im nachexilischen Tempel die von Laien herbeigebrachten Opfer eine viel umfangreichere Rolle als noch beim Staatskult des ersten Tempels spielen (vgl. dazu *R. Albertz*, Religionsgeschichte 489). Wenn die Priester also, wie ihnen vorgeworfen wird, Defektes als Opfer bringen, haben sie dieses zumindest zu einem Teil von Laien erhalten. Das Versäumnis der Priester besteht darin, so etwas nicht zurückgewiesen zu haben. Aber auch die Laien sind nicht unschuldig, denn sie hätten es gar nicht erst bringen dürfen.

Kritik an den Laien

Mit der Einbeziehung der Laien dürfte sich Maleachi an den Priesterbestimmungen in Lev 21–22 orientieren. Die Nähe zu diesen Kapiteln hatten wir eben schon zu V 12 beobachten können, wo es, wie in Lev 21–22 an mehreren Stellen, um das Ent-

Maleachi 1,6–2,9

weihen des göttlichen Namens geht. Die Bestimmungen für die Priesterschaft in Lev 21–22 sind dadurch gegliedert, dass viermal Mose den Befehl bekommt, bestimmte Adressaten anzureden: in 21,1 »die Priester, die Söhne Aarons«, in 21,16 f. »Aaron«, in 22,1 f. »Aaron und seine Söhne« und in 22,17 f. »Aaron und seine Söhne und alle Kinder Israels«. Auch hier wird also in einem letzten Abschnitt die Laienschaft ausdrücklich mit einbezogen.

Nicht nur vom Aufbau, auch vom Wortlaut her bestehen Anklänge an den Textpassus Lev 22,17–25, bei dem die Laien in die Bestimmungen für die Priester mit hinein genommen sind. Wie in Mal 1,14a geht es um ein Gelübde (Lev 22,18.21.23), wird das männliche Tier genannt (V 19, vgl. auch Lev 1,3.10; 4,23) und ist vom »Verdorbenen« die Rede (Lev 22,25); letztere Parallele ist besonders eng, weil das Partizip Hofal משחת *(måšḥat)* (»verdorben«) außer in Lev 22,25 und Mal 1,14 nur noch einmal in Spr 25,26 vorkommt. Eine Parallele kann man auch darin sehen, dass die Wendung aus Lev 22,19 »ein makelloses männliches Tier unter (hebr. ב, *bᵉ*) den Rindern, Schafen und Ziegen« in Mal 1,14 in der Form »ein männliches Tier, das es in (hebr. ב, *bᵉ*) seiner Herde gibt«, zusammengefasst wird.

Allerdings schreibt der prophetische Dichter Lev 22,17–25 nicht einfach ab, auch wenn er den Text vor Augen haben dürfte. Er verfasst ja auch keine Vorschriften, sondern kritisiert Fehlverhalten. Deshalb setzt er mit einem Fluchwunsch ein. Wenn im Folgenden vom Fluch gegen die Priester die Rede ist (Mal 2,2), dann wird hier schon festgehalten, dass auch die Laien davon nicht ausgenommen sind. Auch dass das Verhalten der Laien ausdrücklich als »täuschen« denunziert wird, hat in Lev 22 keinen Anhalt, wo es um Vorschriften geht. Ansonsten werden die umfangreichen Fälle von Lev 22 auf *einen* möglichen Fall komprimiert, der als pars pro toto für alles Fehlverhalten von Laien steht.

| Inklusion mit V 11 | Als Marginalie zu V 11 hatte ich »Der Blick in die Völkerwelt« angegeben. Hieß es in V 11 »mein Name ist groß unter den Völkern«, so wird dies am Ende von V 14 mit einer den Sinn nicht verändernden Variante aufgenommen: »mein Name ist Ehrfurcht gebietend unter den Völkern«. Damit wird V 11–14 umklammert und als Sinneinheit innerhalb von Mal 1,6–2,9 kenntlich gemacht, in der es wesentlich um das Fehlverhalten in Jerusalem – zuerst der Priester, dann aber auch der Laien – im Kontrast zur weltweiten Geltung und Anerkennung des JHWH-Namens geht.

Vor dieser Inklusion wird aber noch ein den Sachverhalt präzisierender Gedanke eingeführt. JHWH bezeichnet sich selbst als מלך גדול *(mælæk gadôl)*, als »großen König«. Damit nimmt er die Titulatur der Herrscher der orientalischen Großreiche für sich in Anspruch. Schon der assyrische König heißt in 2 Kön 18,19 (= Jes 36,4) המלך הגדול *(hammælæk haggadôl)*, »der große König«. Für die Zeit Maleachis aber liegt unmittelbar nahe die Selbstbezeichnung des persischen Königs. Programmatisch sind die Eröffnungen der Inschriften des Dareios: »Ich (bin) Dareios, der Großkönig,

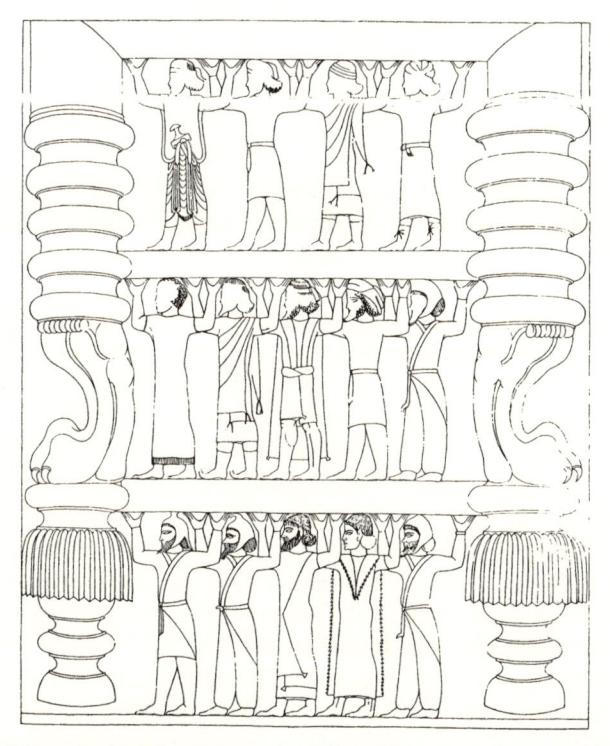

Abb. 5: Die Völker des Reiches tragen den Thron des persischen Großkönigs. Relief aus Persepolis, 5. Jh. v. Chr.
Quelle: *O. Keel*, Welt ⁵1996, 328.

König der Könige, König in Persien, König der Länder ...« (Behistun-Inschrift, TUAT I, 421 f.; ganz ähnlich dann in Persepolis, TUAT NF 2, 293 f.).

Das mit der Titulatur des Perserkönigs verbundene Programm wird in der Bildkunst groß inszeniert. In Persepolis thronte einst der Großkönig Dareios im Zentrum, auf das die schier endlose Prozession Gaben bringender Völker zulief (Dareios' Sohn Xerxes verrückte später die Darstellung des Vaters an eine abgelegenere Stelle im Schatzhaus) (vgl. die Abbildung der zentralen Audienzszene bei *I. Willi-Plein* 243 sowie im Ausschnitt oben zu V 8). Noch kühner ist die Darstellung des persischen Großkönigs auf einem Thron, der mit seinen Füßen den Boden nicht berührt, sondern von Angehörigen der Völker des Reiches getragen wird. Sie findet sich erstmals am Grab Dareios I. und identisch am Grab seines Sohnes Xerxes und wird dann in ähnlicher Form in die Torreliefs im Hundert-Säulen-Saal von Persepolis übernommen.

Wie im politischen Symbolsystem des persischen Reiches der Großkönig im Zentrum thront, zu dem die Völker ihre Gaben bringen, so thront im religiösen Symbolsystem des Jerusalemer Tempels, wie es die Maleachi-Schrift voraussetzt, JHWH im Zentrum. Für Ina Willi-Plein ist geradezu die »Selbstdeklaration JHWHs als ›Großkönig‹ ... der Schlüssel zur geschichtlichen und theologischen Situation, in der die Priesterschelte des großen Wortzusammenhangs Mal 1,6–2,9 zu hören und zu verstehen ist« (*I. Willi-Plein* 243). Wenn schon die Völker dem Namen JHWHs »reine Gabe« darbringen (1,11), wäre es umso dringlicher, dass das eigene »Personal« des Großkönigs, seine Priesterschaft, den Dienst korrekt versieht und das eigene Volk, die Laien, nichts »Verdorbenes« (1,14a) beibringt.

Mit 2,1 geht der Text von der Entfaltung der Feststellung (Element IIIa) zu den Folgerungen (IIIb) über. Nur hier in der Maleachi-Dichtung wird der Übergang so deutlich markiert (vgl. oben die Ausführungen zu den Elementen des Diskussionswortes). Dies geschieht zum einen durch die adverbiale Einleitung »und jetzt« (ועתה, *we‘attah*), die sowohl in der epigraphischen Briefliteratur [Arad (8):40,4 = HAE I 147; Mur (7):1,2 = HAE I 285; Arad (6):1,2 = HAE I 355 u.ö., vgl. das Glossar HAE II/1 230 s.v. ‘*t*] als auch in biblischen Texten (Gen 3,22; 4,11; 2 Sam 19,8 u.ö.) den Übergang zu einer neuen, und zwar oft zur entscheidenden Aussage des Textes anzeigt. Zum andern werden die Folgerungen durch einen Nominalsatz eingeleitet, der den Charakter einer Überschrift trägt.

2,

Wie schon bei der Feststellung selbst (1,6bα) werden die Priester direkt im Vokativ (»ihr Priester«) angeredet, und wie dort bleibt es auch hier in der Schwebe, ob JHWH oder sein Bote, der Prophet, redet. Über die Priester ergeht »dieser«, d.h. der in den folgenden beiden Versen festgehaltene, »Befehl«. Die Aufnahme der Worte »dieser Befehl« am Ende von 2,4a bestätigt diese Abgrenzung des »Befehls«. Das dafür gebrauchte hebräische מצוה (*miṣwah*) wird zwar häufig für eine allgemein und dauerhaft gültige Anweisung (eines Elternteils oder Lehrers, Spr 2,1; 4,4; 6,20 u.ö.; eines Königs, Est 3,3; Neh 11,23; 12,24 u.ö.; oder Gottes, Dtn 6,25; 8,1; 11,22 u.ö.) verwendet. Es kann sich aber auch, so wie hier, auf einen singulären Befehl, sei es eines Königs (1 Kön 2,43; 2 Kön 18,36), sei es Gottes (1 Sam 13,13; 1 Kön 13,21), beziehen.

Der Befehl über die Priester 2,2–4a

Worin besteht der »Befehl«, der über die Priester ergeht? Eine eigentliche Vorschrift wird nicht genannt. V 2aα spricht sogleich vom Fall der Übertretung, der allerdings in der Negation das gebotene Verhalten enthält; es bestünde darin, JHWHs Namen »Achtung zu erweisen«. V 2aβ.γ schließt direkt die Folge für das Fehlverhalten an. Darauf setzt eine Eskalation ein. Was nach V 2aβ.γ noch als bedingt möglich angekündigt wird – man könnte hier noch von einem »Ultimatum« sprechen (*G. Habets*, Vorbild 1990, 40) –, gilt nach V 2b als schon eingetreten. Und V 3 konkretisiert schließlich, worin aktuell die Verfluchung der Priester besteht (vgl. die Beschreibung bei *A. Meinhold* 85). Durch die abschließende Inklusion in V 4a (»Ihr sollt erkennen, dass ich diesen Befehl zu euch geschickt habe«) wird deutlich, dass der gesamte Vorgang als »dieser Befehl« angesehen wird. Genauer gesagt: Der Befehl besteht nicht nur in dem gebotenen Verhalten, das nur indirekt in der Negation vorkommt, sondern auch im Strafhandeln JHWHs gegen die Priester, das von V 2aβ.γ an bis V 3 in zunehmender Vergegenwärtigung und Konkretisierung angedroht wird (*E. Haag*, Bund 1998, 27 übersetzt מצוה direkt mit »Urteilsspruch«).

Eine Analogie zu dieser Struktur lässt sich in dem erzählenden Text 1 Kön 2, 36–46 erkennen. V 36 zitiert einen Befehl König Salomos an Schimi. V 37 nennt sodann die Möglichkeit der Übertretung und die darauf angedrohte Strafe. Als die Übertretung stattgefunden hat, wird im aufnehmenden Zitat von »dem Befehl, den ich dir gegeben habe«, gesprochen (V 43). Die Ausführung der Strafe wiederum wird ebenfalls als Befehl an den beauftragten Offizier bezeichnet, diesmal mit der Verbwurzel צוה pi *(ṣwh)*, die dem Nomen מצוה *(miṣwah)* zugrunde liegt. Was in der Erzählung in logischer Abfolge entfaltet wird, komprimiert der prophetische Text in eine dichte Ankündigung. Dass es aber um einen analogen Vorgang geht, zeigt eine Reihe von Stichworten, die die Texte gemeinsam haben: Das »Wissen« um die angedrohte Straffolge (ידע, *jdʿ*, in 1 Kön 2, 37.42 und Mal 2, 4a); »hören« für das (Nicht-)Befolgen des Angeordneten (שמע, *šmʿ* in 1 Kön 2, 42 und Mal 2, 2a); die Rolle des »Herzens« in der Haltung des Täters (לב[ב], *leb[ab]* in 1 Kön 2, 44 und Mal 2, 2a und 2b); und natürlich das Stichwort מצוה *(miṣwah)*, »Befehl«, von dem dieser Vergleich seinen Ausgang genommen hat.

Während man im Vergleich mit 1 Kön 2, 36–46 in der Tat nur von Analogie sprechen kann, wobei die Stichwortparallelen sich aus der Sache ergeben, ist es nicht auszuschließen, dass der Verfasser von Mal 2, 1–4a einen anderen Text direkt vor Augen hat, nämlich Dtn 28 (vgl. *A. S. van der Woude* 105; *F. Serafini*, Alleanza 2006, 294 f.). Zu nennen sind die Phrase »wenn du nicht hörst« (Dtn 28, 15) bzw. »wenn ihr nicht hört« (Mal 2, 2a); die häufige Erwähnung der Gebote (מצות, *miṣwôt*), in Dtn 28, 1.9.13 u. ö. allerdings immer im Plural und nicht einen einzelnen Befehl meinend wie in Mal 2, 1.4a; die auffällige Redeweise von den »Segnungen« im Plural in Dtn 28, 2 und Mal 2, 2a, wobei in Dtn allerdings von JHWHs Segnungen, in Mal dagegen von denen der Priester die Rede ist; die Vorstellung vom Fluch mit der Wurzel ארר *(ʾrr)* in Dtn 28, 16 ff. und Mal 2, 2; die wörtliche Übereinstimmung der Phrase »JHWH wird unter dich die Verfluchung schicken« (Dtn 28, 20) mit »dann schicke ich unter euch die Verfluchung« (Mal 2, 2a); schließlich das Einbeziehen der »Saat« in die Verfluchung (Dtn 28, 38 und Mal 2, 3a). Trotzdem muss man bei allen Parallelen beachten, dass es in Dtn 28 um Israel als Ganzes, in Mal 1, 6–2, 9 dagegen speziell um die Priesterschaft geht. Ob also der Autor des Maleachi-Textes das Deuteronomium an dieser Stelle in der Hand hält oder der Text doch nur im weiteren Sinn »in Vorstellung und Wortmaterial von Dtn 28 beeinflußt« ist (*A. Meinhold* 71), wird man kaum entscheiden können.

,2 Der Befehl JHWHs beginnt mit einem konditionalen Gefüge (»wenn –

dann«). Das klingt zunächst wie eine prinzipiell offene Alternative, ganz so, wie Dtn 28 zwei Teile aufweist, die mit »wenn du hörst« (V 2) und »wenn du nicht hörst« (V 15) eingeleitet sind. Allerdings wissen wir von Mal 1,6–14 her längst, dass die Priester »nicht hören«. Deshalb ist Mal 2,2 auch gar nicht alternativ formuliert, sondern geht sofort vom Nicht-Hören aus. »Theoretisch hält der Prophet die Erfüllung der göttlichen Forderung und somit auch die Abwendung des Fluches für denkbar. Doch die theoretische Möglichkeit weicht sofort der praktischen Gewissheit, dass in Wirklichkeit die Forderung Jahves unerfüllt bleiben werde und der Fluch daher unabwendbar sei« (*A. von Bulmerincq* II 183). Wenn trotzdem eine konditionale Formulierung gewählt wird, dann um auszudrücken, dass JHWHs Verhalten nicht willkürlich ist. Die Priester hätten der Verfluchung ihres Segens entgehen können, wenn sie gehört hätten. Und für die Zukunft sieht die Maleachi-Dichtung in der Tat eine Reinigung der Priesterschaft vor, sodass sie JHWH wieder »Gaben in Gerechtigkeit« bringen wird (3,3 f.). »Das göttliche Strafurteil ist trotz seiner apodiktischen Form nicht unbedingt« (*F. Nötscher* 178).

Indirekt also geißelt, trotz der konditionalen Formulierung, V 2aα das Fehlverhalten der Priester. Es besteht darin, dass sie dem Namen JHWHs keine »Achtung« erweisen. Damit wird das Stichwort כבוד *(kabôd)* aus 1,6b aufgegriffen und sachlich dasselbe ausgesagt wie mit dem Oppositionsbegriff im selben Vers, dass die Priester »meinen Namen verachten«. Das Fehlverhalten wird damit umschrieben, dass die Priester »nicht hören« und »es nicht zu Herzen nehmen«. Bei letzterem Ausdruck ist zu berücksichtigen, dass in der hebräischen Körpersymbolik das Herz nicht Sitz des Gefühls, sondern von Verstand und Wille ist. Ina Willi-Plein paraphrasiert die Wendung deshalb geradezu mit »verstandesmäßig durchdringen« (*I. Willi-Plein* 250).

Auf das konditioniert formulierte Fehlverhalten folgt die Strafandrohung: »dann schicke ich unter euch die Verfluchung und verfluche euren Segen«. In ihrem ersten Teil zitiert sie, wie oben schon notiert, nahezu wörtlich Dtn 28,20 (»JHWH wird unter dich die Verfluchung schicken«). Die Wendung geht davon aus, dass die Verfluchung bei JHWH aufgehoben wird und er sie nun wegen des Ungehorsams der Priester »wie ein Geschoß auf sie losläßt« (*W. Rudolph* 265).

Indem die Verfluchung losgelassen wird, verflucht JHWH »euren Segen«. Den auffälligen Plural wird man wohl nicht so sehr im Sinn einzelner Segenshandlungen, sondern als Abstraktplural »Segensfülle« verstehen dürfen (*A. Meinhold* 140). Wenn der folgende Versteil das Wort im Singular aufgreift (»ich habe *ihn* schon verflucht«, V 2b), legt er eben dieses Verständnis zugrunde. Dabei ist das Personalsuffix »*euer* Segen« doppeldeutig: Es kann den Segen meinen, der den Priestern zukommt, sei es in Form materieller Vergütungen, sei es in Form ihrer herausgehobenen Stellung

(*G. Habets*, Vorbild 1990, 40). Es kann aber auch den Segen meinen, der von den Priestern ausgeht (*G. J. Botterweck*, Ideal 1960, 106; *H. Graf Reventlow* 143). Besonders wird man hier an den aaronitischen Segen von Num 6,23–27 denken, der in der Sprachwelt von Mal 1,6–2,9 etliche Anklänge hat (»segnen« Num 6,23 f.27; das »Angesicht« Gottes in Verbindung mit dem Wunsch, dass »er gnädig sei«, Num 6,25 und Mal 1,9; der Wunsch nach »Frieden«, Num 6,26 und Mal 2,5 sowie die Rolle des göttlichen »Namens«, Num 6,27 und zentral Mal 1,6.11.14; 2,2) (vgl. *M. Fishbane*, Form 1983, 118–120; ders., Interpretation 1985, 332–334; *F. Serafini*, Alleanza 2006, 276f.). Beide Bedeutungen, die des den Priestern zukommenden wie des von den Priestern ausgehenden Segens, wird man nicht in einen exklusiven Gegensatz stellen dürfen (so zu Recht *A. Meinhold* 140f.). Wenn JHWH den den Priestern zukommenden Segen verflucht, dann können sie auch selber nicht mehr segnen. Es liegt an der in Mal 1,6–2,9 immer vorausgesetzten besonderen Rolle der Priester, dass dies dann negative Folgen nicht nur für sie selbst, sondern für das Gottesverhältnis ganz Israels hat.

Mit 2,2b wird deutlich gemacht, dass das in V 2a gestellte »Ultimatum« (*G. Habets*, Vorbild 1990, 40) bereits abgelaufen ist. Denn dieser Satz kündigt keine weitere Drohung für die Zukunft an (trotz der Einlassungen von *W. Rudolph* 260; *G. Habets*, Vorbild 1990, 41), die ohnehin nur V 2a wiederholen würde, sondern sagt, dass die Verfluchung Wirklichkeit geworden ist, weil ihre Bedingung bereits erfüllt ist (so *P. A. Verhoef* 240; *A. Meinhold* 71.141). Die kleine Inklusion zum Versanfang (»denn ihr habt es euch nicht zu Herzen genommen«) hält dies fest.

2,3 Der nächste Vers setzt das Szenario der Bedrohung fort, indem er es aktualisiert und konkretisiert. Der Satz beginnt mit der suffigierten Interjektion »siehe!« mit anschließendem Partizip, die der »Ankündigung unmittelbar oder doch nahe bevorstehender (und zwar sicher eintretender) Ereignisse gilt« (GesK §116p): »Siehe, ich bedrohe …«. Die Wurzel גער *(gʿr)* heißt eigentlich »schelten, schimpfen« und wird sehr vielfältig konstruiert und gebraucht (vgl. *A. A. Macintosh*, גער 1969; *S. C. Reif*, Note 1971). Meist wird die Person (oder die personifiziert gedachte Größe wie das Wasser, Jes 17,13, oder das Meer, Nah 1,4) mit der Präposition ב *(bᵉ)* angeschlossen (Gen 37,10; Jes 54,9; Jer 29,27 u.ö.). Doch kann sie auch, wie an unserer Stelle, als direktes Objekt angefügt sein (Ps 9,6; 68,31; 119,21). Häufig ist das Objekt des Beschimpfens eine Größe, die von vorneherein als feindlich angesehen und durch das Anbrüllen in ihre Schranken gewiesen wird (vgl. beim Verb *gaʿar* Jes 17,13; Nah 1,4 und besonders Mal 3,11, worauf gleich noch zurückzukommen ist; ferner für das Nomen *gᵉʿarah* 2 Sam 22,16; Jes 30,17; 50,2 u.ö.). Aber das Gescholtene kann auch eine Größe sein, die positiv konnotiert ist und deren Beschimpfung als bedrohlich empfunden wird (vgl. für das Nomen *gᵉʿarah* Jes 51,20 »deine Kinder« und Hi 26,11 »die Pfeiler des Himmels«). Da in Mal 2,3 זרע *(zæraʿ)* jedenfalls eine positive

Größe ist, ob man nun an die »Nachkommenschaft« oder wörtlich die »Saat« denkt, kann man das Verb hier direkt mit »bedrohen« wiedergeben.

Bestätigt wird die hier vorgeschlagene Beibehaltung des masoretischen Textes, die die Wurzel נער *(gʿr)* nicht ändert (siehe die entsprechende Diskussion oben zum Text) und im Sinne der Bedrohung einer positiven Größe versteht, durch einen erneuten Blick auf Dtn 28. Die auffälligste Parallele zwischen Dtn 28 und Mal 2,1–4a ist die wörtliche Übereinstimmung der Phrase »JHWH wird unter dich die Verfluchung schicken« (Dtn 28,20) mit »dann schicke ich unter euch die Verfluchung« (Mal 2,2a). Dtn 28,20 geht folgendermaßen weiter: »JHWH wird unter dich die Verfluchung und die Verwirrung und die Bedrohung schicken«. Für »Bedrohung« aber steht מגערת *(migʿæræt)*, eine nominale Ableitung von der Wurzel נער *(gʿr)*. Der Verfasser von Mal 2,2f. zitiert Dtn 28,20 zu Beginn fast wörtlich und greift die Fortsetzung des Verses so auf, dass er sie sprachlich umwandelt.

Doch wem gilt die unmittelbar bevorstehende göttliche Bedrohung? Das hebräische זרע *(zæraʿ)* kann sowohl wörtlich als auch übertragen im Sinn der »Nachkommenschaft« der Priester verstanden werden (so etwa *P. A. Verhoef* 240–242; *D. Barthélemy*, Critique textuelle 1992, 1025 f.; *H. Graf Reventlow* 143; *A. Meinhold* 72). Nun besteht im Maleachi-Text ein deutlicher Bezug von unserer Stelle zu 3,11 (»ich bedrohe für euch den Fresser«). Beide Male geht es um Segen (2,2 und 3,10). Nach 2,2 f. führt die Verfluchung des priesterlichen Segens zur Bedrohung der Saat, nach 3,10 f. führt der göttliche Segen zur Bedrohung der die Ackerfrucht verderbenden Heuschrecke. Beide Stellen sind komplementär aufeinander bezogen. Bei diesem Verständnis muss aber das doppeldeutige »Same« als »Saatgut« und nicht als »Nachkommenschaft« aufgefasst werden (vgl. *B. Glazier-McDonald*, Malachi 1987, 66–68; für das wörtliche Verständnis als »Same« auch *M. A. Sweeney* 729 mit Verweis auf Dtn 28). Die suffigierte Präposition ל *(lᵉ)* hat dann die Bedeutung »euretwegen«. Wie bei der Verfluchung des Segens (V 2) zeigt sich die herausgehobene Stellung der Priesterschaft: Ihr Fehlverhalten hat nachteilige Folgen für ganz Israel, dem Unfruchtbarkeit des Landes droht.

Folgen für ganz Israel hat auch die anschließende Bedrohung der Priester, auch wenn sie direkt zunächst nur ihnen selbst gilt. JHWH will ihnen »Unrat ins Gesicht streuen«, »den Unrat eurer Feste«. Bei פרש *(pæræš)* handelt es sich nicht um irgendwelchen Unrat, sondern präzise um den Inhalt von Magen und Darm der Opfertiere (Ex 29,14; Lev 4,11; 8,17 u. ö.; vgl. *Th. Hieke*, Kult 2006, 38). Ina Willi-Plein übersetzt drastisch, aber durchaus sachgemäß mit »Scheißdreck« (*I. Willi-Plein* 239). Naturgemäß fällt er bei Festen im Tempel in besonders großer Zahl an. Er ist zusammen mit anderen Teilen des Opfertieres außerhalb des Altarbereichs an einer reinen Stelle (Lev 4,12) zu verbrennen. Wer das ausführt, muss Kleidung und Körper anschließend waschen (Lev 16,28). Werden diese Tierabfälle nun von JHWH selbst den Priestern ins Gesicht geworfen, dann ist es vorbei mit ihrer Reinheit und der des Tempels. Gott selbst handelt so, wie er es sich nach 1,10 gewünscht hat: Schließen der Tempeltore, kein Feuer mehr am Altar, Verunreinigung der Priester – das ist das Ende des Kultes und damit das Ende der Kommunikation zwischen JHWH und nicht nur den Priestern, sondern ganz Israel.

Der Schluss von V 3 hat zwar lauter verstehbare Worte (»und man trägt euch zu ihm«), aber wer da trägt und worauf sich das »zu ihm« beziehen soll, bleibt dunkel. Gerne schließe ich mich der lapidaren Auskunft von Julius Wellhausen an: »Den Schluss des Verses versteh ich nicht« (*J. Wellhausen* 206).

2,4   V 4a legt eine Inklusion um 2,1–4a. Die Worte »dieses Gebot« nehmen wörtlich V 1 auf und schließen damit den Gedanken von 2,1–4a ab, dass JHWH einen »Befehl« über die Priester schickt, der als schwere Drohung über ihnen schwebt und schon im Begriff ist, sich zu verwirklichen. Zugleich aber leitet der Satz auf das Folgende über. Denn er ist gar nicht in sich abgeschlossen, sondern wird in V 4b mit ל *(lᵉ)* und Infinitiv weitergeführt. Der Drohbefehl wird mit »meinem Bund mit Levi« kontrastiert.

Nicht ganz eindeutig ist, wie der Drohbefehl und der Levi-Bund miteinander in Beziehung gesetzt werden. Im Hebräischen steht der Infinitivus constructus mit ל *(lᵉ)* des Verbs היה *(hjh)*, »sein«. Die Konstruktion ist mehrdeutig (zu den verschiedenen Möglichkeiten vgl. *J. Thon*, Pinhas 2006, 71 f.). Oft wird sie final interpretiert (*A. Meinhold* 66: »damit [weiterhin] mein Bund mit Levi bestehe«; *I. Willi-Plein* 239: »damit mein Bund mit Levi sei«). Dann wäre der Zweck des Drohbefehls gegen die Priester, dem Levi-Bund Bestand zu geben (so *L.-S. Tiemeyer*, Rites 2006, 130). Allerdings ist im Folgenden von solchem künftigen Bestand des Levi-Bundes gar nicht die Rede. Vielmehr blicken V 5 f. in die Vergangenheit, macht V 7 eine Aussage über die andauernden Aufgaben von Priestern und konstatiert V 8, dass die aktuellen Priester vom Bund abgewichen sind. Deshalb ist die bloß gerundivische Bedeutung der Konstruktion »zur Angabe von Anlässen, begleitenden Umständen oder sonstigen Näherbestimmungen« (GesK §1140) wahrscheinlicher. Beispiele mit להיות *(lihjôt)* finden sich etwa in Ex 23,1; 1 Sam 14,21; 1 Kön 16,7. Man kann übersetzen: »(gerade) weil es meine Berit mit Levi gibt« (*G. Habets*, Vorbild 1990, 45). Das Bestehen des Bundesverhältnisses wäre dann die Begründung für die Strafdrohung gegen die Priester. Bei dieser bleibt es in 1,6–2,9 bis zum Schluss. Von einer Reinigung der Levi-Söhne spricht erst der zweite Teil der Maleachi-Dichtung in 3,3.

Der Verweis auf »meinen Bund mit Levi« erinnert die jetzt amtierenden Priester, die in 1,6 und 2,1 ausdrücklich angeredet wurden, an ihren Ahnherrn Levi. Bevor die Funktion dieses Verweises innerhalb der Priesterkritik von Mal 1,6–2,9 näher ins Auge gefasst wird, ist kurz auf die Frage der Einheitlichkeit des Abschnitts, auf traditionsgeschichtliche und intertextu-

Der Levi-Bund 2,4b–8

elle Bezüge sowie auf den zeitgeschichtlichen Hintergrund der Vorstellung vom Levi-Bund einzugehen.

(1) In der Literatur werden gelegentlich Zweifel an der ursprünglichen Einheitlichkeit des Textes geäußert. Für Arndt Meinhold ist V 7 ein Zusatz innerhalb von V 4b–8. Er verweist zum einen auf den geschlossenen Aufbau von V 7 selbst, zum andern darauf, dass vor und nach dem Vers (in V 4b–6 und V 8) gleiche Elemente vorkommen, so die Wege-Metaphorik, die Vokabel רבים *(rabbîm)* (»viele«) und die ausdrückliche Erwähnung des Levi-Bundes, was er so interpretiert, dass diese Elemente »durch den Einschub voneinander getrennt wurden« (*A. Meinhold* 86). Für Ina Willi-Plein ist dagegen V 7 die ursprüngliche Fortsetzung von V 4, wozu V 5 f. »eine später hinzugefügte Erklärung« darstellen (*I. Willi-Plein* 250). Das ist das Gegenteil der Auffassung von Arndt Meinhold. Zwar sprechen gegenteilige Ergebnisse noch nicht prinzipiell gegen die Methode der Literarkritik. Sie lassen aber Zweifel an der Validität der Kriterien aufkommen. Nun sieht Meinhold selbst, dass die Stichworte »Weisung«, »sein Mund« und »Lippen« V 7 mit V 6 verbinden und »eine gekonnte Verknüpfung ergeben« (*A. Meinhold* 87). Dann kann man aber seine Beobachtungen am Text auch so deuten, dass um den zentralen V 7, der durch wesentliche Stichworte mit V 6 verknüpft ist, in V 4b–6 und V 8 zwei Aussagenreihen in symmetrischer Ordnung herumgelegt sind. Methodisch ist dies auf jeden Fall eine einfachere Lösung als die Annahme von Schichtungen.

(2) Nimmt man V 7, der von der Aufgabe »des Priesters« spricht, als integralen Bestandteil des Abschnitts über den Levi-Bund, dann wird unterstrichen, was sich durch den Kontext ohnehin ergibt: Der Verweis auf den Levi-Bund ist Teil der Kritik an den Priestern, die in 1,6 und 2,1 direkt angeredet werden. Damit ist klar, dass für Mal 1,6–2,9 im Gefolge des Deuteronomiums alle Priester Nachfahren Levis sind (Dtn 17,9.18; 18,1–8; 21,5 u.ö.). Singulär aber ist der Hinweis auf einen »Bund mit Levi«. Sucht man nach intertextuellen Bezügen, legen sich zwei Texte nahe. Der erste ist Num 25,10–13, der von einem »ewigen Priesterbund« mit »Pinhas, dem Sohn Eleasars, dem Sohn Aarons, dem Priester« spricht. Der Text hat eine große sprachliche Schnittmenge mit Mal 2,4b–8: Pinhas »brachte JHWH von seinem Zorn ab« (Num 25,11), Levi »brachte viele ab von Schuld« (Mal 2,6); JHWH »gibt« nach Num 25,12 den Bund (נתן, *ntn*), der mit »Frieden« assoziiert wird, nach Mal 2,5 »gab er Frieden«; der Bund »besteht«, was in Num 25,13 und Mal 2,5 mit dem Verb היה *(hjh)* (»sein«) ausgedrückt wird. Dies legt nahe, dass ein intertextueller Bezug besteht (vgl. *H. Utzschneider*, Künder 1989, 64–70), ohne dass eindeutig gesagt werden könnte, welcher Text welchen voraussetzt (für *H. Utzschneider*, Künder 1989, 69 ist Num 25,10–13 der Quellentext für Mal 2, für *G. Habets*, Vorbild 1990, 49 ist Num 25,10–13 »sicherlich nach Maleachi zu datieren«). Sachlich aber ist die zentrale Differenz eindeutig: Während Num 25,10–13 den »Bund« auf die Nachfahren Aarons in der Linie über Eleasar und Pinhas einschränkt, sieht Mal 2,4b–8 ihn mit dem Stammvater Levi und deshalb mit allen seinen Nachfahren geschlossen.

Direkt auf den Stammvater Levi bezieht sich anders als Num 25,10–13 der Levi-Segen in Dtn 33,8–11. In V 10 hält er genau wie Mal 2,7 fest, dass Tora-Lehre für Israel zu den wesentlichen Aufgaben Levis gehört. Auch wird in Dtn 33,9 wie in Mal 2,4 f.8 ein »Bund« JHWHs erwähnt. Allerdings ist dies in Dtn 33 ein Bund JHWHs mit Israel, während Mal 2 von einem Bund mit Levi spricht. Doch wäre es nicht untypisch für das Zusammenlesen autoritativer Toratexte, wenn einer im Licht des andern gelesen wird. »Man unterschätzt den midraschartigen Umgang des Maleachibuches mit den Pentateuchtraditionen, wenn man sich auf wörtliche Zitate versteift« (*Ch. Frevel*, »Bund« 2007, 90). Es ist also nicht ausgemacht, »daß für Mal 2,4b–6 eine tatsächliche Textabhängigkeit von Dtn 33,8–11 wenig wahrscheinlich ist« (*A. Meinhold* 147). Es ist sehr wohl möglich, dass Mal 2,4–9 »utilizes two pentateuchal passages in developing the idea of a covenant with Levi«, eben Num 25,10–13 *und* Dtn 33,8–11 (*R. Fuller*, Blessing 1993, 37–40; vgl. auch *F. Serafini*, Alleanza 2006, 346 f.402).

Neben Num 25,10–13 und Dtn 33,8–11, die von einer Einzelperson der Vergangenheit sprechen, erwähnen Jer 33,21 und Neh 13,29 einen Bund mit den Leviten. Genauer heißt es in Jer 33,21 »mein Bund ... mit den Leviten, den Priestern, meinen Dienern«, und in Neh 13,29 »der Bund des Priestertums und der Leviten«. Zwar ist richtig, dass diese Stellen an die aktuellen Leviten denken, während es in Mal 2,4b–6 um den Stammvater Levi als Person der Vergangenheit geht. Doch schon Mal 2,8 gebraucht »Levi« mit Artikel, was als »der Levit« wiedergegeben werden könnte. Ohnehin ist für hebräisches Denken selbstverständlich, dass jede Rede über einen Stammvater (oder eine Stammmutter) immer auf deren aktuelle Nachfahren zielt, sodass hier keine scharfe Grenze gezogen werden kann.

Außer im Fall von Num 25,10–13 (und Dtn 33,8–11) ist nirgends eine ausdrückliche intertextuelle Beziehung zu Mal 2,4b–8 auszumachen. Da auch in diesem Fall die Richtung der Abhängigkeit nicht sicher zu klären ist, ist es aber vielleicht sinnvoller, statt von textlicher Abhängigkeit mit Arndt Meinhold von »Traditionszusammenhang« oder »traditionsgeschichtlichem Zusammenhang« (*A. Meinhold* 147.149; ebenso *J. Thon*, Pinhas 2006, 75) zu sprechen. In Anbetracht der Vielfalt der Stimmen, die durchaus abweichende Positionen zu Levi und seinen Nachkommen, zu Priestern und zu Leviten und ihrem Verhältnis zueinander, vertreten, könnte man auch von einem nachexilischen Diskurs sprechen, der um eben diese Frage kreist. Damit aber verlassen wir den Kosmos der Texte und kommen zur Frage nach deren zeitgeschichtlichem Ort.

(3) Dass es seit dem Deuteronomium, demzufolge alle Priester Nachfahren Levis sind, einen heftigen Kampf darum gibt, inwiefern auch alle Leviten Priester sein können oder ob sie einen *clerus minor* bilden, bei dem wiederum strittig ist, wie weit oder nahe er an die Priesterschaft herangerückt werden kann, geht aus vielen alttestamentlichen Texten hervor. Dies kann und braucht hier nicht nachgezeichnet zu werden. Denn es ist auch deutlich, »daß Maleachi keine Rückschlüsse auf Gruppenkonflikte in der Kultushierarchie zuläßt« (*J. Schaper*, Priester 2000, 9 in Aufnahme der Ergebnisse von *J. M. O'Brien*, Priest 1990; vgl. auch *J. Schaper*, Priests 2006). In Mal 1,6–2,9 geht es ausdrücklich und ausschließlich um die Priester (so 1,6; 2,1.7), die den Opferkult zu verantworten haben (1,6–14). Wie anderes Kultpersonal zu ihnen steht, interessiert den Text nicht. Zwar hält er mit der Vorstellung, dass JHWHs Bund mit Levi, dem Vorfahren aller Priester und Leviten, geschlossen wird und nicht, wie in Num 25,10–13 mit Pinhas ben Eleasar ben Aaron, also der exklusiv priesterlichen Linie, eine Gleichstellung der Leviten mit den Priestern offen. »Damit waren die Leviten wenigstens ideologisch mit einem Fuß in der Tür, wenn es um den Betrieb des Tempels ging« (*Th. Willi*, Leviten 1999, 91). Aber Mal 1,6–2,9 bezieht im nachexilischen Diskurs um diese Frage keine explizite Stellung. – Ob dies in der Septuaginta anders ist, kann man bezweifeln, denn sonst könnten zwei Ausleger des Septuagintatextes von Mal 2,1–9 kaum zu dem gegenteiligen Ergebnis kommen, dass die Übersetzung besonders levitenfreundlich und priesterkritisch sei (so *M. Tilly*, Leben 2009, 270–272), bzw. umgekehrt, dass sie den Vorrang der zadokidischen Priester vor den Leviten herausstellen wolle (so *L. Vianès*, Lévites 2009).

Die Bedeutung des Abschnitts über den Levi-Bund in Mal 2,4b–8 liegt nicht in seinem Wert für die nachexilische Auseinandersetzung um Priester und Leviten, sondern in seiner Funktion innerhalb des Diskussionswortes Mal 1,6–2,9. Dieses weist in seinem Aufbau zwei Digressionen auf, die jeweils dem aktuellen Fehlverhalten der Jerusalemer Priester ein korrektes Verhalten gegenüberstellen. In 1,11–14 wird der Blick geographisch ausgeweitet und geht in die Völkerwelt. Die Funktion dieses Abschnitts ist es, die Nachlässigkeit der Jerusalemer Priesterschaft beim Opferkult mit der »reinen Gabe« (1,11), die unter den Völkern dem Namen JHWHs dargebracht wird, zu kontrastieren. In 2,4b–8, der zweiten Digression, wird der Blick zurückgerichtet in die Vergangenheit, indem an den Bund mit Levi erinnert wird. Hier liegt das Fehlverhalten der aktuell kritisierten Priester nicht mehr im Opferkult, sondern in der Torauntweisung. Damit wird ein zweiter Bereich priesterlicher Tätigkeit erwähnt, der mit dem ersten untrennbar verbunden ist. Denn nach Jer 18,18 gehört die Tora zum Priester wie der Rat zum Weisen und das Wort zum Propheten. Und von Hos 4,6 bis Hagg 2,11 werden die Priester (kritisch) mit der Toraerteilung in Verbindung gebracht. Dabei zeigt gerade Hagg 2,10–13, dass es bei der Toraerteilung primär um die zentralen Fragen von heilig und profan sowie von rein und unrein geht, die wiederum auf den Opferdienst verweisen.

2,5 Nach der bloßen Erwähnung des göttlichen Bundes mit Levi in V 4b folgt in V 5 f. die inhaltliche Bestimmung des Bundes. Wie schon in V 4b heißt es »mein Bund mit Levi / mit ihm«. Subjekt des Bundes ist also JHWH. Damit wird unterstrichen, was für den hebräischen Begriff »Bund« (ברית, b^erît) generell gilt: »es liegt gerade keine gegenseitige Bedingung, also kein Vertrag vor.« »›Verpflichtung‹ ist deshalb eine durchaus angemessene Übersetzung ...« (*F. Crüsemann / M. Crüsemann*, Bund 2009, 77 f.). Gott hat sich gegenüber Levi verpflichtet, was diesen wiederum zu einem bestimmten Verhalten verpflichtet.

Die göttliche Seite der Verpflichtung bestand darin – der Text bleibt streng in der Vergangenheitsform –, dass er Levi Leben und Frieden gab. Leben ist nach alttestamentlichem Verständnis eine Gabe Gottes von der Erschaffung des Menschen an (Gen 2,7), die er auch wieder nehmen kann (Ps 104,29). Leben ist also keine Selbstverständlichkeit, sondern ein Geschenk. In einer einmaligen Verbindung werden hier Leben und Frieden zusammengenommen. Dabei ist mit »Frieden« nur ein Aspekt des hebräischen שלום (šalôm) ausgedrückt. »Ganzheit«, »Heil«, »Wohlergehen« wären weitere Umschreibungen. Insgesamt kann man sagen: »Mit dem Nachstellen von השלום wird eine superlativische Steigerung erreicht« (*A. Meinhold* 151). Nicht zuletzt erinnert das Stichwort Frieden an den aaronitischen Segen. Schon zu 2,2 hatten wir Gelegenheit, die zahlreichen Anspielungen an den Text von Num 6,22–27 aufzuzählen.

Noch ein Drittes hat JHWH Levi in seinem Bund gegeben, Ehrfurcht.

Doch während »das Leben und den Frieden« in einer *casus-pendens*-Konstruktion vor dem Verb »die gab ich ihm« steht, ist das dritte Objekt »Ehrfurcht« nachgestellt. Das ermöglicht es, in V 5b von der reinen und einseitigen Gabe JHWHs, also Leben und Frieden, zu der Gabe überzugehen, die von Levi nun seinerseits durch ein entsprechendes Verhalten erwidert wird. Wie eng Gabe und Erwiderung zusammenhängen, wird durch den Gebrauch derselben Wurzel ירא *(jr')* in Nomen und Verb unterstrichen (»[ich gab ihm] Ehrfurcht, und er fürchtete mich«). Zugleich weist das Nomen מורא *(môra')* (»Ehrfurcht«) an den Beginn der Strophe mit der in Frageform gefassten Feststellung zurück: »Wenn ich Herr bin – wo ist die Ehrfurcht vor mir?, sagt JHWH der Heere zu euch, ihr Priester, die ihr meinen Namen verachtet« (1,6). Das, was den heute von Maleachi angegriffenen Priestern abgeht, fand sich einst bei ihrem Stammvater Levi.

In Parallele zu »und er fürchtete mich« steht die Aussage: »Und angesichts meines Namens erschrak er.« Die beiden Verben ירא *(jr')* (»fürchten«) und חתת₁ nif *(htt)* (»erschrecken«) stehen häufig in der fast schon formelhaften Wendung »fürchte dich nicht und erschrick nicht« beisammen (Dtn 1,21; 31,8; Jos 8,1 u.ö.). Auch ohne die Parallele mit »fürchten« bezeichnet חתת₁ nif das Erschrecken vor Gott (1 Sam 2,10; Jes 30,31), Menschen (1 Sam 17,11; Jes 31,4; 51,7 u.ö.) oder Zeichen am Himmel (Jer 10,2). Es geht tatsächlich um Grauen (so die Lutherbibel 1984: »fürchte dich nicht und lass dir nicht grauen«) und Angst (so die Zürcher Bibel 2007: »fürchte dich nicht und hab keine Angst«). Deshalb ist es unangemessen, wenn Ges[18] für Jer 10,2 und Mal 2,5 eine positive Sonderbedeutung »fürchten, verehren« unterstellt (nach G. *Habets*, Vorbild 1990, 47 wollen die »üblichen Bedeutungsnuancen des Verbes – ›erschrecken‹ … – … sich hier nicht gut einreihen«). Von Verehrung, Ehrfurcht oder Respekt spricht das Verb ירא *(jr')* (»fürchten«). Parallel dazu aber gehört – und Rudolf Otto würde sagen, gehört wesentlich – das *tremendum*, das Schauervolle oder Grauen (R. *Otto*, Das Heilige 2004, bes. 14–16; vgl. F. *Serafini*, Alleanza 2006, 314: »*il contenuto ›numinoso‹ del timore di Dio*«). Es stellt sich angesichts des göttlichen Namens ein, des Namens, den die Priester verachten (1,6; 2,2) und der unter den Völkern groß (1,11) und Ehrfurcht gebietend (1,14) ist.

2,6 Der Text bleibt auch in V 6 noch beim Rückblick in die Vergangenheit, bei JHWHs Bund mit dem Stammvater Levi. Lag in V 5 das Schwergewicht auf der Beziehung zwischen JHWH und Levi, so stellt V 6 nun heraus, was Levi für das Volk bedeutete. »Zuverlässige Weisung (= Tora) war in seinem Mund«. Hier kommt die oben erwähnte zweite Aufgabe der Priester neben dem Opfervollzug, die Toraunterweisung, zur Sprache. Es geht dabei zunächst um die mündlich vorgebrachte Unterscheidung von rein und unrein, heilig und profan (Lev 10,10f.; Ez 44,23; Hagg 2,10–13), die unter anderem die Voraussetzung für ordnungsgemäßen Opfervollzug ist. Natürlich ist diese Tora nicht von der »Tora des Mose«, die Israel am Horeb gegeben wurde (Mal 3,22), zu trennen. Denn einerseits beruht die priesterliche Einzeltora auf ihr, und andrerseits geht die Torauunterweisung der Priester (und wohl auch der Leviten – es geht ja um den Stammvater Levi!) über die Einzelbescheide hinaus und zielt auf die »Unterweisung auf dem rechten Lebensweg« insgesamt (*A. Renker*, Tora 1979, 121). Dennoch meint der Vers nicht, dass Levi die Tora des Mose unterwies, weil das Attribut »zuverlässig« dann ebenso unangemessen wäre wie der Gegensatz im Parallelismus, dass kein Unrecht auf Levis Lippen gefunden wurde – die Tora des Mose ist als solche zuverlässig und »kein Unrecht«, ganz unabhängig vom Verhalten Levis oder seiner Nachkommen (vgl. *A. Meinhold* 153).

Das Gegenteil der »zuverlässigen Weisung« wäre, so sagt es der antithetische Parallelismus, עולה *(ʿawlah)*. Das ist ein sehr allgemeiner Ausdruck für Unrecht, Unredlichkeit und Frevel. Solches Unrecht kann man »tun« (mit den entsprechenden hebräischen Verben in Ps 37,1; 58,3; 119,3 u.ö.). Unrecht kann aber auch mit der Zunge (Jes 59,3; Hi 6,30) oder, wie hier, mit den Lippen in Verbindung gebracht werden (Hi 27,4). Es ist selbstverständlich, dass sich bei Priestern, wenn sie dem Levi-Bund folgen, solches Unrecht, mit dem sie anderen schaden und sich selbst Vorteile verschaffen würden, nicht finden dürfte.

Nach dem antithetischen von V 6a folgt in V 6b ein synthetischer Parallelismus. Der erste Teil des Parallelismus greift noch einmal die Aussage von V 5 auf, dass Levi auf den Bund JHWHs mit einem entsprechenden Verhalten antwortete. Wie JHWH Levi שלום *(šalôm)* gab, wandelte Levi seinerseits »in Frieden und Aufrichtigkeit« mit JHWH. Das mit dem Frieden zusammengestellte »Aufrichtigkeit, Geradheit« ist ähnlich breit gefasst wie der in V 6a verwendete Gegenbegriff »Unrecht«. Das hebräische Wort מישור *(mîšôr)* meint wörtlich eine Ebene (Dtn 3,10; 4,43; Jos 13,9 u.ö.). Es ist ebenso von der Wurzel ישר *(jšr)* (»gerade sein«) abgeleitet wie das synonyme מישרים *(mêšarîm)*. Beide Worte bezeichnen übertragen ein aufrechtes, gerades Verhalten, das mit Gott (Jes 45,19; Ps 9,9; 17,2 u.ö.), dem König (Jes 11,4; Ps 45,7), aber auch jedem gerechten Menschen überhaupt (Jes 33,15; Spr 1,3; 2,9 u.ö.) in Verbindung gebracht wird. Wenn es an unserer Stelle von Levi ausgesagt wird, rundet es das Bild des bundestreuen und gottesfürchtigen Vorfahren der jetzigen Priester ab.

Dagegen geht das, was im synthetischen Parallelismus folgt, weit über alle bisherigen Aussagen hinaus. Denn nun wird Levi eine positive Funktion für »viele« zugeschrieben, nämlich sie »von Schuld abgebracht« zu haben. Zunächst ist festzuhalten, dass »viele« hier wohl nicht exklusiv gebraucht wird (also: viele, aber nicht alle), sondern inklusiv im Sinn von »alle«. Das ist im Hebräischen gut möglich (vgl. Jes 52,14f.; Ez 3,6; Hos 3,3 und dazu *A. Meinhold* 154) und legt sich vor allem durch die Fortsetzung in V 8 nahe, wonach die gegenwärtigen Priester »viele an der Weisung haben straucheln lassen«. Denn damit ist doch wohl gemeint, dass »vom Fehlverhalten der zeitgenössischen Priesterschaft die gesamte Gemeinschaft betroffen ist« (*A. Meinhold* 154). Doch wie hat Levi seine Aufgabe erfüllt, dass er »viele von Schuld abbrachte«?

Man hat gelegentlich darauf hingewiesen, dass das Verhalten der früheren Priester, die in Levi personifiziert sind, durch seine Vorbildlichkeit wirkte: »The repentence and conversion of *many* may be seen as the result of the priests' general conduct and moral integrity. They were reliable in their instruction in the law, and were exemplary in the devotion of their lives« (*P. A. Verhoef* 249). Das ist nicht falsch, aber sicher unterbestimmt. Arndt Meinhold verweist demgegenüber auf Stellen, in denen Propheten für die Schuld bzw. Abwendung der Schuld des Volkes verantwortlich gemacht werden, und folgert, Levi rücke »in eine den Propheten zuerkannte … Funktion bei Buße, Umkehr und Sündenvermeidung ein« (*A. Meinhold* 155). Das wiederum dürfte eine Engführung des Gedankens darstellen. Denn es ist durchaus so, dass Priester durch ihr genuin priesterliches Wirken (und nicht durch Übertragung prophetischer Funktionen) »von Schuld abbringen« sollen. So stellt Lev 5,14–26 verschiedene Fälle vor, in denen sich jemand verschuldet hat. Mit einem makellosen Tier – man beachte die Nähe zu den Vorwürfen in Mal 1,6–14, Priester und Laien brächten defekte Opfertiere dar – vollzieht der Priester die Sühnehandlung und verschafft dem, der sich versündigt hat, Vergebung. In Lev 10,17 ist sogar davon die Rede, dass die Priester »die Schuld anderer, nämlich der Gemeinde auf sich nehmen sollen« (*R. Rendtorff*, Leviticus 2004, 319). Nach Lev 16,21f. legt der Hohe Priester die Schuld der Israeliten auf den Widder, damit er sie als Sündenbock in die Wüste trägt. All diese Beispiele zeigen, wie »Levi« durch sein priesterliches Handeln »viele von Schuld abbringen« kann.

2,7 Mit dem Ende von V 6 ist der Rückblick auf den Stammvater Levi abgeschlossen. Bevor V 8 – in Anlehnung an die Worte von V 5 f. – formuliert, wie die gegenwärtigen Priester das Gegenteil dessen tun, was Levi tat, hält V 7 sentenzhaft-zeitlos fest, was vom Priester zu erwarten ist. Die Wortwahl lehnt sich eng an V 6 an: Die »Lippen« und der »Mund« des Priesters haben dort ihre Parallele ebenso wie die »Weisung«. Und wie in V 6 steht in V 7 das Verhältnis des Priesters zum Volk im Mittelpunkt: »Weisung sucht man von seinem Mund«. Das Verb steht in der 3. Person Plural, man könnte also auch »suchen sie von seinem Mund« übersetzen. Man kann »Tora« vom Mund des Priesters suchen, weil dessen Lippen »Erkenntnis beachten«. Wie das deutsche »Erkenntnis« umfasst דעת *(da'at)* jede Art von Wissen. Hier aber geht es um »Erkenntnis« im Sinn der Gotteserkenntnis. Nach Hos 4,1; 6,6 ist diese von allen Israelitinnen und Israeliten zu erwarten. Doch ist nach Hos 4,6 gerade der Priester dafür verantwortlich, dass das Volk solche Erkenntnis erlangt. Der Gedankengang in Hos 4 ist derselbe wie in Mal 1,6–2,9. Hos 4,9 fasst es in die knappe Formel: »wie das Volk, so der Priester« – man könnte ergänzen: und umgekehrt. Da Hos 4,6 genauso wie Mal 2,7

»Erkenntnis« und »Weisung« im Parallelismus gebraucht, kann man durchaus annehmen, dass die Maleachi-Stelle den Hosea-Text kennt und aufnimmt (*A. Meinhold* 159. – *R. Scoralick*, Priester 2006, 427 f. sieht geradezu eine »Rahmenbildung zwischen Hos 4 und Mal 1,6–2,9«, die sich um das Zwölfprophetenbuch legt). Während aber Hos 4 allein das Fehlverhalten kritisiert, formuliert Mal 2,7 positiv, was vom Priester zu erwarten ist. Im Übrigen zeigt die Parallelität von »Weisung« (Tora) und »Erkenntnis«, dass in Mal 2,6–9 unter Priester-tôrā ... nicht ausschließlich die Kultweisung im Sinne von Opfer- tôrā«, »sondern unter tôrā in umfassender Weise die das Gottesrecht betreffende Weisung zu verstehen« ist (*A. Renker*, Tora 1979, 12 f., wobei Renker allerdings für den weiten Tora-Begriff über Mal 2,6–9 hinaus auf Stellen zurückgreift, die das Lexem »Tora« gar nicht enthalten).

Begründet wird die Beschreibung der priesterlichen Aufgaben mit einer Aussage über den Priester, die so wohl nur in der Maleachi-Dichtung stehen kann: »denn der Bote JHWHs der Heere ist er«. Mit מלאך יהוה *(mal'ak JHWH)* wird eine doppelte Verknüpfung hergestellt: zur Überschrift, die den Verfasser der Dichtung »Maleachi« nennt, und zu 3,1, das die Sendung »meines Boten« *(mal'akî)* ankündigt. Das zielt nicht auf Identität der drei Gestalten. Maleachi muss kein Priester sein, und der künftige Bote muss weder mit Maleachi noch dem idealen Priester von 2,7 identisch sein. Aber es geht um ein Netz von Boten- oder Mittler-Gestalten, über die die Kommunikation zwischen JHWH und Israel erfolgt (zu möglichen Spannungen zwischen verschiedenen Mittlerkonzepten in Maleachi vgl. *I. Fischer*, Levibund 2007).

Mit der Wahl der Vokabel »Mittler« habe ich mich bereits auf ein bestimmtes Verständnis des hebräischen מלאך *(mal'ak)* festgelegt. Der Bote, der mündliche oder schriftliche Botschaften überbringt, ist in der Antike eine allgegenwärtige Einrichtung, weil es andere Medien der Nachrichtenübermittlung kaum gibt. Durch Verwendung der Formel »So spricht XY« steht der Bote an der Stelle dessen, der ihn geschickt hat (vgl. diesen Gebrauch der Botenformel in 1 Kön 20,3.5). Allerdings sind »Boten« in vielen Fällen mehr als bloße »Briefträger«. Es kann sich um königliche Gesandte handeln, die Bündnisse anstreben (Jes 18,2), oder um Diplomaten, die zu einer außenpolitischen Konferenz zusammenkommen (Jer 27,3). Solche »Boten« haben selbstverständlich weit reichende Verhandlungsvollmachten. In solchen Fällen schickt ein König als »Boten« Älteste und hohe Würdenträger (שׂרים, *śarîm*) (Num 22,5.7.13–15). In Jes 30,4 erscheinen *śarîm* und »Boten« im Parallelismus. Auch ein hoher Hofbeamter kann als Bote eingesetzt werden und dabei selbständig auftreten (1 Kön 22,9.13 = 2 Chr 18,8.12).

Auch Gott bedient sich solcher Boten (Gen 16,7.9–11; 19,1.15; 21,17 u.ö.). Auch sie vergegenwärtigen den, der sie gesandt hat, treten dabei aber durchaus eigenständig agierend auf, wie die Erzählungen von Begegnungen mit solchen Gottesboten in Ri 6,11–24 und Ri 13 belegen. Indem die Gottesboten zunächst gar nicht als solche identifiziert werden, zeigen die Erzählungen, dass sie äußerlich durch nichts kenntlich gemacht sind. Sie sind also keine »Engel« im Sinn der nachalttestamentlichen Texte und Bilder.

Deshalb ist es durchaus möglich, dass auch Träger von religiösen Mittler-Funktionen als »Boten JHWHs« bezeichnet werden können. Dies geschieht freilich nur in späten Texten, die damit zusammenfassend Phänomene der religiösen Vergangenheit und Gegenwart »auf den Begriff bringen« (A. Meinhold 160). So geschieht es in Jes 44,26; 2 Chr 36,15 f. mit den Propheten. In Hagg 1,13 wird sogar ein einzelner Prophet, eben Haggai, als מלאך יהוה (mal'ak JHWH) bezeichnet, so wie der Prophet unserer Schrift »Maleachi« heißt.

Denselben Titel מלאך יהוה (mal'ak JHWH) trägt nach Mal 2,7 nun auch der Priester. Absolutes מלאך (mal'ak) für den Priester begegnet nur noch in Koh 5,5. Daneben erwähnt eine phönizische Inschrift, wie Kohelet aus ptolemäischer Zeit stammend (222 v. Chr.), einen מלאך מלכעשתרת (ml'k mlk‘štrt), wörtlich »Bote des Milk-‘Aštart«, womit ein Priester dieses Gottes gemeint sein könnte (KAI 19,2 f.). Mit der Bezeichnung des Priesters als »Bote JHWHs der Heere« wird dessen Mittlerfunktion zwischen JHWH und Israel »auf den Begriff gebracht«. Als Mittler ist er dafür verantwortlich, dass die Kommunikation gelingt. Das liegt ganz auf der Linie dessen, was die Priesterkritik von Mal 1,6–2,9 voraussetzt.

Dagegen halte ich es für eine Engführung, wenn Arndt Meinhold in Mal 2,7 »die Übertragung einer prophetischen Qualifizierung auf Priester« sieht (A. Meinhold 160). So wenig das Abbringen von Schuld in 2,6 die Übernahme einer prophetischen Funktion durch den Priester darstellt (so A. Meinhold 155, siehe dazu oben zur Stelle), sondern sich auf dessen ureigenstes Wirken bezieht, so wenig ist der Priester »Bote JHWHs« nur durch »Übertragung einer prophetischen Qualifizierung«. Prophet und Priester sind Mittler und können deshalb als »Bote« bezeichnet werden, aber in je eigenem Recht. »Malachi ... allows for a certain similarity between the proclamation of a prophet and the teaching function of an (ideal!) priest, but at the same time realizing the difference between the mediator of the *dābār* and that of the *tôrâ*« (P. A. Verhoef 250; vgl. F. Serafini, Alleanza 2006, 329 f.). In diesem Sinn ist es sinnvoller, statt von »Übertragung« von einer »Parallelisierung von Priestern und Propheten« zu sprechen (so A. Meinhold 160).

2,8 Nach dem Rückblick auf den Stammvater Levi in V 5 f. und der überzeitlichen Aussage über die Rolle des Priesters wendet sich V 8 mit betont an den Anfang gestelltem Personalpronomen wieder direkt an die jetzt amtierenden Priester: »Ihr aber ...«. Damit wird nach den Ausführungen über den Levi-Bund die letzte direkte Anrede in V 4a weitergeführt. Drei Vorwürfe werden den Priestern gemacht. Alle drei sind eng auf die vorangehenden Worte vom Levi-Bund bezogen und nehmen die in 1,6–14 erhobenen

Vorwürfe wegen des verkehrten Opferkults nicht direkt auf, sodass man die Levi-Passage bis hierher fortgeführt sehen kann.

Der erste Vorwurf ist sehr allgemein formuliert: »Ihr aber seid von dem Weg abgewichen«. Das bezieht sich auf V 6bα zurück, wo es über Levi hieß: »In Frieden und Aufrichtigkeit wandelte er mit mir«. Dieser Wandel mit Gott ist es, von dem die jetzigen Priester abgewichen sind.

Der zweite Vorwurf nimmt die Fortsetzung in V 6bβ auf. Hieß es von Levi: »und viele brachte er ab von Schuld«, so muss man von den jetzigen Priestern sagen: »Ihr habt viele durch die Weisung straucheln lassen«. Das Verb כשל *(kšl)* kann in verschiedenen Stammformen mit der Präposition ב *(b^e)* verbunden werden. Damit kann zum einen der Ort bezeichnet werden, auf dem man strauchelt (Jes 59,14; Jer 18,15; 31,9 u. ö.). In diesem Fall wäre hier vom Weg der Tora die Rede. So denkt Andrew Hill an »the violation of Yahweh's covenant law« und verweist dazu auf Mal 3,22, wo von der »Tora des Mose« die Rede ist (*A. E. Hill* 215). Die Priester würden dann »viele an der Tora straucheln lassen«. Nun ist aber unmittelbar vor unserer Stelle in V 7 von der Tora (der Weisung) die Rede, die man vom Mund des Priesters sucht (auf sie bezieht sich auch der bestimmte Artikel in V 8, »durch *die* Weisung«). Das eröffnet die zweite Möglichkeit des Verständnisses der Präposition ב *(b^e)* in Verbindung mit dem Verb כשל *(kšl)*. Sie kann nämlich auch die Ursache bezeichnen, aufgrund derer man strauchelt. Das kann ein materieller Gegenstand sein (Jer 6,21; Nah 3,3; Spr 4,19; Klgl 5,13). Es kann aber auch eine übertragene Größe wie Schuld oder Ungerechtigkeit sein (Ez 33,12; Hos 5,5; 14,2; Ps 31,11). Dieser Fall liegt hier wohl vor: Die Priester lassen viele straucheln »durch« ihre falsche Weisung, oder, anders ausgedrückt: Viele kommen zu Fall aufgrund der falschen priesterlichen Weisung (so *A. Meinhold* 66.73; *I. Willi-Plein* 239, die »durch die Weisung« übersetzen).

Schließlich wird den Priestern drittens vorgehalten, sie hätten »den Leviten-Bund verdorben«. Das Verb שחת *(šḥt)*, hier im Piel, in Mal 1,14 im Hofal, in 3,11 im Hifil gebraucht, meint ein schweres Schädigen. Ob eine solche Schädigung irreparabel ist oder doch wieder behoben werden kann, geht aus der Vokabel nicht hervor (gegen *F. Horst* 269, nach dem »die Wirklichkeit der Gegenwart ... den Bund ... nicht wiederherstellbar vernichtet« habe). Sowohl von Mal 1,6–2,9 insgesamt (vgl. das gleich zu 2,9 Auszuführende) als auch von der gesamten Dichtung her, die in 3,3f. von der künftigen Reinigung der Levi-Nachfahren spricht, ist offenbar nicht an eine unumkehrbare Vernichtung gedacht (so zu Recht *A. Meinhold* 162).

Gegenstand der Verderbnis ist »der Leviten-Bund«. Anders als in 2,4 steht hier nicht »Levi« als Eigenname, sondern mit Artikel »der Levit«. Damit verlegt der Text den Akzent vom Bund mit dem Stammvater zur Kritik am Verhalten der jetzt amtierenden Priester. Der Übergang ist dabei ähnlich fließend wie in Dtn 10,8f., wo in V 8 »Levi« mit Artikel und in V 9 »Levi«

ohne Artikel als Eigenname steht. Vorausgesetzt ist immer die vom Deuteronomium vorgegebene Konstruktion, dass alle Priester Leviten sind, so wie in Ex 4,14 Aaron als »der Levit« bezeichnet wird. Deshalb können auch aus Mal 2,8 keine Schlüsse zu der Frage gezogen werden, wie nahe oder fern im perserzeitlichen Juda die nicht-priesterlichen Leviten den levitischen Priestern stehen. Wie durch den Rekurs auf den Stammvater Levi in V 4f. wird durch die Wortwahl »Leviten-Bund« jedenfalls keine die nicht-priesterlichen Leviten exkludierende Position bezogen.

Die am Ende von V 8 stehende Gottespruchformel »sagt JHWH der Heere« fand sich zuletzt in V 4b. Sie umschließt somit den Levi-Abschnitt in V 4b–8.

2,9 Der nun folgende Schlussvers der ausführlichsten Strophe der Maleachi-Dichtung greift auf die Worte des Eingangs zurück und bindet somit den gesamten Text zusammen. Er schließt aber auch glatt an das Voranstehende an. Denn das betonte »ihr aber« am Anfang von V 8 wird in V 9 mit »ich meinerseits« fortgeführt, und die Gottespruchformel am Ende von V 8 stellt klar, dass dieses Ich »JHWH der Heere« ist.

Gemäß der Vorstellung, dass die Tat ihre Folge in sich trägt, droht JHWH den Priestern an, was sie ihm antun. Die Priester »verachten« seinen Namen (zweimal בזה [bzh] qal in 1,6), deshalb macht er sie jetzt »zu Verachteten« (בזה [bzh] nif). Im Parallelismus steht dazu »zu Gering-Geschätzten« (wörtlich: zu Niedrigen oder Erniedrigten). Als Gegenüber, im Blick auf das die Priester verachtet und gering geschätzt sind, wird »das Volk« genannt (vgl. zu dem Oppositionspaar Priester-Volk Jes 24,2). Auf diese Weise entsteht eine Beziehung mit drei Polen: das Ich JHWHs, das Ihr der Priester und das Volk. Gerade weil die Priester in dieser Dreierkonstellation eine entscheidende Mittlerrolle haben, fällt die Kritik an ihnen in Mal 1,6–2,9 so heftig aus.

Begründet wird die Drohung von V 9a in V 9b damit, dass die Priester JHWHs »Wege nicht beachten«. Das greift den Anfang von V 8a auf, wonach die Priester »von dem Weg abgewichen« seien. Auch die Fortsetzung von V 8a, die Priester hätten »viele durch die Weisung straucheln lassen«, wird im Schlussvers aufgegriffen. So wenig wie in V 8a ist in V 9b an die ganze Tora des Mose gedacht (anders *E. Sellin* 600: »die Kenntnis des Gesetzes«). Dies ergibt sich aus dem Kontext unseres Verses, wo in V 6 und 7 ausdrücklich von der »Weisung in bzw. aus seinem (sc. des Priesters) Mund« die Rede ist, und zwar unabhängig davon, wie man das hebräische נשא פנים (*naśa' panîm*) versteht. Wörtlich heißt das »das Gesicht erheben«. Hält man den Versteil für synonym mit der ersten Hälfte, könnte man daran denken, den Priestern werde vorgeworfen, dass sie »das Gesicht nicht auf die Weisung erheben«, also diese nicht beachten (so *B. Glazier-McDonald*, Malachi 1987, 72f.; *G. Habets*, Vorbild 1990, 56). Allerdings ist dieser Sinn der Wendung nirgends belegt. Stattdessen heißt sie häufig und präzise »parteilich sein«

(Ps 82,8; Hi 13.8.10; Spr 6,35; 18,5). Dann wird den Priestern Parteilichkeit bei der Tora-Erteilung vorgehalten (so *P. A. Verhoef* 253; *A. Meinhold* 164f.), ohne dass ausgeführt würde, worin diese besteht.

Ob man die das gesamte II. Disputationswort abschließende Begründung für »beinahe überflüssig« halten soll (so *A. Meinhold* 164), mag dahin gestellt bleiben. Mit dem in betonter Schlussstellung stehenden בתורה *(battôrah)* (»bei der Weisung«) greift sie jedenfalls nicht nur das Stichwort »Weisung« aus V 6.7.8 auf, sondern fasst auch das gesamte Wort zusammen. Denn die in 1,6–14 aufgeworfene Frage des Opferkults hängt unmittelbar an der Weisung der Priester. Die Zurückweisung blinder, hinkender, kranker und anderweitig verdorbener Tiere wäre die vornehmste Aufgabe priesterlicher Tora. Wenn sie hier versagen, verfehlen die Priester ihre Aufgabe als »Boten JHWHs«.

Umso auffälliger ist angesichts des Gewichts dieser Vorwürfe, wie gering die Drohung gegen die Priester ausfällt. Selbst wenn man die in 2,2f. vorgebrachten Drohungen mit einbezieht, zielt nichts auf die Vernichtung der Priesterschaft. Zwar soll ihr Segen in Fluch verkehrt werden, sodass die Fruchtbarkeit des Landes gefährdet ist; zwar sollen die Priester durch den »Unrat eurer Feste« besudelt werden, sodass sie kultunfähig werden (V 2f.); zwar verliert die Priesterschaft ihr Ansehen vor dem Volk (V 9). »Aber sie wird ... nicht grundsätzlich abgeschafft ...« (*A. Meinhold* 162). Dies hängt mit der Gesamtkonzeption der Maleachi-Schrift zusammen. Auf die Stellung unseres Wortes im Gesamten der Schrift ist nun abschließend einzugehen.

Bedeutung

a) Die II. Strophe und ihre Stellung im Buch. Die Maleachi-Dichtung beginnt in 1,2–5 mit einer »Liebeserklärung« Gottes an Israel. Damit ist das Fundament für alles Weitere gelegt. In der II. (und III.) Strophe wird Kritik laut, scharf und deutlich. Als erste sind die Priester dran, wobei allerdings 1,14 wenigstens am Rande festhält, dass auch die Laienschaft nicht ausgenommen ist. An den Priestern und ihrer Tora hängt wesentlich die Gottesbeziehung Israels. Von der Art ihrer (kultisch dargebrachten) Gabe hängt es ab, ob JHWH »gnädig ist« (1,9) und »Gefallen hat« (1,10). Die Priester sind »Boten JHWHs«, bei ihnen liegen Weisung und Erkenntnis (2,7), von ihnen hängen Segen oder Fluch ab (2,2f.). Ihr Fehlverhalten gefährdet die Kommunikation Israels mit seinem Gott. »In dieser Verfassung ist die Priesterschaft schädlich geworden« (*A. Meinhold* 162).

Dennoch stellt die Maleachi-Schrift sich die zukünftige Gottesbeziehung nicht ohne priesterliche Vermittlung vor. Wie wenig Mal 1,6–2,9 eine grundsätzliche Ablehnung der Priesterschaft im Blick hat, zeigt neben den nicht auf endgültige Vernichtung ausgehenden Drohungen in 2,2 f.9 vor allem der überaus positive Rückblick auf den Bund mit Levi in 2,4b–7. Hier wird ein Ideal priesterlichen Dienstes gezeichnet, in dessen Spiegel die aktuelle Priesterschaft zwar äußerst kritisch zu sehen ist, das aber als Ideal gleichwohl bestehen bleibt. Deshalb wird im zweiten Teil der Dichtung, im IV. Wort, die Reinigung der Levi-Nachkommen angekündigt, welche künftige Kommunikation möglich macht (3,2–4). Da aber an der Frage des rechten Kultes auch die Laien beteiligt sind, wird deren Verhältnis zum Tempel (»mein Haus«) im V. Wort ausdrücklich thematisiert (3,6–12). Auch hier hängt am Verhalten der Laien wie an dem der Priester (2,2 f.) der göttliche Segen (3,10). So spannt sich ein Bogen von der II. zur vorletzten (V.) Strophe, in dem es immer auch um das rechte kultische Verhalten geht (auch wenn das nicht das einzige Thema ist).

Die endgültige Scheidung, die das letzte Wort (3,13–21) ins Auge fasst, ist nicht die zwischen Priestern und Volk, sondern »zwischen Gerechten und Gewalttätigen« (3,18). Die Gewalttätigen werden aus Israel ausgeschieden. Eine gereinigte Priesterschaft aber wird Teil des künftigen Israel sein, über dem »die Sonne der Gerechtigkeit aufgeht« (3,20), ohne dass dies nach 3,3 f. noch einmal ausdrücklich erwähnt würde. Während bildlich gesprochen von der II. zur V. Strophe eine Brücke führt – von der Kritik zur Läuterung und Umkehrmöglichkeit –, bilden I. und letzte (VI.) Strophe die Brückenpfeiler, die die Brücke halten.

b) *Eine seltene messianische Deutung von Mal 1,11.* Bei der Auslegung von Mal 1,11 habe ich darauf hingewiesen, dass es eine sehr alte christliche Rezeptionslinie gibt, die die dort erwähnte, »unter den Völkern« und »an jedem Ort« dargebrachte »reine Gabe« auf das eucharistische Messopfer bezieht. Wie erwähnt, zieht sich diese Linie bis zum II. Vatikanischen Konzil durch. Viel seltener ist das direkte christologische Verständnis der Stelle als Weissagung auf Christus. Sie findet sich auf dem Sebastiansaltar des Malers Hans Holbein d. Ä. (um 1465 – um 1524). Auf dessen Außentafeln ist eine Verkündigung an Maria dargestellt. Wie immer wird Maria lesend gezeigt. Doch weder ist das, was sie liest, nicht zu erkennen, noch ist es in Latein geschrieben, wie sonst. Vielmehr liegt vor Maria aufgeschlagen der hebräische Text von Mal 1 mit dem entscheidenden V 11, den man gewiss futurisch verstehen soll und deshalb so wiedergeben muss: »Aber vom Aufgang der Sonne bis zum Niedergang soll mein Name herrlich werden unter den Heiden …, spricht der Herr Zebaoth« (B. Bushart, Hans Holbein 1987, 122). Während Maria dies liest – so das Programm des Künstlers –, tritt der Erzengel Gabriel zu ihr und kündigt ihr die Geburt dessen an, der diese Weissagung erfüllen wird.

c) *Priester, Pfarrer, Rabbiner: zur Rezeption von Mal 2,6 f.* An das Ideal priesterlichen Verhaltens, das bei aller Schärfe der Kritik den Hintergrund des II. Diskussionswortes bildet, wird in der Rezeption der Maleachi-Schrift immer wieder angeknüpft. Das geschieht da selbstverständlich, wo man die »reine Gabe an jedem Ort« auf das eucharistische Opfer bezieht, das wiederum nur vom *rite* geweihten Priester dargebracht werden kann (vgl. oben zu 1, 11). Aber die Aufnahme der positiven Aussagen über Levi in 2, 5–7 geht weit über ihre Anwendung auf das Priesteramt im römisch-katholischen Sinn hinaus. Dies soll an drei Schlaglichtern gezeigt werden.

1.) Für Thomas von Aquin ist es Aufgabe der weltlichen Herrscher, zu fördern, was zur himmlischen Seligkeit führt, und zu hindern, was davon wegführt. »Welches aber der Weg zur wahren Seligkeit sei, und welches die Hindernisse auf ihm, wird aus dem göttlichen Gesetz erkannt, dessen Lehre zum Amt der Priester gehört, nach Mal.«, worauf das Zitat von Mal 2, 7 folgt *(quae autem sit ad veram beatitudinem via, et quae sint impedimenta eius, ex lege divina cognoscitur, cuius doctrina pertinet ad sacerdotum officium, secundum illud mal.: labia sacerdotis costudient scientiam, et legem requirent de ore eius)* (De regimine principum, Zitat 600). Daraus folgt, dass »im Gesetz Christi die Könige den Priestern unterworfen sein müssen« *(unde in lege christi reges debent sacerdotibus esse subiecti)* (ebd.). Aus dem priesterlichen Amt mit seinem Auftrag zur Lehre wird eine Weisungsfunktion gegenüber den weltlichen Herrschern abgeleitet.

2.) Mit der Reformation wird das katholische Amtsverständnis, das im Wesentlichen am Vollzug des Messopfers orientiert ist, durch das Bild des Pfarrers abgelöst, der in erster Linie als Prediger und Lehrer des Wortes Gottes verstanden wird. So kommt jetzt Mal 2, 7 (»die Lippen des Priesters beachten Erkenntnis, und Weisung sucht man von seinem Mund«) an evangelische Kanzeln. In der Hansestadt Greifswald ziert die Brustwehr der Kanzel von St. Marien das nach der Vulgata wiedergegebene Zitat von Mal 2, 7: LABIA SACERDOTIS CVSTODIENT SCIENTIA[M] ET LEGEM REQVIRENT EX ORE EIVS MALACHIE 2. Der evangelische Prediger soll es sich beim Besteigen der Kanzel zu Herzen nehmen, und die (gebildete) Gemeinde kann es lesen und ihn daran messen. Im mecklenburgisch-ländlichen Alt Gaarz (das heutige Rerik), liest der Prediger denselben Spruch auf Deutsch, wenn er von der Kanzel herabsteigt. »Des Priesters Lippen sollen die Lehre bewahren das man aus seinen[en] munde das gesetz suche. Malach: 2: 7«, heißt es in einer 1752 angebrachten Inschrift.

In St. Georg in der Hansestadt Wismar schließlich liest es der Prediger schon beim Betreten der Sakristei, über deren Tür er eine Inschrift aus dem 19. Jh. liest: »Des Priesters Lippen sollen die Lehre bewahren. Maleachi 2, 7.«

3.) So wenig wie der evangelische Prediger ist der jüdische Rabbiner ein Priester. Gleichwohl übernimmt er vom priesterlichen Amt nach Mal 2, 5–7 die Aufgabe des Lehrers. Auf dem Marburger jüdischen Friedhof findet sich ein Gedenkstein für Rabbiner Dr. Leopold Lucas, der 1872 in Marburg gebo-

> Des Priesters Lippen
> sollen die Lehre bewahren
> das man aus seinem
> munde das gesetz suche.
> Malach: 2 : 7.

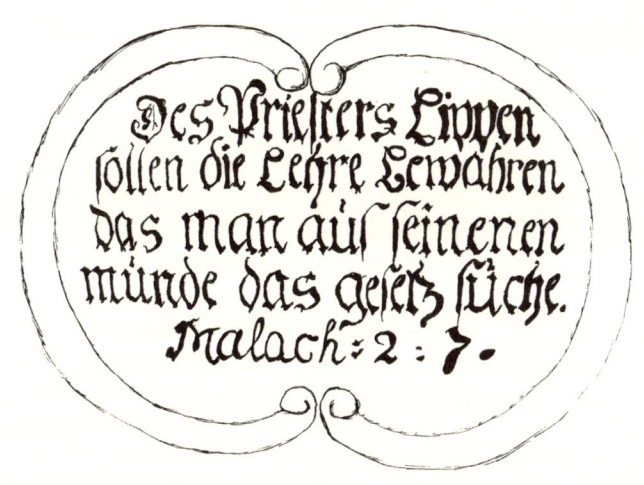

Abb. 6: Inschrift am Kanzelabgang der Kirche von Rerik (früher Alt-Gaarz).
Quelle: Umzeichnung des Verfassers.

ren wurde und dort bis zum Abitur lebte, und seine Frau Dorothea. Beide kamen in Konzentrationslagern um, er im KZ Theresienstadt und sie im KZ Auschwitz. Unter den Erinnerungsworten und Lebensdaten ist zunächst der hebräische Text von Mal 2,6 angebracht, der auf der Inschrift so eingedeutscht wird:
  Das Gesetz der Wahrheit lag in seinem Munde
    und gegen Irrlehre kämpfte sein Wort.
  Er war ein Mann des Friedens und der Redlichkeit
    und vielen hat er den guten Weg gezeigt.
Durch die Art der Anbringung wird der Maleachi-Text, der von Levi spricht, unmittelbar als Aussage über den Rabbiner gelesen. Doch wie wenig »priesterlich« dies zu verstehen ist, zeigt der darunter stehende Spruch aus dem Gedicht über die starke Frau, der auf Frau Lucas zu beziehen ist (Spr 31,26):
  Sie öffnet ihren Mund mit Weisheit und
  das Gesetz der Güte liegt auf ihrer Zunge.
Für das Ehepaar zusammen schließlich steht das abschließende Wort aus Hi 13,15:
  Auch wenn Er mich tötet, Ihm vertraue ich.
In der Rezeption wird aus dem priesterlichen Amt, das nach Mal 1,6–2,9 Opferdienst und Toraunterweisung umfasst, vor allem im protestantischen und jüdischen Bereich besonders die Lehrtätigkeit der Geistlichen übernommen.

Maleachi 2, 10–16

Literatur
Marco Adinolfi O.F.M., Il ripudio secondo Mal. 2, 14–16, in: BeO 12 (1970) 247–256.
– *Robert Althann*, Malachy 2, 13–14 and UT 125, 12–13, in: Bib. 58 (1977) 418–421.
– *Elie Assis*, Love, Hate and Self-Identity in Malachi: A New Perspective to Mal 1:1-5 and 2:10–16, in: JNSL 35 (2009) 109–120. – *Gerlinde Baumann*, Liebe und Gewalt. Die Ehe als Metapher für das Verhältnis JHWH-Israel in den Prophetenbüchern (SBS 185), Stuttgart 2000. – *Annette Böckler*, Gott als Vater im Alten Testament. Traditionsgeschichtliche Untersuchungen zu Entstehung und Entwicklung eines Gottesbildes, Gütersloh 2000. – *G. Johannes Botterweck*, Schelt- und Mahnrede gegen Mischehen und Ehescheidung. Auslegung von Mal 2, 10–16, in: BiLe 1 (1960) 179–185. – *Judith Butler*, Das Unbehagen der Geschlechter, übers. v. K. Menke [Original: Gender Trouble] (es 1722), Frankfurt am Main ⁵1995. – *Herbert Donner*, Ein Vorschlag zum Verständnis von Maleachi 2, 10–16, in: D. Vieweger / E.-J. Waschke (Hg.), Von Gott reden. Beiträge zur Theologie und Exegese des Alten Testaments, FS S. Wagner, Neukirchen-Vluyn 1995, 97–103. – *Daniela Drost*, Maleachi 2, 10–16: Eine Vorstufe zur christlichen Ehetheologie?, in: R. Althaus u. a. (Hg.), Aktuelle Beiträge zum Kirchenrecht, FS H. J. F. Reinhardt (Adnotationes in ius canonicum 24), Frankfurt am Main u. a. 2002, 89–104. – *Bernhard Duhm*, Anmerkungen zu den Zwölf Propheten, in: ZAW 31 (1911) 1–43.81–110.161–204. – *Russell Fuller*, Text-Critical Problems in Malachi 2:10–16, in: JBL 110 (1991) 47–57. – *Nachum T. Gidal*, Die Juden in Deutschland von der Römerzeit bis zur Weimarer Republik, Gütersloh 1988. – *Beth Glazier-McDonald*, Intermarriage, Divorce, and the bat-'ēl nēkār: Insights into Mal 2:10–16, in: JBL 106 (1987) 603–611. – *dies.*, Malachi 2:12: 'ēr wĕ'ōneh – Another Look, in: JBL 105 (1986) 295–298. – *Friedhelm Hartenstein*, Das Angesicht JHWHs. Studien zu seinem höfischen und kultischen Bedeutungshintergrund in den Psalmen und in Ex 32–34 (FAT 55), Tübingen 2008. – *Christine Hayes*, Intermarriage and Impuritiy in Ancient Jewish Sources, in: HThR 92 (1999) 3–36. – *Gordon Paul Hugenberger*, Marriage as a Covenant. A Study of Biblical Law and Ethics Governing Marriage Developed from the Perspective of Malachi (SVT 52), Leiden u. a. 1994. – *David Instone-Brewer*, Divorce and Remarriage in the Bible. The Social and Literary Context, Grand Rapids, Michigan / Cambridge, U.K. 2002. – *David Clyde Jones*, A Note on the LXX of Malachi 2:16, in: JBL 109 (1990) 683–685. – *Rainer Kessler*, Die interkulturellen Ehen im perserzeitlichen Juda, in: A. Herrmann-Pfandt (Hg.), Moderne Religionsgeschichte im Gespräch. Interreligiös – Interkulturell – Interdisziplinär, FS Ch. Elsas, Berlin 2010, 276–294. – *Christine G. Krüger*, »Sind wir denn nicht Brüder?« Deutsche Juden im nationalen Kriege 1870/71 (KRiG 31), Paderborn u. a. 2006. – *Clemens Locher*, Altes und Neues zu Maleachi 2, 10–16, in: P. Casetti u. a. (Hg.), Mélanges Dominique Berthélemy (OBO 38), Fribourg Suisse / Göttingen 1981, 241–271. – *J. G. Matthews*, Tammuz Worship in the Book of Malachi, in: JPOS 11 (1931) 42–50. – *Arndt Meinhold*, Zur Bedeutung von 4QXII^a für Mal 2, 10–16, in: ders. / A. Berlejung (Hg.), Der Freund des Menschen, FS G. Ch. Macholz, Neukirchen-Vluyn 1003, 93–105. – *Julia M. O'Brien*, Judah as Wife and Husband: Deconstructing Gender in Malachi, in: JBL 115 (1996) 241–250. – *Graham S. Ogden*, The Use of Figurative Language in Malachi 2.10–16, in: BiTr 39 (1988) 223–230. – *Eleonore Reuter*, Kein Bund für Frauen. Ehebund als eine sexistische Beschreibung der Gottesbeziehung, in: Ch. Dohmen / Ch. Frevel (Hg.), Für immer verbün-

det. Studien zur Bundestheologie der Bibel (SBS 211), Stuttgart 2007, 171–177. – *Leonhard Rost*, Israel bei den Propheten (BWANT 71), Stuttgart 1937. – *W. Rudolph*, Zu Mal 2,10–16, in: ZAW 93 (1981) 85–90. – *Cornelia Schmitz-Berning*, Vokabular des Nationalsozialismus, Berlin / New York 1998. – *Stefan Schreiner*, Mischehen – Ehebruch – Ehescheidung. Betrachtungen zu Mal 2,10–16, in: ZAW 91 (1979) 207–228. – *Martin A. Shields*, Syncretism and Divorce in Malachi 2,10–16, in: ZAW 111 (1999) 68–86. – *Wolfgang Stegemann*, Jesus und seine Zeit (BE 10), Stuttgart 2010. – *Luzia Sutter Rehmann*, Konflikte zwischen ihm und ihr. Sozialgeschichtliche und exegetische Untersuchungen zur Nachfolgeproblematik von Ehepaaren, Gütersloh 2002. – *Angelo Tosato*, Il ripudio: delitto e pena (Mal 2,10–16), in: Bib. 59 (1978) 548–553. – *Harold C. Washington*, Israel's Holy Seed and the Foreign Women of Ezra-Nehemiah: A Kristevan Reading, in: BI 11 (2003) 427–437. – *Carsten Wilke*, Völkerhass und Bruderhand. Ein deutsch-französischer Briefwechsel aus dem Jahr 1871, in: Kalonymos. Beiträge zur deutsch-jüdischen Geschichte aus dem Salomon Ludwig Steinheim-Institut 11, Heft 4 (2008) 1–5. – *Ina Willi-Plein*, Problems of Intermarriage in Postexilic Times, in: M. Bar-Asher u.a. (Hg.), Studies in the Bible, its Exegesis and its Language, FS S. Japhet, Jerusalem 2007, 177*–189*. – *A. S. van der Woude*, Malachi's Struggle for a Pure Community. Reflections on Malachi 2:10–16, in: J. W. van Henten u.a. (Hg.), Tradition and Re-interpretation in Jewish and Early Christian Literature, FS J. C. H. Lebram (StPB 36), Leiden 1986, 65–71. – *Markus Zehnder*, A Fresh Look at Malachi II 13–16, in: VT 53 (2003) 224–259.

Text

Übersetzung

10 *Haben wir nicht alle einen einzigen Vater?*
   Hat nicht ein einziger Gott uns geschaffen?
   Warum betrügen wir einander,
   den Bund unserer Vorfahren zu entweihen?
11 *Betrug hat Juda begangen und Gräuel sind in Israel und Jerusalem geschehen,*
   ja, entweiht hat Juda, was JHWH heilig ist, das er liebt, und hat die Tochter eines fremden Gottes geheiratet.
12 *Ausrotten möge JHWH dem Mann, der solches tut, einen, der wach und antwortfähig ist, aus den Zelten Jakobs, auch wenn er zugleich eine Gabe darbringt für JHWH der Heere.*
13 *Und dies tut ihr zum Zweiten:*
   mit Tränen bedecken den Altar JHWHs, mit Weinen und Stöhnen, weil er die Gabe nicht mehr ansieht, sie wohlgefällig aus eurer Hand anzunehmen.
14 *Ihr aber sagt: »Weshalb?« Weil JHWH Zeuge zwischen dir und der Frau deiner Jugend ist, die du betrogen hast, wo sie doch deine Gefährtin und die Frau deines Bundes ist.*

15 *Kein Einziger hat das getan, sofern ein Rest an Verstand in ihm ist. Und was ist der Eine? Einer, der göttliche Nachkommenschaft sucht. Ihr sollt euch hüten bei eurem Verstand. Und die Frau deiner Jugend soll man nicht betrügen.*

16 *Ja, wer hasst und infolgedessen entlässt, sagt JHWH, der Gott Israels, der deckt Gewalt auf sein Gewand, sagt JHWH der Heere. Ihr sollt euch hüten bei eurem Verstand und nicht betrügen.*

Zu Text und Übersetzung

10 Im masoretischen Text wird das Verb נבגד mit einem A-Laut in der Schlusssilbe punktiert: *nibgad*. Da für die Imperfekt-Qal-Form der Wurzel in V 15 und 16 zweimal der übliche O-Schlusslaut steht, ist das offenbar als 3. Person Maskulin Nifal Perfekt gemeint. Statt »warum betrügen wir einander« soll das so etwa heißen »warum betrügt einer den andern«. Das ist wohl »trotz der Schwierigkeit der Konstruktion bewußte Korrektur, um die Person des Propheten auszuschalten« (*W. Rudolph* 268).

11 Bei dem Relativsatz am Ende von V 11bα אשר אהב *(ªšær 'aheb)* wird diskutiert, worauf er sich bezieht. So versteht Ina Willi-Plein das אשר *(ªšær)* kausal, bezieht den Satz auf »Juda« und zieht ihn mit V 11bβ zusammen: »da er lieb gewann und besitzen (wollte) eine, die eines fremden Gottes Tochter war« (*I. Willi-Plein* 256; so auch *A. E. Hill* 231). Dem steht jedoch entgegen, dass unmittelbar vor dem ªšær-Satz eben nicht »Juda«, sondern das »Heilige JHWHs, das, was JHWH heilig ist«, steht. Außerdem setzen die Masoreten die Unterteilung des Halbverses erst hinter אהב *('aheb)*. Auch die Septuaginta bezieht den Relativsatz auf das Heilige (»das Heiligtum des Herrn, das er liebte«) (ebenso die Vulgata), sodass es keinen Anlass zur Abweichung von der masoretischen Auffassung gibt (so auch *A. Meinhold* 175).

Statt »Tochter [בת] eines fremden Gottes« liest 4QXII[a] »Haus [בית] eines fremden Gottes« (DJD XV, 223). Dies muss ein Schreibfehler sein (*R. Fuller*, Problems 1991, 51).

12aα Auf den eindeutigen Satzanfang »Ausrotten möge JHWH« folgt ein Objekt, das mit ל *(lᵉ)* eingeleitet ist. Im Sinn des Aramäischen könnte damit das direkte Objekt bezeichnet sein (so schon Septuaginta und Vulgata); dann wäre der Wunsch, dass JHWH »den Mann, der solches tut«, ausrotten möge (so *A. E. Hill* 234). Im Hebräischen üblich aber ist, dass ל *(lᵉ)* das indirekte Objekt einleitet; demnach sollte JHWH »zuungunsten des Mannes, der solches tut«, dessen Nachkommenschaft ausrotten. Das entspricht nicht nur der ähnlichen Phrase in 1 Kön 14, 10; 21, 21; 2 Kön 9, 8 (vgl. *A. von Bulmerincq* II 262 f.; *A. Meinhold* 176). Es findet auch eine Stütze darin, dass in dem – freilich schwer verständlichen – V 15 von einem die Rede ist, der »göttliche Nachkommenschaft sucht«.

Am Ende des Versteils wird diesem Verständnis nach die Nachkommenschaft des Mannes mit den Worten ער וענה *('er wᵉ'onæh)* bezeichnet. Die Phrase stellt eine im Alten Testament einmalige Wendung dar, wohl »eine sprichwörtliche Redensart mit volkstümlicher Alliteration« (*B. Duhm*, Anmerkungen 1911, 181). Das erste Wort ist in M von einer Wurzel עור *('wr)* abgeleitet. Da von den zwei bis drei Wurzeln עור *('wr)* nur eine das Qal bildet, könnte das erste Wort Partizip sein und »Wachender« bedeuten. Allerdings ist eine Verschreibung von Reš und Dalet auch nicht auszuschließen. So schreibt 4QXII[a] (DJD XV, 223) עד statt ער. Auch die Septuaginta liest עד und übersetzt mit »bis dass«, doch können die zwei Buchstaben עד auch anders punktiert und als »Zeuge« oder »Kläger« wiedergegeben werden (so *J. Wellhausen* 207; *A. E. Hill* 235; *M. A. Shields*, Syncretism 1999, 75). Bei dem zweiten Wort handelt es sich eindeutig um ein Partizip. *B. Glazier-McDonald*, Malachi 2:12 1986, 296 leitet es von ענה‎₂ ab und versteht es als »sexual intercourse by mutual consent«. Doch das Qal dieser Wurzel heißt immer »niedrig sein«. Deshalb ist eher an ענה‎₁ »antworten« zu denken. Doch was »ein Wachender und Antwortender« bedeuten soll, weiß niemand zu sagen (vgl. die Aufzählung von Deutungsvorschlägen bei *A. Meinhold* 176 f.). Liest man עד‎ statt ער‎, kann man darauf verweisen, dass nach Ex 20,16 par. Dtn 5,20; Num 35,30; Spr 25,18 die Tätigkeit des »Zeugen« im ענה‎₁ »aussagen« besteht. Doch was ein »Zeuge, und zwar ein Aussagender« in unserem Vers soll, ist ebenfalls dunkel. So wird man es bei Meinholds Schlussfolgerung belassen müssen: »Die Textänderungsversuche erbringen keinen sichereren Text als M, der – wenn auch schwierig und bislang einer eindeutigen Erklärung verschlossen – korrekt erscheint ...« (*A. Meinhold* 177; für Beibehaltung des masoretischen Textes auch *D. Barthélemy*, Critique textuelle 1992, 1027–1029).

15 Auch bei dem in vielem kryptischen V 15 kommt man mit Textänderungen nicht weiter. Die einzelnen Worte sind auch durchaus verständlich. Es ist ihr Zusammenhang, der Schwierigkeiten bereitet. Doch ist dies keine Frage der Textüberlieferung, sondern der Auslegung. Allein beim letzten Wort des Textes אל־יבגד‎ *('al-jibgod)* »(die Frau deiner Jugend) soll man nicht betrügen« ist zu überlegen, ob nicht mit etlichen hebräischen Manuskripten und den alten Übersetzungen statt der 3. die 2. Person zu lesen ist, also אל־תבגד‎ *('al-tibgod)* »sollst du nicht betrügen« (*I. Willi-Plein* 256: »[sei] nicht untreu«, vgl. BHS). Doch weder ist dies zwingend noch ändert es den Textsinn im Ganzen. Ob in direkter Anrede oder als allgemeine Aussage – die Ablehnung des als »betrügen« qualifizierten Verhaltens ist eindeutig und wird am Ende der Einheit noch einmal in 2. Person Plural ausgedrückt (V 16).

16 Der Anfang von V 16 und die syntaktische Konstruktion des Satzes sind hoch umstritten. Da in die Entscheidung neben sprachlichen auch inhaltliche Kriterien einfließen, soll die Diskussion bei der Auslegung der Stelle geführt werden.

Analyse

Auch in der III. Einheit der Maleachi-Schrift sind die das Diskussionswort ausmachenden Elemente klar erkennbar. Doch so wenig sie in der I. und II. Strophe des Gedichts schematisch gleich verwendet werden, so wenig geschieht das hier.

<small>Die Elemente des Diskussionswortes</small>

Wie beim II. Wort steht am Anfang eine Erweiterung in Art eines Vorspruchs (V 10a: »Haben wir nicht alle einen einzigen Vater? Hat nicht ein einziger Gott uns geschaffen?«). Wie im Vorspruch zum II. Wort in 1,6a (»Der Sohn achtet den Vater und der Sklave seine Herrschaft«) wird dabei die Vater-Metaphorik für Gott verwendet, dann aber variiert weitergeführt. Im Gegensatz zu den bisherigen Worten ist die Feststellung als Element I stark ausgeweitet. Sie umfasst V 10b–13. Erst dann folgt in V 14a die knappe Einrede, die im Hebräischen aus den vier Buchstaben על־מה‎ *('al-mah)*

Maleachi 2,10–16

»weshalb« besteht. Etwas länger ist die Entfaltung der Feststellung, das Element IIIa. Doch umfasst auch sie nur die Halbverse 14b.15a. Den Schluss bildet Element IIIb. Hier werden in V 15b.16 Folgerungen gezogen, die sich inhaltlich stark auf das Element IIIa beziehen (Betrug an der Frau der Jugend), mit dem Stichwort »betrügen« aber auch auf den Anfang der Feststellung (V 10b) zurückgreifen.

Literarkritik Form und Inhalt von Mal 2,10–16 haben immer wieder Anlass zu literarkritischen Operationen gegeben. Beide Argumentationsstränge führt *A. Meinhold* 185 zusammen, wenn er feststellt: »Läßt man ... die für Maleachi dargelegten formgeschichtlichen Gegebenheiten und Grundsätze gelten ..., gibt sich in V. 10.14–16 die *Grundform* zu erkennen, in die aus inhaltlichen Gründen die Verse 11–13 ... eingefügt worden sein dürften« (Hervorhebung im Original). Formgeschichtlich wird dabei vorausgesetzt, dass Maleachi in der Anwendung der Elemente des Diskussionswortes, die in der Tat in allen sechs Strophen des Gedichts vorkommen, einem Formzwang unterliegt. Das ist aber keineswegs der Fall. Schon im II. Diskussionswort (1,6–2,9) waren Feststellung, Einrede und Entfaltung der Feststellung gedoppelt (1,6–8) und die Entfaltung der Feststellung und die Folgerungen durch exkursartige Ausführungen zu den Völkern (1,11–14) und Levi (2,4–8) erweitert. Die Annahme, ein originaler Autor könne Formelemente nur in einer einfachen »Grundform« verwenden und alle Ausweitungen der Form müssten von Ergänzern stammen, ist eine durch nichts zu begründende *petitio principii*.

Nicht anders steht es um das inhaltliche Argument, das davon ausgeht, dass in Mal 2,10–16 zwei Vorwürfe erhoben werden: der der Heirat mit der »Tochter eines fremden Gottes« (V 12) und der des betrügerischen Handelns an »der Frau deiner Jugend« (V 14–16). Die literarkritisch relevante Frage ist dabei, »ob es sich ursprünglich oder erst sekundär um zwei handelt, was heißt, ob zwischen ihnen ein in der Sache begründeter Zusammenhang besteht oder lediglich durch redaktionelle Zuordnung in der Textendgestalt eine Verbindung zustande kommt« (*A. Meinhold* 184). Dass die Vorwürfe unterschiedlich sind und dass es bei den »Mischehen« »auf ein *Schließen* von Ehen an[kommt], während die Treulosigkeit nach V. 10.14–16 schließlich auf ein *Scheiden* von Ehen hinausläuft« (*A. Meinhold* 188), ist richtig. Aber was sich als Schlussfolgerung ausgibt – »*Somit* stehen Mischehe und Treulosigkeit in der Ehe sachlich weitgehend unverbunden neben- bzw. hintereinander ...« (*A. Meinhold* 188, Hervorhebung R. K.), ist in Wahrheit eine Voraussetzung, die allererst zu beweisen wäre. Macht man diese Voraussetzung nämlich nicht und liest den Text als Einheit, kann man durchaus einen inneren Zusammenhang zwischen den beiden Vorwürfen erkennen, was Aufgabe der folgenden Auslegung sein wird.

Im Übrigen gesteht *A. Meinhold* 188 zu, dass der (angebliche) Einschub von V 11–13 »gekonnt eingefügt und verknüpft worden« sei. In der Tat gibt es eine Reihe von Signalen, die für die Einheitlichkeit des Textes sprechen. Am wichtigsten sind das Leitwort בגד *(bgd)* »betrügen« (V 11.12.14.15.16) und die Wurzel חלל *(ḥll)* »entweihen« (V 10.11). Zu verweisen ist ferner auf die Ausdrucksweise אל אחד *('el 'æḥad)* »ein Gott« (V 10) und אל נכר *('el nekar)* »fremder Gott« (V 11) sowie das Stichwort »Bund« (V 10.14).

Alle übrigen literarkritischen Vorschläge, die von der schwierigen Textgestalt des Abschnitts ausgehen, lassen sich weder beweisen noch widerlegen. So legt sich für *I. Willi-Plein* 258 bei dem sprachlich und inhaltlich schwer verständlichen V 15 »der

Verdacht außerordentlich nahe, dass V. 15aβ.γ.b insgesamt ein in Bezug auf den ursprünglichen Dialog sekundäres Element darstellt, eine Auslegung, die versucht, das Rätsel, das der überlieferte Text von V. 15aα aufgibt, zu lösen.« Wenn dem so ist, muss man allerdings zugeben, dass die »Lösung« mehr neue Rätsel aufgibt, als sie lösen würde. Weder Textänderungen noch literarkritische Eingriffe können die Rätselhaftigkeit des Textes an den Stellen, wo er unverständlich ist, beheben.

Wenn ich entstehungsgeschichtlich vor allem im Blick auf die beiden Vorwürfe der »Mischehe und Treulosigkeit in der Ehe« (*A. Meinhold* 188) für die Einheitlichkeit des Textes eintrete, bestreite ich keineswegs, dass es sich dabei um eine spannungsvolle Einheit handelt. Doch warum sollte nur ein Ergänzer, nicht aber ein ursprünglicher Autor in der Lage sein, spannungsvolle Einheiten zu verfassen?

Mit dem III. Diskussionswort erreichen wir in der Maleachi-Dichtung eine neue Art der Kommunikation, und zwar unter Beibehaltung der Formelemente des Diskussionswortes und unabhängig von etwelchen literarkritischen Operationen. Dies zeigt sich zunächst bei der Bestimmung der Redeebenen. In der I. und II. Strophe blieb es im Allgemeinen in der Schwebe, ob die gegnerischen Einreden (»Aber ihr sagt«, 1,2; »Gewiss, Edom sagt«, 1,4; »Aber ihr sagt«, 1,6.7; »Indem ihr sagt«, 1,7.12; »Ihr sagt«, 1,13) von der Sprecher-Origo (Ebene E_0) eingeführt werden oder Teil des JHWH-Monologs sind. Anders jetzt hier: Im III. Diskussionswort erteilt nur der Prophet das Wort. Die vierfache 1. Person Plural in V 10 legt das fest. In V 11–13 wird über JHWH ausschließlich in der 3. Person gesprochen. Die Redeeinleitung »Ihr aber sagt« in V 14a liegt deshalb unzweideutig bei der Sprecher-Origo und nicht bei JHWH. Dies wird bestätigt durch die Entfaltung der Feststellung in V 14b: Sie bleibt bei der 3. Person für JHWH. Außer dem »Ihr aber sagt« von V 14a enthält der Text nur noch in V 16a eine doppelte Redeeinleitung (»sagt JHWH, der Gott Israels« und »sagt JHWH der Heere«). Hier ist es wieder unzweideutig der Prophet, der JHWH das Wort erteilt.

Redeebenen

Somit enthält das III. Wort nur die Ebenen E_0 und im Zitat der Einrede (V 14a) sowie im Zitat eines Gotteswortes in V 16a die Ebene E_1. Die Alternative zwischen einem Dialog- und einem Monolog-Modell, wie ich das für 1,2–5 vorgeführt habe, stellt sich hier nicht. Es handelt sich ausschließlich um einen Dialog des Propheten mit den von ihm Angeredeten, in dem er einmal diese und einmal JHWH zu Wort kommen lässt.

Diese Zuordnung der Redeebenen schlägt sich auch in der Figurenkonstellation und Kommunikationsstruktur nieder. Drei handelnde Figuren bestimmen die Konstellation des Textes: der Prophet, der sich in V 10 in dem vierfachen »wir, unser« zu erkennen gibt und ansonsten das Wort hat, ohne jemals »ich« zu sagen. Dass er redet, zeigt sich aber eindeutig an seinem Gegenüber. In V 10 ist es noch in dem »wir, unser« mit eingeschlossen. In V 11 f. wird über dieses Gegenüber in der 3. Person gesprochen. Es wird mit »Juda, Israel und Jerusalem« als Kollektiv identifiziert (V 11), in V 12 aber auch individualisiert (»der Mann«). Ab V 13 bis zum Schluss dominiert

Figurenkonstellation und Kommunikationsstruktur

dann die direkte Anrede. Sie beginnt im Plural (V 13.14a), geht danach in den Singular über (V 14b), wechselt in V 15b hart zwischen Plural und Singular und endet in V 16b im Plural. Selbst wenn im Einzelnen dieser Wechsel auf sekundäre Zuwüchse zurückgehen sollte, bestätigt er im Ganzen doch, was auch schon durch V 11 f. ausgedrückt wurde: Es geht in den Vorwürfen von Mal 2,10–16 zugleich um das Kollektiv und um jeden Einzelnen.

Dritte handelnde Größe neben Prophet und Angeredeten ist JHWH. Bereits der Vorspruch macht dies deutlich, indem er Prophet und Angeredete – im »wir« zusammengeschlossen – und Gott als Vater und Schöpfer gegenüberstellt. Bei allem weiteren Geschehen wird deutlich, dass bei den scheinbar rein innerweltlichen Vorgängen von Eheschließung oder -scheidung immer JHWH unmittelbar betroffen ist. Die Heirat mit der »Tochter eines fremden Gottes« entweiht, was JHWH heilig ist, weshalb JHWH zum Eingreifen aufgefordert wird (V 11 f.). Und die Trennung von der »Frau deiner Jugend« verletzt einen Bund, den JHWH bezeugt (V 14), weshalb er das Geschehen – allein hier in direkter Rede – als Gewalttat bewertet (V 16a). Obwohl JHWH also nur einmal das Wort ergreift, ist er doch als Handelnder fester Bestandteil der Figurenkonstellation.

Dagegen verbleiben die »Tochter eines fremden Gottes« und die »Frau deiner Jugend« in einer rein passiven Rolle und können nicht als Teil der tragenden Konstellation angesehen werden. Sie ergreifen nie das Wort (wie JHWH in V 16a), von ihnen wird keine eigene Handlung berichtet (wie JHWHs Nicht-Annahme der Gaben in V 13), sie werden zu keiner Handlung aufgefordert (wie JHWH in dem Fluchwunsch V 12), sie werden nicht direkt angeredet (wie die Männer dieser Frauen).

Verbale Struktur

Es ist also nur konsequent, wenn den Frauen keine Verben zugeordnet sind: Sie handeln nicht. Das ist anders bei den Angeredeten. Was sie tun, wird sowohl in AK- als auch in PK-Formen ausgedrückt. Die PK steht nur zweimal, aber an markanter Stelle. Gleich das erste Wort der Feststellung steht in PK: »Warum betrügen wir einander?« (V 10a). Ebenfalls ist der Übergang zum zweiten Vorwurf in PK gehalten: »Und dies tut ihr zum Zweiten« (V 13). Damit wird festgehalten, dass alles, was im Folgenden in der AK als schon geschehen gekennzeichnet wird, ein Verhalten ist, das sich bis in die Gegenwart fortsetzt (Präformativkonjugation als Imperfekt = noch nicht Abgeschlossenes). Die Afformativkonjugation (als Perfekt = eine abgeschlossene Handlung) markiert demgegenüber, dass es sich bei den Vorwürfen nicht um zeitlose Potenzialitäten, sondern um tatsächlich Geschehenes handelt: »Betrug *hat* Juda begangen ... und *hat* die Tochter eines fremden Gottes geheiratet« (V 11), die »Frau deiner Jugend ..., die du betrogen *hast*« (V 14). Maleachi kritisiert, was tatsächlich vorgefallen ist. Aber das ist keine bloße Abrechnung über Taten der Vergangenheit, sondern betrifft ein Geschehen, das die Gegenwart bestimmt.

Wegen dieses Gegenwartsaspekts erscheint in Mal 2,10–16 zum ersten Mal ein Element, das bisher noch nicht vorkam. Es ist die wiederholte Mahnung: »Ihr sollt euch hüten bei eurem Verstand. Und die Frau deiner Jugend soll man nicht betrügen« (V 15b) bzw. »Ihr sollt euch hüten bei eurem Verstand und keinen Betrug begehen« (V 16b). Nachdem schon in der II. Einheit klar war, dass bei aller Kritik an der Priesterschaft von deren Verwerfung keine Rede sein kann, so wird nun auch hier festgehalten, dass die angegriffenen Männer durchaus die Möglichkeit haben, ihr Verhalten zu ändern.

Mal 2,10–16 zeigt erneut den für die Maleachi-Schrift kennzeichnenden gehobenen Prosa-Stil (für *H. Donner*, Vorschlag 1995, 98 f. Anlass zur literarkritischen Scheidung in poetische und prosaische Textteile). Der Text beginnt in V 10 f.13 mit einer Abfolge von sechs Parallelismen, von denen fünf synonym und einer (V 10b) synthetisch sind. Eingeschoben ist in V 12 ein Fluchwunsch, der in Prosa gehalten ist, was auch für die Überleitung in V 13aα (»Und dies tut ihr zum Zweiten«) gilt. Auch wenn die Struktur der Parallelismen klar erkennbar ist, sind in drei Zeilen (V 11a.11b.13aβ.γ) die beiden Vershälften ungleich lang.

Ab V 14 verliert sich die Struktur der Parallelismen. Allenfalls in V 16a kann man sie noch erkennen. Im Text überwiegt jetzt die Prosa. Allerdings markieren variierende Wiederholungen, dass es sich immer noch um gehobene Sprache handelt. Man beachte die Abfolge von »die Frau deiner Jugend« (V 14bα) – »die Frau deines Bundes« (V 14bβ) – »die Frau deiner Jugend« (V 15bβ) und die schon erwähnte wiederholte Mahnung: »Ihr sollt euch hüten bei eurem Verstand. Und die Frau deiner Jugend soll man nicht betrügen« (V 15b) bzw. »Ihr sollt euch hüten bei eurem Verstand und keinen Betrug begehen« (V 16b). Sie umrahmt das mit zwei Redeeinleitungen herausgehobene Gotteswort in V 16a.

Sprache

Das III. Diskussionswort eignet sich ausgezeichnet zum Studium der Verkettungstechnik, die für die Maleachi-Dichtung kennzeichnend ist: Es bestehen zahlreiche Verknüpfungen zur vorangehenden Einheit, aber die entscheidende Pointe ist neu und bisher noch nicht vorgekommen. Blicken wir als erstes auf die Verknüpfungen! Sie finden sich zunächst bei den Aussagen über Gott. Er wird in 2,10 wie in 1,6 als »Vater« bezeichnet (was indirekt wiederum mit der I. Einheit verbindet). In 2,10 f. steht zweimal אל *('el)* für Gott, genauso wie in 1,9. Auch die missglückte Interaktion zwischen Israel und Gott wird in einer Terminologie ausgeführt, die in der II. Einheit bereits vorbereitet ist. Israels Verhalten wird als »entweihen« diffamiert (zweimal in 2,10 f.), wie auch schon in 1,12. Im kultischen Kontext geht es ums »Darbringen« (נגש) hif) *(ngš)* (2,12 wie 1,7 f.11). Objekt des Darbringens ist die »Gabe« (2,12 f.), die auch in 1,10.11.13 im Mittelpunkt stand. Ort des Geschehens ist der »Altar JHWHs« (vgl. 2,13 und 1,7.10). JHWHs Nicht-Annahme der Gabe wird in beiden Strophen mit der – in Frage gestellten bzw.

Verkettung mit dem Vorangehenden

negierten – Wurzel רצה *(rṣh)* »wohlgefällig annehmen« bezeichnet (2, 13 und 1,[8.]10.13).

Diesem dichten Netz von Verknüpfungen, die sich in der III. Strophe auf deren Anfang (2, 10–13) beschränken, steht das Neue dieser Strophe gegenüber, das sich in dem fünfmal gebrauchten Leitwort »betrügen« (בגד, *bgd*) (V 10.11.14.15.16) niederschlägt. Dieses wird sogleich zu Anfang der Einheit eingeführt (V 10.11), setzt sich dann aber, anders als die Verknüpfungen mit 1, 6–2, 9, bis zum Ende fort und schließt als letztes Wort die Einheit ab. Neu und nicht vorbereitet ist auch das Ehethema, um das es in dem Leitwort »betrügen« geht.

Das Ehethema und die damit verbundene Anrede an die israelitischen Männer in unserer III. Strophe macht schließlich auf eine weitere Verkettung mit der I. Einheit (1, 2–5) aufmerksam (zu den Verbindungen zwischen III. und I. Einheit insgesamt vgl. *E. Assis*, Love 2009). Da ist zunächst das Stichwort »lieben«, das in der Maleachi-Dichtung nur in 2, 11 und – als beherrschendes Leitwort – dreimal in 1, 2 vorkommt. In 1, 2 ist Objekt der göttlichen Liebe »Jakob«. Sollte die merkwürdige Aussage, Juda habe »das, was JHWH heilig ist, das er liebt«, entweiht (2, 11), im Anschluss an 1, 2 Jakob zum Objekt haben? Wir werden in der Auslegung sehen, dass das durchaus wahrscheinlich ist. Hier ist zunächst nur festzuhalten, dass aus der Bezeichnung der Adressaten als »Jakob« und »Israel« in 1, 2–5 hier nur »Israel« in 2, 11 aufgenommen wird. Es wird aber anders als in 1, 2–5 (und anders als in 1, 6–2, 9, wo nur die Priester angeredet sind) durch »Juda« und »Jerusalem« (2, 11) ergänzt. Damit wird die religiöse Größe »Jakob/Israel« auf die politischen Größen »Juda/Jerusalem« bezogen und mit ihnen identifiziert. In diesen Zusammenhang gehört auch die nur in Mal 2, 16 gebrauchte Bezeichnung »JHWH, der Gott Israels«. Im Fehlverhalten der Männer von Juda und Jerusalem geht es zugleich um die religiöse Größe »Israel«, die ihrerseits im Mittelpunkt der I., grundlegenden Strophe der Maleachi-Dichtung stand.

Auslegung

Der Vorspruch V 10a besteht aus einem synonymen Parallelismus. In beiden Hälften findet sich die 1. Person Plural. Der Prophet, der in 1, 6 nahezu mit JHWH identisch geworden ist, schließt sich hier (wie schon in 1, 9a: »dass er uns gnädig sei!«) mit den Angeredeten zusammen. Als Mittler steht er zwischen JHWH und Israel und gehört auf beide Seiten. Der Vorspruch greift, wie schon gesagt, das Vaterbild aus 1, 6 auf. Damit ist klar, dass mit dem Vater Gott gemeint ist – und nicht etwa Abraham, der in Jes 51, 2 »euer Vater« genannt wird, oder Jakob, von dem es in Dtn 26, 5 heißt: »ein umherirrender Aramäer war mein Vater« (zur Deutung des Vaters auf Gott vgl. die Belege auch der jüdischen und christlichen Tradition bei A. Böckler, Gott 2000, 325–327). Dass mit dem »einzigen Vater« Gott gemeint ist, wird im Übrigen durch den Parallelismus (»ein einziger Gott«) gestützt. Über 1,6 hinausgehend bekommt die Vater-Metapher für Gott hier individuelle Züge. Gott ist nicht nur der Vater Israels, wie in Ex 4,22 f.; Dtn 32,6; Jer 3,4.19; 31,9; Hos 11,1 vorausgesetzt, sondern der einzelnen Israelitinnen und Israeliten, wie in Jes 43,6; 63,16; 64,7 (vgl. die Auslegung von 1,6).

Gehen wir zur zweiten Hälfte des Parallelismus weiter, wo die Frage gestellt wird, ob »nicht ein einziger Gott uns geschaffen« hat. Hier zeigt sich eine auffällige Nähe zur deuterojesajanischen Tradition. Besonders zu erwähnen ist das Orakel von Jes 43,1–7. Es beginnt damit, dass JHWH sich als »dein Schöpfer, Israel, und dein Bildner, Jakob« einführt (V 1). In V 6 nennt JHWH die Exilierten »meine Söhne« und »meine Töchter«, versteht sich also als deren – metaphorischer – Vater. Abgeschlossen wird das Orakel durch den dreifachen Parallelismus von »ich habe ihn geschaffen, ich habe ihn gebildet, ja ich habe ihn gemacht« (V 7). Mit seiner rhetorischen Frage in Mal 2,10 bezieht sich der Prophet auf diese Tradition von Gott als dem Schöpfer Israels (so auch noch Jes 43,15).

Auch der Gebrauch von אל *('el)* für »Gott« statt des üblicheren אלהים *('ælohîm)* scheint auf deuterojesajanischen Einfluss zu verweisen. Denn fast 40 % der Vorkommen von אל *('el)* bei den Schriftpropheten (15 von 38 Stellen) finden sich in Jes 40–46. Maleachi hat אל *('el)* dreimal (1,9; 2,10.11). Besonders auffällig ist, dass die Bezeichnung bei Maleachi wie auch bei Deuterojesaja sowohl für JHWH (Mal 1,9; 2,10; Jes 40,18; 42,5; 43,12 u.ö.) als auch für einen »fremden Gott« (Mal 2,11; Jes 44,10.15.17 u.ö.) verwendet wird.

Der Vorspruch zu Maleachis III. Strophe in 2,10a betont die Einheit der im »wir/uns« zusammengefassten Größe, in der wir mit V 11 (und in Aufnahme von 1,2–5) Israel sehen können. JHWH ist der Schöpfer Israels, er ist der »Vater« der einzelnen Israeliten und Israelitinnen, er hat sie geschaffen. Diese nach V 10a fast schon natürliche, schöpfungsmäßige Einheit müsste – so die Intention der rhetorischen Fragen – mit aller Kraft bewahrt werden. Aber das Gegenteil ist der Fall, wie die nun einsetzende Feststellung als Element I des Diskussionswortes bemerkt.

Anders als im I. und II. Diskussionswort erscheint die Feststellung hier nicht im Mund JHWHs. Sie steht zwar auch in der 1. Person, aber eben nicht der 1. Person JHWHs, sondern des »Wir«, in dem der Prophet und die Angeredeten zusammengeschlossen sind. Anders als es die masoretischen Tradenten des Textes tun (siehe oben die Bemerkung zum Text), muss man keinen Anstoß daran nehmen, dass der Prophet sich selbst in den Vorwurf des gegenseitigen Betrugs einschließt. Das verkennt nämlich die rhetorische Funktion eines solchen »Wir«. Auch heute kann ein Redner sagen: »Mit der

Maleachi 2,10–16

Nutzung der Atomkraft gefährden wir die Zukunft unserer Kinder«, obwohl er ein Gegner dieser Nutzung ist und selbst keine Atomanlage betreibt. Für eine Textänderung in die 2. Person Plural (*W. Nowack* 417f.: »Warum seid ihr treulos gegeneinander?«) besteht aus gleichem Grund kein Anlass.

Die Feststellung, in die sich der Prophet rhetorisch einschließt, besagt, dass »wir einander betrügen«. בגד *(bgd)* meint in seiner Grundbedeutung jede Art von treulosem Handeln, Betrug, Hintergehen, sei es gegenüber Menschen (Ri 9,23; Jes 21,2; 24,16 u.ö.), sei es gegenüber Gott (1 Sam 14,33; Jes 48,8; Jer 5,11 u.ö.). Doch wie im Deutschen gibt es daneben eine verengte Bedeutung. »Seine Frau / seinen Mann betrügen« bezieht sich danach nicht auf irgendetwas Beliebiges, z.B. Geldgeschäfte oder ähnliches, sondern ganz präzise auf Geschlechtsverkehr mit einer Person außerhalb der festen Partnerbeziehung. So ist es auch im Hebräischen. Jer 9,1 hat »ehebrechen« und »betrügen« im Parallelismus. Ebenso bezieht sich die Bezeichnung von Juda als »Betrügerin« in Jer 3,8 auf – metaphorischen – Ehebruch (vgl. Jer 3,11.20). Als Folge eines solchen – auch hier metaphorischen – Betrugs werden »fremde Kinder« geboren (Hos 5,7). Geht es an diesen zuletzt genannten Stellen um den Betrug der metaphorischen Frau an ihrem »Mann« JHWH, so in Spr 23,27f. um den realen Betrug von Männern, die sich mit Huren und »Fremden« einlassen. Nach Ex 21,8 wird die Entlassung einer Sklavin, die zur Ehe mit ihrem Herrn bestimmt war und in dieser Ehe die Rechte einer freien Frau gehabt hätte, als »betrügen« bezeichnet. Wer diesen Text des Bundesbuches im Ohr hat, kann bei unserer Maleachi-Stelle schon an Ehescheidungen denken. Der spätere Text des Diskussionswortes wird das zwar bestätigen. Aber in V 10b ist diese Bedeutungsverengung von בגד *(bgd)* noch nicht gegeben.

Vielmehr verbleibt die zweite Vershälfte, die im synthetischen Parallelismus den Gedanken der ersten weiterführt, noch bei der breiteren Bedeutung von »betrügen«. Das gegenseitige Betrügen besteht darin, »den Bund unserer Vorfahren zu entweihen«. Wie in Hos 6,7 werden »betrügen« und das Brechen eines »Bundes« parallelisiert, auch wenn wir bei der Hosea-Stelle nicht wissen, auf welches Ereignis angespielt wird (»wie [die Stadt] Adam wurden sie bundbrüchig, dort haben sie mich betrogen«). Hier dagegen ist klar, woran Maleachi denkt.

Bundesschlüsse

Die Hebräische Bibel kennt eine Reihe von Bundesschlüssen mit »Vorfahren« der jetzt lebenden Israelitinnen und Israeliten. Teils ist erzählerisch von ihnen die Rede, so vom Bund mit Noah (Gen 6,18; 9,8–17) und mit Abra(ha)m (Gen 15,18; 17). Teils wird pauschal auf den Bund mit den Erzvätern Abraham, Isaak und Jakob verwiesen (Ex 2,24; Lev 26,42; 2 Kön 13,23). Von herausgehobener Bedeutung ist der Bund vom Sinai (Ex 19,5; 24,7f. u.ö.). Besonders an ihn und die mit ihm gegebenen Bundesverpflichtungen dürfte gedacht sein, wenn an den Bund erinnert wird, den JHWH den

Vorfahren geschworen (Dtn 4,31; 7,12; 8,18), den er ihnen befohlen (Ri 2,20; Jer 11,3f.) oder den er mit ihnen geschlossen hat (2 Kön 17,15; Jer 11,10; 31,32). An all diesen Stellen wird wie in Mal 2,10 אבות *('abôt)* »Väter, Vorfahren« mit einem Personalsuffix gebraucht (»deine, ihre, eure Vorfahren«, bei Maleachi »unsere Vorfahren«). Dass der »Bund mit unseren Vorfahren« keine Sache der Vergangenheit, sondern Verpflichtung für die jeweils lebenden Generationen ist, macht Dtn 5,2f. deutlich, wenn Mose sagt: »JHWH, unser Gott, hat mit uns einen Bund am Horeb geschlossen. Nicht mit unseren Vorfahren hat JHWH diesen Bund geschlossen, sondern mit uns, die wir hier heute alle am Leben sind.« Auf diesem Hintergrund kann Mal 2,10 die Zeitgenossen des Propheten beim »Bund unserer Vorfahren« behaften.

Diesen Bund, so der Vorwurf, hätten Maleachis Zeitgenossen »entweiht«. Diese Vokabel wird äußerst selten im Zusammenhang mit »Bund« gebraucht (nur noch Ps 55,21; 89,35). Am häufigsten heißt es, der Bund werde »gebrochen« (פרר₁ hif, *prr*, Gen 17,14; Lev 26,15.44 u. ö. bzw. פור hif, *pûr*, Ez 17,19) oder »übertreten« (עבר₁, *ʿbr*, Dtn 17,2; Jos 7,11.15 u. ö.), daneben ist auch von »vergessen« des Bundes (שכח, *škḥ*, Dtn 4,23.31; 2 Kön 17,38; Spr 2,17 bzw. עזב, *ʿzb*, Dtn 29,24; 1 Kön 19,10.14; Jer 22,9) die Rede. Dass die Maleachi-Dichtung das seltene חלל pi *(ḥll)* verwendet, dürfte zwei Gründe haben. Zum einen wird das Verhalten der in Mal 2,10–16 Kritisierten so mit dem der in 1,6–2,9 kritisierten Priester parallelisiert. Denn von denen heißt es in 1,12, dass sie den Namen JHWHs »entweihen«. Durch dieses Stichwort werden das dritte und das zweite Diskussionswort verkettet. Zum andern signalisiert חלל pi *(ḥll)* »entweihen«, dass von dem in Frage stehenden Vergehen die Sphäre der Heiligkeit betroffen ist. Der anschließende Vers, der das Stichwort wiederholt, macht dies explizit.

1a Im Fortgang der Feststellung nähert sich der Text allmählich dem eigentlichen Inhalt des Vorwurfs. Zunächst allerdings wird aus V 10b das Stichwort »betrügen« (בגד, *bgd*) aufgenommen. Doch hatte in V 10b der Dichter rhetorisch gefragt, warum »wir einander betrügen«, so benennt er nun ein Subjekt: »Betrug hat Juda begangen«. Das Verb steht in der femininen Form, »Juda« wird also grammatikalisch weiblich konstruiert. Zusammen mit der Semantik von »betrügen« wird dadurch das Bild einer Ehe hervorgerufen, in der die Frau den Mann betrügt. Das kann dann im Zusammenhang nur als Metapher für die Beziehung zwischen Juda und JHWH gelesen werden. Dass das nicht zu weit hergeholt ist, zeigt Jer 3, wo Juda als »Betrügerin« bezeichnet und des Ehebruchs gegenüber ihrem göttlichen Ehemann bezichtigt wird (V 8, vgl. V 11.20) (vgl. dazu *G. Baumann*, Liebe 2000, 224).

Wird so »Juda« einerseits metaphorisch gebraucht, so hat die Vokabel zum andern eine sehr konkrete staatsrechtliche Bedeutung. Bisher war in der Überschrift (1,1) und im I. Diskussionswort (1,5) nur von »Israel« die Rede. Israel aber ist in der Perserzeit keine staatsrechtliche Größe, sondern eine geistliche Bezeichnung. »Juda« dagegen ist der offizielle Name der persischen Provinz, deren Hauptstadt Jerusalem ist. Die von Maleachi kritisierten Vergehen haben einen benennbaren Ort. In der zweiten Hälfte des Halbverses wird Juda mit »Israel und Jerusalem« parallelisiert. Damit wird festgehalten, dass das, was in den geographisch benennbaren Orten Juda und Jerusalem geschieht, zugleich das Gottesverhältnis der geistlichen Größe Israel berührt. Das schließt nicht aus, sondern ein, dass zur Zeit Maleachis dabei insbesondere an »das Gebiet ›Nord‹-Israels« gedacht ist (J. M. Oesch, Bedeutung 1996, 175). Wenn, was möglich ist, »Israel und« erst nachträglich eingefügt worden ist (vgl. BHS z.St., A. Meinhold 175), dann wäre hier die durch die Überschrift und die Zusammenstellung der Diskussionsworte sich ergebende Verbindung von einem Redaktor explizit gemacht worden.

In einem weiteren Parallelismus wird das Verb »betrügen, Betrug begehen« durch das Nomen »Gräuel« aufgenommen. Nach »entweihen« in V 10b weist auch diese Vokabel in die Sphäre der Heiligkeit, insofern »Gräuel« etwas ist, was der Heiligkeit JHWHs vollständig entgegengesetzt ist. Bisweilen ist geradezu von einem »Gräuel für JHWH« die Rede (Dtn 7, 25; 12, 31; 17, 1 u. ö.). Da im folgenden Halbvers von der Ehe mit der »Tochter eines fremden Gottes« die Rede ist, ist hier auch schon die Nähe in der Ausdrucksweise zu der Mischehen-Perikope in Esra 9–10 zu notieren. Da ist dreimal von Gräueln der Völker die Rede, von denen Israel sich hätte absondern sollen, mit denen es sich aber stattdessen durch die Schließung von Mischehen verbunden hat (Esr 9, 1.11.14).

Die nächste Verszeile spricht vom Entweihen dessen, was »JHWH heilig ist, das er liebt«. Was durch die Semantik von »betrügen« und »Bund«, von »entweihen« und »Gräuel« schon vorbereitet wurde, wird jetzt direkt benannt. Es geht bei den Vorwürfen um die Entweihung des Heiligen. Ausgedrückt wird das durch die Constructus-Verbindung קדש יהוה *(qodæš JHWH)*, wörtlich »das Heilige JHWHs«, im Deutschen besser mit dem Relativsatz »was JHWH heilig ist« wiedergegeben. Die Aussage: »er hat entweiht, was JHWH heilig ist«, begegnet wörtlich gleich in Lev 19, 8. An dieser Stelle geht es um das Detail einer Opferbestimmung. An so etwas denkt Mal 2, 11 gewiss nicht. Das »Heilige« ist nicht auf Opfer beschränkt, es kann alles bezeichnen, was der Sphäre Gottes zugeordnet wird (keineswegs nur im engeren Sinn den Tempel als JHWHs »Heiligtum«, wie L.-S. Tiemeyer, Rites 2006, 19 f. argumentiert). Als solches ist es das strikte Gegenteil des Profanen (Lev 10, 10; Ez 22, 26; 42, 20 u. ö.). Für das Profane hat das Hebräische das Wort חל *(ḥol)*, das wiederum von der Verbwurzel חלל *(ḥll)* abstammt, die an unserer Stelle für »entweihen« steht. »Entweihen« heißt also, das, was Gott heilig ist, in sein Gegenteil verkehren, es profanieren.

Was aber ist das, »was JHWH heilig ist«, in Mal 2, 11b? Die Phrase selbst ist, wie gesehen, offen. Sie wird aber durch den ihr angefügten Relativsatz

»das er liebt« näher bestimmt. Das Verb »lieben« mit JHWH als Subjekt wird in Mal 1,2 an prominenter Kopfstelle der Dichtung gleich dreimal gebraucht. JHWH liebt Jakob/Israel, sein Volk. Von daher liegt es nahe, auch in 2,11, der einzigen Stelle in der Maleachi-Dichtung, die noch das Wort »lieben« verwendet, das Volk als Gegenstand der göttlichen Liebe zu verstehen, das durch diese geheiligt wird. Gestützt wird diese Auffassung, wenn man erkennt, dass unsere Stelle in Dtn 7,1–11 »einen maßgeblichen Hintergrundtext« hat (*A. Meinhold* 207). Auch da geht es um Ehen mit nichtisraelitischen Frauen (und Männern) (V 1–4). Israel wird als »heiliges Volk« bzw. »Volk, das JHWH, deinem Gott, heilig ist«, tituliert (V 6), und diese Auszeichnung wird auf JHWHs »Liebe« (V 8) zurückgeführt. Hinzuzufügen ist, dass Dtn 7,8 von JHWHs »Schwur« spricht, »den er euren Vorfahren geschworen hat«, und dass V 9 ihn als den Gott (אל, *'el*) bezeichnet, der »den Bund bewahrt«, was in Mal 2,10 seinen Widerklang findet.

Die erste Hälfte von V 11b ließe sich also mit den Worten paraphrasieren, Juda habe das von JHWH geheiligte und geliebte Volk entweiht. »Juda«, das Subjekt dieses Satzes, wird im Unterschied zu V 11a nicht feminin, sondern maskulin konstruiert. Mal 2,11 bietet also einen schönen Fall von »*gender trouble*«, um einen Buchtitel von Judith Butler zu zitieren (*J. Butler*, Unbehagen ²1995; *J. O'Brien*, Judah 1996, 247f. spricht von »gender shift[ing]«): Das Geschlecht der Größe »Juda« ist nicht vorgegeben, es ist vielmehr konstruiert und kann je nach Kontext wechseln. Der Kontext in V 11a spielt – zurückhaltend, aber deutlich – die Metaphorik der Ehe zwischen JHWH und »Juda« ein, wie sie auch hinter Jer 3 zu erkennen ist (vgl. *M.-Th. Wacker*, Maleachi 1999, 379). Hier muss also »Juda« weiblich konstruiert werden. In V 11b dagegen wird der prophetische Dichter allmählich konkret. Das Betrügen der »Frau Juda« besteht darin, dass die judäischen Männer »die Tochter eines fremden Gottes geheiratet« haben. »Juda« verwandelt sich zum kollektiven »Mann«, der er nach der Genealogie der Söhne Jakobs ja auch ist (Gen 29,35) (dass von V 11a zu V 11b ein »shift« vom Metaphorischen zum Konkreten stattfindet, unterschlägt *J. O'Brien*, Judah 1996, 249, sodass sie aus der maskulinen Konstruktion von »Juda« den verfehlten Umkehrschluss zieht: »if Juda is בעל then God has to be feminine«).

Mit dem Ende von V 11 ist die Feststellung an ihren inhaltlichen Zielpunkt gelangt: »Juda hat ... die Tochter eines fremden Gottes geheiratet«. Wir stehen vor dem Problem der interreligiösen Ehen. Bevor wir einen Blick auf die Stellung Maleachis im perserzeitlichen Diskurs über dieses Problem werfen, ist zunächst der Wortlaut der Formulierung genau zu betrachten. Für »heiraten« steht das Verb בעל *(bʻl)*. Es ist von dem gleichlautenden Nomen בעל *(baʻal)* »Herr« abgeleitet. Im Qal Aktiv kann es nur das Heiraten aus der Sicht des Mannes bezeichnen, der die Frau »nimmt« und seiner eheherrlichen Gewalt unterwirft (Dtn 21,13; 24,1). Für die Frau kommt nur das Partizip Passiv in Frage: »die Verheiratete, der Gewalt eines Eheherrn Unterworfene« (Gen 20, 3; Dtn 22, 22; Jes 54, 1; 62, 4). Wie schon das maskuline Verb bei »Juda« zeigt, beschränkt sich Mal 2, 11 also auf die Perspektive der Heirat judäischer Männer mit fremdreligiösen Frauen und blendet den umgekehrten Fall der Heirat judäischer Frauen mit fremdreligiösen Männern aus (den Dtn 7, 3; Esr 9, 12 erwähnen). Der Grund dürfte in der Fortsetzung des Textes zu suchen sein, der ab V 13 auf »ein Zweites« eingeht, nämlich die Entlassung von Frauen durch ihre Ehemänner. Ehefrauen erscheinen in Mal 2, 10–16 nur als Gegenstand männlicher Aktivitäten, sei es des Heiratens, sei es der Entlassung aus der Ehe.

Die von »Juda« geheiratete Frau wird als »die Tochter eines fremden Gottes« bezeichnet. בת *(bat)* kann auch mit »Anhängerin, Verehrerin« übersetzt werden (so Ges[18] z.St.). Dennoch ist die wörtliche Wiedergabe vorzuziehen. Denn damit wird auf den Vorspruch zu unserem Diskussionswort mit der rhetorischen Frage »Haben wir nicht alle einen einzigen Vater?« (V 10) zurückgegriffen. Die – metaphorischen – Söhne (und Töchter) JHWHs sollten ihrem Vater treu sein und nicht »die Tochter eines fremden Gottes« heiraten, etwa des moabitischen Gottes Kemosch, dessen Anhängerschaft in Num 21, 29 »seine Söhne« und »seine Töchter« genannt wird (A. Meinhold 208).

Dass es für »fremder Gott« אל נכר *('el nekar)* (wie in Dtn 32, 12; Ps 81, 10) und nicht אלהי [ה]נכר *('ᵉlohej [han]nekar)* (wie in Gen 35, 2.4; Jos 24, 20 u.ö.) heißt, hat inhaltlich nichts zu bedeuten. Es stellt aber innerhalb von Mal 2, 10–16 die Beziehung zur Vorrede in V 10a her, wo in der Frage »Hat nicht ein einziger Gott uns geschaffen?« ebenfalls אל *('el)* für »Gott« steht. Die Rede von dem »fremden Gott« bzw. den »fremden Göttern« ist sehr unbestimmt. Sie lebt allein aus der Gegenüberstellung zu JHWH, dem Gott Israels. Indem נכר *(nekar)* auch »ausländisch« heißt, wird die Opposition von Israel vs. Nicht-Israel unterstrichen. Deshalb ist es auch eher unwahrscheinlich, dass speziell an Ehen mit Samaritanerinnen gedacht ist (so *A. von Bulmerincq* I 200f.), denn die Bewohnerschaft der Provinz Samaria bestand überwiegend aus JHWH-Verehrern und verstand sich durchaus als »Israel«.

Mit der hier vorgetragenen Auslegung als Kritik an Ehen mit Frauen, die einen fremden Gott verehren, ist eine übertragene Deutung auf synkretistischen Kult abgewiesen. Ihr zufolge besage der Satz, Juda habe »die Tochter eines fremden Gottes geheiratet«, soviel wie, Juda verehre eine fremde Göttin zusammen mit JHWH (vgl. *J. G. Matthews*, Tammuz Worship 1931; *M. A. Shields*, Syncretism 1999, 71–73). Doch »Tochter eines fremden Gottes« kann kaum eine Göttin selbst, sondern muss doch eine Verehrerin des fremden Gottes bezeichnen (so auch mit Nachdruck *B. Glazier-McDonald*, Intermarriage 1987). Und der Gebrauch des Terminus בעל *(b'l)* »heiraten« müsste dann bedeuten, Juda »heirate eine fremde Göttin« als Ausdruck für »Juda verehrt eine fremde Göttin«. Ob das die (impliziten) Leser der Maleachi-Schrift verstanden hätten?

Ihr eigentliches Profil erhält die kurze Aussage von V 11bβ erst, wenn wir sie in den Kontext anderer Aussagen zu interkulturellen Ehen stellen. Gerade das Stichwort נכר *(nekar)* verweist auf den perserzeitlichen Diskurs zur Frage der Ehen mit nicht-jüdischen Männern und Frauen, indem in dem Kapitel über die Mischehen in Esr 9–10 wiederholt von Ehen mit נשים נכריות *(našîm nåkrijôt)* »fremden Frauen« die Rede ist.

Die Levante war nie ein ethnisch einheitliches Siedlungsgebiet. Die assyrische Politik der Deportationen seit der Mitte des 8. Jhs. hat die ethnische Vermischung weiter befördert. Die Verwerfungen der assyrischen und babylonischen Feldzüge haben neben Exilierungen und Neuansiedlungen auch Flüchtingsströme hervorgebracht. Das Ergebnis ist, dass in persischer Zeit die Provinz Juda neben jüdischen auch nicht-jüdische Bewohner hat. Ferner leben Juden außerhalb dieser Provinz, sei es in der Nachbarschaft von Juda, sei es in Babylonien oder Ägypten. Dass daraus Ehen mit nichtisraelitischen Frauen und Männern entstehen, ist nur zu erwarten und zahlreich nachzuweisen (vgl. *R. Kessler*, Ehen 2010, 276–279).

Solche interkulturellen Ehen – ich ziehe den Terminus dem in der deutschsprachigen Literatur geläufigen »Mischehen« vor, weil »Mischehen« bereits eine bestimmte einseitige Sicht impliziert und im Übrigen durch die NS-Sprache diskreditiert ist (vgl. *C. Schmitz-Berning*, Vokabular 1998, 408–410) – bringen naturgemäß Probleme mit sich. Dabei spielt die Frage der Muttersprache der Kinder eine Rolle (Neh 13, 23–30). Auch Erbfragen dürften von Belang sein, denn es stellt sich die Frage, wohin gemeinsamer Besitz fällt, wenn der jüdische Partner stirbt und der nicht-jüdische Partner sich neu verheiratet, u.zw. nicht mit einer Jüdin oder einem Juden (vgl. *R. Kessler*, Ehen 2010, 282–286).

Am wichtigsten aber ist, das zeigen alle Texte, die Frage der Religion. An ihr entscheidet sich die jüdische Identität. Schon die Torabestimmungen, die in der Perserzeit bekannt – wenn nicht, was teilweise diskutiert wird, in ihr allererst entstanden – sind, warnen vor interreligiösen Ehen, weil sie zum Abfall von JHWH führen könnten (Ex 34, 15 f.; Dtn 7, 2–4; vgl. Num 25). Auch die Darstellung der Geschichte Israels wird von dem Motiv durchzogen, dass interreligiöse Ehen zu religiösem Abfall führten (Jos 23, 7.12; Ri 3, 6 u.ö.). Und an eben der Stellung zur Frage der Religion lassen sich auch die unterschiedlichen Positionen innerhalb der Diskussion in der Perserzeit differenzieren.

Will man sie als Spannungsfeld beschreiben, dann stellen Esr 9–10 und das Rut-Büchlein die Extrempositionen dar. In Esr 9–10 wird die religiöse Problematik als solche gar nicht benannt. Stattdessen wird das Problem in das »Wesen« der Frauen verlegt, die als »fremde Frauen« per se abgelehnt werden. Darüber hinaus verbindet Esr 9–10 die Heiratsfrage mit Reinheitsvorstellungen, die dem priesterlichen Ordnungsdenken entnommen sind. Gleich Esr 9,1 setzt mit der Opposition zwischen dem »Volk Israel« und »den Völkern der Länder« ein, wobei letztere mit »Gräueln« assoziiert werden. Von ihnen müsste Israel »sich absondern«. Stattdessen habe sich »der heilige Same« durch die Heirat fremder Frauen »mit den Völkern der Länder vermischt« (V 2). In V 11 kommt dazu der Gedanke, dass das Land unrein sei durch die Gräuel der Völker, die es »mit ihrer Unreinheit angefüllt« hätten. In einem »peculiarly gendered vocabulary« (*H. C. Washington*, Holy Seed 2003, 431) wird dazu der Fachausdruck für die kultische Unreinheit bei der Menstruation, *niddah*, verwendet, wodurch die Mischehenfrage zusätzlich sexuell aufgeladen wird.

Interkulturelle Ehen

Ganz anders sieht das Rut-Buch die Dinge. Immer wieder betont die Erzählung Ruts Stellung als Ausländerin (»Rut, die Moabiterin«, 1, 22; 2, 2.21; 4, 5.10; »eine junge moabitische Frau«, 2, 6; »eine Ausländerin«, 2, 10). Als solche heiratet sie in Betlehem und wird zur Urgroßmutter des künftigen Königs David (2, 17–22). Die Ehe mit ihr stellt aber keine »Vermischung« des »heiligen Samens« dar. Indem das Buch die Ausländerin Rut zu ihrer Schwiegermutter die Worte sagen lässt: »Dein Volk ist mein Volk, und dein Gott ist mein Gott« (1, 16), deutet es diese interkulturelle Ehe vielmehr so, dass hier eine Anhängerin JHWHs hinzugewonnen wird. Als Buch der Perserzeit wird die Ruterzählung geradezu »als Stimme in der Mischehenfrage in Opposition zu jenen Kreisen gelesen, die zeitgleich am Esra- und Nehemiabuch arbeiten ...« (*I. Fischer*, Rut 2001, 65). Indem aber die Erzählung Rut sich zum Gott Israels bekennen lässt, teilt auch sie die Position, dass eine interkulturelle Ehe nicht die JHWH-Verehrung gefährden darf.

In dem von Esr 9–10 und Rut gebildeten Spannungsfeld nimmt Mal 2, 10–16 eine Mittelposition ein. Der Text spricht nicht, wie Rut, von der Möglichkeit der Konversion der »Tochter eines fremden Gottes«. Aber er ontologisiert und sexualisiert die »fremde Frau« auch nicht wie Esr 9–10. Durch die Wortwahl »Tochter eines fremden Gottes« wird sogar die – wohl nur theoretische – Möglichkeit eröffnet, dass diese auch eine Israelitin sein könnte, die eine andere Gottheit verehrt. Mal 2, 10–16 führt die Frage der interkulturellen Ehe ausschließlich auf ihre religiöse Problematik zurück. Es bleibt damit ganz im Rahmen dessen, was durch die Torabestimmungen von Ex 34, 15 f. und Dtn 7, 2–4 vorgegeben ist. Es bestätigt sich, dass das III. Diskussionswort der Maleachi-Dichtung in Dtn 7, 1–11 »einen maßgeblichen Hintergrundtext« hat (*A. Meinhold* 207).

Die Fortsetzung ab V 13 wird durch den Übergang zur Scheidungsproblematik zeigen, dass Mal 2, 10–16 die Frage der interreligiösen Ehen nicht – wie Esr 9–10 – als isoliertes Problem sieht. Doch davor ändert der prophetische Sprecher, der seit V 10 das Wort hat, die Sprechrichtung. Hatte er sich in V 10 mit den Angegriffenen im rhetorischen »Wir« zusammengeschlossen, hatte er in V 11 über Juda in der 3. Person gesprochen, so äußert er jetzt einen Ausrottungswunsch, dessen Erfüllung er JHWH anheim stellt und von dem der »Mann, der solches tut«, betroffen wäre.

»Kohärenzstörung«?

In der Änderung der Sprechrichtung eine »offene Kohärenzstörung« (*I. Willi-Plein* 258) zu sehen, setzt eine Kohärenzforderung an die Maleachi-Dichtung voraus, die letztlich nur zirkulär begründet werden kann: Was dieser Kohärenzforderung nicht entspricht, ist sekundär, wodurch ein Text entsteht, der solche Inkohärenzen nicht aufweist. Ich kann dazu nur auf die Bemerkungen über die literarkritischen Vorschläge zu 1, 6–2, 9 hinweisen. Im Übrigen findet sich auch dort mitten im Text ein Wunschsatz, nur dass er da JHWH und nicht dem Propheten in den Mund gelegt ist (1, 10).

Zu V 11b konnte oben darauf hingewiesen werden, dass der Satz »er hat entweiht, was JHWH heilig ist«, wörtlich gleich in Lev 19, 8a begegnet. Das ist nun durch die Beobachtung zu ergänzen, dass sich dort »außerdem ... eine Ausrottungsformel in V. 8b« anfügt (*A. Meinhold* 206). Die Entweihung dessen, was JHWH heilig ist, verlangt nach Lev 19,8 die Ausrottung des Täters. Durch die Wurzel כרת *(krt)* »ausrotten« nimmt Mal 2,12 diesen Gedanken auf. Dabei geht der Text von der kollektiven 3. Person Singular für »Juda« in V 11 zur individuellen 3. Person Singular für den »Mann, der solches tut«, über. Wenn es um Verantwortung und das Tragen der (Straf-)Folgen geht, kommt es im strengen Sinn auf das Individuum und seine Tat an, wie Dtn 24,16 und Ez 18 klar formulieren.

Gleichwohl variiert Mal 2,12 den Gedanken von Lev 19,8. In Lev 19,8 liegt die so genannte »Ausrottungsformel« oder »Bannformel« (so *G. J. Botterweck*, Schelt- und Mahnrede 1960, 181) vor. »Danach wird das sich versündigt habende Leben selbst ›ausgeschnitten/ausgerottet werden‹ ..., und zwar aus seinem Lebensbereich ...« (*A. Meinhold* 209). Mal 2,12 aber spricht gar nicht vom Ausrotten des Täters, sondern stellt dem Wort »Mann« ein ל *(lᵉ)* voran: »dem Mann, der solches tut«, soll JHWH ausrotten »einen, der wach und antwortfähig ist, aus den Zelten Jakobs«. Das erinnert an die »Ausrottungsformulierung« in den Königebüchern (1 Kön 14,10; 21,21; 2 Kön 9,8), wo den Königen Jerobeam I. und Ahab angedroht wird, JHWH werde ihnen ausrotten, »was gegen die Wand pisst«, also die männliche Nachkommenschaft. Wie Arndt Meinhold herausgearbeitet hat, liegt in Mal 2,12 »eine Mischform zwischen ... Ausrottungsformel ... und ... Ausrottungsformulierung mit indirektem Objekt« vor (*A. Meinhold* 209).

כרת *(krt)*, dessen Hifil hier mit »ausrotten« wiedergegeben ist, heißt wörtlich »(aus)schneiden«. Es hat also eine durchaus gewalttätige Konnotation. Dabei muss aber gar nicht an so etwas wie eine Hinrichtung gedacht sein. Wer »aus seiner Verwandtschaft« (Lev 19,8) oder »aus der Mitte seines Volkes« (Lev 20,3) ausgeschlossen wird, und sei es »nur« durch Verstoßung, ist nach antikem Verständnis nicht mehr lebensfähig. Auch die Vorstellung vom »Ausrotten« der Nachkommenschaft muss nicht ausschließlich deren Tötung meinen, sondern kann sich auch darauf beziehen, dass keine Nachkommenschaft mehr da ist. Auch das bedeutet »für den Mann, der solches tut«, den sozialen Tod.

Dass sich die Formulierung »einen, der wach und antwortfähig ist«, auf die Nachkommenschaft des »Mannes, der solches tut«, bezieht, ist wahrscheinlich. Was aber diese Worte bedeuten, ist dunkel. Bei ער וענה *(er wᵉʿonæh)* handelt es sich um zwei Partizipien der Verben עור₃ *(ʿûr)* »wach sein« und ענה₁ *(ʿnh)* »antworten«, wenn nicht gar statt ער die Lesung עד vorzuziehen ist (vgl. o. zum Text). Die Alliteration mit dem Anfangsbuchstaben Ayin lässt auf eine geprägte Formel schließen; die Paarbildung ist dabei wohl im Sinne der Totalität zu verstehen (vgl. im Deutschen »mit Mann und Maus« oder »mit Kind und Kegel«). Mehr Licht aber ist in die Angelegenheit nicht zu bringen, auch nicht durch die Übersetzung mit

»Regsamer und Bescheidgebender/Verantwortlicher« (*I. Willi-Plein* 256) oder »sich Regender und Antwort Gebender« (ebd. 262).

Der Bereich, aus dem der »Wache und Antwortfähige« ausgerottet werden soll, wird mit »aus den Zelten Jakobs« bezeichnet. Jakob kam schon in Mal 1, 2 vor, als der Bruder Esaus und damit zunächst als das Individuum, das allerdings zugleich kollektiv für alle Nachfahren steht. In 3, 6 werden die Angesprochenen als »Jakobskinder« apostrophiert, wodurch »Jakob« eindeutig auf den Stammvater zu beziehen ist. An unserer Stelle ist der Ausrottungswunsch auf die gegenwärtig Lebenden bezogen. Die »Zelte Jakobs« sind dann also poetischer Ausdruck für die Gemeinschaft des aktuellen Israel. Gleichwohl dürfte auch aus dieser Bezeichnung noch eine Anspielung auf den Stammvater herauszuhören sein.

Anspielung an Gen 38

Das III. Diskussionswort bestätigt die Auffassung, dass Maleachi mit der Tora in der Hand bzw. im Kopf schreibt. Zwei Hintergrundtexte – Lev 19, 8 und Dtn 7, 1–11 – sind sicher auszumachen. Und es ist durchaus zu fragen, ob nicht auch der Anfang von Gen 38, der Erzählung von Juda und Tamar, hinzunehmen ist. Protagonist ist dort Juda, und im narrativen Text wird er selbstverständlich wie in Mal 2, 11b in 3. Person maskulin Singular konstruiert. Er »sieht die Tochter eines kanaanäischen Mannes«, nimmt sie zur Frau und zeugt Kinder mit ihr. Im »Heiraten der Tochter eines fremden Gottes« kann man also »einen Bezug auf den Stammvater Judas und dessen in Gen 38, 2 benannte Eheschließung« sehen (*I. Willi-Plein* 260). Die ersten beiden Söhne heißen »Er« und »Onan«. »Er« wird genauso geschrieben wie der »Wache« in Mal 2, 12a. »Onan« klingt ähnlich wie der »Antwortfähige«, wird aber mit Alef statt Ayin und mit Nun am Ende geschrieben. Doch dürfte das in einer Kultur, die Wortspiele liebt und kein Problem hat, in der Wurzel *naḥam* eine Anspielung an den Namen *Noaḥ* (Gen 5, 29) oder in der Wurzel *ša'al* eine Anspielung an *Šemu'el* zu hören (1 Sam 1, 27 f.), kein Hindernis darstellen. Er und Onan »tötet« JHWH (Gen 38, 7.10), so wie der Verfasser von Mal 2, 12a wünscht, JHWH möge dem Juda den *'er weʿonæh* »ausrotten«. Damit soll nicht gesagt sein, der Ausdruck *'er weʿonæh* bedeute »Er und Onan«. Es ist aber wohl davon auszugehen, dass er die Namen aus Gen 38, 1–10 anklingen lässt (vgl. *F. Hitzig* 423; *M. A. Sweeney* 736 f.). Schließlich kann auch die Bezeichnung des Bereichs, aus dem der Wache und Antwortfähige ausgerottet werden soll, als »aus den Zelten Jakobs« auf dem Hintergrund von Gen 38 gelesen werden. Denn zwar setzt die Erzählung von Gen 38 für sich genommen voraus, dass Juda einen eigenen Haushalt führt. Aber im Kontext von Gen 37 und Gen 42–44 gehört dieser Haushalt zu den »Zelten Jakobs«, weil da alle Brüder bei ihrem Vater leben und Juda nach 37, 26; 43, 3.8; 44, 14.16.18–34 ausdrücklich dazugehört.

Das Folgende ist mit Kopula und Partizip angefügt, hieße in hebraisierendem Deutsch also: »und der eine Gabe für JHWH der Heere Darbringende«. Zum Verständnis dieser Konstruktion ist ein Blick in die Grammatik nötig. Da heißt es: »Die mit *Waw copul.* an einen Verbalsatz … angereihten Nominalsätze beschreiben stets einen der Haupthandlung *gleichzeitigen* Zustand, resp. (wenn das Prädikat ein transit. Partizip) eine in stetiger Dauer

V 1

vorgestellte Handlung ... Nicht selten weist ein solcher *Zustandssatz* zugleich auf einen obwaltenden Gegensatz hin (so daß ו s.v.a. *u. dabei doch, da doch, während doch, obschon*) ...« (GesK §143e, Hervorhebungen im Original). Genau dieser Fall liegt in Mal 2,12b vor. Das Darbringen der Gabe geschieht gleichzeitig mit dem Entweihen des JHWH Heiligen und Heiraten der Tochter eines fremden Gottes von V 11b. Es geschieht dauerhaft. Und es ist der diametrale Gegensatz zum Entweihen. Das, was die Grammatik die »Haupthandlung« nennt, findet sich in V 11b, hat also »Juda« zum Subjekt. Ina Willi-Plein, die das dazwischen Stehende literkritisch für sekundär hält, macht diesen Zusammenhang schön sichtbar: »Ja, Juda hat JHWHs Heiligtum entweiht, ... und läßt doch JHWH Zebaot Huldigungsgabe nahe kommen« (*I. Willi-Plein* 256). Freilich ist durch den dazwischen stehenden V 12a nun auch die Fokussierung auf den einzelnen »Mann« mitzuhören. Nicht nur das Kollektiv Juda befindet sich in einem Selbstwiderspruch von Entweihung und Gabendarbringung, dies tut auch jeder Einzelne, der sich so verhält.

Mit V 12b schließt das III. Diskussionswort eng an das vorangehende an, und zwar an dessen erste Hälfte in 1,6–14. Auch da steht die Semantik von »entweihen« (1,12), »darbringen« (נגשׁ hif) *(ngš)* (1,7f.11) und »Gabe« (1,10.11.13) im Mittelpunkt. Dort aber ging es um kultisches Fehlverhalten. Hier dagegen findet das Fehlverhalten außerhalb des Kults statt, beim profanen Akt der Eheschließung. Es ist deshalb aber nicht weniger schlimm, ja es ist so schlimm, dass es nicht einmal durch ein korrektes kultisches Verhalten aufgehoben werden kann. Der Ausrottungswunsch für die Nachkommenschaft des »Mannes, der solches tut«, wird nicht zurückgenommen, »auch wenn er zugleich eine Gabe darbringt für JHWH der Heere«.

aα Die folgenden drei (so im Hebräischen) Worte markieren eine Zweiteilung von Mal 2,10–16, indem sie von einem »Zweiten« sprechen. Man ist schnell geneigt, dies auf »die beiden in *M* explizit gezählten *Vorwürfe*« (*A. Meinhold* 184, Hervorhebung R. K.) zu beziehen. Das ist gewiss auch nicht falsch. Dennoch ist zu beachten, dass im engeren Kontext des שׁנית *(šenît)* »zum Zweiten« gar nicht von Vorwürfen, sondern von kultischem Verhalten die Rede ist. Wer das III. Diskussionswort von V 10 an bis hierher gelesen hat und dann in V 13 weiter liest, kann das »Zweite« nicht auf Vorwürfe beziehen, denn in V 13 folgt zunächst gar kein zweiter Vorwurf. Bleibt man im Zusammenhang der Verse 12 und 13, ist das Erste das Gabendarbringen von V 12b und das Zweite das Bedecken des Altars mit Tränen, weil JHWH die dargebrachte Gabe nicht annimmt.

Von der Form des Diskussionswortes her gesehen bewegen wir uns damit immer noch im Bereich der Feststellung. Sie endet damit, dass die kultische Kommunikation zwischen Juda und JHWH abgebrochen ist. Dies löst dann die Einrede aus. Erst dann, in JHWHs Antwort auf die Einrede, also formgeschichtlich gesprochen in der Entfaltung der Feststellung, wird ein zweiter

Vorwurf genannt. Darauf, wie diese beiden Vorwürfe einander zuzuordnen sind, werden wir bei V 14 zu sprechen kommen müssen.

Dass mit V 13aα die Feststellung endet und der Übergang zu Einrede und Entfaltung der Feststellung beginnt, zeigt sich auch an einem erneuten Wechsel der Sprechrichtung. Hatte sich in V 10 der Dichter im »Wir« mit den Angeredeten zusammengeschlossen, hatte er in V 11 in 3. Person von Juda gesprochen, hatte er in V 12 einen Wunsch an JHWH formuliert, so geht er jetzt in die direkte Anrede in 2. Person Plural über. Die Anrede in 2. Person (allerdings zwischen Plural und Singular wechselnd) bleibt dann bis zum Schluss der Einheit erhalten.

Schon in V 12b, wo das Darbringen einer Gabe zum ersten Mal innerhalb dieser Strophe erwähnt wird, ist klar, dass es im Gegensatz zum Entweihen dessen steht, was JHWH heilig ist, und deshalb die Gabe nicht angenommen werden kann. Dass dies so ist, stellt V 13 nun ausdrücklich fest. Und zwar beginnt der Vers gleich mit den Folgen der Ablehnung. Die Angeredeten bedecken »den Altar JHWHs« »mit Tränen, ... mit Weinen und Stöhnen«. Solches Klagen geschieht nicht nur privat (vgl. die Klagelieder Ps 6, 7; 39, 13; 42, 4 u. ö.). Auch kollektive Schicksalsschläge wie Naturkatastrophen, Kriegsverwüstungen und Exilierung führen zu Tränen (Jes 16, 9; Jer 8, 23; Klgl 1, 2 u. ö.), Weinen (Jes 16, 9; Jer 8, 23; Joel 2, 17 u. ö.) und Stöhnen (Ps 79, 11; 102, 21). Vordergründig werden dabei das Leid und die Verluste beklagt, um die es konkret geht. Aber dahinter steht die Klage darüber, dass die Kommunikation mit Gott unterbrochen ist.

Mal 2, 13b drückt das so aus, dass Gott »die Gabe nicht mehr ansieht, sie wohlgefällig aus eurer Hand anzunehmen«. »Woran das erkannt wird, bleibt ungesagt« (A. Meinhold 213). Es lässt sich aber leicht aus anderen Texten erschließen. Wenn JHWH sein Angesicht zuwendet, wenn er die Gabe ansieht, dann folgt daraus Segen. Und Segen zeigt sich in der Fruchtbarkeit der Felder und in der Sicherheit vor Feinden (exemplarisch entfaltet diesen Zusammenhang z. B. Ps 67, vgl. dazu F. Hartenstein, Angesicht 2008, 196–198). Bleibt der Segen der Felder aus, werden sie von Heuschrecken gefressen, fallen Feinde ins Land, dann weiß man, dass JHWH die Gabe nicht mehr annimmt. Mal 2, 13b sagt also, dass die Kommunikation zwischen Juda und seinem Gott unterbrochen ist. Das ist genau der Zustand, um den es auch im II. Diskussionswort geht, auf das die Wurzel פנה (pnh) »ansehen« – sie liegt dem Nomen פנים (panîm) zugrunde (1, 9 f.) – und das Nomen רצון (raṣôn) »(mit) Wohlgefallen, wohlgefällig« – vergleiche das Verb רצה (rṣh) in 1, 10.13 – verweisen (vgl. die Ausführungen zur Gabe bei 1, 10).

Sowohl im II. als auch im III. Diskussionswort geht es um das Nicht-Annehmen der Gabe durch JHWH. In 1, 10.13 legt der Prophet JHWH die Worte in den Mund: »Ich ... nehme keine Gabe wohlwollend aus eurer Hand. ... Soll ich sie wohlwollend aus eurer Hand annehmen?, sagt JHWH.« In 2, 13 formuliert der Prophet selbst: »weil er die Gabe nicht mehr ansieht, sie wohlgefällig aus eurer Hand anzunehmen«. »Allerdings wird in Mal 2,10–16 der theologische Zusammenhang, in dem von der Gabe die Rede ist, ausgeweitet. In 1,6–2,9 ... liegt der Mangel, der kritisiert wird, in der Gabe selbst. Hier dagegen liegt der Mangel im Verhalten der Geber. Weil sie sich im religiösen und im zwischenmenschlichen Bereich ... falsch verhalten, kann auch ihre Gabe die Kommunikation mit Gott nicht wieder herstellen« (R. *Kessler*, Theologie der Gabe 2006, 158).

Die Abfolge des Gedankens in V 13 erscheint auf den ersten Blick seltsam, weil zunächst die Folge – das Weinen und Stöhnen – und dann erst der Grund dafür – die Ablehnung der Gabe durch JHWH – genannt wird. Doch erklärt sich das zwanglos aus der Einbindung in den Kontext. Das »Zweite«, das »ihr tut«, ist das Klagen; es muss zuerst genannt werden. Und es ist die Zurückweisung der Gabe, die zur Einrede Anlass gibt; diese folgt nun unmittelbar.

14a Die Einrede besteht im Hebräischen aus vier Buchstaben: על־מה *(al-mah)* »weshalb?«. In allen anderen Strophen wird immer noch das in der Feststellung zentrale Verb wiederholt (»wodurch liebst du uns?«, 1,2; »womit haben wir deinen Namen verachtet?«, 1,6; »womit ermüden wir?«, 2,17; »wozu sollen wir umkehren?«, 3,7, und »womit haben wir dich betrogen?«, 3,8; »was sollen wir denn gegen dich geredet haben?«, 3,13). Hier bleibt nur das Fragewort übrig. Diese Sprachlosigkeit ist Ausdruck eines Zustandes, in dem die Kommunikation zwischen Gott und Mensch nahezu vollständig unterbrochen ist.

14b Mit JHWHs Antwort auf die Einrede, die nach der Form der Disputationsworte zu erwarten ist und die auch tatsächlich folgt, nimmt die III. Strophe der Dichtung eine überraschende Wendung. Wenn man formgeschichtlich die Antwort JHWHs auf die Einrede als »Entfaltung der Feststellung« bezeichnet, hat das sein Recht darin, dass in den übrigen Worten zwischen Feststellung, Einrede und Entfaltung nicht nur eine thematische, sondern meist auch noch eine semantische Kontinuität herrscht. In der I. Strophe geht es ums Lieben (dreimal in 1,2), in der II. ums Verachten des göttlichen Namens (dreimal in 1,6f.), in der IV. um Äußerungen, die JHWH ermüden (zweimal in 2,17), was durch wörtliche Zitate aufgegriffen wird, die das Ermüden belegen. Das V. Wort hat zwei Einreden; bei der zweiten geht es ums Berauben (viermal in 3,8f.). Das VI. Wort schließlich spricht vom Reden (zweimal in 3,13) und entfaltet das wieder durch Zitate (3,14f.). Solche Kontinuität zwischen Feststellung, Einrede und Entfaltung der Feststellung ist hier im III. Disputationswort scheinbar nicht gegeben. Denn V 14b nimmt ein neues Thema auf: »Weil JHWH Zeuge zwischen dir und der Frau deiner Jugend gewesen ist, die du betrogen hast, wo sie doch deine Gefährtin und die Frau deines Bundes ist.« Zwar geht es nach wie vor um Eheschließungen – diese Kontinuität liegt auf der Hand. Aber was hat das Heiraten der »Tochter eines fremden Gottes« aus der Feststellung (V 12) mit dem

Betrügen der »Frau deiner Jugend« (V 14b) zu tun? Wir werden dieser Frage sogleich nachgehen.

Zunächst aber ist die Aussage von V 14b für sich zu nehmen. Sie ist an ein »Du« gerichtet. Nachdem in V 13 zum ersten Mal eine Anrede vorkam, findet hier also sogleich wieder ein Wechsel statt, vom Plural in den Singular. Es geht, so wird man es verstehen müssen, um das Verhalten jedes einzelnen Judäers. Das ist vergleichbar dem Wechsel vom kollektiven »Juda« in V 11 zu »jedem Mann« in V 12. Ein solcher Wechsel war auch schon im II. Diskussionswort zu beobachten, wo es nach den Pluralen in 1, 6–8a in V 8b in den Singular übergeht.

Angeredet ist also der einzelne judäische Mann. Nur indirekt kommt mit ihm seine Ehefrau in den Blick. Zwischen beiden, so heißt es, sei »JHWH Zeuge«. Der Text erinnert deutlich an die in Gen 31, 43–54 geschilderte Szene eines Bundesschlusses zwischen Jakob und Laban. Die beiden schließen eine ברית *(bᵉrît)*, was man mit »Vertrag« oder »Bund« wiedergeben kann (31, 44), und sie errichten einen Steinhaufen, von dem es heißt, er solle »Zeuge sein zwischen mir und dir« (V 48.51). Dieselbe Rolle der Zeugenschaft wird aber auch Gott selbst zugeschrieben; er soll eingreifen, wenn der Vertrag von einer Seite verletzt wird (V 49f.). Das gesamte Vokabular dieser Szene erscheint auch in Mal 2,14b, was in der Sache begründet ist (weshalb man auch keine bewusste intertextuelle Beziehung annehmen muss). Die Beziehung zwischen dem Mann und seiner Frau wird als ברית *(bᵉrît)* aufgefasst (siehe das gleich Folgende), für deren Einhaltung offenbar JHWH Zeuge ist. Da nun diese *bᵉrît* verletzt ist – und zwar von Seiten des Mannes – tritt JHWH als »Zeuge« auf den Plan. Damit wird er zugleich zum Ankläger, so wie er in 3, 5 als »Zeuge gegen« bestimmte Menschengruppen auftreten wird.

Nur indem aus dem Zeugen der Ankläger geworden ist, funktioniert die Logik des ganzen Abschnitts: Die Israeliten bedecken den Altar mit Tränen, weil die Kommunikation mit JHWH abgebrochen ist (V 13) – sie fragen »weshalb?« (V 14a) – sie erhalten als Antwort: »Weil JHWH Zeuge ... ist«, Zeuge nämlich eines gebrochenen Bundes und damit Ankläger gegen den, der den Bund gebrochen hat. Dies eben ist der einzelne judäische Mann, der im Du angeredet wird. Ihm wird vorgeworfen, die »Frau seiner Jugend« betrogen zu haben. Worin das Betrügen besteht, wird nicht ausgeführt. Zu V 10b konnte oben schon festgehalten werden, dass »betrügen« im Hebräischen wie im Deutschen das Hintergehen des Partners in einer Ehe bezeichnen kann. Mehr ist hier nicht gesagt, auch wenn die Fortsetzung, die in V 16 von Ehescheidung spricht, vielleicht auch hier schon an diese Konsequenz denken lassen kann.

Auf dreifache Weise wird die Frau, die der Mann betrügt, charakterisiert. Dabei wird mit jeder der Charakterisierungen ein neuer Aspekt eröffnet. Als erstes wird die Frau als »Frau deiner Jugend« bezeichnet. Hier geht es um die

Dauer der Beziehung, die nicht leichtfertig aufgegeben werden sollte. So rät der Weisheitslehrer dem Schüler: »Freue dich an der Frau deiner Jugend« (Spr 5,17). In Ehemetaphern ist von der »Treue der Jugendzeit« (Jer 2,2) die Rede und davon, dass »die Frau der Jugend« eigentlich nicht »verschmäht« werden sollte (Jes 54,6).

Zum Zweiten wird die Frau »deine Gefährtin« genannt. Im Nomen חברת *(habæræt)* »Gefährtin, Genossin« steckt dieselbe Wurzel, mit der auch das gemeinsame eheliche Haus als בית חבר *(bejt ḥæbær)* bezeichnet wird. Hier steht der Aspekt der ehelichen Solidarität im Vordergrund. Denn die vorbürgerliche Ehe ist viel mehr als nur eine persönliche Liebesbeziehung: Sie ist Lebens- und Arbeitsgemeinschaft, Produktions- und Reproduktionsgemeinschaft.

Drittens schließlich heißt die Frau »die Frau deines Bundes«. Das Stichwort »Bund« hat dabei zwei Dimensionen. Es bezieht sich auf den »Bund unserer Vorfahren« (V 10) zurück, womit der Bund am Sinai mit den Vorfahren der jetzt lebenden Israeliten gemeint ist. Die Ehefrau »wird durch die zusätzliche Bezeichnung als ›Frau deines Bundes‹ auf den ›Bund der Väter‹ (2,10) bezogen und meint damit im Unterschied zur ›fremden‹ Frau die ›richtige‹ Lebensgefährtin ... eines judäischen Mannes« (M.-Th. *Wacker*, Maleachi 1999, 379; vgl. auch J. M. *O'Brien*, Saying ›No‹ 2001, 209). Mit dieser Bezeichnung wird »die Frau deiner Jugend«, »deine Gefährtin«, in Kontrast gesetzt zur »Tochter eines fremden Gottes«. Während die judäischen Männer diese »Tochter eines fremden Gottes« heiraten, betrügen sie die Frau, die wie sie im selben »Bund unserer Vorfahren« steht.

Zum andern lässt sich der Ausdruck so verstehen, dass die Ehe selbst als ברית *(bᵉrît)* verstanden wird.

Allerdings ist die Frage, ob in der Bezeichnung »die Frau deines Bundes« die Vorstellung der Ehe als Bund enthalten ist, heftig umstritten. Die Meinungen reichen von unbedingter Zustimmung bis zu vehementer Ablehnung. Für die zustimmende Auffassung vergleiche man nur den Titel der umfangreichen Studie von Gordon Hugenberger, der zugleich ihre These enthält, »Marriage as a Covenant« (G. P. *Hugenberger*, Marriage 1994). Die Gegenposition vertritt Eleonore Reuter; für sie kann nicht nur Mal 2,14 »für die Vorstellung eines ›Ehebundes‹ nicht in Anspruch genommen werden«, sie hält diese Vorstellung, die ihr zufolge »die Innovation von Ez 16« ist, einfach nur für »eine sexistische Beschreibung der Gottesbeziehung« (E. *Reuter*, Bund 2007, 171.176; vgl. aber auch schon W. *Nowack* 420, dem zufolge »zu keiner Zeit die Ehe in Israel als ein Bundesverhältnis aufgefaßt ist«). Zunächst ist festzuhalten, dass die Bezeichnung der Ehe als »Bund« im Hebräischen nicht üblich ist. Es gibt außer Mal 2,14 nur zwei Stellen, die in diese Richtung lesbar, die aber in dieser Hinsicht auch nicht eindeutig sind. In Spr 2,17 ist von der fremden Frau die Rede, die den »Freund ihrer Jugend« – vgl. hier die »Frau deiner Jugend« – verlässt und »den Bund ihres Gottes vergessen hat«. Das kann synonym aufgefasst werden so, dass die Ehe mit dem »Freund ihrer Jugend« als »Bund« gewertet würde. Es kann aber auch zwei verschiedene Vergehen meinen, sodass mit dem »Bund« wie üblich

Ehe als Bund?

die Beziehung Gott-Israel gemeint ist (vgl. die vorsichtigen Erwägungen bei *A. Meinhold* 216). In Ez 16 wird das Verhältnis JHWHs zu Jerusalem in Ehemetaphorik beschrieben. In diesem Zusammenhang ist auch vom »Bund« (16, 8.59–62), in V 60 auch von den »Tagen deiner Jugend«, die Rede. Aber diese Ausdrucksweise ist für die nicht ehemetaphorisch gemeinte Vorstellung eines Bundes zwischen JHWH und seinem Volk transparent.

Andrerseits ist die Vorstellung von der Ehe als »Bund« auch nichts fern Liegendes. Als ברית *(bᵉrît)* werden alle möglichen Formen zwischenmenschlicher Vereinbarungen bezeichnet, so Abkommen zwischen Nachbarn zur Nutzung von Brunnen und Weideland (Gen 21, 27.32; 26, 28), ein Freundschaftsbündnis zwischen zwei Männern (1 Sam 18, 3; 23, 18), ein zwischenstaatlicher Vertrag (1 Kön 5, 26) und manches andere wie der schon erwähnte Vertrag zwischen Laban und Jakob. Semantisch nahe bei Mal 2, 14 (»die Frau deines Bundes«) steht dabei Ob 7 mit dem Ausdruck »die Männer deines Bundes« im Sinn von »deine Verbündeten«, wo »Bund« also ein Militärbündnis meint (*G. P. Hugenberger*, Marriage 1994, 29 f.). Da die Ehe in Israel eine rein zivilrechtliche Abmachung ist, kann sie völlig sachgemäß in eben diesem profanen Sinn als ברית *(bᵉrît)* bezeichnet werden. »Mit *berît* scheint am ehesten die Eheabsprache bzw. -abmachung ... gemeint zu sein, die bindend ... und für die Dauer der Ehe bestimmend war und die vermutlich der Mann mit der Frau getroffen hat« (*A. Meinhold* 221). Eine Überhöhung im Sinne der Ehe als lebenslanger, unauflöslicher, monogamer und exklusiver Zweierbeziehung ist damit nicht verbunden.

Interreligiöse Ehen und Betrug an der »Frau deiner Jugend«

Das Stichwort »betrügen« in V 10 f. einer- und V 14–16 andrerseits, das Reden vom »Bund« sowie die Ehethematik halten die Feststellung und deren Entfaltung im III. Diskussionswort zusammen. Damit stellt sich die Frage, wie die beiden unterschiedlichen Vergehen, nämlich das Heiraten der »Tochter eines fremden Gottes« (V 11) und das Betrügen der »Frau deiner Jugend« (V 14), einander zuzuordnen sind. Die Extrempositionen lassen sich durch Zitate markieren. Arndt Meinhold sieht keine Verbindung zwischen beiden Vorwürfen: »Somit stehen Mischehe und Treulosigkeit in der Ehe sachlich weitgehend unverbunden neben- bzw. hintereinander, ohne daß eines für das andere ... Begründung, Voraussetzung oder Zweck abgäbe« (*A. Meinhold* 188; Meinhold verbindet dies mit der Ansicht, dass die Fremdehenproblematik erst nachträglich in den Text geraten sei; *A. Meinhold* 185–187; ebenso *I. Willi-Plein* 258 f.). Eben den von Meinhold bestrittenen ursächlichen Zusammenhang findet dagegen Markus Zehnder: »The addressed men break faith with their first, Israelite, wives, *because* they marry women of foreign faiths« (*M. Zehnder*, Fresh Look 2003, 230, Hervorhebung im Original; vgl. auch *E. Achtemeier* 181: »... that the wives ... have been divorced *in order that* the husbands may marry non-Israelite women ...«, Hervorhebung R. K.).

Nun stellt der Text von Mal 2, 10–16 einen kausalen Zusammenhang zwischen den beiden Ehevergehen in der Tat nicht her. Die Wendung des Textes geschieht genau genommen auch gar nicht beim Thema der Ehe, sondern bei der Frage, warum JHWH Judas Gabe nicht annimmt. Auf die Frage danach würde man als Antwort erwarten: weil du die »Tochter eines fremden Gottes geheiratet« hast. Die Überraschung ist, dass nun der Betrug an der Frau der Jugend folgt. Beides wird auf eine Stufe gestellt. Anders als in Esr 9–10, wo die Mischehen so grundsätzlich abgelehnt werden, dass sogar deren Scheidung gefordert wird, reduziert Mal 2,10–16 die Mischehenproblematik auf den religiösen Aspekt und stellt das Vergehen, solche interreligiösen Ehen einzugehen, auf eine Stufe mit dem Vergehen, langjährige Ehen zu scheiden. Theoretisch könnte der ethnische Aspekt, der in Esr 9–10 beherrschend ist, in Mal 2,10–16 sogar ganz ausgeblendet sein. Denn wie bei der »Tochter eines fremden Gottes« die Möglichkeit besteht, dass sie eine Israelitin ist (siehe oben zu V 11), könnte auch die »Frau deiner Jugend« eine Moabiterin wie Rut sein, die JHWH verehrt, also eine Nicht-Israelitin (so zu Recht auch *A. Renker*, Tora 1979, 87; *H. Donner*, Vorschlag 1995, 100). Auch dann wäre sie ja die »Frau deines Bundes« – nicht nur des »Ehebundes«, sondern gerade auch des »Bundes der Vorfahren«, in den sie eingetreten ist.

Selbst wenn man also Markus Zehnders Kausalkonnex als zu weitgehend ansieht, wird man doch aufgrund des Ehe-Themas und der oben erwähnten sprachlichen Verknüpfungen von einem »Nexus Mischehen – Ehescheidungen« (*C. Locher*, Altes und Neues 1981, 258) sprechen und mit Andrew Hill festhalten müssen »that the prophet treats both intermarriage with non-Hebrews and divorce as equally serious covenant violations« (*A. E. Hill* 241). Da in der Entfaltung der Feststellung auf die interreligiöse Ehe von V 11 gar nicht mehr zurückgekommen wird, kann man sogar sagen, dass aufgrund des Achtergewichts für Maleachi der Betrug an der »Frau deiner Jugend« das wichtigere Thema ist. Damit ist eine deutliche Gegenposition gegen Esr 9–10 formuliert, wo um der »Reinhaltung« des »heiligen Samens« willen (Esr 9,2) Scheidungen gefordert werden (*H. Donner*, Vorschlag 100: »Der Prophet erwiese sich als ein Gegner der Mischehenpraxis Nehemias und Esras«).

Mit V 14 beginnend wird also nur noch das Thema des Betrugs an der »Frau deiner Jugend« verfolgt. Die Parallelität zwischen dem Betrügen beim Ehebund wie beim Sinaibund und die Rolle JHWHs als »Zeuge zwischen dir und der Frau deiner Jugend« weisen darauf hin, dass das Betrügen der »Frau deiner Jugend« ein Vorgang ist, der JHWH auf den Plan rufen muss. Doch bevor das in V 16 deutlich zum Ausdruck gebracht wird, folgt zunächst in V 15a eine Aussage über den Mann, der solchen Betrug begeht.

5a Schon bei den Bemerkungen zum Text hatte ich festgestellt, dass dieser Halbvers in vielem kryptisch ist. Eine versuchsweise Annäherung kann gelingen, wenn man die Parallelität dieses Halbverses mit V 12 sieht (vgl. *A. Meinhold* 210). Beide Verse stehen unmittelbar nach der Benennung des Vergehens, der Heirat der »Tochter eines fremden Gottes« (V 11) bzw. des Betrugs an der »Frau deiner Jugend« (V 14). Beide fokussieren auf den

Maleachi 2,10–16

Einzelnen, den »Mann« (V 12) bzw. den »Einzigen« oder »Einen«. Beide bezeichnen in der Aufnahme das Vergehen mit dem Allerweltswort עשׂה *(ʿśh)* »tun«. Und beide sprechen von der Nachkommenschaft des Täters. Beide Verse sprechen also von dem Menschen, und nicht etwa von Gott, wie gelegentlich vorgeschlagen wurde, auch wenn in V 10 tatsächlich Gott als »ein Vater« und »ein Gott« bezeichnet wird. Dafür, dass in V 15a mit dem »Einen« der menschliche Täter gemeint ist, spricht nicht nur die Parallele mit V 12, sondern auch das Problem, dass bei einem Bezug auf Gott die Fortsetzung in der Luft hängt (was hätte Gott gemacht?) bzw. durch eine willkürliche Textänderung erst hergestellt werden muss, indem aus שאר *(šᵉʾar)* »Rest« das Wort »Fleisch« herausgelesen und so ein Bezug zu Gen 2 hergestellt wird (zu diesem Vorschlag vgl. W. *Rudolph* 268.270, zur Kritik A. *Tosato*, Ripudio 1978).

Das im Deutschen nicht mit nur einer Vokabel wiederzugebende רוח *(ruᵃḥ)* dürfte hier am ehesten »Geist« oder besser noch »Verstand« bedeuten, »ähnlich wie in Jes 19,3; 29,24; Hi 20,3« (A. *Meinhold* 223). Dann bedeutet die Aussage von V 15aα, dass keiner, der halbwegs bei Verstand ist, so etwas täte, nämlich die »Frau seiner Jugend« zu betrügen.

Aber es gibt ihn natürlich, diesen Menschen, und sogar vielfach. Denn sonst liefe die Kritik von V 14 ins Leere. Deshalb schließt sich in V 15aβ mit einer gewissen Konsequenz die Frage an, um wen es sich bei diesem »Einen«, der so etwas tut, handelt. Zwar vermutet Ina Willi-Plein, »dass V. 15aβ.γ.b insgesamt ein in Bezug auf den ursprünglichen Dialog sekundäres Element darstellt, eine Auslegung, die versucht, das Rätsel, das der überlieferte Text von V. 15aα aufgibt, zu lösen« (I. *Willi-Plein* 258). Aber von einem erklärenden Zusatz würde man doch mehr Klarheit erwarten. Dagegen ist hier, wie Willi-Plein selbst feststellt, die »Antwort, die der Glossator gibt, ... ihrerseits leicht aenigmatisch« (I. *Willi-Plein* 259). Gemeint ist die Antwort, der Eine, nach dem gefragt wird, sei einer, »der göttliche Nachkommenschaft sucht«.

Die Antwort ist partizipial formuliert. Damit ist keine Zeitstufe festgelegt, sodass man fragen muss, wann, wo und bei wem »der Eine« זרע אלהים *(zæraʿ ʾælohîm)* »Gottessamen«, »Nachkommenschaft von Gott« sucht. Sicher nicht dadurch, dass er die Frau seiner Jugend betrügt, sei es, dass er fremdgeht, sei es, dass er sie entlässt, eventuell gar, um die »Tochter eines fremden Gottes« zu heiraten. Denn daraus entstünde keine »göttliche Nachkommenschaft«. Wenn »der Eine« solchen »Gottessamen« je gesucht hat, dann in der Ehe mit der Frau seiner Jugend. Aus ihr wäre זרע אלהים *(zæraʿ ʾælohîm)* entstanden. Dieser Ausdruck erinnert wiederum stark an Esr 9,2, wo das unvermischt zu haltende Erbgut des »Volkes Israel« (V 1) als זרע הקדש *(zæraʿ haqqodæš)* »heiliger Same, heilige Nachkommenschaft« bezeichnet wird.

Polemik gegen Esr 9–10

Geht es zu weit, hinter Mal 2,10–16 eine Spitze gegen die Haltung zu sehen, die sich in Esr 9–10 niederschlägt? Mal 2,14 f. polemisiert gegen den Betrug an der »Frau deiner Jugend«, soviel ist eindeutig. Es bezeichnet einen, der so etwas tut, als unverständig. Und es stellt dann auf die selbst gestellte Nachfrage, wer so etwas denn tut, fest, dass das ausgerechnet diejenigen sind, die das Streben nach »göttlicher Nachkommenschaft« hoch halten. Der Ausdruck »Frau deiner Jugend« impliziert, dass es bei den Eheleuten mit der Jugend vorbei ist. Die »göttliche Nachkommenschaft« ist also längst da. Jetzt – so die Polemik – braucht man die »Gefährtin« und »Frau deines Bundes« nicht mehr und kann sie betrügen. Das Streben nach »göttlicher Nachkommenschaft«, nach »heiligem Samen« entpuppt sich als Scheinheiligkeit. Nach außen werden die legitimen Familienverhältnisse hochgehalten. Aber in Wahrheit regiert das Betrügen.

5b Mit V 15b erfolgt der Übergang zum Formelement IIIb, den Folgerungen aus Feststellung, Einrede und Entfaltung der Feststellung. Waren die Folgerungen im II. Disputationswort ausdrücklich durch einen Nominalsatz eingeleitet (2,1), so sind sie hier dadurch hervorgehoben, dass sie von einer fast wortgleich formulierten Mahnung in V 15b und V 16b gerahmt sind. In V 15b hat sie den Wortlaut: »Ihr sollt euch hüten bei eurem Verstand. Und die Frau deiner Jugend soll man nicht betrügen.«

V 15bα kehrt zur Anrede in 2. Person Plural zurück. Sie wurde schon in V 13.14a gebraucht, während die Entfaltung der Feststellung in V 14b.15a den Singular vorgezogen hat. Allerdings wird V 15bβ auch sofort wieder in den Singular zurückkehren (»die Frau deiner Jugend«). Das sind sehr harte Wechsel. Doch alle Versuche text- oder literarkritischer Änderung haben keinen Anhalt an der Überlieferung; eine Ausnahme ist allenfalls die textlich bezeugte Änderung des אל־יבגד *('al-jibgod)* »(die Frau deiner Jugend) soll man nicht betrügen« am Ende von V 15 in אל־תבגד *('al-tibgod)* »sollst du nicht betrügen« (siehe die Bemerkungen zum Text). Vielleicht trifft die Interpretation das Richtige, dass eine »steigernde Funktion des Personenwechsels von der 2mpl (Versteil bα) zur 3msg (Versteil bβ) mit verallgemeinernder Bedeutung (›man‹ …)« vorliegt (*A. Meinhold* 182).

Auf jeden Fall nimmt V 15b aus V 14 das Stichwort »die Frau deiner Jugend« und aus V 15a das Stichwort רוח *(ruᵃḥ)* »Verstand« auf. Was dort in der Entfaltung der Feststellung im Modus der Feststellung stand, wird jetzt in den Folgerungen in den Modus der Mahnung, ja Beschwörung gerückt. Das, was getan wird und was der prophetische Dichter seinen Zeitgenossen vorwirft, ist das, was bei klarem Verstand nicht getan werden soll.

6a Eingefasst in die fast wortgleichen Mahnungen in V 15b und 16b ist ein Satz, dessen Vokabular völlig klar ist und der doch zu den gegensätzlichsten Auslegungen Anlass gegeben hat. V 16aα stellt fest, dass es um »entlassen«, also um Ehescheidung geht. Denn שלח *(šlḥ)* pi »entlassen, wegschicken« ist als Oppositionsbegriff zu בעל *(b'l)* »heiraten« (vgl. hier V 11) terminus technicus für die Scheidung (Dtn 24,1–4; Jes 50,1; Jer 3,1.8) (gegen *A. S. van der*

Wer hasst was?

Woude 123–125, ders., Struggle 1986, der in Mal 2, 10–16 überhaupt keinen Bezug auf die Scheidung findet, indem er das Verb שלח, *šlḥ*, ins Qal setzt und als Kurzform für »die Hand ausstrecken« = »gewalttätig sein« verstehen will).

V 16aβ qualifiziert das Entlassen als Akt der Gewalt. חמס *(ḥamas)* ist dabei ein umfassender Begriff, der für Gewalt im persönlichen (Ps 140, 2.5.12), rechtlichen (Ex 23, 1; Dtn 19, 16) und sozialen Bereich (Jer 6, 7; Am 3, 10; Hab 1, 2) gebraucht wird und in der Sintfluterzählung die Verdorbenheit der ganzen Welt bezeichnet (Gen 6, 11.13). Der Begriff wird nie für Gottes Tun gebraucht, das nach unserem Verständnis ja durchaus oft Züge des Gewalttätigen hat. Er meint also immer eine bösartige, ungerechtfertigte Form von Gewalt. Dem Menschen, der diese Art von Gewalt ausübt, »ist das Bewerkstelligen von *ḥāmās* gewissermaßen zur zweiten Natur geworden, so daß ihn Gewalttat wie ein Gewand umhüllt« (A. *Meinhold* 232). Zwar mit anderen Vokabeln, aber im selben Bild wie Mal 2, 16 sagt Ps 73, 6b von den Übeltätern: »das Gewand der Gewalttat bedeckt sie«.

Am Ende beider Verszeilen von V 16a wird festgehalten, dass es sich um Gottesrede handelt. Das am Ende der zweiten Zeile in V 16aγ stehende »sagt JHWH der Heere« ist in der Maleachi-Schrift geläufig (vgl. 1, 4.6.8 u. ö.). Singulär dagegen ist die Form »sagt JHWH, der Gott Israels« in V 16aα. Sie ist auf dem Hintergrund der Vorwürfe in V 11 zu lesen, wonach zweimal »Juda« beschuldigt wird. Wie der (möglicherweise sekundäre) Parallelismus in V 11a »in Israel« festhält, ist die politische Größe »Juda« immer auf die ideelle Größe »Israel« bezogen. »Juda« ist der Name einer persischen Provinz, »Israel« ist überall da, wo JHWH verehrt wird, auch in der Diaspora, auch in Samaria. Deshalb gibt es in der ganzen Bibel keinen »Gott Judas«, sondern immer nur den »Gott Israels«. Die »Vorliebe für den ›Israel‹-Namen« (L. *Rost*, Israel 1937, 114) in der nachexilischen Zeit erklärt sich daraus, dass das königszeitliche Gegenüber von »Israel« und »Juda« als Namen für zwei selbständige Staaten sich dahingehend verändert hat, dass »Juda« als staatsrechtliche Größe nur mehr Teilmenge der ideellen Größe »Israel« ist. Die Anrede-Struktur der Maleachi-Schrift, die sowohl »Israel« (und »Jakob«) als auch »Juda« (und »Jerusalem«) kennt, hält fest, dass das, was verortbar in Juda und Jerusalem geschieht, doch die Größe Israel tangiert.

Die strittige Frage ist nun, ob die Markierung als JHWH-Rede zur Folge hat, dass das implizite Subjekt des ersten Wortes von V 16 »hassen« JHWH ist, oder ob als Subjekt der »Eine« oder das »man« von V 15 zu denken ist. Nimmt man JHWH als Subjekt, besteht zusätzlich die Alternative, in die 1. oder 3. Person aufzulösen. Die Übersetzungen deutschsprachiger Kommentare zeigen die Möglichkeiten an: »Denn ich hasse Scheidung, sprach Jahwe ...« (H. *Graf Reventlow* 146); oder: »Denn er haßt Entlassen, hat JHWH ... gesagt« (A. *Meinhold* 174); oder: »Ja, wenn einer im Widerwillen entlassen hat – hat JHWH ... gesagt« (I. *Willi-Plein* 256).

Geht man die einschlägige exegetische Literatur durch, stellt man fest, dass das Problem eine sprachlich-philologische und eine inhaltlich-theologische Seite hat, die gelegentlich miteinander vermengt, bei andern aber auch auseinander gehalten werden. Beginnen wir mit der Philologie. (1) Um als Subjekt des Hassens JHWH in der 1. Person zu finden, hat man gelegentlich den Text geändert und aus der 3. die 1. Person gemacht, sei es im Perfekt (so der Vorschlag im Apparat der BHS), sei es im Imperfekt (*J. Wellhausen* 208). Dazu gibt es von der Textüberlieferung her allerdings überhaupt keinen Anlass. Alternativ ist eine Erklärung, die *W. Rudolph* 270 in die Diskussion gebracht und die das Lexikon von Köhler-Baumgartner aufgenommen und damit für deren Verbreitung gesorgt hat. Danach sei שנא *(śane')* »Verbaladjektiv im Sinn eines Partizips, bei dem das Pronominalsubjekt fehlen kann, wenn es sich aus dem Zusammenhang ergibt«. Was freilich ein »Verbaladjektiv im Sinn eines Partizips« sein soll und warum שנא *(śane')* nicht allen Regeln der Grammatik zufolge das finite Verb in der 3. ps.m.sg.q ist, als das es KBL auch aufführt, vermag Rudolph nicht zu sagen (*I. Willi-Plein*, Problems 2007, 178*f spricht von »Wilhelm Rudolph's fragile grammatical argument«).

(2) Näher am Text bleibt *A. Meinhold* 183, indem er bei שנא *(śane')* die 3. Person beibehält. Dass deren Subjekt aber JHWH sein soll – und nicht der Hassende, der daraufhin zur Entlassung schreitet –, geht aus der Einbindung in die Gottesrede keineswegs so selbstverständlich hervor, wie Meinhold unterstellt. Zudem handelt Meinhold sich ein doppeltes Problem ein. Das erste ist, dass von שנא *(śane')* neben dem inf.cs. שלח *(śallah)* (»er haßt Entlassen«) nun auch noch der mit »und« eingeleitete Satz V 16aβ abhängig sein soll (»und daß man Gewalttat auf sein Gewand deckt«). Das ist schon im Deutschen nicht sehr schön. Ob die von Meinhold unter Verweis auf GesK § 157a angeführten Beispiele für Objektsätze in Gestalt von Verbalsätzen im Hebräischen auch auf Mal 2,16 zutreffen, wird man fragen müssen. Gewichtiger aber ist das zweite Problem. Meinhold selbst verweist ausdrücklich auf den »semantischen Zusammenhang von שנא (›hassen‹) und שלח pi (›entlassen/scheiden‹ …)«, der nicht zerrissen werden dürfe. Mit seiner Lösung tut er aber eben dies. Denn nun ist Gott das Subjekt des Hassens und der Mann das Subjekt des Entlassens.

(3) Behält man den von Meinhold betonten »semantischen Zusammenhang von שנא (›hassen‹) und שלח pi (›entlassen/scheiden‹ …)« bei (vgl. Dtn 21,13.16.19; 24,3), dann legt es sich nahe, als Subjekt des Satzes nicht JHWH, sondern den von Maleachi kritisierten Ehemann einzusetzen. Unter dieser Voraussetzung hängt das Verständnis des Satzes davon ab, wie man das שלח pi (›entlassen/scheiden‹ …) versteht. Der Form nach könnte es ein Imperativ sein: »entlasse, schicke weg«. Dazu passt allerdings beim voranstehenden Verb »hassen« eigentlich nur die 2. Person. So versteht es die Vulgata: *cum odio habueris dimitte*. Sie stützt sich dabei auf eine jüdische Auslegungstradition, die schon in Qumran vorkommt, wo 4QXII[a] שנתה *(snth)* »du hasst« liest (DJD XV, 224). Sie findet ihren Niederschlag im Talmud in der Auslegung des R. Jehuda (bGit 90b): »Wenn du sie hassest, so verstosse sie!« (zu diesen und weiteren Stellen vgl. *A. Meinhold* 182). Das Problem dabei ist, dass im masoretischen Text keine 2., sondern die 3. Person steht. Luther, der die Auffassung der Vulgata in seiner Übersetzung von 1545 übernimmt, wechselt deshalb in die 3. Person: »Wer jr aber gram ist / der lasse sie faren«. Doch ist dies ihrerseits auch keine befriedigende Lösung, weil Luthers »der lasse sie faren« kein Imperativ ist. Versteht man die Form von שלח als Imperativ, bleibt nur die 2. Person für »hassen«. Und umgekehrt gilt: Lässt man mit M »hassen« in der 3. Person, kann das Folgende kein Imperativ sein. Die Wiedergabe von *S. Schreiner*, Mischehen 1979, 217, der sich für

diese Deutung einsetzt, zeigt im Grunde nur das sprachliche Problem: »Wenn einer nicht mehr liebt, Ehe scheiden«.

(4) So legt es sich nahe, das von שנא (śane') »er hasst« abhängige שלח (šallaḥ) als inf.cs. aufzufassen. Er ist allerdings nicht, wie Meinhold meint, Objekt zu שנא (śane') (»er hasst Entlassen«) (so auch *A. E. Hill* 250). Vielmehr vertritt er den inf.cs. mit ל (*l^e*), der den Zweck oder die Folge des Hassens angibt (»er hasst um zu entlassen« oder »er hasst und entlässt infolgedessen«). Es gibt nämlich im Hebräischen eine ganze Reihe von Verben, die alternativ den inf.cs. mit ל (*l^e*) oder den bloßen inf.cs. bei sich haben können. Beispiele sind: יסף (jsp) hif »fortfahren, etwas zu tun«: mit ל (*l^e*) Gen 4, 2; 18, 29; Ex 5, 7 u. ö., ohne ל (*l^e*) Gen 4, 12; 8, 10; 37, 5 u. ö.; יכל (jkl) »vermögen, etwas zu tun«: mit ל (*l^e*) Gen 13, 6.16; 45, 1 u. ö., ohne ל (*l^e*) Gen 24, 50; 37, 4; Ex 2, 3 u. ö.; היטיב (hêṭîb) »gut darin sein, etwas zu tun«: mit ל (*l^e*) 1 Sam 16, 17, ohne ל (*l^e*) Ps 33, 3. In diesem Sinn könnte man hier wörtlich wiedergeben: »hassen, um etwas zu tun«. Von »hassen« ist auch nicht, wie Meinhold meint, ein zweites Objekt in Form des Satzes »er deckt Gewalt auf sein Gewand« abhängig. Vielmehr stellt dieser Satz die Interpretation dar, die JHWH dem »hassen um zu entlassen« gibt. Dabei handelt es sich nicht im strengen Sinn um die Zuordnung von Protasis und Apodosis (so *A. Meinhold* 183), weil es sich nicht um einen Rechtssatz handelt. Gleichwohl ist zu beachten, dass selbst im kasuistischen Rechtssatz gelegentlich die Apodosis mit ו (*w^e*) eingeleitet werden kann (Ex 21, 19.23.30.35; 22, 7a). Es liegt von der Philologie her also nahe, Mal 2, 16a mit neueren Studien wie folgt zu übersetzen: »›For one who divorces because of aversion‹, says Yahweh, the God of Israel, ›thereby covers his garment with violence‹, says Yahweh of Hosts« (*B. Glazier-McDonald*, Malachi 1987, 82; *M. A. Shields*, Syncretism 1999, 83) oder »If one hates and divorces …, he covers his garment with violence …« (*G. P. Hugenberger*, Marriage 1994, 76) oder »For who hates and divorces covers his garment with violence« (*M. Zehnder*, Fresh Look 2003, 255). Im Übrigen ist dies wohl auch die Auffassung der Septuaginta, die man so übersetzen kann: »Aber wenn du (sie) hasst und sie wegschickst …« (Septuaginta Deutsch; zur Begründung vgl. *D. C. Jones*, Note 1990).

Ideologie-verdacht

Nun hat die Deutung des Satzes neben der philologischen auch eine inhaltliche Seite. Und wie gesagt wird in einigen Fällen beides kräftig ineinander gemischt, sodass der Verdacht aufkommen muss, hier würden in einem Zirkelschlussverfahren die sprachlichen Entscheidungen von inhaltlichen Vorgaben abhängig gemacht. Ganz offensichtlich ist das etwa bei *W. Rudolph* 270. Er sagt zu der auch hier vertretenen Lösung, Subjekt des Hassens sei der entlassende Ehemann, sie passe »durchaus in den Zusammenhang«, um dann anzufügen: »Trotzdem bedeutet sie eine Abschwächung gegenüber dem scharfen ›ich hasse Scheidung‹«. Wie der Satz zu übersetzen ist, wird also von den inhaltlichen Kriterien »scharf« oder »Abschwächung« abhängig gemacht. Nicht anders verfährt *P. A. Verhoef* 278. Zu der Übersetzung »If one sends away out of hate« stellt er fest: »such a reading undermines all that the prophet is seeking to convey. Therefore, we prefer the reading according to which God is the subject«. Auch hier bestimmt also das Vorwissen darüber, was »der Prophet mitzuteilen sucht«, die Übersetzung.

Christliches Eheverständnis?

Welche inhaltliche Vorgabe aber ist es, die hier so stark durchschlägt, dass sie sogar die Übersetzung beeinflusst? Es ist kurz gesagt die Ablehnung der jüdischen, in der Tora verankerten Praxis, dass unter bestimmten Bedingungen und bei entsprechenden Schutzmaßnahmen für die geschiedene Frau eine Scheidung von Ehen möglich ist (Dtn 24, 1–4). Wie sehr dabei das konfessionelle Vorurteil die Lesung beeinflusst, zeigt das Beispiel von Wellhausen. Er ändert den masoretischen Text von der 3. in die 1. Person: »Ich hasse Scheidung«, und erklärt, bei der in M stehenden 3. Person könne »mit Recht eine absichtliche Entstellung des ursprünglichen Sinnes durch die jüdische Tradition« vermutet werden (*J. Wellhausen* 208). Es verwundert nicht, dass es vor allem jüdische Stimmen sind, die den Text im Sinne der Zulassung der Scheidung verstehen, weil sie ihn auf dem Hintergrund von Dtn 24, 1–3 lesen, wo die Ehescheidung geregelt wird (vgl. die Belege bei *A. Meinhold* 182). Dieser jüdischen Praxis wird die angeblich christliche, sich auf Textstellen wie Mt 5, 31 f.; 19, 3–9; Mk 10, 2–12; Lk 16, 18 berufende Forderung nach Unauflöslichkeit der Ehe gegenübergestellt (*M. Adinolfi*, Ripudio 1970 sieht den Text als Beleg für die vom Vaticanum II bestätigte römisch-katholische Auffassung von der Unauflöslichkeit der Ehe). Mal 2, 16 wird dann als wichtiger Schritt der Ablösung vom jüdischen hin zu dem angeblich christlichen Eheverständnis gewürdigt.

Eine Blütenlese aus christlicher Kommentarliteratur mag belegen, dass es sich bei dem geäußerten Ideologieverdacht um mehr als nur einen Verdacht handelt. »Die hier vertretene Auffassung von der Ehe kommt der Auffassung Jesu nahe ...« (*K. Marti* 469). »Es ist hier ... neutestamentliche Luft, die uns entgegenweht ...« (*E. Sellin* 590). »Hier ist ... ein Eheverständnis durchgebrochen, das über Dt 24, 1–4 hinausführt und zu Mat 5, 31 f.; 19, 4–9 hinleitet« (*F. Horst* 270). »This passage does not seem to be based on Deut 24 but goes back to Gen 1–2 and is the forerunner of Jesus' teaching in Matt 5:31–32; 19:4–9« (*R. L. Smith* 325). »... nowhere else in the OT do we find such an elevated view of marriage as in Mal. 2:10–16. ... Christ's answer ... is already stated in Mal. 2:14–16: I hate divorce, says the Lord« (*P. A. Verhoef* 280 f.). »Die Lehre Maleachis, die die Scheidung ablehnt, ist besonders herausfordernd. Sie löst sich von der Freizügigkeit des mosaischen Gesetzes (Dtn 24, 1) und nimmt, indem sie sich auf Gen 2, 24 gründet, die Position Jesu in dieser Sache vorweg (Mt 19, 9)« (*P. Jaramillo Rivas* 309).[3] »Hier findet sich die einzige alttestamentliche Äußerung, die offenbar im Gegensatz und Stichwortbezug zu Dtn 24, 1 ff. die Scheidung ausdrücklich ablehnt (vgl. Mk 10, 9//Mt 19, 6; 1. Kor 7, 10 f.)« (*H. Graf Reventlow* 149 f.).

Es kann hier nicht darum gehen zu prüfen, ob im Eheverständnis Jesu (*W. Stegemann*, Jesus 2010, 286–288) und der frühen christlichen Gemeinden (*L. Sutter Rehmann*, Konflikte 2002) wirklich die absolute Unauflös-

---

[3] *La doctrina de Malaquías rechazando el divorcio es particularmente exigente. Se aparta de la permisividad de la ley de Moisés (Dt 24, 1) y, fundándose en Gn 2, 24, preludia la posición de Jesús en esta materia (Mt 19, 9).*

lichkeit der Ehe vertreten wird. Es genügt festzuhalten, dass der Text von Mal 2,10–16 selbst, wenn man ihn nicht mit einem antijüdisch und evolutionistisch geprägten Vorverständnis liest, keineswegs von der Forderung nach Unauflöslichkeit der Ehe spricht. Mal 2,16 kennt mit Sicherheit Dtn 24,1–4, wie die Zusammenstellung von שׂנא *(śane')* »hassen« und שׁלח *(šlḥ)* pi »entlassen/scheiden« zeigt. Mal 2,10–16 kritisiert nicht die prinzipielle Möglichkeit der Ehescheidung. Ebensowenig fordert er die Ehescheidung, weil er »das Eingehen einer zweiten bei Fortbestand der ersten Ehe als Ehebruch« betrachtet (so *S. Schreiner,* Mischehen 1979, 226, der »entlasse« als Imperativ liest). Der Text nimmt überhaupt nicht grundsätzlich zur Scheidungsfrage Stellung. Mal 2,10–16 kritisiert vielmehr eine bestimmte Praxis, die aus Dtn 24,1–4 die Möglichkeit leichtfertiger Entlassungen der langjährigen Ehefrau herausliest. Was Mal 2,16 ablehnt, ist nicht die Ehescheidung als solche, sondern »unjustifiable divorce, that is, for reasons other than ›something indecent‹ in the wife (Deut 24:1). This would include divorce for personal convenience or advantage or for any other reasons related to self-satisfaction« (*E. R. Clendenen* 368). »… Mal. ii 14.16 does not speak against divorce in general …« (*M. Zehnder,* Fresh Look 2003, 258). Es ist die »*unrechtmäßige* Scheidung, die vehement abgelehnt wird« (*A. Meinhold* 233, Hervorhebung R. K.).

Maleachi kritisiert also die leichtfertige Scheidungspraxis seiner Zeit, diese allerdings heftig. Der Prophet sieht sie als einen Akt der Gewalt gegen die geschiedenen Frauen an. Er unterstreicht seine Kritik dadurch, dass er sie zweimal mit der Gottesspruchformel als Rede JHWHs darstellt. Aber er geht nicht so weit, Gott selbst eine grundsätzliche Ablehnung von Ehescheidungen in den Mund zu legen.

Maleachi ist nicht Vorläufer einer angeblich grundsätzlichen Ablehnung von Ehescheidungen im Neuen Testament. Er ist vielmehr, wie auch das Neue Testament selbst, teil einer jüdischen Diskussion um die Auslegung von Dtn 24,1–4. Ihre Zuspitzung findet sie in der Debatte zwischen den Schulen Schammais – nur »etwas Schändliches« gilt als Scheidungsgrund – und Hillels – schon »wenn sie eine Speise anbrennen ließ«, reicht aus (mGit IX 10; zur rabbinischen Diskussion über mögliche Scheidungsgründe vgl. *L. Sutter Rehmann,* Konflikte 2002, 97–101). Dass dabei Mal 2,10–16 wie Sir 7,26 (»Hast du eine Frau, die dir entspricht, dann verstoße sie nicht«) und wie die neutestamentlichen Autoren auf der Seite einer strengen Auffassung steht, liegt auf der Hand: »Malachi … takes a rigorist position« (*I. Willi-Plein,* Problems 2007, 1979*). Nicht weniger, aber auch nicht mehr (zur Frage von Scheidung und Wiederverheiratung in jüdischer und christlicher Tradition insgesamt vgl. *D. Instone-Brewer,* Divorce 2002).

Die Folgerungen aus der Feststellung werden mit der fast identischen Wiederholung von V 15b abgeschlossen. Der erste Teil der Mahnung ist wörtlich gleich: »Ihr sollt euch hüten bei eurem Verstand«. Der zweite Teil

V 1

dagegen variiert auf dreifache Weise und verallgemeinert damit die Aussage von V 15b. (1) Es entfällt das Objekt des Betrügens, »die Frau deiner Jugend«. (2) Die Formulierung ist nicht unpersönlich (»man soll nicht betrügen«), sondern in direkter Anrede gehalten: »ihr sollt nicht betrügen«. (3) Die Verneinung wird nicht durch אל *('al)* mit Jussiv, sondern durch לא *(lo')* mit Imperfekt ausgedrückt, was im Hebräischen eine Verschärfung darstellt. Übertrieben, aber die Tendenz wiedergebend könnte man V 15b übersetzen: »die Frau deiner Jugend möge man nicht betrügen«, V 16b dagegen: »ihr werdet nicht betrügen«.

Am Schluss des Diskussionswortes steht also die objektlose, apodiktische Anrede: »ihr sollt nicht betrügen«. Der Vorwurf des Betrügens hat mit dem Stichwort בגד *(bgd)* von V 10 an den Text durchzogen. Was die III. Strophe der Maleachi-Dichtung auf vielfache Weise als Realität in Israel feststellt, ist das, was nach Gottes Willen nicht sein soll. Mit diesem Ausrufezeichen (das in der hebräischen Schrift allerdings noch nicht bekannt ist) endet die erste Hälfte der Maleachi-Dichtung.

Bedeutung

a) Die III. Strophe und ihre Stellung im Buch. Der erste Teil der Maleachi-Dichtung, dessen Ende mit 2,16 erreicht ist, legt in der I. Strophe das Fundament der »Liebeserklärung« JHWHs an Israel und kritisiert in der II. und III. Strophe scharf das Verhalten von Priestern und Laien, allerdings ohne trennscharfe Abgrenzung, denn 1,14 nimmt in der II. Strophe die Laien in den Blick, und die Kritik an der Ehescheidungspraxis in der III. Strophe kann auch Priester treffen, die bekanntlich in der Regel verheiratet waren (*G. S. Ogden*, Figurative Language 1988 stellt die Dinge auf den Kopf, wenn er die III. Strophe ausschließlich auf Priester bezieht und aus allen konkreten Vorwürfen »bildliche Sprache« macht). Bei aller Konkretheit der Kritikpunkte – schäbige Opfer, Ehen mit Anhängerinnen fremder Gottheiten, gewalttätige Scheidungspraxis – ist deren Kern die Verletzung der Gottesbeziehung. Das wird in den Vorsprüchen jeweils mit der Vater-Metapher für Gott ausgedrückt (1,6a »Der Sohn achtet den Vater und der Sklave seine Herrschaft«, 2,10a »Haben wir nicht alle einen einzigen Vater? Hat nicht ein einziger Gott uns geschaffen?«). Aber die Verletzung der Gottesbeziehung schlägt sich eben in konkretem Verhalten nieder.

Dabei nimmt die III. Strophe eine überraschende Wendung vor. Bei dem in der Feststellung erhobenen Vorwurf der Ehe mit der »Tochter eines fremden Gottes« wird von selbst verständlich, dass dies die Beziehung zum Gott Israels bricht. In der Entfaltung der Feststellung und in den Folgerungen im Anschluss an die Einrede wird dann aber das Thema gewechselt und von der

Ehe mit der »Frau deiner Jugend« geredet. Dieser Wechsel macht deutlich: Auch im Verhalten untereinander, hier im Verhalten der judäischen Männer gegenüber ihren langjährigen Ehefrauen, geht es direkt um das Gottesverhältnis.

Am Ende des III. Diskussionswortes steht die wiederholte Mahnung, »(die Frau deiner Jugend) nicht zu betrügen«. Als Mahnung zielt sie auf zukünftiges Verhalten ab. Damit leitet sie über zur zweiten Hälfte der Dichtung, in der der Blick in die Zukunft dominiert, ohne dass die Kritik am gegenwärtigen konkreten Verhalten damit ausgeblendet würde. Beides gehört in der Maleachi-Schrift zusammen. Aber die Schwerpunkte sind unterschiedlich verteilt.

b) Christliche Berufung auf das vorgebliche Scheidungsverbot. Wir haben gesehen, dass in der christlichen Kommentarliteratur Mal 2,10–16 eine zweifelhafte Rolle bei der Stützung eines angeblich aus dem Neuen Testament zu entnehmenden absoluten Scheidungsverbots übernimmt. Von den neueren deutschsprachigen Übersetzungen bewegt sich auf dieser Linie die Zürcher Bibel: »Denn ich hasse die Scheidung, spricht der Herr ...« (1931) bzw. »Denn ich hasse es, wenn man sich scheidet, spricht der HERR ...« (2007). Auch die Bibel in gerechter Sprache, bei der ich selbst für die Maleachi-Übersetzung verantwortlich bin, hat in den ersten Auflagen diese Position übernommen: »Denn Gott hasst es, wenn einer seine Frau fortschickt.« Die hier niedergelegten exegetischen Einsichten führen dazu, dass dies in den kommenden revidierten Auflagen verändert wird. Jetzt soll es heißen: »Denn wer hasst und infolgedessen seine Frau fortschickt ..., der deckt Gewalt auf sein Gewand ...«.

Es ist bemerkenswert, dass Luther in seiner Übersetzung von 1545 keineswegs von einer göttlich sanktionierten Ablehnung von Scheidungen ausgeht. Er übersetzt unbefangen: »Wer jr aber gram ist / der lasse sie faren«. Seit der Revision von 1914 wird daraus die Fassung, die auch ich vorziehe: »Wer ihr aber gram ist und verstößt sie ..., der bedeckt mit Frevel sein Kleid ...«. Auf derselben Linie bewegt sich die Einheitsübersetzung: »Wenn einer seine Frau aus Abneigung verstößt ..., dann befleckt er sich mit einer Gewalttat ...«. Aus diesen Fassungen ist kein absolutes Scheidungsverbot herauszulesen. Bemerkenswert ist, dass auch eine Studie unter der Frage: »Maleachi 2,10–16: Eine Vorstufe zur christlichen Ehetheologie?« (im Sinne des Codex Iuris Canonici) zu dem klaren Schluss kommt: »Damit kann man Maleachi nicht zu einem Vorläufer für die christliche Ehetheologie machen, denn weder vertritt er die strikte Monogamie, noch plädiert er für die Unauflöslichkeit der Ehe ...« (D. Drost, Maleachi 2,10–16 2002, 104). Bei diesem klaren Urteil sollte es auch bleiben.

c) Der deutsch-französische Krieg von 1870/71: Wer ist wessen Bruder? Bei aller Kritik an Juda steht Mal 2,10–16 voran die Beschwörung der Einheit: »Haben wir nicht alle einen einzigen Vater? Hat nicht ein einziger Gott

Abb. 7: Gedenktuch zur Erinnerung an einen Feldgottesdienst mit 1.200 jüdischen Soldaten im deutschen Kriegslager vor Metz 1870; Baumwolle bedruckt, 68 × 68 cm. – Über dem Bild, unter dem Davidstern steht in hebräisch und deutsch der Text von Mal 2,10a: »Haben wir nicht Alle einen Vater? Hat uns nicht Alle ein Gott geschaffen?«
Quelle: *N. T. Gidal*, Juden 1988, 231. – Für freundliche Hilfe danke ich Prof. Dr. Michael Brocke, Duisburg.

uns geschaffen?« (2,10a). Dieses Wort erscheint als Motto in hebräischer und deutscher Sprache auf einem Baumwolltuch, das zur Erinnerung an einen Feldgottesdienst mit 1.200 jüdischen Soldaten im deutschen Kriegslager vor Metz 1870 angefertigt wurde. Doch was in Mal 2,10 auf die Einheit Judas bezogen ist, wird jetzt auf die Einheit der deutschen Waffenbrü-

Maleachi 2,10–16

der jüdischen und christlichen Glaubens umgedeutet. Der Hymnus des Rabbiners Ludwig Philippson (1811–1889), der die Ecken des Tuches ziert, endet links unten mit der 4. Strophe:

Hell endlich funkeln Sterne,
    und sieben Mal ertönt
Das Wort des reinen Glaubens,
    der Liebe, die versöhnt.
Und Einer grüßt den Andern,
    reicht ihm die Bruderhand,
geschlossen wird im Herzen
    das schönste Freundschaftsband.
Die christlichen Kam'raden,
    als treue Liebesmacht,
Sie schützen ihre Brüder
    von früh bis in die Nacht.
Nun treten alle wieder
    ganz munter in die Reih'n
Zu ihren Regimentern,
    im hellen Mondenschein
Erhoben durch den Glauben,
    ermuthigt zu der Pflicht,
Sind sie bereit zum Kampfe;
    sie steh'n und wanken nicht.

Jüdische und christliche »Kam'raden« als deutsche Brüder gegen ihre jüdischen und christlichen Feinde im französischen Heer: In der Tat »erhitzte das nationale Fieber die Gemüter« auf beiden Seiten. »Der Krieg von 1870/71 beendete für lange Zeit fast alle zivilgesellschaftliche Tätigkeit, sei es unter Liberalen, Sozialisten, Katholiken oder Freimaurern« (*C. Wilke*, Völkerhass 2008, 1). Auch die Juden Frankreichs und Deutschlands waren davon nicht ausgenommen. Dass die »Bruderschaft« der jüdischen und christlichen Deutschen in der Schoah enden würde, konnte damals noch niemand wissen. Es sei aber erwähnt, dass trotz des »nationalen Fiebers« Sprecher der französischen wie der deutschen Juden im Rahmen der 1860 gegründeten und in Frankreich wie Deutschland stark vertretenen *Alliance Israélite Universelle* (dazu *Ch. G. Krüger*, »Brüder« 2006, 182–187.229–236) gleich nach Kriegsende die Versöhnungsarbeit aufnahmen. Schon Ende 1871 konnte der Rabbiner Moritz Landsberg seinem französischen Kollegen Isidore Loeb gegenüber den Wunsch aussprechen, dass »doch schon endlich wenigstens unter uns Juden überall ein Geist der Versöhnung sich geltend machen wollte!« (zitiert nach *C. Wilke*, Völkerhass 2008, 1). Zweifellos wäre auch hierfür Mal 2,10a ein geeignetes Motto gewesen: »Haben wir nicht Alle einen Vater? Hat uns nicht Alle ein Gott geschaffen?«

Maleachi 2, 17–3, 5

Gerlinde Baumann, Gottes Gewalt im Wandel. Traditionsgeschichtliche und intertextuelle Studien zu Nahum 1, 2–8 (WMANT 108), Neukirchen-Vluyn 2005. – *Ulrich Berges*, Jesaja 40–48 (HThKAT), Freiburg u.a. 2008. – *Thomas Daniel*, Georg Friedrich Händel: Der Messias, in: S. Helms / R. Schneider (Hg.), Große Chorwerke. Werkanalyse in Beispielen, Kassel 1994, 48–71. – *Volkmar Hirth*, Gottes Boten im Alten Testament. Die alttestamentliche Mal'ak-Vorstellung unter besonderer Berücksichtigung des Mal'ak-Jahwe-Problems (ThA 32), Berlin 1975. – *Rainer Kessler*, Lohnarbeit im alten Israel – kreative Antworten des Alten Testaments auf neue soziale Herausforderungen, in: P. Dabrock / S. Keil (Hg.), Kreativität verantworten. Theologisch-sozialethische Zugänge und Handlungsfelder im Umgang mit dem Neuen, Neukirchen-Vluyn 2011, 46–60. – *ders.*, Micha (HThKAT), Freiburg u.a. ²2000 – *F. Maass*, Art. ṭhr rein sein, in: THAT I (1984) 646–652. – *Bruce V. Malchow*, The Messenger of the Covenant in Mal 3:1, in: JBL 103 (1984) 252–255. – *Friedrich-August von Metzsch*, Johannes der Täufer. Seine Geschichte und seine Darstellung in der Kunst, München 1989. – *Anna Karena Müller*, Gottes Zukunft. Die Möglichkeit der Rettung am Tag JHWHs nach dem Joelbuch (WMANT 119), Neukirchen-Vluyn 2008. – *Ulrich B. Müller*, Johannes der Täufer. Jüdischer Prophet und Wegbereiter Jesu (BG 6), Leipzig 2002. – *Rüdiger Schmitt*, Magie im Alten Testament (AOAT 313), Münster 2004. – *José L. Sicre*, »Con los pobres de la tierra«. La justicia social en los profetas de Israel, Madrid 1984. – *Adam Simon van der Woude*, Der Engel des Bundes. Bemerkungen zu Maleachi 3, 1c und seinem Kontext, in: J. Jeremias / L. Perlitt (Hg.), Die Botschaft und die Boten, FS H. W. Wolff zum 70. Geburtstag, Neukirchen-Vluyn 1981, 289–300.

Literatur

Text

2, 17 *Ihr ermüdet JHWH mit euren Worten.*
Ihr aber sagt: »Womit ermüden wir?«
Indem ihr sagt: »Alle, die Böses tun – gut sind sie in den Augen JHWHs,
und an ihnen hat er Gefallen.«
Oder: »Wo ist der Gott des Rechts?«
3, 1 *Seht her, ich schicke meinen Boten,*
der räumt den Weg vor mir frei.
Und sogleich kommt zu seinem Tempel
der Herr, den ihr sucht.
Und der Bote des Bundes, an dem ihr Gefallen habt,
seht her, er kommt, sagt JHWH der Heere.
2 *Doch wer hält den Tag aus, wenn er kommt,*
und wer bleibt bestehen, wenn er erscheint?
Denn er ist wie das Feuer eines Schmelzers,
wie die Lauge von Wäschern.

Übersetzung

Maleachi 2,17–3,5

3   Er setzt sich hin als Schmelzer und Reiniger von Silber, er reinigt die Kinder Levis und läutert sie wie Gold und Silber. So werden sie JHWH Gabe in Gerechtigkeit darbringen.
4   Dann ist JHWH die Gabe Judas und Jerusalems angenehm wie in den einstigen Tagen, in den frühen Jahren.
5   Ich nahe mich euch zum Recht und werde ein schneller Zeuge sein gegen die, die Zauberei treiben, Ehen zerstören, Meineide schwören, den Lohn des Tagelöhners sowie Witwen und Waisen unterdrücken und Fremde wegdrängen – vor mir aber haben sie keine Ehrfurcht, sagt JHWH der Heere.

Zu Text und Übersetzung

2,17a Die alten Übersetzungen fügen überwiegend an das absolut stehende Verb הוגענו *(hôgaʿnû)* »(womit) ermüden wir?« ein Suffix an, meist in der 3., in einigen Handschriften auch in der 2. Person: »(womit) ermüden wir ihn/dich?«. Dies übernimmt BHS als Vorschlag. Sachlich wäre die 3. Person richtig. Doch da elliptische Redeweise vorliegt und zudem 4QXII^a den masoretischen Text stützt (DJD XV, 224), besteht kein Anlass zur Textänderung (so auch *A. Meinhold* 239 f.).

3,5aβ Zwischen »schwören« und »Meineide« (wörtlich »zur Lüge«) fügen verschiedene Handschriften und die Septuaginta »in meinem Namen« ein. Das ist zwar sachlich richtig, sprachlich aber nicht nötig.

Analyse

Die Elemente des Diskussionswortes

Die IV. Strophe der Maleachi-Dichtung konzentriert die Elemente des Diskussionswortes auf den ersten Vers. 2,17 enthält die Feststellung (V 17aα), die Einrede (V 17aβ) – beide mit dem Verb יגע hif *(jgʿ)* »ermüden« gebildet, beide aus nur zwei Worten bestehend – und die Entfaltung der Feststellung (V 17b). Breit ausgebaut sind dagegen die Folgerungen (3,1–5). Die interpretatorische Herausforderung besteht darin, den inneren Zusammenhang zwischen dem kurzen verbalen Schlagabtausch in 2,17 und den breiten Folgerungen in 3,1–5 aufzuspüren.

Redeebenen

Was schon für das III. Diskussionswort zu beobachten war, gilt nun auch weiter für das IV. Es ist immer der Prophet, also die Sprecher-Origo (Ebene E$_0$), der selbst spricht oder das Wort erteilt. Die Vorstellung, dass sich wie in der I. und II. Strophe alles im Rahmen eines JHWH-Monologs bewegt, ist ausgeschlossen. Die Feststellung (2,17aα) spricht die Betroffenen in der 2. Person an und hat JHWH in der 3. Person, stammt also aus dem Mund des Propheten. Das anschließende »Ihr aber sagt« in 2,17aβ muss dann auch der Prophet sprechen. Mit der Entfaltung der Feststellung, die mit »indem ihr sagt« eingeleitet wird, richtet sich die Sprecher-Origo erneut direkt an die Angeredeten und spricht wieder über JHWH in der 3. Person (2,17b).

Erst in den umfangreichen Folgerungen (3,1–5) ergreift JHWH selbst das

Wort. In 3,1a und 3,5 bedient JHWH sich dazu der 1. Person. Das ist in 3,1b–4 anders. In diesem Abschnitt wird »der Bote des Bundes« (3,2) angekündigt. Über ihn wird naturgemäß in der 3. Person gesprochen. Bei der Schilderung der Folgen seines Tuns wird dann sogar über JHWH selbst ebenfalls in der 3. Person gesprochen (3,3b.4a). Dennoch wird man hier keinen Rednerwechsel von JHWH zurück zum Propheten annehmen müssen. Denn zum einen bleibt am Anfang dieses Passus die direkte Anrede der Betroffenen in 2. Person erhalten (3,1b), die dann in der abschließenden eindeutigen JHWH-Rede in 3,5 wieder aufgenommen wird. Vor allem aber markiert der Prophet durch zweimaliges »sagt JHWH der Heere« (3,1bβ und 3,5bβ), dass der gesamte Abschnitt 3,1–5 Rede JHWHs ist, dem der Prophet das Wort erteilt. Im Übrigen liegt auch in 1,14a ein Fall vor, wo möglicherweise innerhalb einer Rede JHWHs auf diesen in der 3. Person Bezug genommen wird.

Das IV. Wort der Maleachi-Dichtung enthält also nur die Ebenen E_0 und im Zitat der Einrede (2,17aβ) sowie im Zitat des Gotteswortes in 3,1–5 die Ebene E_1. Es handelt sich ausschließlich um einen Dialog des Propheten mit den von ihm Angeredeten.

Wie alle Strophen der Dichtung enthält 2,17–3,5 die Grundkonstellation von drei handelnden bzw. sprechenden Figuren. Es sind dies der Prophet, der in der Feststellung (2,17aα) und ihrer Entfaltung (2,17b) selbst spricht bzw. in Einrede (2,17aβ) und Folgerungen (3,1–5) anderen das Wort gibt, sodann das Gegenüber, das in 2,17; 3,2.5 in der 2. Person Plural angeredet wird, und schließlich JHWH, der in 3,1–5 das Wort hat. Indem sowohl der Prophet als auch JHWH das Gegenüber direkt anreden, rücken beide nahe aneinander. Der in der Überschrift festgehaltene Gedanke, dass das »Wort JHWHs« »in der Hand« Maleachis liegt (1,1), schlägt hier durch. Dagegen kommt der andere Gedanke, dass der prophetische Mittler sich im Wir auch mit den Angeredeten zusammenschließt (so 1,9; 2,10), hier nicht zum Zug.

Figurenkonstellation und Kommunikationsstruktur

Zu diesen drei tragenden Gestalten kommen, wie in den bisherigen Worten auch, weitere hinzu. Die Angeredeten beziehen sich auf »alle, die Böses tun« (2,17). JHWH in seiner Rede nennt weitere Figuren: »meinen Boten« (3,1), der auch »der Bote des Bundes« heißt (3,2), sodann die »Kinder Levis«, an denen der Bote eine Reinigung vornehmen wird (3,3), und schließlich eine ganze Gruppe von Übeltätern, die 3,5 im Detail aufzählt. Sie alle ergreifen nie selbst das Wort und werden auch nicht direkt angeredet. Wie Esau/Edom im I., wie Levi im II. und wie die »Tochter eines fremden Gottes« bzw. die »Frau deiner Jugend« im III. Wort stehen sie außerhalb der direkten Kommunikation zwischen Prophet, JHWH und den Angeredeten.

Es versteht sich, dass angesichts der Figurenkonstellation nur die drei Hauptakteure als aktiv redend bzw. handelnd vorgestellt werden. Der Prophet ist aktiv, indem er selbst redet bzw. das Wort erteilt. Die Angeredeten werden zweimal zitiert. Feststellung und Einrede sind dabei in AK-Formen gehalten (»ihr ermüdet« bwz. »womit ermüden wir?«). Damit wird ein Ge-

Verbale Struktur

schehen bezeichnet, das bereits in der Vergangenheit begonnen hat, aber bis in die Gegenwart fortdauert. Die Entfaltung der Feststellung verwendet dagegen ausschließlich Nominalsätze (2,17b). Auf diese Weise wird signalisiert, dass die Vorwürfe der Angeredeten gegenüber JHWH »zeitlos« sind. Was man ihm vorhält, gilt immer und überall. Soweit unterscheidet sich das IV. Wort nicht grundsätzlich von den bisherigen Strophen.

Eine massiv neue Perspektive kommt dagegen in den Worten JHWHs auf. Sie sind vom Anfang bis zum Ende futurisch gehalten. Die Gottesrede beginnt mit הנה *(hinneh)* + Partizip aktiv (3,1a), eine Form, die in 3,1b sogleich wiederholt wird. Dadurch wird das so genannte *futurum instans*, eine unmittelbar bevorstehende Handlung, ausgedrückt (Bartelmus 64). Der futurische Aspekt wird sodann aufgenommen entweder durch die PK (3,1b) oder, viel häufiger, durch das *perfectum consecutivum* (achtmal in 3,1–5), das nach dem Partizip zur Bezeichnung zukünftiger Handlungen dient (GesK § 112t). Alles also, was JHWH in den Folgerungen sagt, bezieht sich auf die (unmittelbar bevorstehende) Zukunft. Erst in der Zukunft kann dann – als Ausnahme von der sonstigen Passivität – eine Handlung der Kinder Levis genannt werden: Nach ihrer Reinigung werden sie JHWH wohlgefällige Gabe darbringen (3,3b).

Mit dem Blick in die Zukunft ist in der gesamten Maleachi-Dichtung ein Wendepunkt erreicht. Bisher war Zukünftiges nur leicht angeklungen, in den unterschiedlichen Perspektiven Edoms und Israels (1,4f.), in einer (eigentlich aber schon verspielten) Handlungsalternative der Priester (2,2) und in der auf die Zukunft gerichteten Mahnung, die Frau der Jugend nicht zu betrügen (2,15f.). Jetzt aber bricht die Ankündigung der Zukunft mit Macht herein. Sie ist die eigentliche Antwort auf die Fragen und Bedenken der Angeredeten. Dieser Zukunftsaspekt bleibt im folgenden V. Wort erhalten, wenn auch wiederum schwächer, und dominiert dann die abschließende VI. Strophe.

Sprache   Auch Mal 2,17–3,5 zeigt den Stil gehobener Prosa, der für Maleachi typisch ist. In den eher prosaischen Vers 2,17 ist nur eine schwache parallele Formulierung eingebaut (»Alle, die Böses tun – gut sind sie in den Augen JHWHs, // und an ihnen hat er Gefallen«). Dagegen beginnt die JHWH-Rede, die das Kommen des Boten ankündigt, in 3,1b mit einem kunstvoll chiastisch verschränkten Parallelismus:

So kommt auf einmal zu seinem Tempel der Herr, den ihr sucht.
Und der Bote des Bundes, an dem ihr Gefallen habt, seht her, er kommt.«

In der ersten Zeile steht das Verb »kommen« am Anfang, gefolgt vom Subjekt »der Herr«, in der zweiten folgt es auf das Subjekt »der Bote des Bundes«. Beide Subjekte sind zudem durch den Parallelismus »den ihr sucht« // »an dem ihr Gefallen habt« erweitert. Auch der anschließende V 2 besteht noch einmal aus zwei Parallelismen: »Doch wer hält den Tag aus, wenn er kommt, // und wer bleibt bestehen, wenn er erscheint?«, sowie »Denn er ist wie schmelzendes Feuer, // wie ätzende Lauge«. Das Weitere ist dann prosaisch geprägt, allerdings immer auch von Parallelismen durchzogen (V 4b: »wie in den einstigen Tagen // in den frühen Jahren«).

Neben den Parallelismen verwendet der Text als Stilmittel gehobener Sprache die Wiederaufnahme von Stichworten. In Feststellung und Einrede ist das ohnehin nahe liegend (zweimal »ermüden« in 2,17a, vgl. das zweimalige »lieben« in der ersten Strophe, 1,2). Doch dass es in der JHWH-Rede wiederholt vorkommt, weist auf stilistische Absicht hin. Die Beispiele sind zahlreich: »Mein Bote« (3,1aα) wird als »der Bote des Bundes« in 3,1bα aufgenommen; aus der Ankündigung, dass der kommende Bote »Silber reinigt« (3,3aα), wird das Verb »reinigen« in 3,3aβ und das Nomen »Silber« in 3,3aγ wiederholt; die »Gabe« erscheint in 3,3b als »für JHWH« dargebracht und in 3,4a als »für JHWH« angenehm. In all diesen Fällen, wo die Wiederholung unmittelbar auf die erste Erwähnung folgt, ergibt sich ein enges Geflecht, das den Text zusammenhält.

Ebenfalls dem Zusammenhalt des Textes dient schließlich eine andere Form der Wiederaufnahme. Dabei wird die anfangs von den Angeredeten als Vorwurf erhobene Frage: »Wo ist der Gott des Rechts?« (2,17b) abschließend mit der Ankündigung JHWHs beantwortet: »Ich nahe mich euch und schaffe Recht« (3,5). »3⁵ ist offensichtlich die abschließende Antwort auf die Frage von 2¹⁷« (*A. Deissler* 330). Hier wird der Text nicht kurzräumig verflochten, sondern im großen Bogen umklammert. Diese Inklusion ist auch das wichtigste Argument, an der überwiegend vorgenommenen Abgrenzung des Diskussionswortes als 2,17–3,5 festzuhalten, die gelegentlich bestritten wird (so zuletzt ausführlich von *S. D. Snyman*, Rethinking 2011, der 2,17–3,7aα vorzieht). Auf die Frage der Grenzen zwischen IV. und V. Strophe der Dichtung werde ich bei 3,6–12 zurückkommen.

Auch die IV. Strophe der Maleachi-Dichtung ist Gegenstand literarkritischer Operationen geworden. Als exemplarisch kann die Argumentation von *A. S. van der Woude*, Engel 1981, 290–293 gelten, die zwei Schichten erkennt: 2,17; 3,1a.5 sind das authentische Maleachi-Wort, 3,1b–4 stammen »aus der Feder eines späteren Ergänzers« (292). Strittig ist, inwiefern weitere Verse aus 3,1b–4 ebenfalls authentisch sind (am meisten diskutiert wird das für V 1b.2). Doch da die Argumentation so oder so zirkulär ist, braucht darauf nicht eingegangen zu werden. Folgende Argumente trägt van der Woude vor. (1) 2,17 »entspricht den Gepflogenheiten der Sprache Maleachis« (290), sei also authentisch. Nun können Sprachgepflogenheiten nur erhoben werden, wenn man zuvor Texte ausgeschieden hat, die andere Gepflogenheiten kennen. Das Argument eignet sich also selbst gerade nicht zu literarkritischen Operationen. (2) Die Ich-Rede in 3,1a findet ihre Fortsetzung in 3,5. Hier wird das Postulat vorausgesetzt, ein ursprünglicher Text dürfe keinen Wechsel der Sprechrichtung enthalten, während das bei ergänzenden Zusätzen statthaft sei. (3) »Inhaltlich

Literarkritik

genügt« 3,1a.5 als Antwort auf 2,17. Mit diesem Argument kann man Paul Gerhardts 15-strophiges Sommerlied »Geh aus, mein Herz, und suche Freud« auf wenige Strophen zusammenstreichen, was in verschiedenen Textausgaben auch geschieht. »Inhaltlich genügt« es für diese Ausgaben, über Authentizität sagt das aber nichts. (4) 2,17; 3,1a.5 hätten metrisch Doppeldreier, die zweite Hälfte von 3,5 zudem Doppelzweier, der Rest lasse diese Metrik nicht erkennen. Das stimmt, kann als Argument aber nur gelten, wenn man einen durchgehenden Metrumzwang anerkennt. – Natürlich ist unbestreitbar, dass Mal 2,17–3,5 ein spannungsvoller Text ist, formal und inhaltlich. Die Frage ist nur, warum die Produktion eines solchen Textes zwar einem Redaktor – der dann nicht als »Autor« gilt – zugetraut werden kann, nicht aber einem »authentischen« Autor.

Verkettung mit dem Vorangehenden Auch das IV. Diskussionswort der Maleachi-Dichtung hat Anteil an der Verkettungstechnik, die für die Schrift kennzeichnend ist. Dabei bestehen Bezüge zu beiden vorangehenden Einheiten, inhaltlich besonders stark aber zur II. Strophe. Denn die in 3,2 f. angekündigte Reinigung der Kinder Levis ist nicht zu verstehen ohne die Kritik an den Priestern in 1,6–2,9, die in 2,4–8 ausdrücklich mit dem früheren untadeligen Handeln Levis kontrastiert wurde. Die Reinigung der Kinder Levis wird nach 3,3 f. dazu führen, das diese »JHWH eine Gabe darbringen« werden, die ihm »angenehm« ist. Hier werden zwei zentrale Stichworte aus der Priesterkritik von 1,6–2,9 aufgegriffen: »darbringen« (נגשׁ hif bzw. hof) *(ngš)* aus 1,7.8.11 und »Gabe« (מנחה) *(minḥah)* aus 1,10.11.13. Dass mit der Reinigung der Kinder Levis und der nun JHWH angenehmen Gabe ein Zustand wiederhergestellt wird, der in der Frühzeit bestand, durch das in 1,6–2,9 kritisierte Fehlverhalten der Priester aber gefährdet war, unterstreicht die Formulierung »wie in den einstigen Tagen, in den frühen Jahren« (3,4). Die in 1,6–2,9 zugrunde liegende Abfolge: einst ungetrübter Bund mit Levi – jetzt gestörtes Gottesverhältnis durch das Fehlverhalten der aktuellen Priesterschaft, wird in 2,17–3,5 ergänzt durch den Blick in die unmittelbar bevorstehende Zukunft, die die Wiederherstellung des früheren Zustands bringen wird. Enger können zwei Strophen kaum miteinander verkettet werden.

Eine weitere Verbindung zu 1,6–2,9 stellt der letzte Vers von 2,17–3,5 her. Hier wird über die in 3,5 aufgezählten Übeltäter zusammenfassend festgestellt: »Sie haben eben keine Ehrfurcht vor mir«. Mit dem Stichwort ירא *(jr')* »Ehrfurcht haben« wird aber das Nomen »Ehrfurcht« (1,6; 2,5) und das mit ihm in 2,5 verbundene Verb aufgerufen. Allerdings zeigt die Gottesrede in 3,1–5, dass es auf das in den voranstehenden Strophen kritisierte Fehlverhalten zwei unterschiedliche Reaktionen gibt: Während die Kinder Levis gereinigt werden, werden die Übeltäter, die »keine Ehrfurcht vor mir haben«, einem Gericht ausgesetzt.

Die Wendung »eine Gabe darbringen« verbindet das IV. auch mit dem voranstehenden III. Diskussionswort. Da wird einer bedroht, »auch wenn er zugleich eine Gabe darbringt für JHWH der Heere« (2,12, das Stichwort

»Gabe« auch noch in 2,13). Allerdings bleibt offen, ob der so Bedrohte nach 2,17–3,5 an der künftigen Reinigung der Levi-Kinder teilhaben oder nicht doch dem Gericht an den Ehebrechern (3,5) anheim fallen wird.

Verknüpfen die bisher genannten Gedanken und Stichworte Mal 2,17–3,5 mit dem II. und III. Wort der Dichtung, so geht eine letzte Verknüpfung hintergründig darüber hinaus. Es ist die Ankündigung im Mund JHWHs, »meinen Boten« zu senden (3,1). Auf Hebräisch heißt das »Maleachi«, so wie nach 1,1 der Prophet heißt, durch den JHWH sein Wort spricht. In 2,7 wurde zudem der Priester als »Bote JHWHs« bezeichnet. Dreimal ist in der Maleachischrift vom »Boten« die Rede: vom Eigennamen des Propheten über die Aufgabenbezeichnung für den Priester bis zur Ankündigung des bevorstehenden Kommens eines »Boten«, der in 3,1b als »Bote des Bundes« näher charakterisiert wird. In der Auslegung wird diesem Geflecht weiter nachzugehen sein.

Trotz all dieser Rückbezüge gilt: Wie bei den zur II. und III. Strophe beobachteten Verknüpfungen ist auch bei der IV. Strophe die entscheidende Pointe neu und in den vorigen Einheiten noch nicht enthalten. Sachlich beruht sie darauf, dass mit 2,17–3,5 erstmalig der entscheidende Blick in die Zukunft gerichtet wird. Sprachlich schlägt sich dies in Stichworten nieder, die in der Maleachi-Dichtung erstmalig auftauchen und direkt mit dieser Zukunftsperspektive zusammenhängen. Es ist dies die Vorstellung von dem »Gott des Rechts« (2,17), der sich »zum Recht bzw. zum Gericht« naht (3,5) (jeweils משפט, mišpaṭ). Ebenfalls auf die Zukunft bezogen ist die in der Maleachi-Dichtung hier erstmalig vorkommende Vorstellung vom »Tag« des Kommens, der unmittelbar bevorsteht (3,2). Und natürlich hängt auch der Gedanke einer Reinigung, die an diesem Tag stattfinden wird (3,2f.), mit der Zukunft zusammen.

Auslegung

7a Die Feststellung besteht aus drei Worten, mit denen der Prophet seine Adressaten anredet: »Ihr ermüdet JHWH mit euren Worten«. Die Wurzel יגע (jgʿ) heißt im Qal »müde werden, ermatten« (2 Sam 23,10; Jes 40,28.30 u. ö.) bzw. in einem aktiveren Sinn »sich abmühen« (Jos 24,13; Jes 43,22; 47,12 u. ö.). Das Hifil, das nur hier und in Jes 43,23 f. vorkommt, hat kausative Bedeutung und heißt »jemand mit etwas ermüden«. Ob die Vorliebe Deuterojesajas für die Wurzel – sie kommt elfmal bei ihm vor (Jes 40,28.30 f.; 43,22–24; 45,14; 47,12.15; 49,4; 55,2) – und die Tatsache, dass das Hifil mit JHWH als Objekt des Ermüdens nur noch in Jes 43,24 vorkommt, belegen, dass Maleachi Deuterojesaja kennt, wird man fragen dürfen (vgl. *C. von Orelli* 231; *R. L. Smith* 327). Von unserer Stelle allein lässt sich die Frage nicht positiv beantworten, von der unmittelbaren Fortsetzung in Mal 3,1 her aber wird der Bezug deutlich (siehe das Folgende). Natürlich ist das »ermüden« hier wie in Jes 43,24 uneigentlich gemeint, denn Gott ermüdet nicht wirklich (Jes 40,28–31). Aber die Israelitinnen und Israeliten »fallen JHWH lästig« (Ges[18]), sie »gehen ihm auf die Nerven« (so *K. Wengst*, Aufgehen 2005, 21).

Es sind ihre »Worte«, die JHWH lästig fallen. Deshalb ist folgerichtig, dass auf die äußerst knappe Einrede (»Womit ermüden wir?«) in der Entfaltung der Feststellung das Zitat dieser Worte folgt.

Der Vorwurf, den Israel gegen JHWH erhebt, ist ungeheuerlich. »Gut« und »böse« sind Grundkategorien menschlicher Orientierung. Sie bezeichnen die Endpunkte einer Skala, die »alles« umfasst, weshalb das Paar »gut und böse« gelegentlich für »alles« oder »irgend etwas« stehen kann (Gen 24,50; 31,24.29 u.ö.). Als Endpunkte der Skala stellen Gut und Böse zugleich einen extremen Gegensatz dar, gewissermaßen den Plus- und Minuspol. Deshalb ist die Unterscheidung von Gut und Böse eine Grundfähigkeit menschlicher Existenz, die das Kind lernen muss (Jes 7,15f.), die ein guter König praktiziert (1 Kön 3,9) und die leider im Alter gelegentlich verloren geht (2 Sam 19,36). Nicht umsonst gehört das Motiv der »Erkenntnis von Gut und Böse« nach der biblischen Erzählung bereits in die Anfänge der Menschheitsgeschichte und wird da als gottgleiche Fähigkeit bezeichnet (Gen 2,9.17; 3,5.22).

Natürlich lehrt die Erfahrung, dass die Menschen sich nicht immer an diese Grundkategorien halten, sondern sie auf den Kopf stellen. Wiederholt wird beklagt, dass Menschen Gutes mit Bösem vergelten (1 Sam 25,21; Jer 18,20; Ps 35,12 u.ö.). Besonders scharf wird die Verkehrung von Gut und Böse in der prophetischen Sozialkritik gegeißelt. Jes 5,20 ruft das Wehe aus über die, »die das Böse gut und das Gute böse nennen«. Am 5,14f. spricht die Mahnung aus: »Sucht das Gute und nicht das Böse …! Hasst das Böse und liebt das Gute …!« Und Mi 3,2 – wohl in Anlehnung an Am 5,14f. – wirft den Regierenden Israels vor, sie »hassten das Gute und liebten das Böse«. Auch Einzelne machen die Erfahrung, dass ein Anderer »das Böse mehr liebt als das Gute« (Ps 52,5). Dabei ist immer klar, dass die, die »Böses tun«, dieselben sind, die sagen: »Es ist kein Gott« (Ps 14,1; 53,2).

Welche Perversion also ist es, wenn Gott selbst diese klaren Verhältnisse auf den Kopf stellt: »Alle, die Böses tun – gut sind sie in den Augen JHWHs, und an ihnen hat er Gefallen.« Man hat die Menschen, die so etwas sagen, in der Auslegungsgeschichte mit harten Worten belegt. Ihre Rede sei »ironisierend und deshalb blasphemisch« (*W. Rudolph* 277). Ihr gehe »the character of true piety and devotion« ab (*P. A. Verhoef* 285), sie stelle »a blatantly blasphemous denial of the Mosaic teaching« dar (*E. R. Clendenen* 370). Aber die Zusammenhänge sind komplizierter. Derartige Fragen werden »von Zynikern gestellt … aber auch von Verzweifelten …, die unter die Räder gekommen sind und keine Aussicht erkennen, zu ihrem Recht zu kommen« (*K. Wengst*, Aufgehen 2005, 21). Man muss ernst nehmen, dass hinter solchen Äußerungen eine tiefe Erfahrung liegt, die sich auch in Texten wie Ps 73, der Hiob-Dichtung oder dem Kohelet-Traktat niederschlägt, die Erfahrung der Abwesenheit Gottes (vgl. *E. Sellin* 607). Der Vorwurf, dass die Fragenden JHWH »ermüden«, besagt, dass sie nicht über diese unmittelbare Erfahrung hinausblicken. Er stellt aber nicht in Frage, dass sie ernsthaft nach Gott »suchen«, wie es der folgende Vers 3,1 ausdrücklich bestätigen wird.

Der Vorwurf der Fragenden gegen JHWH wird in einem zweiten Satz sogar noch verschärft und – fast möchte man sagen – »auf den Begriff gebracht«. Dabei bezeichnet das »oder«, mit dem dieser zweite Satz eingeleitet wird – »Oder: ›Wo ist der Gott des Rechts?‹« – keine Alternative zu dem ersten Satz, sondern die Folgerung aus ihm (so zu Recht *E. R. Clendenen* 370 Anm. 211). Das geht aus dem Bezug zu den sozialkritischen Stellen der Propheten, der hier sehr klar ist, eindeutig hervor. So verbindet Am 5,14 f. die Mahnung: »Sucht das Gute und nicht das Böse … ! Hasst das Böse und liebt das Gute … !« mit der Aufforderung »Richtet auf im Tor das Recht!«. Und in Mi 3,1 f. folgt auf den Vorwurf gegen die Regierenden, sie »hassten das Gute und liebten das Böse«, die rhetorische Frage: »Ist es nicht an euch, das Recht zu kennen?« Wenn man also Gott vorhalten muss, die, die Böses tun, seien gut in seinen Augen, dann ergibt sich daraus notwendigerweise die Frage, wo denn »der Gott des Rechts« sei. Es ist – *avant la lettre* – die Frage nach der »Gerechtigkeit Gottes«, nach der Theodizee.

Die Frage danach, wo er sei, setzt voraus, dass auch die Fragenden wissen, dass Gott »der Gott des Rechts« ist. Es ist selbstverständlich, dass Gott das Recht »liebt« (Jes 61,1; Ps 37,28), dass er es »tut« (Gen 18,25; Jer 9,23), dass das Recht zu ihm gehört (Dtn 1,17) und dass er deshalb als ein »Gott des Rechts« (Jes 30,18) bezeichnet werden kann. Die Fragenden von Mal 2,17 wollen nicht wissen, *ob* Gott »der Gott des Rechts« ist. Sie wollen wissen, *wo* er ist. Sie merken nichts von ihm. Für sie ist er ein Gott, der nichts tut, weder Gutes noch Böses (Zef 1,12). Wenn Gott nichts tut, dann ist das so, als gäbe es überhaupt keinen Gott (Ps 10,4; 14,1; 53,2). Dann können sich die Bösen frei entfalten, und es hat den Anschein, als habe Gott »an ihnen Gefallen«.

1a Die mit 3,1 einsetzende Gottesrede gibt den Fragenden in gewisser Weise Recht. Sie tut dies freilich nur indirekt, indem sie nämlich als Antwort auf deren Fragen – die eher schon den Charakter von Behauptungen haben, also rhetorisch sind – auf die Zukunft verweist. In der Gegenwart hat es offenbar den Anschein, dass »alle, die Böses tun, gut in den Augen JHWHs« sind und »er an ihnen Gefallen« hat. Das heißt aber eben nicht, dass der »Gott des Rechts« abwesend ist. Vielmehr steht sein Eingreifen unmittelbar bevor, wie die Konstruktion von הנה *(hinneh)* mit dem Partizip zum Ausdruck bringt, die futurische Bedeutung hat (das so genannte *futurum instans*, dazu

Bartelmus 64). Wenn die Fragenden JHWH »ermüden«, dann deshalb, weil sie aus dem Anschein seines Nicht-Eingreifens auf sein prinzipielles Desinteresse am Geschick der Menschen schließen. Dass dieser Schluss falsch ist, wird die unmittelbar bevorstehende Zukunft erweisen.

JHWH ist im Begriff, seinen Boten zu schicken. Dieser Bote ist, indem JHWH ihn schickt, offenkundig nicht er selbst. So heißt es in Ex 33,2 f. angesichts der Frage, wie Israel nach dem Zwischenfall mit dem Goldenen Kalb nun ins Land kommen soll, Gott werde »einen Boten schicken«, aber nicht selbst in der Mitte Israels hinaufziehen. JHWH und sein Bote sind also kategorial unterschieden. Und doch fließen beide an vielen Stellen ineinander. So spricht in Gen 16,7–12 »der Bote JHWHs« mit Hagar, aber in V 13 gibt Hagar »JHWH, der mit ihr redete«, einen Namen. Mose erscheint nach Ex 3,2 »der Bote JHWHs« im Dornbusch, doch ab V 4 ist es immer JHWH bzw. Gott selbst, der mit Mose spricht. Nach Ex 23,20–23 schickt JHWH einen Boten zur Begleitung Israels auf dem Weg ins Land mit; aber von ihm heißt es, »in ihm« sei JHWHs Name (V 21), und wenn man »auf seine Stimme« höre, tue man, was Gott selbst sagt (V 22). Eine vergleichbare Transparenz zwischen JHWH und seinem Boten belegen Bileams Begegnung mit dem Boten in Num 22,22–35 (vgl. besonders V 35) und der summarische Abschnitt in Ri 2,1–5. Diese Spannung von Differenz und Identität zwischen JHWH und seinem Boten ist für die Auslegung von Mal 3,1–5 bestimmend.

Über das hinaus, was man zur spannungsvollen Beziehung zwischen JHWH und seinem Boten erfahren kann, ist eine der genannten Stellen von Belang, weil hier ein bewusster intertextueller Bezug bestehen dürfte. Der Anfang von Ex 23,20 ist fast wörtlich gleich dem Anfang von Mal 3,1: »Seht her, ich schicke meinen Boten ...«; der einzige Unterschied ist, dass in Ex 23,20 vor dem Partizip (»[ich bin] ein Schickender«) das Personalpronomen steht, während Mal 3,1 das Personalsuffix anhängt. Zu dieser Stelle ist weiterhin Ex 33,2 dazu zu nehmen. Da heißt es: »Ich schicke vor dir einen Boten ...«, hier mit finitem Verb ausgedrückt. Hier sowie im weiteren Fortgang von Ex 23,20–23 und Mal 3,1 spielen dann verschiedene Formen von »vor« eine Rolle (»vor dir«, Ex 23,20.23; »vor ihm«, Ex 23,21; »vor mir«, Mal 3,1). Hinzu kommt das Motiv des »Weges« (Ex 23,20; Mal 3,1). Der Verfasser der Maleachi-Schrift lässt für die Zweifelnden die Erinnerung anklingen, das JHWH schon einmal in kritischen Situationen – beim Aufbruch vom Sinai zur Wüstenwanderung ins Land (Ex 23,20–23), besonders aber nach dem Bundesbruch infolge des Zwischenfalls mit dem Goldenen Kalb (Ex 33,2) – sein Volk nicht allein gelassen, sondern vor ihm her (s)einen Boten geschickt hat.

Das Erste, was über den kommenden Boten gesagt wird, setzt die Differenz zwischen Bote und JHWH voraus. Der Bote »räumt den Weg vor mir frei«. Das wenig gebrauchte Piel von פנה *(pnh)* meint im alltäglichen Sinn das Aufräumen oder Ausräumen eines Hauses (Gen 24,31; Lev 14,36). An prominenter Stelle aber wird es zu Beginn des zweiten Jesajateiles auf die Bereitung des Weges für JHWH übertragen. »In der Wüste räumt JHWHs Weg frei, ebnet in der Steppe eine Straße für unseren Gott«, ruft eine Stimme im Prolog des Deuterojesajateiles (Jes 40,3), was in Tritojesaja (mit erkennbarer Verschiebung in der Bedeutung) zitatartig aufgenommen wird (Jes 57,14; 62,10). Wir haben bereits gesehen, dass der zentrale Vorwurf von Mal 2,17–3,5, die Israeliten würden JHWH »ermüden«, auf Deuterojesaja verweist (bes. Jes 43,24, siehe oben zu Mal 2,17). Das legt es nahe anzunehmen, dass Maleachi sich insgesamt in seinem IV. Wort eng an Deuterojesaja anlehnt. Während aber in Deuterojesaja die Bereitung des Weges für JHWH den volltönenden Auftakt bildet und erst auf diesem Hintergrund über Müdigkeit und Ermüdungen gehandelt wird (Jes 40,28–31; 43,22–24; 49,4), steht in Maleachis IV. Strophe die Ermüdung JHWHs am Anfang, während die bevorstehende Wegbereitung für JHWH die Antwort darauf bietet. Die Situation des Aufbruchs im zu Ende gehenden Exil und am Beginn der Perserzeit bei Deuterojesaja, die sich mit der alten Resignation der Verbannten auseinandersetzen musste, ist bei Maleachi einer neuen Resignation der Bewohner von Juda und Jerusalem gewichen. Ihr wird entgegengehalten, dass das, was Jes 40,3 ankündigte, nun unmittelbar bevorsteht: das Freiräumen des Weges für JHWH (zum Vergleich mit Jes 40,3 vgl. auch *A. von Bulmerincq* II 336; *K. Marti* 473; *A. Renker,* Tora 1979, 92).

1b Was in 3,1a durch die Konstruktion von הנה *(hinneh)* mit dem Partizip zum Ausdruck gebracht wird – das *futurum instans* zur Bezeichnung einer unmittelbar bevorstehenden Zukunft –, nimmt das erste Wort von 3,1b mit dem Adverb פתאם *(pit'om)* auf. Meist bezeichnet es plötzlich und unerwartet eintreffende Unglücksfälle, plötzlichen Tod (Num 6,9), einen militärischen Hinterhalt (Jos 10,9; 11,7), feindlichen Überfall (Jer 4,20; 6,26 u.ö.) oder Ähnliches. Das ist hier nicht gemeint, sondern die andere Nuance des Wortes, dass etwas sogleich, ohne jeden Verzug eintrifft (so in Num 12,4; Hi 5,3; Spr 7,22; 2 Chr 29,36). Es ist sicher kein Zufall, dass die engste Parallele wieder bei Deuterojesaja zu finden ist. In Jes 48,3 unterstreicht Gott, dass er »die früheren Dinge von jeher kundgetan« und dann »ohne Verzug gehandelt« hat. Ulrich Berges notiert dazu, »dass diese Unmittelbarkeit des Eintreffens JHWHs Souveränität unterstreicht« (*U. Berges,* Jesaja 40–48 2008, 517). Dasselbe sagt Mal 3,1b aus.

Das, was nun ohne Verzug eintreten soll, wird dreimal als ein Kommen bezeichnet (in V 1b zweimal als Verb im chiastischen Parallelismus und in V 2a aufgenommen als Infinitiv in der Wendung vom »Tag, an dem er kommt«). Es ist, wie es sich aus dem Kontext ergibt, also ein futurisches, ein bevorstehendes Ereignis. In seiner inhaltlichen Füllung aber nimmt es erstaunlich viele Elemente einer Theologie der Präsenz JHWHs auf. Man kann in Mal 2,17–3,5 geradezu von einer *Futurisierung der Präsenztheologie als Antwort auf die Erfahrung der Abwesenheit Gottes* sprechen.

Als erstes wird das Ziel des Kommens angegeben: »zu seinem Tempel«. Gemeint ist »der Tempel JHWHs«, der hier mit dem aus dem Akkadischen stammenden Lehnwort als היכל *(hêkal)*, »Palast«, bezeichnet wird. Dieser *hêkal* JHWHs stand einst in Schilo (1 Sam 1,9; 3,3), ist seit der Königszeit aber in Jerusalem zu finden (2 Kön 18,16; 23,4; 24,13 u.ö.). Im Kontext kann er, wie in Mal 3,1, auch einfach »sein Tempel« heißen (2 Sam 22,7 = Ps 18,7; Jer 50,28; 51,11 u.ö.). Der Tempel ist der bevorzugte Ort der Präsenz des Gottes. Hier lässt er sich hören (1 Sam 3), von hier hört er die Betenden (2 Sam 22,7 = Ps 18,7), hier lässt er sich finden, wie gleich die Fortsetzung unseres Verses zeigen wird. Das Besondere an Mal 3,1 aber ist, dass JHWH zu seinem Tempel erst noch kommen muss, wenn ihm der Bote den Weg frei geräumt hat. Die Kritiker hatten also nicht Unrecht, wenn sie seine Abwesenheit beklagten.

Der, der »zu seinem Tempel kommt«, wird hier nicht mit seinem Namen genannt, sondern absolut als »der Herr« (אדון, *'adôn*) bezeichnet. Das nimmt das Bild von Herr und Sklave auf, das schon Mal 1,6 verwendet hat. Es unterstreicht die Majestät Gottes, der der »Herr der Herren« (Dtn 10,17; Ps 136,3), der »Herr der ganzen Erde« (Jos 3,11.13; Mi 4,13 u.ö.) ist. Zugleich enthält der Titel aber wiederum Elemente einer Präsenztheologie. Denn bei den jährlichen Wallfahrten sollen die Männer Israels »vor dem Herrn JHWH« erscheinen (Ex 23,17; 34,23); es ist der »Herr« – hier in der Sonderform Adonaj –, den Jesaja im Tempel thronen sieht (Jes 6,1) (aufgrund all dieser Stellen ist es sehr unwahrscheinlich, dass mit dem »Herrn« hier nicht JHWH, sondern der Engel als »Herr des Tempels« gemeint sei, wie *A. S. van der Woude*, Engel 1981, 294f. vorschlägt; dagegen zu Recht *B. V. Malchow*, Messenger 1984, 252f.).

Der »Herr«, der »sogleich zu seinem Tempel kommt«, ist nach unserer Stelle »der Herr, den ihr sucht«. In dieser Vokabel, im Hebräischen das Piel von בקש *(bqš)*, kommt die ganze Spannung zum Ausdruck, die die Vorwürfe von Mal 2,17 und die Antwort von 3,1–5 beherrscht. Wer jemanden sucht, hat die Kommunikation mit ihm oder ihr noch nicht hergestellt. Bei der Kommunikation zwischen Menschen und Gott kann das an den Menschen liegen, die Gott nicht suchen. Diesen Vorwurf erheben etwa Hos 7,10 und Zef 1,6. Den Vorwurf setzen aber auch die Stellen voraus, die ein Suchen JHWHs erst für die Zukunft erwarten, es in der Gegenwart also vermissen (Dtn 4,29; Jer 50,4; Hos 3,5 u.ö.). Wenn nach Mal 2,17 die Fragenden die Abwesenheit JHWHs beklagen und ihnen daraufhin vorgeworfen wird, sie »ermüdeten« ihn damit, hat man den Eindruck, es liege an ihnen, wenn die Kommunikation nicht zustande kommt.

Nach 3,1 aber wird ihnen gerade das Gegenteil bestätigt, dass sie nämlich »den Herrn suchen«. Sie tun das, was jeder Psalmbeter tut, der JHWH (Ps 69,7; 70,5) oder dessen Angesicht (Ps 24,6; 27,8) oder beides (in Ps 105,3f. = 1 Chr 16,10f. steht »JHWH« und »sein Angesicht« im Parallelismus) sucht.

Wer so JHWH sucht, setzt dessen Präsenz voraus (vgl. Ex 33,7; 2 Sam 21,1; 2 Chr 20,4 u.ö.). Wenn Gott dann trotzdem nicht zu finden ist – und das ist ja die Erfahrung der Fragenden von Mal 2,17, die JHWH mit ihren Fragen ermüden –, kann das auch daran liegen, dass JHWH sich nicht finden lassen will, dass er seine Präsenz bewusst entzieht (Hos 5,6; Am 8,12). Doch auch das ist nach unserer Stelle nicht der Fall. JHWH ist zu finden – »sogleich«, in der unmittelbar bevorstehenden Zukunft. Indem sie das nicht erkennen, »ermüden« sie JHWH mit ihren Fragen. Aber die Ernsthaftigkeit ihres Suchens wird nicht bezweifelt.

Der folgende Versteil steht im chiastischen Parallelismus: »Und der Bote des Bundes, an dem ihr Gefallen habt, seht her, er kommt«. Die letzten beiden Worte greifen den Anfang des Verses auf, das הנה *(hinneh)* mit Partizip zur Bezeichnung der unmittelbar bevorstehenden Zukunft (»seht her«) und das Verb »kommen«, das in sich diesen zukünftigen Aspekt enthält. Dem Relativsatz der ersten Vershälfte (»den ihr sucht«) entspricht in der zweiten Hälfte der Ausdruck »an dem ihr Gefallen habt«, wobei im Hebräischen die Parallelität sogar noch deutlicher zu sehen ist als im Deutschen:

אשר־אתם מבקשים   *ˀᵃšær-ˀattæm mebaqᵉšîm*   »den ihr sucht«
אשר־אתם חפצים   *ˀᵃšær-ˀattæm ḥᵃpeṣîm*   »an dem ihr Gefallen habt«

Das »Gefallen haben« ist also genauso positiv konnotiert wie das »suchen«. Das zeigt noch einmal, wie wenig die Fragenden von 2,17 niedergemacht, sondern vielmehr mit ihrer Sorge ernst genommen werden. Das springt umso mehr hervor, als sie in ihrer zweifelnden und Gott ermüdenden Frage dieselbe Wortwurzel חפץ *(ḥpṣ)* verwendet hatten: »Alle, die Böses tun – ... an ihnen hat er Gefallen.« Von Mal 1,10 her wissen wir darüber hinaus, dass Gott an den Priestern »kein Gefallen« hat. Umso beachtenswerter ist, dass Mal 3,1 den zweifelnd Fragenden eine solche positive Haltung zugesteht.

Das eigentlich Verblüffende an dem Parallelismus von 3,1 ist, dass dem »Herrn« der ersten Vershälfte jetzt »der Bote des Bundes« entspricht. Mit »Bote« (מלאך, *malˀak*) wird wortgleich auf den Wegbereiter JHWHs vom Versanfang zurückverwiesen. Indem er mit dem »Herrn« parallelisiert wird, wird er zugleich perspektivisch mit ihm identifiziert. Was oben bei V 1a zu den Botengestalten allgemein gesagt wurde, trifft auch auf Mal 2,17–3,5 zu: JHWH und sein Bote sind zwar kategorial unterschieden, aber sie fließen doch immer wieder auch ineinander. Vielleicht kann man es noch genauer sagen: Der Bote ist zwar nicht JHWH selbst, aber im Boten begegnet man JHWH (*A. S. van der Woude*, Engel 1981, 296 zum »Engel«: »In ihm ist Jahwe selbst gegenwärtig, insofern Jahwe in seinem Boten selbst auf den Plan tritt ... Andererseits ist der Bote als Person deutlich von Jahwe unterschieden ...«).

In einer singulären Formulierung wird der Bote als »Bote des Bundes«

bezeichnet. Die Maleachi-Schrift spricht in 2,4–8 vom Levi-Bund, erwähnt in 2,10 »den Bund unserer Vorfahren« und nennt in 2,14 die »Frau deiner Jugend« zugleich »die Frau deines Bundes«. Nun nimmt 3,1–5 mit dem Motiv der Reinigung der Kinder Levis (V 3 f.) zwar deutlich Bezug auf den Levi-Passus in 2,4–8, aber dass der »Bote des Bundes« sich nur auf diesen speziellen Bund bezöge, ist doch unwahrscheinlich. Eher ist wie beim »Bund unserer Vorfahren« an den Sinaibund als dem grundlegenden Ereignis der Geschichte Gottes mit seinem Volk zu denken (siehe zu 2,10). Dabei muss noch nicht die spätere Vorstellung zugrunde liegen, dass die Tora durch (einen oder mehrere) Engel (= Boten) gegeben wurde (Jub 1,27.29; 2,1 u.ö.; Jos Ant. XV 136; Apg 7,53; Gal 3,19; Hebr 2,2) (so aber *F. Nötscher* 182). Es genügt, generell an Auszug, Wüstenwanderung und Sinaioffenbarung zu denken, wo durchgehend der Bote Gottes eine Rolle spielt (Ex 14,19; 23,20–23; 32,34; 33,2; Num 20,16) (so auch *A. S. van der Woude*, Engel 1981, 296). Zugleich ist dies das Ereignis der Geschichte Israels, das in herausgehobener Weise mit dem Begriff »Bund« verknüpft ist, so wie sich ja auch die Vorstellung eines neuen Bundes an eben diese Ereignisse von Auszug und Gabe der Tora anschließt (Jer 31,31–34) (*W. C. Kaiser*, Malachi 1984, 82 denkt an alle möglichen Bundesschlüsse im Alten Testament, auch mit Abraham und David, doch gibt es dafür im Text keinen Anhalt).

So sehr die Gestalt des »Boten des Bundes« damit in die »Funktion eines Wesirs« JHWHs eintritt (*V. Hirth*, Boten 1975, 101; vgl. *A. S. van der Woude*, Engel 1981, 296), »Organ und Werkzeug Gottes« ist (*F. Horst* 271), so wenig kann man übersehen, dass in der Maleachi-Schrift als ganzer der Prophet selbst den Namen »mein Bote« trägt (1,1) und auch der Priester als »der Bote JHWHs der Heere« bezeichnet wird (2,7). Das heißt nicht, dass etwa in Mal 3,1 der Prophet Maleachi sich selbst als den Boten sehe und in V 3 von einer priesterlichen Figur spreche (so der Vorschlag von *B. V. Malchow*, Messenger 1984). So direkt und ausschließend erfolgt die Identifizierung nicht. Der Gebrauch desselben Wortes מלאך *(mal'ak)* für den Propheten, den Priester wie den (himmlischen) Wesir Gottes zeigt aber, dass nach der Vorstellung der Maleachi-Schrift Gott auf vielfältige Weise mit seinem Volk in Kommunikation tritt: durch Kult und Lehre der Priesterschaft, durch die Botschaft des Propheten und durch seinen Boten, der ihm in unmittelbar bevorstehender Zukunft den Weg bereitet.

V 1 schließt mit der Formel: »sagt JHWH der Heere«. Damit wird der gesamte Vers als Gottesrede gekennzeichnet, nicht nur V 1a, wo das Ich JHWHs erscheint, sondern auch V 1b, wo von dem »Herrn« in 3. Person die Rede ist. Deshalb ist es wahrscheinlich, dass die folgenden Verse 2–4 ebenfalls Gottesrede und nicht Prophetenrede sind, auch wenn in ihnen von JHWH in der 3. Person gesprochen wird. Die Tatsache, dass man in 3,1–5 einen Rednerwechsel aber auch nicht ausschließen kann – V 1 und 5 eindeutig JHWH-Rede, durch die Abschlussformel markiert, V 2–4 Prophetenrede –, zeigt erneut, wie eng in der Maleachischrift JHWH und sein prophetischer Bote zusammengehören.

,2a   Nachdem V 1 zweimal vom Kommen, das unmittelbar bevorsteht, gesprochen hat, greift V 2a das Stichwort »kommen« auf. Im Parallelismus dazu steht das Nifal von ראה *(rʾh)* »sich sehen lassen, erscheinen«. Wer das Subjekt des Kommens bzw. Erscheinens ist, bleibt in der Schwebe, weil sich das Suffix der 3. Person sowohl auf den »Herrn« als auch auf den »Boten des Bundes« beziehen kann. Wahrscheinlich ist es so gedacht, dass die in V 2b–4 angekündigte Reinigung der Kinder Levi Sache des vorbereitenden Boten ist (so auch *L.-S. Tiemeyer*, Rites 2006, 257), während das Gericht in V 5 JHWH selbst ausführt. Aber über dieser »Arbeitsteilung« geht die enge Verbindung von JHWH und seinem Boten nicht verloren.

V 2a verbindet die in V 1 grundgelegte Vorstellung vom bevorstehenden Kommen mit der eines »Tages«, an dem dies geschieht. Das Motiv des Tages wird die VI. Strophe der Dichtung aufnehmen (3,17.19.21). Erst im Anhang, der Maleachi in den Prophetenkanon einbindet, ist dann vom »Tag JHWHs« die Rede (3,23). Bevor wir zu 3,23 zusammenhängend dem Thema des Tages JHWHs in Maleachi nachgehen, sollen zunächst Schritt für Schritt die semantischen Bezüge der Rede vom »Tag« im IV. und VI. Wort der Dichtung aufgezeigt werden.

Der Wortlaut unseres Verses führt in zwei Richtungen. Die eine ist der Nahum-Psalm in Nah 1,2–8, der die Nahum-Schrift eröffnet. Er enthält in V 6 eine rhetorische Doppelfrage: »Vor seinem [JHWHs] Zürnen – wer bleibt bestehen? Und wer hat Bestand vor der Glut seines Zorns? Sein Grimm ergießt sich wie Feuer …«. Drei Bezüge lassen sich von Mal 3,2 aus ausmachen: 1.) Die Doppelfrage, mit מי *(mî)* »wer?« eingeleitet. 2.) Das Stichwort »bestehen bleiben« (עמד, *ʿmd*). In Nah 1,6 steht es im Parallelismus mit קום *(qûm)* »Bestand haben, sich erheben«, in Mal 3,2 mit כול *(kûl)* pilpel »aushalten«, worauf gleich zurückzukommen ist. 3.) Der dritte Bezug von Mal 3,2 zu Nah 1,6 ist der Vergleich »wie Feuer«. Nach Nah 1,6 ergießt sich JHWHs Grimm »wie Feuer«, nach Mal 3,2 ist der kommende Tag »wie schmelzendes Feuer«. Das Motiv des Feuers weist in den Zusammenhang von Schilderungen des Erscheinens JHWHs, seiner Theophanie (vgl. 2 Sam 22,9 = Ps 18,9; Jes 64,1; Mi 1,4; Ps 50,3; 68,3). – Zusammengenommen ist es also vor allem das Motiv der Theophanie, das Mal 3,2 und Nah 1,6 verbindet (vgl. dazu *G. Baumann*, Gewalt 2005, 138.223).

Intertextuelle Bezüge

Das Theophaniemotiv führt auch zum zweiten intertextuellen Bezug, den Aussagen über den Tag JHWHs in Joel 1–2. Auch hier sind drei Elemente zu nennen: 1.) Die Rede vom »Tag«. Allerdings ist sie in Joel 1,15; 2,1.11 ganz spezifisch, indem der Tag als »Tag JHWHs« qualifiziert ist, während Mal 3,2 nur vom »Tag seines Kommens« spricht. 2.) Auch in der Schilderung des Tages JHWHs spielt das Feuer eine entscheidende Rolle (Joel 1,19f.; 2,3.5). 3.) Am engsten aber ist der Bezug zu der Frage, die den Tag-JHWH-Passus

Maleachi 2,17–3,5

von Joel 2,1–11 abschließt: »Ja, groß ist der Tag JHWHs und sehr furchtbar – wer hält ihn aus?« Wie in Mal 3,2 wird die Wurzel כול *(kûl)* »aushalten« verwendet, auch wenn statt des Pilpel in Joel 2,11 das Hifil steht. Wie in Nah 1,6 erhält die Formulierung die Gestalt einer rhetorischen Frage, die mit מי *(mî)* »wer?« eingeleitet ist. All diese Bezüge »machen für Mal 3,2a eine Formulierungsanleihe bei Jl 2,1b wahrscheinlich« (*A. Meinhold*, Rolle 2000, 222). – Durch den Bezug auf Joel 1–2 wird in Mal 3,2 zusätzlich zum Motiv der Theophanie das des Tages JHWHs eingespielt, wobei man sehen muss, dass bereits in Joel 2,1–11 selbst »der Tag JHWHs … mit Elementen der Theophanie dargestellt« wird (*A. K. Müller*, Zukunft 2008, 68).

Entstehungsgeschichtlich lässt der doppelte Bezug zu Nah 1,6 und Joel 1–2 vermuten, dass die Maleachi-Dichtung bereits eine Sammlung »kleiner Propheten« vor sich hat. Inhaltlich lässt der Bezug die Motivkomplexe vom Tag JHWHs und von seiner Theophanie anklingen. Gleichwohl wiederholt Mal 2,17–3,5 nicht, was anderswo schon steht, sondern führt es eigenständig und überraschend weiter. Denn wenn in Nah 1,6 rhetorisch gefragt wird: »wer bleibt bestehen?«, dann ist die implizite Antwort natürlich: »keiner!« Auch in Joel 2,11 »muss die Frage …: ›Wer kann ihn (= den Tag JHWHs) bestehen?‹ durchaus als rhetorische Frage verstanden werden, die die Antwort ›niemand‹ erwartet« (*A. K. Müller*, Zukunft 2008, 97). Allerdings geht es bei Joel anders weiter, indem gleich im nächsten Vers zur Umkehr aufgerufen (V 12) und damit gerechnet wird, dass Gott sich »vielleicht« des Unheils gereuen lässt (V 14). »An Joels Tag JHWHs-Botschaft scheint gerade das das Außergewöhnliche zu sein: Es gibt eine Rettungsmöglichkeit« (*A. K. Müller*, Zukunft 2008, 97). Mal 2,17–3,5 geht auf dieser Linie eigenständig weiter. Jetzt aber geht es nicht wie bei Joel um die Frage, ob »vielleicht« das Volk als Ganzes gerettet werden kann. Sondern entsprechend der Ausgangsfrage, ob »alle, die Böses tun, gut sind in den Augen JHWHs« (2,17), wird jetzt der Gedanke von Läuterung und Gericht eingeführt.

3,2 Dazu wird zunächst ein zweifacher Vergleich angestellt, als solcher deutlich mit der Vergleichspartikel כ *(kᵉ)* »wie« gekennzeichnet. »Er ist wie das Feuer eines Schmelzers, wie die Lauge von Wäschern«. »Er« dürfte nach dem unmittelbaren Kontext der kommende Tag und nicht etwa JHWH oder sein Bote sein (so zu Recht *A. S. van der Woude*, Engel 1981, 292; *A. Meinhold* 266). Das erste Bild für die Wirkung des Tages greift auf den Vorgang der Metallschmelze zurück, bei dem mit Hilfe von Feuer die Edelmetalle Gold und Silber aus dem Gestein ausgeschmolzen werden. Beim zweiten Bild ist an die Tätigkeit von Wäschern gedacht, die mit Hilfe von Laugensalz ein Kleidungsstück reinigen. In beiden Fällen ist das Ziel die Aussonderung des Unreinen und die Herstellung von etwas Geläutertem oder Sauberen.

Intertextuelle Bezüge Die Bilder vom Schmelzen und Reinigen sind keine Erfindung Maleachis. In Jer 2–6 ist zweimal von gescheiterten Reinigungsvorgängen die Rede. In 2,22 wird eine weibliche Größe – wohl Jerusalem – angeredet: »Wenn du dich wäschst mit Natron und viel machst für dich Laugensalz, bleibt befleckt deine Schuld vor mir«. Die Stichworte כבס pi *(kbs)* »waschen« und ברית *(borît)* »Laugensalz« stimmen mit Mal 3,2 überein. In Jer 6,27–30 wird ein Schmelzvorgang geschildert, wobei die Stichworte צרף *(ṣrf)* »schmelzen« und כסף *(kæsæf)* »Silber« gemeinsam sind. Auch da ist das Ergebnis negativ: »Die Bösen wurden nicht ausgeschieden« (Jer 6,29).

Nun zeigt die Fortsetzung in Mal 3,3, dass hier der Reinigungsvorgang erfolgreich ist. Das erinnert an Jes 1, mit dem Mal 2,17–3,5 in der Tat neben sprachlichen auch konzeptionelle Verwandtschaft hat. Sprachlich am engsten ist die Verwandtschaft mit Jes 1,22.25. In diesen Versen wird zunächst Jerusalem beschuldigt: »Dein Silber (כסף, *kæsæf*) ist zu Schlacke geworden« (V 22). Darauf kündigt JHWH sein Eingreifen an: »Ich will wie mit Laugensalz (בר, *bor*, wurzelverwandt mit ברית, *borît*) deine Schlacke schmelzen (צרף, *ṣrf*)« (V 25). Das Ergebnis wird sein, dass es wieder Richter »wie früher« und Räte »wie zu Anfang« geben wird (V 26). Die Reinigung wird also anders als in Jer 2–6 gelingen.

Weitet man den Blick von der Bildsprache von Mal 3,2 f. auf die Gedankenwelt von 2,17–3,5 insgesamt, zeigen sich weitere konzeptionelle, wenn auch nur teilweise sprachliche Ähnlichkeiten mit Jes 1. So spricht Jes 1,10–17 vom göttlichen Verwerfen von Kulthandlungen (vgl. Mal 3,3 f.), fordert zur Reinigung auf (Jes 1,16) sowie zum Suchen von »Recht« (vgl. Mal 2,17; 3,5), das besonders »Witwen und Waisen« (vgl. Mal 3,5) gilt (Jes 1,17). Mal 3,4 geht wie die schon zitierte Stelle Jes 1,26 davon aus, dass ein Zustand »wie in den einstigen Tagen, in den frühen Jahren« erreicht wird. Und in beiden Textkomplexen stehen משפט *(mišpaṭ)* »Recht« (Jes 1,17.21.27 und Mal 2,17; 3,5) und צדק(ה) *(ṣædæq* bzw. *ṣ*e*daqah)* »Gerechtigkeit« (Jes 1,21.26.27 und Mal 3,3) im Mittelpunkt des Interesses.

Die ersten beiden Verse von Mal 3 enthalten somit eine Fülle intertextueller Bezüge – auf die Tag-JHWH-Vorstellung in Joel 1–2, auf die Theophanieaussagen in Nah 1,2–8 und nun auf den Gedankenkomplex in Jes 1 von einer bevorstehenden Reinigung, die einen ursprünglichen Zustand wieder herstellen wird. Bisher schon erkennbar besteht das eigene Profil von Mal 2,17–3,5 darin, dass all diese Bezüge mit der Gestalt eines »Boten« verknüpft werden, dessen Kommen bevorsteht – wobei diese Vorstellung wiederum voll der intertextuellen Bezüge zu Ex 23; 33 und Deuterojesaja ist. Auf den Boten kommt nun die Fortsetzung des Textes zurück.

3a   Nachdem sich in V 2b der Vergleich mit dem »Feuer eines Schmelzers« und der »Lauge von Wäschern« »wahrscheinlich auf den ›Tag seines Kommens‹« bezog, meint jetzt in V 3a die Rede vom Schmelzer »die Gestalt des Boten als Schmelzer (und Reiniger) unmittelbar selbst« (A. Meinhold 246). Denn nur von einer Person kann gesagt werden: »Er setzt sich hin als Schmelzer und Reiniger von Silber«. Die das ganze Wort prägenden fließenden Übergänge – zwischen JHWH und dem Boten, zwischen dem Boten als himmlischem Wesir, als Prophet Maleachi und als Priester – zeigen sich nun auch noch im Übergang von der Wirkung des kommenden Tages zum Wirken des Boten selbst. Ob beim Hinsetzen an eine »richterliche Funktion« des Boten (*A. Meinhold* 268) oder an einen Vorgang beim Metallschmelzen (vgl. das ausführliche Referat der Möglichkeiten bei *A. Meinhold* 269 f.) gedacht ist, lässt sich dem hebräischen Allerweltswort ישב *(jšb)*, das »sich setzen, sitzen, bleiben, wohnen« heißen kann, leider nicht entnehmen.

Nachdem der Bote Platz genommen hat, geht er ans Werk. Naturgemäß muss jetzt die Metaphorik verlassen werden. Denn es geht ja nicht um richtiges Metallschmelzen, sondern um die Reinigung von Menschen. Und hier zeigt sich die zweite Besonderheit des Maleachi-Textes, die er nicht aus seinen Bezugstexten entnommen hat. Denn in Jer 2–6 und Jes 1 betrifft das metaphorische Läutern Israel bzw. Jerusalem als Ganzes. Allenfalls könnten nach Jer 6,29 »Böse ausgeschieden« werden – was dort nicht gelingt – oder nach Jes 1,25 f. Richter und Räte »geläutert« aus der Läuterung hervorgehen; aber diese zielt gleichwohl auf Jerusalem als Ganzes. In Mal 3,2–4 dagegen gibt es von vornherein nur ein begrenztes Objekt der Läuterung: »die Kinder Levis«.

Die Erwähnung der »Kinder Levis« verweist innerhalb der Maleachi-Dichtung auf den Levi-Passus in Mal 2,4–8. Dort war vom »Bund mit Levi« (2,4) bzw. dem »Leviten-Bund« (2,8) die Rede, den die angeredeten Priester »verdorben« haben (2,8). Die Verderbnis der Priesterschaft hatte nach Mal 1,6–2,9 dazu geführt, dass der Segen der Priester in Fluch verwandelt wurde, dass sie mit dem Unrat ihrer Feste besudelt wurden und das Ansehen beim Volk verloren (2,2 f.9). Jetzt, in der zweiten Hälfte der Maleachi-Dichtung, geht es um ihre Reinigung.

Gelegentlich wird die Vorstellung von der Reinigung der Kinder Levis in Mal 3,3 f. als sekundär gegenüber Mal 2,1–9 erklärt, weil sie nicht vereinbar sei mit der dort ausgesprochenen Verwerfung der Priester (so etwa *A. S. van der Woude*, Engel 1981, 292). Das verkennt nicht nur die Aussage von 2,1–9, denn da wird die Priesterschaft gerade »nicht grundsätzlich abgeschafft« (so zu Recht *A. Meinhold* 162). Sondern es ist als Argument auch zirkulär. Es setzt voraus, dass es innerhalb der Maleachi-Dichtung keine Entwicklung geben kann – von der Kritik zur Läuterung (3,3 f.), zur Umkehr (3,7), zur endgültigen Scheidung (3,13–21) –, und muss unter dieser Voraussetzung alles für sekundär erklären, was von einer solchen Entwicklung spricht.

Wie in 2,4–8 sind für Maleachi auch hier »die Kinder Levis« identisch mit der Priesterschaft und nicht als »Leviten« ein *clerus minor*, der den zadokidischen Priestern zu Diensten steht. Mal 3,3 f. liegt also eher auf der Linie des Deuteronomiums, das von »den Priestern, den Kindern Levis« spricht (Dtn 21,5; 31,9), und nicht derjenigen Texte, die die Leviten den aaronidischen Priestern subordinieren (etwa Num 8,5–22, das wie Mal 3,3 f. von der Reinigung der Leviten spricht – aber einer Reinigung zu ihrem niederen

Dienst), ohne das Maleachi den Konflikt explizit thematisieren würde; dazu ist oben zu 2,4 schon das Nötige ausgeführt worden. Dass Mal 3,3b vom Darbringen der Gabe spricht, weist im Anschluss an die heftige Kritik in 1,6–2,9 eindeutig darauf hin, dass auch in der IV. Strophe der Maleachi-Dichtung die »Kinder Levis« mit den Priestern identisch sind.

Von ihrer bevorstehenden Reinigung ist in zwei sehr unterschiedlichen Vokabeln die Rede. טהר (ṭhr) ist überwiegend der kultische *terminus technicus*, der nicht nur die Grundvoraussetzung des Priesterseins benennt – der Priester muss »rein« sein und sich von allem »Unreinen« fernhalten –, sondern auch eine seiner Hauptaufgaben, zu »unterscheiden zwischen rein und unrein« (Lev 10,10). Allerdings kann der Terminus auch für »schlackenfreies Gold« (F. Maass, טהר 1984, 650) gebraucht werden (so vierundzwanzig Mal in Ex 25–39). Deshalb wird die Metaphorik nicht verlassen, wenn der sich niederlassende Gottesbote mit dem Partizip von טהר (ṭhr) pi als »Reiniger von Silber« apostrophiert wird. Sie wird aber für die übertragen gemeinte Reinigung transparent, wenn seine Tätigkeit mit derselben Verbwurzel in finiter Form beschrieben wird: »er reinigt die Kinder Levis«. In paralleler Formulierung, die im Deutschen mit »läutern« übersetzt werden kann, wird die Metaphorik ausdrücklich mit der Vergleichspartikel כ (k^e) aufgenommen: »und läutert sie wie Gold und Silber«. Die hier gebrauchte Vokabel זקק (zqq) wird anders als טהר (ṭhr) »reinigen« nie kultisch verwendet. Neben dem Seihen von Wein bezeichnet sie auch sonst das Läutern von Gold oder Silber (Ps 12,7; Hi 28,1; 1 Chr 28,18; 29,4).

Was der Bote an den Kindern Levis tut, endet mit der bloßen Feststellung, dass er sie »reinigt und läutert wie Gold und Silber«. Die sich aufdrängende Frage, wovon er sie reinige, findet keine Antwort. Gewiss kann man Parallelen heranziehen, wo von Schuld (Jer 33,8; Ez 36,33) und von Verunreinigungen und Götzen (Ez 36,25) gereinigt wird. Man muss auch innerhalb der Maleachi-Schrift an 2,3 denken, wo davon die Rede war, dass den Priestern der Inhalt von Magen und Darm der Opfertiere ins Gesicht geworfen wird. Aber nichts Derartiges wird in 3,3 ausdrücklich gesagt. Statt der Frage, wovon die Kinder Levis gereinigt werden, bewegt den Text die Frage, wozu sie gereinigt werden. Sie beantwortet der nächste Halbvers.

3b Ergebnis der Reinigung wird sein, dass die Kinder Levis solche sind, die »JHWH Gabe in Gerechtigkeit darbringen«. Man sieht sofort, dass sich mit dieser Aussage ein enges Geflecht von Beziehungen innerhalb der Maleachi-Schrift auftut. Wie nach der Fokussierung auf die »Kinder Levis« nicht anders zu erwarten, ist der erste Bezugstext die II. Strophe der Dichtung. In ihrer Priesterkritik spielt das Stichwort נגש (ngš) hif bzw. hof »darbringen« eine zentrale Rolle. Denn der Vorwurf an die Priester lautet, dass sie »auf meinen Altar besudelte Speise« bringen (1,7), dass sie »ein Blindes zum Schlachten« und »ein Hinkendes und Krankes« darbringen (1,8). Später im Text werden noch einmal solche defekten Opfertiere aufgezählt: »ein Geraubtes – nämlich das Hinkende und das Kranke«, und angefügt wird: »Das bringt ihr als Gabe« (1,13). Damit erscheint nun auch das zweite Stichwort, מנחה *(minḥah)* »Gabe«, das in unserem Text vorkommt.

Die »Kinder Levis« und die Völker

Wenn Mal 3,3 festhält, dass nach der bevorstehenden Reinigung die »Kinder Levis« »JHWH Gabe in Gerechtigkeit darbringen«, dann ist offenkundig der in 1,6–2,9 kritisierte Missstand behoben. Nun war zu 1,6–2,9 zu beobachten, dass dort das aktuelle Fehlverhalten der Jerusalemer Priesterschaft in zwei Digressionen mit korrektem Verhalten kontrastiert wird. Die eine Digression in 2,4–8 ging in die Vergangenheit des ungebrochenen Levi-Bundes. Diese Vergangenheit wird durch die Reinigung der Kinder Levis wieder hergestellt (was Mal 3,4 sogleich ausdrücklich feststellen wird). Die andere Digression in 1,11–14 ging räumlich hinaus in die Völkerwelt. Und da war festzustellen, dass dem Namen JHWHs »an jedem Ort zu Rauch Gewordenes dargebracht« wird, und zwar »als reine Gabe« (1,11). Neben den Stichworten נגשׁ *(ngš)* hof »dargebracht werden« und מנחה *(minḥah)* »Gabe« haben wir hier auch die Wurzel טהר *(ṭhr)* in der Adjektivform »rein« aus Mal 3,3 f. Was gegenwärtig schon bei den Völkern zu finden ist – und skandalöserweise nicht im Tempel zu Jerusalem –, soll in unmittelbar bevorstehender Zukunft auch bei den »Kindern Levis« vorhanden sein: Reinheit, wenn der Bote sie gereinigt haben wird.

Dass die nach der Reinigung dargebrachte Gabe »in Gerechtigkeit« geschieht, heißt zunächst einmal, dass sie so geschieht, »wie es recht ist«, kultisch gesprochen *rite*. Demnach wäre gewissermaßen die Gabe selbst »(ge)recht«. Aber ein zweiter Gedanke spielt mit, nämlich der, dass aufgrund der Reinigung auch die darbringenden Levi-Kinder selbst »gerecht« sind. Er wird deutlich, wenn wir den Bezug unseres Textes zur III. Strophe der Maleachi-Dichtung wahrnehmen. Auch in ihr ist vom Gabe-Darbringen die Rede, und zwar von einer Gabe, die JHWH »nicht mehr ansieht, sie wohlgefällig aus eurer Hand anzunehmen« (2,12f.). Anders als in der II. Strophe besteht die Kritik nicht darin, dass die Gabe selbst defekt ist, sondern dass der Darbringende sich durch die Heirat mit der »Tochter eines fremden Gottes« (2,11) disqualifiziert hat. Durch die Reinigung der Kinder Levis sind beide Störungen behoben: Die Gabe und die Darbringenden sind in Ordnung. »Das ... geläuterte Priestertum wird ... wieder Jahve Opfer darbringen können ›in Gerechtigkeit‹, d. h. Opfer, wie sie gerecht und Gott angemessen sind, nicht nur durch die vollkommene Beschaffenheit der Gabe, sondern vor allem auch durch die Gottgefälligkeit des Darbringenden« (H. Junker 216f.).

Wenn die Kinder Levis nach erfolgter Reinigung »Gabe in Gerechtigkeit darbringen«, dann ist folgerichtig, dass derartige Gabe »JHWH angenehm« ist. ערב *(ʿrb)*, das hier mit »angenehm« übersetzt werden kann, gehört nicht in die engere kultische Annahme-Terminologie. Denn »angenehm«, ja »süß« können auch der Schlaf (Jer 31,26; Spr 3,24), eine Frau (Ez 16,37)

3,4

oder deren Stimme (Hld 2, 14), hohe Dichtkunst (Ps 104, 34), ein erfüllter Wunsch (Spr 13, 19) oder auch eine Speise (Spr 20, 17) sein. Dennoch lässt sich natürlich dann auch sagen, dass JHWH ein Opfer »angenehm« bzw. »nicht angenehm« ist (Jer 6, 20; Hos 9, 4).

Auffällig ist, dass in Mal 3, 4 bei dem Subjektwechsel – in 3, 3b waren die »Kinder Levi« das Subjekt, in 3, 4 ist es »die Gabe« selbst, die »JHWH angenehm« ist – nicht von »der Gabe der Kinder Levis«, sondern von der »Gabe Judas und Jerusalems« die Rede ist. Das ist kein Gegensatz. Allgemein gilt, dass das Fehlverhalten der Priester die Gottesbeziehung der gesamten Gemeinschaft tangieren muss. Aber die Maleachi-Dichtung geht über dieses Allgemeine hinaus. Schon in der II. Strophe, die ganz auf das priesterliche Fehlverhalten konzentriert ist, wird in 1, 14a ein Seitenblick auf das entsprechende Fehlverhalten der die Opfertiere herbeibringenden Laien geworfen. Und die III. Strophe spricht sogar vorrangig vom Fehlverhalten von Laien, deren dargebrachte Gabe folglich von JHWH abgelehnt werden muss. In 2, 11 ist dabei ausdrücklich von Juda und Jerusalem die Rede. Die Reinigung, die der Bote vornimmt, hat also zwar die Kinder Levis zum Gegenstand. Aber gleichwohl wird dadurch die Gottesbeziehung von Juda und Jerusalem ins Reine gebracht.

Dieses Ins-Reine-Bringen ist die Wiederherstellung eines früheren Zustandes: »wie in den einstigen Tagen, in den frühen Jahren«. Eine solche Zeitbestimmung ist nicht quantitativ zu verstehen, sodass man fragen müsste, wie lange das nun schon her ist. Sie ist qualitativ gemeint. Die »Tage der Vorzeit«, wie es wörtlich heißt, die »frühen Jahre« sind die Zeit einer reinen, ungetrübten Gottesbeziehung. Die Maleachi-Schrift verweist immer wieder auf eine solche Frühzeit. Es ist die Zeit Jakobs, den Gott »lieb gewann« (1, 2), die Zeit des Levi-Bundes, von dem die Gegenwärtigen abgewichen sind (2, 4–8), die Zeit des »Bundes unserer Vorfahren«, den die Jetzigen »entweihen« (2, 10), es sind »die Tage eurer Vorfahren«, seit denen die Jakobskinder von JHWHs Bestimmungen abgewichen sind (3, 7). Wie in der Auslegung der einzelnen Stellen zu sehen, ist diese Zeit nicht immer eindeutig in der (Heils-)Geschichte Israels zu verorten. Nur so viel ist klar: Es ist die Zeit, die in der Geschichte, wie sie in den Büchern der Tora erzählt wird, als Zeit einer ungebrochenen Gottesbeziehung erscheint, und nicht, wie in anderen Prophetentexten, die Zeit Davids, die dort ebenfalls als wiederherzustellende Frühzeit erscheint (Am 9, 11; Mi 5, 1). In jener fernen Frühzeit also war die Gottesbeziehung rein, und so soll sie nach Mal 2, 17– 3, 5 demnächst auch wieder sein.

3,5 Mit der Reinigung der Levi-Kinder ist allerdings die Ausgangsfrage des Diskussionswortes noch nicht beantwortet: »Wo ist der Gott des Rechts?« (2, 17). Die Reinigung, die der Bote ausführt, ist nur die Vorbereitung für das Tun JHWHs selbst. Dieser gibt sich durch die 1. Person eindeutig als Redender zu erkennen. Auf die Frage: »Wo ist der Gott des Rechts?« gibt er zur

Maleachi 2,17–3,5

Antwort: »Ich nahe mich euch zum Recht«. Das hebräische Wort מִשְׁפָּט *(mišpaṭ)* bezeichnet neben dem Recht im umfassenden Sinn – so in der Frage von 2,17 – auch das Gericht im engeren Sinn, von dem das Recht ja ausgeht. Man könnte hier also auch übersetzen: »Ich nahe mich euch zum Gericht«. »Gericht« dürfte dabei aber nicht im verengten Sinn als »Strafgericht«, sondern müsste als »Ort der Rechtsprechung« verstanden werden. Denn die Aussage von Mal 3,5 kennzeichnet eine eigentümliche Dialektik. Der Vers spricht von »der heilvollen *Zusage* des Nahens des göttlichen Ich ›zum Recht‹ für die Adressaten ..., das sich als Gottesgericht an den Übeltätern verwirklicht ...« (*A. Meinhold* 243, Hervorhebung im Original). Oder aus der Perspektive der Fragenden von 2,17 formuliert: »Das Gericht gegen die Übeltäter wird ihnen das bislang ausstehende Recht schaffen« (*A. Meinhold* 275).

Ohne Zweifel differenziert der Vers zwischen den Adressaten und den Übeltätern und beantwortet damit die Ausgangsfrage. Ob man allerdings so eindeutig vom »Gottesgericht an den Übeltätern« oder dem »Gericht gegen die Übeltäter« sprechen kann, wie es die Formulierungen Meinholds nahe legen, oder gar vom »Endgericht« (so *A. von Bulmerincq* II 375), wird man hinterfragen müssen. Gewiss werden die im Folgenden aufgezählten Handlungen und die, die sie begehen, verurteilt. Aber der Text sagt erst einmal nur, dass JHWH »ein schneller Zeuge« gegen die Übeltäter sein wird. Die Konstruktion von עֵד *(ʿed)* »Zeuge« mit בְּ *(bᵉ)* »gegen« drückt dabei aus, dass es um eine Zeugenaussage zu Lasten und nicht zu Gunsten der Beschuldigten geht (vgl. Num 5,13; Dtn 19,16; Spr 24,28 u. ö.). Es ist auch gewiss, dass am Ende einer solchen Zeugenaussage die Verurteilung stehen muss, wenn es denn mit Recht zugeht. Dennoch spricht der Text eben nicht davon, dass die Übeltäter »vernichtet« oder »zerstört« oder »zertreten« werden. Für die Interpretation der Maleachi-Dichtung als Ganzer ist das höchst bedeutsam. Denn auf unsere IV. Strophe folgt in der V. Strophe zunächst sehr betont der Aufruf zur Umkehr (3,7), und erst die VI. Strophe wird von der Vernichtung derer sprechen, die nicht umkehren. Dann aber ist unser Vers in seinem Kontext so zu lesen, dass zwar alle Taten, die er aufzählt, verurteilt werden, dass aber die Möglichkeit der Umkehr für die, die diese Taten begehen, noch nicht völlig verschlossen ist.

Intertextuelle Beziehung zu Mi 1,2

Dass die Aussage von JHWH als Zeuge in der Tat nicht die sofortige Vollstreckung des Urteils impliziert, belegt schließlich die enge intertextuelle Verknüpfung unserer Maleachi-Stelle mit Mi 1,2. Im Eröffnungsvers der Micha-Schrift heißt es: »Hört, ihr Völker alle, merke auf, Erde und was sie erfüllt! / Der Herr JHWH wird gegen euch Zeuge sein, der Herr von seinem heiligen Tempel.« Die wörtlichen Beziehungen sind zahlreich. Zum einen bestehen sie zu Mal 3,1. Beidemale ist vom »Tempel« JHWHs die Rede, zumal mit dem nicht so häufigen Wort הֵיכָל *(hêkal)*, zum andern wird JHWH in beiden Texten als אָדוֹן *(ʾadôn)* »Herr« – in Mi 1,2 allerdings in der Sonderform אדני *(ᵃdonaj)* – bezeichnet. Der gemeinsame Hintergrund ist die Vorstellung von der Theophanie JHWHs. In Mi 1, 2–7 geht sie vom Tempel aus, nach Mal 3, 1–5 kommt JHWH zunächst zu seinem Tempel, um sich dann »zum Recht zu nahen«. Der andere Bezug besteht zu unserem Vers Mal 3, 5, denn auch hier ist JHWH »Zeuge gegen«. Nun ist in Mi 1, 2 JHWH Zeuge gegen die Völker, in Mal 3, 5 dagegen gegen die innerisraelitischen Übeltäter. Aber das Wesentliche an Mi 1, 2 ist, dass JHWH »Zeuge gegen« die Völker ist, die er zuvor zum Hören aufruft. Erst wenn sie nicht hören, wird das Gericht an ihnen vollstreckt, wie es Mi 5, 14 ausdrücklich sagt (vgl. dazu meine Auslegung der Stelle in *R. Kessler*, Micha ²2000, 85 f.). Entsprechend steht es um das Zeuge-Sein gegen die Übeltäter. Sie sind aktuell bedroht. Aber erst, wenn sie die Umkehr verweigern, werden sie auch vernichtet.

Dennoch geht es in Mal 3, 5 darum, dass denen, die an JHWHs Fähigkeit zweifeln, zwischen Gut und Böse zu unterscheiden (2, 17), Klarheit widerfährt. Deshalb kommt JHWH als »schneller Zeuge«. Damit ist »Gottes zügiges, wirkungsvolles Handeln« (*A. Meinhold* 276) gemeint. Die Aussage liegt also in der Linie von V 1, wonach »der Herr, den ihr sucht«, »sogleich« zu seinem Tempel kommt. Die Zweifel der Adressaten sollen alsbald ausgeräumt werden.

Hieß es zu Anfang des Diskussionswortes in der Entfaltung der Feststellung: »Alle, die Böses tun – gut sind sie in den Augen JHWHs, und an ihnen hat er Gefallen«, dann folgt jetzt die Liste derer, »die Böses tun«. Sie ist mit Partizipien gebildet, spricht also von sich wiederholenden Taten. Sie umfasst vier Glieder, die jeweils mit ב *(bᵉ)* »gegen« eingeleitet sind: die Zaubernden, Ehebrechenden, Schwörenden und Unterdrückenden. Das Achtergewicht liegt auf den Unterdrückenden; diese stehen nicht nur am Ende der Liste, ihnen sind ihrerseits auch vier Personengruppen zugewiesen, die sie unterdrücken: Tagelöhner, Witwen, Waisen und Fremde (zu diesem Aufbau vgl. *A. Meinhold* 276 f.).

Die Liste ist umfassend zu verstehen, indem sie den religiösen, familiären, rechtlichen und wirtschaftlich-sozialen Bereich mit je einer Tätergruppe apostrophiert. Sie bezieht sich »auf solche, die in der einen oder anderen Weise grundlegend gemeinschaftsschädigend tätig sind« (*M.-Th. Wacker*, Maleachi 1999, 381). Vergleichbare Zusammenstellungen finden sich auch sonst in der prophetischen Literatur. Zu nennen sind etwa die Aufforderungen und Beschuldigungen, die Jeremia in seiner Tempelrede in den Mund gelegt werden (Jer 7, 5 f.9), die sich wiederholenden Aufzählungen der Taten der Gerechtigkeit bzw. Ungerechtigkeit in Ez 18, die kurze Reihe von Vorwürfen in Hos 4, 2 oder die ebenfalls kurze Reihe von Aufforderungen in Sach 7, 9 f. Dabei gibt es einige wörtliche Übereinstimmungen, so beim Ehebrechen (Jer 7, 9; Hos 4, 2), falsch Schwören (Jer 7, 9) und Unterdrücken von Fremden, Waise und Witwe (Jer 7, 6; Sach 7, 10). In der Reihenbildung wie im Gleichlaut der Vergehen zeigt sich eine gewisse Zeitlosigkeit der Vorwürfe. Gleichwohl ergeben solche Listen nur einen Sinn, wenn die Adressaten der Texte sie mit den Zuständen ihrer Zeit in Beziehung setzen können.

Das gilt bereits für die erste Gruppe, »die, die Zauberei treiben«. Die Wurzel בשׁף *(kšp)* ist der allgemeine Begriff für »zaubern«, »Magie treiben«, »hexen« (*R. Schmitt*, Magie 2004, 107). Solche Praxis wird in der Hebräischen Bibel scharf verurteilt, sowohl in der Tora (Ex 22,17; Dtn 18,10) als auch in der Prophetie (Jer 27,9; Ez 13,18–21; Mi 5,11). Dabei geht es bei dem Vorwurf nicht nur um ein rein religiöses Vergehen, weil Zauberei insofern meist eine soziale Dimension hat, dass sie zum Schaden anderer eingesetzt wird. Wenn Mal 3,5 nur das Partizip des Verbs anführt, greift der Text »den traditionellen Hexerei-Komplex auf, um Schuld aufzuweisen«. »Die $k^e\check{s}\bar{a}p\hat{i}m$ fungieren als ... Metapher für widergöttliches Handeln jeder Art« (*R. Schmitt*, Magie 2004, 381). Dennoch darf man aus dieser Einsicht keine falschen Alternativen konstruieren, wie es Rüdiger Schmitt tut: »Damit handelt es sich in Mal 3,5 ebensowenig wie in Mi 5,11 um eine unmittelbare und aktuelle Prophetie gegen virulente Missstände oder gar gegen Magie im Generellen, sondern ... um einen Fortschreibungstext, der einen Topos der Verstöße gegen Jahwes Weisung aufgreift und fortschreibt« (*R. Schmitt*, Magie 2004, 367). Polemik ist auch in einem »Fortschreibungstext« nur verständlich, wenn sie sich »gegen virulente Missstände« richtet.

Für das Zerstören von Ehen hat das Hebräische die Wurzel נאף *(n'p)*. Ehebruch wird von der Tora untersagt (Ex 20,14 = Dtn 5,18; Lev 20,10), in der Weisheit geächtet (Hi 24,15; Spr 6,32; 30,20) und in der Prophetie häufig kritisiert (Jer 9,1; 29,23; Hos 3,1 u.ö.). In der Prophetie steht »Ehebruch« zudem oft metaphorisch für den Abfall zu anderen Gottheiten, wobei die Übergänge von realer zu metaphorischer Rede gelegentlich fließend sind (Jes 57,3; Jer 3,8f.; 5,7 u.ö.). Auch in den oben erwähnten Reihenbildungen taucht das Motiv auf (Jer 7,9; Hos 4,2). Dort wie hier in Mal 3,5 ist der reale Ehebruch gemeint. Wie mit der Zauberei »widergöttliches Handeln jeder Art« (*R. Schmitt*, Magie 2004, 381) kritisiert wird, so mit dem Ehebrechen jegliches Handeln, das im zwischenmenschlichen und besonders im familiären Bereich zerstörerisch wirkt.

Interessanterweise wird in der vorangehenden Strophe der Maleachi-Dichtung zwar das »Betrügen« der »Frau deiner Jugend« kritisiert, nicht aber von Ehebruch gesprochen. Mal 3,5 deckt mit seinen allgemeinen Formulierungen zwar auch ein Fehlverhalten wie das Betrügen der Frau der Jugend ab, geht aber weit über den engen Bezug auf dieses Wort hinaus.

Mit dem Schwören von Meineiden gelangen wir in den Bereich des Rechts. נשבע לשׁקר *(nišba' laššæqær)*, wörtlich »zur Lüge schwören«, wird in Lev 5,22.24 im Kontext von rechtlichen Auseinandersetzungen um anvertraute, geraubte oder erpresste Gegenstände benutzt. Lev 19,12 erhebt es zum allgemeinen Gebot: »Ihr sollt keinen Meineid in meinem Namen schwören«. Dass einer »einen Meineid schwört in meinem Namen«, kritisiert Sach 5, 4. Doch auch ohne den JHWH-Namen – an unserer Stelle tragen ihn einige Handschriften und die Septuaginta ein (siehe die Bemerkung zum Text) – ist der falsche Schwur verwerflich. Er untergräbt die Rechtsprechung, die im alten Israel zu wesentlichen Teilen auf zuverlässigen und bei Gott beschworenen Zeugenaussagen beruht. Wenn sich JHWH »zum Recht naht«, können die, die Meineide schwören, keinen Bestand haben.

Am stärksten betont ist JHWHs Eingreifen gegen die, die »unterdrücken«. Die Wurzel עשק ('šq) bezeichnet in allen Textbereichen des Alten Testaments die gesellschaftliche Gewalt von Stärkeren gegenüber Schwächeren (Lev 19,13; Jer 7,6; Ps 72,4; Spr 14,31 u.ö.). Mal 3,5 nennt explizit vier gesellschaftliche Gruppen, die *per se* schwach sind und deshalb leicht unterdrückt werden können. Dabei »ist rechtsgeschichtlich interessant die betonte Einbeziehung des Taglöhners in die Gruppe der seit alters typischen ›personae miserae‹« (*F. Horst* 271; vgl. *J. L. Sicre*, »Con los pobres« 1984, 435). Er steht sogar an erster Stelle der Aufzählung. Konkret ist an den Vorgang gedacht, dass dem Tagelöhner der Lohn am Abend vorenthalten wird, sodass er für sich und seine Familie nichts zu essen hat (Lev 19,13; Dtn 24,14f.). Die ausführliche Bestimmung der Tora: »Du sollst den Tagelöhner nicht unterdrücken … Am selben Tag sollst du ihm seinen Lohn geben …« (Dtn 24,14f.) komprimiert Mal 3,5 dabei in die elliptische Ausdrucksweise »den Lohn des Tagelöhners unterdrücken« (zur Sozialgeschichte der Lohnarbeit im alten Israel vgl. auch *R. Kessler*, Lohnarbeit 2011).

Die an zweiter und dritter Stelle genannten »Witwen und Waisen« sind die klassischen *personae miserae* des Alten Orients. Schon König Hammurapi von Babylon (18. Jh. v. Chr.) sagt, er habe seine Gesetzesstele geschrieben, »damit der Starke den Schwachen nicht schädigt, um der Waise und der Witwe zu ihrem Recht zu verhelfen« (CH XLVII 59–62 = TUAT I 76). In Israel wird der Paarbegriff häufig um einen dritten Personenkreis erweitert, den des »Fremden«. Das ist ein Mensch, der an dem Ort, wo er sich aufhält, keinen Besitz hat und deshalb in ein Klientelverhältnis zu einem Einheimischen treten muss, d.h. er oder sie muss für diesen Einheimischen arbeiten, der sie oder ihn dafür ernährt, schützt und rechtlich vertritt. Es liegt nahe, dass eine solche Beziehung von dem ausgenutzt werden kann, der dazu in der Lage ist, also dem einheimischen Patron.

Manchmal werden die drei Gruppen in einem Atemzug genannt, so in Jer 7,6: »Wenn ihr Fremden, Waise und Witwe nicht unterdrückt …«. Oft ist aber auch noch zu erkennen, dass die Fremden als eigene Gruppe zu dem unzertrennlichen Paar »Witwe und Waise« hinzugekommen sind, etwa im Nacheinander von Ex 22,20 (Fremder) und 22,21 (Witwe und Waise) mit je eigenem Verb des Unterdrückens. So ist es auch in Mal 3,5. »Zum einen faßt die Konstruktion ›Zeuge gegen …‹ unter viermaligem ב (›gegen‹) die in Betracht kommende Untäterschaft zusammen« (*A. Meinhold* 276). Zum andern aber hat die letzte Opfergruppe, die Fremden, zwar nicht noch einmal ein בְּ *(bᵉ)* »gegen«, dafür aber ein eigenes Verb (im Partizip wie die andern Verben des Verses auch). »Wegdrängen« mit einer Personengruppe als Objekt kann wie hier absolut stehen (Jes 29, 21; Am 5, 12), kann aber auch eine nähere Bestimmung bei sich haben (»vom Recht«, Jes 10, 2; »vom Weg«, Hi 24, 4; »im Gericht«, Spr 18, 5). Der Sache nach ist das auch hier gemeint.

Zusammengefasst wird die Reihe derer, gegen die sich JHWH »zum Recht naht«, mit dem Satz: »vor mir aber haben sie keine Ehrfurcht«. »… der die Liste abschließende, ganz anders konstruierte Satz … [disqualifiziert] nochmals explizit die gesamte Untäterschaft sowie jede ihrer Gruppen« (*A. Meinhold* 277), stellt also nicht noch einmal eine eigene Gruppe dar. Zugleich verbindet das Stichwort ירא *(jr')* »Ehrfurcht haben« mit dem II. Diskussionswort (1, 6; 2, 5), in dem die fehlende Ehrfurcht der Ausgangspunkt der Diskussion ist.

Mit der die IV. Strophe abschließenden Gottesspruchformel »sagt JHWH der Heere« ergreift noch einmal ausdrücklich der Prophet das Wort. Allerdings beschränkt er sich, wie schon am Ende von V 1, wo dieselbe Formel steht, auf die Mitteilung, dass er in den vorangehenden Versen – gemeint ist wohl 3, 1–5 insgesamt – JHWH das Wort erteilt bzw. im schriftlichen Text ihn zitiert hat.

Bedeutung

a) Die IV. Strophe und ihre Stellung im Buch. Feststellung, Einrede und Entfaltung der Feststellung zeigen im IV. Wort dieselbe Struktur wie im III: In ihnen findet keine direkte Kommunikation zwischen Israel und JHWH statt, sondern der Prophet spricht mit den von ihm Angeredeten über JHWH. III. und IV. Strophe gehören somit zum Mittelteil eines Triptychons, das im Übrigen auch dadurch ausgezeichnet ist, dass nur in ihm Juda und Jerusalem (2, 11; 3, 4) genannt werden.

Nach einer anderen Lesart der Maleachi-Schrift findet von der III. zur IV. Strophe ein Umschwung statt. Nach der Grundlegung in der I. Strophe werden im II. und III. Diskussionswort Missstände in Juda und Jerusalem angegriffen, und zwar so, dass sich der Angriff auf die Personen richtet, die sie durch ihr Fehlverhalten herbeiführen. Das ist in der IV. Strophe völlig anders. Jetzt sind Diskussionspartner Menschen, die nicht näher spezifiziert mit »Ihr« angeredet werden und die sich darüber beklagen, dass JHWH das Tun der Übeltäter gleichgültig sei, die also nicht wegen ihrer Taten, sondern wegen ihrer Ansichten kritisiert werden. Die eigentliche Antwort auf ihren Vorwurf besteht in der Ankündigung des unmittelbar bevorstehenden Eingreifens JHWHs. Sie ist das Thema des Wortes. Dass dabei auch für die in der II. und III. Strophe Kritisierten eine Änderung eintritt – in einem Akt der Reinigung bzw. in der Herstellung von Recht –, zeigt, wie kunstvoll in Maleachi die Themen verknüpft sind.

Mit der Ankündigung des göttlichen Eingreifens richtet sich der Blick der Maleachi-Schrift in die Zukunft. Dorthin wird er bis zum Schluss gerichtet bleiben. In der folgenden Strophe drückt sich die Zukunftsperspektive vor allem in dem Aufruf zur Umkehr aus (3,7). Die letzte Strophe bringt dann mit dem Motiv des kommenden Tages, an dem zwischen Gerechten und Übeltätern geschieden wird, die Lösung.

b) Die Evangelien und der geflügelte Johannes Prodromos. Wir hatten gesehen, dass sich Mal 3,1 mit der Ankündigung des Boten, der den Weg freiräumt, an Jes 40,3 anlehnt. Diesen Zusammenhang hat bereits der Evangelist Markus erkannt. Er beginnt sein Evangelium mit einer Zitatkombination aus Mal 3,1 (mit Einflüssen von Ex 23,20) und Jes 40,3, die er kurzerhand als Zitat aus Jesaja deklariert: »Wie geschrieben steht beim Propheten Jesaja: ›*Siehe, ich sende meinen Boten vor* dir *her, der* deinen *Weg bereiten wird. Stimme eines Rufenden in der Wüste: Bereitet den Weg des Herrn, macht gerade seine Straßen!*‹« (Mk 1,2 f.). Er bezieht das Wort auf Johannes den Täufer. Dies tun auch Matthäus und Lukas, die Mal 3,1 ohne die Verbindung mit Jes 40,3 und in anderem Kontext zitieren (Mt 11,10; Lk 7,27). Durch die Veränderung von der 1. zur 2. Person (»vor dir«, »deinen Weg«) wird Johannes zum Vorläufer des Kyrios Jesus. Da in Mal 3,23 f. der »Bote« von 3,1 mit Elija identifiziert wird, bringt der Markustext den Täufer zugleich »hier noch andeutend ... mit Elija in Verbindung« (*U. B. Müller*, Johannes 2002, 115 f.). In Mk 9,11–13 wird das dann offen ausgesprochen (siehe weiter zu 3,23 f.).

Das Wort »Bote« übersetzen die Evangelisten wie schon die Septuaginta korrekt mit ἄγγελος *(ángelos)*. »Griechisches *aggelos* meint ursprünglich nur den Boten, ist aber in byzantinischer Zeit seiner späteren Bedeutung entsprechend als ›Engel‹ interpretiert« (*U. B. Müller*, Johannes 2002, 216). Da die Engel als Gottesboten mit der Zeit Flügel bekommen haben, ist daraus in der ostkirchlichen Ikonographie seit dem 14. Jh. die interessante Darstellung Johannes des Täufers als Engel mit Flügeln geworden, der so genannte Johannes Prodromos, Johannes der Vorläufer. Sie wäre ohne Mal 3,1 nicht möglich (vgl. *F.-A. von Metzsch*, Johannes der Täufer 1989, 124.143 mit Abbildungen).

c) Händels »Messias«. Die Verbindung zwischen dem Anfang von Jes 40 mit Mal 3,1–3 bestimmt schließlich auch eines der bedeutendsten Werke der Oratorienliteratur, den 1742 uraufgeführten »Messias« von Georg Friedrich Händel. Die von Charles Jennens vorgenommene Zusammenstellung von biblischen Texten (*Th. Daniel*, Händel 1994, 48) beginnt in den ersten Stücken des ersten Teils mit der kompletten Wiedergabe von Jes

40, 1–5. Darauf folgt im Bass-Rezitativ die Verbindung von Hagg 2, 6.7a mit Mal 3, 1b. Diese Kombination ist neu. Die Haggai-Stelle kündigt die künftige Herrlichkeit des eben erbauten zweiten Tempels an. Erst dann soll gelten, was Mal ansagt: »The Lord, whom ye seek, shall suddenly come to His temple, even the messenger of the covenant, whom ye delight in; behold, He shall come, saith the Lord of Hosts.« Darauf singt der Alt in einer Arie den Text von Mal 3, 2a.bα: »But who may abide the day of His coming, and who shall stand when He appeareth? For He is like a refiner's fire.« Abgeschlossen wird das Maleachi-Zitat durch den Chor mit der Vertonung von V 3aβ.b: »And He shall purify the sons of Levi, that they may offer unto the Lord an offering in righteousness.« Erst die Reinigung ist die Voraussetzung dafür, dass nun der Alt im Rezitativ Jes 7, 14 vortragen kann, die als Jungfrauengeburt verstandene und auf Jesus Christus gedeutete Ankündigung der Geburt des Immanuel.

So enthält nach diesen christlichen Lesarten Maleachi zwar keine direkte messianische Weissagung. Gleichwohl gehört er aufs engste in das Geschehen hinein, das der Vorbereitung des Kommens des Messias dient, sei es durch direkte Identifizierung des Engels mit Johannes dem Täufer, sei es durch den Gedanken der Reinigung, die erst die Ankündigung des Kommenden möglich macht. Der Autor-Intention des Maleachi-Dichters entspricht das nicht, denn der kennt keine messianische Gestalt (nur eine ältere erbauliche Auslegung, die überall alles findet, findet auch in Maleachi »die nochmalige Verheißung von Christo und dem Heil, das Er schaffen werde«, *C. H. Rieger* 174). Es ist aber ein interessantes Beispiel dafür, wie in der Rezeption durch intertextuelle Lektüre und Kombination neue Gedankenkomplexe entstehen und ihrerseits wirkmächtig werden.

Maleachi 3,6–12

Esteban Arias Ardila, ¿Casa del tesoro o casa de la provisión? Una lectura de Malaquías 3, 10, in: RIBLA 50 (2005) 40–43. – *Aelred Cody*, When is the Chosen People called a *gôy*?, in: VT 14 (1964) 1–6. – *Mitchell Dahood*, The Minor Prophets and Ebla, in: C. L. Meyer / M. O'Connor (Hg.), The Word of the Lord Shall Go Forth, FS D. N. Freedman, Winona Lake, Indiana 1983, 47–67. – *Robert Hanhart*, Dodekapropheton 7.1. Sacharja 1–8 (BK XIV/7.1), Neukirchen-Vluyn 1998. – *Victor Avigdor Hurowitz*, אכל in Malachi 3:11 – Caterpillar, in: JBL 121 (2002) 327–330. – *Sara Japhet*, 1 Chronik (HThKAT), Freiburg u. a. 2002. – *Rainer Kessler*, Armenfürsorge als Aufgabe der Gemeinde. Die Anfänge in Tempel und Synagoge, in: ders., Studien zur Sozialgeschichte Israels (SBAB 46), Stuttgart 2009, 207–218. – *ders.*, Das kollektive Schuldbekenntnis im Alten Testament, in: ders., Gotteserdung. Beiträge zur Hermeneutik und Exegese der Hebräischen Bibel (BWANT 170), Stuttgart 2006, 164–176. – *Ralph W. Klein*, 1 Chronicles (Hermeneia), Minneapolis 2006. – *Eric Ortlund*, A Window of Appearance for Baal? Temple, Chaos, and Divine Appearance in Ugarit and Egypt, in: UF 36 (2004) 347–355. – *Ryan E. Stokes*, I, Yhwh, Have Not Changed? Reconsidering the Translation of Malachi 3:6; Lamentations 4:1; and Proverbs 24:21–22, in: CBQ 70 (2008) 264–276.

Literatur

Text

Übersetzung

6 Ja, ich bin JHWH, ich habe mich nicht geändert,
   und ihr seid die Kinder Jakobs, ihr habt nicht aufgehört:
7 Seit den Tagen eurer Vorfahren seid ihr von meinen Bestimmungen abgewichen und habt sie nicht beachtet.
   Kehrt um zu mir, dann will ich zu euch umkehren, sagt JHWH der Heere.
   Ihr aber sagt: »Worin sollen wir umkehren?«
8 Kann denn ein Mensch Gott berauben? Ja, ihr beraubt mich.
   Ihr aber sagt: »Womit haben wir dich beraubt?«
   Mit dem Zehnten und der Abgabe!
9 Mit dem Fluch seid ihr verflucht, mich aber beraubt ihr, das ganze Volk.
10 Bringt den Zehnten ganz ins Schatzhaus, dass Nahrung in meinem Haus sei. Prüft mich doch daran, sagt JHWH der Heere,
   ob ich euch nicht die Fenster des Himmels öffne
   und über euch Segen ausschütte – mehr als genug.
11 Ich bedrohe für euch den Fresser,
   sodass er euch nicht den Ertrag des Ackerbodens verdirbt

> und euch der Weinstock auf dem Feld nicht ohne Frucht bleibt,
> sagt JHWH der Heere.
> 12 Alle Völker werden euch glücklich preisen,
> weil ihr – ihr selbst – ein Land des Wohlgefallens sein werdet, sagt JHWH der Heere.

Zu Text und Übersetzung

6 *R. E. Stokes*, I 2008, 264–276 schlägt vor, statt שנה I »sich ändern« als ursprüngliche Lesart שנא »hassen« anzunehmen. Das ist eine willkürliche Konjektur ohne jeden Anhalt in der Textüberlieferung.

8 f. Viermal verwenden die beiden Verse das Verb קבע *(qbʿ)*. Außer hier kommt es nur noch in Spr 22, 22 f. vor, wo es »in Sachparallele zu verausgehendem גזל (›berauben‹ …)« steht, was die Wiedergabe mit »berauben« stützt (*A. Meinhold* 293). Für hebräische Ohren ist dies eine deutliche Anspielung an den Namen »Jakob« aus V 6, da ja alle Radikale identisch sind. Eine Änderung des Verbs in עקב *(ʿqb)* »betrügen«, wie sie BHS vorschlägt (zu diesem Wortspiel mit dem Jakob-Namen vgl. Hos 12, 3 f.), ist nicht nötig (so auch *D. Barthélemy*, Critique textuelle 1992, 1037 f.).

10 Die Phrase am Ende des Verses – wörtlich: »bis zum Nichtsein von די *(daj)* Maß« – ist eindeutig. Man muss dafür keine eblaitische Gottheit *dī* bemühen, wie *M. Dahood*, Minor Prophets 1983, 62 f. vorschlägt.

Analyse

Die Elemente des Diskussionswortes

Klar erkennbar ist, dass das V. Diskussionswort zwei Einreden hat, die beide Male ganz üblich mit »ihr aber sagt« eingeleitet werden (V 7b und 8aβ). In dieser Hinsicht gleicht das vorletzte dem zweiten Wort der Dichtung, das ebenfalls zwei Einreden hat (1, 6bβ und 1, 7aβ). Vor der Einrede I steht in 3, 6.7a die Feststellung I, auf die die Einrede semantisch zurückgreift (»kehrt um!« – »wozu sollen wir umkehren?«). Man kann überlegen, ob man in V 6 als weiteres Formelement einen Vorspruch erkennen will (vgl. *A. Meinhold* 296–298). In der Tat hat V 6 den Charakter einer allgemeinen theologischen Aussage wie 1, 6a und 2, 10a. Andrerseits endet der doppeldeutige V 6 nach einer seiner Lesarten mit den Worten »ihr habt nicht aufgehört« (vgl. dazu die Auslegung). Sie verlangen V 7a als Fortsetzung, damit man weiß, womit die Jakobskinder »nicht aufgehört« haben, sodass es wohl doch sinnvoller ist, V 6.7a insgesamt als Einrede I beisammen zu lassen. Ohnehin muss man sich vor Augen halten, dass die Identifizierung von Formelementen unser Versuch ist, den Text zu erfassen, dieser selbst aber keineswegs dem Zwang eindeutiger Zuordnung unterliegt.

Deutlich ist jedenfalls, dass in V 8aα eine zweite Feststellung und in V 8aβ eine zweite Einrede folgt. Auf sie wird mit der Entfaltung der Feststellung in V 8b.9 geantwortet. Umfangreiche Folgerungen in V 10–12 schließen das Wort ab. Wie bei den Doppelungen in der II. Strophe liegt auch hier eine Bewegung vom Allgemeineren zum Konkreteren vor: vom Abweichen (V 7aα) zum Berauben (V 8a), vom Aufruf zur Umkehr (V 7aβ) zum Aufruf, den Zehnten zu bringen (V 10).

Zu 2,17–3,5 hatte ich bereits darauf verwiesen, dass die Inklusion zwischen 2,17 und 3,5 dafür spricht, die IV. Strophe der Dichtung mit 3,5 enden und die V. mit 3,6 beginnen zu lassen (gegen etwa E. *Achtemeier* 183–187, die 2,17–3,6 als Einheit abgrenzt und in 3,6 »the climax of the thought« findet, 186). Gegen 3,6 als Einsatz einer neuen Einheit hat man das an erster Stelle stehende *kî* ins Feld geführt (so P. L. *Redditt* 155, der daraus die These ableitet, 3,6–12 habe ursprünglich an 1,2–5 angeschlossen). Das gilt jedoch nur, wenn man *kî* kausal versteht. Das aber ist nicht zwingend. Emphatisches *kî* (»ja, fürwahr«) kann durchaus den Anfang einer prophetischen Einheit bilden (vgl. Jes 1,20b.29; 3,1; 28,10f.; Am 4,13; 6,11.14; 9,9 u.ö.). Nach M. A. *Sweeney* 739.742, der die Grenze der Einheiten zwischen 3,7 und 3,8 sieht, und M. H. *Floyd* 616–619, der seine Großeinheit 2,17–3,12 in die Untereinheiten 2,17, 3,1–7aα und 3,7aβ–12 einteilt, hat sich zuletzt ausführlich S. D. *Snyman*, Rethinking 2011 dafür ausgesprochen, die Grenze zwischen den Einheiten zwischen 3,7aα und 3,7aβ zu ziehen. Schlägt man 3,6.7aα zur vorangehenden Einheit, geht allerdings das schöne Wortspiel zwischen dem Namen »Jakob« (V 6) und der Wurzel קבע *(qbʿ)* »berauben« (viermal in V 8f.) verloren, was für mich den Ausschlag gibt, an der herkömmlichen Abgrenzung festzuhalten.

Abgrenzung der Einheit

Mit der V. Strophe der Dichtung kehren wir zu dem Phänomen zurück, das schon beim I. und II. Diskussionswort zu beobachten war: Man kann alles als einen großen Monolog JHWHs auffassen, bei dem dieser selbst zweimal den angeredeten Jakobskindern das Wort erteilt und sie – im Hebräischen – zwei Worte sagen lässt: »Ihr aber sagt: ›Wozu sollen wir umkehren?‹« (V 7b) und »Ihr aber sagt: ›Womit haben wir dich beraubt?‹« (V 8aβ) (A. E. *Hill* 292 nennt das »pseudo-dialogue«). Der Prophet als Sprecher-Origo (Ebene E₀) käme nach dieser Lesart nur in dem viermaligen »sagt JHWH der Heere« (V 7aγ.10aγ.11bβ.12bβ) zu Wort. Alternativ dazu könnte man dem Propheten die Worterteilung an die Jakobskinder zuschreiben. Deren Redeanteile würde das aber nicht vergrößern, und auch die einlinige Kommunikationsstruktur des Wortes würde sich nicht ändern.

Redeebenen

Das Wort fängt nicht nur mit dem betonten Ich JHWHs an, dieses Ich hält sich auch in den Verbformen und Suffixen des Textes durch. Ebenso durchgängig ist die Anredestruktur. V 6 identifiziert die Adressaten als »die Kinder Jakobs«, in der Folge werden sie immer mit »ihr« angeredet. Insofern lässt sich die Kommunikation als einlinig bezeichnen, mit nahezu ausschließlichen Redeanteilen auf Seiten JHWHs.

Figurenkonstellation und Kommunikationsstruktur

Dennoch gibt es zwei weitere Gruppen, die der Text nennt. Es sind »eure Vorfahren« in V 7 und »alle Völker« in V 12. Beide werden von JHWH nicht angeredet. Dass die Völker in keiner Kommunikation mit JHWH stehen – bei den Vorfahren liegt ohnehin ein Rückblick in die Vergangenheit vor –, stellt keine negative Qualifizierung dar, »preisen« sie doch Israel »glücklich«. Das erinnert an die positive Rolle der Völker im zweiten Diskussionswort (1,11–14), wo ebenfalls gleichwohl keine Kommunikation mit ihnen stattfindet. Es geht, wie die Überschrift sagt, in der Maleachi-Schrift um ein Wort »JHWHs *an Israel* durch Maleachi« (1,1).

Verbale Struktur — Zwar besteht die Kommunikation in dem Wort fast durchgängig aus Anrede JHWHs an die Kinder Jakobs, sie ist sachlich aber zweigeteilt, wie die Verbalstruktur des Textes erkennen lässt. Der erste Teil umfasst die Feststellungen, Einreden und die Entfaltung der Feststellung (V 6–9). In ihm geht es um die Vergangenheit, die bis in die Gegenwart reicht. Ausgedrückt wird das durch zahllose AK-Formen (V 6 zweimal, V 7aα zweimal, V 8 einmal) und Partizipien (V 8 einmal, V 9 zweimal). Die einzige Ausnahme in diesem ersten Teil ist V 7aβ.γ.b, wo ein Imperativ und zwei PK-Formen dominieren. Der Imperativ aber verlangt eine Handlung, die möglichst in der Gegenwart beginnen soll, ihrem Wesen nach aber auf Zukunft ausgerichtet ist. Wird das im Imperativ Verlangte ausgeführt, beginnt die Zukunft. Diese Struktur dominiert durchgehend den zweiten Teil der JHWH-Rede, formgeschichtlich gesprochen die Folgerungen. Er beginnt mit zwei Imperativen (V 10) und enthält dann PK- und AK-konsekutiv-Formen, die ebenfalls zukunftsbezogen sind (PK: V 10 zweimal, V 11 zweimal, V 12 einmal; AK-konsekutiv: V 10 einmal, V 11 einmal, V 12 einmal). Der die zweite Hälfte der Maleachi-Dichtung dominierende Zukunftsaspekt, der sich in der IV. Strophe in der Ankündigung des bevorstehenden Kommens des Gottesboten niederschlägt, findet in der V. Strophe seinen Ausdruck in den aktivierenden Imperativen, die zukünftiges Geschehen eröffnen.

Sprache — Auch die V. Strophe ist – nun nicht mehr überraschend – im Stil gehobener Prosa gehalten. Elemente des Parallelismus sind nur schwach vertreten, so in V 6, in V 10b und in V 11aβ.bα. Im zweiten Durchgang von Feststellung – Einrede – Entfaltung der Feststellung (V 8 f.) findet eine Satzwiederholung statt. In der Feststellung heißt es: »Ja, ihr beraubt mich« (V 8aα), in der Entfaltung: »mich aber beraubt ihr«. Es sind dieselben Worte, aber in anderer Abfolge, ein kunstvolles Stilmittel, das sinntragend ist (siehe die Auslegung zu V 9). Mit שוב *(šûb)* »umkehren« (dreimal in V 7) und קבע *(qbʿ)* »berauben« (viermal in V 8 f.) werden Leitworte gebraucht. Bei letzterem liegt zudem ein Wortspiel mit dem Namen Jakob vor. Dadurch entsteht ein gehobener Sprachstil, der gleichwohl in seiner Grundstruktur prosaisch ist.

Literarkritik — Auch bei Vertretern der Auffassung, die Maleachi-Schrift insgesamt verdanke sich mehreren Ergänzungen einer kürzeren Grundschrift, gilt Mal 3,6–12 in der Regel als einheitlich. So weisen *E. Bosshard / R. G. Kratz,* Maleachi 1990, 29.32 f. den Abschnitt zur Gänze ihrer Grundschicht zu. Und *A. Meinhold* 299 konstatiert, dass dieses Wort »eine sorgfältige Gestaltung und wie das erste keine Ergänzungen oder Erweiterungen erfahren hat«. Für die im vorliegenden Kommentar vertretene Auffassung der einheitlichen Entstehung der gesamten Maleachi-Schrift (mit Ausnahme von 3,22–24) ist das insofern interessant, als hier für 3,6–12 weder der Sprachstil noch die Wiederholung von Gattungsmerkmalen als Argumente für die Uneinheitlichkeit in Anschlag gebracht werden. Bei anderen Einheiten ist das aber gleichwohl der Fall. So schreibt Meinhold etwa zu 1,8b–10, die er als Zusatz zu 1,6–8a beurteilt, dass die Verse »sich sowohl inhaltlich als auch stilistisch von dem ausgefeilten Beginn V. 6–8a abheben« (*A. Meinhold* 75). Noch deutlicher wird die Argumentation bei 1,11–13: »Allerdings wurden dabei die sorgfältigen poetisch-stilistischen Gestaltungen von 1,6–8a ... weitgehend unberücksichtigt gelassen, so daß V. 11–13 noch mehr zur Prosa gehört, als es bereits bei V. 8–10b der Fall ist« (*A. Meinhold* 80). Würde dieses Poesie-versus-Prosa-Argument auf 3,6–12 angewendet, könnte man diesen Abschnitt kaum für einheitlich erklären. Es bestätigt sich, dass die Aufteilung der Maleachi-Schrift im Wesentlichen auf Inhaltliches zurückgreift und darin zirkulär argumentiert.

Wie alle andern ist auch die V. Strophe in das Netz der Verknüpfungen eingebunden, das die Dichtung durchzieht. Auf die *I. Strophe* verweist die Anrede als »Kinder Jakobs«, der in 1,2 zweimal genannt wird. Sachlich, wenn auch nicht sprachlich, bezieht sich auch der Schluss in 3,12 auf die I. Strophe, denn der Verweis auf das »Land, in dem es Lust macht zu leben«, erinnert an die Aussage von 1,5: »Groß erweist sich JHWH über dem Gebiet Israels.« – Besonders dicht sind die Verkettungen mit der *II. Strophe*. Das Motiv von Fluch und Segen (3,9f.) ist dort in 1,14; 2,2 präsent, und zwar auch mit denselben Wortwurzeln ארר (*'rr*) »fluchen« und ברכה (*bᵉrakah*) »Segen«. Bei der Auslegung von 2,3 hatte ich bereits darauf hingewiesen, dass diese Stelle komplementär auf 3,10f. bezogen ist, indem es beide Male um Segen bzw. Fluch für den landwirtschaftlichen Ertrag geht. Unterstrichen wird dies durch die Wurzel גער (*gᵉr*) »bedrohen«, die in 2,3 und 3,11 verwendet wird. Weitere Stichwortverbindungen betonen die enge Verknüpfung mit 1,6–2,9: der Vorwurf »ihr seid abgewichen« in 3,7 und 2,8 und die Einbeziehung der Völker in 3,12 und 1,11–14. – Viel dünner sind die Fäden, die zur *III.* und *IV. Strophe* führen. Zwar ist in 2,12 von den »Zelten Jakobs« die Rede (vgl. die »Jakobskinder« in 3,6) und taucht die Wurzel חפץ (*ḥpṣ*) »Wohlgefallen (haben)« (3,12) in 2,17 (und auch schon in 1,10) auf, aber beides ist nicht sehr signifikant. Hier schlägt sich die Lesart der Gesamtschrift nieder, wonach die beiden Außenstrophen I + II und V + VI einerseits und die beiden Mittelstrophen III + IV andrerseits jeweils enger aufeinander bezogen sind, wie es sich vor allem in der unterschiedlichen Kommunikationsstruktur zeigt (siehe die Einleitung).

Neben den Verkettungen zu andern Strophen haben die einzelnen Strophen auch ihr jeweiliges nur ihnen zugehörendes Profil. In 3,6–12 ist das der Ruf zur Umkehr. In V 7 wird er direkt ausgesprochen. In V 10–12 wird er konkretisiert, indem das Beibringen des Zehnten verlangt wird; »... das eigentliche Anliegen dieser ganzen Gottesrede ist das ihre Mitte bildende

Verkettung mit dem Vorangehenden

Mahnwort (10 a)« (*F. Horst* 273). Nach den beiden Imperativen in V 7 und V 10aα fordert ein dritter Imperativ in V 10aβ die Kinder Jakobs sogar auf: »prüft mich doch!« Diese drei Imperative sind mit den vorsichtigen Prohibitiven der III. Strophe nicht vergleichbar (»die Frau deiner Jugend soll man nicht betrügen«, »ihr sollt euch hüten bei eurem Verstand und nicht betrügen«, 2, 15 f.). Mit diesen Imperativen, die eine tiefgreifende Änderung des Verhaltens fordern, wird Zukunft eröffnet.

Auslegung

Die Feststellung beginnt mit emphatischem כִּי *(kî)* »ja, fürwahr, gewiss«. Die dann folgende und in Versteil 6b wiederholte Zusammenstellung von Personalpronomen und Nomen kann appositionell oder als Nominalsatz aufgefasst werden (»ich, JHWH, habe mich nicht geändert« oder »ich bin JHWH ...«, vgl. die in der Literatur vertretenen Positionen bei *A. Meinhold* 291 f.). Im Wesentlichen ist dies ein Problem des Deutschen, weil das Hebräische die Worte einfach nebeneinander stellt (»ich – JHWH – nicht – ich habe mich geändert«). In beiden Fällen wird das Ich JHWHs stark herausgestellt.

Von sich sagt JHWH nun: »ich habe mich nicht geändert.« Das Verb שׁנה *(šnh)* kann im neutralen Sinn meinen, dass die eine Sache anders ist als eine andere (Est 1, 7; 3, 8). Es kann einmal auch eine Veränderung vom Schlechten zum Guten bezeichnen (2 Kön 25, 29 = Jer 52, 33). In der Regel aber wird es verwendet, wenn eine Änderung vom Guten zum Schlechten vorliegt. Dies ist an allen Stellen der Fall, wo Gott das Subjekt ist. In Ps 77, 11 beklagt der Beter bzw. die Beterin nach dem Rückblick auf die früheren Wohltaten, »dass die Rechte des Höchsten sich geändert hat«. Hi 14, 20 stellt fest, dass Gott einem Menschen »das Gesicht verändert« und ihn wegschickt. Umgekehrt versichert Gott dem König, dass er trotz aller Schläge ihm die Treue hält und »den Spruch seiner Lippen« nicht ändert (Ps 89, 35). Eine solche Verneinung liegt auch in Mal 3, 6 vor. Gott beteuert, dass er sich nicht geändert hat, d. h. dass seine in 1, 2–5 beschworene Liebe zu Jakob nicht aufgehört hat, auch wenn, wie in 2, 17–3, 5 festgehalten, die Angesprochenen daran zweifeln. Auch hier zeigt sich, wie eng die V. Strophe in das Geflecht der Dichtung eingebunden ist.

Mal 3, 6 macht also keine dogmatische Aussage über »die ›Unveränderlichkeit Gottes‹ im Sinne der griechischen Philosophie, die Gott als das Höchste und Vollkommenste definiert, sodass jede Veränderung bei ihm nur eine zum Schlechteren sein könnte« (*K. Wengst*, Aufgehen 2005, 23). Die Vulgata aber übersetzt präsentisch: *ego enim Dominus et non mutor* (»denn ich bin der Herr und ändere mich nicht«) und legt damit eine überzeitliche Aussage nahe. Möglicherweise hat Augustinus diese Stelle im Sinn, wenn er Gott anredet: *Et tu es id ipsum valde, qui non mutaris* (»du bist das vollauf Sich Gleiche, der du dich nicht änderst«) (Conf. IX 4, 11). Hier wird im Zuge der Rezeption biblischer Theologie in den Kategorien antiker Philosophie aus der Verneinung der Veränderung Gottes in der konkreten Situation der Leserschaft Maleachis – die eine Veränderung, wie sie etwa der Beter von Ps 77, 11 erlebt, ja nicht ausschließt – die dogmatische Aussage von der Unveränderlichkeit Gottes *(inmutabilitas dei)*.

Die zweite Vershälfte stellt dem Ich JHWHs das Ihr der Kinder Jakobs gegenüber. Von ihnen wird eine Aussage mit Hilfe des Verbs כלה *(klh)* gemacht. Im Qal bedeutet diese Wurzel immer, dass etwas aufhört oder zu Ende geht. Das kann das Ausgehen von Wasser (Gen 21, 15) oder Mehl (1 Kön 17, 14.16) ebenso bezeichnen wie den Abschluss einer Arbeit (Ex 39, 32; 1 Kön 6, 38). Es kann auf Menschen bezogen aber auch bedeuten, dass sie umkommen (Jes 1, 28; 29, 20; 31, 3 u. ö.). Dieselbe finite Form wie in Mal 3, 6 heißt in Ez 13, 14: »ihr werdet zugrunde gehen«.

Die Bedeutungsbreite der Wurzel eröffnet für unsere Stelle zwei Auffassungsmöglichkeiten. Die eine habe ich in der Übersetzung – in Übernahme von *I. Willi-Plein* 267 – dadurch markiert, dass ich am Ende einen Doppelpunkt gesetzt habe, den es im Hebräischen gar nicht gibt: »ihr habt nicht aufgehört:«. Das verweist auf den folgenden Vers, der das Abweichen der Jakobskinder von den göttlichen Bestimmungen »seit den Tagen eurer Vorfahren« anprangert. Das Nicht-Aufhören heißt dann, dass die Jakobskinder als Gesetzesbrecher sich selbst treu geblieben sind. Sie sind als Betrüger mit sich identisch geblieben. In diesem Sinn übersetzt *A. Meinhold* 291: »nicht habt ihr geendet – (,[dieselben] zu sein)«.

Stellt man den Vers aber in den größeren Kontext der Maleachi-Schrift, ja des Zwölfprophetenbuches insgesamt, kann man mit *A. E. Hill* 291 auch übersetzen: »you have not been destroyed«. Das Aufhören bezieht sich bei den Jakobskindern dann nicht auf ihre Identität als Gesetzesbrecher, sondern auf ihre Existenz selbst (vgl. auch *K. W. Weyde*, Prophecy 2000, 314–321, der hier sogar eine Verknüpfung mit der Gerichtsansage des Schlussverses der voranstehenden Einheit erkennt). Auf dem Hintergrund der Beteuerung der fortdauernden Liebe JHWHs zu Jakob in Mal 1, 2–5, aber auch auf dem Hintergrund der Liebes- und Ehemetaphorik in Hos 1–3 ist auch dies eine mögliche Lesart. Sie verbindet sich mit der anderen darin, dass JHWH »sich nicht geändert hat«, also an seiner Liebe zu Israel festhält, obwohl die Kinder Jakobs sich als Gesetzesbrecher treu geblieben sind. In schönen Worten spricht *A. Meinhold* 305 davon, dass durch die »Kürze des Satzes לא כליתם (›nicht habt ihr geendet‹)« »ein so weit geöffneter Verstehensraum entsteht, so daß neben der unmittelbaren kritischen Kontextbedeutung auch das sich auf 1, 2–5 zurückbeziehende, Heil intendierende Verständnis möglich

Maleachi 3,6–12

wird.« Zu Recht nennt er den Satz »eine Meisterleistung theologischer Formulierkunst«.

Doch zunächst verbleiben wir im unmittelbaren Kontext. Der spricht davon, dass die Jakobskinder »seit den Tagen eurer Vorfahren« von JHWHs Bestimmungen abgewichen sind. Schon einmal hat 2,10 die Vorfahren erwähnt. Da hieß es, die Jetzigen hätten »den Bund unserer Vorfahren entweiht«. Das war wohl auf den Sinaibund zu beziehen. Die Vorfahren, von denen Mal 3,6 spricht, sind aber nicht die, mit denen der Bund geschlossen wurde, sondern die, die schon von ihm abgewichen sind. Dabei bleibt offen, seit welchen »Tagen eurer Vorfahren« das geschehen ist. Man kann mit Ps 95,8–11 an die Zeit unmittelbar nach dem Exodus denken, aber auch an die Zeit vor dem Exil (so Esra 9,7) oder gar an »die Angehörigen der nachexilischen Elterngeneration« (*I. Willi-Plein* 271). Wichtig ist, dass dieses Abweichen »nicht ein in das Leben der Gemeinde neueingetretener Faktor, sondern … gleichsam nur das vorläufig letzte Glied einer langen geschichtlichen Entwicklungsreihe« ist (*A. von Bulmerincq* II 407) – die Kinder Jakobs sind sich identisch geblieben. Wir stoßen hier auf eine in der nachexilischen Literatur wiederholt vorliegende Denkfigur, wonach die Schuld der Vorfahren und die eigene Schuld als »Schuld in der Geschichte« aufs engste zusammengesehen werden (vgl. *R. Kessler*, Schuldbekenntnis 2006, bes. 169–172).

Unter »meinen Bestimmungen«, von denen die Angeredeten »abgewichen« sind, wird man allgemeinem alttestamentlichen Sprachgebrauch nach den gesamten Komplex der Sinaigesetzgebung verstehen müssen (vgl. Lev 26,46; Dtn 4,1; Ps 119,5). Doch diese Bestimmungen sind nichts, was einmal gegeben fortan selbstredend wäre. Sie müssen immer wieder im prophetischen Wort aktualisiert werden. »Abweichen von meinen Bestimmungen« ist Ungehorsam gegen die Tora und Verwerfen der prophetischen Botschaft.

Intertextueller Bezug zu Sach 1,2–6

Diesen Zusammenhang kann man freilich unserer Stelle nur entnehmen, wenn man sieht, dass sie sich aufs engste auf Sach 1,2–6 bezieht. Der in Mal 3,7aβ.γ folgende Umkehrruf ist direkt aus Sach 1,3 entnommen. Aber auch unsere Stelle greift auf den Eingang der Sacharja-Schrift zurück. Dort heißt es in 1,6: »Doch meine Worte und meine Bestimmungen, die ich meinen Dienern, den Propheten, aufgetragen habe – haben sie eure Vorfahren nicht erreicht? Da kehrten sie um …«. »Meine Bestimmungen«, »eure Vorfahren« und das Motiv der Umkehr verbinden Sach 1,6 mit Mal 3,7. Aber während Sacharja in der Situation am Ende des babylonischen Exils und zu Beginn der Perserherrschaft Umkehr feststellt, sind für Maleachi in der späten Perserzeit die Kinder Jakobs im Abweichen seit den Tagen der Vorfahren mit sich identisch geblieben.

Trotz dieses Abweichens »seit den Tagen der Vorfahren« werden die Kinder Jakobs »nicht vernichtet« – so die eine Lesart des לא כליתם *(loʼ kᵉlîtæm)* am Ende von V 6. Statt sie zu verwerfen, ruft JHWH sie in seiner unveränderten Liebe zur Umkehr. Die Worte, mit denen er das tut, sind mit geringer Variation identisch mit Sach 1,3. In Mal 3,7 heißt es: »Kehrt um zu mir, dann will ich zu euch umkehren, sagt JHWH der Heere.« In Sach 1,3 ist nach dem Umkehrruf noch die Formel »Ausspruch JHWHs der Heere« eingefügt, und statt des Kohortativs in Mal 3,7 »ich will umkehren« steht in Sach 1,3 der Indikativ »ich werde umkehren«. Die intertextuelle Beziehung ist unverkennbar. Und die insgesamt reiche Intertextualität der Maleachi-Dichtung spricht eindeutig dafür, dass sich Mal 3,7 an Sach 1,3 bedient, und nicht umgekehrt.

Wenn man allerdings in der Literatur immer wieder Formulierungen findet wie: »Mal 3,6f. zitiert Sach 1,3« (*E. Bosshard / R. G. Kratz*, Maleachi 1990, 32), dann ist Zurückhaltung geboten. Denn Mal 3,7 ist in nichts als Zitat gekennzeichnet, wie etwa Jer 26,18, wo Mi 3,12 mit Quellenangabe zitiert wird, oder wie Sach 1,4, wo »die früheren Propheten« zusammenfassend zitiert werden. Mal 3,7 ist allein als Aussage JHWHs markiert, ohne selbst den intertextuellen Bezug anzuzeigen. Wenn wir es uns zu Recht so vorstellen dürfen, dass der Verfasser der Maleachi-Schrift (unter anderem) Sach 1–8 vor sich hat, dann *zitiert* er nicht den Umkehrruf von Sach 1,3, sondern *erneuert* ihn.

Theologisch ist das ganz wichtig. Sach 1,2–6 enthält in V 3 den Umkehrruf, in V 4 die Feststellung, dass »eure Vorfahren« auf den Umkehrruf der früheren Propheten nicht gehört haben, um dann in V 6a hinzuzufügen, dass JHWHs »Worte und Bestimmungen« »eure Vorfahren« erreicht haben. Darauf ist es, so V 6b, zur Umkehr gekommen. Auslöser dieser Umkehr war offenbar die Erfahrung, dass der göttliche Zorn als Reaktion auf die verweigerte Umkehr der vorexilischen Vorfahren das Exil bewirkt hat. Zwar ist strittig, ob Sach 1,6b von der Umkehr der Vorfahren – so das Verständnis von *R. Hanhart*, Sacharja 1–8 1998, 31 – oder der von Sacharja aktuell Angeredeten – so *H. Graf Reventlow* 38; *I. Willi-Plein* 58f. – spricht. Wichtig aber ist, dass Sacharja zu seiner Zeit von erfolgter Umkehr reden kann. Wenn Mal 3,6f. sich auf den Umkehrruf von Sach 1,3 zurückbezieht, dann stellt er ihn in einen neuen Kontext. Die bei Sacharja schon festgestellte Umkehr ist jetzt erneut gefordert. Zwischen der Zeit Sacharjas und der Maleachis ist es offenbar zu einem Rückfall gekommen.

Dass JHWH die Umkehr der »Kinder Jakobs« erneut möglich macht, zeigt die Unermesslichkeit seiner Geduld. Erneut, wie zur Zeit Sacharjas, verbindet er den Aufruf zur Umkehr mit der Erklärung, dass er seinerseits »zu euch umkehren« will. Die Reziprozität der Beziehung zwischen den Jakobskindern und JHWH, wie sie besonders im II. Wort mit den Motiven von Gabe, Segen und Fluch schon anklang, wird hier dadurch auf den Begriff gebracht, dass für das Tun der Kinder Jakobs und das JHWHs dieselbe Wortwurzel שוב *(šûb)* »umkehren« verwendet wird.

Maleachi 3,6–12

Ein drittes Mal wird die Wurzel in der Einrede gebraucht. Die Jakobskinder fragen: »Worin sollen wir umkehren?« Das Fragepronomen במה *(bammæh)* ist bei Maleachi die Standardeinleitung der Einrede. Je nach Kontext kann es unterschiedlich übersetzt werden (1, 2 »wodurch?«, 1, 6 f.; 2, 17 »womit?«). Auch hier sind andere Eindeutschungen denkbar, z. B. »warum?« (*H. Graf Reventlow* 154) oder »inwiefern?« (*A. Meinhold* 291). »Worin?« (*I. Willi-Plein* 267) ist die wörtlichste Wiedergabe. So übersetzt heißt die Frage: »In was, auf welchem Gebiet sollen wir umkehren?« Umkehr ist kein bloß innerlicher Sinneswandel, sondern bezieht sich immer auf ein konkretes Tun. Danach geht die Rückfrage der Angeredeten. Der bisherige Vorhalt, die Angeredeten seien »von meinen Bestimmungen abgewichen«, ist ihnen nicht konkret genug. Sie wollen es genauer wissen. V 7

JHWH wird konkreter. In einem zweiten Durchgang präzisiert er das »von meinen Bestimmungen Abweichen« als »berauben«. Erst stellt er die rhetorische Frage: »Kann denn ein Mensch Gott berauben?« Der Gedanke ist eine Ungeheuerlichkeit. Noch ungeheuerlicher ist aber die Antwort, die Gott selbst ausspricht: »Ja, ihr beraubt mich.« Die Wurzel קבע *(qbʿ)* kommt außer hier nur noch in Spr 22, 22 f. vor (siehe oben zum Text). Sie steht dort im Kontext sozialer Gewalt gegen den Elenden und Unterdrückten. So wie bestimmte Leute diese Schwachen »bestehlen«, »zermalmen« und »berauben«, so verhalten sich die Jakobskinder Gott gegenüber. Es ist gewissermaßen schon im Namen ihres Vorvaters angelegt. Denn יעקב *(jaᵃqob)* »Jakob« enthält alle Radikale von קבע *(qbʿ)* »berauben«. V 8

Aber das ist noch nicht konkret genug. Erneut fragen die Beschuldigten nach: »Womit haben wir dich beraubt?« Natürlich könnte man auch hier das Fragepronomen mit »worin?« wie in V 7 wiedergeben. Sie wollen wissen, auf welchem Feld diese Beraubung denn stattgefunden haben soll. V 8

Die Antwort besteht in zwei Nomina, hinter die man im Deutschen ein Ausrufezeichen setzen muss: »Mit dem Zehnten und der Abgabe!« Zwar ist je einmal vom Zehnten (1 Sam 8, 15) und der Abgabe (Spr 29, 4) im Kontext staatlicher Forderungen die Rede. Doch daran ist hier nicht gedacht. Es geht um Abgaben an den Tempel. Darauf führen drei Beobachtungen. Zum ersten gibt es in der Perserzeit zwar durchaus ein differenziertes System der Abgaben an den persischen König (Esr 4, 13; 7, 24; Neh 5, 4) und wohl auch an den Statthalter von Juda (Neh 5, 14 f.), aber ein Zehnter ist nicht dabei. Dieser ist hingegen als kultische Abgabe gut belegt (siehe unten zu V 10). Zum zweiten spricht hier JHWH selbst und fühlt sich als der Beraubte. Und drittens zeigt der weitere Kontext, dass es sich um eine Abgabe handelt, die letztlich an JHWH geht, der als Gegengabe seinen Segen für die Landwirtschaft verspricht. Wir kommen gleich darauf zurück. V 8

Zunächst setzt V 9 die Entfaltung der Feststellung fort (bevor V 10 zu den Folgerungen übergeht). Der Vers spricht davon, dass die angeredeten Jakobskinder verflucht sind und dass sie JHWH berauben. Seit Luther 1545 V 9 hat man die beiden Satzteile kausal einander zugeordnet: »Darumb seid jr auch verflucht .../ Denn jr teusschet mich alle sampt« (ähnlich *H. Graf Reventlow* 154: »Mit dem Fluch seid ihr verflucht, weil ihr mich beraubt«, so auch die NRSV: »You are cursed with a curse, for you are robbing me«). Doch ist das sprachlich kaum haltbar. Denn im zweiten Satzteil trägt das Personalobjekt ואתי *(wᵉ'otî)* durch seine Anfangsstellung die Betonung. Die Kopula ו *(wᵉ)* hat deshalb nach dem Personalpronomen der ersten Satzhälfte אתם *('attæm)* »ihr« adversative Bedeutung: »mich aber beraubt ihr« (*A. Meinhold* 315). Abgesehen einmal davon ist eine kausale Bedeutung der Kopula ohnehin nicht belegt (Ges¹⁸ hat keinen entsprechenden Eintrag; vgl. auch *E. R. Clendenen* 419 Anm. 32).

Was aber bedeutet der Satz, wenn das Berauben nicht als Begründung für das Verfluchtsein herhalten kann? Offenbar muss man die erste Satzhälfte zunächst für sich nehmen: »Mit dem Fluch seid ihr verflucht«. Dies ist durchaus verständlich, wenn man sieht, dass hier ein Bezug auf das II. Diskussionswort vorliegt. Dort wurde der Fluch über den Herdenbesitzer ausgesprochen, der JHWH ein verdorbenes Tier darbringt (1,14), und auch die Priester wurden mit einer Verfluchung ihres Segens bedroht, worauf es zugleich heißt: »Und ich habe ihn schon verflucht« (2,2). Wenn unsere Auslegung der Stelle zutrifft (siehe oben zu 2,3), dann bezieht sich die Verfluchung auf die Landwirtschaft. Dass zur Zeit von Mal 3,6–12 die landwirtschaftlichen Erträge gering sind, zeigen die Folgerungen in V 10–12, die künftigen Segen versprechen. Dass es ihnen jetzt schlecht geht, sollten die Leserinnen und Leser von Maleachi so verstehen, dass sie »mit dem Fluch verflucht« sind. *A. Meinhold* 291 übersetzt deshalb zu Recht paraphrasierend: »Mit dem Fluch seid ihr (bereits jetzt) verflucht«.

Maleachis Zeitgenossen reagieren auf die schlechte Wirtschaftslage so, wie man es bis heute kennt, wo in jeder wirtschaftlichen Rezession die Zahl der Kirchenaustritte zunimmt: Sie sparen an den religiösen Abgaben. Maleachi nennt das drastisch: »mich aber beraubt ihr«. Zum vierten Mal in zwei Versen kommt die Wurzel קבע *(qbʿ)* »berauben« zur Verwendung. Die schlechten Ernten sind ihnen keine Warnung, die sie zur Umkehr brächte, sondern bestärken sie nur in ihrem Fehlverhalten. Wieder verdeutlicht *A. Meinhold* 291 seine Übersetzung mit Hilfe einer Ergänzung: »aber mich beraubt ihr (weiterhin)«.

Nun war die Androhung des Fluches in 2,2f. direkt nur an die Priester gerichtet, auch wenn die Folgen für die Landwirtschaft natürlich alle treffen und in 1,14 ja auch bereits die Laien verflucht wurden. Um klar zu machen, dass das Fehlverhalten der in der II. Strophe kritisierten Priester (und der in 1,14 in den Blick genommenen Laien) Folgerungen für ganz Israel hat, endet die zweite Entfaltung der Feststellung mit den Worten »das ganze Volk«. »Das ganze Volk« ist »verflucht«, »das ganze Volk« »beraubt« JHWH. Im Hebräischen steht für »Volk« das Wort גוי *(gôj)* und nicht wie an der analo-

Maleachi 3,6–12

gen Stelle Jes 9,8 עַם *(am)*. Damit ist aber keine Zurücksetzung Israels in die Reihe der Heidenvölker gemeint (so A. Cody, People 1964, 2). Vielmehr wird, wenn hier auch noch nicht erkennbar, ein Bezug zum Schlussvers der Strophe hergestellt, wonach »alle Völker (גוים, *gôjim*) euch« – eben dieses eine »Volk« (גוי, *gôj*) – »glücklich preisen« werden.

Die ausführlichen Folgerungen, die dem heftigen Dialog der Verse 6–9 angefügt sind, legen breit dar, was die Aufforderung zur Umkehr (V 7) konkret bedeutet und welche Folgen dann zu erwarten sind. V 10a enthält die Konkretisierung des Imperativs »Kehrt um zu mir!«, ebenfalls in Gestalt zweier Imperative, V 10b–12 entfaltet die Folgen.

Nachdem der Dialog immer konkreter geworden ist, kann jetzt konkret fortgefahren werden. Wenn das »Berauben« JHWHs »mit dem Zehnten und der Abgabe« (V 8b) erfolgt, dann ergibt sich von selbst die Aufforderung, »den Zehnten ganz ins Schatzhaus« zu bringen, »dass Nahrung in meinem Haus sei«. Unter dem »Schatzhaus« dürfte hier eine Einrichtung des Tempels gemeint sein. Zwar gibt es in der Königszeit neben den »Schätzen des Hauses JHWHs« auch »Schätze des Hauses des Königs« von Juda (1 Kön 14,26; 15,18; 2 Kön 14,14 u. ö.). Aber ein »Haus des Königs« in diesem Sinn gibt es in der persischen Zeit nicht mehr. So bleibt für Mal 3,10 nur der Jerusalemer Tempel als der Ort, wohin der Zehnte gebracht werden soll.

Wozu wird der Zehnte, der ins Schatzhaus gebracht werden soll, verwendet? Für die persische Zeit liegt es am nächsten, an das System zu denken, das besonders deutlich im Nehemiabuch sichtbar wird. Im Kern des Buches, der so genannten Denkschrift Nehemias, erwähnt Nehemia die Existenz eines großen Lagerraums im Tempel, in dem sich neben Dingen, die für den Kult gebraucht wurden, der Zehnte von Getreide, Wein und Öl zugunsten der Leviten, Sänger und Torhüter sowie »die Abgabe für die Priester« befanden (Neh 13,5). Damit haben wir die beiden Vokabeln von Mal 3,8b beisammen: »Der Zehnte und die Abgabe!« Im Fortgang berichtet Nehemia, wie er die Verteilung dieser Güter, die dem Tempelbetrieb und insbesondere der Versorgung von Tempelpersonal und Priesterschaft dienen, regelt (13,10–14). Neh 10,38–40; 12,44, die wohl jünger als die Denkschrift sind, setzen das System voraus. 2 Chr 31 führt die Etablierung dieses Versorgungssystems auf Maßnahmen des judäischen Königs Hiskija zurück, und Num 18,21–32 verankert in der Tora, dass die Leviten einen Zehnten erhalten, von dem sie wiederum den Zehnten an den Tempel abführen sollen. Da Mal 3,6–12 nicht näher ins Detail geht, müssen wir nicht klären, welche Variante der verschiedenen Systeme der Text voraussetzt. »Es geht … um die … Institution und nicht um ihre einzelnen Realisierungen« (I. Will-Plein 272). Gedacht ist auf jeden Fall an den Zehnten und die Abgabe als eine Leistung, die nötig ist, damit der Betrieb des Tempels laufen kann.

Doch was umfasst das alles? Gewiss die Versorgung der Priesterschaft und des übrigen Personals. Aber neben den genannten Stellen gibt es auch noch das Deuteronomium. Auch dieses spricht davon, dass Zehnter und Abgabe zum Tempel gebracht werden sollen – allerdings primär, um sie selbst im Kreis der Großfamilie mitsamt allen von ihr Abhängigen bis hin zu Sklavinnen und Sklaven zu verzehren (Dtn 12,6 f.11 f.17 f.). Für das Tempelpersonal sind nur bestimmte Anteile an den Opfertieren vorgesehen (Dtn 18,1–8). Und hinter Dtn 14,22–29; 26,12 scheint sogar ein System auf, wonach in jedem dritten Jahr der Zehnte vor Ort verbleibt, um dort der Versorgung der Armen zu dienen. Dazu passt dann die überraschende Stelle 1 Chr 27,25, die von »Schätzen« nicht nur im Königspalast, sondern auch in den Landstädten spricht.

Es wäre gewiss methodisch problematisch, aus allen genannten Stellen ein harmonisches Bild zu synthetisieren. Die Chronik spricht von »Schätzen« in den Landstädten und projiziert ihr Bild in die Zeit Davids zurück. Handelt es sich dabei »um die Besitztümer und wirtschaftlichen Belange des Königs selbst oder auch um den Beitrag der Bevölkerung durch Steueraufkommen« (*S. Japhet*, 1 Chronik 2002, 432) oder um Beides, »the king's estate« und »collecting tax from the people« (*R. W. Klein*, 1 Chronicles 2006, 510) – oder dienen solche ländlichen Schatzhäuser auch der Aufbewahrung von Abgaben, die im Sinn von Dtn 14,22–29; 26,12 der Versorgung der Armen zugute kommen sollen? In diese Richtung denkt *E. Arias Ardila* weiter, der das »Schatzhaus« von Mal 3,10 als »Vorratshaus« interpretiert, das nicht Teil des Tempels ist, sondern sich in den Landstädten befindet und aus dem heraus die Armen versorgt werden (vgl. seine Titelfrage: ¿Casa del tesoro o casa de la provisión?). Zwar ist das in dieser Ausschließlichkeit nicht haltbar, wie schon die unmittelbare Fortsetzung in V 10 zeigt: »dass Nahrung in meinem Haus sei«, womit gewiss der Tempel JHWHs gemeint ist. Aber aus hellenistischer Zeit wissen wir wiederum, dass es im Tempel so etwas wie eine Armenkasse gibt, wenn denn 2 Makk 3,10 zu Recht mit »Einlagen *für* Witwen und Waisen« und nicht – was sozialgeschichtlich ganz unwahrscheinlich ist – mit »Einlagen *von* Witwen und Waisen« zu übersetzen ist (zur Begründung vgl. *R. Kessler*, Armenfürsorge 2009). Ich möchte es zumindest nicht ausschließen, dass Mal 3,10 mit der Aufforderung: »Bringt den Zehnten ganz ins Schatzhaus« auch an eine solche Funktion des Tempels denkt.

Der Tempel als Sammel- und Umverteilungsplatz

Der Text von Mal 3,10 legt sich nicht fest. Er nennt als Ziel: »Bringt den Zehnten ganz ins Schatzhaus, dass Nahrung in meinem Haus sei.« Es geht also, ganz wie in Neh 13,12, um das Schatzhaus als Teil des Tempels, damit in ihm »Nahrung sei«. Das Hebräische hat hier nicht die üblichen Vokabeln לחם *(læḥæm)* »Brot« oder אכל *('okæl)* »Speise«, sondern טרף *(ṭæræf)*. Das bezeichnet ursprünglich die Beute, die ein Tier reißt. Aber im späteren Hebräisch hat es die neutrale Bedeutung von »Nahrung, Speise« angenommen, sodass es in Hi 24,5 im Parallelismus mit dem üblichen »Brot« stehen kann. Auffällig ist, dass bei den beiden übrigen Vorkommen besonders an die fürsorgliche Zuteilung von Nahrung gedacht ist, in Ps 111,5 von Seiten Gottes an die Gottesfürchtigen und in Spr 31,15 von Seiten der Hausfrau an die

Angehörigen ihres Haushalts. In diesem Sinn kann Mal 3,10 eben nicht nur an die Fürsorge für Priester und Leviten, sondern durchaus auch für Bedürftige denken, die von der Nahrung profitieren, die im Tempel gelagert wird.

Freilich ist das, wie die Fortsetzung zeigt, keineswegs die Hauptaussage des Textes. Es geht ihm nicht um die Umverteilung der Güter von den Reichen hin zu den Bedürftigen, sondern um die Reziprozität im Verhalten Israels und JHWHs. Solange die »Kinder Jakobs« dem Haus JHWHs »Nahrung« vorenthalten, können sie auch seinen Segen nicht erwarten. Die Logik der Bevölkerung ist: Solange es uns wirtschaftlich schlecht geht, sparen wir an den Abgaben für den Tempel. Maleachi dreht die Logik um und sagt: Solange ihr an den Abgaben für den Tempel spart, geht es euch wirtschaftlich schlecht. Dies liegt unverkennbar auf der Linie Haggais: Die Leute argumentieren, sie könnten den Tempel nicht aufbauen, weil es ihnen schlecht geht, und Haggai sagt, sie sollten den Tempel bauen, damit es ihnen nicht mehr schlecht geht (Hagg 1,2–11).

Maleachi unterstreicht die Umkehr der allzumenschlichen Logik durch die kühne Aussage, man solle JHWH doch daran prüfen. Ja er legt diese Aufforderung JHWH selbst in den Mund und unterstreicht das durch die Gottesspruchformel: »Prüft mich doch daran, sagt JHWH der Heere!« Dass Gott die Menschen prüft, ist eine Standardaussage der Psalmen (Ps 7,10; 11,4f.; 17,3 u.ö.) und wird in der Prophetie besonders bei Jeremia aufgegriffen (Jer 9,16; 11,20; 12,3 u.ö.) (*W. C. Kaiser*, Malachi 1984, 91: »... *bāḥan* usually has God as its subject«). Aber dass Menschen Gott prüfen, begegnet außerhalb von Maleachi nur noch einmal, und da in tadelnder Absicht (auffälligerweise wird bei den Zeichen, die nach Ex 4,1–9; Ri 6,36–40; Jes 7,10–17 eine Ankündigung Gottes bestätigen und auf die *D. Deden* 396 für sein Urteil heranzieht, das Prüfen Gottes sei in Israel »Allgemeingut« gewesen,[4] gerade die Vokabel »prüfen« nicht verwendet). Nach Ps 95,8f. ist es ein Ausdruck von Herzensverhärtung, wie die Vorfahren Gott »versuchen« und »prüfen« zu wollen, wo doch sein Werk zu Tage liegt. Und nun fordert Maleachi die Jakobskinder geradezu dazu auf, und er legt die Worte JHWH in den Mund! JHWH muss sich, so kann man dies verstehen, in den Augen Maleachis seiner Sache sehr sicher sein.

Die Jakobskinder sind nach V 9 »mit dem Fluch verflucht«. Der Bezug auf das II. Diskussionswort hatte nahe gelegt, dies auf zu geringe landwirtschaftliche Erträge zu deuten. Das wird nun bestätigt. Wenn sie nämlich die Abgaben zum Tempel bringen, wird JHWH »die Fenster des Himmels öffnen«. Wie der ugaritische Baal-Mythos zeigt, steht hinter den »Fenstern des Himmels« ursprünglich sehr direkt die Vorstellung eines himmlischen Palastes der Gottheit. Heißt es im Baal-Mythos: »er öffnet ... die Fenster inmitten seines Palastes« *(... yptḥ ... úrbt b qrb.hklm*, KTU 1.4 VII 25–27,

V 1

---

[4] *De idee dat men Jahweh op de proef kon stellen ..., was gemeengoed in Israel ...*

vgl. dazu E. *Ortlund*, Window 2004), so sagt Gott in Mal 3,10 in derselben Semantik: »ob ich euch nicht die Fenster des Himmels öffne« *('im-lo' 'æptaḥ lakæm 'et 'arubbôt haššamajim)*. Entscheidend dabei ist aber nicht mehr die Vorstellung vom himmlischen Wohnsitz, sondern von den Wassern des Himmelsozeans, die durch die Feste des Himmels zurückgehalten werden. Was aus den *cataractae caeli* strömt, sind keine geistlichen Gaben, wie in der allegorischen Auslegung Augustins (Conf. XIII, 13, 14), sondern ist Regen. Folge des Regens wird nicht Verwüstung sein, wie bei der Sintflut, bei der ebenfalls »die Fenster des Himmels geöffnet wurden« (Gen 7, 11; 8, 2; vgl. Jes 24, 8), sondern wie an der ebenfalls positiv konnotierten Stelle 2 Kön 7, 2.19 »Segen – mehr als genug«.

Hatte nach der II. Strophe der Dichtung (Mal 2, 2) JHWH den priesterlichen Segen verflucht, so will er nun über die »mit dem Fluch verfluchten« Kinder Jakobs den Segen ausschütten, wörtlich »ausleeren«. Hier ist das für die Maleachischrift charakteristische Reziprozitätsdenken mit Händen zu greifen. Gott liebt sein Volk (1, 2–5). Doch wenn es ihm minderwertige Gabe bringt (1, 6–2, 9) oder sich so verhält, dass die dargebrachte Gabe nicht angenommen werden kann (2, 10–16), dann verwandelt JHWH den Segen in Fluch. Erst nach ihrer Reinigung werden die Kinder Levis wieder Gabe in Gerechtigkeit bringen können, die Gott angenehm ist (2, 17–3, 5). Und nun sollen die Kinder Jakobs Gott prüfen, ob das alles noch gilt: Sie sollen Abgabe und Zehnten ganz zum Tempel bringen, dann werden sie auch Segen in Fülle erhalten.

11   Dass der Segen ganz materiell gedacht ist, zeigt die Fortsetzung. Dabei geht die Parallelität zum II. Wort der Dichtung weiter. Dort hatte JHWH im Zusammenhang mit der Verfluchung gesagt: »Siehe, ich bedrohe euretwegen die Saat« (2, 3). Jetzt kündigt er im Zusammenhang mit dem Segen an: »Ich bedrohe für euch den Fresser«. Wir hatten zu 2, 3 schon festgehalten, dass bei der Wurzel גער *(gʽr)* »schelten, schimpfen« das Objekt des Beschimpfens häufig eine Größe ist, die von vornehnerein als feindlich angesehen wird (Jes 17, 13; Nah 1, 4; vgl. nominal 2 Sam 22, 16; Jes 30, 17; 50, 2 u. ö.). Das Schelten, Schimpfen, (Be)Drohen ist dabei nicht als ein gegenstandsloses Keifen vorgestellt, mit dem sich nur der Schimpfende Luft macht. Vielmehr ist daran gedacht, dass der Drohende durch das Anbrüllen das bedrohte Objekt effektiv in seine Schranken weist.

Eine solche Größe ist hier »der Fresser«. Der Begriff ist unspezifisch (anders *V. A. Hurowitz*, אכל 2002, nach dem das hebräische *'okel* aufgrund akkadischer und aramäischer Parallelen nur »Raupe« heißen soll). Im Hebräischen steht das Partizip des Verbs »fressen«. Besonders gefürchtet sind im Orient die Heuschrecken. Aber auch andere Kleintiere können Saat und Ernte »fressen«, wie eindrücklich Joel 1, 4 unter dreimaliger Verwendung von »fressen« darlegt: »Was die Raupe ließ, fraß die Heuschrecke, was die Heuschrecke ließ, fraß der Hüpfer, was der Hüpfer ließ, fraß der Springer.«

Handelt es sich hier durchweg um Heuschrecken in verschiedenen Stadien ihrer Entwicklung, so ist »Fresser« noch unspezifischer, sodass »neben Heuschrecken noch andere Tierschädlinge mit in Betracht kommen« dürften (*A. Meinhold* 326).

Ziel der Attacken solcher Schädlinge sind der Ertrag des Ackerbodens und die Frucht des Weinstocks. Indem JHWH die Schädlinge »bedroht«, hindert er sie an ihrem Tun. Der Fresser wird den Ertrag des Ackerbodens nicht mehr verderben, und der Weinstock auf dem Feld wird – »keine Fehlgeburt haben«. In der Tat bezeichnet das Verb שכל (škl) pi eben dies, bei Tier (Gen 31,38; Hi 21,10) und Mensch (Ex 23,26). Der Weinstock wird also regelrecht personalisiert. Das gilt aber schon für »den Fresser«. Und auch das Anbrüllen oder Bedrohen setzt ein personales Gegenüber voraus. Wie beim Anbrüllen des Meeres (hebr. *jam*) durch JHWH, wohinter noch deutlich der kanaanäische Meergott Jam erkennbar ist (2 Sam 22,16; Jes 50,2; Nah 1,4 u.ö.), hat das Geschehen eine mythisch-kosmische Dimension. Bei der Frage von Segen und Fluch in Mal 1,6–2,9 und 3,6–12 geht es nicht um ein paar Prozentpunkte mehr oder weniger bei den Ernteerträgen. Es geht um Leben oder Tod in kosmischer Dimension.

Intertextueller Bezug zu Sach 8,12f	Nach der wörtlichen Aufnahme von Sach 1,3 in V 7, nach der Anlehnung an die Logik von Hagg 1,2–11 in V 10 liegt in der Schilderung des künftigen Segens erneut ein Bezug auf Sacharja vor. Sach 1–8 endet in 8,12f. mit dem Ausblick auf den künftigen Segen. Es sind dieses Stichwort »Segen«, die Vorstellung des Niederschlags vom »Himmel«, die Rede vom »Weinstock« und vom »Ertrag« (wörtlich: der Frucht), die den engen semantischen Bezug anzeigen, wozu die konzeptionelle Nähe mit dem Gedanken eines Segens, der sich in landwirtschaftlicher Fruchtbarkeit niederschlägt, kommt. Hier wie an anderen Stellen zeigt sich, dass in Maleachi Sacharja »literarisch benutzt wurde« (*E. Bosshard / R. G. Kratz*, Maleachi 1990, 32).

V 11 schließt mit der Gottesspruchformel ab: »sagt JHWH der Heere«. Aber JHWHs Rede ist noch nicht zu Ende. Wie zuletzt im II. Diskussionswort, zu dem bereits vielfach enge Bezüge festzustellen waren, geraten am Schluss die Völker in den Blick. Dort, wo es um den Fluch gegen die Priesterschaft ging, bildeten die Völker den positiven Kontrast. Bei ihnen ist der Name JHWHs, den die Priester verachten, »groß« und »Ehrfurcht gebietend« (1,11.14), bei ihnen gibt es »reine Gabe« (1,11). Hier, wo über die Jakobskinder »Segen mehr als genug« ausgegossen wird, können die Völker nur noch »glücklich preisen«. Die Maleachi-Dichtung bleibt darin konsequent, dass sie gemäß der Überschrift nur »Wort JHWHs an Israel« ist (1,1). Deshalb gibt es auch hier keine Kommunikation mit den Völkern, sondern nur Rede über sie. Aber Israel lebt in einer Völkerwelt, über die sich JHWHs Herrschaft erstreckt und die ihrerseits die Jakobskinder glücklich preist.

Grund des Lobpreises ist, dass die Kinder Jakobs »ein Land des Wohlgefallens« sein werden. Die Ausdrucksweise ist sprachlich kühn. Eine Menschen-

V 1

gruppe ist angeredet, nach V 6 »die Kinder Jakobs«. Das wird in V 12 mit dem Personalpronomen »ihr« – es müsste im Hebräischen nicht stehen, weil es im Verb bereits enthalten ist – betont aufgenommen. Und diese Menschen sind nun »ein Land«. Volk und Land sind nicht zu trennen. Das Land ist mehr als nur der geographische Raum, der bestimmte Ernteerträge hervorbringt. Es ist Lebens-Raum, sodass das gesegnete Volk und sein Land geradezu in eins fließen.

Der »Segen mehr als genug« führt dazu, dass aus dem Land »ein Land des Wohlgefallens« wird. Auch die Wurzel חפץ *(ḥps)* kam bereits im II. Diskussionswort vor. Gemäß der dortigen Konstellation hieß es aber, dass JHWH »kein Gefallen an euch« (den Priestern) hat (1,10). Auch in der IV. Strophe erscheint die Wurzel. Einmal wird unterstellt, JHWH habe Gefallen an den Übeltätern (2,17), das andre Mal wird der »Bote des Bundes« als der eingeführt, »an dem ihr Gefallen habt« (3,1). Die Vokabel ist nicht spezifisch kultisch, wie zu 1,10 festzustellen war, und sie kann mit JHWH oder den Menschen als Subjekt gebraucht werden. Diese Offenheit und Vielfältigkeit gilt nun auch für unsere Stelle. Denn es ist gar nicht sicher, wer denn das Wohlgefallen hat, wenn das Land als »ein Land des Wohlgefallens« bezeichnet wird. Es kann das Wohlgefallen Gottes am Land sein, es kann das Wohlgefallen der Jakobskinder sein. Es gibt keinen Grund, das als sich ausschließende Alternative zu diskutieren. JHWH und die Jakobskinder haben Wohlgefallen am Land, und die Völker sehen es und preisen die Kinder Jakobs glücklich.

Zum vierten Mal nach V 7aγ, V 10aγ und V 11bβ steht die Formel »sagt JHWH der Heere« und schließt damit das gesamte Diskussionswort ab.

Bedeutung

a) Die V. Strophe und ihre Stellung im Buch. Die Anordnung der letzten drei Strophen der Maleachi-Schrift hat immer wieder zu Rückfragen geführt. In der Tat ist ja auffällig, dass das IV. Wort bereits durchblicken lässt, dass es im Volk eine Gruppe von Menschen gibt, die nicht mit den Angeredeten identisch sind, wenn diese sagen: »Alle, die Böses tun – gut sind sie in den Augen JHWHs, und an ihnen hat er Gefallen« (2,17). Die V. Strophe spricht dagegen die »Kinder Jakobs« als geschlossene Größe an, während in der VI. die Trennung von Gerechten und Gewalttätern vollzogen wird, also wieder wie in der IV. Strophe eine Spaltung innerhalb des Volkes vorausgesetzt wird. Für dieses scheinbare Problem hat man verschiedene entstehungsgeschichtliche Lösungen vorgeschlagen (*E. Bosshard / R. G. Kratz,* Maleachi 1990, 29 weisen 2,17–3,5 und 3,13–21 einer Überarbeitungsschicht zu, *A. Meinhold* XVf hält nur 3,13–21 für eine Fortschreibung). Allerdings suspendiert auch diese entstehungsgeschichtliche Erklärung nicht von der Frage nach der Sinnhaftigkeit des so Entstandenen.

Doch ist es ohnehin fraglich, ob die Spannungen von der Art sind, dass sie nicht auf einen einzigen Autor – im Sinne des »ursprünglichen Autors«, denn auch die Überarbeiter oder Fortschreiber sind schließlich Autoren! – zurückgeführt werden können. Zusammengehalten sind IV.-VI. Strophe dadurch, dass es um Zukunft geht. IV. und V. Strophe wenden sich an das Kollektiv (»ihr«). Zwar wird am Ende von 2,17–3,5 die Möglichkeit angekündigt, dass bestimmte Übeltäter verurteilt werden. Aber auch da naht JHWH sich »euch«, also dem Kollektiv, und zwar »zum Recht«, also zur Herstellung des Rechts (3,5). Von einer Vernichtung der Übeltäter ist nicht die Rede. Wenn wir als eine der möglichen Lesarten in der Feststellung lesen: »Ihr seid nicht zugrunde gegangen«, würde das zu Beginn des V. Diskussionswortes sogar ausdrücklich festgehalten (vgl. *K. W. Weyde*, Prophecy 2000, 314–321). Diese immer noch kollektive Sicht hält die vorliegende V. Strophe durch. Sie wendet sich an die »Kinder Jakobs« und fordert sie zur Umkehr auf. Beide Strophen, IV. und V., bereiten mit Gottes Sich-Nahen zum Recht und seinem Ruf zur Umkehr die letzte Strophe vor, in der die nicht Umkehrwilligen vernichtet werden und die »Sonne der Gerechtigkeit« aufgeht. Erst in der VI. Strophe wird der Gedanke einer Ausscheidung der Übeltäter bis zur letzten Konsequenz zu Ende gedacht.

b) Mal 3,6–12 und das Reziprozitätsdenken. Mal 3,6–12 ist besonders deutlich von einem Denken geprägt, das das Verhalten JHWHs und Israels in einer engen wechselseitigen Abhängigkeit sieht. Man könnte es, auch wenn es sprachlich nicht so formuliert ist, geradezu in eine »Wenn-dann-Struktur« übertragen (*K. Wengst*, Aufgehen 2005, 24). »Wenn ihr zu mir umkehrt, dann will ich zu euch umkehren«, »Wenn ihr den Zehnten ganz ins Schatzhaus bringt, dann öffne ich euch die Fenster des Himmels und schütte über euch Segen aus – mehr als genug.« Man hat so etwas als »Vergeltungsprinzip« oder »Vergeltungsglaube« bezeichnet (*W. Rudolph* 285.296), und Klaus Wengst stellt dazu die protestantisch nahe liegende Frage: »Ist das nicht ›gesetzlich‹?« (*K. Wengst*, Aufgehen 2005, 24). Er verneint sie und schreibt unter Bezug auf antike rabbinische Aussagen: »Hiernach formuliert das ›Wenn‹ keine Bedingung für Israel, sondern ist ›ein Ausdruck des Flehens‹ – des Flehens Gottes selber. Gott verlegt sich ganz und gar aufs Bitten« (ebd.). Deshalb stehen in Mal 3,6–12 eben auch keine Wenn-dann-Formulierungen, sondern Imperative: »Kehrt um!«, »Bringt!« Das sind Bitten Gottes.

Gleichwohl enthalten auch solche Bitten das Motiv der Reziprozität. Wir sind bis in unsere Gegenwart zutiefst geprägt von einem philosophischen Gottesbild. Danach wäre Gott unveränderlich – wir haben gesehen, dass die Vulgata und Augustin solches gerade in Mal 3,6 wiederfinden. Er wäre so souverän, dass eine wechselseitige Beziehung zu seinem Volk, die immer auch Abhängigkeit impliziert, ausgeschlossen ist. Aber so ist Gott nicht. Er kämpft, er ringt, er fleht um sein Volk und macht sich damit abhängig von dessen Reaktion. Die ganze Hebräische Bibel zeigt uns nicht den leidenschaftslos-souveränen, allmächtigen und unbeweglichen Gott der Philosophie, sondern den leidenschaftlichen und deshalb auch leidenden, um sein Volk ringenden Gott, der deshalb auch bewegt werden kann: Wenn die Jakobskinder umkehren, kehrt er zu ihnen um, wenn sie die Abgaben bringen, gießt er den Segen über sie aus. Gott ist ein Ich, das ohne das Du seines Volkes nicht sein kann. Das ist eine Botschaft der Hebräischen Bibel, die in Mal 3,6–12 anschauliche und bis in die materiellen Folgen greifbare Gestalt annimmt.

Maleachi 3, 13–21

Literatur   *Martin Arneth*, »Sonne der Gerechtigkeit«. Studien zur Solarisierung der Jahwe-Religion im Lichte von Psalm 72 (BZAR 1), Wiesbaden 2000. – *Jon L. Berquist*, The Social Setting of Malachi, in: BTB 19 (1989) 121–126. – *Willem A. M. Beuken*, Jesaja 28–39 (HThKAT), Freiburg u. a. 2010. – *G. Johannes Botterweck*, Die Sonne der Gerechtigkeit am Tage Jahwes. Auslegung von Mal 3, 13–21, in: BiLe 1 (1960) 253–260. – *David C. Deuel*, Malachi 3:16: »Book of Remembrance« or Royal Memorandum?, in: The Master's Seminary Journal 7 (1996) 107–111. – *Otto Eissfeldt*, Der Beutel der Lebendigen. Alttestamentliche Erzählungs- und Dichtungsmotive im Lichte neuer Nuzi-Texte (Berichte über die Verhandlungen der sächsischen Akademie der Wissenschaften zu Leipzig, Philologisch-historische Klasse 105/6), Berlin 1960. – *Graham Harvey*, The True Israel. Uses of the Names Jew, Hebrew and Israel in Ancient Jewish and Early Christian Literature (AGJU 35), Leiden u. a. 1996. – *Frank-Lothar Hossfeld / Erich Zenger*, Die Psalmen I. Psalm 1–50 (NEB), Würzburg 1993. – dies., Psalmen 51–100 (HThKAT), Freiburg u. a. 2000. – *Bernd Janowski*, JHWH und der Sonnengott. Aspekte der Solarisierung JHWHs in vorexilischer Zeit, in: ders., Die rettende Gerechtigkeit. Beiträge zur Theologie des Alten Testaments 2, Neukirchen-Vluyn 1999, 192–219. – ders., Rettungsgewißheit und Epiphanie des Heils. Das Motiv der Hilfe Gottes »am Morgen« im Alten Orient und im Alten Testament. Band I: Alter Orient (WMANT 59), Neukirchen-Vluyn 1989. – *Ernst Jenni*, Die hebräischen Präpositionen. Band 3: Die Präposition Lamed, Stuttgart 2000. – *Othmar Keel / Christoph Uehlinger*, Göttinnen, Götter und Gottessymbole. Neue Erkenntnisse zur Religionsgeschichte Kanaans und Israels aufgrund bislang unerschlossener ikonographischer Quellen (QD 134), Freiburg u. a. 1992. – *Rainer Kessler*, Muss – darf – kann es ein Vergessen im Erinnern geben?, in: K. Schiffner u. a. (Hg.), Fragen wider die Antworten, FS J. Ebach, Gütersloh 2010, 305–317. – *Matthias Klinghart / Thomas Staubli*, Art. Brot, in: SWB 2009, 69–73. – *Matthias Köckert*, Wandlungen Gottes im antiken Israel, in: BThZ 22 (2005) 3–36. – *Hélène Koehl-Krebs*, L'intertextualité comme méthode d'investigation du texte biblique. L'exemple de Malachie 3, 20, in: BN 121 (2004) 61–76. – *Klaus Koenen*, Heil den Gerechten – Unheil den Sündern! Ein Beitrag zur Theologie der Prophetenbücher (BZAW 229), Berlin / New York 1994. – *Stephan Lauber*, »Euch aber wird aufgehen die Sonne der Gerechtigkeit« (vgl. Mal 3, 20). Eine Exegese von Mal 3, 13–21 (ATSAT 78), St. Ottilien 2006. – ders., Zur Ikonographie der Flügelsonne, in: ZDPV 124 (2008) 89–106. – *Joel M. LeMon*, Yahweh's Winged Form in the Psalms. Exploring Congruent Iconography and Texts (OBO 242), Fribourg / Göttingen 2010. – *Rüdiger Liwak*, »Sonne der Gerechtigkeit, gehe auf zu unsrer Zeit …«. Notizen zur solaren Motivik im Verhältnis von Gott und König, in: E. M. Dörrfuß / Ch. Maier (Hg.), Am Fuß der Himmelsleiter – Gott suchen, den Menschen begegnen, FS P. Welten, Berlin 1996, 111–120. – *Rolf Rendtorff*, Theologie des Alten Testaments. Ein kanonischer Entwurf. Band 2: Thematische Entfaltung, Neukirchen-Vluyn 2001. – *Silvia Schroer*, Beobachtungen zur Aktualisierung und Transformation von Totenweltmythologie im alten Israel. Von der Grabbeigabe bis zur Rezeption ägyptischer Jenseitsbilder in Mal 3, 20, in: H. Irsigler (Hg.), Mythisches in biblischer Bildsprache. Gestalt und Verwandlung in Prophetie und Psalmen (QD 209), Freiburg u. a. 2004, 290–317. – dies., »Im Schatten deiner Flügel«. Religionsgeschichtliche und feministische Blicke auf die Metaphorik der Flügel Gottes in den Psalmen, in Ex 19,4; Dtn 32,11 und in Mal 3,20, in: R. Kessler u.a. (Hg.), »Ihr Völker alle, klatscht in die Hände!«, FS E. S. Gerstenberger (exuz 3), Münster 1997, 296–316. – *Paul-Gerhard Schwesig*, Sieben Stimmen und ein Chor. Die Tag-*Jhwhs*-Dichtungen im Zwölfprophetenbuch, in: R. Lux / E.-J. Waschke (Hg.), Die unwiderstehliche Wahrheit. Studien zur alttestamentlichen Prophetie, FS A. Meinhold (ABG 23), Leipzig 2006, 229–240. – *Michael B. Shepherd*, Compositional Analysis of the Twelve, in: ZAW 120 (2008) 184–193. – *S. D. Snyman*, A structural approach to Malachi 3:13–21, in: OTE 9 (1996) 486–494. – *Hans-Peter Stähli*, Solare Elemente im Jahweglauben des Alten Testaments (OBO 66), Freiburg Schweiz / Göttingen 1985. – *Stefan Stiegler*, Die nachexilische JHWH-Gemeinde in Jerusalem. Beitrag zu einer alttestamentlichen Ekklesiologie (BEATAJ 34), Frankfurt am Main u.a. 1994. – *F. Vattioni*, Mal. 3,20 e un mese del calendario fenicio, in: Bib. 40 (1959) 1012–1015.

Text

Übersetzung

13 Ihr führt starke Reden gegen mich, sagt JHWH.
    Ihr aber sagt: »Was sollen wir denn gegen dich geredet haben?«
14 Ihr habt gesagt: »Sinnlos ist es, Gott zu dienen.
    Was haben wir davon, wenn wir seine Anordnung beachten,
    wenn wir in Schwarz einhergehen vor JHWH der Heere?
15 Nun aber: Wir selbst preisen die Anmaßenden glücklich.
    Gerade die, die Gewalt tun, werden aufgebaut,
    die Gott herausfordern, kommen davon.«
16 So redeten unter sich, die JHWH Ehrfurcht erweisen, alle miteinander. JHWH merkte auf und hörte. Vor ihm wurde ein Buch geschrieben zum Gedächtnis derer, die JHWH Ehrfurcht erweisen und mit seinem Namen rechnen.
17 Sie werden mir, sagt JHWH der Heere, am Tag, den ich mache, als Eigentum gehören. Ich will schonend mit ihnen umgehen, wie einer schonend mit seinem Sohn umgeht, der ihm dient.
18 Dann seht ihr wieder den Unterschied zwischen Gerechten und Gewalttätigen,
    zwischen denen, die Gott dienen, und denen, die Gott nicht dienen.
19 Ja, seht her! Der Tag kommt, brennend wie ein Ofen. Dann sind alle Anmaßenden und jeder, der Gewalt tut, nichts als Stroh, und versengen wird sie der kommende Tag, sagt JHWH der Heere, so dass er ihnen weder Wurzel noch Zweig übrig lässt.
20 Über euch aber, die ihr meinem Namen Ehrfurcht erweist, geht die Sonne der Gerechtigkeit auf, Heilung ist unter ihren Flügeln. Und ihr kommt heraus und hüpft umher wie Mastkälber.

21 Ihr werdet auf den Gewalttätigen herumtreten, denn Asche sind sie unter euren Fußsohlen am Tag, den ich mache, sagt JHWH der Heere.

Zu Text und Übersetzung

16 אָז *('az)* schließt das lange Zitat in V 14 f. ab. Es handelt sich um ein Adverb, das in der Regel eine von der Gegenwart abgerückte Zeit bezeichnet, »damals« in der Vergangenheit oder »dann« in der Zukunft. Die folgenden Narrative (»JHWH merkte auf und hörte«) weisen hier auf Vergangenes. Nun gehört אָז *('az)* aber zu denjenigen Adverbien, »die in engster Verwandtschaft mit dem *Pronomen demonstr.* stehen« (GesK §100i). Gelegentlich kann der zeitliche Aspekt stark zurücktreten (so Jos 22,31, wo אָז, *'az*, mit »heute« gleichgesetzt wird). Der logische Zusammenhang schiebt sich über den temporalen (vgl. WO'C §39, 3.4 f.), sodass man sachlich richtig auch mit »so« wiedergeben kann. Eine Änderung im Gefolge der Septuaginta, die »dieses« (ταῦτα) hat (so BHS), ist nicht nötig (A. Meinhold 341, anders St. Lauber, »Sonne der Gerechtigkeit« 2006, 18–20).

19a Die Hinzufügung von »und er wird sie versengen« nach »brennend wie ein Ofen« in der Septuaginta beruht eher auf paraphrasierender Übersetzung als auf einer abweichenden hebräischen Vorlage.

19bα In M liegt ein Numeruswechsel vor: »alle Anmaßenden und jeder, der Gewalt tut«. Geschrieben ist das Partizip Singular im *status constructus* (עֹשֵׂה, *'ośeh*). Viele Handschriften und Übersetzungen haben dagegen Plural, im Hebräischen עֹשֵׂי *('ośej)*. Nach der *lectio-difficilior*-Regel der Textkritik verdient M den Vorzug. Zu verstehen ist dies als »Zuschnitt auf alle und jeden einzelnen« (A. Meinhold 343).

19bβ Das letzte Verb des Satzes יַעֲזֹב punktieren die Masoreten so, dass »der kommende Tag« Subjekt ist: *ja'ªzob*, »er lässt (nicht) übrig«. Die Septuaginta setzt eine Punktierung als Nifal voraus: *je'azeb*, »(weder Wurzel noch Zweig) bleiben übrig«. Zur Textänderung besteht kein Anlass (St. Lauber, »Sonne der Gerechtigkeit« 2006, 22 f.).

Analyse

Die Elemente des Diskussionswortes

Der Beginn des Diskussionswortes ist nur scheinbar verwirrend. Die Feststellung liegt in V 13a vor: »Ihr führt starke Reden gegen mich, sagt JHWH.« In V 13b folgt die Einrede: »Ihr aber sagt: ›Was sollen wir denn gegen dich geredet haben?‹« Wie immer wird die Einrede mit וַאֲמַרְתֶּם *(wa'ªmartæm)* eingeführt (1, 2.6.7; 2, 14.17; 3, 7.8). Die Verwirrung entsteht dadurch, dass gleich darauf zu Beginn von V 14 אֲמַרְתֶּם *('ªmartæm)* »ihr habt gesagt« steht. Dies ist aber keine erneute Einrede, wie die fehlende Kopula am Anfang des Wortes zeigt, sondern bereits die Entfaltung der Feststellung. Da die Feststellung sich auf Reden bezog, zitiert die Entfaltung jetzt diese Reden und leitet das eben mit אֲמַרְתֶּם *('ªmartæm)* »ihr habt gesagt« ein. Dies entspricht der gleichen Abfolge in 2, 17, wo die Entfaltung der Feststellung in V 17b mit בְּאָמְרְכֶם *(bæ'ªmårkæm)* »indem ihr sagt« eingeleitet wird. Ab 3, 16 folgen schließlich im letzten Diskussionswort der Dichtung die umfangreichen Folgerungen.

Durch »sagt JHWH« sind die Feststellung V 13a und durch dreimaliges »sagt JHWH der Heere« (V 17.19.21) sind die Folgerungen ab V 17 als JHWH-Rede markiert. Unterstrichen wird das durch die 1. Person JHWHs in V 13a.17.20.21. Die Gottespruchformel selbst markiert somit die prophetische Sprecher-Origo (Ebene E_0), JHWHs Worte bilden die Ebene E_1. Bei der Einrede (V 13b) bleibt es wie in der I., II. und V. Strophe der Dichtung offen, ob das »ihr aber sagt« vom Propheten gesprochen wird oder Teil eines JHWH-Monologs ist. Dasselbe gilt für die Entfaltung der Feststellung in V 14f. Wie bei der I. Strophe ausgeführt könnte man ein Dialog- und ein Monolog-Modell nebeneinander stellen. Das Zitat der Angeredeten in V 14f. käme dann entweder auf die Ebene E_1 oder auf die Ebene E_2 zu stehen.

Bewegt sich die letzte Strophe der Maleachi-Dichtung so weit im Bereich des Bekannten, so enthält sie mit V 16 doch eine Auffälligkeit. Hier spricht eindeutig der Prophet (Ebene E_0). Rückblickend erzählt er, wie die, »die JHWH Ehrfurcht erweisen«, miteinander redeten und JHWH sie hörte. Erst danach beginnt wieder JHWH-Rede, weshalb in V 17 die Gottespruchformel ungewöhnlicherweise gleich am Anfang nach den ersten zwei Worten der Rede steht. Mit dem längeren Prophetenwort in V 16 wird ein Element aufgenommen, das sonst nur in der III. und IV. Strophe der Dichtung zu finden ist, also in ihrem Mittelteil. Da ist es nämlich nicht nur eindeutig, dass der Prophet allen das Wort erteilt und diese damit gewissermaßen zitiert, sondern er spricht auch über JHWH in der 3. Person (2,12.14b). Er geht vom »disputation style«, der in 3,13–15, also den Elementen Feststellung, Einrede und Entfaltung der Feststellung noch gewissermaßen rein vorliegt, mit Beginn der Folgerungen in einen Stil über, den man »narrative-like« nennen kann (*J. Nogalski*, Processes 1993, 184). Die seltenen Stellen, an denen der Prophet über das bloße Wort-Erteilen hinausgeht, zeigen, dass der Prophet kaum aus der Rolle des Boten, die er im Namen trägt, heraustritt. Die Regel ist, dass er JHWH zu Wort kommen lässt. Dass er etwas von ihm erzählt, wie in den Narrativen von 3,16, ist die große Ausnahme.

Dass auch der Schlussabschnitt der Dichtung die Grundkonstellation von drei handelnden bzw. sprechenden Figuren aufweist, überrascht nicht. Der Prophet, wie eben gezeigt, erteilt im Wesentlichen das Wort, spricht in V 16 aber auch einmal selbst. JHWH hat große Redeanteile. Und er wendet sich an ein Gegenüber, das er häufig in der 2. Person Plural direkt anspricht (V 13a.18.20f.). In der Einrede (V 13b) sprechen die Angeredeten umgekehrt JHWH in der 2. Person Singular an.

Dass JHWH auch in der 3. Person Plural über sein Gegenüber reden kann (V 17), überrascht zunächst nicht. Es steht am Übergang von der Prophetenrede (V 16) zur JHWH-Rede (V 17–21), und gleich im folgenden Vers 18 geht JHWH zur direkten Ihr-Anrede über. Auffällig wird es erst dadurch, dass es noch eine weitere Personengruppe gibt, über die JHWH in der 3. Per-

Redeebenen

Figurenkonstellation und Kommunikationsstruktur

Maleachi 3,13–21

son spricht. In V 19 wird sie direkt benannt; es sind »alle Anmaßenden und jeder, der Gewalt tut«. Diese Gruppe taucht hier aber nicht zum ersten Mal auf. Sie durchzieht die gesamte Schlussstrophe. In der Entfaltung der Feststellung, die aus dem langen Zitat der Angeredeten besteht, erscheinen diese Leute als »die Anmaßenden« und »die, die Gewalt tun« (V 15). Und am Schluss wird festgehalten, dass die Angeredeten auf »den Gewalttätigen« herumtreten werden (V 21).

Doch auch die Angeredeten werden benannt, sodass eine dualistische Konstellation entsteht. V 18 stellt die beiden Gruppen direkt gegenüber: »Gerechte und Gewalttätige«, die, »die Gott dienen«, und die, »die Gott nicht dienen«. Für die »Gerechten« und die, »die Gott dienen«, gibt es noch weitere Bezeichnungen: »die JHWH Ehrfurcht erweisen und mit seinem Namen rechnen« (V 16), »(mein) Eigentum« (V 17), »die ihr meinem Namen Ehrfurcht erweist« (V 20). Nur diese sind es, die JHWH direkt anredet. Mit den »Gewalttätigen« dagegen findet keine direkte Kommunikation statt. Kommunikationsmäßig befinden sie sich in derselben Rolle wie Edom in der I. und die Völker in der II. (1,11–14) und V. Strophe (3,12): Mit ihnen wird nicht kommuniziert, unbeschadet der Tatsache, dass die Völker keineswegs so negativ gesehen werden wie die Gewalttäter der letzten Strophe.

Die Nicht-Kommunikation mit den Völkern versteht sich von der Überschrift her, wonach JHWHs Wort durch Maleachi »an Israel« geht. Für die Gewalttäter aber müsste das, noch bevor wir den Inhalt dessen, was über sie gesagt wird, näher betrachten, heißen, dass auch sie nicht zu Israel gehören. Die inhaltliche Analyse wird dies bestätigen.

Verbale Struktur

Ab der IV. Strophe blickt die Maleachi-Dichtung in die Zukunft. In der IV. Strophe liegen in 3,1–5 Ankündigungen zukünftigen Geschehens vor. In der V. Strophe sind es die markanten Imperative in 3,7.10, die auf zukünftiges Handeln der Adressaten zielen. In der letzten Strophe wird wieder ein zukünftiges Geschehen angekündigt.

Doch bevor das geschieht, erfolgt im ersten Teil des Diskussionswortes ein Rückblick auf ein Geschehen, das in der Vergangenheit begonnen hat und bis in die Gegenwart fortdauert. Feststellung, Einrede und Entfaltung der Feststellung sind fast durchgängig in AK-Formen gehalten (siebenmal in V 13–15). V 16 als Beginn der Folgerungen hält diesen zurückblickenden Charakter ausdrücklich fest: »Damals bzw. so redeten unter sich, die JHWH Ehrfurcht erweisen, alle miteinander. JHWH merkte auf und hörte. Vor ihm wurde ein Buch geschrieben zum Gedächtnis derer, die JHWH Ehrfurcht erweisen und mit seinem Namen rechnen.« Mit dem Verzeichnis im Gedächtnisbuch ist ein Schlussstrich gezogen. Danach kann nur noch die zukünftige Scheidung zwischen den Verzeichneten und den Übrigen kommen.

Und genau so geht es weiter. Beginnend mit V 17 finden sich überwiegend Formen des *perfectum consecutivum* (zehnmal in V 17–21), das den futurischen Aspekt ausdrückt. Daneben steht in V 19 הנה *(hinneh)* + Partizip aktiv, das so genannte *futurum instans* zur Bezeichnung einer unmittelbar bevorstehenden Handlung. Mit diesem Blick in die Zukunft endet die ursprüngliche Maleachi-Dichtung, der in 3,22–24 ein weiterer Ausblick in die Zukunft angehängt wurde.

Auch das letzte Diskussionswort zeigt den für Maleachi typischen Stil Sprache
gehobener Prosa. Sie ist erkennbar an gelegentlich eingebauten Parallelismen. In den Worten der Adressaten sind sie dadurch hervorgehoben, dass in zwei Fällen jeweils beide Halbverse mit der gleichen Partikel (כִּי, *kî* in V 14b und גַּם, *gam* in V 15b) eingeleitet werden. Ein ähnliches Phänomen liegt in V 18 vor, wo beide Teile des Parallelismus mit בֵּין *(bên)* »zwischen« beginnen. Weitere Parallelismen sind nur schwach ausgeprägt, so z.B. in V 20a (»über euch aber, die ihr meinen Namen achtet, geht die Sonne der Gerechtigkeit auf, // Heilung ist unter ihren Flügeln«). Im Übrigen dominiert prosaische Syntax.

Neben den Parallelismen ist die Verwendung von Metaphern kennzeichnend für poetischen Stil. In dieser Hinsicht ist Mal 3,13–21 reich. Das Bild des »In-Schwarz-Gehens« V 14 kontrastiert mit dem der aufgehenden Sonne, unter der die Gerechten »wie Mastkälber« umherhüpfen werden (V 20). Es ist besonders die Ankündigung der Vernichtung der Gewalttäter am kommenden Tag, die mit Bildern des Verbrennens (V 19) und Herumtretens (V 21) poetisch verdichtet wird.

Schließlich liegt eine Reihe von »signifikanten Stichwortverbindungen« (*A. Meinhold* 348) vor, die den Text zusammenbinden. An erster Stelle ist das Stichwort »dienen« zu nennen, das viermal vorkommt (V 14.17. 18bα.18bβ). Auch »die Anmaßenden« und »die, die Gewalt tun« aus V 15 werden am Ende in V 19 wieder aufgegriffen. Schließlich ist die Inklusion zwischen V 17a und V 21b zu erwähnen, die zugleich eine chiastische Struktur aufweist: »... sagt JHWH der Heere, am Tag, den ich mache« – »am Tag, den ich mache, sagt JHWH der Heere« (*S. D. Snyman*, Approach 1996, 490).

Die literarkritischen Versuche zur letzten Strophe der Maleachi-Dichtung bewegen Literarkritik
sich auf zwei Ebenen. Recht breit wird die Auffassung vertreten, es handle sich bei diesem Diskussionswort »insgesamt um eine spätere thematische Fortschreibung« (*A. Meinhold* 345; vgl. *St. Lauber*, »Sonne der Gerechtigkeit« 2006, 435–438). Das lässt sich naturgemäß aus dem Wort selbst allein nicht begründen, sondern nur vom Blick auf die Gesamtheit der Dichtung. Die hier vertretene Position, dass es sich bei Mal 1,1–3,21 um ein einheitliches Werk handelt, ist deshalb bereits in der Einleitung begründet worden.

Seltener sind Versuche, 3,13–21 selbst noch einmal auf mehrere Schichten zu verteilen, so etwa bei *M. Beck*, »Tag YHWHs« 2005, 281–286 in eine Grund- und eine Erweiterungsschicht. *St. Lauber*, »Sonne der Gerechtigkeit« 2006, 23–30 sieht in V 16–18 einen Redaktor am Werk, doch erstaunlicherweise führt ihn die »Bestimmung der Textsemantik« nach so genannten »Isotopieebenen« (161) zu dem Schluss, diese erweise »die Kohärenz von Mal 3,13–21« (220) – einschließlich der angeblich redaktionellen Verse 16–18. Nach *J. Wöhrle*, Abschluss 2008, 247–251 umfasste die Grundschicht V 13–15.19 und die Überarbeitung V 16–18.20–21. Die für solche Aufteilungen vorgebrachten Gründe – Perspektivwechsel, Variation in der Begrifflichkeit, Numeruswechsel usw. – verbleiben in der auch sonst zu beobachtenden zirkulären Argumentation der Maleachi-Literarkritik, sodass man dem Urteil zustimmen kann, »daß die Zerlegung von V. 13–21 in eine Grundschicht … und eine Erweiterung … nicht begründet ist« (*A. Meinhold* 345).

Verkettung mit dem Vorangehenden

Ein erster Blick auf Mal 3, 13–21 zeigt schnell, dass die Perikope Ähnlichkeiten mit dem *IV. Diskussionswort* 2, 17–3, 5 hat. Es geht gleich einleitend jeweils um »eure Worte« (2, 17; 3, 13). Es geht um die, »die Böses tun« (2, 17), bzw. die, »die Gewalt tun« (3, 15.19). Und schließlich spielt der kommende »Tag« in beiden Einheiten eine wesentliche Rolle (3, 2 und 3, 17.19.21). Von daher wird das Urteil verständlich: »Die in 2, 17–3, 5 bereits einmal erörterte Problematik wird nochmals aufgegriffen, jedoch zu einer anderen, grundsätzlicheren Lösung gebracht« (*A. Meinhold* 345). Dennoch greift dieses Urteil zu kurz, weil es zu einseitig auf die Bezüge zur IV. Strophe fixiert ist. In Wirklichkeit hat die letzte Einheit der Dichtung enge Beziehungen zu allen voranstehenden Disputationsworten.

Von hohem inhaltlichen Gewicht ist die Beziehung zur I. Strophe, indem dadurch nämlich die (israelitischen) Gewalttäter der letzten mit dem Esau/Edom der I. Strophe auf eine Stufe gestellt werden. In 1, 4 geht es um den (vergeblichen) Aufbau Edoms, das doch letztlich »Gebiet des Frevels« (גבול רשעה, *gebûl rišʿah*) genannt werden wird. In 3, 15 machen die Adressaten die merkwürdige Aussage: »Gerade die, die Gewalt tun, werden aufgebaut.« Der Bezug ist doppelt: Edom und die innerisraelitischen JHWH-Verächter werden mit Frevel bzw. Gewalt (beide Male רשעה, *rišʿah*) in Verbindung gebracht, und bei beiden ist vom Bauen (Wurzel בנה, *bnh*) die Rede, das in beiden Fällen aber vergeblich ist, weil ja auch die Gewalttäter in Wahrheit nicht »aufgebaut« (V 15), sondern »versengt« (V 19) werden, sodass man anschließend auf ihnen »herumtreten« kann (V 21). Die Gewalttäter der letzten sind nicht besser als das Esau/Edom der I. Strophe, und beide erleiden das gleiche Geschick (*H. Koehl-Krebs*, Intertextualité 2004, 71 erkennt diese Bezüge zwischen letzter und erster Strophe, deutet sie aber so, dass es auch in der letzten Strophe um Edom gehe).

Neben dieser inhaltlich-sprachlichen Verknüpfung zur I. Strophe besteht eine auf der Ebene der Metaphorik. Im Verhältnis JHWHs zu Jakob und Esau liegt ein Anklang an die Beziehung von Eltern zu ihren Kindern vor. Zu 1, 2 f. hatte ich geschrieben: »Gott verhält sich hier wie ein Vater, der seine Söhne ungleich liebt«. In 3, 17 vergleicht sich JHWH mit einem Vater, der »schonend mit seinem Sohn umgeht, der ihm dient«. Was in der I. Strophe nur im Hintergrund steht, wird hier explizit gemacht: Gott verhält sich wie ein Vater.

Dies nimmt das *II. Diskussionswort* auf, indem es in der Vorrede ausdrücklich von der Gottesbeziehung als einer Vater-Sohn-Beziehung spricht: »Ein Sohn achtet den Vater und ein Sklave seinen Herrn. Wenn ich nun Vater bin – wo ist die Achtung vor mir? Wenn ich Herr bin – wo ist die Ehrfurcht vor mir?, sagt JHWH der Heere ...« (1,6). 3,17 greift diese Struktur auf und stellt nun die andere Seite heraus, die Verpflichtung des Vaters gegenüber seinem Sohn.

Die weiteren Beziehungen zum II. Wort bewegen sich auf zwei Ebenen. Unter den Bezeichnungen für die Gerechten, die nach der Ankündigung der letzten Strophe am kommenden Tag von den Gewalttätern befreit werden, findet sich in 3,16 der Ausdruck »die JHWH Ehrfurcht erweisen« bzw. »die JHWH Ehrfurcht erweisen und mit seinem Namen rechnen«. Die dabei gebrauchte Wurzel ירא *(jr')* »Ehrfurcht erweisen, fürchten, achten« spielt auch in der II. Strophe eine wichtige Rolle. Denn deren zentrales Thema ist nach der Feststellung in 1,6 fehlende Ehrfurcht vor JHWH, was in 2,5 mit dem Verweis auf die einst bei Levi zu findende Ehrfurcht kontrastiert wird. Besonderer Gegenstand der Ehrfurcht ist wie in 3,16 auch in der II. Strophe der göttliche Name (1,6 bis.11bis.14; 2,2.5). Was nach der II. Einheit des Gesamttextes bei der aktuellen Jerusalemer Priesterschaft nicht zu finden ist, ist das Kennzeichen der Gerechten, die am Ende als JHWHs »Eigentum« (3,17) übrig bleiben werden.

Am Ende der letzten Strophe wird die Bezeichnung der Gottesfürchtigen noch einmal aufgegriffen und mit dem Motiv der aufgehenden Sonne der Gerechtigkeit verbunden: »Über euch aber, die ihr meinem Namen Ehrfurcht erweist, geht die Sonne der Gerechtigkeit auf« (3,20). Auch das Motiv der Sonne ist in der II. Strophe bereits vorbereitet, wonach die Größe des göttlichen Namens unter den Völkern sich »vom Aufgang– dieselbe Wurzel זרח *(zrḥ)* wie in 3,20 – der Sonne bis zu ihrem Untergang« erstreckt (1,11). Die letzte Strophe schränkt die Weite des göttlichen Namens, die auch die Völkerwelt umfasst, nicht ein. Sie stellt aber fest, dass die Sonne als »Sonne der Gerechtigkeit« den Gewalttätern nichts als das Gericht bringt.

Auch die Bezüge der letzten Strophe zum *III. Diskussionswort* bewegen sich auf zwei Ebenen. Wie beim I. und II. Wort spielt auch hier die Vater-Metaphorik eine Rolle. »Haben wir nicht alle einen einzigen Vater?« ist der erste Satz dieser Strophe (2,10). Durch die in 3,17 wieder aufgenommene Vater-Sohn-Metaphorik wird die letzte Strophe somit mit allen drei ersten Strophen der Dichtung verknüpft.

Im Übrigen beschränkt sich der Bezug zur III. Strophe auf den Gebrauch der Wurzel שמר *(šmr)* »beachten, sich hüten«. Die einleitende Klage der Adressaten der letzten Strophe umfasst die Worte: »Was haben wir davon, wenn wir seine Anordnung beachten?« (3,14), ausgedrückt mir der *figura etymologica* שמר משמרת *(šamar mišmæræt)*. Diese Wurzel שמר *(šmr)* kommt in der III. Strophe im Nifal vor, wenn den Adressaten abschließend

Maleachi 3,13–21

zweimal geraten wird: »Ihr sollt euch hüten bei eurem Verstand (und nicht betrügen)« (2,15 f.). Allerdings ist dieser Bezug nicht exklusiv, denn auch sonst benutzt Maleachi gern die Wurzel שמר *(šmr)*. Positiv geschieht dies, wenn es vom Priester heißt, seine Lippen »beachten Erkenntnis« (2,7), negativ, wenn den Priestern vorgehalten wird, dass sie »meine Wege nicht beachtet« hätten (2,9), und den Jakobskindern, dass sie »von meinen Bestimmungen abgewichen« seien und »sie nicht beachtet« hätten (3,7). All das greift die letzte Strophe auf, indem sie im Mund der Adressaten einleitend die Frage stellt, ob solches Beachten der göttlichen Anordnung denn überhaupt etwas brächte.

Die engen Rückbezüge auf die IV. Strophe sind schon erwähnt worden. Dies kann nun noch ergänzt werden. Das IV. Diskussionswort endet mit der Aussage, JHWH nahe sich »zum Recht« und werde »ein schneller Zeuge sein gegen« Leute, die allerlei religiöse und vor allem soziale Frevel begehen. Zusammenfassend heißt es von ihnen: »vor mir aber haben sie keine Ehrfurcht« (3,5). Genau das greift die letzte Strophe auf, wenn sie denen das Aufgehen der Sonne der Gerechtigkeit verspricht, die JHWH bzw. seinem Namen Ehrfurcht erweisen (3,16.20). Dieses Motiv verbindet die letzte also nicht nur mit der II., sondern auch mit der IV. Strophe der Dichtung.

Die wichtigste Gemeinsamkeit der IV.-VI. Strophe ist, dass sie als zweiter Teil der Dichtung in die Zukunft blicken. Doch es gibt darüber hinaus zum *V. Diskussionswort* auch semantische Bezüge. Das Stichwort שמר *(šmr)* »beachten«, in 3,7 mit dem Objekt »meine Bestimmungen«, in 3,14 mit »seine Anordnung« ist beim III. Wort schon erwähnt worden. Es steht im Zitat der Adressaten, das 3,14 f. umfasst. Dies geht weiter mit den Worten: »Von nun an preisen wir die Anmaßenden glücklich« (3,15). Dieselbe Vokabel אשר pi *('šr)* »glücklich preisen« gebraucht die V. Strophe. Hatte diese mit dem Ausblick geendet: »Alle Völker werden euch glücklich preisen« (3,12), so fallen die zweifelnden Adressaten der VI. Strophe dahinter zurück und meinen, sie müssten ihrerseits die Anmaßenden glücklich preisen.

Ein weiteres Stichwort legt ihnen der prophetische Dichter in den Mund, das er bereits im vorangehenden Wort verwendet hat. Und wieder findet eine Verdrehung statt. In 3,10 hatte er JHWH den Angeredeten zurufen lassen: »Prüft mich doch daran, sagt JHWH der Heere, ob ich euch nicht die Fenster des Himmels öffne und über euch Segen ausschütte« (3,10). Ich hatte dazu oben notiert, dass diese Aufforderung, Gott zu prüfen, singulär ist und dass nur noch einmal überhaupt außerhalb von Maleachi das Prüfen Gottes durch Menschen erwähnt wird, und zwar im Sinne einer ungebührlichen Versuchung Gottes (Ps 95,8 f.). In eben diesem Sinn greifen nun die Adressaten im letzten Maleachi-Wort die Vokabel בחן *(bḥn)* »prüfen, herausfordern« auf, indem sie über die Gewalttäter sagen: »Die, die Gott herausfordern, kommen davon« (3,15).

Nimmt man hinzu, dass die Worte: »Gerade die, die Gewalt tun, werden aufgebaut«, einen erkennbaren Bezug zu dem Edom-Wort der I. Strophe darstellen, dann ist das den Adressaten in 3,14f. in den Mund gelegte Zitat geradezu eine Aneinanderreihung von Bezügen auf die voranstehenden Diskussionsworte. Und durchgängig werden die Zweifelnden der letzten Einheit als solche charakterisiert, die das vorher Gesagte nicht oder falsch verstehen oder es in sein Gegenteil verkehren.

Insgesamt ist festzuhalten, dass das VI. Diskussionswort weit mehr enthält, als dass in ihm »die in 2,17–3,5 bereits einmal erörterte Problematik … nochmals aufgegriffen« wird (*A. Meinhold* 345). Das VI. Wort ist darin eine würdige Schlussstrophe, dass es Stränge aus allen vorangehenden Strophen aufgreift (»to unify this concluding discourse with the prophet's earlier speeches«, *A. E. Hill* 356) und zugleich den mit der IV. Strophe beginnenden Blick in die Zukunft zum Abschluss bringt.

Auslegung

13 Wie im IV. Diskussionswort bezieht sich der in JHWHs Feststellung enthaltene Vorwurf auf »eure Reden«. Diese seien »stark« (*A. Meinhold* 339) bzw. »hart« (*I. Willi-Plein* 274) oder »fest« (so gibt Ges[18] die Grundbedeutung des Verbs חזק, *hzq*, an). Der Ausdruck ist ambivalent. Wenn Hände »stark« oder »fest« sind, dann kann das im positiven Sinn bedeuten, dass sie zu etwas fähig und in der Lage sind (Ri 7,11; 2 Sam 2,7; 16,21; Sach 8,9). Negativ kann dies aber auch den festen Zugriff, ja die feindselige Bedrängnis bezeichnen (Ez 3,14). Ein Herz, das »hart« ist, ist gewiss entschlossen. Aber so, wie die Phrase in Ex 7,13.22 gebraucht wird, liegt der Akzent auf der »Verhärtung« des Herzens des Pharaos, auf seiner Verstockung. Diese Ambivalenz ist auch für unsere Stelle vorauszusetzen. Die Leute sind überzeugt von dem, was sie sagen. Es gibt ihre »feste« Meinung wieder, durch Lebenserfahrung bestätigt. Zugleich sind ihre Worte, wie die Entfaltung der Feststellung in V 14f. zeigen wird, ein einziger verbaler Angriff auf JHWH. Deshalb kann man durchaus ihre Worte als »harsh« (*A. E. Hill* 326) oder »anmaßend« (Ges[18]) bezeichnen. Allerdings geht dann die Ambivalenz des Ausdrucks verloren. Sie findet sich dagegen in der deutschen Wendung: »Ihr führt starke Reden gegen mich« gut wieder. Diese hat durchaus eine gewisse Ironie: »… the irony is that the only way the people have been ›strong‹ is in their complaints against God« (*R. Mason*, Preaching 1990, 254).

Die Einrede der Kritisierten ist wie immer äußerst knapp, drei Worte im Hebräischen: »Was sollen wir denn gegen dich geredet haben?« Das ist keine gespielte Unschuld. Denn was die Leute im folgenden Zitat (V 14f.) vorbringen, entspringt ihrer Erfahrung, auch wenn deren theologische Deutung zu kurzsichtig ist. Womöglich haben die Adressaten ihre Reden auch gar nicht als gegen JHWH gerichtet verstanden. Denn das äußerst seltene Nifal von דבר *(dbr)* (nur hier und V 16 sowie Ez 33,30; Ps 119,23) meint ein Sich-miteinander-Bereden und gerade nicht die Anrede an jemand anderen.

Weil sich JHWHs kritische Feststellung auf »eure Reden« bezog und weil die Kritisierten in ihrer Einrede fragten, was sie denn geredet haben sollen, beginnt die Entfaltung der Feststellung mit »Ihr habt gesagt«, das dem »Indem ihr sagt« von 2,17 an gleicher Stelle entspricht. Die AK-Form des Verbs bezeichnet dabei eine Handlung, die in der Vergangenheit begonnen hat, die aber bis in die Gegenwart andauert. Man könnte also auch präsentisch mit »Ihr sagt« übersetzen.

V 1

In dem den Adressaten in den Mund gelegten Zitat charakterisieren diese sich selbst auf dreifache Weise. Sie »dienen Gott«. Der Ausdruck ist sehr unspezifisch und »meint das Ganze an JHWH-Verehrung in kultischer wie in ethischer Hinsicht« (*A. Meinhold* 361). Der Ausdruck wird in 3,17 f. sehr positiv aufgenommen. Gott wendet sich denen, die ihm dienen, zu wie ein Vater seinem Sohn. Gott zu dienen bzw. nicht zu dienen wird gleichgesetzt mit gerecht oder gewalttätig sein. Wenn die Zitierten sagen, sie dienten Gott, sehen sie sich also auf der Seite der Gerechten.

Des Weiteren sagen sie von sich, dass sie »seine Anordnung beachten«. Die dabei gebrauchte Wurzel שׁמר *(šmr)* bezieht sich, wie oben bei Besprechung der intertextuellen Bezüge schon herausgestellt, in den vorangehenden Diskussionsworten auf ein Verhalten, das positiv zu bewerten (2,7.15 f.) bzw. dessen Fehlen zu kritisieren ist (2,9; 3,7). Auch in diesem Punkt verhalten die Adressaten sich so, wie Gott es erwartet.

Das muss dann auch für die dritte Selbstzuschreibung gelten, dass »wir in Schwarz einhergehen vor JHWH der Heere«. Das dabei verwendete Adverb קדרנית *(qᵉdorannît)* findet sich nur hier in der Hebräischen Bibel. Häufiger kommt die zugrunde liegende Verbwurzel קדר *(qdr)* in verschiedenen Stämmen vor. Sie hat eine Grundbedeutung von »dunkel/schwarz sein/werden/ machen«. Das wird häufig von Himmel, Sternen oder Sonne und Mond ausgesagt (1 Kön 18,45; Ez 32,7 f.; Joel 2,10; 4,15; vgl. Mi 3,6). Einen Übergang zur metaphorischen Bedeutung der Wurzel markiert Jer 4,28: »Darüber wird die Erde trauern und der Himmel oben sich verfinstern«. Der Parallelismus von »trauern« und »sich verfinstern« weist nämlich darauf hin, dass קדר *(qdr)* auch häufig direkt mit »trauern« übersetzt werden kann (Jer 8,21; 14,2; Ez 31,15 u. ö.). Nun ist in Mal 3,14 sicher nicht an Trauer infolge eines Todesfalles gedacht. Aber als Akt der Selbstminderung kann das »in Schwarz Gehen« eine Haltung der Bußbereitschaft oder Reue signalisieren. Auch in dieser Hinsicht schreiben sich die Adressaten ein Verhalten zu, wie es nach der Kritik in den bisherigen Diskussionsworten von ihnen zu erwarten ist.

Ihr Verhalten, Gott zu dienen, seine Anordnung zu beachten und in Schwarz einherzugehen, ist also in jeder Hinsicht tadellos. Zu kritisieren ist an ihnen dagegen, dass sie ihr tadelloses Verhalten als eine vergebliche und nutzlose Angelegenheit hinstellen. שׁוא *(šawʾ)* ist ein Nomen, das – mit fließendem Übergang – einerseits Nichtigkeit und Vergeblichkeit und andrerseits Lüge, Falschheit und Trug bezeichnet. Im Kontext ist es am besten adverbial wiederzugeben (wie das entsprechende לשׁוא, *laššawʾ* in Jer 2, 30; 4, 30; 6, 29; 46, 11): »Vergeblich, sinnlos ist es, Gott zu dienen.«

In die gleiche Richtung zielt der zweite Ausdruck ומה־בצע *(ûmah-bæṣṣaʿ)*: »welches ist der Gewinn, wörtlich: der Schnitt?« Zwar bezeichnet das Nomen meist ungerecht erworbenen Gewinn (Ex 18, 21; 1 Sam 8, 3; Jes 33, 15 u. ö.). Aber in der Kombination von מה־בצע *(mah-bæṣṣaʿ)* + כי *(kî)* + Verb in der 1. Person Plural (so nur noch in Gen 37, 26) liegt »ein ... wertneutrales Verständnis von Gewinn/Nutzen« vor (A. Meinhold 363). Im Deutschen legt sich dafür das harmlose »was haben wir davon, wenn wir ... ?« nahe (so Zürcher 2007 bei Gen 37, 26; bei Mal 3, 14 wählt sie das neudeutsch-umgangssprachliche »was bringt es?«).

Worin besteht nun der Vorwurf an die Adressaten? Besteht er darin, dass sie ein »ganz auf Zweck und verrechenbaren Gewinn ausgerichtetes Verhalten, das Gott zu einer Funktion des Menschen und damit überflüssig machen würde« (A. Meinhold 362), an den Tag legen? Wäre das der Fall, dürfte ihnen im Folgenden nicht all das zugesprochen werden, was ihnen zugesprochen wird: dass sie in ein enges Gottesverhältnis hineingenommen, dass sie wieder die Differenz zwischen Frevlern und Gerechten sehen, dass sie selbst auf der Asche der verbrannten Frevler »herumtreten« werden. Dann müssten sie auf das entsagende Ideal einer Gottesverehrung verpflichtet werden, die nach keinem Gewinn fragt. Der Vorwurf besteht nicht darin, dass sie überhaupt die Frage stellen, ob es einen Sinn macht und »etwas bringt«, Gott zu dienen. Der Vorwurf besteht vielmehr darin, dass die Adressaten so kurzsichtig sind zu meinen, weil sie *jetzt* Gottes Handeln nicht erkennen können, sei Gott einer, der überhaupt nicht eingreift. Eben dies unterstreicht die Fortsetzung des fiktiven Zitats im folgenden Vers.

V 15 Es ist mit ועתה *(wᵉʿattah)* »nun aber« eingeleitet. Das ist im Hebräischen der klassische Marker, der in einem Brief oder einer Rede anzeigt, dass es jetzt zur Sache geht. So lässt sich der Aufbau einer militärischen Korrespondenz aus dem 8. Jh. [Arad(8):40] folgendermaßen beschreiben. »Auf den Briefkopf, der die beiden Absender und den Empfänger ... nennt, ... und die Grußformel ... folgt dann das eigentliche Briefkorpus, mit *wʿt* eingeleitet« (HAE I 147). Oder nehmen wir die Rede Joabs an David in 2 Sam 19, 6–8. Erst im letzten Satz kommt er zu seinem eigentlichen Anliegen. Mit »nun aber« eingeleitet, fordert er den König auf, endlich vor die siegreichen Truppen zu treten. Für unsere Maleachi-Stelle heißt das: In V 14 wurde eine bestimmte Erfahrung wiedergegeben. Was jetzt in V 15 folgt, ist die Konsequenz, die die Redenden aus ihr gezogen haben.

Diese Konsequenz ist keineswegs zwingend oder alternativlos. Die Redenden könnten auch, wie in den Psalmen vielfach belegt, Gott bitten, sich ihnen wieder zuzuwenden und die Wege der Übeltäter zu hindern. Nicht, dass sie in ihrem Gottesdienst einen Sinn sehen wollen, ist ihnen vorzuwerfen, sondern dass sie sich, wo ihnen dieser Sinn aktuell verdunkelt ist, nicht an Gott wenden, sondern resigniert die Gewalttäter glücklich preisen. In die Resignation, die von Gott nichts mehr erwartet, mischen sich Ironie und Sarkasmus.

Die Adressaten des Maleachi-Wortes vergleichen sich mit den Anderen. Sie selbst dienen Gott, beachten seine Anordnung und demütigen sich. Die Anderen werden ebenfalls dreifach charakterisiert. Sie sind »Anmaßende«. זדים (zedîm) kommt bis auf Spr 21,24 nur im Plural vor. Es meint einen sozialen Typus. Der Parallelismus mit den »Gewalttätern« (Jes 13,11; Ps 86,14 sowie hier Mal 3,15.19) und einmal den »Tyrannen« (Jes 13,11) zeigt, dass sie selbst auch Gewalt und Unrecht treiben, dem sie aber noch den anmaßenden Spott hinzufügen (Ps 119,51).

In der Mitte steht die Bezeichnung der Anderen als solche, »die Gewalt tun«. Die Wurzel רשע (rš‛) ist der zentrale Oppositionsbegriff zu צדק (ṣdq) (so auch hier in 3,18). רשע (rš‛) bezeichnet umfassend persönliches, gesellschaftliches und religiöses Fehlverhalten, weshalb es mit »gewalttätig, verbrecherisch, frevelhaft, gottlos« und ähnlichen Ausdrücken wiedergegeben werden kann, ohne in einer dieser deutschen Vokabeln ganz aufzugehen. Dass in Mal 3,15.19 nicht das Nomen (רשע(ים) (rašā‛ / rᵉšā‛îm) wie in V 18.21, sondern die Partizipialverbindung »Gewalt Tuende« mit dem Nomen רשעה (rišah) verwendet wird, darf man wohl als subtile Anspielung an 1,4 verstehen, wo von Edom als dem »Gebiet des Frevels« (רשעה, rišah) die Rede ist. Die Anmaßenden und Gewalttäter stehen auf einer Stufe mit Edom, dem »Gebiet des Frevels« (zum Bezug von 3,15 auf 1,4 vgl. J. Nogalski, Processes 1993, 193).

Drittens schließlich sind die Anderen solche, »die Gott herausfordern«. Es steht dieselbe Vokabel wie in 3,10 bei Gottes Aufforderung »Prüft mich doch!«, בחן (bḥn). Das soll aber nicht heißen, dass es ausgerechnet die anmaßenden Gewalttäter sind, die tun, wozu Gott nach 3,10 auffordert. Denn da ging es um ein vertrauensvolles Prüfen Gottes. Hier dagegen ist an die stolze Herausforderung Gottes zu denken, vielleicht von den Worten begleitet »Es ist kein Gott« (Ps 14,1 = 53,2). Trotzdem ist der Gebrauch derselben Vokabel signifikant. Er besagt, dass die Gerechten, so gerecht sie handeln und so bemüht sie sind, der in den vorhergehenden Strophen geäußerten Kritik zu entsprechen, im Kern Gott nicht trauen. »Gott prüfen« gibt es für sie nur in der verwerflichen Form des »Gott versuchen«.

Den drei Charakterisierungen der Anderen entsprechen drei Aussagen, die die in den Augen der Adressaten empörende Tatsache belegen, dass die Übeltäter ungeschoren davonkommen. Ihnen geht es so gut, dass die Adressaten selbst – das Personalpronomen steht betont am Anfang – die Anmaßenden »glücklich preisen«. Was nach 3,12 die Völker an den Jakobskindern tun werden, tun sie an den Anmaßenden. In diesem Zusammenhang ist der Ausdruck voll sarkastisch-ironischer Resignation.

Der Grund dafür ist das, was für die Adressaten vor Augen liegt. Die Gewalttäter »werden aufgebaut«. Die metaphorische Verwendung von בנה *(bnh)* nif kommt gelegentlich vor (Gen 16,2; 30,3; Jer 12,16; 31,4; vgl. Ps 89,3). Sie besagt, dass die Anmaßenden »gedeihen« (so Ges[18]). Aber der Text gebraucht eben nicht diese Wachstumsmetapher, sondern eine, die explizit aus dem Bauwesen stammt. Damit verweist er wiederum auf Mal 1,4, wo Edom sagt: »wir wollen die Trümmer wieder aufbauen«, und JHWH erwidert: »Sie mögen aufbauen, ich aber reiße nieder«. Auch dafür sind die Adressaten blind: Es gibt ein scheinbares Aufbauen, das dennoch auf Dauer keinen Bestand hat.

So muss es ihnen schließlich scheinen, als ob die, »die Gott herausfordern«, »davon kommen«. Wörtlich heißt es, dass sie »gerettet werden«, מלט *(mlṭ)* nif. Meist bezieht sich das auf wörtlich zu verstehende Rettung aus einer (Natur-)Katastrophe (Gen 19,17.19f.22), aus Kriegsgefahr (Ri 3,29; 1 Sam 30,17; 2 Sam 1,3 u.ö.), persönlicher Verfolgung (1 Sam 19,10. 12.17f. u.ö.) oder ähnlichem. Es bezeichnet aber auch übertragen das Nicht-Davonkommen angesichts eines Fehlverhaltens (Ez 17,15.18; Spr 19,5) bzw. die Bewahrung bei rechtem Verhalten (Joel 3,5; Ps 22,6; Hi 22,30; Spr 28,26). Wie es der Regel nach sein sollte, fasst Spr 11,21 in Worte: »Der Böse bleibt nicht ungestraft, die Nachkommenschaft der Gerechten aber wird gerettet.« Und eben diese Regel ist nach Auffassung der Adressaten des letzten Maleachi-Wortes auf den Kopf gestellt. Die anmaßenden Gewalttäter, die Gott versuchen, kommen davon.

a.bα Mit V 15 ist das fiktive Zitat der Adressaten, welches belegen soll, dass sie »starke Reden« gegen JHWH führen, zu Ende. Bevor der Prophet in V 17 JHWH erneut das Wort erteilt, tritt er gewissermaßen auf der imaginierten Bühne einen Schritt nach vorne und erläutert das Geschehen. Mit אז *('az)* »damals, so« verweist er auf die eben zitierte Rede hin. Durch die AK-Form des Verbs wird herausgestellt, dass es sich um einen abgeschlossenen Vorgang handelt. Das hier wie schon in V 13 gebrauchte Nifal von דבר *(dbr)* unterstreicht noch einmal, dass die Adressaten keine öffentlichen Angriffe auf JHWH führten, sondern sich untereinander verständigten. Das hinzugesetzte »alle miteinander«, wörtlich: »ein jeder zu seinem Nächsten«, hält das ausdrücklich fest.

Wer sind die JHWH-Fürchtigen?

In der bisherigen Auslegung bin ich davon ausgegangen, dass die, »die JHWH Ehrfurcht erweisen« (V 16), identisch sind mit denen, die die »starken Reden« gegen JHWH geführt haben, welche in V 14f. zitiert werden. Das ist nicht unbestritten. Man hat gemeint, wer so sündhaft spreche, könne nicht im nächsten Augenblick als gottesfürchtig bezeichnet und vor Gott zum Gedächtnis in ein Buch aufgezeichnet werden. Mal 3,13–21 spreche von insgesamt drei Gruppen: »those who fear Yahweh (the inner-group) – skeptics (the in-group) – the out-group of evildoers and arrogant Jerusalemites« (*J. L. Berquist*, Setting 1989, 123). Die Gottesfürchtigen von V 16 seien nicht »the arrogant and their admirers«. Sie stellten »a third group« (*E. R. Clendenen* 441), »a remnant of true believers« (*P. A. Verhoef* 319) dar. Zumindest sei eine Regung der Reue zu unterstellen: »the disputation has elicited some change of heart in the audience« (*A. E. Hill* 337).

Gegen diese Aufspaltung in drei Gruppen und für die Identifizierung der JHWH-Fürchtigen mit den in V 14 f. Zitierten sprechen hauptsächlich drei Gründe. (1) Der gewichtigste Grund ist die Tatsache, dass sowohl für die Worte der Skeptiker als auch die der Gottesfürchtigen das seltene דבר *(dbr)* nif »sich miteinander bereden, unter sich reden« gebraucht wird (*A. Meinhold* 346). (2) Das gesamte Wort 3,13–21 lebt vom Gegenüber von zwei Gruppen, den Gerechten und den Gewalttätigen (so V 18). Das wird nicht erst am Tag JHWHs offenbar (so *P. A. Verhoef* 319), sondern gilt auch schon für die Gegenwart. »Für eine dritte Gruppe ist hier kein Spielraum gelassen« (*A. Meinhold* 349). (3) Wenn es sich bei den JHWH-Fürchtigen von V 16 um eine dritte Gruppe handelte, wüssten wir gar nicht, was sie gesagt und was JHWH gehört hätte. Dass sie vertrauensvoll die Worte von V 16bα gesagt hätten (»JHWH merkte auf und hörte«) (dies erwägt *P. A. Verhoef* 320), ist angesichts der in Maleachi sonst regelmäßig gesetzten Redeein- bzw. ausleitungen recht unwahrscheinlich. Ansonsten kann man spekulativ eintragen, was ein heutiger evangelikaler Christ für angemessen hält: »The content of their speech may have been words of repentance or spiritual encouragement to one another …« (*E. R. Clendenen* 442). Doch nichts von alledem steht da.

Der Duktus des Textes legt nahe, dass in der Tat die, die solche ironisch-skeptisch-resignierten Reden führen wie die in V 14 f. zitierten, in V 16 als solche bezeichnet werden, »die JHWH Ehrfurcht erweisen«, die »mit seinem Namen rechnen«, wie am Ende des Verses hinzugefügt wird. Wie Hiob und wie der Beter von Ps 73 verzweifeln sie an einer Realität, die ihnen nichts anderes zeigt als eine Welt der Ungerechtigkeit, der Gott fern zu sein scheint. Wer anders als Gottesfürchtige, als Menschen, die »Gott dienen«, die »seine Anordnung beachten«, die »in Schwarz einhergehen« (V 14), sollten denn so an Gott verzweifeln? Im Text sprechen Gerechte, »freilich Zweifel äußernde Gerechte« (*M. Beck*, »Tag YHWHs« 2005, 282). Ihre Verzweiflung, auch wenn es »harte Reden« sind, wird ernst genommen. Sie wird nicht stehen gelassen, so wenig wie bei Hiob und in Ps 73. Aber sie wird eben auch nicht verdammt. Sondern JHWH merkt auf und hört hin auf das, was sie untereinander reden.

Noch immer spricht der Prophet zu seinen Leserinnen und Lesern. Er teilt ihnen mit, was »vor JHWH« geschieht. Die Gottesfürchtigen erfahren das innerhalb der Kommunikationsstruktur des Textes nicht; sie werden erst ab V 18 wieder direkt angeredet. Aber wer anderes sind die intendierten Leser und Leserinnen Maleachis als eben solche JHWH-Fürchtige, denen in Zeiten religiöser und sozialer Fehlentwicklungen und scheinbarer Gottesferne Hoffnung gemacht werden soll? Ihnen wird ein Wissen weitergegeben, das die JHWH-Fürchtigen innerhalb der Textinszenierung nicht haben. Wahrscheinlich spiegelt diese literarische Strategie die Lager bei Abfassung der Maleachi-Schrift wider: Es gibt solche JHWH-Fürchtige, die bei ihrer Verzweiflung stehen bleiben, und es gibt solche, die für eine Hoffnung über den Tag hinaus aufgeschlossen sind.

Die Hoffnung der Hoffenden gründet sich dabei auf die Vorstellung, dass im Himmel »ein Buch geschrieben« wird »zum Gedächtnis derer, die JHWH Ehrfurcht erweisen und mit seinem Namen rechnen«. Mit seiner Hilfe wird die Spanne zwischen dem Jetzt, das von Zweifel geprägt ist, und der Zukunft, die die Dinge zurechtrücken wird, überbrückt. In dieser Vorstellung fließen zwei Traditionen über die Art der himmlischen Buchführung zusammen (das Folgende in Anlehnung an *R. Kessler*, Vergessen 2010, bes. 305–308).

Himmlische Buchführung

Nach unserer Stelle wird die »Gedenkschrift« (ספר זכרון, *sefær zikkarôn*) »vor ihm« geschrieben. JHWH ist nicht selbst der Schreibende, sondern verfügt wie ein König über schreibkundiges Personal (zum Bild JHWHs als König als Hintergrund des Textes vgl. *D. C. Deuel*, Malachi 3:16 1996). Die Schrift ist nicht schon vorhanden, sondern wird allererst geschrieben. Es ist also »keineswegs nur ein Aktenvermerk *in der* himmlischen Chronik ... im Blick« (*A. Meinhold* 373, Hervorhebung im Original). Man wird sich das Ganze so vorstellen dürfen, wie es die Ester-Erzählung vom persischen Hof berichtet. Auch da wird ein denkwürdiges Ereignis »vor dem König aufgeschrieben« (*ktb* nif + *lifnej* wie in Mal 3,16) (Est 2,23). Zu einem späteren Zeitpunkt lässt sich der König aus dem Buch, das hier ספר הזכרנות (*sefær hazzikrônôt*) heißt, vorlesen (Est 6,1). Auch die ebenfalls perserzeitliche Esra-Schrift erwähnt die Führung von Chroniken am persischen Hof. Nach Esr 4,15 heißt das Buch auf Aramäisch genau entsprechend dem Hebräischen von Mal 3,16; Est 6,1 ספר־דכרניא (*s*^{e}*far dåkranajja'*). Zweck der Gedenkschrift(en) ist es wie in Est 2,23; 6,1, zu einem späteren Zeitpunkt früher Aufgezeichnetes nachlesen und dann entsprechende Entscheidungen fällen zu können (Esr 4,15.19; 5,17; 6,1f.). Naturgemäß werden in einer solchen Gedenkschrift alle erinnerungswerten Dinge aufgezeichnet, ob positiv oder negativ. Wird später in der Gedenkschrift nachgelesen, kommt beides an den Tag, das Gute wie das Schlechte. Diese Vorstellung wird dann auch auf die himmlische Buchführung übertragen, wenn es nach Dan 7,10 heißt, dass vor dem Gericht »die Bücher« (aram. ספרין, *sifrîn*) geöffnet werden. Dass die himmlische Erinnerungspflege nicht nur die guten Taten der Gottesfürchtigen umfasst, setzt auch Jes 65,6f. voraus. Danach sind vor JHWH aufgeschrieben *(ktb* pass. + *lifnej)* die Verfehlungen der Beschuldigten bis zu dem Zeitpunkt, an dem sie »vergolten« werden.

In Mal 3,16 verbindet sich mit der Vorstellung einer himmlischen Buchführung, die gute und schlechte Taten vermerkt, ein anderes Konzept, das ursprünglich davon unterschieden ist. Nach unserer Stelle wird die himmlische Gedenkschrift »zugunsten« der Gottesfürchtigen geschrieben (vgl. *E. Jenni*, Präpositionen 2000, 92, Nr. 3262). Von einer Aufzeichnung der Taten der »Gewalttätigen« (V 15) ist nicht die Rede. Nur die Gottesfürchtigen sollen am kommenden Tag von der Aufzeichnung profitieren. Die Gewalttätigen dagegen wird der kommende Tag »versengen ..., sodass er ihnen weder Wurzel noch Zweig übrig lässt« (V 19). Gewiss meint V 16 mehr als nur die Verzeichnung von Namen. Wenn aber das, was aufgeschrieben wird, den Gottesfürchtigen später, wenn die Schrift wieder hinzugezogen wird, zugute kommen soll, erinnert das an eine andere Art von Buchführung. Danach werden nur die aufgezeichnet, deren Erinnerung erhalten werden soll. Die andern verschwinden aus der Erinnerung, weil sie nicht festgehalten werden.

Hintergrund dieser Erinnerungstechnik ist vielleicht der aus dem mesopotamischen Nuzi in der Mitte des 2. Jts. v. Chr. belegte Brauch von Hirten, in Beuteln so viele Steinchen aufzubewahren, wie Tiere in ihrer Herde sind. Gehen Tiere verloren, muss die Zahl der Steine verringert werden (vgl. *O. Eissfeldt*, Beutel 1960, bes. 9–14). Mit Verbreitung der Schriftkultur kommen schriftliche Aufzeichnungen von Personen in Registern auf. So erwähnt Ez 13,9 ein »Verzeichnis des Hauses Israel« (k^etab von der Wurzel *ktb*, »schreiben«), in das bestimmte Prophetinnen und Propheten »nicht aufgeschrieben werden« (*ktb* nif wie Mal 3,16). Ein Registerbuch erwähnt ferner Neh 7,5, und speziell um die Aufzeichnung priesterlicher Geschlechter geht es in Esr 2,62 par. Neh 7,64 und Neh 12,22 f. Bei dieser Art der Erinnerung gibt es nur die Alternative, aufgezeichnet zu sein oder nicht aufgezeichnet zu sein.

In der himmlischen Gedenkkultur taucht der Hirtenbeutel übertragen als »Beutel des Lebens« auf. In ihm werden nur die aufbewahrt, die zum Leben bestimmt sind, während die andern »fortgeschleudert« werden (1 Sam 25,29) (vgl. *O. Eissfeldt*, Beutel 1960, 22–26). Mit Verbreitung des Schriftwesens im Himmel kommt die Vorstellung auf, dass nur die am künftigen Tag des Gerichts Bestand haben, die »zum Leben aufgeschrieben« sind (Jes 4,3). Nun erscheint das »Buch des Lebens« (Ps 69,29), in dem die Gerechten »aufgeschrieben« sind (*ktb* nif wie Mal 3,16). Die Gewalttäter aber, so der Wunsch in Ps 69,29, sollen daraus »gelöscht« werden. Aus dem Gespräch zwischen JHWH und Mose nach der Verfehlung mit dem goldenen Kalb geht hervor, dass Gott die Sünder aus dem Buch löscht (Ex 32,32 f.). Es ist folgerichtig, dass Rettung im Endgericht nur findet, wer »aufgezeichnet ist im Buch« (Dan 12,1).

Mal 3,16 kombiniert die Vorstellung der Gedenkschrift, in der alle Arten guter und böser Taten verzeichnet sind, mit der Vorstellung vom Lebensbuch, in dem nur die verzeichnet sind, die künftig Bestand haben werden. Die Fortsetzung in V 17, die davon spricht, dass die Aufgezeichneten »mir ... am Tag, den ich mache, als Eigentum gehören werden«, legt dabei vor allem Gewicht auf die Rettung am künftigen »Tag«. Funktion der Aufzeichnung ist es im Wesentlichen, den Gottesfürchtigen aktuellen Trost durch den Ausblick auf ihre künftige Bewahrung zu spenden (*A. E. Hill* 360). Es lässt sich festhalten: »Infolgedessen besitzt das Schriftstück neben der Funktion einer Gedenk- oder Merkschrift ... vor allem die Qualität des Lebensbuches« (*A. Meinhold* 373).

Vordergrund und Hintergrund

Wir haben gesehen, dass von der Kommunikationsstruktur her die Gottesfürchtigen gar nicht angeredet sind, auf der Textoberfläche also gar nichts von der Existenz des himmlischen Buches wissen können. Und dennoch erfahren sie davon, wenn Gottesfürchtige nämlich die Maleachi-Dichtung lesen. Ähnlich doppelbödig verhält es sich mit dem Inhalt des Buches. Es wird, so der Gedanke von V 16, im Himmel »vor JHWH« geschrieben. Insofern liegt es uns nicht vor. Und doch wissen wir von diesem Buch durch die Maleachi-Schrift. Vordergründig ist das himmlische Gedenkbuch das eine und die Maleachi-Schrift das andere. Aber hintergründig fließt beides zusammen (*J. Nogalski*, Processes 1993, 206–210 erwägt, ob nicht sogar das ganze Zwölfprophetenbuch gemeint ist). »Denkbar wäre also …, dass der Inhalt dieser ›Denkschrift‹ die Diskussionsprotokolle des Maleachibuches sind. Sie wurden aufgeschrieben im Bezug auf die Gottesfürchtigen mit der beabsichtigten Folge, ›dass sie mir gehören‹ (V. 17)« (*I. Willi-Plein* 278).

17a Auch die anschließende Rede ist innerhalb der Textinszenierung zunächst nicht direkt an die JHWH-Fürchtigen gerichtet. Und doch dient sie ihnen zum Trost, sofern sie Maleachi lesen. Der erste Teil der JHWH-Rede fasst dabei in Worte, was mit der himmlischen Gedenkschrift intendiert ist. Sie ist erstens für einen künftigen »Tag« verfasst. Der Relativsatz, der dem Wort »Tag« beigegeben ist, kann dabei sowohl transitiv als auch intransitiv verstanden werden. Bei intransitivem Verständnis handelte es sich um den »Tag, an dem ich handle«. Nun zeigt aber der Schluss des VI. Diskussionswortes, dass gar nicht JHWH handelt, sondern der Tag selbst (V 19, vgl. schon 3,2) bzw. die JHWH-Fürchtigen (V 20f.). So liegt die transitive Deutung näher, dass JHWH diesen besonderen Tag »macht« (vgl. *A. Meinhold* 375; umgekehrt *P.-G. Schwesig*, Rolle 2006, 267f.). In diesem Sinn wird der Tag dann im Anhang an die Maleachi-Schrift mit dem »Tag JHWHs« identifiziert (3,23).

Zum zweiten wird aus den Aufzeichnungen in der Gedenkschrift hervorgehen, dass »sie«, also die, »die JHWH Ehrfurcht erweisen und mit seinem Namen rechnen« (V 16), an jenem Tag »mir … als Eigentum gehören werden«. Dies wird in einer auffällig gespreizten Konstruktion ausgedrückt, bei der das »sie werden mir gehören« ganz am Anfang und die Apposition »als Eigentum« ganz am Schluss steht. Solche Spreizungen sind im Hebräischen nicht unmöglich (vgl. im selben Maleachi-Wort noch V 19bα, ferner z.B. Am 6,14a; Mi 5,14a). Sie dienen dazu, das am Ende stehende Wort zu betonen. In unserem Fall wird die Bedeutsamkeit dieser Satzkonstruktion erst wirklich ersichtlich, wenn wir den intertextuellen Hintergrund berücksichtigen.

In Ex 19,5 heißt es über das Haus Jakob und die Kinder Israel (V 3), »ihr werdet mir als Eigentum gehören«: והייתם לי סגלה *(wihjîtæm lî s^egullah)*. Die Konstruktion ist identisch mit der von Mal 3,17: סגלה … והיו לי *(w^ehajû lî … s^egullah)*. Sprachlich leicht variiert erscheint die Vorstellung, dass Israel JHWHs Eigentum ist, auch in Dtn 7,6; 14,2; 26,18; Ps 135,4. Offenbar hat der Verfasser der Maleachi-Schrift diese Aussagen vor Augen. Er verändert sie aber in doppelter Weise. Zum ersten macht er aus der präsentischen Aussage eine futurische. Zwar klingt Ex 19,5 in der obigen Übersetzung auch futurisch, aber nur, weil der Satz vor dem Bundesschluss am Sinai gesprochen ist. Nach dem Bundesschluss gilt, was Dtn 7,6 so formuliert: »dich hat JHWH, dein Gott erwählt, dass du ihm ein Volk des Eigentums aus allen

Völkern, die auf dem Erdboden sind, seiest.« Was Israel nach dieser Vorstellung jetzt schon ist, sollen die JHWH-Fürchtigen nach Mal 3,16f. erst am kommenden Tag sein. Die Aufzeichnung im Gedenkbuch macht freilich klar, dass diese exklusive Zugehörigkeit zu JHWH jetzt schon begründet wird.

Zum andern beschränkt Mal 3,17 die Zugehörigkeit zu JHWH auf die, »die JHWH Ehrfurcht erweisen und mit seinem Namen rechnen« (V 16). Was hier geschieht, ist schwer in angemessene Worte zu fassen.

Die Versuche sind zahlreich. Man kann lesen, die Eigentumsvorstellung »wird ... hier exklusiv auf die Kerngemeinde angewandt und deutet an, daß diese das wahre Israel verkörpert« (*H. Graf Reventlow* 158). Doch »Kerngemeinde« ist ein Begriff der neueren protestantischen Kirchengeschichte, und »wahres Israel« ist gar ein Ausdruck, der weder in der Hebräischen Bibel noch im Neuen Testament vorkommt, sondern erstmals bei dem christlichen Apologeten Justin (gest. 165) die Kirche im Gegensatz zu Israel bezeichnet (Dialog mit Trypho 135, 3; vgl. *G. Harvey*, True Israel 1996, 1). Das wäre hier völlig unangemessen. Spricht der Text vom »righteous remnant of Israel« (*A. E. Hill* 342)? Eine Rest-Vorstellung kennen wir zwar aus anderen alttestamentlichen Texten (Jes 37, 4; Jer 8, 3; Mi 2, 12 u. ö.). Aber da geht es um Menschen, die eine Katastrophe überlebt haben, ein Gedanke, der hier ebenso fehlt wie die entsprechende Terminologie. Soll man also sagen, »nur noch« die JHWH-Fürchtigen würden »in Individualisierungstendenz« eine Hochschätzung erfahren, »die ehedem dem gesamten Volk galt« (*A. Meinhold* 376)? Vielleicht ist es ein spitzfindiger Streit um Worte, aber mir scheint auch die Gegenüberstellung von »nur noch« und »ehedem« die Sache nicht genau zu treffen (einmal abgesehen davon, dass man »Individualisierung« nicht im Sinne der Atomisierung von Einzelpersonen verstehen darf, weil es in Mal 3, 13–21 um Gruppen geht).

Die Frage ist, ob im VI. Diskussionswort die Aussage des I. Wortes revidiert wird, wonach JHWH »Jakob lieb gewann« (1, 2). Alle Versuche, die von der »Kerngemeinde«, vom »Rest« oder von »nur noch« im Gegensatz zu »ehedem« sprechen, scheinen mir das vorauszusetzen. Ich bezweifle das. JHWHs Liebe gilt nach wie vor Jakob, wie in 1, 2–5, wie aber auch in den Eigentumsaussagen in Ex 19, 5; Dtn 7, 6; 14, 2; 26, 18; Ps 135, 4. Nicht JHWHs Liebe wird auf einen Kern oder Rest eingeschränkt, sondern bestimmte Menschen, die »Gewalttäter«, verhalten sich so, dass sie nicht mehr zu Jakob/Israel gehören. Sie sind wie Esau/Edom, das eben nicht Jakob/Israel ist und dem JHWHs Hass gilt. Augenblicklich kann man das noch nicht sehen, weil auch die Gewalttäter zum empirischen Israel gehören. Aber indem sie nicht aufgezeichnet sind im himmlischen Gedenkbuch, sind sie bereits jetzt dem Vergessen überlassen. »Eigentum Gottes ist Israel ... schon (vgl. Dtn 7, 6). Aber dass es das ist, soll für diejenigen, die Gott achten, auch an den Tag kommen« (*K. Wengst*, Aufgehen 2005, 25).

V 1 Wie sehr der Vernichtungsgedanke wesentlich zur Trostaussage hinzugehört, zeigt der folgende Satz. JHWH will mit denen, die ihn achten, »schonend umgehen«. Die hebräische Wurzel חמל *(ḥml)* meint nur ganz selten einfach das Mitleid mit jemand, der in ein Unglück geraten ist, wie ein ausgesetztes Kind (Ex 2,6; Ez 16,5). Fast ausschließlich wird das Wort verneint gebraucht. Es bezeichnet das fehlende Mitleid »am Tag der Rache« (Spr 6,34), beim Schlachten von Schafen (Sach 11,5), angesichts einer zerstörten Stadt (Jer 15,5). Häufig wird es im Zusammenhang mit Gottes eigenem Vernichtungshandeln gebraucht, das »schonungslos« daherkommt (Jer 13,14; Ez 5,11; 7,4 u.ö.). Ja, die Vokabel kann in der Negation nahezu identisch werden mit anderen Vokabeln des Vernichtens; mit jemand kein Mitleid haben, heißt, ihn nicht verschonen (Dtn 13,9; 1 Sam 15,3.9 u.ö.). Nur äußerst selten ist davon die Rede, dass Gott positiv mit seinem Volk Mitleid hat, schonend mit ihm umgeht (Jes 63,9; Joel 2,18; 2 Chr 36,15; vgl. Gen 19,16). Solches wird nun auch hier in Mal 3,17 angekündigt, wobei vorausgesetzt ist, dass sein (Eigentums-)Volk nur die JHWH-Fürchtigen sind. Der Gebrauch der Vokabel חמל *(ḥml)* macht dabei deutlich, dass es um Schonung in einem Vorgang der Vernichtung geht, eben der Vernichtung der Gewalttäter.

Verglichen wird Gottes Handeln mit dem eines Vaters an seinem Sohn. Zu verstehen ist das nur auf dem Hintergrund eines patriarchalen, wenig sentimentalen Vater-Sohn-Verhältnisses. In ihm ist der Vater gegebenenfalls auch bereit, den Sohn zu »vernichten«, wenn er ihm nicht »dient«, was immer das dann konkret heißt (Zurücksetzung, Enterbung, Verstoßung o.ä.). Dass Maleachi in solchen Kategorien denkt, zeigt bereits der Vorspruch zum II. Diskussionswort: »Ein Sohn achtet den Vater und ein Sklave seinen Herrn. Wenn ich nun Vater bin – wo ist die Achtung vor mir? Wenn ich Herr bin – wo ist die Ehrfurcht vor mir?« (1,6). Die JHWH-Fürchtigen aber sind solche, die Gott dienen. Der folgende Vers 18 wird das Dienen oder Nicht-Dienen geradezu mit dem Gegensatz von »Gerechten« und »Gewalttätern« in eins setzen. Weil sie Gott dienen, erfahren sie am kommenden Tag Schonung.

18 V 18 geht wieder zur direkten Anrede an die Gottesfürchtigen über. Er schließt mit kopulativem ו *(wᵉ)* »und, dann« an, macht also keinen Einschnitt zwischen V 17 und V 18. Auch wenn streng genommen die JHWH-Fürchtigen die Worte von V 17 gar nicht gehört haben, kann Maleachi doch voraussetzen, dass sie als Leser seiner Schrift diese Worte kennen.

Im Hebräischen beginnt der Satz mit zwei Verben. Das erste habe ich in der Übersetzung als Hilfsverb aufgefasst und adverbial wiedergegeben (»Dann seht ihr wieder ...«). Im Hebräischen steht dafür ושבתם *(wᵉ šabtæm)*. Als Vollverb würde das heißen: »Dann werdet ihr umkehren.« Im Sinn einer Bekehrung verstehen es die griechische (ἐπιστραφήσεσθε) und lateinische *(convertemini)* Übersetzung, aber auch neuere Ausleger (J. Wellhausen 55). Doch geht es spätestens ab V 16 eindeutig um die, »die JHWH Ehrfurcht erweisen und mit seinem Namen rechnen« (nach der oben vertretenen Auffassung sind sie schon ab V 13 gemeint). Für sie besteht gar kein

Maleachi 3,13–21

Anlass mehr »umzukehren«, und Umkehr ist auch gar nicht das Thema des Verses: »The speakers are not urged to convert themselves or to mend their ways, but they are told what will become apparent to them on the Day of the Lord« (*P. A. Verhoef* 323).

Das Erste, was die JHWH-Fürchtigen »am Tag, den ich mache« (V 17), sehen, ist der Unterschied »zwischen Gerechten und Gewalttätigen, zwischen denen, die Gott dienen, und denen, die Gott nicht dienen«. Denn das ist es ja, woran sie gegenwärtig leiden, dass es ihrer Erfahrung nach »sinnlos ist, Gott zu dienen« (V 14), dass »gerade die, die Gewalt tun, aufgebaut werden« (V 15). Diese ihre Erfahrung soll korrigiert werden: Am kommenden Tag werden sie es sehen, jetzt aber ist es schon im himmlischen Gedenkbuch aufgeschrieben.

Die Benennung der zwei Gruppen, die sich in der VI. Maleachi-Strophe gegenüberstehen, wird hier um »den Gerechten und den Gewalttätigen« erweitert. Dies ist die in der Hebräischen Bibel verbreitetste Bezeichnung für »die frommen und die frevelhaften (gottlosen) bzw. die strenggesinnten und die verweltlichten Elemente der Gemeinde« (so richtig *A. von Bulmerincq* II 516, der durch Identifizierung der Frommen mit der Jerusalemer Tempelgemeinde und der Frevler mit den Samaritanern – aufgenommen von *J. G. Botterweck*, Sonne 1960, 255 – allerdings eine Engführung vornimmt, die dem Text nicht zu entnehmen ist). Die Gegenüberstellung nimmt ihren Ausgang vom Gerichtsverfahren: צדיק *(ṣaddîq)* ist der im juristischen Sinn Unschuldige, ihm steht der Schuldige, der רשע *(rašaʿ)*, gegenüber (vgl. Ex 23,7; Jes 5,23). Aus der engen forensischen Bedeutung ist dann eine Typenbezeichnung geworden, die manchmal im Singular (so hier in Mal 3,18), manchmal im Plural gebraucht wird. Sie wird in der gesamten Hebräischen Bibel breit verwendet (Gen 18,23.25; Ez 18,20; 33,12; Ps 1,6; Spr 10,3 u. ö.). Wer צדיק *(ṣaddîq)* ist, ist gerecht, Gott gefällig, geht auf dem Weg des Lebens, wer רשע *(rašaʿ)* ist, ist in allem das Gegenteil davon, ist also gewalttätig, frevlerisch und letztlich dem Untergang geweiht.

<small>Der kommende Tag</small>

Nachdem mit V 18 die Opposition der beiden Grundtypen, die das VI. Diskussionswort von Anfang an durchzieht, benannt und zugleich festgehalten worden ist, dass die Gottesfürchtigen selbst sie sehen werden, kann der Text zum Finale in V 19–21 übergehen. Es wird mit »Ja, seht her!« eingeleitet. Die Verdopplung der Einleitungspartikel כי־הנה *(kî-hinneh)* markiert dabei deutlich, dass nun noch einmal neu angesetzt wird. Alles, was bisher schon über den kommenden Tag gesagt wurde – in 3,2 über den Tag, der ein Tag der Läuterung und des Gerichts sein wird, und in 3,17 über den »Tag, den ich mache« – wird nun zum Abschluss gebracht.

Aufgebaut ist das drei Verse umfassende Finale der VI. Strophe und damit zugleich der gesamten (ursprünglichen) Maleachi-Dichtung in einem Dreischritt. V 19 entfaltet das Geschick der anmaßenden Gewalttäter, V 20 das der Gerechten, und V 21 bringt beide in Interaktion, indem es die Gerechten sind, die auf der Asche der Gewalttäter »herumtreten« werden. Der Schlusssatz: »am Tag, den ich mache, sagt JHWH der Heere« legt dabei zugleich eine Inklusion um alle Stellen, die im VI. Wort vom »Tag« sprechen, indem er das »sagt JHWH der Heere, am Tag, den ich mache« von V 17 in chiastisch umgekehrter Abfolge aufnimmt (siehe oben die Ausführungen zur Sprache des VI. Disputationswortes sowie *S. D. Snyman*, Approach 1996, 490).

19 Als erstes also wird das Geschick der Anmaßenden und Gewalttäter genannt. Subjekt ist »der kommende Tag«. Sein Kommen steht unmittelbar bevor. Denn wie in 3,1 bezeichnet הנה *(hinneh)* mit Partizip das so genannte *futurum instans* (dazu Bartelmus 64). Maleachi rechnet also nicht mit langen Zeiträumen. Das, was im Gedenkbuch steht, wird demnächst bekannt gemacht werden. Das trostreiche »Sehen« des Unterschieds zwischen Gewalttätern und Gerechten erfolgt in Bälde.

Die Wirkung des Tages wird mit Feuermetaphorik ausgedrückt. Der Tag selbst ist »brennend wie ein Ofen«. Beim »Ofen« dürfte an einen Backofen gedacht sein, der durch ein darunter angefachtes Feuer so erhitzt wird, dass man an seine Wände Brotfladen klatschen und backen kann (zum Vorgang der Brotherstellung im Backofen vgl. *M. Klinghardt / Th. Staubli*, Brot 2009, 70). Entscheidend für die Aussage in unserem Vers ist, dass der Ofen »brennt« (בער, *bʿr*). Solches Brennen ist häufig metaphorisch Zeichen göttlicher Präsenz (Ex 3,2f.; Dtn 4,11 u.ö.). Auch Gottes Zorn brennt wie Feuer (Jer 4,4; 7,20; 21,12 u.ö.), weshalb dem göttlichen Feuer oft eine vernichtende Wirkung eignet (Num 11,1; Jes 10,17; Ps 106,18). Das ist auch hier der Fall.

Denn die Folge des Kommens des Tages ist, dass »alle Anmaßenden und jeder, der Gewalt tut«, »Stroh« sein werden. Stroh ist in der Hebräischen Bibel häufig ein Synonym für Vergänglichkeit, zum einen, weil es leicht vom Wind verweht werden kann (Jes 40,24; 41,2; Jer 13,24; Ps 83,14), zum andern, weil es leicht brennbar ist (Ex 15,7; Jes 5,24; 47,14 u.ö.). An letzteres ist hier gedacht, weil es in der Fortsetzung heißt, der kommende Tag werde die Anmaßenden »versengen« (להט, *lhṭ*). Auch das wird erwartungsgemäß vom Feuer ausgesagt (Joel 1,19). Aber wie beim »Brennen« ist dabei oft an das göttliche Feuer (Ps 104,4), ja meist das Feuer des göttlichen Zorns gedacht (Dtn 32,22; Ps 106,18).

Eine auffällige semantische Nähe hat unsere Stelle zu Ps 83,14f. In einem Gebet wird als Wunsch gegen die Feinde Israels formuliert (kursiv die übereinstimmenden Vokabeln): »Mein Gott, mache sie wie Distelknäuel, wie *Stroh* vor dem Wind, wie Feuer, das den Wald *verbrennt*, wie Lohe, die die Berge *versengt*!« Man muss keine direkte intertextuelle Abhängigkeit, weder in die eine, noch in die andere Richtung, postulieren. Sondern sowohl Maleachi als auch der Psalm greifen »verbreitete Metaphern aus den prophetischen Gerichtsworten gegen Israel und die Fremdvölker auf« (*F.-L. Hossfeld / E. Zenger*, Psalmen 51–100 2000, 502). Wichtig aber ist, dass es bei Maleachi weder gegen Israel noch gegen fremde Völker (wie in Ps 83) geht, sondern gegen die Gewalttäter. Sie werden am kommenden Tag aus Israel ausgebrannt.

Folge der versengenden Wirkung des Tages ist, dass er den Anmaßenden »weder Wurzel noch Zweig übrig lässt«. Auch die Zusammenstellung von Wurzel und Zweig für das Gesamte einer Pflanze gehört zur konventionellen Sprache (Ez 17,6–9; 31,3.7; Ps 80,10f.). Das gilt auch für die Zusammenstellung von versengendem Feuer und dem Vermodern oder Verdorren der Wurzeln (Jes 5,24; 40,24). Angesichts soviel konventioneller Sprach- und Bildelemente wird man kaum monieren dürfen, dass »kein stimmiger Fortgang auf der Bildebene« vorliege (so *A. Meinhold* 380). Es wird einfach eine Fülle von Vernichtungsmetaphorik aufgeboten, die durchweg zum Ausdruck bringt, dass von den Gewalttätern nichts mehr übrig bleiben wird.

Verbindung mit Ps 1 Dass zwischen dem sekundären Maleachi-Schluss in 3,22 mit seinem Tora-Verweis und dem im masoretischen Kanon direkt anschließenden Ps 1 eine bewusste Verbindung besteht, ist oft gesehen worden (vgl. *F.-L. Hossfeld / E. Zenger*, Psalmen I 1993, 45). Wir stehen vor einer der beiden großen »kanonischen Nahtstellen« (canonical seams) der Hebräischen Bibel (die andere liegt zwischen Dtn 34 und Jos 1, vgl. *M. B. Shepherd*, Analysis 2008, 191f.). Ansprechend ist darüber hinaus die Erwägung, Mal 3,19bγ »könnte anläßlich der Plazierung von Ps 1 mit dem Gerechten gleich einem ›(Frucht-)Baum‹ (V. 3) als eine redaktionelle Verbindung zwischen drittem und zweitem Kanonteil in M eingefügt worden sein« (*A. Meinhold* 380). Allerdings verwenden Ps 1 und Mal 3,19 durchgängig unterschiedliches Vokabular, sodass man wohl nicht von literarischen Eingriffen ausgehen kann. Dennoch ist richtig gesehen, dass die Pflanzenmetaphorik und die Rede von Gerechten und Gewalttätern Ps 1 nicht nur mit dem sekundären Maleachi-Schluss, sondern auch mit dem VI. Diskussionswort der Dichtung verbinden. Wenn, wie in der Psalmenexegese vermutet wird, »Ps 1 ausdrücklich für dieses [aus Ps 1–2 bestehende] Proömium [zum Psalter] geschaffen worden« ist (so *F.-L. Hossfeld / E. Zenger*, Psalmen I 1993, 45), kann man annehmen, dass dies bereits in Kenntnis der Maleachi-Schrift samt ihren Schlussversen geschah. Um dies zu begründen, müsste freilich eine Exegese von Ps 1 selbst vorgenommen werden, wozu hier nicht der Raum ist.

V 20 Mit V 20, der nun das Geschick der Gerechten am kommenden Tag darlegt, erreichen wir den vielleicht bekanntesten Vers der Maleachi-Dichtung, das Wort von der »Sonne der Gerechtigkeit«. Es dürfte seine Bekanntheit hauptsächlich dem mit eben diesen Worten beginnenden Choral von Christian David (1691–1751) verdanken (EG 262 und 263, Gotteslob 644). Das erste Wort ist im Hebräischen das Verb וזרחה *(wᵉzarᵉḥah)*, wörtlich »und sie (sc. die Sonne) wird aufgehen«. Das Verb זרח *(zrḥ)* ist *terminus technicus* für den Sonnenaufgang (Ex 22,2; Ri 9,33; 2 Kön 3,22 u.ö.). Allerdings wird es biblisch zweimal auch so verwendet, dass JHWH bzw. der *kabôd* JHWHs, also seine Ehre, sein (Licht-)Glanz, Subjekt des Aufgehens sind (Dtn 33,2; Jes 60,1–3), sodass hier die Vorstellung vom »Aufgehen« auf JHWH selbst übertragen wird (*H.-P. Stähli*, Elemente 1985, 40). Auch außerbiblisch findet sich die Verbindung des Verbs זרח *(zrḥ)* mit einer Gottheit in einer Inschrift des 9. Jhs. v. Chr. aus Kuntillet ʿAǧrūd. Ihr lesbarer Anfang lautet wahrscheinlich: … ובזרח . אל. […] *(… wbzrḥ : ʾl : …)* »und beim Aufgehen Els« [KAgr(9):7, HAE I 59]. Leser von Mal 3, 20, denen diese Vorstellungswelt bekannt war, konnten also schon beim ersten Wort des Verses aufmerken und sich fragen: Geht es um einen gewöhnlichen Sonnenaufgang oder um eine Theophanie?

An zweiter Stelle des Verses steht לכם *(lakæm)* »für euch«. Das lässt noch mehr aufmerken. Denn gewöhnlich geht die Sonne einfach so auf, »über Böse und Gute«, wie Jesus später sagen wird (Mt 5, 45). Dass sie für jemand aufgeht, muss dann mehr als das alltägliche Naturphänomen bezeichnen. Tatsächlich wird זרח *(zrḥ)* mit ל *(lᵉ)* »für« vom Sonnenaufgang nur noch einmal gebraucht, nämlich in der Erzählung von Jakobs Kampf mit dem (himmlischen) Mann am Jabbok (Gen 32, 32) (vgl. *H. Koehl-Krebs*, Intertextualité 2004, 72 f.). Angesichts der ausgeprägten Lichtsymbolik dieser Erzählung – von der Nacht (V 23) über die Morgenröte (V 25.27) bis zum Sonnenaufgang (V 32) – ist das Aufgehen der Sonne hier mehr als ein bloßer Zeitpunkt: Es steht für die Rettung, die Jakob erfahren hat, wie er selbst sagt (V 31). Auch das »Aufgehen« JHWHs aus Seir geschieht nach Dtn 33, 2 »für sie«. Wenn es in Mal 3, 20 heißt, die Sonne werde »für euch« aufgehen, weiß man also schon beim zweiten Wort, dass es um mehr als den allmorgendlichen Sonnenaufgang geht.

Bevor dies durch Nennung des Subjekts des Aufgehens eindeutig gemacht wird, wird zunächst noch einmal gesagt, für wen die Sonne aufgeht: »über euch, die ihr meinem Namen Ehrfurcht erweist«. Das nimmt die Bezeichnungen für die Gerechten von V 16 auf (»die JHWH Ehrfurcht erweisen und mit seinem Namen rechnen«) und kombiniert sie neu, indem das »Ehrfurcht erweisen« nun direkt mit »meinem Namen« verbunden wird. Zugleich wird damit klargestellt, dass diese Gerechten das Gegenteil der Priester sind, die in 1, 6 als solche kritisiert werden, »die ihr meinen Namen verachtet« (noch vor der in 3, 3 angekündigten Reinigung der Levi-Söhne).

Ein weiterer Bezug zur II. Strophe der Dichtung ist darin zu sehen, dass auch dort der göttliche Name und die Sonne zusammengesehen werden. So heißt es in 1, 11: »vom Aufgang der Sonne bis zu ihrem Untergang ist mein Name groß unter den Völkern«, semantisch dreifach mit 3, 20 verbunden: מזרח *(mizraḥ)* »Aufgang« als Nomen zum Verb זרח *(zrḥ)* »aufgehen«, »Sonne« und »mein Name«. Doch während es dort um die gegenwärtige Größe des Gottesnamens in universaler Weite geht und deshalb bei der Sonne an das Himmelsgestirn gedacht ist, das mit seinem Aufgang und Untergang diese Weite umspannt, geht es jetzt um das künftige Aufgehen der »Sonne der Gerechtigkeit«. Was sich vom Anfang des Verses an angekündigt hat, wird jetzt ausgesprochen: Es handelt sich um mehr als um einen alltäglichen Sonnenaufgang.

Sonne und Gerechtigkeit

Dass der morgendliche Sonnenaufgang und die Herstellung von Gerechtigkeit eng zusammengehören, hat eine lange Traditionsgeschichte im gesamten alten Orient. Es handelt sich um das »Motiv der Hilfe Gottes ›am Morgen‹« (*B. Janowski*, Rettungsgewissheit 1989; dort auch das reiche Material zum mesopotamischen, kleinasiatischen, ugaritischen und ägyptischen Hintergrund des Motivkomplexes). Grundlage ist die menschliche Erfahrung, dass sich im Schutz der Dunkelheit allerhand Machenschaften planen und durchführen lassen, dass es am Morgen aber »die Sonne an den Tag bringt« und man in der Lage ist, »Licht in eine Sache zu bringen«. Aufgrund dieser Erfahrung wird der Sonnengott aufs Engste mit der Herstellung von Gerechtigkeit in Verbindung gebracht. So lässt sich der babylonische König Hammurapi am Kopf seiner Gesetzesstele vor dem Sonnengott Schamasch stehend darstellen und schreibt im Epilog des Codex: »Auf Befehl des Sonnengottes, des großen Richters des Himmels und der Erde, möge meine Gerechtigkeit im Lande sichtbar werden ...«. Er ist »Hammurapi, der König der Gerechtigkeit, dem der Sonnengott Recht geschenkt hat ...« (TUAT I 77 f.). Das altorientalische Material legt in der Tat den Schluss nahe: »Ein Grundtext wie Mal 3, 20 ... läßt sich nur auf dem Hintergrund des Alten Orient zureichend verstehen« (*B. Janowski*, Rettungsgewissheit 1989, 190).

Auch biblische Texte belegen in Fülle, dass in Israel ein enger Zusammenhang von Licht, Sonnenaufgang, Morgenröte, Tagesanbruch und der Herstellung von Recht und Gerechtigkeit gesehen wurde (Hos 6, 5; Zef, 3, 5; Hi 38, 12–15 u. ö.; zum Material vgl. *B. Janowski*, JHWH 1999). Diesen Hintergrund setzt Mal 3, 20 voraus. Aber dieser Vers geht weiter. Er sagt ja nicht nur, dass JHWH »gerecht« ist und »Morgen für Morgen sein Recht gibt« (Zef 3, 5), sondern dass die »Sonne der Gerechtigkeit« selbst aufgeht. »Sonne« heißt auf Hebräisch šæmæš. Das ist aber auch der akkadische Name des Sonnengottes, Schamasch. Zusammen mit dem Theophanie-Motiv des »Aufgehens« kommen wir damit nahe an die Vorstellung heran, dass JHWH selbst als Sonnengott, als »Sonne der Gerechtigkeit« aufgeht. Wir hätten dann also eine Identifizierung von JHWH und Sonne vor uns wie in Ps 84, 12, wo JHWH als »Sonne und Schild« gepriesen wird.

»Solarisierung JHWHs«?

Die Frage ist aber, wie weit man beim Gedanken einer Identifizierung von JHWH und Sonne gehen kann. In der Forschung hat es sich eingebürgert, von einer »Solarisierung JHWHs« zu sprechen (*B. Janowski*, JHWH 1999 mit dem Untertitel »Aspekte der Solarisierung JHWHs in vorexilischer Zeit«; *M. Arneth*, »Sonne« 2000 mit dem Untertitel »Studien zur Solarisierung der Jahwe-Religion«; *S. Schroer*, Beobachtungen 2004, 303 f. und andere). Man wird das allerdings nicht im Sinn einer direkten Identifizierung (»JHWH wird zum Sonnengott«) verstehen dürfen. Vorsichtiger ist die Aus-

Abb. 8: König Hammurapi steht vor dem thronenden Sonnengott. Stele Hammurapis (1728–1686 v. Chr.), ursprünglich in Susa aufgestellt, heute im Louvre befindlich. Quelle: *O. Keel*, Welt ⁵1996, 267.

drucksweise, JHWH sei »in die Funktionen/Rolle des […] Sonnengottes eingetreten« (*St. Lauber*, Ikonographie 2008, 96.103). Am angemessensten ist es aber wohl, von einer »Integration solarer Symbolik« zu sprechen (*M. Köckert*, Wandlungen 2005, 23). Darauf weisen bereits einfache Textbeobachtungen. 1.) An der einzigen Stelle, an der JHWH direkt als »Sonne« bezeichnet wird, steht der Doppelausdruck »Sonne und Schild« (Ps 84,12). Man wüsste gar nicht, welche Wortbildung man analog zu »Solarisierung« in Bezug auf den Schild erfinden sollte, würde man nicht beide Begriffe, »Sonne« und »Schild«, als Metaphern auffassen. 2.) Des Weiteren ist darauf zu verweisen, dass Mal 3,20 das Nomen »Sonne« feminin konstruiert. Im Hebräischen kommt *šæmæš* sowohl maskulin (Gen 19,23; 28,11; 32,32 u.ö.) als auch feminin (Gen 15,17; Ex 22,2; Dtn 24,15 u.ö.), letzteres aber seltener, vor. Auch in Mal 1,11 steht die männliche Form. Wenn in 3,20 das Verb weiblich konstruiert ist, kann das nur so verstanden werden, dass gerade eine direkte Identifizierung mit dem immer grammatisch männlich konstruierten JHWH vermieden werden soll. Hinzu kommt 3.), dass immer wieder in der Hebräischen Bibel die Sonne ausdrücklich JHWH unterstellt wird

Maleachi 3,13–21

(Gen 1,14–19; Jer 31,35; Ps 19,5 u.ö.). Sie ist sein Werk, er hat sie an den Himmel gesetzt – sie ist gerade kein Gott, mit dem JHWH gleichgesetzt werden könnte. »Bei aller Integration solarer Motive blieb man sich jedoch des Unterschieds zwischen Jahwe und der Sonne wohl bewusst« (*M. Köckert*, Wandlungen 2005, 25).

Die geflügelte Sonnenscheibe

Mit der Verbindung von Sonne und Gerechtigkeit ist der Satz in Mal 3,20 noch nicht zu Ende. Seine Fortsetzung spricht von der Heilung, die »unter ihren Flügeln« ist. Die »Sonne der Gerechtigkeit« hat also Flügel. Das Motiv der geflügelten Sonnenscheibe ist im gesamten Orient verbreitet, von Ägypten im Süden über Mesopotamien im Osten bis zu den Hethitern im Norden (vgl. die zusammenfassende Darstellung bei *St. Lauber*, Ikonographie 2008). In Juda ist es seit dem 8. Jh. auf Königssiegeln zur Kennzeichnung von Staatseigentum gebräuchlich (»dem König gehörend«) (vgl. *R. Liwak*, »Sonne« 1996). Von den Persern, der Vormacht zur Zeit Maleachis, wird das Symbol in doppelter Weise gebraucht, sei es nur als geflügelte Sonnenscheibe, sei es mit einem Mann (vermutlich einem Gott) in der Sonne (vgl. die Abbildung bei *F. Hartenstein*, Angesicht 2008, Taf. 14, 2). Auch in der persischen Provinz Jehud lebt das Symbol fort, wie ein Siegelabdruck aus dem 6. Jh. mit aramäischer Beischrift belegt. Wir haben also eine Idee, was Maleachis Leserinnen und Leser vor Augen hatten, wenn sie von der »Sonne der Gerechtigkeit« lasen, unter deren Flügeln Heilung ist.

Sonne und Heilung

Mit der Vorstellung der »Heilung« kommt ein Gedanke hinzu, der nicht einfach mit dem der »Gerechtigkeit« identisch ist (so zu Recht *S. Schroer*, Beobachtungen 2004, 305). Bei der Gerechtigkeit geht es im Kontext von Mal 3,13–21 darum, dass die, die JHWHs Namen Ehrfurcht erweisen, »wieder den Unterschied zwischen Gerechten (dieselbe Wurzel צדק, *ṣdq*) und Gewalttätigen« sehen (V 18). Die Vorstellung der Heilung hat darüber hinaus eine kosmische Dimension. Zwar gibt es im alten Orient »die Vorstellung der Verwandtschaft zwischen der Medizin und der Sonne« (*F. Vattioni*, Mal. 3,20 1959, 1015: *l'idea della parentela tra la medicina e il sole*). Aber im Alten Testament ist sie nur schwach ausgeprägt, wenn Jesaja nach 2 Kön 20,8–11 die Heilung des Königs Hiskija mit einem Sonnenwunder verbindet. In kosmische Dimension verweist dagegen Jes 58,8, wo nicht nur das Hervorbrechen des Lichtes mit »Genesung« – eine andere Wurzel als hier in Mal 3,20 –, sondern auch mit »Gerechtigkeit« in Verbindung gebracht wird. Auch Jes 30,26, ein Vers, der wohl »frühapokalyptisch und aus diesem Grund spät zu datieren« ist (*W. A. M. Beuken*, Jesaja 28–39 2010, 186), bringt den Tag, an dem JHWH die Wunde seines Volkes heilt, mit gleißendem Sonnenlicht in Verbindung.

Intertextuelle Beziehung

Die Verbindung von Sonne und Heilung ist also in der Tradition schwach ausgeprägt, so dass man nicht sicher sein kann, ob sich der Maleachi-Dichter überhaupt auf eine solche Tradition bezieht. Von größerem Gewicht ist demgegenüber die Tatsache, dass die Wurzel רפא (*rp'*) »heilen« in der Ho-

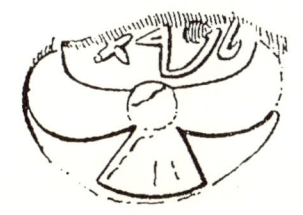

Abb. 9: Siegelabdrucke mit geflügelter Sonnenscheibe. Links: Hebräische Inschrift *lmlk / mmšt* (dem König gehörend / Ortsname). Judäisch, spätes 8. Jh.
Quelle: *J. M. LeMon*, Form 2010, 102.
Rechts: Aramäische Inschrift *lmr'* (dem Herrn gehörend). Aus En-Gedi, 6. Jh.
Quelle: *O. Keel / Ch. Uehlinger*, Göttinnen 1992, 447.

sea-Schrift eine geradezu leitmotivische Rolle spielt (Hos 5,13; 6,1; 7,1; 11,3; 14,5). Wenn JHWH nach Hos 14,5 sagt: »Ich heile ihre Abkehr, ich liebe sie aus freien Stücken«, dann findet sich an dieser Stelle zugleich das wichtige Stichwort »lieben«, das Mal 1,2f. mit Hosea verbindet. Die Aussage der letzten Maleachi-Strophe besteht also darin, dass die bei Hosea angekündigte Heilung Israels (so der Kollektivbegriff in Hos 14,2.6) darin besteht, dass die Gerechten (das lässt sich aus dem Plural in Hos 14,2–5 herauslesen) Heilung unter den Flügeln der Sonne der Gerechtigkeit finden. Das entspricht völlig dem Gesamtduktus der Maleachi-Dichtung, die mit JHWHs Liebe zu Jakob einsetzt (1,2–5) und diese darin ans Ziel kommen sieht, dass nach Reinigung und Gericht (2,17–3,5) und dem Ruf zur Umkehr (3,6–12) die Gewalttäter aus Israel ausgemerzt werden (3,13–21).

20b Bevor die Vernichtung der Gewalttäter in V 21 direkt zum Ausdruck kommt, bleibt V 20b zunächst noch bei den JHWH-Fürchtigen. Sie werden immer noch in direkter Kommunikation angeredet. JHWH kündigt ihnen als unmittelbare Folge des Aufgangs der Sonne der Gerechtigkeit an: »Und ihr kommt heraus und hüpft umher wie Mastkälber ...«. Beim »Herauskommen« ist wohl an nicht mehr gedacht als an das morgendliche Verlassen des Stalles (und nicht an einen Geburtsvorgang, wie *S. Schroer*, »Im Schatten« 1997, 307; *dies.*, Beobachtungen 2004, 306 meint; für den kann zwar auch das Allerweltswort יצא, *jṣ'*, »herauskommen« gebraucht werden, wobei aber jeweils der Kontext die allgemeine Bedeutung eindeutig macht, vgl. Gen 25,25f.; 38,28; Hi 1,21). Das seltene Verb פוש I *(pûš)* bezeichnet in Hab 1,8 galoppierende Reiter. In Jer 50,11 sind es wie hier Kälber, die umherspringen. Wie in Mal 3,20 steht auch da die Vergleichspartikel »wie«, und in beiden Fällen zielt der Vergleich auf die Freude, die durch das Hüpfen ausgedrückt wird (in Jer 50,11 die Freude beim Beutemachen). Zum Vergleich werden »Mastkälber« herangezogen, besonders edle Tiere, die nur aus besonderem Anlass verzehrt werden (1 Sam 28,24; Am 6,4). Dass die

Gottesfürchtigen mit ihnen verglichen werden, ist als Ausdruck ihrer Wertschätzung zu verstehen.

Der letzte Vers des Diskussionswortes setzt nun das Tun der Gottesfürchtigen mit dem Geschick der Gewalttätigen in Beziehung. Die JHWH-Fürchtigen bleiben weiter Subjekt des Satzes: »Ihr werdet auf den Gewalttätigen herumtreten.« Das Verb עסס (ʿss) ist ein *hapax legomenon*. Das von ihm abgeleitete Nomen עסיס (ʿasîs) bezeichnet das Ergebnis eines Vorganges des Zertretens, nämlich den Saft von Trauben, den Most (Jes 49,26; Joel 1,5; 4,18 u.ö.). Die beim Aufgehen der Sonne der Gerechtigkeit hervorspringenden Kälber werden auf den Gewalttätigen herumtreten. Allerdings ist damit nicht gemeint, dass »die YHWHfürchtigen die Frevler zertreten« sollen, was nach der »Ankündigung des die Frevler verbrennenden Tages von V. 19« ohnehin zu spät käme (so *M. Beck*, »Tag YHWHs« 2005, 284, der den vermeintlichen Widerspruch wiederum zum Ausgangspunkt für literarkritische Scheidung nimmt). Vielmehr hat das Vernichtungswerk an den Gewalttätern nach V 19 der brennende und versengende Tag selbst bereits so gründlich ausgeführt, dass die Gerechten »ihre Feinde nur noch als Asche vorfinden, die sie breittreten« (*Th. Lescow*, Maleachi 1993, 138).

Dies sagt der angeschlossene Begründungssatz: »denn Asche sind sie unter euren Fußsohlen.« אפר (ʾefær) kann den Staub der Erde (Jer 6,26; Jona 3,6; Klgl 3,16) oder die Asche von etwas Verbranntem (Num 19,9f.; Ez 28,18) bezeichnen. Letzteres liegt hier aufgrund der Verbrennungsbilder von V 19 näher. Dass die Vorstellung nicht die ist, dass die Kälber die Gewalttäter selbst zertreten, zeigt die Rede von »euren Fußsohlen«. Das sind eben nicht die Hufe der Rinder, für die das Hebräische ein eigenes Wort hat (פרסה, *parsah*); in Mi 4,13 wird dieses übrigens im Bild der die Feinde zertretenden Tochter Zion anders als hier tatsächlich für die Vernichtung selbst gebraucht. Wenn es an unserer Stelle dagegen von den Gewalttätern heißt, dass sie »Asche unter euren Fußsohlen« sind, wird damit einfach das Bild völliger Vernichtung hervorgerufen. Die »endgültig Verfehlten« werden »an jenem Tag endlich zu demjenigen …, was sie ihrem inneren Unwert nach längst darstellen: Asche und Staub« (*A. Meinhold* 394), auf die man beim Gehen tritt.

Man wird also nicht sagen können, dass in unserem Vers »die Ermächtigung der Machtlosen zur Ausführung des letzten Gerichts« zum Ausdruck gebracht würde (so *I. Willi-Plein* 279). Die Rede ist nicht vom »letzten Gericht«, das die Gerechten ausführen, sondern von »der geschenkten Teilhabe am endgültigen Sieg *Gottes* über die endgültig Verfehlten«; der Text enthält sich »durchaus vorstellbarer Rachegelüste« (*A. Meinhold* 394). Dennoch sind die Bilder des Verses von Gewalttätigkeit geprägt. Die Bilder der Gewalt setzen aber innerhalb der Maleachi-Dichtung voraus, dass zuvor von Reinigung und Gericht (2,17–3,5) und vom Ruf zur Umkehr (3,7) die Rede war; diese Gewalt gegen die Gewalttäter ist kein Ausbruch von Willkür, sondern die Konsequenz gegenüber denen, die sich der Reinigung, dem Gericht und der Umkehr verweigert haben. Maleachi als Abschluss des Zwölfprophetenbuches bringt damit nur zum Ausdruck, was auch andere Schriften festhalten: Eine friedliche und gesegnete Zukunft kann nur kommen, wenn »alle Sünder meines Volkes« getötet werden (Am 9,10) und wenn Gott die »stolzen Prahler aus deiner Mitte« entfernt hat (Zef 3,11).

21b All das soll, so sagen es die letzten Worte der ursprünglichen Maleachi-Dichtung in inkludierender Rückbindung an V 17a, geschehen »am Tag, den ich mache«. Der Ausdruck eröffnet eine doppelte Beziehung auf die Maleachi-Dichtung selbst und auf das Zwölfprophetenbuch als Ganzes. Innerhalb von Maleachi ist von einem besonders qualifizierten Tag erstmals in 3,2 die Rede. Es ist der Tag »seines Kommens«, wobei es der Text in der Schwebe lässt, ob es »mein Bote« oder »der Herr« ist, der da kommt; beide fließen, obwohl unterscheidbar, ineinander. Geschildert wird der Tag als Tag der Theophanie, wobei in die Schilderung Züge der Tag-JHWH-Darstellung von Joel 1–2 einfließen, ohne dass dieser Tag mit dem Tag JHWHs gleichgesetzt würde (siehe die Auslegung zu 3,1 f.). Am Tag von Mal 2,17–3,5 kommt es zur Reinigung der Kinder Levi und zur Herstellung des Rechts gegenüber den Menschen, die sich religiöser und sozialer Vergehen schuldig gemacht haben, die in den Worten zusammengefasst werden, dass sie JHWH keine Ehrfurcht erwiesen haben. Von der Vernichtung dieser Menschen ist in 3,5 nicht die Rede (siehe die Auslegung zu 3,5).

JHWHs Tag

Die Maleachi-Dichtung hat also eine zweistufige Vorstellung vom »Tag«: »Während der Tag seines Kommens in V 2a ein dem Kommen Gottes vorausliegender Tag der Läuterung und Reinigung durch JHWHs Boten ist, tritt in V 17–21 der ›Tag‹ in den Blick, an dem JHWH selbst an Gerechten und Frevlern handeln wird (V 17a.21b)« (*P.-G. Schwesig*, Rolle 2006, 263). Dass diese sinnvolle Abfolge eine Korrektur der »Interpretation des יום יהוה in V 2« durch einen »Fortschreiber« darstellen soll (ebd.), vermag ich nicht zu sehen. Die Abfolge von »Reinigung der Levisöhne (V 3)« und »Umkehr der Jakobssöhne (V 6 f.)« (ebd.) hin zur Scheidung zwischen Frevlern und Gerechten ist nicht der Hinzufügung neuer Sichtweisen verdankt, sondern stellt den Ablauf des endzeitlichen Heilsdramas dar.

Ist der Tag von 3,2 als »Tag seines Kommens« näher bestimmt, so spricht 3,17 wie seine Aufnahme an unserer Stelle von dem »Tag, den ich mache«. Wieder wird der Ausdruck »Tag JHWHs« nicht gebraucht, der somit in der ursprünglichen Maleachi-Schrift nicht vorkommt. Dennoch werden Leserinnen und Leser der Dichtung wie ihr Verfasser selbst, die das Zwölf-Propheten-Buch (in einer Vorform, die vielleicht noch nicht zwölf Schriften umfasst hat) kennen, an die Tag-JHWH-Stellen in diesem Buch denken müssen. Dabei macht bereits die Joel-Schrift, die (sicher nicht entstehungsgeschichtlich, aber in der Leseabfolge) den Anfang bildet, deutlich, dass der Tag JHWHs ambivalent ist. Er ist »ein Tag der Finsternis und des Dunkels«

(Joel 2,2; vgl. 1,15), der aber durch die Umkehr zu dem »gnädigen und barmherzigen Gott« (Joel 2,13) zum Tag des Gerichts für die Völker und des Heils für Israel werden kann. Die folgenden Schriften nehmen Aspekte dieser Ambivalenz auf. Am 5,18–20 spricht davon, dass der Tag JHWHs nicht, wie erwartet, Licht, sondern Finsternis ist. Für Obadja ist er »der Tag JHWHs über alle Völker« zur Rettung für Zion (Ob 13.15). Zef 1 stellt wieder den Aspekt des Unheils heraus, benennt aber konkrete gesellschaftliche Gruppen, die es betrifft: die Priester (V 4) und den Hofstaat (V 8), die neureichen Händler (V 11) und die altreichen Gutsbesitzer (V 13) (zur Komposition der Tag-JHWH-Stellen in der Endgestalt des Zwölfprophetenbuches vgl. *P.-G. Schwesig*, Stimmen 2006).

Die impliziten Leser der Maleachi-Schrift haben diese Stellen – und vielleicht auch die Tag-JHWH-Abschnitte in Jes 2,6–22 und Jes 13 – vor (zumindest ihren geistigen) Augen, wenn sie den Schluss der Dichtung lesen. Sie stellen fest, dass der »Tag, den ich mache«, in Mal 3,17–21 einen »Doppelcharakter als Unheils- und als Heilstag« hat (*P.-G. Schwesig*, Rolle 2006, 254). Aber diese Alternative, »Finsternis« oder »Licht« (Am 5,18.20), die wahrscheinlich entstehungsgeschichtlich am Anfang der Tag-JHWH-Texte steht, ist aufs Ganze gesehen zu einfach. Das zeigen bereits die Maleachi vorausgehenden Schriften des Zwölf-Propheten-Buches. Schon Joel 3,5 spricht davon, dass es Rettung geben kann für »jeden, der den Namen JHWHs anruft«. »Hier scheint die Unterscheidung zwischen Israel und seinen Feinden aufgehoben zu sein, indem von ›allem Fleisch‹ alle die gerettet werden, die auf dem Zion den Namen des HERRN anrufen« (*R. Rendtorff*, Theologie 2 2001, 270). Nun macht Maleachi das Verhältnis Israels zu den Völkern nicht zum Thema (bei durchaus positiver Sicht der Völker, vgl. 1,11). Aber er spricht von den Gerechten in Israel und nennt sie solche, die mit JHWHs Namen »rechnen« (Mal 3,16) und ihm »Ehrfurcht erweisen« (V 20). Der Anklang an Joel 3,5, dass es Rettung für jeden gibt, »der den Namen JHWHs anruft«, ist deutlich.

Im Übrigen weist das Stichwort »gerettet werden« (מלט nif, *mlṭ*) aus Joel 3,5 darauf hin, dass die JHWH-Fürchtigen von Mal 3,13–21 in ihrer anfänglichen Einlassung meinten, dass die, »die Gott herausfordern, davonkommen«, im Hebräischen dasselbe »gerettet werden« (מלט nif, *mlṭ*) (V 15). Mit Joel 3,5 im Sinn stellt sich der Zusammenhang her: Am »Tag, den ich mache«, »werden gerettet« nicht die, »die Gott herausfordern«, sondern die, »die seinem Namen Ehrfurcht erweisen«.

Dass die Alternative von Unheil und Heil zu kurz greift, ergibt sich vor allem dann, wenn das Kommen des Tages JHWHs mit scharfer Kritik an den religiös, politisch und wirtschaftlich Dominierenden ursächlich verbunden wird, wie es in Zef 1 der Fall ist. Dann stellt sich nämlich die Frage, was »am Tag des Zorns« mit den »Erniedrigten im Lande« geschehen soll; Zef 2,1–3 antwortet darauf, dass es für sie »vielleicht« die Möglichkeit gibt, »geborgen« zu werden »am Tag des Zornes JHWHs«. Diese Linie greift Maleachi auf und macht aus dem Vielleicht die Gewissheit, dass es so sein wird. In 3,5 apostrophiert er die Sozialkritik der Propheten vor ihm, indem er auf die Unterdrückung von Tagelöhnern, Witwen, Waisen und Fremden verweist. Denen, die das tun, wird das Gericht angekündigt. Erfolgt keine Umkehr (3,7), dann wird der »Tag, den ich mache«, die endgültige Scheidung bringen.

Man kann nur raten, warum die ursprüngliche Maleachi-Dichtung den Terminus »Tag JHWHs« vermeidet, was auch gilt, wenn man »die Wendung היום אשר אני עשה« (hier wiedergegeben mit »der Tag, den ich mache«) als »eine sachgerechte Paraphrase der traditionsreichen Wendung יום יהוה« (»Tag JHWHs«) ansieht (so *P.-G. Schwesig*, Rolle 2006, 268). Am wahrscheinlichsten scheint mir, dass Maleachi die Gefahr der Verengung sah, bei der die Vorstellung vom Tag JHWHs einseitig mit Unheil für die Völker oder Unheil für Israel verbunden war. Die differenzierte Sicht der Maleachi-Schrift, die die Frage nach dem Geschick der Völker ganz ausblendet, dafür in Israel scharf »zwischen denen, die Gott dienen, und denen, die Gott nicht dienen« (V 18), unterscheidet und dann auch scheidet, sollte offenbar durch zu enge Assoziationen an herkömmliche Tag-JHWH-Konzepte nicht verdeckt werden.

A. Meinhold 350f. referiert die Bezüge von Mal 3,13–21 zum Schluss des Jesaja-Buches in Kap. 65 f. (siehe gleich unter »Bedeutung«) und hält als gravierenden Unterschied fest, dass »Mal 3,13–21 vollständig auf Volksbegrifflichkeit und -vorstellungen verzichtet«. Er fährt fort: »Der Verzicht auf Begrifflichkeit und Vorstellung von ›Volk/Völkern‹ fällt besonders anhand der Tag(-JHWHs)-Thematik in Mal 3 auf …«. Vielleicht muss man Meinholds Argumentation variieren: Wegen des »Verzichts auf Begrifflichkeit und Vorstellung von ›Volk/Völkern‹« verzichtet Maleachi auch auf den Terminus »Tag JHWHs«, um eben solche nahe liegenden Assoziationen zu vermeiden.

Dass es der Sache nach bei dem »Tag, den ich mache« (Mal 3,17.21), gleichwohl um den »Tag JHWHs« geht, erkennt klar der sekundäre Maleachi-Schluss in 3,23, der den Terminus am Ende der Schrift dann doch noch nennt.

Das letzte Wort der ursprünglichen Dichtung ist die Gottesspruchformel »sagt JHWH der Heere«. Nach der Überschrift in 1,1 ist die ganze Maleachi-Schrift »Der Ausspruch des Wortes JHWHs an Israel durch Maleachi«. Maleachi, der Bote, hat selten selbst das Wort ergriffen. In jedem der sechs Diskussionsworte hat er ein- bis zweimal »Israel« das Wort erteilt, meist nur knapp. Zu allermeist hat er JHWH zu Wort kommen lassen. Zahllose Formeln haben das immer wieder festgehalten, am häufigsten die Formel »sagt JHWH der Heere«. Als letztes Wort bindet sie die ganze Dichtung zusammen.

Maleachi 3,13–21

Bedeutung

a) Die VI. Strophe als Ziel und Abschluss der Maleachi-Dichtung. Mal 3,13–21 ist nach der von mir vertretenen Auffassung keine »spätere (thematische) Fortschreibung« (*A. Meinhold* XV. 345), kein »Nachtrag zur ursprünglichen Reihe der Diskussionsworte I–V (1,2–3,12)« (*A. Meinhold* 349). Vielmehr ist es das Ziel der ganzen Dichtung. Diese handelt, wie die Überschrift sagt, von »Israel«. Gottes unverbrüchliche Liebe zu Israel bekundet das I. Diskussionswort und legt damit die Basis für die ganze Dichtung. Von Störungen im Verhältnis Israels zu JHWH handeln die II.-V. Strophe, wobei ab der IV. Strophe der Blick in die Zukunft geht. Die letzte Strophe verknüpft das Israel-Thema und die Zukunftsperspektive, indem sie von dem »Tag, den ich mache«, spricht, an dem die Gewalttäter vernichtet und die Gerechten übrig bleiben werden. Zwar findet sich die »Differenzierung von Gerechten und Frevlern« erst in Mal 3,13–21 (so zu Recht *K. Koenen,* Heil 61). Sie darf aber nicht gegen die Israel-Perspektive der I.-V. Strophe ausgespielt werden, denn durch die Vernichtung der Frevler bleibt eben das Israel übrig, dem JHWHs unverbrüchliche Liebe gilt. Was zuvor über die Priesterschaft (1,6–2,9), über die, die »die Tochter eines fremden Gottes geheiratet« und die »Frau deiner Jugend betrogen« haben (2,10–16), über die Kinder Levis und die, die vor JHWH »keine Ehrfurcht haben« (2,17–3,5), sowie über die Jakobskinder, die JHWH »am Zehnten und an der Abgabe beraubt« haben (3,6–12), gesagt wurde – gesagt in Kritik und Mahnung, in Gerichtsankündigung und Umkehrruf –, kommt jetzt zum Abschluss. All die in den vorangehenden Strophen Genannten haben dann eine Zukunft, wenn sie »JHWH Ehrfurcht erweisen«. Der kommende Tag wird den Unterschied »zwischen denen, die Gott dienen, und denen, die Gott nicht dienen«, sichtbar machen. Die Gerechten werden JHWH »als Eigentum gehören«, die Gewalttätigen werden »versengt« werden. Gerade in der Herstellung dieses Zustands zeigt sich JHWHs Liebe zu Jakob.

b) Mal 3,13–21 im Kontext prophetischer Zukunftsperspektiven. Die Verschriftung und Sammlung prophetischer Worte in Büchern, die unter dem Namen eines Propheten stehen, drängt dahin, ein umfassendes Bild von der Zukunft zu geben, das über die Einzelworte mit ihren partikularen Zukunftsperspektiven hinausgeht. Dabei bilden sich zwei Grundvorstellungen heraus. Nach der einen, vertreten vor allem von Hos 14,2–9 und Mi 7,8–20, stehen am Ende Umkehr, Vergebung und Heil für ganz Israel. Nach einem anderen Konzept kann das Heil nur kommen, wenn zuvor eine Scheidung stattgefunden hat. Auf Am 9,10 und Zef 3,11 ist oben schon hingewiesen worden. Auch der weisheitliche Schlusssatz zur Hosea-Schrift spricht von den Rechtschaffenen, die auf JHWHs Wegen gehen, und den Frevlern, die auf ihnen zu Fall kommen. Außerhalb des Zwölfprophetenbuches ist es vor allem der Schluss von Jesaja, der den Gedanken einer Scheidung von Gerechten und Frevlern entfaltet (Jes 65,1–16). Maleachi als von vornherein schriftlich verfasste prophetische Dichtung stellt sich in diese Linie und zieht sie aus. Anders als das Ende von Jesaja, auch anders als das große Zukunftsbild von Sach 12–14 nimmt Maleachi aber die Frage des Geschicks der Völker nicht in sein Bild auf.

c) Von der Hoffnung für Israel zum »neuen Bund im Land Damaskus«. Die prophetische Hoffnung auf eine Reinigung Israels durch Ausscheiden der Frevler hat sich in der Zeit des zweiten Tempels nicht erfüllt. In hellenistischer Zeit führt das dazu, dass sich bestimmte Gruppen vom Tempel absondern und eine eigene Gemeinschaft bilden. Sie verstehen sich als diejenigen, die nach Mal 1,10 im Tempel »die Tür schließen« (siehe dazu oben zur Stelle) und eine davon abgesonderte Gemeinde, den »neuen Bund im Land Damaskus«, bilden (CD-A VI 19; VIII 21; CD-B XIX 33f.; XX 12; *García Martínez / Tigchelaar* 558f.562f.576–579). So schildert es die zur Gemeinschaft von Qumran gehörende Damaskusschrift. Neben Mal 1,10, das die Notwendigkeit der Trennung begründet, nimmt sie in wörtlichen Zitaten auch Mal 3,16.18 auf und deutet es auf die eigene Zeit. Es ist die Zeit, in der »der Zorn Gottes gegen Israel entbrennt«. Neben den Verlorenen stehen dann die, »die umgekehrt sind von der Sünde Jakobs« und »den Bund Gottes bewahrt« haben. Nun fährt der Text unter wörtlicher Aufnahme von Mal 3,16.18 fort, wobei er allerdings alles futurisch auffasst (wörtliche Zitate kursiv): »*Dann reden sie unter sich, alle miteinander,* damit ein jeder seinen Bruder gerecht mache, um ihre Schritte auf dem Weg Gottes zu halten. *Und Gott wird aufmerken* auf ihre Worte *und hören, und ein Buch wird vor ihm geschrieben zum Gedächtnis derer, die JHWH Ehrfurcht erweisen und mit seinem Namen rechnen,* bis dass Heil und Gerechtigkeit offenbar wird für die, die Gott fürchten. *Dann seht ihr wieder den Unterschied zwischen Gerechten und Gewalttätigen, zwischen denen, die Gott dienen, und denen, die Gott nicht dienen*« (CD-B XIX 15–21; *García Martínez / Tigchelaar* 578f.). Maleachis Hoffnung wird aktualisiert, zugleich aber von der Hoffnung für ganz Israel zur Hoffnung für die eigene Gemeinschaft, die mit den Gottesfürchtigen und Gerechten des Maleachi-Textes identifiziert wird.

d) Die theologische Bedeutung der Vorstellung vom Endgericht. In einer Welt, die von brutaler ökonomischer, politischer und militärischer Gewalt geprägt ist, sehen die Kirchen, einzelne kirchliche Gruppen und viele Christenmenschen ihre vorrangige Aufgabe darin, für Versöhnung und die Überwindung von Gewalt einzutreten. Angesichts dessen verstören gewalttätige Bilder wie die der letzten Maleachi-Strophe, die vom Brennen und Versengen der Gewalttäter und vom Herumtreten auf den Ascheresten sprechen. Dennoch sind sie notwendig als Erinnerung daran, dass es ein Zu-Spät geben kann. »Es ist nicht gleichgültig, was getan wird; es gibt einen Unterschied, der beachtet sein will« (*K. Wengst,* Aufgehen 2005, 26). Den Gedanken, dass es am Ende zu einer Scheidung kommt, greift das Neue Testament im Gleichnis vom großen Weltgericht auf, bei dem »die Schafe von den Böcken« geschieden werden (Mt 25, 31–46). Besonders eindrücklich ist die Beispielerzählung vom armen Lazarus und dem reichen Mann (Lk 16, 19–31). Als der Reiche nach seinem Tod am Ort der Qual ist, bittet er Abraham, den ebenfalls schon gestorbenen Lazarus zu seinen Brüdern zu schicken, um sie zu warnen. Abraham aber sagt: »Sie haben Mose und die Propheten, auf die sollen sie hören« (V 30). Maleachi ist so ein Prophet. Hätten die Gewalttäter auf alles gehört, was in den voranstehenden Strophen der Dichtung an Kritik, Mahnung und Umkehrruf gesagt wurde, wäre ihnen ihr Geschick der Vernichtung erspart geblieben. So aber ist es zu spät. Die Diskussion der letzten Maleachi-Strophe wurde von der Frage ausgelöst, ob nicht am Ende die, die Gewalt tun, Bestand haben. Im Namen aller Opfer von Gewalt – der Millionen, die jährlich verhungern, der Gefolterten in den Gefängnissen, der im Krieg vergewaltigten Frauen – sagt unser Text: Nein, die Täter kommen nicht davon. Bei allem nötigen Einsatz für Versöhnung und die Überwindung von Gewalt darf dieser Ernst nicht verloren gehen. Er ist theologisch notwendig.

Maleachi 3, 22–24

Rainer Albertz, Elia. Ein feuriger Kämpfer für Gott (BG 13), Leipzig 2006. – *Elie Assis*, Moses, Elijah and the Messianic Hope. A New Reading of Malachi 3, 22–24, in: ZAW 123 (2011) 207–220. – *Joseph Blenkinsopp*, Prophecy and Canon. A Contribution to the Study of Jewish Origins (SJCA 3), Notre Dame / London 1977. – *Klara Butting* Prophetinnen gefragt. Die Bedeutung der Prophetinnen im Kanon aus Tora und Prophetie, Knesebeck 2001. – *Cecilia Carniti*, L'espressione »Il giorno di Jhwh«: origine ed evoluzione semantica, in: BeO 12 (1970) 11–25. – *Stephen B. Chapman*, The Law and the Prophets. A Study in Old Testament Canon Formation (FAT 27), Tübingen 2000. – *Frank Crüsemann*, Elia – die Entdeckung der Einheit Gottes. Eine Lektüre der Erzählungen über Elia und seine Zeit (1 Kön 17 – 2 Kön 2) (KT 154), Gütersloh 1997. – *Jürgen Ebach*, Die Elia-Erfahrung, in: JK 66, Heft 4 (2005) 48–50. – *Michaela Geiger*, Gottesräume. Die literarische und theologische Konzeption von Raum im Deuteronomium (BWANT 183), Stuttgart 2010.– *Innocent Himbaza*, La finale de Malachie sur Elie (Ml 3, 23–24). Son influence sur le livre de Malachie et son impact sur la littérature postérieure, in: ders. / A. Schenker (Hg.), Un carrefour dans l'histoire de la Bible. Du texte à la théologie au IIe siècle avant J.-C. (OBO 233), Fribourg / Göttingen 2007, 21–44. – *S. A. Horodezky*, Art. Elijahu. Im nachtalmudischen Judentum, in: EJ(D) 6, Berlin 1930, 494f. – *Jörg Jeremias*, Die Propheten Joel, Obadja, Jona, Micha (ATD 24, 3), Göttingen 2007. – *Ulrich Kellermann*, Wer kann Sünden vergeben außer Elia?, in: P. Mommer u.a. (Hg.), Gottes Recht als Lebensraum, FS H. J. Boecker, Neukirchen-Vluyn 1993, 165–177. – *Hans-Peter Mathys*, Anmerkungen zu Mal 3, 22–24, in: ders., Vom Anfang und vom Ende. Fünf alttestamentliche Studien (BEATAJ 47), Frankfurt am Main u.a. 2000, 30–40. – *Arndt Meinhold*, Mose und Elia am Gottesberg und am Ende des Prophetenkanons, in: leqach 2 (2002) 22–38. – *Claudia Mendoza*, Malaquías: El profeta de la honra de Dios, in: RIBLA 35/36 (2000) 225–242. – *Anna Karena Müller*, Gottes Zukunft. Die Möglichkeit der Rettung am Tag JHWHs nach dem Joelbuch (WMANT 119), Neukirchen-Vluyn 2008. – *Caryn A. Reeder*, Malachi 3:24 and the Eschatological Restoration of the »Family«, in: CBQ 69 (2007) 695–709. – *Rolf Rendtorff*, Alas for the Day! The ›Day of the LORD‹ in the Book of the Twelve, in: ders., Der Text in seiner Endgestalt. Schritte auf dem Weg zu einer Theologie des Alten Testaments, Neukirchen-Vluyn 2001, 253–264; – ders., How to Read the Book of the Twelve as a Theological Unity, in: ders., Der Text in seiner Endgestalt. Schritte auf dem Weg zu einer Theologie des Alten Testaments, Neukirchen-Vluyn 2001, 139–151; – ders., Der »Tag Jhwhs« im Zwölfprophetenbuch, in: E. Zenger (Hg.), »Wort JHWHs, das geschah ...« (Hos 1,1). Studien zum Zwölfprophetenbuch (HBS 35), Freiburg u.a. 2002, 1–11. – *Alexander Rofé-Roifer*, Gli albori delle sette nel Giudaismo postesilico (Notizie inedite dai Settanta, Trito-Isaia, Siracide e Malachia), in: B. Chiesa (Hg.), Correnti culturali e movimenti religiosi del giudaismo: Atti del V Congresso Internazionale dell'AISG. S. Miniato, 12–15 nov 1984, Rom 1987, 25–35. – *Willy Schottroff*, »Gedenken« im Alten Orient und im Alten Testament. Die Wurzel zākar im semitischen Sprachkreis (WMANT 15), Neukirchen-Vluyn ²1967. – *Paul-Gerhard Schwesig*, Sieben Stimmen und ein Chor. Die Tag-*Jhwhs*-Dichtungen im Zwölfprophetenbuch, in: R. Lux / E.-J. Waschke (Hg.), Die unwiderstehliche Wahrheit. Studien zur alttestamentlichen Prophetie, FS A. Meinhold (ABG 23), Leipzig 2006,

Maleachi 3,22–24

229–240. – *Ludger Schwienhorst-Schönberger*, Kohelet (HThKAT), Freiburg u. a. 2004.– *Angela Standhartinger*, Jesus, Elija und Mose auf dem Berg. Traditionsgeschichtliche Überlegungen zur Verklärungsgeschichte (Mk 9,2–8), in: BZ NF 47 (2003) 66–85.

Text

Übersetzung 22 *Gedenkt der Tora des Mose, meines Getreuen! Sie habe ich ihm geboten am Horeb für ganz Israel, Bestimmungen und Rechtssätze.*
23 *Seht her, ich schicke euch Elija, den Propheten, bevor der Tag JHWHs kommt, groß und Achtung gebietend.*
24 *Er wird das Herz der Eltern wieder den Kindern und das Herz der Kinder wieder den Eltern zuwenden, damit ich nicht kommen muss und das Land mit Vernichtung schlage.*

Zu Text und Übersetzung
Der Text der letzten drei Verse der Maleachi-Schrift bietet an sich keine Probleme. Zu erwähnen ist nur die Auffälligkeit, dass die griechische Übersetzung V 22 an den Schluss stellt. Aus zwei Gründen verweist das allerdings nicht auf einen älteren und ursprünglicheren Text. Erstens haben die Qumranfragmente aus der 4. Höhle (4QXII^a, vgl. DJD XV, 221–232) sowie die lateinische Vulgata, die syrische Peschitta und das Targum dieselbe Abfolge wie M. Zum andern weicht G auch sonst stark von M ab (»und siehe« statt »siehe«; »Elia den Thesbiter« statt »den Propheten«; der Tag ist »leuchtend« statt »Achtung gebietend«; zu »das Herz des Vaters für den Sohn« tritt »das Herz des Menschen für seinen Nächsten« hinzu; und die Erde wird »völlig« statt »mit Vernichtung« geschlagen), wobei auch hier keine der Abweichungen Ursprünglichkeit beanspruchen kann. Möglicherweise hat G den Text umgestellt, um »Bann, Vernichtung« als letztes Wort des Prophetenkanons zu vermeiden (A. Meinhold 402).

Analyse

Zwei Anhänge
Mit 3,22–24 ist die Ebene der Diskussionsworte verlassen. Redendes Subjekt ist Gott (»Mose, mein Getreuer«, »ich habe geboten«, »ich schicke«, »damit ich nicht kommen muss und schlage«). Angeredet ist eine Größe in der 2. Person Plural (»gedenkt!«, »ich schicke euch«). Das setzt formal die Gottesrede an die JHWH-Fürchtigen in 3,18–21 fort und könnte insofern deren Fortsetzung sein. In der Tat setzen die Schlussverse das zuvor Gesagte notwendig voraus. Strukturell greifen sie auf, was die zweite Hälfte der

Maleachi-Dichtung dominiert, nämlich der Blick in die Zukunft. Dabei werden alle drei Elemente aus der IV.–VI. Strophe aufgegriffen, die Zukunft eröffnen: der Imperativ (3,22, vgl. 3,7), הנה *(hinneh)* + Partizip aktiv, das so genannte *futurum instans* zur Bezeichnung einer unmittelbar bevorstehenden Handlung (3,23, vgl. 3,1.19), sowie das *perfectum consecutivum* (3,24, vgl. 3,3–5.10–12.17–21).

Andrerseits stehen die Schlussverse selbst nicht mehr im Diskussionsstil und weiten auf bisher nicht gekannte Weise den Horizont, indem sie Mose und die ihm gebotene Tora sowie den Propheten Elija einspielen. Dies spricht dafür, sie formal als »Anhang« zu bewerten.

Damit ist allerdings noch nicht über die Verfasserfrage entschieden. Denn auch eine »more or less independent addition« könnte vom Verfasser der übrigen Prophetenschrift stammen (so *P. A. Verhoef* 337 f.). Wenn man, wie in diesem Kommentar vorgeschlagen, Maleachi als späte, einen weiten literarischen Horizont voraussetzende, teilweise andere Texte übernehmende und sprachlich vielfältige Schrift versteht, wird man »discontinuity ... in message, theme, and tone« und die »Deuteronomic diction« – die sich ohnehin auf V 22 beschränkt – nicht als ausreichend ansehen können, den Anhang dem Verfasser der Gesamtschrift abzusprechen (gegen *A. E. Hill* 364, der dies als Hauptargumente anführt). Allerdings ist es gerade die von mir angenommene Geschlossenheit der Maleachi-Schrift von 1,1–3,21, die mich in den Mehrheitschor einstimmen und 3,22–24 als Anhang ansehen lässt, der der Schrift sekundär zugefügt wurde (so schon *C. C. Torrey*, Prophecy 1898, 7). Denn die ursprüngliche Maleachi-Schrift ist zwar voll der Anspielungen auf Tora und Propheten, die bis zu wörtlichen Übernahmen gehen. Aber sie bezieht sich nicht direkt auf solche Gestalten wie Mose und Elija. Dagegen kann auch nicht auf die Erwähnung von Jakob und Esau in 1,2–5 und von Levi in 2,4–8 und 3,3 verwiesen werden. Denn die erscheinen nur als Eponymen für das gegenwärtige Israel und Edom bzw. die gegenwärtige Priesterschaft. Mose und Elija dagegen werden hier als die historischen Gestalten aus dem Pentateuch bzw. den Königebüchern angeführt.

Während also die Maleachi-Schrift Tora und Prophetie voraussetzt – sowohl seitens des Autors, der diese Texte kennt und benutzt, als auch seitens der impliziten Leserinnen und Leser, deren Textkenntnis unterstellt wird –, stellt der Anhang den ausdrücklichen Bezug zu Tora und Prophetie als Textkorpora her. Eine Form von Intertextualität, deren Bezugstexte einem kollektiven kulturellen Wissen angehören, wird zu einer Intertextualität ausgeweitet, deren Bezugstexte expliziert werden.

Die »kanonische« Funktion von 3,22–24

Dieser explizite Bezug lässt vermuten, dass der Anhang der Maleachi-Schrift eine bestimmte Stelle im werdenden Kanon zuweisen will (oder diese bereits vorfindet). Die ursprüngliche Maleachi-Dichtung setzt eine solche Stelle nicht voraus. Sie kann für sich gelesen werden. Erst der Anhang weist ihr eine feste Stelle am Ende des zweifach gegliederten Kanons von Tora und

Prophetie zu. Insofern hat er eine wichtige Funktion im »kanonischen Prozess«, dem Vorgang der Kanonwerdung, der seinen Niederschlag in den Schriften selbst findet (im Unterschied zur Kanonisierung, die von einer Gemeinschaft vorgenommen wird, die diese Schriften als kanonisch ansieht; dazu grundlegend *B. S. Childs*, Introduction 1979, 57–60).

Die Zweigliedrigkeit des Anhangs

Allerdings fällt auf, dass der Bezug auf Tora und Prophetie auf sehr unterschiedliche Weise hergestellt wird. V 22 nennt den Text ausdrücklich, zu dem er die Verbindung herstellt: die »Tora des Mose«. Er hat zum Maleachi-Korpus nur schwache semantische und sachliche Bezüge. Das ist bei V 23 f. völlig anders. Hier wird wörtlich auf Voranstehendes zurückgegriffen (3,1.19, siehe dazu die Auslegung). Dagegen besteht der Bezug auf den Prophetenkanon nur in der Nennung einer herausragenden Gestalt – Elijas –, die zu Beginn des Kanons aus vorderen und hinteren Propheten eine wichtige Rolle spielt.

Diese Beobachtungen lassen vermuten, dass wir es mit einem zweigliedrigen Anhang zu tun haben, der sukzessive entstanden ist (*M. Beck*, »Tag YHWHs« 2005, 298). Er ist darin formal dem doppelten Anhang an den Kohelet-Traktat in Koh 12,9–11 und 12,12–14 vergleichbar (dazu *L. Schwienhorst-Schönberger*, Kohelet 2004, 544 f.). Auch inhaltlich hat er mit ihm eine Gemeinsamkeit, indem nämlich die beiden Anhänge jeweils einen engeren und einen weiteren Horizont haben. Koh 12,9–11 bezieht sich auf die Kohelet-Schrift und deren Autor, 12,12–14 nimmt die zeitgenössische Buchproduktion insgesamt in den Blick. Beim Maleachi-Anhang hat der zuerst stehende Text (3,22) den weiteren Horizont; er verweist auf die Tora zurück. Der zweite (3,23 f.) beschränkt sich dagegen zwar nicht, wie gelegentlich vertreten (z.B. *B. S. Childs*, Introduction 1979, 495; *St. B. Chapman*, Law 2000, 144), nur auf Maleachi, aber auf den Prophetenkanon. Das lässt – neben weiteren sprachlichen Kriterien – vermuten, dass die Anhänge sukzessive angefügt worden sind. Dabei dürfte als erstes der Verweis auf Elija angefügt worden sein, der deutliche Bezüge zur Maleachi-Dichtung selbst sowie den engeren Horizont des Prophetenkanons aufweist. In einem zweiten Schritt kam dann die Mose-Tora hinzu, mit dem Maleachi-Text nur schwach verbunden, im Horizont aber die beiden ersten Kanonteile verknüpfend (zu dieser Abfolge der Anhänge vgl. *R. Albertz*, Elia 2006, 166 f.; *J. Wöhrle*, Abschluss 2008, 421–427; die umgekehrte Abfolge vertreten etwa *H.-P. Mathys*, Anmerkungen 2000, 39 f.; *P.-G. Schwesig*, Rolle 2006, 269–280). Dass der Verweis auf die Mose-Tora vor der Ankündigung Elijas kommt – anders in der Septuaginta (siehe die Bemerkungen zum Text) –, hängt mit der zeitlichen Abfolge zusammen: Der Mose-Tora ist von jetzt an zu gedenken, während Elija erst in einer wie auch immer nah oder fern gedachten Zukunft kommen wird.

Sprache

Auch wenn das Druckbild in BHS und BHQ anderes suggeriert, ist der Anhang in der für Maleachi typischen gehobenen Prosa gehalten. V 22 kann sogar als reine Prosa angesehen werden (weshalb BHS und BHQ hier auch einen abweichenden Zeilenfall bieten). Nur in V 24a entsteht mit dem Chiasmus »Er wird wieder zuwenden das Herz der Eltern den Kindern und das Herz der Kinder den Eltern« ein poetischer Klang.

Auslegung

22 Der erste, jüngere Satz des Anhangs verweist auf die »Tora des Mose, meines Getreuen«. Angeredet sind die, die »meinem Namen Ehrfurcht erweisen« (V 20). Sie sollen, bevor Elija, der Bote (3,23 mit 3,1), kommt – der wiederum ein Vor-Bote des »Tages JHWHs« ist (3,23) –, der Tora des Mose gedenken. Es geht also um die Zeit von der Gegenwart bis zum Eintreten der Endereignisse. »Gedenken« ist dabei im Hebräischen mehr als ein bloß äußerliches Sich-Erinnern. Es meint ein Beherzigen, das Konsequenzen im Tun hat: »die Verpflichtung erkennen, um so zum Befolgen des Gebots zu kommen« (*W. Schottroff*, »Gedenken« ²1967, 156f.). Deshalb kann es in den Dekalog-Formulierungen des Sabbat-Gebots mit »beachten« gleichgesetzt werden (»gedenken« Ex 20,8, »beachten« Dtn 5,12). Möglicherweise ist es in Mal 3,22 gewählt, weil die Wurzel זכר *(zkr)* schon in 3,16 erscheint, und zwar im Zusammenhang des Buches, das vor Gott »zum Gedächtnis (זכרון, *zikkarôn*) derer, die JHWH Ehrfurcht erweisen und mit seinem Namen rechnen«, geschrieben wird. »Gedenken« ist ein reziproker Vorgang. So wie JHWH der Gottesfürchtigen gedenkt, sollen sie der Tora des Mose gedenken.

Die Vorstellung von der »Tora des Mose« ist im Deuteronomium grundgelegt. In ihm wird »Tora« zum Begriff, der die Willenskundgebung Gottes in einem Wort zusammenfasst (Dtn 1,5; 4,8.44 u.ö.). Dabei ist bei »Tora« nicht mehr an einen einzelnen Bescheid bzw. an die allgemeine »Unterweisung auf dem Lebensweg« (*A. Renker*, Tora 1979, 121) durch die Priester gedacht, wie noch in Mal 2,6–9. Im Maleachi-Schluss ist unter Tora die umfassende und schriftlich fixierte Wegweisung für Israel verstanden, deren Mittler und Schreiber Mose ist (Dtn 31,9). Deshalb kann an Stellen, die auf das Deuteronomium zurückblicken, die Tora eben direkt mit Mose in Verbindung gebracht und als »Tora des Mose« bezeichnet werden, sowohl in den vorderen Propheten (Jos 8,31f.; 23,6; 1 Kön 2,3; 2 Kön 14,6; 23,25) als auch in den späteren Schriften (Dan 9,11.13; Esr 3,2; 7,6; Neh 8,1; 2 Chr 23,18; 30,16).

Als dem Mittler und Schreiber der Tora kommt Mose eine außerordentliche Rolle zu. Das wird in unserem Maleachi-Vers dadurch unterstrichen, dass Mose als JHWHs »Getreuer« bezeichnet wird. Das Wort עבד *(æbæd)*, von Luther mit »Knecht« wiedergegeben, kann vom Sklaven bis zum königlichen Minister einen Menschen bezeichnen, der von einem Höheren abhängig ist. Im religiösen Gebrauch kann es zum Ehrentitel werden, der in der Hebräischen Bibel wenigen Gestalten vorbehalten ist. Dass Mose dazugehört, ist nicht verwunderlich (Ex 14, 31; Num 12, 7 f.; Dtn 34, 5 u. ö.).

Mose ist nicht der Autor, sondern der Mittler der Tora. Deshalb heißt es in Mal 3, 22 von der Tora, JHWH habe sie »ihm geboten«. Dass JHWH das Subjekt des »Gebietens« (צוה pi, ṣiwwah) ist, kann auch das Deuteronomium sagen, allerdings nur gelegentlich (4, 5; 28, 69; 34, 9). Viel häufiger ist Mose derjenige, der Israel »gebietet« (Dtn 4, 2.40; 6, 2 u. ö.). Aber natürlich ist das kein Gegensatz, sondern entspricht genau der Rolle Moses als Mittler.

Als Ort der Gebotsmitteilung an Mose nennt der Vers den Horeb. Das verweist unmissverständlich auf das Deuteronomium. Denn in ihm wird der Berg der Offenbarung nie Sinai, wie von Ex 19 an, sondern ausschließlich Horeb genannt (Dtn 1, 2.6.19 u. ö.). Das ist mehr als eine Frage unterschiedlicher geographischer Benennungen. Vielmehr hängt daran eine ganze Raumkonzeption (dazu *M. Geiger*, Gottesräume 2010, zum Konzept »Horeb« bes. 215–223). »Für die Raumkonzeption des Dtn ist ... entscheidend, dass der Horeb als Ausgangspunkt des Weges Israels genannt wird«. Allerdings ist dies nicht einfach ein Ort der Vergangenheit. »Durch seine dtn Reden und Erzählungen bringt Mose Israel in seiner Eigenschaft als Mittler zurück an den Horeb ...«. Das wiederum bedeutet, dass alle, die das Deuteronomium lesen, zusammen mit den dort von Mose Angeredeten am Horeb stehen. »Während der Sinai als identitätsstiftender Ort der Vergangenheit gilt, betont die Rede vom Horeb gerade die Aktualität des Ortes« (Zitate ebd. 216.222). Wenn also der Maleachi-Schluss in 3, 22 die Gottesfürchtigen zum Gedenken der Mose-Tora vom Horeb auffordert, führt er sie zurück an den Ort der Gesetzesgabe und vergegenwärtigt diesen zugleich.

Für das Deuteronomium ist der Horeb kein in der Landschaft auffindbarer Ort. »Die Lokalisierung des Horeb in 1, 2 ist, genau genommen, ... eine Delokalisierung; sie soll nicht zur Auffindbarkeit des Horeb beitragen« (*M. Geiger*, Gottesräume 2010, 216). Gerade deshalb wird die Vergegenwärtigung als Ursprungsort ermöglicht. Nur ein einziges Mal noch in der gesamten biblischen Erzählung wird ein Mensch an den Horeb gehen, und auch er wird dort eine Gottesbegegnung erfahren. Dieser Mensch ist Elija, der in der Kraft der Gottesspeise vierzig Tage und vierzig Nächte lang »zum Gottesberg, dem Horeb«, wandert (1 Kön 19, 8) (vgl. *A. Meinhold*, Mose 2002, 34). Wenn es stimmt, dass der Verfasser von Mal 3, 22 bereits V 23 f. mit der Erwähnung Elijas vorfand, hätte er mit der Zusammenstellung von Mose und Elija und der Nennung des Horeb als Ort der Offenbarung eine Linie ausgezogen, die in der Zusammenstellung von Tora und vorderen Propheten bereits angelegt ist *(J. Blenkinsopp*, Prophecy 1977, 121 unterstreicht »the close thematic association between the figures of Moses and Elijah, ... especially by the theophany granted to both at Horeb«).

Schließlich heißt es, die Tora sei Mose am Horeb »für ganz Israel« geboten worden. Auch das ist zunächst eine Reminiszenz an das Deuteronomium, das mit dem Satz beginnt: »Dies sind die Worte, die Mose zu ganz Israel gesprochen hat ...« (Dtn 1,1). Als Abschluss der Maleachi-Dichtung bekommen sie aber noch eine andere Bedeutung. Maleachi endet ja in der VI. Strophe mit der Vorstellung einer Scheidung zwischen den Gottesfürchtigen, über denen die »Sonne der Gerechtigkeit« aufgeht, und den Gewalttätern, die vernichtet werden. Der Anhang ist nur noch an die Gottesfürchtigen gerichtet. Diese aber sind für ihn »ganz Israel«. Die Scheidung ist eine Aus-Scheidung. Was nach Ausscheidung der Gewalttäter übrig bleibt, ist »ganz Israel«.

Die letzten beiden Worte des Verses, »Bestimmungen und Rechtssätze«, hängen nach, wenn man sie, wie in meiner Übersetzung vorgeschlagen, als Apposition zu »Tora« liest. Bezieht man den Relativsatz nicht auf »Tora«, sondern auf »Mose«, kann man die beiden Worte auch als eigenständiges Objekt auffassen: »Gedenkt der Tora des Mose, meines Getreuen, dem ich geboten habe am Horeb für ganz Israel Bestimmungen und Rechtssätze« (in diesem Sinn *A. Meinhold* 401). So oder so wird wieder eine deuteronomische Wendung aufgegriffen. Denn der Doppelausdruck »Bestimmungen und Rechtssätze« dient dort für sich (Dtn 4,1.5.14; 5,1; 11,32; 12,1) oder in Verbindung mit einem zusammenfassenden Terminus wie מצוה *(miṣwah)* »Gesetz« (5,31; 6,1; 7,11) oder, wie hier, Tora (4,8), der Bezeichnung der einzelnen Bestimmungen, die zusammen den umfassenden Gotteswillen für Israel ausmachen.

Dass sich Mal 3,22 auf das Deuteronomium zurückbezieht, ist deutlich. Dabei machen die zahlreichen Verweise auf Stellen im äußeren deuteronomischen Rahmen und besonders auf das wohl jüngste Kapitel Dtn 4 deutlich, dass es sich hier um das deuteronomistisch redigierte Deuteronomium handelt. Das macht es äußerst wahrscheinlich, dass in Mal 3,22 mit der »Tora des Mose« der gesamte Pentateuch gemeint sein dürfte. Dafür spricht auch, dass sich das Korpus der Maleachi-Schrift mehrfach auch auf Pentateuch-Stellen außerhalb des Deuteronomiums bezieht. Und an späten Stellen (wie z.B. Esr 7,6) ist ohnehin davon auszugehen, dass sie unter der Tora des Mose den Pentateuch als Ganzen verstehen, der im Licht des zunächst im Deuteronomium entwickelten Tora-Konzepts gelesen wird.

Die Intertextualität des Verses

Was aus der oben gegebenen Aufzählung einzelner Parallelen zur Sprach- und Vorstellungswelt von Mal 3,22 nicht hervorgeht, ist die große Nähe, die der Vers zu Jos 1 aufweist. In diesem Kapitel wird Mose als »Getreuer JHWHs« bezeichnet (V 1 f.7.13). Josua als sein Nachfolger wird von JHWH darauf verpflichtet, »gemäß der ganzen Tora, die ich meinem Getreuen Mose geboten habe«, zu handeln (V 7). V 8 erwähnt noch einmal »das Buch der Tora«. Josua seinerseits wendet sich an die Rubeniten, Gaditen und den halben Stamm Manasse und ermahnt sie, dessen zu »gedenken«, was »Mose, der Getreue JHWHs euch geboten hat« (V 13).

Jos 1 hat eine wichtige Funktion am Übergang vom Pentateuch zu den vor-

Maleachi 3,22–24

deren Propheten. Das Kapitel verknüpft diese beiden Kanonteile miteinander. Indem Mal 3,22 sich sowohl auf das Deuteronomium (und mit ihm den Pentateuch) als auch auf Jos 1 (und damit die vorderen Propheten) bezieht, setzt der Vers diese Verbindung voraus. Durch seine Position am Ende der Schriftpropheten setzt der Vers zugleich die Verbindung von vorderen und hinteren (oder Schrift-) Propheten voraus. Auf diese weisen auch die nun folgenden Verse Mal 3,23 f. hin.

Die Schlussverse der Maleachi-Schrift hätten nach der oben begründeten Auffassung ursprünglich direkt an das letzte Diskussionswort 3,13–21 angeschlossen. Wie eng sie mit dem Korpus der Maleachi-Dichtung verknüpft sind, zeigt gleich ihr Anfang: »Seht her, ich schicke ...« ist wörtliche Aufnahme aus 3,1. Auch die anschließenden Worte vom »Kommen« des »Tages« greifen auf Vorhergehendes zurück, auf 3,2 (»der Tag, wenn er kommt«), auf 3,17.21 (»am Tag, den ich mache«) und besonders auf 3,19, wo auch das »Seht her« vom Anfang des Verses steht (»Seht her! Der Tag kommt«, weiter im Vers dann noch einmal »der kommende Tag«). Bei so viel Aufnahme ist umso gewichtiger das, was der Vers neu zu sagen hat.

V 23

Das Erste ist sehr unauffällig, aber nicht ohne Bedeutung. Hieß es in 3,1 nur »Seht her, ich schicke ...«, so ergänzt 3,23 dies um den Dativ »euch«. In 3,1 geht es um ein bevorstehendes Geschehen, das zwar auch die Zweifler von 2,17 betrifft – sie werden in 3,5 wieder direkt angeredet –, aber nicht nur sie. Mit der Frage, wer den kommenden Tag aushält und an ihm bestehen bleibt (3,2), wird schon angedeutet, dass das keineswegs alle sein werden. Das ist die Linie, die das letzte Diskussionswort aufnimmt und auszieht. Im Anschluss an 3,13–21 sind in 3,23 nur noch die Gottesfürchtigen angeredet. Zu ihnen, genauer in der Anrede »zu euch«, schickt JHWH.

Zweitens: Der, den er schickt, ist nun nicht mehr unbestimmt »mein Bote« (3,1), sondern »Elija, der Prophet«. Von Elija erzählt der große Komplex in 1 Kön 17 – 2 Kön 3, wo er allerdings nur in 1 Kön 18,36 direkt als »Elija, der Prophet« tituliert wird (so dann noch in 2 Chr 21,12 und indirekt in 1 Kön 18,22; 19,10). Elija ist in der Hebräischen Bibel der einzige Prophet – und neben Henoch (Gen 5,24) der einzige Mensch –, der nicht stirbt, sondern von Gott in den Himmel aufgenommen wird (»nehmen« in Gen 5,24 und 2 Kön 2,3.5.9 f.). Offenbar knüpft Mal 3,23 daran an, wenn er das Kommen Elijas ankündigt; Elija ist bei JHWH, deshalb kann dieser ihn schicken.

Zum Dritten wird nun hier erstmalig der kommende Tag mit dem festen Ausdruck »der Tag JHWHs« bezeichnet. Dabei nimmt Mal 3,23b wörtlich Joel 3,4b auf: »bevor der Tag JHWHs kommt, groß und Achtung gebietend«. Der Verfasser dieses Maleachi-Anhangs hat also selbst gesehen, wie in Mal 2,17–3,5 auf die Joel-Schrift Bezug genommen wird, und er hat dies durch die wörtliche Aufnahme einer weiteren Joel-Stelle unterstrichen (vgl. A Meinhold, Rolle 2000, 222). Mit Joel 3 nimmt Mal 3,23b das jüngste Kapitel der Joel-Schrift auf (J. Jeremias, Joel 2007, 4.41), hat also wohl schon den gesamten Joel-Text vor Augen. An Joel 3 ist ihm dabei wichtig, dass anders als in Joel 1–2, wo eine gegenwärtige Katastrophe im Licht des JHWH-Tages gedeutet wird, Joel 3 »im strengen Sinne ›eschatologische‹ Ereignisse, d. h. Taten Gottes, die seine Zukunft einleiten, auf Israels Heil zielen und als solche endgültig, einmalig und irrevozierbar sind«, behandelt (*J. Jeremias*, Joel 2007, 4). Denn auch in Mal 3, 23 f. geht es um solche »im strengen Sinne ›eschatologische‹ Ereignisse«.

Schließlich wird das Kommen Elijas in eine klare Relation zum Kommen des »Tages« gesetzt. In 2, 17–3, 5, woraus das »Seht her, ich schicke …« (3, 1) wörtlich aufgenommen wird, beschränkt sich das Tun des Boten bzw. JHWHs – beide fließen ineinander – auf die Reinigung (V 3) und die Herstellung des Rechts (V 5). Beides sind vorbereitende Tätigkeiten. Erst in 3, 13–21 – nach dem ebenfalls vorbereitenden Ruf zur Umkehr in 3, 6–12 (V 7) – ist die Rede von einem Tag, an dem endgültige Trennungen festgelegt werden. Diese Zweistufigkeit des Geschehens schreibt nun 3, 23 fest: Erst kommt Elija, als der »mein Bote« aus 3, 1 jetzt identifiziert wird, dann »der Tag JHWHs, groß und Achtung gebietend«, wie ihn Joel 3, 4b angekündigt hat.

Insgesamt werden also in 3, 23 im Blick auf die Maleachi-Schrift zum einen »die assoziationsreichen Konturen von 3, 1a.(b–4.)5, insbesondere der Botengestalt, redaktionell klargestellt und konkretisiert« sowie zum andern »die unterschiedlichen (JHWH-)Tag-Vorstellungen von 3, 2a.17–21 … auf den genauen Begriff« gebracht (*A. Meinhold* 417).

Ferner knüpft Mal 3, 23 über die Maleachi-Dichtung hinausgehend vielfache Bezüge. Der Vers greift auf die Erzählungen von Elija, der von JHWH vor seinem Tod weggenommen wurde, zurück, und identifiziert ihn mit dem in Mal 3, 1 angekündigten Boten. Dabei lehnt er sich wie 3, 1 an die Formulierung von Ex 23, 20 an, ja er nimmt den Anfang dieses Verses sogar wörtlich gleich auf: שלח אנכי הנה *(hinneh ʼanokî šoleᵃh)* »Seht her, ich schicke« (vgl. *M. Beck*, »Tag YHWHs« 2005, 305). Der Vers übernimmt Joel 3, 4b wörtlich (zur Vorrangigkeit von Joel 3, 4b gegenüber Mal 3, 23 vgl. *A. K. Müller*, Zukunft 2008, 96). Und in der Übernahme dieses Verses identifiziert er den in 3, 17.19.21 angekündigten »Tag« mit dem aus der prophetischen Tradition bekannten »Tag JHWHs«, der nicht nur im Zwölfprophetenbuch, sondern etwa auch im Jesajabuch eine große Rolle spielt. Aus der Übernahme aus der Tradition erklärt sich im Übrigen auch, warum in JHWH-Rede objektivierend statt von »meinem Tag« vom »Tag JHWHs« gesprochen wird (*C. Carniti*, Espressione 1970, 14).

Vielfache Intertextualität und redaktionelle Funktion des Verses

Mit diesen Bezügen erfüllt Mal 3, 23 eine dreifache redaktionelle Funktion. Zum ersten fügt der Vers die Maleachi-Dichtung fest in das Zwölfprophetenbuch ein. Denn in ihm bildet das Motiv des »Tages JHWHs« einen Faden, der sich von Joel über Amos und Obadja bis zu Zefanja durchzieht (vgl. *R. Rendtorff*, Alas 2001; *ders.*, How to Read 2001; *ders.* »Tag Jhwhs« 2002; *M. Beck*, »Tag YHWHs« 2005; *P.-G. Schwesig*, Rolle 2006; *ders.*,

Stimmen 2006). Im Kanonteil der Schriftpropheten erscheint der Tag JHWHs allerdings schon viel früher, nämlich gleich am Anfang in Jes 2,6–22. Es ist möglich, dass Mal 3,23 über die Einbindung der Maleachi-Dichtung in das Zwölfprophetenbuch hinaus das Zwölferbuch mit der ersten Schrift der Sammlung von Prophetenschriften verknüpfen will. Ob schließlich auch eine literarische Verknüpfung mit den vorderen Propheten intendiert ist, wird man allerdings aufgrund der bloßen Erwähnung Elijas nicht mit Bestimmtheit behaupten können. Sicher ist nur – aber auch das ist bedeutsam –, dass Mal 3,23 die Schriftprophetie mit den prophetischen Überlieferungen, die nur in erzählter Form und nicht als Sammlung prophetischer Worte vorhanden sind, zusammensieht. Denn diese Zusammenschau ist die Voraussetzung dafür, dass sich ein Kanonteil »Prophetie« bildet, der aus so unterschiedlichen Texten wie der Geschichtserzählung von Jos – 2 Kön einerseits und den Sammlungen prophetischer Worte von Jesaja bis Maleachi andrerseits besteht (*P. L. Redditt*, Zechariah 9–14 1996, 254f. beschränkt den Horizont von Mal 3,22–24 auf Pentateuch, vordere Propheten und entstehendes Zwölfprophetenbuch).

Nach Mal 3,1 hat das Kommen des Boten, der mit JHWH selbst in eins fließt, vorbereitende Funktion. Dies wird nun auch auf Elija übertragen, der ja ausdrücklich geschickt wird, »*bevor* der Tag JHWHs kommt, groß und Achtung gebietend«. Elijas Aufgabe ist es, »das Herz der Eltern wieder den Kindern und das Herz der Kinder wieder den Eltern zuzuwenden«. Was ist darunter zu verstehen? Gleich das II. Diskussionswort Maleachis beginnt mit dem Vorspruch: »Ein Sohn achtet den Vater« (1,6). Hier stehen dieselben Worte בן *(bæn)* »Sohn« und אב *('ab)* »Vater« im Singular, die in 3,24 im Plural »im geschlechtsunspezifischen Sinn Eltern – Kinder« bedeuten (*A. Meinhold* 422; das Hebräische hat kein Wort für »Eltern«, sodass der Plural von »Vater« sowohl »die Väter« = »die Vorfahren«, Mal 3,7, als auch »die Eltern« – wie im Spanischen *los padres* = »die Eltern« – bezeichnen kann; dass der Plural אבות, *'abôt*, hingegen eine Bezeichnung für Gott sein könnte, wie *E. Assis*, Moses 2011, 212–214 vorschlägt, ist auszuschließen). Mal 1,6 geht von dem aus, was wünsch- und erwartbar ist, der Achtung zwischen den Generationen; der Vers nimmt dies freilich nur als Hintergrund für den Verweis darauf, dass solche Achtung Gott gegenüber fehlt. Mal 3,24 unterstellt dagegen, dass die Achtung zwischen den Generationen nicht gegeben ist.

Dieser Gedanke ist aus der Maleachi-Schrift selbst nicht zu entnehmen. Diese redet zwar von Zerwürfnissen zwischen den Geschlechtern (2,10–16), von sozialen Verwerfungen (3,5) und Spannungen zwischen Gerechten und Gewalttätern (2,17; 3,13–21) – einmal abgesehen vom Grundthema des Zerwürfnisses mit Gott –, nicht aber von Spannungen zwischen den Generationen. Wir haben aber schon gesehen, dass der Autor von Mal 3,23f. wie der des Maleachi-Korpus durchaus schriftkundig ist. So wie er in V 23b direkt Joel 3,4b aufnimmt, so scheint er hier auf Mi 7,4–6 zurückzugreifen (C. E. *Reeder*, Malachi 3:24 2007, 695 f. sieht zwar den Bezug von Mal 3,24 auf Mi 7,5–6, versteht die Rede von den Vätern und Söhnen aber ausschließlich metaphorisch: »Rather, the family restored in the eschaton is the family of God, the nation of Israel ...«). Mi 7,4 spricht von einem bestimmten »Tag«: »Der Tag deiner Späher, deine Heimsuchung ist gekommen«. Er ist ein Tag der »Verwirrung«. Diese Verwirrung besteht darin, dass die intimsten persönlichen Beziehungen zwischen den Menschen zerbrechen, zwischen Freunden und Geliebten, zwischen Herrschaft und Sklaven im Haus, und eben zwischen den Generationen. Wörtlich heißt es in V 6aα: »Denn der Sohn verachtet den Vater«. Der Satz ist exakt gleich gebaut wie Mal 1,6, nur das Verb »ehren« bzw. »verachten« unterscheidet die beiden Verse. Ein schriftkundiger Kommentator kann beides zusammenlesen: Am Tag der Verwirrung wird das, was normal ist (Mal 1,6), in sein Gegenteil verkehrt (Mi 7,6). Nach Mi 7,4 ist dieser Tag bereits gekommen. Es ist nicht auszuschließen, dass für den Verfasser von Mal 3,23 f. dies mit den Erfahrungen der hellenistischen Epoche zusammenfällt, deren politisch-religiöse Konflikte das Jubiläenbuch als Generationenkonflikt beschreibt (Jub 23,16–26; vgl. dazu F. *Crüsemann*, Elia 1997, 154; A. *Meinhold*, Mose 2002, 31 f.; R. *Albertz*, Elia 2006, 165). Auch die Maleachi-Schrift selbst zeigt, dass die Verhältnisse nicht in Ordnung sind. Deshalb muss, »bevor der Tag JHWHs kommt, groß und Achtung gebietend«, einer auftreten, um die Verhältnisse wieder zurechtzubringen.

Dieser Eine ist Elija, der zurückkommen kann, weil er zuvor von JHWH entrückt worden war. Vielleicht ist er zum Werk der Versöhnung deshalb besonders geeignet, weil er »die Generationskonflikte im eigenen Herzen durchgetragen hat« – man denke an seinen verzweifelten Ausspruch bei der Flucht vor Isebel: »Ich bin nicht besser als meine Vorfahren« (1 Kön 19,4, da auch אבות, *'abôt*, »Väter« wie Mal 3,24) (vgl. dazu J. *Ebach*, Elia-Erfahrung 2005). Allerdings bleibt Mal 3,24 ganz im Unbestimmten. »Die Frage, worin die ausgleichschaffende Tätigkeit bzw. Rolle Elias bestehen könnte, wurde bereits in der antiken Wirkungsgeschichte sehr unterschiedlich zu beantworten versucht« (A. *Meinhold* 422 mit einem ausführlichen Überblick 422–426). Bei einem Text wie Mal 3,24 wird solch kreatives Füllen der Lücken aufgrund seiner Offenheit und Unbestimmtheit geradezu provoziert. Jede Leserin, jeder Leser wird es im Akt des Lesens vollziehen. Das hebt aber nicht auf, dass »angesichts der sparsamen Angaben in V. 24a ... Unsicherheit und Deutungsvielfalt hinsichtlich Wechselseitigkeit des Ausgleichs zwischen den Generationen, wie und unter welchen Umständen er stattfinden soll, bestehen« bleibt (A. *Meinhold* 426).

24b Nicht das Wie des Ausgleichs zwischen den Generationen interessiert Mal 3,24, sondern das Wozu. Es wird negativ ausgedrückt, indem der Schlusssatz des Maleachi-Buches mit der negativ finalen Konjunktion פֶּן

Maleachi 3,22–24

(pæn-) »damit nicht« (lat. *ne*) eingeleitet wird. Der Satz bringt ein Tun Gottes – er ist immer noch in 1. Person der Redende – zum Ausdruck, das eintreten müsste, wenn Elija nicht sein Werk der Versöhnung täte: »damit ich nicht kommen muss und das Land mit Vernichtung schlage«. Die Aussicht wäre wenig erfreulich, denn die »Vernichtungsweihe«, der »Bann« – חרם *(heræm)* – bedeutete die Vernichtung alles Lebenden. Ihre Wurzel hat die Vorstellung in der antiken Kriegsführung. Der moabitische König Mescha rühmt sich ihrer (9. Jh. v.Chr.), nachdem er die Stadt Nabo von den Israeliten erobert hatte: »... und tötete alles (in) ihm, siebentausend Männer und Knaben und Frauen und Mädchen und Sklavinnen; denn der ʿAštōr des Kamōš hatte ich es geweiht (החרמתה, *hḥrmth*)« (HTAT 246f.). Das Alte Testament unterstellt, dass Ammoniter und Moabiter gemeinsam die Edomiter gebannt (2 Chr 20,23) und dass die Assyrer Gleiches vielen Ländern und Völkern angetan hätten (2 Kön 19,11 = Jes 37,11; 2 Chr 32,14). Besonders aber erscheint Israel als Subjekt des Bannens, hauptsächlich im Zusammenhang mit der Eroberung des Landes, d.h. in seiner Vorgeschichte (Num 21,2f.; Dtn 2,34; 3,6 u.ö.).

Von Gott wird es recht selten ausgesagt, dass er den Bann vollstreckt. Objekt seines Zerstörungshandelns können andere Völker sein (Ägypten, Jes 11,15; alle Völker; Jes 34,2; oder Edom, Jes 34,5). Aber mit den »Völkern ringsum« können auch die Bewohner Judas zum Ziel der göttlichen Vernichtung werden (Jer 25,9). Wenn JHWH bei Deuterojesaja im Rückblick sagt, er habe »Jakob der Vernichtungsweihe preisgegeben« (Jes 43,28), dann sieht man, dass der Gedanke der totalen Ausrottung, der ursprünglich hinter dem Bannkonzept steht, zugunsten einer allgemeineren Zerstörungssprache zurückgetreten ist. Denn »Jakob« ist ja zur Zeit Deuterojesajas nicht total ausgerottet, sondern »nur« schwer geschlagen worden. An allen Stellen, die JHWH zum Subjekt des Bannens haben – und die genannten sind alle Stellen –, ist dies die Vorstellung. Die Wurzel חרם *(ḥrm)* als Verb oder Nomen gehört zum Vokabular der Vernichtung, aber ohne die strenge Vorstellung der Totalität.

Solche Vernichtung, so Mal 3,24, wird verhindert dadurch, dass Elija kommt und die Generationen versöhnt. Das ist erfreulich. Weniger erfreulich ist es dagegen, dass dadurch das Wort חרם *(heræm)*, »Vernichtungsweihe«, »Bann«, zum letzten Wort des Prophetenkanons wird. Möglicherweise ist dies der Grund, weshalb die Septuaginta den masoretischen V 22 hinter V 23f. gestellt hat (siehe oben zum Text). In jüdischen Bibelausgaben ist es gebräuchlich, V 23 nach V 24 noch einmal zu wiederholen; die letzten Worte des Prophetenteils sind dann: »Seht her, ich schicke euch Elija, den Propheten, bevor der Tag JHWHs kommt, groß und Achtung gebietend« (TeNaK Berlin 1927; TeNaK Jerusalem 1979). Wir müssen es zur Kenntnis nehmen, dass die Maleachi-Schrift (und mit ihr der Prophetenkanon) mit einem Wort der Vernichtung endet. Zwar ist es eine Vernichtung, die gerade nicht eintreten soll, weil Elija vorher sein Werk der Versöhnung tut. Aber wenn auch dies auf Ablehnung stieße, bliebe die Drohung dann nicht gleichwohl in Kraft? An diesem Ernst kommen wir nicht vorbei.

Beachten wir zudem, dass der Maleachi-Schluss in seiner Gesamtheit auf Jos 1 zurückverweist, dann stellt sich eine weitere Sinndimension der Schlussstellung der Vernichtungsvokabel »Bann« ein. Es ist gerade das Josua-Buch, in dem die Vorstellung einer Bannung der Völker im von den Israeliten einzunehmenden Land breiten Raum einnimmt (Jos 2,10; 6,17f. u.ö.). »Was durch Josua der kanaanäischen Vorbevölkerung drohte, droht jetzt dem Gottesvolk selbst ... – wenn nicht Elia solches verhindert« (*F. Crüsemann*, Elia 1997, 153).

Bedeutung

a) Der Horizont des doppelten Maleachi-Schlusses. Die Schlussverse der Maleachi-Schrift haben, wie in der Auslegung herausgearbeitet, einen dreifachen Horizont. Zunächst nehmen sie die letzten Diskussionsworte der Schrift, besonders das IV. (2,17–3,5) und VI. (3,13–21) auf und führen die in ihnen enthaltenen Aussagen über den kommenden »Tag« und den kommenden »Boten« so aus, dass eine klare Abfolge entsteht: Erst kommt der Bote, der nun als Elija identifiziert wird, dann kommt der Tag, der als »Tag JHWHs« erstmals in Maleachi so benannt wird. Dadurch entsteht freilich eine Spannung zwischen dem VI. Diskussionswort und dem Schluss. Denn die letzte Strophe der Dichtung geht von einer Scheidung zwischen Gerechten und Übeltätern am kommenden Tag aus, während der Schluss von einer Versöhnung spricht, die das vernichtende Kommen JHWHs gerade überflüssig machen soll (vgl. *I. Himbaza*, Finale 2007, 31). Nun muss man sehen, dass im VI. Wort die Opposition zwischen Gerechten und Übeltätern besteht (3,18), während 3,24 von der Versöhnung zwischen Vätern und Söhnen spricht. »Wahrscheinlich sind nach seinem (sc. dem Verfasser des Maleachi-Schlusses) Willen die beiden Verse zusammen zu lesen« (*H.-P. Mathys*, Anmerkungen 2000, 38f.), sodass es vor dem »Tag JHWHs«, dessen Kommen ja auch der Maleachi-Schluss voraussetzt, zur Versöhnung zwischen Vätern und Söhnen kommt, während der Tag selbst die Scheidung zwischen Gerechten und Frevlern bringt. Man mag das als »harmonisierende Interpretation« verstehen (*H.-P. Mathys*, Anmerkungen 2000, 39). Dennoch zeichnet sich in ihr ein Grundproblem jüdisch-christlicher Eschatologie ab: die unaufhebbare Spannung zwischen dem Gedanken eines Endgerichts, das die Gerechtigkeit wieder herstellt, und der Vorstellung einer endlichen Allversöhnung, wie sie der Liebe Gottes entspricht.

Mit der Einführung der Figur Elijas wird zugleich der zweite Horizont des

Maleachi-Schlusses eröffnet. Es ist der der Prophetie insgesamt, wobei allerdings offen bleiben muss, ob dabei auch bereits literarisch an einen gemeinsamen Kanonteil aus vorderen und hinteren Propheten gedacht ist. Den dritten Horizont gibt schließlich V 22 an, der wohl erst nach V 23 f. hinzugekommen ist. Hier wird die »Tora des Mose« genannt. Das bezieht sich nicht nur auf Jos 1, den Anfang des Prophetenteils, sondern nimmt den Pentateuch mit hinein. So setzt diese Stelle und damit der Maleachi-Schluss in seiner jetzigen Form den Kanon aus Tora und Prophetie voraus. Für ihn gilt, »daß die Hinwendung zur Tora die konkrete Praxis der Erwartung des Propheten ist« (*K. Butting*, Prophetinnen 2001, 94).

b) Der Maleachi-Schluss in der jüdischen Tradition. Schon der weise Jesus Sirach liest im 2. Jh. v. Chr. die Elija-Texte der Königebücher zusammen mit dem Maleachi-Schluss. Nach einer Zusammenfassung der Taten Elijas und der Notiz über seine Himmelfahrt (Sir 48, 1–9) greift er Mal 3, 23 f. auf, zitiert es teils wörtlich, interpretiert es zugleich aber frei: »Der du aufgezeichnet bist, vorbereitet zur rechten Zeit, um zu beenden die Wut vo[r dem Ausbruch,] um *zu wenden das Herz der Väter zu den Söhnen*, und um die St[ämme Israe]ls wieder zu ordnen« (Sir 48, 10 nach dem hebräischen Manuskript B, Beentjes 86, in eckigen Klammern ergänzt nach dem griechischen Text). An Stelle der Hinwendung des Herzens der Söhne zu den Vätern aus Mal 3, 24 schreibt Jesus Sirach dem kommenden Elija auch noch die Aufgabe zu, die Stämme Israels zu ordnen, wodurch er Elija zugleich mit dem Gottesknecht Deuterojesajas identifiziert, der eben diese Aufgabe hat (Jes 49, 6). Die Verbindung Elijas mit eindzeitlichen Erwartungen wird dann in weiteren apokalyptischen Texten und in Qumran aufgegriffen (Belege bei *I. Himbaza*, Finale 2007, 32 f.). Schließlich wird Elija, der »Bote« (3, 1), über den ebenfalls als »Boten« bezeichneten Priester (2, 7) in einigen jüdischen Überlieferungen als der künftige ideale Priester dargestellt (*A. Rofé-Roifer*, Albori 1987, 32 f.).

Freilich beschränkt sich in der jüdischen Tradition das Warten auf das Kommen Elijas nicht auf die Endzeit im strengen Sinn. Beim feierlichen Passahmahl wird für Elija ein Becher reserviert. Bei jeder Beschneidung ist er gegenwärtig, wofür extra der »Stuhl Elijas« freigehalten wird. Hier wirkt sich aus, dass der künftig kommende Elija von Mal 3, 23 f. zugleich der »Bote des Bundes« von 3, 1 ist. Wird mit der Beschneidung der Bund bestätigt, dann muss der »Bote des Bundes« gegenwärtig sein (vgl. *S. A. Horodezky*, Elijahu 1930, 495).

c) Der Maleachi-Schluss im Neuen Testament. Die auf Mal 3, 23 f. gestützte Erwartung, dass Elija als Vorbote der Endzeit wiederkommt, kennt auch das Neue Testament. Zu Mal 2, 17–3, 5 war schon auf die Vorstellung hinzuweisen, dass Johannes der Täufer mit dem wiedergekommenen Elija gleichgesetzt wird, wie es Mt 11, 14; 17, 10–13 und Mk 9, 11–13 zum Ausdruck bringen. Mt 17, 11 nimmt dabei sogar wörtlich das Verb ἀποκαταστήσει *(apokatastései)* aus dem Maleachi-Schluss auf, das allerdings mit dem Objekt »alles« verbunden wird und als »er wird alles wiederherstellen« zu übersetzen ist. Nach Joh 1,21 dagegen gibt Johannes der Täufer den Jerusalemer Autoritäten ausdrücklich die Auskunft, er sei nicht Elija, sondern der Rufer in der Wüste von Jes 40,3. Noch einmal eine andere Vorstellung vertritt Lukas. Auch er bringt in der Ankündigung an Johannes' Vater Zacharias Anspielungen an den Maleachi-Schluss, vor allem wenn er von dem angekündigten Sohn in Anlehnung an Mal 3,23 sagt, er werde »die Herzen der Väter zu den Kindern zurückführen« (Lk 1,17; vgl. *C. F. Keil* 716). Dennoch vermeidet Lukas eine direkte Identifizierung des Täufers mit Elija. Vielmehr werde der Täufer »im Geist und in der Kraft Elijas« vor »dem Herrn, ihrem Gott«, einhergehen (Lk 1,16f.) (zu den neutestamentlichen Bezügen von Mal 3,23f. auf den Täufer vgl. auch *C. Mendoza*, Malaquías 2000, 231–233).

Auch über Jesus kursiert die Meinung, er könne Elija sein, aber auch der wiedergekehrte Johannes der Täufer oder Jeremia oder noch ein anderer Prophet (Mt 16,14; Mk 6,15; 8,28; Lk 9,8.19). Bei der Kreuzigung wird nach Mt 27,47.49 par. Mk 15,35f. Jesu Gebetsruf nach Ps 22, »Eli« (= mein Gott), von den Umstehenden mit einem Ruf nach Elija verwechselt, der als möglicher Retter ins Spiel gebracht wird (zur »Elia-Redivivus-Christologie im Neuen Testament und ihrer bis auf Mal 3,23f. zurückgehenden Traditionsgeschichte vgl. *U. Kellermann*, Sünden 1993).

Ist all diesen unterschiedlichen Traditionen die Vorstellung der Wiederkehr Elijas gemeinsam, so beschränken sie sich doch eben auf Elija. Die Verbindung von Elija und Mose, die für den Maleachi-Schluss als Ganzen charakteristisch ist, wird dagegen in der Erzählung von der Verklärung Jesu aufgegriffen (Mt 17,1–9 par. Mk 9,2–8 par. Lk 9,28–36). »Elija mit Mose« – so die wohl älteste Formulierung in Mk 9,4 – bzw. »Mose und Elija« (Mt 17,3; Lk 9,30) erscheinen und reden mit Jesus. So wie Mose und Elija auf dem Berg Sinai bzw. Horeb in Gottes Gegenwart standen, so jetzt mit ihnen Jesus. »Gottes Offenbarung an Mose und Elija auf dem Berg Sinai wird mit einer dritten Person – Jesus – neu erzählt« (*A. Standhartinger*, Jesus 2003, 79). Mit Mose, auf den »die Tora des Mose« als Bundesurkunde zurückgeht (Mal 3,22), und mit Elija, der in der Lektüre von Mal 3 zugleich »der Bote des Bundes« (3,1) ist, ist der alte Bund als ganzer präsent.

Mit Jesus sind in den neutestamentlichen Verklärungserzählungen Petrus, Jakobus und Johannes auf dem Berg. Sie sind die Repräsentanten der Nachfolgegemeinschaft Jesu. Und wir als Leserinnen und Leser der Evangelien sind ebenfalls dabei. Ihnen und uns wird, indem Jesus in der Gegenwart von Mose und Elija zum Sohn Gottes proklamiert wird, sinnfällig vor Augen geführt, dass alter und neuer Bund *ein* Bund sind.

Register
(ohne Maleachi)

Genesis		21,12f.	113	43,3.8	200
1–2	213	21,15	253	44,14.16.18–34	200
1,7	120	21,17	174	45,1	212
1,14–19	292	21,27.32	206	48,10.13	154
1,29	111	24,9	137		
2	208	24,31	228		
2,7	170	24,50	212, 226	Exodus	
2,9.17	226	25–36	62f., 111	2,3	212
2,24	213	25,23	112, 122	2,6	285
3,5	226	25,25f.	293	2,24	192
3,22	162, 226	25,28	113	3,2f.	287
4,2	212	27,25	154	3,2.4	228
4,4–8	114	27,38	97	4,1–9	260
4,6–8	117	27,41	114	4,14	177
4,11	162	28,9	114	4,22f.	136, 191
4,12	212	28,11	291	5,7	212
5,24	308	28,13–15	112	7,13.22	275
5,29	200	29,30f.33	112	9,35	100
6,11.13	210	30,3	279	12,5	142
6,18	192	31,3	112	14,19	232
7,4	152	31,24.29	226	14,31	306
7,11	261	31,38	262	15,7	287
8,2	261	31,43–54	204	18,8	158
8,10	212	32–33	146f.	18,21	277
9,8–17	192	32,14.21f.	146	19	306
13,6.16	212	32,21	147	19,3	283
15,17	291	32,23.25.27	289	19,5	192, 283f.
15,18	192	32,31	146f., 289	19,6	65
16,2	279	32,32	289, 291	20,8	305
16,7–13	228	33–35	118	20,12	90, 136
16,7.9–11	174	33,10f.	147	20,14	242
17	192	35,2.4	196	20,16	185
17,14	193	35,9–12	112	20,24	153
17,15–22	113	37	200	21,4.6	137
17,18	114	37,3	112	21,8	137, 192
18,23	286	37,4	112, 212	21,19.23.30.35	212
18,25	227, 286	37,5	212	22,2	288, 291
18,29	212	37,10	165	22,7	212
19,1.15	174	37,26	200, 277	22,17	242
19,16	285	38	200	22,20f.	243
19,17.19f.22	279	38,20	99	23	235
19,23	291	38,28	293	23,1	167, 210
20,3	196	42–44	200	23,7	286

Register

23, 17	230	20, 3	158, 199	1, 21	171
23, 20–23	228, 232	20, 10	242	2, 4	111
23, 20	64, 245, 309	21–22	63, 158–160	2, 34	312
23, 26	262	21, 1	160	3, 6	312
24, 7 f.	192	21, 6	158	3, 10	172
25–39	237	21, 16 f.	160	4	307
25, 23–30	142	22	160	4, 1	254, 307
29, 1	142	22, 2	158	4, 2	306
29, 13	154	22, 17–25	63, 160	4, 5	306 f.
29, 14	166	22, 17 f.	160	4, 8	305, 307
29, 18	154	22, 18–25	145	4, 11	287
32, 6	154	22, 18 f.21.23.25		4, 14	307
32, 11.14	146		160	4, 23	193
32, 32 f.	282	22, 32	158	4, 29	230
32, 34	232	26, 15	193	4, 31	193
33	235	26, 42	192	4, 37	110
33, 2 f.	228	26, 44	193	4, 40	306
33, 2	232	26, 46	254	4, 43	172
33, 7	231			4, 44	305
34, 6	64, 147			5, 1	307
34, 15 f.	197 f.	**Numeri**		5, 2 f.	193
34, 23	230	3, 32	80	5, 12	305
35, 29	100	5, 13	240	5, 16	90, 136
37, 10–16	142	6, 9	229	5, 18	242
39, 32	253	6, 22–27	170	5, 20	185
		6, 23–27	64, 165	5, 31	307
		8, 5–26	80	6, 1	307
Leviticus		8, 5–22	236	6, 2	306
1, 3	142, 145, 160	11, 1	287	6, 25	162
1, 9	154	12, 4	229	7, 1–11	64, 195, 198, 200
1, 10	160	12, 7 f.	306	7, 1–4	195
2, 2.8 f.11	154	18, 21–32	258	7, 2–4	197 f.
3, 11	141	19, 9 f.	294	7, 3	196
4, 11 f.	166	20, 14–21	63, 118 f., 121	7, 6	65, 195, 283 f.
4, 23	160	20, 14	111, 158	7, 8	110, 195
5, 14–26	173	20, 16	232	7, 9	195
5, 21	159	21, 2 f.	312	7, 11	307
5, 22	242	21, 29	196	7, 12	193
5, 23	159	22, 5.7.13–15	174	7, 13	110
5, 24	242	22, 22–35	228	7, 25	194
8, 17	166	22, 25	141	8, 1	162
8, 36	100	25	197	8, 18	193
10, 10 f.	171	25, 10–13	64, 168 f.	10, 8 f.	176
10, 10	157, 194, 237	28, 2	141	10, 17	230
10, 17	173	35, 30	185	11, 22	162
14, 36	228			11, 32	307
16, 21 f.	173	**Deuteronomium**		12, 1	307
16, 28	166	1, 1	307	12, 3	153
18, 21	158	1, 2	306	12, 5	140, 153
19, 1	158	1, 5	305	12, 6 f.11 f.	259
19, 8	64, 194, 198–200	1, 6	306	12, 11	140
19, 12	242	1, 17	227	12, 17 f.	259
19, 13	159, 243	1, 19	306	12, 21	140

Register

12,31	194	2,10	313	17,59	120
13,9	285	3,11.13	230	18,3	206
14,2	283 f.	6,17 f.	313	19,10.12.17 f.	279
14,22–29	259	7,11.15	193	20,29.34	142
15,21	64, 142	8,1	171	23,18	206
17,1	142, 194	8,31 f.	305	25,21	226
17,2	193	10,9	229	25,29	282
17,9.18	168	11,7	229	28,24	293
18,1–8	168, 259	13,9	172	30,17	279
18,1	79	22,31	268		
18,10	242	23,6	305	**2. Samuel**	
19,16	210, 240	23,7.12	197	1,3	279
21,5	168, 236	24,13	225	2,7	275
21,13	195, 211	24,20	196	3,34	154
21,15–17	112			6	138
21,16.19	211			7,14	136
22,13.16	112	**Richter**		9,7	142
22,22	196	2,1–5	228	11,14	99
23,8	111	2,20	193	16,21	275
23,16	137	3,6	197	19,6–8	277
24,1–4	64, 209, 213 f.	3,29	279	19,8	162
24,1	195, 213 f.	6,11–24	175	19,36	226
24,3	211	6,36–40	260	21,1	231
24,14 f.	243	7,11	275	22,7	230
24,15	291	9,7	97	22,9	233
24,16	199	9,23	192	22,16	165, 261 f.
26,5	190	9,33	288	23,10	225
26,12	259	13	175		
26,18	283 f.			**1. Könige**	
28	64, 163 f., 166	**1. Samuel**		2,3	305
28,1	163	1,3	138	2,36–46	163
28,2	163 f.	1,9	230	2,43	162 f.
28,9.13	163	1,11	138	3,9	226
28,15	163 f.	1,27 f.	200	5,26	206
28,20–38	163	2,10	171	6,38	253
28,20	164, 166	3	230	12,15	100
28,69	306	3,15	148	13,6	146
29,24	193	4,4	138	13,20	142
31,8	171	5,11	153	13,21	162
31,9	236, 305	8,3	277	14,10	184, 199
32,6	136, 191	8,15	256	14,18	100
32,12	196	11,7	99 f.	14,26	258
32,13	158	13,9	154	15,18	258
32,22	287	13,12	146	15,29	100
33,2	288 f.	13,13	162	16,7	167
33,8–11	168 f.	14,21	167	17,14.16	253
34	288	14,33	192	18,22.36	308
34,5.9	306	15,3.9	285	18,45	276
		15,22	148	19,4	311
Josua		16,17	212	19,8	306
1	65, 72, 288, 307 f., 313 f.	16,20	99	19,10	193, 308
1,1 f.7 f.13	307	17,11	171	19,14	193
		17,45	138		

Register

20, 3.5	174	6, 3	138	40–55	57, 156
21, 21	184, 199	7, 10–17	260	40–46	191
22, 9.13	174	7, 14	246	40	245
		7, 15 f.	226	40, 1–5	245 f.
		9, 8	258	40, 3	64, 229, 245,
2. Könige		10, 2	244		315
2, 3.5.9 f.	308	10, 17	287	40, 18	191
3, 22	288	11, 4	172	40, 24	287 f.
4, 10	142	11, 10	153	40, 27–31	44
4, 16	152	11, 15	312	40, 28–31	226, 229
7, 2.19	261	13	65, 71, 296	40, 28.30 f.	225
9, 8	184, 199	13, 1	63, 95, 98	41, 2	287
9, 25	97	13, 11	278	41, 25	156
13, 4	146	15, 1	63, 95	42, 5	191
13, 23	192	16, 9	202	42, 19	101
14, 6	305	17, 1	63, 95	43, 1–7	64, 191
14, 14	258	17, 13	165, 261	43, 6	136, 191
17, 13	100	18, 2	174	43, 12	191
17, 15	193	19, 1	95	43, 15	64, 191
17, 23	100	19, 3	208	43, 22–24	225, 229
17, 38	193	19, 18–25	155	43, 24	64, 229
18, 16	230	20, 2	96	43, 28	312
18, 19	160	21, 1	95	44, 10.15.17	191
18, 24	143	21, 2	192	44, 26	101, 175
18, 36	162	21, 11.13	95	45, 4	156
19, 11	312	22, 1	95	45, 6	151
20, 8–11	292	23, 1	95	45, 14	153, 225
21, 10	100	24, 2	129, 177	45, 19	172
23, 4	230	24, 8	261	45, 22	153
23, 25	305	24, 14	97	47, 12	225
24, 2	100	24, 16	192	47, 14	287
24, 13	230	27, 11	148	47, 15	225
25, 29	252	28, 10 f.	249	48, 3	229
		28, 15 f.	45	48, 8	192
		29, 20	253	49, 4	225, 229
Jesaja		29, 21	244	49, 6	153, 314
1	64, 67, 235 f.	29, 24	208	49, 14.21	44
1, 1	96, 99	30, 4	174	49, 26	294
1, 3	135	30, 6	95	50, 1	209
1, 10–17	235	30, 17	165, 261	50, 2	165, 261 f.
1, 20	249	30, 18	227	51, 2	190
1, 22.25–27	235	30, 26	292	51, 4–8	153
1, 25 f.	236	30, 27	119	51, 7	171
1, 28	253	30, 31	171	51, 20	165
1, 29	249	31, 3	253	52, 14 f.	172
2	71	31, 4	171	54, 1	196
2, 2	153	33, 15	172, 277	54, 6	205
2, 6–22	65, 296, 310	34	63, 115	54, 9	165
3, 1	249	34, 2.5	312	54, 16	128
4, 3	282	34, 13	116	55, 2	225
5, 20	226	36, 4	160	57, 3	242
5, 23	286	36, 9	143	57, 14	229
5, 24	287 f.	37, 4	284	57, 19	128
6, 1	230	37, 11	312	58, 8	292

59,3	141, 172	8, 23	202	Ezechiel	
59, 14	176	9, 1	192, 242	1, 25 f.	120
59, 19	151	9, 9	104	3, 4	136
60, 1–3	288	9, 16	260	3, 6	172
61, 1	227	9, 23	227	3, 7–9	101
62, 4	196	10, 2	171	3, 14	275
62, 10	229	11, 3 f.10	193	3, 19	136
63, 3	141	11, 20	260	5, 11	285
63, 9	101, 285	12, 3	260	6, 1	49
63, 16	136, 191	12, 16	279	7, 1	49
64, 1	233	13, 14	285	7, 4	285
64, 7	136, 191	13, 24	287	11, 3	44
65 f.	297	14, 2	276	11, 14–16	44 f.
65, 1–16	299	15, 5	285	11, 14	49
65, 6 f.	281	18, 1	49	12, 22 f.27 f.	44 f.
66, 18–23	153	18, 15	176	13, 9	282
		18, 18	170	13, 14	253
		18, 20	226	13, 18–21	242
Jeremia		21, 1	49	16	206
1, 1	96	21, 12	287	16, 5	285
1, 4.11	49	22, 9	193	16, 8	206
2–6	64, 234–236	23, 33–40	97	16, 37	238
2, 1	49	25, 9	312	16, 59–62	206
2, 2	205	26, 18	255	17, 6–9	288
2, 22	67, 234	26, 19	146	17, 15.18	279
2, 30	277	27, 3	99 f., 174	17, 19	193
3	64, 193, 195	27, 9	242	18	199, 241
3, 1	209	29, 3	99	18, 20	286
3, 4	191	29, 23	242	21, 36	119
3, 8 f.	242	29, 27	165	22, 8	140
3, 8	192 f., 209	30, 1	49	22, 20 f.	128
3, 11	192 f.	31, 4	279	22, 24	119
3, 19	191	31, 9	176.191	22, 26	194
3, 20	192 f.	31, 26	238	22, 31	119
4, 4	287	31, 31–34	232	23, 6.12.23	143
4, 20	229	31, 32	193	25	63, 115
4, 28	276	31, 35	292	25, 12	116
4, 30	277	33, 8	237	25, 13	115
5, 7	242	33, 21	169	28, 18	294
5, 11	192	33, 23–26	45	29, 6.9.16	153
5, 17	117	37, 2	96	30, 8.19.25 f.	153
6, 7	210	46, 11	277	31, 3.7	288
6, 20	239	49, 7–22	116	31, 9	136
6, 21	176	49, 13–22	63, 115	31, 15	276
6, 26	229, 294	49, 13	115	32, 7 f.	276
6, 27–30	67, 235	49, 17	105, 115	32, 29	105
6, 29	235 f., 277	50, 1	96 f.	33, 12	176, 286
7, 5 f.	241	50, 4	230	33, 30	276
7, 6	243	50, 11	293	34	101
7, 9	241 f.	50, 25	119	35	63, 115 f.
7, 20	287	50, 28	230	35, 3 f.7.9.14 f.	115
8, 3	284	51, 11	230	35, 5.10	116
8, 8	44	51, 23.28.57	143	36	63, 117 f.
8, 21	276	52, 33	252	36, 10	117

Register

36, 13	158	1, 4	261	**Micha**	
36, 25	237	1, 5	294	1, 1	63, 95 f., 98 f.
36, 33–36	117	1, 15	233, 296	1, 2–7	241
36, 33	237	1, 19 f.	233	1, 2	64, 240 f.
36, 34.36	118	1, 19	287	1, 4	233
38, 17	96	2, 1–11	234	2, 12	284
40, 39–43	142	2, 1	233 f.	3, 1 f.	64, 227
41, 22	142	2, 2	296	3, 2	226
42, 20	194	2, 3.5	233	3, 6	276
44, 7	141	2, 10	276	3, 12	255
44, 9–31	80	2, 11	233 f.	4, 13	230, 294
44, 16	142	2, 12	234	5, 1	239
44, 23	171	2, 13	296	5, 11	242
		2, 14	234	5, 14	241, 283
		2, 17	202	7, 4–6	311
Hosea		2, 18	285	7, 8–20	298
1–3	70, 253	3	308 f.	7, 18	101
1, 1	63, 95 f., 98 f.	3, 4	308 f., 311		
2, 17	111	3, 5	279, 296		
3, 1	110, 242	4, 15	276	**Nahum**	
3, 3	172	4, 18	294	1, 1	95, 97
3, 5	230	4, 19	63, 115	1, 2–8	233, 235
4	174			1, 4	165, 261 f.
4, 1	173			1, 6	64, 119, 233 f.
4, 2	241 f.	**Amos**		3, 3	176
4, 6	64, 170, 173	1, 1	96, 99		
4, 9	173	1, 11	111		
4, 18	110	3, 1	139	**Habakuk**	
5, 5	176	3, 10	210	1, 1	95, 97
5, 6	231	4, 13	249	1, 2	210
5, 7	192	5, 12	244	1, 8	293
5, 13	293	5, 14 f.	64, 226 f.	3, 12	119
6, 1	293	5, 18–20	296		
6, 5	290	6, 4	293		
6, 6	173	6, 11	249	**Zefanja**	
6, 7	192	6, 14	249, 283	1	296
7, 1	293	8, 12	231	1, 1	63, 96, 98 f.
7, 10	230	9, 9	249	1, 4	296
9, 1	110	9, 10	295, 298	1, 6	230
9, 4	239	9, 11	239	1, 8.11	296
11	71			1, 12	227
11, 1	110, 136, 191			1, 13	296
11, 3	293	**Obadja**		2, 1–3	296
12, 3 f.	248	7	206	2, 11	155
14, 2–9	298	10–14	116	3, 1	141
14, 2–5	293	10.12	111, 116	3, 5	290
14, 2	176, 293	13.15	296	3, 11	295, 298
14, 5 f.	293			3, 17	110 f.
		Jona			
Joel		1, 16	155	**Haggai**	
1–2	64, 233–235, 295, 309	3, 4–10	155	1	69
		3, 6	294	1, 1	66, 97, 143
1, 1	63, 95 f., 98	4, 6	120	1, 2–11	45, 64, 260, 262

1,3	97	9,9	172	103,21	138	
1,13	101, 175	10,4	227	104,4	287	
1,14	143	11,4f.	260	104,29	170	
2,1	97	12,7	237	104,34	239	
2,2	143	14,1	226f., 278	105,3f.	230	
2,6f.	246	17,2	172	106,18	287	
2,6	152	17,3	260	111,5	259	
2,10–13	170f.	18,7	230	113,3	151, 153	
2,10	97	18,9	233	119,3	172	
2,11	170	19,5	292	119,5	254	
2,15.18	95	22	315	119,21	165	
2,21	143	22,6	279	119,23	276	
		24,6	230	119,51	277	
		27,8	230	119,58	146	
Sacharja		31,11	176	128,3	142	
1–8	66–71, 102, 255, 262	33,3	212	135,4	283f.	
1,2–6	64, 254f.	35,12	226	136,3	230	
1,3	62, 64, 84, 255, 262	37,1	172	140,2.5.12	210	
		37,28	227	148,2	138	
		39,13	202			
1,4	255	42,4	202			
1,6	64, 254f.	45,7	172	Hiob		
5,4	243	45,13	146	1,21	293	
7,1	66	50,1	151	5,3	229	
7,2	146	50,3	233	6,30	172	
7,7	96	50,12	140	11,19	146	
7,9f.	241	52,5	226	13,8.10	178	
7,12	96	53,2	226f., 278	13,15	181	
8	69	55,21	193	14,20	252	
8,9	275	58,3	172	20,3	208	
8,12f.	64, 262	67	202	20,26	128f.	
8,18	66	68,3	233	21,10	262	
8,20–23	153	68,31	165	22,30	279	
8,21f.	146	69,7	230	24,4	244	
9–14	67f., 70	69,29	282	24,5	259	
9–11	68, 96, 102	70,5	230	24,15	242	
9,1	63, 66, 96–98, 102	72,4	243	26,11	165	
		73	227, 280	27,4	172	
11,5	285	73,6	210	28,1	237	
12–14	68, 96, 102, 299	77,11	252f.	31,39	129	
12,1	63, 66, 96–98, 102	79,11	202	38,12–15	290	
		80,10f.	288			
13,2.7	68	81,10	196			
13,8f.	67	82,8	178	Sprüche		
14	67	83	288	1,3	172	
		83,14f.	287	2,1	162	
		84,12	290f.	2,9	172	
Psalmen		86,14	278	2,17	193, 205	
1–2	288	89,3	279	3,24	238	
1,3	288	89,27f.	136	4,4	162	
1,6	286	89,35	193, 252	4,19	176	
6,7	202	95,8–11	254	5,17	205	
7,10	260	95,8f.	260, 274	6,20	162	
9,6	165	102,21	202	6,32	242	

Register

6, 34	285	**Ester**		11, 23	162	
6, 35	178	1, 7	252	12, 22 f.	282	
7, 22	229	2, 23	281	12, 24	162	
10, 1	136	3, 3	162	12, 26	143	
10, 3	286	3, 8	252	12, 31.37 f.	120	
11, 21	279	3, 12	143	12, 44	258	
13, 19	239	6, 1	281	13, 5.10–14	258	
14, 2	140	8, 9	143	13, 12	259	
14, 31	243	9, 3	143	13, 23–30	197	
15, 20	136			13, 23–29	76	
18, 5	178, 244			13, 29	141, 169	
19, 5	279	**Daniel**				
19, 6	146	1, 8	141	**1. Chronik**		
20, 17	239	7, 10	281	5, 27–41	79	
21, 24	278	9, 11	305	9, 27	148	
22, 22 f.	248, 256	9, 13	146, 305	16, 10 f.	230	
23, 27 f.	192	12, 1	282	17, 13	136	
24, 28	240			22, 10	136	
25, 18	185			27, 25	259	
25, 26	160	**Esra**		28, 6	136	
28, 26	279	2, 62	141, 282	28, 18	237	
29, 4	256	3, 2	305	29, 4	237	
30, 20	242	4, 13	256			
31, 1	95	4, 15.19	281			
31, 15	259	5, 17	281	**2. Chronik**		
31, 26	181	6, 1 f.	281	13, 4	120	
		7	77	18, 8.12	174	
		7, 6	305, 307	20, 4	231	
Rut		7, 7	77	20, 23	312	
1, 16.22	198	7, 24	256	21, 12	308	
2, 2.6.10.17–22	198	7, 25	77	23, 18	305	
4, 5.10	198	8, 36	143	24, 20	120	
		9–10	76, 194, 197 f., 207–209	26, 19	120	
		9, 1	194, 197, 208	28, 24	148	
Hohelied		9, 2	197, 207 f.	29, 3.7	148	
2, 14	239	9, 7	254	29, 36	229	
		9, 11	194, 197	30, 16	305	
		9, 12	196	31	258	
Kohelet		9, 14	194	32, 14	312	
5, 5	175			33, 12	146	
12, 9–14	304			35, 3	79	
		Nehemia		36, 15 f.	175	
		2, 7.9	143	36, 15	285	
Klagelieder		3, 7	143	36, 16	101	
1, 2	202	5, 4	256			
2, 6	119	5, 14 f.	143, 256			
2, 14	98	5, 18	143	**2. Makkabäer**		
3, 5	158	7, 5	282	3, 10	259	
3, 16	294	7, 64	141, 282			
4, 9	158	8, 1	305			
4, 14 f.	141	8, 7 f.	79	**Jesus Sirach**		
5, 13	176	9, 32	158	7, 26	214	
		10, 38–40	258	48, 1–10	314	

48, 22	72	1, 2	75	Apostelgeschichte	
49, 6.8.10	72	6, 15	315	7, 53	232
		8, 28	315		
		9, 2–8	315		
Matthäus		9, 11–13	245, 314	**Römerbrief**	
5, 31 f.	213	9, 11	75	9–11	122
5, 45	289	10, 2–12	213	9, 11–14	122
6, 9	136	15, 35 f.	315	9, 11 f.	112 f.
11, 10	75, 245			9, 13	75
11, 14	314				
16, 14	315	**Lukas**			
17, 1–9	315	1, 16 f.	315	**1. Korintherbrief**	
17, 10–13	314	7, 27	75, 245	7, 10 f.	213
17, 10 f.	75	9, 8.19.28–36	315		
17, 11	314	16, 18	213	**Galaterbrief**	
19, 3–9	213	16, 19–31	300	3, 19	232
25, 31–46	300				
27, 47.49	315				
		Johannes		**Hebräerbrief**	
		1, 21	315	2, 2	232
Markus					
1, 2 f.	245				